指文® 战争艺术 / 001

亚历山大战史
从战争艺术的起源和发展至公元前301年伊普苏斯会战

【美】西奥多·道奇 著

王子午 译注

吉林文史出版社

版权所有，翻版必究
发现印装质量问题，请与承印厂联系退换

图书在版编目（CIP）数据

亚历山大战史：从战争艺术的起源和发展至公元前301年伊普苏斯会战 /（美）西奥多·道奇著；王子午译注. -- 长春：吉林文史出版社，2017.7
 ISBN 978-7-5472-5238-3

Ⅰ.①亚… Ⅱ.①西…②王… Ⅲ.①亚历山大大帝（前356-前323）-生平事迹 Ⅳ.①K835.407=2

中国版本图书馆CIP数据核字(2018)第141282号

YALISHANDA ZHANSHI：CONG ZHANZHENG YISHU DE QIYUAN HE FAZHAN ZHI GONGYUAN QIAN 301 NIAN YIPUSUSI HUIZHAN

亚历山大战史：从战争艺术的起源和发展至公元前301年伊普苏斯会战

著 /【美】西奥多·道奇

译注 / 王子午

责任编辑 / 吴枫

装帧设计 / 舒正序

策划制作 / 指文图书　出版发行 / 吉林文史出版社

地址 / 长春市人民大街4646号　邮编 / 130021

电话 / 0431-86037503　传真 / 0431-86037589

印刷 / 重庆共创印务有限公司

版次 / 2018年7月第1版 2018年7月第1次印刷

开本 / 787mm×1092mm　1/16

印张 / 33　字数 / 484千

书号 / ISBN 978-7-5472-5238-3

定价 / 169.80元

译 者 序

关于本书

　　战争，从来都不仅仅是武器之间的对抗，也不是如小说演义那样仅仅是奇技淫巧的比拼。从搏斗的技巧到会战的战术再到战争的战略，任何一个层次，都有着它自己的科学和艺术。所有这些加在一起，即被统称为"战争艺术"（The Art of War）。这些既是科学，又是艺术的技艺，贯穿在战争的每一个细枝末节之中。战争艺术诞生于少数几位伟大统帅的头脑之中，也只有从他们的胜利之中才能学到。拿破仑曾经说："反复阅读亚历山大、汉尼拔、恺撒、古斯塔夫、杜伦尼、欧根亲王和腓特烈这些著名统帅的战史，并效法他们，这是成为伟大统帅和寻求兵法奥秘的唯一途径。"

　　自从阅读了约翰·富勒的巨著《西洋世界军事史》，我便对"战争艺术"这一概念有了更为深层的认识，逐渐开始了解一场战争、一场战役、一场会战是如何运转的。也是从那时起，我开始对创造、总结了这些战争艺术的名将战史如饥似渴。可是，正如同我在《日本武士战争史》一书前言中所说的那样，当我去寻找这些名将的战史时，发现中文世界中根本找不到多少相关书籍。就亚历山大的战争史而言，中文世界除《亚历山大远征记》和《亚历山大的将道》之外就再无其他值得一提的著作或者译著了。而关于汉尼拔、恺撒、腓特烈等人的中文著作更是少之又少。因此我决定担下这一重任，将这些名将的详尽战史引入中文世界，而这一套《战争艺术》丛书也应运而生。

　　这套丛书将分为两种方法制作：直接翻译国外优秀著作；当国外并无令人满意的作品时，就全新撰写。具体到本书，就是翻译的美国陆军少校西奥多·道奇所著《亚历山大：从战争艺术起源至公元前301年伊普苏斯会战》（Alexander: a history of the origin and growth of the art of war from the earliest times to the Battle of Ipsus, 301 BC, with a detailed account of the campaigns of the great Macedonian）一书。

即使在世界范围内，这部西奥多·道奇创作于19世纪末的亚历山大战史都算得上是最详细、最权威的一部，20世纪最杰出的军事理论家、英国将军约翰·富勒在写作《亚历山大的将道》一书时，最主要的资料来源就是西奥多·道奇的这一部著作。道奇在写作过程中参考了阿里安、狄奥多拉斯、寇蒂斯、普鲁塔克等诸多古代历史学家所著史料，剥除了所有非军事性的细节，并从战争艺术的角度对亚历山大的每一步行动都加以解读，使其成为一部真正的战史，而非人物传记。

不过，受限于19世纪末信息、资料查阅的不便，道奇的这本著作存在一些显而易见的史实错误，而且由于当时排版、校对都不如今日方便，书中也存在一些笔误。虽然这些错误对战争艺术的讲解根本没有任何影响，但本人认为还是有必要指出。而一些战争艺术的要点，也有必要解释得更明确一些。因此本人以注释的方式（个别地方修订原文），对道奇的一些错误加以说明，同时也引用了其余战史学家和本人自己的见解，对一些战术、战略行动进行了更进一步的解读。全书在翻译成中文之后多达35万字，可以说是世界上最为详尽的亚历山大战史。希望能以本人浅薄的见识，为读者理解亚历山大的战史提供些许帮助。

最后必须提及的是，马其顿军队中存在着大量同名将领，虽然原作者和本人都已尽可能注明，但仍有一些与腓力、托勒密等名将同名的人员，请读者在阅读过程中注意区分。

关于亚历山大

回答谁是人类历史上最伟大的征服者这一问题，也许远比回答谁是最能干的将军、最杰出的哲学家、最有才情的诗人这些问题要容易得多——毋庸置疑，就是亚历山大。当他年仅33岁便殒命于巴比伦时，他的头衔已经要比当时世界上任何人都要更多：马其顿国王、希腊统帅、埃及法老、波斯大王、亚洲之王。不过所有这些头衔都无法与他在格拉尼卡斯、伊苏斯、高加梅拉以及海达斯佩河等会战中的卓越战术相提并论，更无法和他在小亚细亚、腓尼基、美索不达米亚、索格迪亚、巴克特里亚等战役中迅雷一样的行动比肩。

诚如阿里安在他的《亚历山大远征记》中所言，亚历山大是一位有着超人般灵魂的帝王。在军事上，他征服了从希腊到印度河之间的广大土地，屡次击败数倍于自己的敌军，攻克了世界上最坚固的城池。在政治上，他希望世界各地的人民都能平等地生活在自己的统治之下。现代批评家们总是说，亚历山大不过是一位杰出的将军、一位奴隶制的国王，他的成功注定无法长远。也许他们的说法并没有错，但如果以亚历山大那个时代的标准而言，他确实已经在军事、政治、学识、道德甚至体育方面超越了几乎所有人，同时代人给他冠上的"人神"荣誉他也绝不会受之有愧。他总是会使用最现实的手段，去实现那些最宏大的理想。

在战争艺术方面，亚历山大要算是西方历史上第一位将"兵贵神速"发挥得淋漓尽致的统帅，而且他也懂得，组成一支军队的并非只有士兵，更重要的还有士兵们的士气。他在战略方面动作神速，总是能在对方做好准备之前便如雷霆一般攻击对方。在会战中，他又能够将父亲建立起的那支多兵种配合、纪律优良的军队的实力发挥到最高水准，以最准确的战术眼光发现对方的弱点，并集中精锐部队对那里进行协同攻击，瘫痪对方的指挥，瓦解敌人的士气。而他本人也总是全军中最为英勇的一位，永远都战斗在会战最激烈的方向。正是他本人的勇敢、意志以及和士兵们同甘共苦的精神，才使士兵们追随着他，完成了人类历史上最为伟大的远征，一路从无败绩。

若以对历史的推动而言，亚历山大的作用可能要比其他任何人都更重要。若没有他本人的梦想和雄心，希腊文化可能永远不会抵达幼发拉底河以东，甚至可能会在小亚细亚便停下前进的脚步。更重要的是，亚历山大还创造了一种"四海之内皆兄弟"（Homonia）的普世观念，而这在西方历史上还是第一次。若不是有这种观念作基础，在很大程度上继承了希腊文化的罗马也不可能成为一个绵延千年的伟大帝国。

不过，任何人都不会是一位完人。亚历山大性格冲动易怒，喜好他人的奉承，曾处死王位竞争者，也曾犯下酒醉后误杀手下大将的恶行。无论这些恶行是否与当时的道德标准相符，我们都必须记得，正是这些冲动的梦想驱使着他一路远涉崇山恶水，使自己成了大半个世界的主人，也将希腊文化带到了当时世界的尽头。

目录 CONTENTS

	译者序	
001	第一章	概论
005	第二章	早期的战争
011	第三章	早期东方军队
021	第四章	希腊早期的军队与战争
035	第五章	居鲁士与大流士
045	第六章	公元前5世纪的各国军队
065	第七章	米太亚德与马拉松会战（公元前490年）
071	第八章	布拉西达斯（公元前424年至公元前422年）
079	第九章	从色诺芬到阿格西劳斯（公元前401年至公元前394年）
091	第十章	伊巴密浓达（公元前371年至公元前362年）
099	第十一章	腓力与马其顿（公元前359年至公元前336年）
107	第十二章	腓力的军队
137	第十三章	工事与围攻的技艺
145	第十四章	亚历山大的希腊战役（公元前336年）
151	第十五章	多瑙河战役（公元前335年）
159	第十六章	佩利乌姆（公元前335年）
167	第十七章	毁灭底比斯（公元前335年）
175	第十八章	出征亚洲（公元前334年）
189	第十九章	格拉尼卡斯会战（公元前334年5月）
203	第二十章	萨迪斯、米利都、哈利卡纳苏斯（公元前334年秋）
215	第二十一章	前往托罗斯山（公元前334年至公元前333年冬）

225	第二十二章	征服西里西亚（公元前333年夏季至秋季）
233	第二十三章	伊苏斯会战（公元前333年11月）
251	第二十四章	围攻泰尔（公元前333年11月至公元前332年8月）
265	第二十五章	从加沙到埃及（公元前332年9月至公元前331年春）
273	第二十六章	挺进巴比伦（公元前331年春至9月）
283	第二十七章	阿贝拉会战（公元前331年10月1日）
297	第二十八章	巴比伦、苏萨、乌克西亚人（公元前331年10月至12月）
307	第二十九章	迂回波斯门（公元前331年12月至公元前330年3月）
317	第三十章	追击大流士（公元前330年3月至7月）
327	第三十一章	讨伐贝苏斯（公元前330年7月至秋季）
337	第三十二章	"费罗塔斯的阴谋"（公元前330年秋）
343	第三十三章	翻越高加索（公元前330年秋至公元前329年5月）
355	第三十四章	查可萨提河（公元前329年夏）
365	第三十五章	剿灭斯皮塔米尼斯（公元前329年至公元前328年秋）
375	第三十六章	克雷塔斯（公元前329年至公元前328年冬）
379	第三十七章	罗克珊娜（公元前328年至公元前327年冬）
387	第三十八章	进军科芬河（公元前327年5月至冬季）
401	第三十九章	阿尔诺斯之岩（公元前326年深冬）
411	第四十章	对敌波鲁斯（公元前326年3月至5月）
419	第四十一章	海达斯佩河会战（公元前326年5月）
429	第四十二章	五河之地（公元前326年5月至7月）
437	第四十三章	折返（公元前326年7月至10月）
447	第四十四章	马里人的战役（公元前326年11月至公元前325年2月）
459	第四十五章	格德罗西亚沙漠（公元前325年2月至公元前324年2月）
475	第四十六章	兵变（公元前324年）
483	第四十七章	殒命巴比伦（公元前324年8月至公元前323年7月）
489	第四十八章	其人其战
499	第四十九章	继业者战争、欧迈尼斯、安提柯、菲洛皮门

510	附录一	部分古典时代行军记录
511	附录二	部分古典时代会战伤亡记录
512	附录三	亚历山大的行军记录
516	附录四	亚历山大家族系谱
517	大事年表	

第一章
概论

人类最早的历史便是对战争的记录。对那时的历史学家而言，和平并没有什么值得记录的，只有那些最激烈的事件才能引人注目。战争总会伴随在政治与领土争端之后，而战争也正是几乎所有早期史料的主题。若没有荷马（Homer）对英雄武功的吟颂，伟大的诗歌便将无法发端；若没有希波战争（The Persian War）与伯罗奔尼撒战争（The Peloponnesian War）中那些扣人心弦的争斗，希罗多德（Herodotus）和修昔底德（Thucydides）也不会提笔写下那些无价的史学篇章。在所有这些著作之中，色诺芬（Xenophon）、阿里安（Arrian）、恺撒（Caesar）的著作可以称为战史，而其余学者记录的则不过是一些被政治事件编织在一起的战争片段。虽然我们的现代文明已经使和平压倒了战争，而且在过去的几代人中，毫无疑问，和平的艺术已经变得比战争的艺术更为重要，但只要战争仍是所有国家、民族解决争端的最终手段，和平的艺术就仍要供养着战争的艺术，人们就仍要研究战争，也仍要对那些最伟大统帅的所作所为保持最大兴趣。

战争艺术诞生于少数几位伟大统帅的头脑之中，也只有从他们的胜利之中才能学到。死记硬背流传下来的教条、规矩只不过是这门艺术的细枝末节。隐藏在这些大师的所作所为中的教训，只有通过对这些事件的详细分析才能获知；通向胜利的灵感，只有通过模仿这些统帅的脚步才能得到。对军人而言，没有什么比认真研究这些伟人的人格、才智，并熟知他们的战史更能使自己获益。当然，对于外行人来讲，也许其他一些话题会令他们更感兴趣。不到一代人之前，我们美国还是一个几乎全民皆兵的国家。在四年时间里，将近400万美国人身着这蓝色或者灰色的军服。如今这些人的人生已近深秋，不少老兵乐于将自己所经历的战役，与那些历史上被称为战争大师者所进行的战役进行比较。而这正是我这本书的立意所在。

战略可以被非常恰当地形容为地图上的战争。拿破仑（Napoleon）总会在参谋们为他准备的地图上勾勒、安排战役计划，并在地图上使用不同颜色的别针来模拟部队行动。只有在地图上验证计划之后，他才向部队逐次下达命令。对统帅们而言，地图就像是一张棋盘，在此之上，他可以像棋手移动棋子那样使用他的部队。换句话说，所谓"战略的艺术"，要义便在于将领指挥部队穿越敌军所在地区，与敌军相遇之前就将对手置于不利于会战或其他行动的地位。而军队在战场上面对敌军时进行的行动，则属于大战术的范畴。所谓"战略"，就是由战争的常识和惯例组成。就如同生活中的惯例是由大事小情的行事结果逐渐构成一样，战略也是来自于战争大师们面对不同情况时采取的行动。战略一词出自希腊语"strategos"，而后者正是希腊人用来指代特定部队指挥官，也就是将军的。战略的起源并不在于军队、平民、地形或任何其他因素，虽然所有这些都在战略的考量范畴里。战略的发端仅在于作为军队大脑、核心的统帅们，他们为战役带来了（而且也必须带来）战略价值，推动了战略这门艺术的进步，用自身的智慧和勇气为军队带来了力量和指导。

与任何其他科学一样，战略也有着自己的准则。但直到近一个世纪，这些准则才终于被记录了下来。[1]从原则上讲，这些准则是绝无含糊的，而在实践上，又是具有弹性的。因为它们不过是达到目的的手段、科学的命名法或专业术语、三段论的经典论式而已。这些战略格言是应被严格执行或是放宽使

---

[1] 道奇本书出版于19世纪末，因此"近一个世纪"所指代者即为从拿破仑战争结束之后至19世纪末这一段时间。而"被记录下来"指的是约米尼所著《战争艺术》一书。

用，只取决于将军的能力。二流的将领为了避免危险会严格遵守它们，而一流的将领则会因地制宜。那些超越单纯准则并因此成功之人，通常都有天才的灵光一闪。因为这些准则不过是加以精炼的常识，天才们能够在环境允许或他自己能够掌握环境的情况下，反其道而行。伟大的统帅绝不会允许自己被规矩和惯例捆住手脚，但他们的行动却总能在大局上（除一些例外）符合这些准则。能够在恰当时刻抛弃惯例规矩，正是这些伟大统帅能够立于其余指挥官之上的原因。而他们的成功，却又总是能够验证那些准则的正确性。

德摩斯梯尼（Demosthenes）[①]曾说雄辩的第一要素是积极，第二要素是积极，第三要素还是积极。到了我们这个时代，比起在演讲中，雄辩的这三个要素在战略和战术上的应用反而更重要。身为将军，必须快速反应，快速行动。他们的职责在于制订、纠正行动策略，而能够坚持不懈且技艺高超地履行计划者便成为名将。一些费比乌斯战术[②]的应用例子也足以证明这点。从某种角度上讲，费比乌斯·马克西姆斯（Fabius Maximus）和汉尼拔是同样积极的，他与那位迦太基统帅之间的主要区别只是他会选择避免大规模交战。如果费比乌斯不是始终保持着积极行动，他又如何能始终紧追着他那位出色对手的一举一动呢？保持积极也并不代表军队必须始终不停地运动，而是应在恰当的时间向恰当的地点运动。当然，只有士兵们的双腿（同样也包括他们的胃口）才能使他们的统帅施展头脑和激情，展开一次成功的战役或赢得一场激烈会战的胜利。

与其他的科学一样，战略也是在发展的。它最初表现在一个野蛮人部落为获取食物、金属、女人和其他任何战利品而对另一个部落的无情入侵中。入侵的技巧、速度，以及对方是否缺乏戒备或至少居于劣势，决定着入侵的成败。进攻战略便由此发展而来。遭到入侵的部落切断道路，封锁隘路，驻守渡口，在森林中设伏，从这些简单行动中又诞生了防御战略。强大的一方往往会

[①] 雅典雄辩家和政治家，曾激烈反对腓力和亚历山大对希腊的统治。
[②] 费比乌斯在第二次布匿战争期间多次当选罗马执政官，在他的指挥下，罗马军队避免和汉尼拔正面交战，但同时又紧追汉尼拔的一切行动，使其处处受限，逐渐消耗其实力。这种战术后来即被称为"费比乌斯战术"，而费比乌斯本人也得到了一个"拖延者"的称号。

表现出较少的技巧，而总是依赖自己的实力。弱小的一方处处保护着自己的弱点，反而会表现出更多技巧。战争的科学和艺术，便是从这些简单的开端中成长起来。在现今所有最伟大的国家中，战争艺术已经包纳了一切技艺和科学，甚至于这些技艺和科学的主要价值都已经变成了为战争艺术服务。

与战略一样，战术、后勤、工程也自古代到现代一路而来，完善得非常缓慢。古代人将战术组织、操练高度发展，而他们在战场上施展的战术有时也无与伦比。后勤问题相对要简单一些，因为当时的军队不但规模不大，而且也不需要携带像今天这么多的补给物资。工程方面，泰尔（Tyre）、罗德岛（Rhodes）、阿莱西亚（Alesia）等只靠就地取材的围攻战例，至今依然罕见。我们今天利用现有技艺和机械进行的战争，并不比20个世纪之前希腊人用他们的技艺和机械进行的战争完善多少。

本书的目的并不在于讨论战争艺术本身。相比之下，我更愿意讲述那些伟大统帅的战史，因为正是他们的所作所为创造了战争艺术。点评这些战史，能向读者们展现出掌控或限制着战略、战术的道理和准则。在介绍第一位，也可能是最伟大的一位统帅——马其顿的亚历山大（Alexander of Macedon）之前，我们有必要通过对少数战役和会战的简述，来对他诞生之前的军队和战争艺术先行者们作一简介，以呈现出这位在年轻时便作为世界最小，却最伟大的国家——希腊的统帅，对实力无与伦比的波斯（Persia）进行远征，继而将整个世界扛在肩膀上的小伙子在当时所拥有的知识和学识。我们不会用连贯的历史来叙述这些知识，一些著名的战史和名将也要被省略掉。本书只会引用那些具有代表性的例子，以此来讲述战争是如何从死板笨拙走向灵活多变的。一部战争的历史需要记录所有大小战争、会战，而一部战争艺术的历史，却只需要记录下那些最能代表其发展过程的典型战争和会战。

第二章
早期的战争

最早的可信战争历史可能是由犹太人记录下来的。埃及的纪念碑则是关于战争的最早绘画记录。其后的《伊利亚德》则描绘了公元前1200年的战争情况。在那之后出现了希罗多德（卒于公元前418年），他凭着对希波战争的忠实描述赢得了"历史之父"的美名。紧接着，修昔底德（卒于公元前384年）记录了伯罗奔尼撒战争中伟大的政治事件和数量不多，却有趣的军事事件。色诺芬（卒于公元前360年）绘声绘色（有时也会略加想象）地描写了居鲁士（Cyrus）的作为，而他精彩的《长征记》（Anabasis）更是冠绝所有战争史书。希腊人波里比阿斯（Polybius）、狄奥多拉斯（Diodorus）、狄奥尼西乌斯（Dionysius）、阿里安、普鲁塔克（Plutarch），罗马人恺撒、萨卢斯特（Sallust）、李维（Livy）、塔西陀（Tacitus）、尼波斯（Nepos），这些史学家也将先贤作品的特质继承了下来。战争总会出现在这些史学家和其余很多作者的作品中，因为通常是战争推动着人类文明的进步。

从罗马衰亡到中世纪结束，都没有真正意义上的史书，而只有编年史和一些简短的片段记录。直到15、16世纪文艺复兴之后，才有人开始撰写中世纪的历史。与当时的所有其他事物一样，这些史书也依照古代格式写成。火药的发明不仅改变了战争的模式，也改变了记录战争的方式，但直到18世纪，战史的写作仍然会在一定程度上受古典著作影响。除了少数几位战争大师以外，此时的战争体系也受到了同样的古典学究气息影响，直到法国大革命颠覆了所有学科里先入为主的观念，战争艺术才被推到一个新的高度。对古典模式的崇拜被爱国情操所取代，战争科学的进步变得持久而稳定，而对伟大统帅们的研究也终于结出了果实。在此之前，战史只是简单地记录史实，现在则演变成了探究这些有史可查的行动的指导准则。

嘎利津亲王（Prince Galitzin）在其出色的著作中将战争史分成了四个部分：

1. 古代战争

    1.1 公元前500年之前的战争

    1.2 从公元前500年希波战争开始到公元前323年亚历山大去世

    1.3 从公元前323年亚历山大去世到公元前44年恺撒去世

    1.4 从公元前44年恺撒去世到公元476年西罗马帝国灭亡

2. 中世纪战争

    2.1 从476年至814年查理大帝（Charles the Great）去世

    2.2 从814年至1350年首次出现火器

    2.3 从1350年至1618年三十年战争（The Thirty Years' War）之前

3. 现代战争

    3.1 三十年战争，1618年至1648年

    3.2 从1648年至腓特烈大帝（Frederick the Great）去世之前的战争

    3.3 从腓特烈大帝时代到法国大革命开始，1740年至1792年

4. 当代战争

    4.1 从法国大革命到1805年

    4.2 拿破仑战争（Napoleonic Wars），1805年到1815年

    4.3 1815年之后的战争

在以上这些时代当中，以古代的亚历山大、汉尼拔、恺撒，现代的古斯塔夫（Gustavus Adolphus）、腓特烈、拿破仑的战争最具军事研究价值。在这些时期之外则很少有名将出现。记录这些伟大统帅和一些偶尔出现的名将的军

事成就，并用少量发生在间隔期的事件将他们联系起来，足以使我们了解战争科学的兴起和发展。拿破仑也曾说："反复阅读他们的战役，以他们作为榜样，这是探知战争艺术奥秘、成为伟大统帅的唯一途径。"

从诞生在地球上的那一刻起，人类便是好战的动物。经过以徒手肉搏解决争端的时代之后，人类学会了使用棍棒和石头，前者作为近战武器，后者则是远战武器。毫无疑问，很早之前人类就开始为自己建造屋棚，并用木桩、石头和泥土将屋棚围绕起来阻挡邻居的侵犯。武器和工事便是从此发端。当人们聚成团体，攻击和防守的艺术便从人群混战中开始诞生。公民终其一生都是士兵，但通常仅有一部分公民会被征召起来离家作战，这便是常备军的起源，而在征服者自立为王后，常备军便成为固定设立的组织。每当有人发明出有用的技术，这项技术肯定会首先被用来满足战争的需要。弓弩、箭矢、长枪、投石器、刀剑、胸甲、盾牌逐渐被投入使用，马匹也被驯服送上战场，最先是作为驮兽，之后用来拉动战车或成为骑兵的坐骑。战车和战马最初得到使用是因为它们给士兵提供了一个更高的平台来投掷武器，并使他们看起来更加可怕。战象和骆驼也是因相似的原因被用在战争之中。无疑，战车出现的时间要比骑兵更早。在没有固定阵型的情况下，士兵开始成群结队地战斗，此时更勇敢、更强壮或人数更多的一方便能获得胜利。随着更好的武器出现，战斗的队形也有所发展。装备最好的战士们被集中在一起。投石手在与长矛兵并肩战斗时难以发挥效力，战车或骑兵与步兵混在一起时也不能有效战斗，由此诞生了某种战术阵型。更具智慧的士兵开始指挥那些不够聪明的人，从而产生了军阶和指挥体系。很快人们就发现，轻装的弓箭手、投石手在采用松散的散兵队形时能够最有效地使用武器，也能够最快速地行动；而重装的长矛兵和剑士，只有在排成密集队形时才能施展出决定性的打击。军队组织上的进步，伴随着其他方面的发展，呈现出近乎完美的自然规律。

防御工事也由差不多的途径发展而来。部落最初会将村庄建立在山峰、丘陵等难以接近的地区，并用壕沟、栅栏和松散堆砌起来的围墙环绕村庄。这些简陋的居所逐渐演变成了设防城市，城墙和壕沟的尺寸越来越大，也越来越难以攻击。在那之后，城内又建起了卫城，城墙上建起了箭塔，如果进攻者接近城墙，箭塔上便会射出大量矢石。相比之下，围攻技艺的发展要更正规却又

007

滞后很多。在好几代人的时间里，设防城市都被视为无法攻破，诡计和饥饿是占领它们的仅有办法。不过，围攻者们逐渐发现城墙可以通过地道或其他手段削弱或是破坏，还可以通过各种途径攀登。从此，围攻的艺术开始成形。

随着部落发展成国家，战争也迈向了更大规模。通常情况下，数量是决定胜负的唯一条件，但弱者有时也能通过诡计保全自己，比如拒绝接受会战，转而利用夜间或小规模战斗攻击对方；防御河流渡口或山地隘路以阻止对方前进；利用伏击或从城市中进行奇袭打击对方。从这些小小的起点开始，精神力量在数个世纪中缓慢地抵消掉了物质优势，而这种精神力量，便是战争艺术。

除腓尼基人（Phoenician）和犹太人（Jew）以外，远古的东方民族都会把人口分为不同种姓，只有最高贵的种姓才有权利佩带武器，并因此得到最精心的训练。在一些国家中，军事阶级垄断了所有的民事和政治权力。在另一些国家中，其权力则较小。这样一个阶级的存在最终催生出了常备军，国王的近卫也从这个阶级中挑选，而他们在东方政府中往往占据着重要地位。

腓尼基人最先使用了雇佣部队。一支领薪水的专业部队能够保证公民不受干扰地专心于经济生活，而经济贸易正是腓尼基国力的源泉。但这些部队也必然是不可靠的。后来的埃及和波斯也曾经雇用过大批的佣兵。

除上述征兵方式以外，征调整个地区或征调国家部分人口进行作战也很常见。这些人被大量补充到常备军、军事阶级或佣兵之中，使军队规模变得极为庞大，但构成其庞大规模的人员并不可靠。在面对优秀部队时，这些人本身就会成为己方的弱点。不过，通常他们面对的敌人与自己的组成方式相差不多，因而常常获胜。

在东方人的战争中，组织和战术水平通常较低。虽然几乎一切的军事技术都源自东方，但总是欧洲的希腊人和罗马人为它们带来成功的改进。尽管东方文明要比西方更为奢华，但那些受压迫的种姓在军事本能上远不及西方的自由人。只有在骑兵这一个方面，东方民族要更为优秀。这一优势得益于他们的马匹更为优秀，马术的普及程度也很高。而在所有其他方面，东方军队都远不及欧洲。

东方古代军事行动的形式主要为两种——规模巨大的劫掠以及征服战争。其行动的覆盖范围巨大，并常常导致庞大军队的交战、整个民族的毁灭或者奴役、对敌国都城或贸易重镇的漫长围攻。在会战中，东方将领们似乎更愿意利用诡计或数量优势来包围、消灭敌军。所有这些行动都会伴随着针对敌军个人或全体人民的可怕非人行为——进行大规模屠杀并摧毁不计其数的财物。而这些行为对战争艺术的发展根本没有任何贡献可言。

第三章
早期东方军队

亚述、巴比伦、米底

亚述人（Assyrian）、巴比伦人（Babylonian）和米底人（Mede）的军队组织有着相似的起源，并且在形式上有很多共通之处。只有特定的阶级才能在军队中服役；在米底人中，服役更是被看作最高尚的事业。他们的常备军包括国王近卫军（通常数量庞大）、在高阶贵族指挥下保卫中央集权政府的部队以及各省驻军。这些民族会将人口依照十人、百人、千人划分成几个部分，每个部分按一定比例出人参军，而军队同样以十进制结构组织起来。大批的游牧民族（绝大部分是优秀的骑兵）也会伴随正规军一同行动，他们要么靠领军饷，要么靠抢劫发财。

步兵是东方军队的主体，骑兵则是军队的精华。即使在希腊步兵向世界证明自己远超其他任何步兵的几代人之后，东方的骑兵依然要领先于希腊人。希腊人并非马背上的民族，他们的山地国家也不像亚洲平原那样适合养马。有一个由来已久的说法：骑兵民族可以碾过一个国家，而步兵民族却可以征服它。希腊人和罗马人便是后一情况的最佳例证。

轻装部队使用弓箭和投石器作为武器，并且不穿着铠甲。作为重装部队的贵族和富人装备自然更好，他们使用刀剑、战斧、标枪、长矛和匕首等作为

·亚历山大战史

◎ 亚述武士

◎ 巴比伦重步兵和投石手

武器。重装部队虽然人数较少，却是军队中最具价值的核心力量。在那个时代，根本不存在战略机动，两支军队出发后便直接寻找对方，一旦遭遇就展开会战。在会战中，士兵们会依照民族编队。通常而言，其战线极为漫长，而且会形成一个多少有点内凹的阵型，以便在可能的情况下包围敌军。步兵位于阵线中央，骑兵位于两翼，战车则掩护着整个阵线的正面。他们的步兵队形十分厚重，通常是100排甚至更深的四方阵型①。弓箭手和投石手如蜂群般排列在

---

① 这个四方阵型不像希腊人和后来腓特烈、拿破仑时代那样是中空的，而是填实的。

第三章 早期东方军队

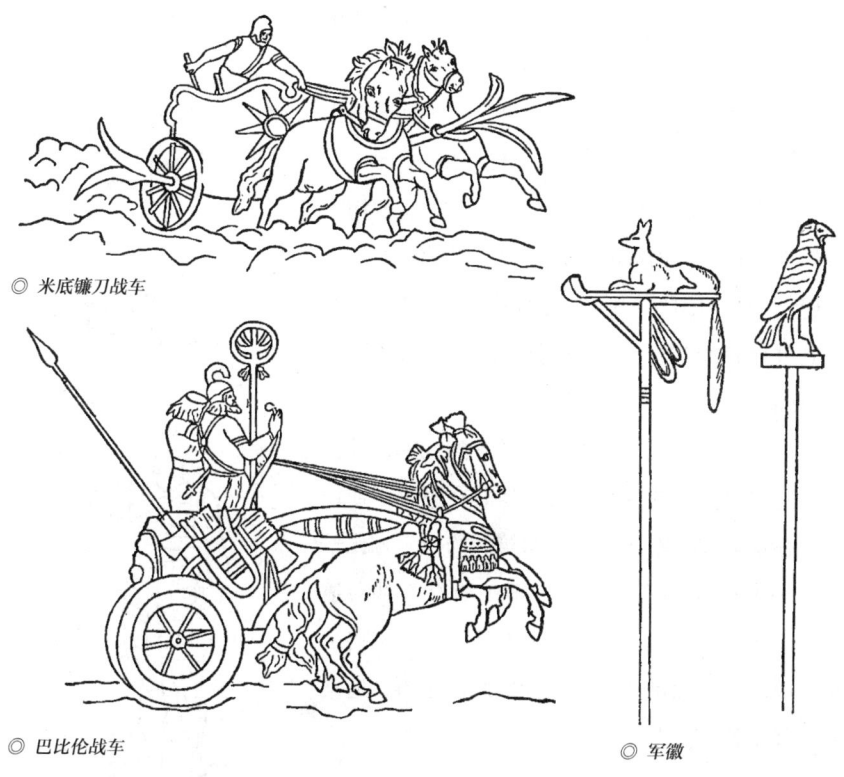

◎ 米底镰刀战车

◎ 巴比伦战车

◎ 军徽

所有部队前方，在会战开始时向对方发射大批矢石，之后便从背后各四方阵之间的空当撤退，或从全军的两翼撤退，从后方继续发射矢石。在此之后，战车便发动一次猛烈的冲锋以求冲破对方战线。为达到这一目的，战车往往会集中在一点上发动密集冲锋。紧接着，重步兵会手持长矛，以盾牌掩护身体，伴着号声的鼓舞，在军徽（通常是安装在长矛杆上的猛禽、野兽或圣物形状标志，与我们现在的军旗相同）的指引下发动进攻。他们凭借密集队形的重量，冲入战车在敌军阵线上撕开的缺口，同时骑兵也扫过对方侧翼，从敌军背后发起冲锋，激烈的白刃战就此展开。东方的士兵绝不缺少勇气，他们缺少的只是机动性和纪律。能够包围对方侧翼（除非对方用战车或精兵对侧翼加以专门保护），或是能组成更坚强正面的一方往往会取胜，失败一方则会被完全消灭。战斗通常爆发于开阔的平原，这些军队似乎从不会将自己的一翼倚靠在河流、

013

• 亚历山大战史

森林之类的自然障碍上来获得掩护。而在会战中发生的任何错误或者不幸,也都无法挽回。

这些民族的都城都拥有非常出色的防御工事。尼尼微(Nineveh)、巴比伦(Babylon)、埃克巴塔纳(Ecbatana)的石墙高度、厚度均十分惊人。直到色诺芬的时代,尼尼微的城墙仍有150英尺高。巴比伦则拥有两道城墙,希罗多德说其外墙有335英尺高、85英尺厚,克特西亚斯(Ctesias)[①]的描述与此相差不多,后者还说巴比伦拥有一道相当规模的壕沟。考虑到规模,其卫城的坚固程度更加令人惊奇。当时在围攻中使用的工程技术并不发达,无法与筑城的技术相比。一旦城市投降或者陷落,城镇中所有人都会遭到屠杀或沦为奴隶,因此守城者往往会做困兽之斗。亚述人据说也会为临时营地修建工事,通常为一道环形的防线。

◎ 亚述弓箭手

◎ 希伯来长枪兵

犹太人

在犹太人中,除一些例外情况,所有超过20岁的男子都被算作士兵。其12个部落分别组成一个军,在《出埃及记》所记载的时期,平均每个军拥有50000人。战时,用抽签或规定的办法从这样的军中选出所需士兵。这种办法既简单又明了。扫罗(Saul)[②]首次建立了一支国王近卫军。在大卫(David)的时代(公元前1025年左右),

◎ 希伯来长枪兵

[①] 公元前5世纪至公元前4世纪的古波斯历史学家,曾著有《波斯史》和《印度史》。
[②] 以色列的第一位国王。

犹太人中的适龄服役人数为130万人,单个部落提供的士兵数量则为24000人。12个军按月轮换服役,由一位军官指挥,后者也对军队的效率负责。整个288000人的部队都可以算作预备役部队,其中只有十二分之一的部队保持现役状态。部队依照十人、百人、千人的十进制组织编制。所罗门(Solomon)则大幅增加了骑兵和战车的数量,并完善了他们的组织和纪律。

在逃出埃及时,以色列人并没有任何武器。只有当埃及人遭到毁灭之后,他们才得以用埃及人抛进大海的武器装备一部分人。在流浪过程的后期,他们的武器主要是弓箭、投石器和标枪。直到他们抵达应许之地(The Promised Land)前,他们都没有装备任何铸造武器。巴勒斯坦(Palestine)的非利士人(Philistine)装备要更好一些,而且也拥有骑兵和战车。在之后的一段时间里,犹太人终于开始使用宽刃短弯刀和长枪。但投石器仍是他们最中意的武器,而犹太人也特别善于使用它们。到了士师(Judge)统治的年代,在26000名使用刀剑的部队中,精锐部队却是700名"能让石头准确命中一根头发"的左撇子投石手。即使早在摩西(Moses)的年代,犹太军队都拥有相当的训练和纪律水平。他们在会战中采取的战术则与其余民族相似:位于前方的轻装部队以疏开队形首先接战,之后再由重步兵以密集队形进行打击,战斗中还伴随有号声和呐喊。有时犹太人也会排成三道战线,轻装部队位于第一线,主力部队在第二线以10至30排的纵深排列,其后方则为一支由精锐士兵组成的

◎ 希伯来重步兵　　◎ 希伯来弓箭手

015

◎ 投石手　　　　　　　　　　◎ 希伯来散兵

预备队。①犹太军队中通常也会使用野兽形状的军徽。

　　犹太人的对手数量也同样庞大。在扫罗与非利士人的战争中，对方总计拥有6000名骑兵、30000辆战车以及"多得像海滩上的沙子一样"的步兵。在与琐巴（Zobah）国王利合（Rehob）之子哈达德赛（Hadadeser）的战争中，犹太人面对着700名骑兵和20000名步兵。所罗门也曾凭借1400辆战车和12000名骑兵，阻止了40000辆战车的进攻，不过后一数字可能算上了皇室马车和辎重车。与后来锡姆伯拉会战（The Battle of Thymbra）和阿贝拉会战（The Battle of Arbela）中的战车数量相比，这些数字看起来是过分夸大了，但它们仍然足以证明战车在当时战争中的重要性要比骑兵更大。

　　毫无疑问，犹太军队有着严密的组织结构。据古代史料记载，大卫王曾任命约押（Joab）为全军统帅，后者手下有27名副将，整支军队也被分为三个军。这其中明显存在着明确的军阶和指挥体系。

　　在摩西的指挥下，犹太人会对四方形的日常宿营地设防。但在他们征服巴勒斯坦之前，都不曾听说犹太人建立过有永备工事的城市。直到大卫的时代，他才采用东方常见的方式，为耶路撒冷建造了坚固的防御工事。

---

① 这种序列事实上与罗马人的青年兵—主力兵—三线兵这一排列排列方式极为相似。

◎ 身着武士装束的埃及法老　　◎ 身着片甲的埃及士兵（左）和身着皮甲的埃及士兵（右）

埃及

　　底比斯（Thebes）[①]和孟菲斯（Memphis）两座城市似乎有着埃及最早的军事系统，不过在公元前1500年之后不久，第一位法老便完成了埃及的统一[②]。武士阶级在埃及位于社会顶层，仅次于祭司。在塞索斯特利斯（Sesostrids）[③]的统治下，埃及的军队组织开始变得高效起来。在这位伟大的法老出生时，其父王宣布将所有当天出生的男孩组织起来进行军事训练，这些人后来即成为塞索斯特利斯的近卫军，其中还有数人晋升为将军。与后来的封建国王一样，塞索斯特利斯会先将土地分封给自己的士兵，然后为他们规定一定的服役年限，士兵们必须自己负担征战的费用，并随时做好服役准备。埃及军队的人数总计不少于40万。武士阶级中的年轻人会接受系统训练，一切的记录和传统也都表明埃及人是非常出色的士兵。对他们来说，剥夺荣誉便是对违反纪律最严厉的惩罚，不过通过一些英勇行为，荣誉也并非不能挽回。从公元

---

① 此为埃及的底比斯，并非希腊的那个同名城邦。
② 这一记录有误，埃及在公元前3000年之前便完成了首次统一，首位法老也于当时出现。
③ 塞索斯特利斯为希罗多德记录中这位埃及法老的希腊语名字，其埃及名应为努塞尔特。

前1200年开始，埃及开始走向衰落。到森美忒库一世（Psammeticus）[1]时期，来自小亚细亚（Asia Minor）和希腊的佣兵逐渐取代了武士阶级在军队中的地位。

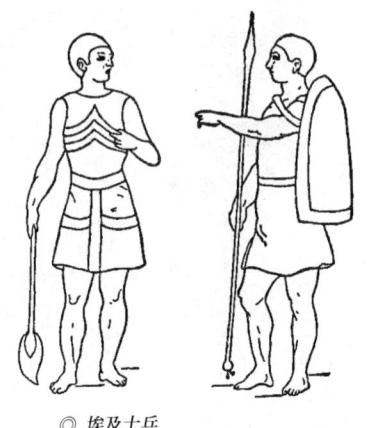
◎ 埃及士兵

埃及军队的主体同样由步兵组成。即使在远古时代，战车和骑兵便已经变得常见了。不过当埃及的运河系统逐渐发达之后，可供战车和骑兵活动的空间变小，其作用也就跟着减小了。埃及人使用弓箭、长枪、投石器、战斧、标枪、刀剑等常见武器，步兵也分为轻装和重装、非正规和正规两类。一些步兵会携带能够覆盖全身的盾牌，并穿戴锁子甲和头盔。埃及军队中设有军乐队，并将圣牛或鳄鱼的形象置于长枪上作为军徽。色诺芬在《居鲁士的教育》（Cyropaedia）一书中记录了锡姆伯拉会战中埃及人使用的战术：他们排列成纵深极大的庞大密集队形，通常为100列宽、100排深的四方阵，正面由连接在一起的盾牌和伸出的长枪掩护，使敌人难以攻击。埃及人会修建矩形设防营地，还会建造巨大的城墙来保护边境，塞索斯特利斯便曾在培琉喜阿姆（Pelusium）和赫利奥波利斯（Heliopolis）之间建造过一条长城，而埃及城市也有数层高的城墙保护。与此时的其余所有民族一样，埃及人的围攻战术也不怎么发达。即使并不太坚固的阿什杜德（Ashdod）[2]，也能够抵挡森美忒库达29年之久。

塞索斯特利斯拥有60万步兵、27000辆战车和24000名骑兵。据说他曾经征服埃塞俄比亚（Ethiopia），穿过麦罗埃（Meroë）进入阿拉伯半岛（Arabia Petrea），并从那里一路远涉印度，之后他又从海路抵达腓尼基，甚至蹂躏了小亚细亚的大片土地。据称，塞索斯特利斯所征服的土地向东远达奥克苏斯

---

[1] 公元前664年至公元前610年在位。森美忒库也是希腊语名字，其埃及原名为普萨姆提克。
[2] 以色列西南部的腓尼基城邦。

（Oxus）和印度河（Indus），并向当地人口征收了大批进贡。然而，即使这些功绩不只是值得怀疑的传说，他的征服也没能持久下去。

波斯

在居鲁士的统治下，波斯的武士不仅位于社会顶层，而且还是世袭阶级，终其一生都随时准备作战。如果《居鲁士的教育》中的记述正确，那么居鲁士仅凭30000人马便完成了他最伟大的征服工作。之后他的军队人数增加到了70000人，并相继有更多被征服省份的士兵前来投效。在这些省份中，居鲁士一律保留当地政府，但留下一支波斯军队驻守。这套体制证明了居鲁士的明智。他所过之地的人民生活富足，而统治他们的总督也始终处于波斯军官的监视之下。亚历山大大帝后来也效法这套体系，并取得了同样令人满意的效果。居鲁士征服的亚洲土地与后来亚历山大征服的一样辽阔，亚历山大也会在城市中留下驻军，作为他离去后的支撑点。在居鲁士有生之年，波斯军队有着极好的纪律，但在他死后，与米底人奢华生活的接触几乎完全摧毁了他建立起来的体系。

《居鲁士的教育》多少带有浪漫色彩，色诺芬将自己的经验和理解也融入了这部史书，而且书中满是对英雄的过度崇拜。尽管其主体内容是真实的，细节却无疑有多加粉饰之嫌。无论如何，该书的历史价值都不亚于其可读性。

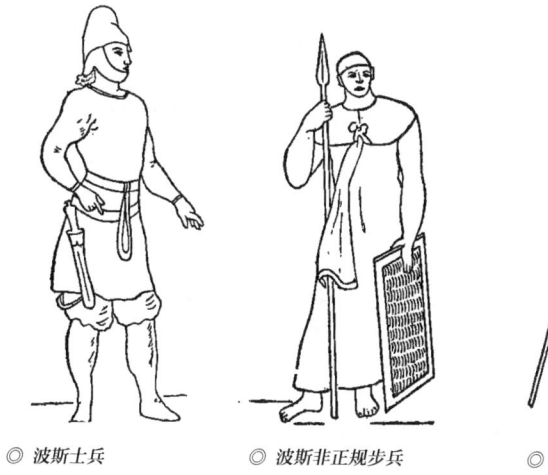

◎ 波斯士兵　　◎ 波斯非正规步兵　　◎ 波斯武士

·亚历山大战史

当时波斯人主要以步兵作战，骑兵数量很少。但居鲁士意识到面对亚洲那些拥有大量优秀骑兵的民族时，自己也必须拥有骑兵。为此，他从各地征集了10000名骑兵，并在锡姆伯拉会战中充分发挥了他们的作用。这正是日后波斯优秀骑兵的发端。波斯步兵最初只装备有弓箭、投石器、标枪和小盾，后来他们在征服亚洲的过程中逐渐改进了武器，开始使用战斧、刀剑，并开始穿戴锁子甲和头盔。由此，他们中的一部分人也从轻步兵逐渐发展成重步兵，大部分人则依然保持轻装。居鲁士还将波斯步兵原先的30排纵深缩减到了12排。①波斯骑兵的情况与此相似，大部分是来自游牧民族盟军的轻骑兵，重骑兵只占少数。居鲁士手中也有一些镰刀战车。色诺芬还说他在锡姆伯拉会战中使用了底部装有轮子、内部安置了士兵的可移动箭塔，以及骆驼骑射手、用骆驼背负的巨弩和其他一些奇怪装置。所有这些装置的真实性都非常值得怀疑，但这些说法仍然十分有趣。

在防御工事和围攻方面，波斯人几乎毫无建树。但他们还是从米底人和其他亚洲人那里学到了一些技能，并逐渐学会了如何使用巨弩和攻城锤。不过，除非守军很快就被饥饿打倒，否则波斯人通常还是更愿意使用诡计来占领城镇，就如同他们在锡姆伯拉会战后进攻萨迪斯（Sardis）时所做的那样。巴比伦的尼布甲尼撒（Nebuchadnezzar）曾围攻泰尔旧城达13年之久，却始终无法攻克。

在居鲁士之后，其子冈比西斯（Cambyses）将全国男性人口分为儿童、青年、成人和老人四等。每一等拥有12名头领，头领均从成人和老人中选出。男性一旦超过10岁便要进入儿童阶级，20岁后划为青年，30岁后划为成人，40岁划为老人，55岁后解除兵役责任，每个等级均拥有自己专门的职责和纪律。不过这种划分办法与其说它有益，还不如说它有趣。②

---

① 这一纵深已经小于马其顿方阵和后期希腊方阵的16排纵深，说明当时波斯军队中的重步兵比例似乎并不太低，否则在对抗埃及那些100排的步兵行列时将一触即溃。

② 事实上，罗马共和国中期的军团同样以服役年限为基础划分为青年兵、主力兵和后备兵，而三者在装备、作用与纪律上也所有区别。当然，即使对罗马人自己而言，这种划分也不过是通过人为标准来区分部队的经验和配发武器，但绝非没有意义。到罗马共和国后期，所有罗马步兵全部使用同样的武器，青年、主力、后备兵也被统一的军团步兵所取代。

第四章
希腊早期的军队与战争

  古希腊借鉴了我们所知的所有东方战争艺术，但凭着高度的民族智慧，他们去掉了所有无用之物，将其实用性提高到了那个时代的最高水平。

  早期的希腊国王们掌握着全部民事和军事权力。所有自由人口都是士兵，并从青少年时代起就要接受训练。从特洛伊战争（Trojan War）时起，希腊人便已经开始使用青铜武器。贵族和头领们使用刺枪、投枪、短剑，弓箭和投石器则被留给那些不够英勇精干的士兵使用。与他们相反，特洛伊首领们并不蔑视弓箭。希腊人的头盔、胸甲以及大盾也由青铜制造。他们或步行或乘战车作战（后者为贵族的特权），但并没有骑兵。因为除色萨利（Thessaly）和玻俄提亚（Boeotia）以外，希腊的其余国土多为山地，并不适合骑兵发展，再则他们的马匹品种不佳，人民也不通骑术。奇怪的是，与此同时战车却得到了广泛使用。在战斗时，希腊武士跳下这些两匹马或四匹马拉的两轮战车徒步作战，马夫则驾着战车在他附近等待。从任何角度来看，除振奋士气以外，这些战车都非常笨重，实际作用也非常值得怀疑。

  根据传说，在七英雄远征底比斯时，为支持波吕尼刻斯（Polynices）登上王位，七位国王组建了一支军队，其中也存在当时军队组织结构的蛛丝马迹。围攻底比斯城时，进攻者在每个城门外分别部署了一支部队，尝试用饥饿

◎ 身穿皮制胸甲的希腊士兵

◎ 爱琴海石雕中的帕里斯

◎ 古代希腊士兵

来打败对方。底比斯人则发动了一次突围，杀死了七位国王，赶走了他们的军队。十年之后，这七位国王的儿子们终于攻克了底比斯，并将波吕尼刻斯的儿子推上了王位。

到围攻特洛伊时（公元前1193年至公元前1184年），我们已经能够清楚地看到军队的编组结构。阿伽门农（Agamemnon）很明显是拥有法定权力的，所以才能强令其余希腊君王加入这场建立在个人恩怨基础上的远征。阿喀琉斯（Achilles）拥有2500名士兵，分为5个各有500人的团。希腊人以方阵或类似的厚重队形投入战斗，他们将盾牌并在一起，士兵们一言不发，以确保能够听清指挥官的命令。但在战线前方，双方总会派出最英勇的武士进行几场决斗——可能这算是双方重装部队交战前、重要且长时间的散兵战斗。希腊士兵拥有令人羡慕的纪律性，但在获胜后却习惯于解散行列来进行屠杀或者抢劫，因而总是会丧失决定性的优势。希腊人对待俘虏也极不人道。

希腊军队每日都会修建宿营地，并经常为其设防，但士兵们不睡在帐篷里，而是直接露天而宿。只有长时间停留在某地时，他们才会修建棚屋。在特洛伊城下，希腊军营拥有一道又宽又深的壕沟，壕沟之后还有木栅栏或者用掘壕时挖出的泥土修建的城墙，墙上建有木制箭塔。在这些工事保护下，士兵们便居住在棚屋之中。

在当时，希腊人建造防御工事的水准也就比搭建粗糙掩体稍强一点，他们对围攻战

第四章 希腊早期的军队与战争

术更是一无所知,其对特洛伊长达十年的封锁即证明了这一点。而双方不断在城外发生战斗,说明特洛伊人本身也不太依赖城墙保护。数万希腊大军没有包围整个特洛伊,而只停留在海滩上封锁着这座城市。特洛伊人始终可以依靠艾达山区(Mount Ida)提供补给,希腊人却只能将一半军队派往克森尼索(Chersonesus)征发粮食。整整九年时间里,战争都局限在小规模冲突之中。

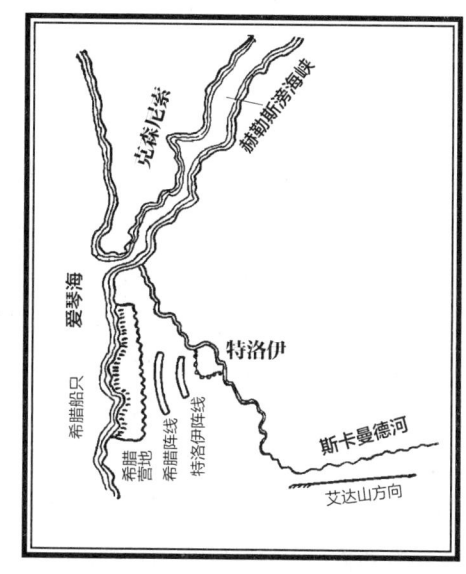

◎ 特洛伊围攻战示意图

希腊人将大量时间浪费在对特洛伊属地的一系列孤立攻击上,直到战争双方都精疲力竭。涅斯托尔(Nestor)于是建议将士兵依照民族和家族重新整编,以激起各部队之间的竞争意识和应有的雄心。希腊人能在冲出营门后立刻排成战斗序列,也证明他们熟知如何排列队形。当时希腊军队分为左翼、中央和右翼三个部分,步兵采取纵深为数排的队形,并依涅斯托尔建议将最懦弱者置于第一排,将最勇敢者置于最后一排。有时军队也会排列成数条战线,如将战车作为第一线,步兵为第二线。在进攻希腊人的营地时,赫克托耳(Hector)将特洛伊人也分为五支部队,使成功与否并不由单独某一支的一次进攻决定。这便是一种粗略的预备队概念。阿里斯提德(Aristides)[①]曾将帕拉墨得斯(Palamedes)[②]称为"战术之父",涅斯托尔无疑也应该享受这个荣誉,但交战之前双方英雄的长时间决斗却阻碍了大战术的发挥。关于那次战争中的战术细节,我们也一无所知。直

[①] 雅典名将,曾参与马拉松会战和萨拉米斯海战。
[②] 特洛伊战争中的希腊将领之一。

到战争的第十年，特洛伊才终于被攻陷了，使用的方式也并非我们现在意义上的围攻战。

从特洛伊战争时期一直到公元前6世纪，希腊各城邦的军事制度稳步发展。兵役成为城邦内的最高义务，对自由人来讲也是珍贵的殊荣。宗教、教育、运动大会都是青少年军事训练的一部分：宗教使他们相信英雄可以成为半神；教育内容只局限于体育和军事演练，锻炼他们的耐心和耐力，灌输对上级和长辈的尊敬以及对国家的热爱；运动大会则使那些最勇敢、最强壮以及最有经验的人有机会展示技艺和勇猛，并借此赢得荣誉和尊敬。战车、赛马和田径比赛垄断了所有的运动大会，其中田径包含赛跑、越野、摔跤、掷标枪和铁饼、拳击以及包含以上所有项目的全能赛。获胜者得到的奖赏只有荣誉，但它的价值却超过了一切物质奖励。人们会为声名显赫的胜利者竖立雕像，用碑文和诗歌赞美他的荣耀，保养雕像和碑文的费用也由公共开销支付。

所有18岁至60岁的公民都拥有服役的权利和义务，具体年龄因城邦不同而略有差异。爆发战争时，城邦会依据惯例、年龄或抽签的方式来选出所需的兵员。光荣服役一定年限之后，公民便可获得不少民事特权，甚至得到进入政府任职的机会。在战斗中伤残的士兵会得到国家供养，他们一样受人尊敬。

在公元前6世纪左右时，希腊人几乎完全依靠步行作战。方阵步兵是重步兵，散兵则是轻步兵。前者来自地位最高的阶级，使用最长达10英尺的长

◎ 希腊重步兵

矛、大盾、短剑,并拥有头盔和胸甲,有时还包括胫甲。他们的胸甲通常使用皮革制成,但由于重步兵的装备是由自己购买的,故其武器装备会随个人喜好而千变万化。轻步兵没有甲胄,武器也仅限于弓箭和投石器。他们来自城邦中相对贫穷的阶级,在战斗中的价值远逊于重步兵。但有一部分轻步兵例外,例如克里特(Crete)弓箭手便因他们射箭的准确度和箭矢的威力而受到推崇。

◎ 拥有铁制护胸的皮甲

特洛伊战争之后,战车的地位一落千丈。在希腊的破碎山地和谷地中,它们根本无法发挥任何作用。骑兵取代了战车的地位,至于这种变化具体从何时开始则并不清楚。色诺芬曾提及,早在吕库古(Lycurgus)①时期希腊便已经出现了骑兵,而他们在一个世纪后的麦西尼亚战争(The Messenian War)中无疑也得到了使用。作为战斗部队而言,大部分希腊骑兵并不优秀。在他们之中,玻俄提亚的骑兵素质稍好,而色萨利骑兵则非常优秀,因为他们在宽阔的草原地形上饲育出了一种非常强壮的、可供骑兵使用的矮种马。

当时部队的战术队形变化很多,但在早期通常都会采取与东方人相同的十进制系统来编组部队。轻装部队掩护着全军的正面和侧翼,重步兵排成被称为方阵(Phalanx)的密集队形,其阵型和人数在当时并不固定。色诺芬称,当时方阵的基本单位为一个100人的支队(taxis)或百人队(century),由一位指挥官指挥。在战场上,它们会以4列宽、24排深的阵型作战,另外有4名军官,每一列还会分为4个6人的班。10个这样的支队组成一个团(chiliarchia),由一位团长(chiliarch)指挥,4个团则组成一个方阵。除编组方式以外,各城邦的部队名称也不尽相同。在这一时期,交战双方只会采用平行序列发动进攻,但有时也会将侧翼或者背后倚靠在障碍地形上来避免遭到

---

① 活跃于公元前800年左右的斯巴达人,斯巴达双国王与28名元老共同组成元老院的政体便是由他建立。

包围。营地会被建造在可以受地形保护的地点，因此很少重重设防。由于士兵们不会背负太多辎重，希腊军队也显得十分敏捷。①右翼是军队的荣誉位置，成纵队行军时也由右翼②领先，行军纵队的侧翼则由轻步兵加以掩护。

当时，希腊人建造工事和围攻时所使用的工程技术仍然非常原始，导致围攻战往往十分漫长，而希腊人甚至连封锁对方都很少尝试。伊索曼（Ithome）围攻战持续了8年之久，伊拉（Ira）围攻战更长达11年，克律塞（Crissa）围攻战也用了9年时间。

对政府而言，无论其政体形式如何，都必须仔细管理好有关军事的一切设施，而宣战和媾和的权力则握在人民手中，并由公开的集会来决定这些事务。希腊军事制度的弱点在于缺乏统一指挥。按照惯例，军队的指挥官会由人民选举出来的几位将军轮流担任一段时间（通常只有一天）。普通人民会组成一个战争议会伴随军队行动，政府更是会派出一些民政官员监视将军们。这套体系是从各个城邦对自由的偏好中自然衍生出来的，以防历史上的那些军权暴君重现。但它也给军队的指挥带来了巨大困难，甚至经常导致灾难性的失败。

希腊人并不在为国效力时领取军饷。在早期，因服兵役而收取钱财是令人不齿的，不过他们还是能从抢劫中得到报酬。如果获得胜利，胜利者会收集起大批战利品，一部分放到神庙里献给神祇，其余的会依据军阶和功绩分给整支军队，而将军们往往能得到大部分的战利品。

触犯军纪者会受到剥夺荣誉（有时也包括一些公民权）的惩罚，这对爱国的希腊人而言是最为可怕的。对士兵的奖赏则包括增加战利品分成、晋升军阶、赐予武器或荣誉标志③、民事官职晋升以及民众的敬仰。

希腊士兵要算是美德和恶德的奇怪结合体。他们既拥有最高的勇气、纪律和无私爱国精神，却又狭隘、迷信，并且像野兽一般残忍。希腊城邦本身也有着相同的特质，士兵的特点只不过是城邦特性的缩影。

---

① 主要原因可能是此时的希腊军队既不会前往离家乡太远的地区作战，也很少长时间作战。
② 即排成战斗横队时的右翼。
③ 通常就是桂冠。

斯巴达

在所有希腊城邦中，公元前9世纪的斯巴达（Sparta）和公元前6世纪的雅典（Athens）均因完善的军事制度引人注目。吕库古（公元前820年）订立法律的目的便是从大批自由公民中建立起一支军事力量，并将士兵们磨炼得勇气过人、耐力持久、服从上级且作战技巧出众，从而战无不胜。为达到这一目的，斯巴达人故意赶走了艺术和科学（甚至可以说赶走了文明），将日常生活简化到维持生计所需的最低水准，并否定个人价值。这套方法完全达到了目的，很少，甚至从来没有其他士兵能像斯巴达人那样具有尚武精神。他们热爱祖国，愿意为国牺牲，并认为为国奉献一切便是生命的意义，温泉关会战（The Battle of Thermopylae）便是这种精神的最佳写照。[1]但有得必有失，一个城邦不可能单凭士兵的英勇和军事成就而变得伟大。

在斯巴达，青少年并不属于父母而属于城邦。他们被集中在一起接受体能训练，从少年时期就开始使用武器。他们要被迫承担多得惊人的体力工作，得到的食物却少得可怜。他们所知晓的美德只有尊重年长者和服从上级命令。所有20岁至60岁的男子都是士兵。对斯巴

◎ 希腊将军

◎ 希腊重步兵

◎ 希腊轻步兵

---

[1] 公元前480年，斯巴达国王列奥尼达斯一世带领300名斯巴达士兵与希腊盟军驻守温泉关，抵挡多达30万人的波斯军队。在遭到迂回后，斯巴达人与自愿留下的700名底比斯士兵为掩护主力撤退，全员战死。

027

达人来说，战争是他们仅有的技能，战死沙场更是最高尚的德行。正因为此，斯巴达军队在长达几个世纪的时间里所向无敌。

不过斯巴达在军事方面的成功最终将自己引入了连绵不断的战火之中，而对艺术和科学的轻视也导致其他国家最终在军事智慧方面超过了自己。吕库古禁止斯巴达建立城墙或者舰队，陆军是它所能仰仗的唯一防卫力量。更加奇怪的是，吕库古甚至禁止斯巴达军追击战败的敌军。军队存在的目的，并非是征服他国，而只是为了保卫祖国的领土。所有这些错误政策最终使斯巴达的对手们占据了上风。

重步兵是斯巴达最倚重的力量。他们身着全套铠甲，视保持身体完好为对城邦的义务，同时又绝不贪生怕死。斯巴达人将丢失盾牌或在战斗时没有携带盾牌视作耻辱，因为这象征着他在仓促逃跑时为了跑得快点而扔了盾牌。斯巴达重步兵会携带一个重型长矛（大部分人还会携带一支较轻的长枪）以及一柄双刃短剑。斯巴达陆军中只有很少的轻步兵，骑兵也十分平庸。其中后者在会战中会排成8排纵深，通常都会被对方骑兵击败。

色诺芬和修昔底德在描述斯巴达部队的组织结构时差异颇多。其原因可能在于这些组织结构本身会随时间推移有所变化，不过其基本的军阶和指挥结构却很明晰。一个斯巴达方阵步兵团（Mora）拥有400人，后来增加至900人（修昔底德认为一个团始终是512人），由一位团长（Polemarch）指挥，其下有4位营长（Lochagoi）、8位连长（Pentekosteroi）和16位排长（Enomotarchoi）。一个排则由4个"行"（Lochoi）组成，每行人数先是25人，后来增至50人，其指挥官相当于我们现在的士官。与"支队"一词相同，"行"在希腊史书中也经常被用来指代各种不同规模的部队。除步兵以外，每个团还会拥有不超过100名骑兵。

国王作为全军的总指挥官，其权力在和平时期受到限制，只有在战时他才拥有绝对权力。即使如此，国王调动军队也必须向人民严格负责。如果需要派出两支军队，则两位国王分别指挥一支。如果只派出一支军队，则人民选择一位国王领兵作战，另一位留在国内领导政府。在战场上，国王拥有一支参谋兼近卫部队，由两位团长、数名运动会冠军以及一些年轻的骑马武士组成。后期还有一个由5人组成的长官团（Ephors）随国王行动，战争议会的职责即由

第四章　希腊早期的军队与战争

他们担任。这些长官均是民事官员，负责监督国王的行为是否超出了法律赋予的权力。

斯巴达人对战略一无所知，战术也非常简单。他们直接向敌人行军，排成厚重的方阵，仅凭一次冲击决定战争胜负。如果敌军人数众多，斯巴达人也会尝试通过诡计取胜。会战时，在笛声的伴随下，斯巴达人迈着整齐的步伐安静推进。在战胜时，他们并不追击敌军，即使战败，他们通常也能有秩序地慢慢撤退。行军时，会有一支骑兵充当大军的先头部队。在宿营时，斯巴达军队中还拥有一支宪兵，并且会组织哨兵和巡逻队。只要宿营地相对安全，斯巴达人就很少会为其圆形营地设防。

◎ 希腊重步兵

对斯巴达人而言，和平时必须为准备作战而不懈努力，战争是他们仅有的消遣。战时，斯巴达人的唯一义务便是作战。在行军和会战的间隔中，他们便召开运动会，或者进行田径锻炼。他们不对任何和平时的事务负责，一场战役才是他们的假期。军队中所有的苦力活都被交给希洛人（Helots）[①]负责，这也是希洛人随军行动的唯一任务。不过到了后期，作战人员也会负担苦力工作。斯巴达人会用驮兽背负大量补给和口粮。和平时期，他们的口粮虽然同样充足，但非常粗制滥造。不过到了战时，

◎ 希腊重步兵

口粮就变得丰盛且有营养了。准备参战的斯巴达士兵们犹如去参加盛典——他

[①] 斯巴达社会底层的奴隶阶级，为斯巴达当地原住民，被迁徙而来的斯巴达人征服后便沦为奴隶。

们会穿上最华丽的服装，并用鲜花来装饰自己和武器。

斯巴达人从不在满月之前展开任何战役。虽然这是他们的宗教习俗，但在某些情况下（如马拉松会战之前），这根本不能给他们带来任何好运。在任何军事行动之前，斯巴达人都会举行一些固定的仪式，来向众神献祭。

由于法律禁止斯巴达建立要塞，不仅他们的国土始终向入侵者敞开大门，整个斯巴达民族也因此对设防工事一无所知，进而使他们在围攻设防地区时束手无策。①

雅典

从废除国王制度到梭伦（Solon）的时代为止（公元前1068年至公元前594年），由于内部的混乱以及与外邦的争端，雅典始终没有建立起固定的军事体系。梭伦制定的法律旨在建立一个既能大幅限制贵族权力，又不完全流于民主的政府。为此他依据财产数量将公民分为四个阶级（或称宗族）——富豪（Pentakosiomedimnoi）、骑士（Hippeis）、双牛（Zeugitoi）以及日佣（Thetes）。其中第一等最富，最后一等最穷，所有公民都有服役的义务。虽然雅典采取了民主制度，但公民在总人口中仍只占少数。在某一时期，雅典的人口组成为公民90000人、外乡人45000人、奴隶360000人。在德米特里厄斯（Demitrius）进行的另一次人口普查中，公民人数则为21000、外乡人10000、奴隶则多达40万。在四个等级的公民中，前两个等级有义务供养一匹马，并作为骑兵服役；第三等公民自备装备充当重步兵；第四等公民中能够负担合适装备的，也可以充当重步兵，其他负担不起装备的人则加入轻装部队。

雅典所有自由民都有义务在公共学校中接受一定的体能和军事训练。到18岁时，公民便要宣誓忠于城邦并开始负担军事义务。无论战争发生在国内还是国外，所有20岁到40岁的公民都必须在被选中时无条件服役。服役20年之后才可退伍，退伍之后公民才能进入政府任职。不过在60岁之前，他们仍然必须

---

① 城市和边境没有设防也使斯巴达人无法在战时使用少量部队即可扼守关键地点，而必须驻扎大批部队才能保证当地安全。这就使斯巴达的敌人仅需小规模的支队，即可牵制大批斯巴达部队，使他们在主战场上的野战兵力大幅减弱。

◎ 英雄时期的希腊骑兵

◎ 荷马时期的希腊武士

时刻做好回到军队抵抗外敌入侵的准备。到公元前6世纪末尾时,公民的宗族增加到了十个。

与斯巴达一样,重步兵也是雅典军队的主要力量。雅典重步兵的装备与荷马时代相同,包括一块大盾、一支长枪以及一柄短剑。荷马时代的盔甲则更是始终被全部希腊人所使用。士兵们身着一件束腰长袍。在穿戴盔甲时,首先穿上胫甲,然后穿上保护腰部和大腿的护甲以及保护躯干的胸甲,把剑鞘用背带从右肩斜挎到左腰位置,再把盾牌用类似的办法佩戴在左臂上,之后再戴上头盔,拿起长矛。这些重步兵排成8排或者更深的密集方阵作战,辅助他们的骑兵十分孱弱,轻步兵也不值一提。在会战中,雅典军队会被列成一条或两条战线,重步兵位于中央,轻步兵位于两侧,骑兵则保护侧翼。不过这些阵型也并非一成不变。

当时雅典部队的层级组织并不明确,但似乎与斯巴达人非常相似,也许只有各单位的名称不同。十个公民阶级各自提供1000名以上的重步兵,由一位指挥官指挥。另外,每个阶级还会推选出一名将军(Strategos)[1],其地位与斯巴达的团长相当。这十位将军组成战争议会,轮流担任全军总指挥。

与斯巴达人相比,雅典人同样勇敢,有时甚至更加激昂,但不像斯巴达人那样耐力十足。而且出于民族性格,他们的纪律也不像斯巴达人那样严格。

---

[1] 相当于团长。另外,"strategos"一词本身有时也作"团长"之意。

031

早期希腊战争

特洛伊战争一结束，赫拉克勒斯的后裔便入侵了伯罗奔尼撒半岛，并最终征服了该地区（公元前1104年）。[1]除此以外，公元前750年之前，希腊人之间的战争都属于半文明部落之间的争端，根本没有系统性或科学性可言。只有当斯巴达和雅典逐渐成为强国之后，战争行动才变得引人注目。即使如此，他们的战争也仅限于小战和围攻战。这一结果源于希腊国土被自然障碍和政治区划分割成了大批小国，更大规模的行动根本无法实施。在这些战事中，小战显得颇具智慧。围攻更像是封锁；设防工事的修筑也更多依赖于自然条件，而非人力。

在第一次麦西尼亚[2]战争（公元前743年至公元前724年）之前，从没有谁能够像麦西尼亚国王优法斯（Euphaës）那样如此长时间且有效地抵御斯巴达人。这位国王在都城中进行了长达五年的战争准备，在血腥但不具决定性的安菲亚会战中（The Battle of Amphaea）抵挡住号称无敌的斯巴达方阵，以及他对伊索曼的漫长防守，无一不证明着优法斯是一位优秀统帅。在伊索曼这座岩地要塞，优法斯坚守八年之久，使斯巴达的精锐部队束手无策。而在最后一年中，他在第二次安菲亚会战中击败了斯巴达人，但失去了自己的性命。

在第二次安菲亚会战（公元前730年）中，优法斯向世人展示了会战战术的价值。当时两位斯巴达国王泰奥彭波斯（Theopompus）和波利多拉斯（Polydorus）以平行序列面对麦西尼亚阵线。两支军队各自的右翼都被对方击败，战斗不分胜负。但优法斯在会战的混乱中迅速调整计划。此时他左翼的骑兵已经击败了对面的斯巴达骑兵，将后者赶出了战场。优法斯迅速将他们从追击中召回（这在会战中通常是很难做到的），将他们部署在自己后退中的右翼背后。有了这些骑兵的支持，麦西尼亚右翼得以重组，而一小部分骑兵发动的英勇冲锋则成了会战的决定性一击。不过优法斯本人并没能享受胜利——他

---

[1] 这场战争也被称为"多利安人入侵"。多利安人曾征服了整个伯罗奔尼撒半岛，但仅有斯巴达一个城邦始终保留下来。而斯巴达人对当地原住民希洛人的奴役也正是源于这场战争。

[2] 麦西尼亚位于伯罗奔尼撒半岛南部。

战死在了这场胜仗之中。

继承王位的阿里斯托德墨斯（Aristodemus）在此后五年时间里通过小战保持着优势，并最终在伊索曼再次击败斯巴达人。而这一次斯巴达的损失之大，使他们全凭出众的纪律，才得以靠残兵重新夺回拉科尼亚（Laconia）。

不过，有着充足人口和资源的斯巴达人很快便重整旗鼓，麦西尼亚人却在英勇抵抗的过程中筋疲力尽。在阿里斯托德墨斯死后，斯巴达人终于依靠更强的实力镇压了麦西尼亚，迫使它向斯巴达进贡。

第二次麦西尼亚战争（公元前645年至公元前628年）则以阿里斯托米尼斯（Aristomenes）的勇气和能力而著称。在他的领导下，麦西尼亚人再次崛起，试图推翻斯巴达人的统治。他们又一次入侵拉科尼亚，重创斯巴达军队，蹂躏了大部分斯巴达土地。在经历了灾难性的两年之后，斯巴达人通过诱使麦西尼亚的盟军背叛他们才建立优势。阿里斯托米尼斯被迫撤退到海岸要塞伊拉。由于斯巴达没有舰队，麦西尼亚人可以从海上获得给养（早在伊索曼围攻战时便出现过相同情况）。在伊拉围攻战长达11年的时间里，阿里斯托米尼斯通过在城外骚扰斯巴达人，在城内顽强地坚守城池，始终抵御着斯巴达人。这

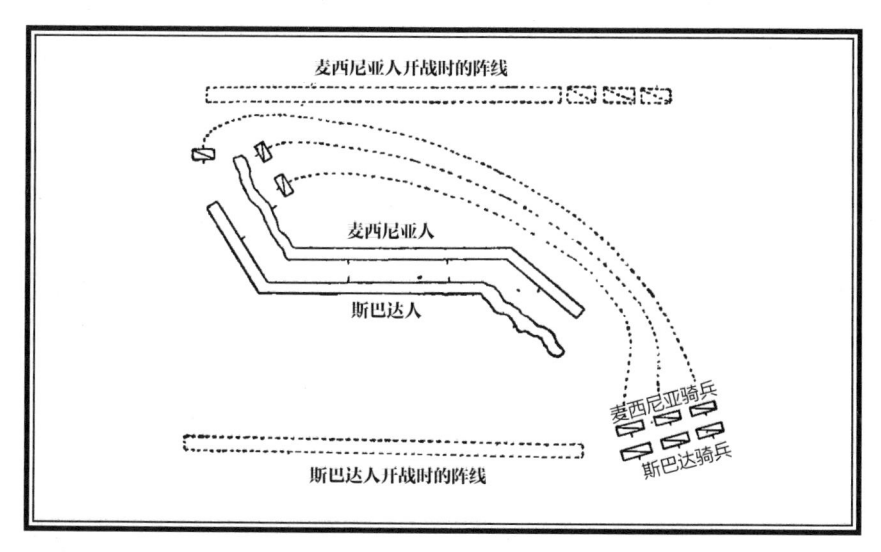

◎ 安菲亚会战（公元前730年）示意图

次漫长的围攻也显示出当时的攻城战术是何等贫乏。最终斯巴达人还是通过买通叛徒攻入城内，阿里斯托米尼斯被允许率军撤离，但麦西尼亚却被斯巴达人彻底征服并肢解了。

第五章
居鲁士与大流士

　　直到公元前6世纪居鲁士出现之前，我们从早期的战争历史中找不到任何值得现代军人学习之处。尽管远古时期的各民族经常因饥荒或抢劫之欲互相入侵，但从他们的战争中，我们看不到任何关于指导战争的原则——也许只有发挥数量优势除外。埃及人、犹太人、波斯人、巴比伦人、亚述人、印度人，没有任何一个民族展现出他们对战役或战术能够有所计划。他们对战争的执行，也根本没有任何系统性可言。但毫无疑问的是，当时同样有伟大征服者存在。据称建造了巴别塔（Babel）和尼尼微城的宁录（Nimrod，此人可能在历史上并不存在，或是根据另外某人加工而来），即被犹太人描述为一度权倾天下。尽管我们必须承认，宁录以及他的遗孀塞米勒米斯（Semiramis）不过是后人为描述战争胜利和大城市建立而选择的象征性人物，现代的考证也已经证实他们远没有传说中那样伟大，但他们仍然象征着一些杰出的征服先驱。希腊史学家们所述的塞索斯特利斯远及埃塞俄比亚、恒河（Ganges）、西徐亚（Scythia）的征服，也可能是整整一代王朝而非某位法老一人的功业。但同样的，这仍能证明埃及历史上曾存在过一系列杰出的长期战争。无论这些史前时代流传下来的英名是否真有其人，毫无疑问的是，所有时代都拥有伟大的战士，甚至还有更多具有同等能力的人出生在并没有给他们机会展示天才的时代。不过无论这些征服者的功业如何伟大，我们也无法在传说中找到任何对研究军事有益的伟大统帅。从尼诺斯（Ninus）[①]、塞米勒米斯、塞索斯特利斯等人的征服传说中，我们也找不到任何对现代战争有益的知识。部分原因在于彼时赢得会战胜利并不取决于谁的部队更加严整，而取决于谁的乌合之众规模更大。还有部分原因在于史书中并没有记录下任何行动细节，而奇闻轶事般的传说又根本不可信。毋庸置疑的是，这些征服的传说肯定源于某些伟大征服者的所作所为，而这些传说又激励着后来者的行动，最终缔造出更加伟大的统帅。这些传说无疑描绘出了军事领袖应有的所有素质，但直到居鲁士的时代之前，我们还是找不到任何与今日战争相关的军事科学，更没有任何战争艺术可言。

同样情况也出现在大部分历史上的征服者身上，即使其中最伟大的几位，也绝不能被列入伟大统帅之列。能够征服大片土地、摧毁人口众多的国家、奴役勇敢部落的将领，即可以被称为一个伟大的征服者。但只有能够践行战争原则的将领，才被称为伟大统帅，即使他们在世界舞台上的功业没有那么伟大也还是一样。亚历山大既是伟大的征服者，也是伟大的统帅。他有着留名青史的天才，而时局又给了他将所有天才加倍发挥出来的机会。作为最伟大的征服者，他占领了最广大的土地，征服了最众多的人口。作为伟大的统帅，其战争策略亦给后人留下了无法估量的价值。本丛书的目的，便是记述那些对我们今天的战争艺术影响最大的伟大统帅的战史。无论那些伟大的人物是否曾担任过将领，也无论他对世界的经济起到过何等影响，只要他没有对战争科学做出过重要贡献，本书以及后续的几部书中，便不会有他的位置。

相比传说中的那些征服者，居鲁士不仅是历史上真实存在的人物，而且我们也不局限于仅仅知道他做出了哪些功业，我们还从希腊史学家那里知道了他是如何做出这些功业的。所有的史书对同一事件的描述都有所不同，即使近100年甚至近25年的战史也同样如此。不过我们还是能通过古代史料接近事实真相。没有任何一个史学家能够可靠地记录所有史实，但通过对比所有史学家

[①] 亚述国王。

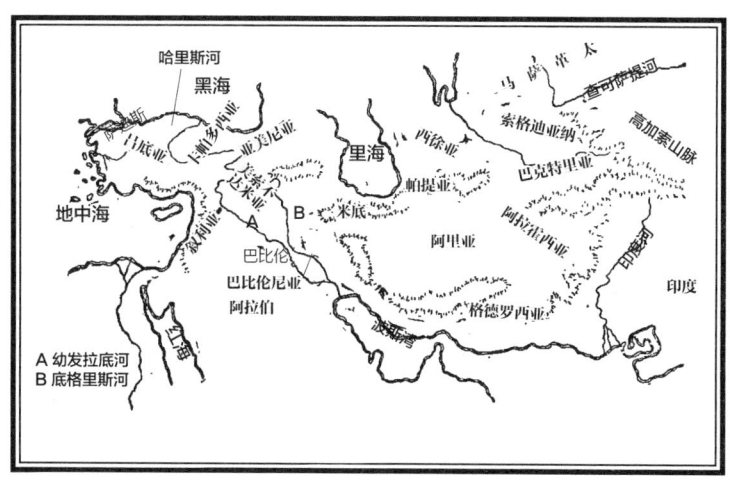

◎ 居鲁士的征服示意图

的记录，通过研究战区和战场的地形，通过对互相冲突的描述进行分析，我们仍有可能对事实得出合理推论。在所有的时代，军事评论家们都会为诸多事情争论不休，但他们各自不同的见解却很少会有原则性抵触。而从这些不同评论中所能学到的教训，也大抵相同。

作为阿契美尼德王朝（Achaeminid Dynasty）的一员，居鲁士（公元前558年至公元前529年在位）缔造了巨大的波斯帝国。在他之前，波斯曾经臣服于米底，受到严苛压迫。居鲁士推翻了米底国王阿斯提阿格斯（Astyages），把米底和波斯联合在自己的统治之下。由于担心自己的安全受到威胁，统治着哈里斯河（Halys）以西全部小亚细亚土地的吕底亚（Lydia）国王克罗伊斯（Croesus）决定向居鲁士宣战，跨过哈里斯河，进入波斯—米底帝国最西部的省份卡帕多西亚（Cappadocia），蹂躏了那里富饶的土地，摧毁了普提里亚城（Pteria）。巴比伦、埃及都是吕底亚的盟友，甚至连斯巴达都许诺为其提供支援。在克罗伊斯准备进一步深入波斯内陆之前，居鲁士通过一次快速的行军拦住了克罗伊斯，并在已经被后者蹂躏的土地上与其交战（公元前554年）。这场会战虽然野蛮、血腥，但并不具决定性，只是由于夜幕的降临，会战才告结束。在那之后，克罗伊斯撤回了自己的首都萨迪斯。由于没有料到居鲁士会进行一次冬季战役①，克罗伊斯将大部分精力用来巩固与盟友的关系，要求他们为来年的战役提供援助。

不过居鲁士没有任何拖延，充满活力地践行了最古老有效的战争原则——出其不意，没有给对手任何喘息之机。由于冬季临近，克罗伊斯判断居鲁士不会采取任何行动，回到萨迪斯之后便不明智地解散了军队。为利用这个错误，居鲁士凭借艰难的强行军，在萨迪斯附近的锡姆伯拉平原奇袭了克罗伊斯，并将其击溃。这也许可以算是历史上第一次有记载的战略奇袭，这种行动在后来贯穿着伟大统帅们的所有战史，拿破仑的乌尔姆战役（The Campaign of Ulm）便是其最好的例证。锡姆伯拉会战之后，居鲁士围攻萨迪斯14天，以强攻的方式将其攻克，吕底亚就此臣服。居鲁士以优秀战士特有的，但在当时却不常见的仁慈，让克罗伊斯做了他的朋友和顾问，并从克罗伊斯的知识和影响力中受益匪浅。

作为历史上最早的优秀会战战术案例，居鲁士摧毁吕底亚王国的锡姆伯拉会战得到了色诺芬的详细描述。克罗伊斯据说拥有42万人、300辆战车。居鲁士则拥有19.6万人、300辆战车以及300名骆驼骑兵。色诺芬还说居鲁士在编组军队序列和供养军队方面表现出了出色的技巧。两军相遇的地方——锡姆伯拉平原，在萨迪斯附近。很明显，色诺芬对会战经过的描述是以史实为基础的。而即使色诺芬的记载与居鲁士的实际行动不符，其描述也同样引人注目，因为这说明色诺芬本人对于该如何面对这样一场会战也一清二楚。

由于拥有巨大的数量优势，克罗伊斯计划利用长度远远超出居鲁士侧翼的阵线，在与对方交战后将两翼向内旋转，从所有方向上包围居鲁士。为此，克罗伊斯将军队排成了一条战线（也有说法认为是两条），将骑兵置于两翼。其战线纵深为30排，只有中央的埃及人扔保持着传统的100排深、100列宽的巨型四方阵。其战车则部署在整个战线的前方。居鲁士认清了对手在数量方面的巨大优势，估计到了这样一个内旋的行动（这种战术在当时极为常见），因此

---

① 直到19世纪，由于给养和天气原因，军队通常都很少在冬天作战。此时民兵将暂时被遣散回家，常备军则留在城市或冬营中过冬。

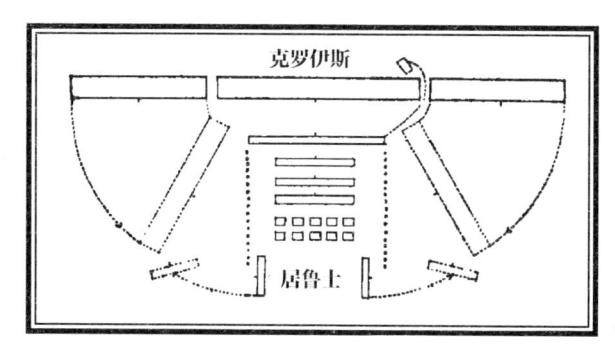

◎ 锡姆伯拉会战示意图

他尽可能地调整部署来对抗敌军。居鲁士将队形纵深减少到了12排，但同时将全军列成五条阵线。这样一来，由于每条阵线之间都有空当，全军便得到了更大的纵深。身着重甲的重步兵位于第一线；标枪兵在第二线；弓箭手在第三线，准备将箭矢射过前两条战线的头顶；第四线由精锐步兵组成；第五线则为装满士兵的带轮箭塔。在所有战线之后，是一个由辎重车组成的巨大四方车城，全军所有的非战斗人员都被集中在里面。居鲁士将战车分为三部分，100辆部署在正面，两个侧翼各部署100辆。除此以外，在两侧战车行列的末尾，居鲁士还分别安排了精选的1000名步兵、1000名骑兵。而他的骆驼部队，也就是骆驼骑射手，则隶属于左侧的精选骑兵。

由于居鲁士将阵型纵深排布得如此之大，克罗伊斯若想包围敌军两翼，其内旋运动的规模就会非常庞大。像这样一个运动必定会导致吕底亚战线出现漏洞，居鲁士就是希望自己能够利用这个机会打击对方。那些带轮箭塔相当于设防营地，可供居鲁士在遭到失败时寻求掩护之用。完成这些部署之后，居鲁士停在原地等待克罗伊斯的进攻。①

当这位吕底亚国王认为两军接近到合适距离之后，吕底亚阵线的中央停止前进，两翼则开始进行内旋运动。可以想到的是，这支庞大的部队在进行内

---

① 事实上居鲁士的这一部署即为用重步兵、战车、箭塔作为移动的城墙，其整个军队便是一个设防阵地，而内部的骑兵和步兵则可以随时从"城门"，也就是行列的空当之中冲出。

旋运动时，一定在多处出现了脱节。就在整个内旋运动即将完成时，居鲁士两侧的战车开始向已经失去秩序的敌军两翼发动正面冲锋，位于战车后方的波斯预备队同时打击在克罗伊斯的侧翼。在很短的时间内，克罗伊斯的两翼就被彻底击碎了。与此同时，吕底亚阵线的中央与两翼之间也出现了空隙。居鲁士看到这一情况后，迅速集中他最好的骑兵，用他们攻击敌军中央部分的侧翼和背后，很快就将其击败。不过埃及人的抵抗是如此顽强，居鲁士被迫与他们达成协议，允许他们为自己服役。

锡姆伯拉会战之后，居鲁士留下副将们去征服爱琴海沿岸的希腊城市，自己则去镇压帕提亚（Parthia）、索格迪亚纳（Sogdiana）、巴克特里亚（Bactria）、阿拉霍西亚（Arachosia）以及它们周边的各小国。在这次远征中，他征服的土地几乎与后来亚历山大大帝征服的一样辽阔。而在上述所有民族中，塞人（Sacae）给居鲁士带来的麻烦最大。

紧接着，他又将矛头指向了巴比伦，经过两年（公元前539年至公元前538年）的围攻征服该城，将巴比伦尼亚并入了波斯王国。不过这一仗可能并不是真正意义上的围攻战，而只能算是封锁。巴比伦人对自己的巨大城墙信心十足，并不把围攻战放在眼里。居鲁士既没有攻城锤，也没有弩炮，又不懂得如何挖掘地道破坏城墙，他只能建造比城墙更高的围攻墙、土丘、箭塔来压制对方。但仅凭这些，他对城市还是无可奈何。直到最后，居鲁士才终于凭借足以令那些伟大统帅跃居其余名将之上的大胆行动获致成功。他从巴比伦的逃兵那里听说城内即将举行为期五天的年度宗教庆典，沉浸在欢庆中的人们对居鲁士的注意力肯定有所下降。居鲁士决定利用这个机会，将幼发拉底河（Euphrates）的河水引到巴比伦。不久之前，他刚刚排干了金德斯河（Gyndes），可能正是因为有这次工程的经验，他才构想出这一计划。另外，亚洲的庞大人力也使他拥有足够的资源，去拓宽尼托克里斯（Nitocris）将洪水引入迦勒底湖（Chaldean Lake）时修建的运河，从而将水导入巴比伦城。为吸引巴比伦人的注意，居鲁士还增加了日常攻击的强度。就在巴比伦人仍沉浸在欢庆中时，幼发拉底河却在几个小时内便淹到了城墙脚下，并成功灌入城内。被出外作战的国王留在城内的王子伯沙撒（Belshazzar）在皇宫内大感震惊，最终决定投降。而按照另一些权威人士的说法，这位王子和他的大臣、随从一起选择了自杀。居鲁士的计划大获成功。在那之后，无论是因为天性仁慈，还是因为伟大战士们都能认清正确政策，居鲁士立刻阻止手下屠城，并无条件地赦免了所有投降者。

在他的所有征服工作中，居鲁士始终倾向于保留被征服土地的原有政府，自己则作为这些政府的最高统治者，同时他会留下一支合适的驻防军，从军事上控制当地。居鲁士要算是第一个从宏观上展示了如何巩固一个新帝国的征服者。

之后居鲁士又将其征服工作拓展到了里海东部的西徐亚。据说，他曾在查可萨提河（Jaxartes）上架桥，并在战船上建造箭塔，以逐退对岸的野蛮人，从而使他的军队得以渡河。

按照传说，河对岸的马萨革太人（Massagetae）诚实、忠诚、独立且好战。他们起先试图与居鲁士谈判，劝说对方不要入侵他们。失败后，马萨革太人又提出，要么自己向后撤退三天的路程，等待居鲁士过河与自己决战；要么居鲁士向后撤退三天的路程，等待自己过河与他决战。居鲁士决定选择前者，他渡过查可萨提河，向前行军三天后宿营，并在当地分发大批的食物、美酒和波斯奢侈品。不过在那之后，他在营地中留下一支后卫部队后便假装撤退了。马萨革太人很轻易地击退了这支后卫，占领了营地，开始享受其中的奢侈品。与此同时，居鲁士隐蔽而快速地回到了营地，奇袭了仍在欢庆的马萨革太人，将他们击得粉碎。这个传说的价值在于它证明了彼时的将军们完全可以遂行如此大规模的诡计，而居鲁士这一次的诡计与我们现代战争中的诡计在原则上也并没有太多区别。据说，居鲁士不久之后即死在了与马萨革太人的另一次会战中，而他的军队也被全歼了。

叙斯塔斯佩斯（Hystaspes）之子大流士（DariusⅠ，公元前521年至公元前485年在位）继承居鲁士成为波斯帝国的巩固者。由于他作为国王取得了巨大的功绩，因此他的军事才能完全被他的政绩所掩盖了。在大流士的军事行动中，最值得一提的是对多瑙河（Danube）以北的欧洲西徐亚人发动的远征。他曾在博斯普鲁斯（Bosphorus）海峡上架桥（也有说法认为是希腊人芒德罗克列斯替他建造的浮桥），将舰队从爱琴海（Aegean）带到多瑙河，之后又在多瑙河上架桥，继续前进。毫无疑问，这两座桥都是将船只连接起来建

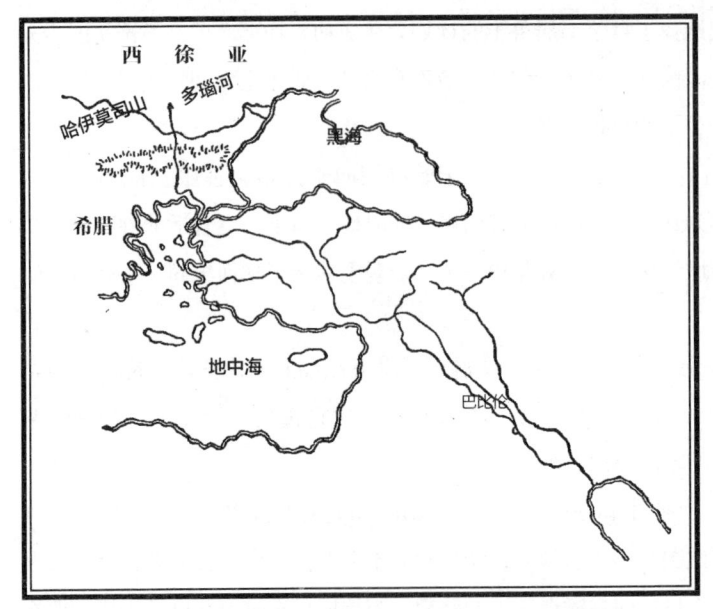

◎ 大流士对西徐亚的远征示意图

成的浮桥。大流士的兵力据说多达70万人,一路进军至多瑙河与德涅斯特河(Dniester)之间的草原上。为抵抗大流士规模巨大的入侵,野蛮人表现出了非常高超的防御技巧。可能没有哪个野蛮民族实施过比之更有效的战略。这些野蛮人善于骑射,勇敢善战。他们拒绝与波斯人进行会战,转而采取游击的办法骚扰波斯军侧翼,始终威胁着波斯人的后方和退却线。他们无数次试图夺取多瑙河上的浮桥。另外,他们还毁掉了庄稼,填上了泉眼。这些行动并非他们一时头脑发热所为,反倒体现了他们的谋略。他们并没有彻底摧毁某个地区而使波斯人望而却步,因为他们希望诱敌深入。他们撤退到与自己关系冷淡的部落的领地上,这样一来,当波斯人紧跟着也踏上这片土地时,这些部落就会因战争所累而被迫成为他们的盟友了。西徐亚人在撤退时将自己分成三个部分,按三条离心线路撤退,引诱波斯人分散追击,以免大流士得偿所愿地将他们引入会战,一击决胜。这些计策最终在几周内便耗尽了波斯大军的精力,迫使波斯大王撤兵。

◎ 西徐亚武士

对大流士而言幸运的是，被他留下来守卫浮桥的希腊人①保持了忠诚。当时身在波斯军中的米太亚德（Miltiades）曾建议这些希腊人拆毁浮桥，将波斯人全部葬送。不过这个建议并没有被大部分希腊人接受——要等到马拉松会战（The Battle of Marathon），米太亚德才与波斯人做总决算。野蛮人对波斯后卫的追击相当激烈，持续有效地干扰大流士的撤退，迫使他不得不使用诡计，通过一次出人意料的夜间行军才摆脱了追击。为此大流士甚至把所有老弱残兵、非战斗人员以及行李纵队留了下来。这样一来，当西徐亚人看到波斯的营火，听到驮兽的叫声时，便认为波斯人仍在营地中。这样的计策虽然残酷②，但在当时绝非罕见。

当西徐亚人发现大流士已经撤退之后，便立刻沿最短路线赶往浮桥，试图在大流士抵达之前将其摧毁。而大流士由于不熟悉道路，在沿着一条远路撤退。由于西徐亚人已经劝说过希腊人摧毁桥梁——事实上，这些希腊人出于自身安全考虑，已经在多瑙河北岸占据了阵地——因此这些野蛮人相信自己能截

---

① 这些希腊人主要来自色雷斯以及爱琴海东岸的波斯领土。
② 即将所有非战斗人员留下供野蛮人蹂躏。

下撤退的波斯人。不过大流士还是幸运地保住了浮桥和交通线,将部队安全撤到了多瑙河南岸。到了此时,他已经在70天的征战中损失了多达8万人。这次战役与后来拿破仑对俄国的入侵非常相似,只不过拿破仑失败绝非因为准备不周,西徐亚人的聪明战略倒与俄国人的非常相似。相比之下,大流士对他所面对的问题却缺乏认识,一心认为仅凭数量优势即可赢得任何战争。他没有对军队的给养做任何特殊准备,面对西徐亚人的游击战也束手无策。虽然大流士在这次远征中遭到失败,但他还是成功征服了色雷斯(Thrace),并将波斯帝国的东疆延伸到了印度河。即使有着这些失败,他也还是得到了名将的声望,装点在他作为明君那更伟大的声望之上。

第六章
公元前5世纪的各国军队

波斯

　　由居鲁士建立起来的波斯帝国在叙斯塔斯佩斯之子大流士的统治下首次建立起完整的军事体系。这位国王将整个帝国分为20个省区，各省总督仅保留民事权力，当地的军事长官则由他本人任命，并只向他效忠。各省区驻军由当地税收供养。波斯军队分为常备军和驻防军两种。其中前者以千人为单位驻扎在帝国边境或贯穿全国的驿道上。这些常备军要接受非常严格的检查，每年还要被集合起来进行一次大阅兵。整个帝国也被分为不同的军区，各军区中央设有军队集结点。驻防军平时被分散开来保护城市和要塞，也无须每年接受检阅。虽然两者在细节上有相似之处，但驻防军的组织形式与常备军大相径庭。

　　戍卫波斯宫廷的是几支人数为1万人的部队。最高贵、最勇敢的波斯人会被编入一支时刻保持1万人规模的精锐部队——不死军（Immortal），他们在全体波斯陆军中的地位也最高。地位仅次于他们的是一支与之类似的米底部队。各总督、高级将领也会拥有自己的近卫军，由其本人自行编组和供养。

　　与犹太人相同，波斯的全体人口也被按照十、百、千、万的结构进行划分。如此一来，当战争爆发时，可以快速有效地从人口中征召新部队或增援部队。招募起来的新兵通常会由当地的大地主指挥，以保持其民族性。有时，如大流士远征西徐亚或薛西斯（Xerxes）入侵希腊时，波斯还会进行全国总动员，而每个省份需要提供的人员、物资、马匹、船只等则由国王本人决定。希罗多德曾夸张而有趣地记载，在入侵希腊的过程中，薛西斯在色雷斯检阅的部队包含了多达56个部落和民族。

波斯士兵没有军饷。他们服役时的给养也只能就地取食。这就导致当波斯军队从某一地区经过后，当地的粮食就会像遭遇蝗灾一样被吃得一干二净。

波斯军队的军阶和指挥关系十分明确。千夫长（Chiliarch）负责指挥1000人，万夫长（Myriarch）负责指挥1万人，二者都具有相当高的权威和荣誉。比二者更高的指挥官全由国王的亲族或宠臣担任。尽管波斯人后来因奢华生活而变得不再好战，但最初他们也曾是简朴、英勇的战士，也接受了非常出色的军事训练。早期的波斯军队，只有凝聚力稍显不足这一个缺点。不过到了薛西斯一世的时代结束（公元前465年）后，情况便急转直下了。贵族们流连于后宫之中，很少再亲自上阵领兵。越来越多的佣兵加入波斯军中，其中最有优秀的佣兵甚至成了帝国安全的支柱。当他们发现佣兵非常容易招募时，这种"省力"的军事体系快便速膨胀起来。亚洲人和希腊人都被招募进了波斯军队，前者虽然人数众多，但后者却构成了军队的脊梁。受雇的希腊方阵步兵每人每月可得到一枚达克特金币（Ducat），相当于4至5美元[①]。除此以外，他们可能还会另外得到一份相同价值的补助来购买给养。

随着各地总督变得独立性越来越强，并逐渐掌握了辖区的军事权、行政权，波斯王室的中央军事权力就相应变得虚弱了。不久之后，总督们就变成了半独立的君王。他们摄取了大部分原先属于波斯大王的权力，仅仅在名义上依然服从于波斯国王。不过国王本人仍保留着集结全国军队的权力。因此在希波战争时期，波斯军队的绝大部分依照国王的命令，在色雷斯、小亚细亚和埃及集结。

骑兵是亚洲部队中最精锐的部分，而这也正是东方人一向所擅长的。在当时的东方，与今天相差不多，马匹与人类的关系非常紧密，因此骑兵也成为

---

① 19世纪末汇率。

他们的主要军事力量。在波斯帝国中,最优秀的骑兵是波斯族骑兵,其次是小亚细亚的米底人和东方的帕提亚人。游牧部落则组成了出色的轻骑兵,与今天的哥萨克人非常相似。

与骑兵相比,波斯步兵数量虽然庞大得多,但素质却并不那么出色。包括投石手、标枪手、弓箭手在内的轻装部队数量极多,但纪律涣散。希腊佣兵则组成了最坚实的重装部队。人数最多时,曾有多达5万名希腊佣兵服役于波斯军队。波斯本族步兵的组织方式与希腊佣兵相似,其中一部分人还拥有非常精良的装备,他们身着全套铠甲,使用最精良的武器。战车(无论有无镰刀)在波斯军队中依然流行,骑骆驼的弓箭手和标枪手也并不罕见。

自居鲁士之后,波斯人的战术发展便陷入了停滞。军队在战场上的组织和纪律也一落千丈。他们在行军时毫无秩序。宿营时,则会选择在水源和放牧地附近,用辎重车、路障或土墙(有时他们还会把盾牌覆盖在土墙上)环绕营地。高级将领们拥有营帐;普通士兵只有在永备营地里才拥有棚屋,在日常营地中则只能露天而宿。凭借自己的勇气,波斯人在会战中通常会直接冲向对方,而不会采用任何计策或者战术机动。他们通常会将战场选在开阔的平原上,以尽量发挥他们在数量,尤其是骑兵和战车等方面的优势。波斯军队会列成一条漫长的战线以尝试包围对方,骑兵部署在两翼,战车则列在全军前方。

◎ 波斯近卫军　　　　　　　　　　　　　　　　　　◎ 波斯军官

中央是全军的荣誉位置，国王本人及其近卫军即位于这里，其两侧是排成厚重四方阵（深度通常是30排，有时也会达到100排）的精锐部队，轻装部队则被部署在这些部队四周或者重装部队之间的空当中。当国王一声令下，全军都会随着开战信号向前涌动。波斯军队中并不缺乏英勇的战士，甚至于几代希腊人都不敢面对波斯大军。但这支大军由于缺乏凝聚力和纪律而难以控制，遭到打击后便会迅速失去秩序。一旦遭到失败，波斯军队会因为缺乏重新集结起来抵抗追击的能力而损失惨重，通常会作鸟兽散。战车、骑兵及巨大的步兵四方阵只能在平原上使用，他们一旦进入山地，很容易因为遭到对方攻击而完全丧失秩序。

波斯人对围攻战术一无所知，只会依靠诡计、贿赂占领城市，极少数情况下也会通过强攻得手。对波斯人而言，围攻仍然需要花费极为漫长的时间。

波斯人的战术在征讨野蛮人时能够取得成功，但在面对山地部落时，波斯人总是会遭遇巨大的麻烦，他们也无法抵挡希腊文明人的纪律。

作为宣战手段，波斯人习惯于派出使者，向对方索取象征着臣服的土和水。

希腊

直到普拉蒂亚会战（The Battle of Plataea，公元前479年），希腊人在军队组织上都没有太大变化。从那之后，情况逐渐发生了改变，一些奴隶开始被用作作战部队。希波战争期间，第一支常备军也出现了。当时各希腊城邦同意共同维持一支拥有1万名步兵、1000名骑兵以及100艘战舰的常备军。而希腊与其他国家交战时，所需部队要比以往更多。因此除长期以来拥有希腊保护者荣誉的公民阶级以外，大量的自由人、奴隶，尤其是雇佣部队也被编入军队。雅典在伯罗奔尼撒战争以及它的巅峰时代（公元前465年至公元前429年）曾大量使用佣兵部队，而其余希腊城邦也很快效法。

在伯罗奔尼撒战争之前，雅典公民都会接受全面的军事训练。但这场两败俱伤的战争重创了希腊的人口和土地，并让他们熟悉了为金钱而战的味道。伯里克利（Pericles）第一个认清了必须向部队支付军饷，因为此时雅典已经没有土地可供重步兵维持生计了。早在伯罗奔尼撒战争之前，已经有一些希腊佣兵为了金钱前往亚洲服役了；而到了伯罗奔尼撒战争之后，无论是东方的王子、总督，还是迦太基（Carthage），抑或任何有需要的人，都可以轻易雇佣到大批希腊佣兵。从这种为军饷而在国外服役的雇佣方式出现起，佣兵们不久便腐化到了只为出价更高那一方而战的程度。佣兵们的日饷在5到20美分之间。最优秀的希腊人现在将战争当作了职业，他们中的大部分人都到国外作战，导致国内仅剩下次等兵源，就连希腊城邦自己也不得不使用佣兵。中上等公民也不再愿意服役，而是花钱雇人替代他们，使已经逐渐成为常备军的军队里充斥着劣等士兵。所幸大部分希腊城邦保留了一支精锐的核心部队，尽管人数不多，却是

◎ 身着全副盔甲的希腊弓箭手

整个军队中的催化剂。如底比斯圣团（或称爱人团）[1]，团员被感情纽带和对城邦的忠诚凝聚在一起，虽然仅有300人，但经常在作战中起到决定性作用，拯救底比斯。即使在喀罗尼亚会战（The Battle of Chaeronea）中最终全军覆没时，他们也不曾退让一步，每一个人都战斗到了生命的最后一刻。

尽管希腊军队正在走向衰落，但教授数学和当时那些战争艺术的学校，以及体育锻炼体系仍在迅猛发展。希腊从不缺少将才。只是因为自由人和普通公民的堕落，以及佣兵的普遍使用，才使希腊共和城邦失去了它们的脊梁。

重步兵依然是军队中最重要的部队，也只有他们才被视作战士。重步兵的装备与先前并没有什么不同，只是盾牌从4英尺高缩减到了2.5英尺，而长矛却从10英尺增加到了马其顿萨里沙长矛（Sarissa）的21英尺或24英尺。轻步兵仍然担负着保护重步兵和拉开会战序幕的任务。克里特、罗德岛、阿卡纳尼亚（Acarnania）、埃伊那岛（Aegina）和亚该亚（Achaia）提供了最好的弓箭手和投石手。与过去一样，轻步兵仍然来自穷人阶级，装备糟糕且不受重视。直到雅典的伊菲克拉特斯（Iphicrates）改善了他们的纪律和装备，并证实了他们在战场上的价值。在伯罗奔尼撒战争之后，伊菲克拉特斯创建了一个新的兵

---

[1] 因底比斯人坚信只有相爱的人才会为对方战死，且不愿意在爱人面前丢脸，所以挑选了150对男同性恋者，编成了300人的精锐圣团。

◎ 轻盾兵　　　　　　　　　　　　　　　　◎ 希腊重骑兵

  种，他们装备着精良的短矛、轻而优质的亚麻铠甲、一个小圆盾，并因后者而被称为轻盾兵（Peltast）。从一定程度上来说，轻盾兵既拥有轻步兵的快捷，又具有重步兵的坚韧。这支新军很快便证明了自己的作用，并因此被其他希腊城邦效法。在当时，红色或深红色是最受战士喜欢的战袍颜色。

  希腊骑兵分为重骑兵（Cataphracti）和轻骑兵（Acrobolisti）两种。前者以双头长矛、刀剑或战斧作为武器，配有一块圆盾，人、马都配有全身铠甲。后者则仅有较轻的装甲，作战方式与游牧民族类似。在波斯入侵时，希腊骑兵的数量增加到了步兵的1/10，阿格西劳斯（Agesilaus）[1]在小亚细亚作战时甚至曾将骑兵人数增加到了步兵的1/4。不过，总体而言希腊骑兵素质不高，即使伊巴密浓达（Epaminondas）等名将也曾让他们发挥出不小的作用。毕竟，希腊人本身不是马背民族。

  重步兵、轻步兵以及骑兵的数量比例并不固定。按照希罗多德的说法，在马拉松会战中，雅典人拥有1万名重步兵，轻步兵数量极少，骑兵则根本不存在。在普拉蒂亚会战中，希腊人拥有38700名重步兵、71300名轻步兵，同样没有骑兵。[2] 按照修昔底德的说法，在伯罗奔尼撒战争开始时，雅典一方有13000名重步兵、1600名轻步兵、1200名骑兵，另有守卫雅典的16000名重

---

[1] 阿格西劳斯二世（公元前444年至公元前360年），斯巴达国王，曾于公元前399年至公元前394年间远征小亚细亚，与波斯作战，但最后因希腊内乱被迫返回本土。

[2] 关于普拉蒂亚会战中的轻步兵数量，很可能是将包括非战斗人员在内的随营奴隶等也计算在内了。

第六章　公元前5世纪的各国军队

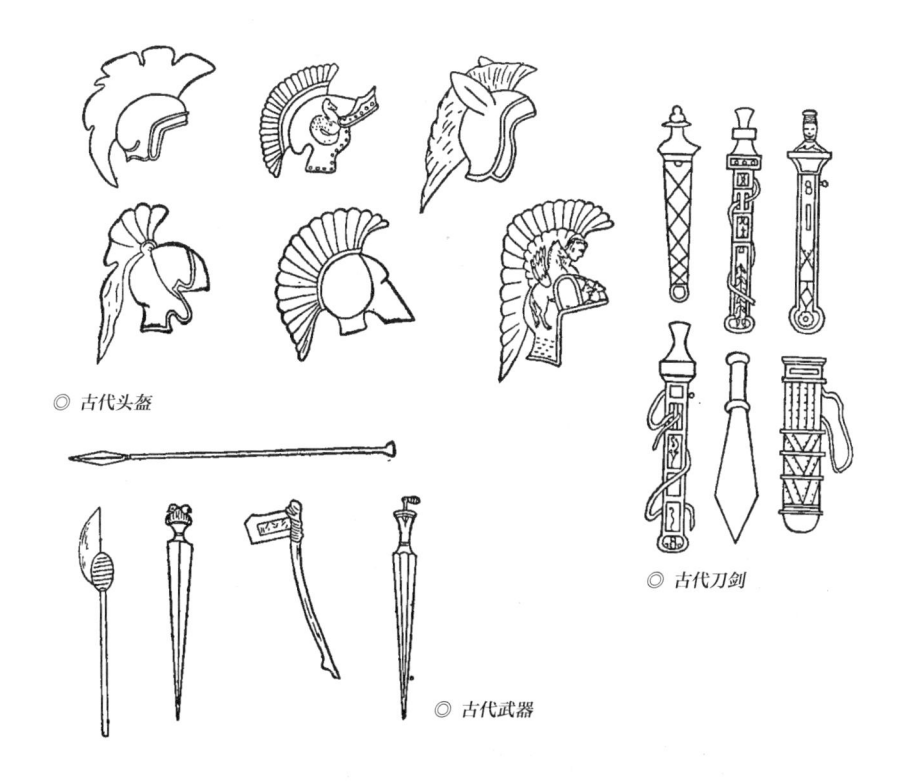

◎ 古代头盔

◎ 古代刀剑

◎ 古代武器

步兵。而狄奥多拉斯告诉我们说，伊巴密浓达在留克特拉会战（The Battle of Leuctra）中拥有6000名重步兵、1500名轻步兵、500名骑兵；而在曼丁尼亚会战（The Battle of Mantinea）中，他则拥有3万名轻重步兵以及3000名骑兵。

由于方阵在希波战争中的出色表现，希腊人从没有考虑过改变战斗队形，只是对其进行了一些改进。伯罗奔尼撒战争正为这些改进提供了机会，使希腊人能够将天生的组织和操练才能发挥出来。从此时起，希腊军队不再以十进制作为编组基础，转而采用2的倍数作为数量标准组织部队。方阵排数很少会少于8排或多于16排，只在特殊情况下，才会出现4排的轻型阵型或24排的厚重队形。伊巴密浓达在留克特拉会战和曼丁尼亚会战中曾使用过深达48排的纵队，但那已经很难被称作方阵了。通常而言，方阵的厚度为8排、12排或16排，色诺芬认为12排是最为常见的。指挥官只要从方阵中随意抽出几"列"，即可组成任何大小的单位或者支队。在战场上，指挥官位于部队最前方，另有数位士官或老兵负责保持行列的秩序。规模较大的方阵单位还拥有自己的

051

◎ 盾牌的握持方法

◎ 色萨利菱形阵

军徽和号手，其指挥官身边有一到两名传令官。由于方阵在行军时会以右翼领先，且指挥官也站在整个方阵最右侧，因此右翼被称为"头部"，左翼被称为"尾部"。各大方阵之间也留有空隙，以便轻步兵能够在方阵前后移动。希腊人拥有很多种战术阵型，如左翼或右翼拖后，以及各种纵队或楔形队形，其中纵队进攻正是从楔形进攻发展而来的。在前进时，方阵步兵会依照笛声调整步伐。对于使用12英尺长矛的方阵而言，步伐整齐是至关重要的。只要方阵能够保持自己的阵型，方阵步兵便只需要使用长矛这一种武器作战。方阵前方的几排士兵将长矛放平伸出，后排则将长矛倚靠在前方士兵的肩膀上以阻挡矢石，或者将长矛垂直竖立。

轻步兵、轻盾兵和骑兵的组织和部署方式很多。轻步兵从不会组成密集队形作战，而轻盾兵却经常如此。骑兵的队形虽然没有太大改进，但希腊人也认识到，对骑兵而言，过大的队形深度（如斯巴达人先前那样）毫无意义。他们将骑兵中队的深度减少到4排，正面宽度则有所增加。如果某些情况下骑兵中队不得不排成超过4排的深度，那也仅有前4排会参与实际冲锋，其余则被留作预备队。相比于方阵单位，各骑兵中队之间的空当要更大一些。色雷斯、色萨利等半游牧民族的骑兵则更愿意采用楔形、长斜方形（Rhomboid）或菱形（Lozenge）等队形进行冲锋。

作为全军核心，方阵会占据阵线的中央位置，轻步兵可以按照需要被部署在方阵前、后、两翼，甚至各方阵之间的空隙中，或用来保护方阵的正面和侧翼，或越过方阵头顶向对方发射矢石。一些小规模的轻步兵经常会伴随骑兵行动，他们迅捷的行动也总是能够跟上骑兵的速度。轻步兵的职责包括掩护方阵、巡逻营地、占领高地、清理障碍物、首先接敌、伴随骑兵追击逃敌，以及掩护撤退。轻盾兵在会战时通常会被部署在方阵两侧。骑兵位于全军的两翼或集中在一翼上。其中轻骑兵用于小规模战斗，重骑兵则留待决定性一击使用。

方阵的优势在于凝聚力和重量。如果方阵在平原上从较近的距离发动进攻（或任何能够保持阵型严整的情况下），其冲击将非常难阻挡，而利用进攻来突破方阵更是完全不可能。在上述情况中，方阵的弱点只存在于侧翼和背后。不过一旦到了崎岖不平的地形上，又或者方阵在进攻时要前进很远的距离，其密集队形就会出现裂缝。如果敌军有能力将部队投入到这些裂缝当中，那么便可以将方阵摧毁。由于方阵只有一条战线，因此它没有能力挽回一场败仗。位于方阵后排的重步兵不可能起到这种作用，因为他们已经在前进和战斗的过程中耗尽了体力，一旦战线发生崩溃，他们也将成为溃败的一部分；冲击力差、没有装备白刃战武器的轻步兵也无法挽回方阵的溃败；而似乎拥有这种能力的轻盾兵却从未被希腊人如此使用过。对当时的希腊人而言，预备队只是用来替换某个士兵个体的，而非一种战术力量。

由于方阵擅长以密集队形进行防御或从短距离发动攻击，因此希腊人的战争也显得倾向于防御性战略。不过也有可能正是从希腊人的防御性战略中诞生了方阵的概念。

希腊军队通常规模比较小，行李纵列也比较有限。按照惯例，希腊军队在行军时只会组成一个纵队，以战斗序列的右翼在前。这样一来，纵队最前方便是在会战中担任侧卫的轻步兵，其后是右翼的骑兵和轻盾兵，接下来便是方阵。辎重车、驮兽组成的行李纵列位于方阵后方，再后则是左翼的轻盾兵和骑兵，左翼的轻步兵位于纵队末尾。得益于较小的行李纵列和较少的人数，希腊军队能够，也经常进行快速行军，有时甚至还能在强行军之后立刻投入战斗而无须休整。希腊军队的平均行军速度为每天15英里。但斯巴达人在前往马拉松时，曾在三天内行军150英里，并做好了抵达后立刻投入战斗的准备，只不过他们还是迟到了。希腊人对行军技巧远不如对会战那样了解，他们在行军过程中也总是漫不经心。不过一些希腊将军还是在行军时表现出高超的智慧。总体而言，他们对路途上的情况并不像对战场上的情况那样在意。

希腊人在会战中会采取以下几种序列：

1. 平行序列。在这种情况下，双方会面对面地向对方前进，以便全线都能够在同一时刻与对方接战。这种序列的好处在于全线都拥有相等的实力；缺点则是有可能会被对方集中于某一点上的精兵或更大数量的部队突破，而且如果己方战线比对方要短的话，那么可能会被对方从两翼包抄。

2. 加强一翼或两翼的平行序列。这种情况下，军队一翼的前部由别处抽调的一列士兵或一个纵队加强，全军采取平行或斜形序列前进，位置较为靠后的（抽调后的）剩余部队则由轻装部队加以掩护。采用这一序列的目的在于摧毁、包围对方的一翼，或将其赶向中央以使对方发生混乱。有时两翼都会得到加强，中央则相应拖后，而有时也会出现加强一翼或两翼的其他办法。这种序列的缺点则在于两翼和中央可能被对方切断，以致被敌军各个击溃。

3. 斜形序列。简单形式的斜形序列只是平行序列因意外或地形原因而出现的一种变形。而复杂形式的斜形序列便要说是伊巴密浓达的发明了。在后一情况下，军队的一翼会得到加强，而这一翼也将首先与它对面的敌军一翼交战，或对其正面发动进攻，或打击它的侧翼。与此相对，另一翼要么停在原地，拒绝与对方交战，要么只缓步前进，使整个战线自然形成阶梯状队形，进而成为斜形序列。在伊巴密浓达手中，斜形序列成了会战战术最大的一次进步。其优势在于得到加强的一翼足以击溃对方侧翼并造成对方全军士气崩溃，而己方先前没加入战斗的中央和另一翼能够担任进一步打击或追击的任务。也许在所有的时代中，斜形序列都要算是最有效的战术之一。我们在后文介绍留克特拉会战时会对其进行更详细的描述。

其余所有战斗序列，都不过是上述三种序列的变种。在伊巴密浓达之前，所有的会战都是采用平行序列进行的。虽然这种平行序列在细节上已经臻于化境，但在战术上始终都不具有创造力。

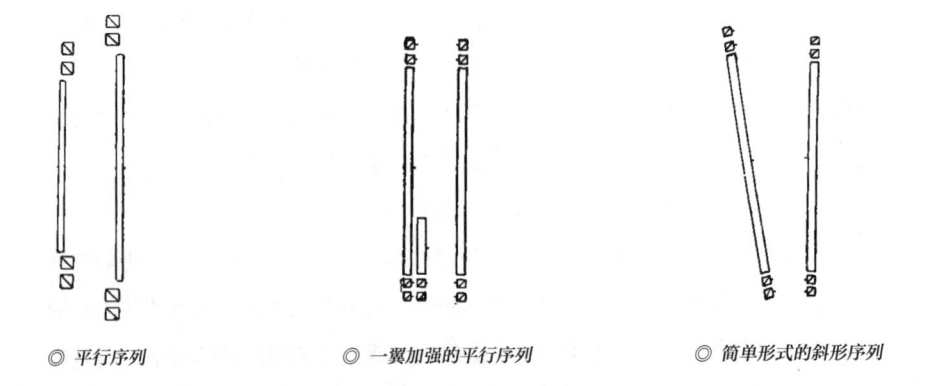

◎ 平行序列　　　　　◎ 一翼加强的平行序列　　　　　◎ 简单形式的斜形序列

此时希腊军队的军阶和指挥系统与先前并无不同。底比斯人拥有4到11名"玻俄提亚长官"（Boeotarch）轮流指挥部队，所有这些指挥官的任期均为一年。如前所述，在普拉蒂亚会战之前，希腊部队都不发放军饷。雅典是第一个为部队支付薪水的城邦。各城邦之间，军饷存在差异。平均而言，一位步兵每月能得到10德拉克马（Drachma，约2美元）。依据级别，骑兵会得到双倍、三倍甚至四倍于此的报酬。军官的军饷是士兵的两倍至五倍。修昔底德还记录说，部队能够得到和军饷一样多的补助用来购买补给。战争结束后，军饷也不再发放，只有骑兵仍能得到一些补助以在和平时期饲养战马，随时准备响应召唤。

希腊军队会在他们途经的土地上就地取食，其较小的军队规模也使这种办法施行起来并无困难。有时军队会在行李纵列中携带数日的口粮，或由运输船从海上将补给运到某个预定地点。只要有可能，沿海岸行军的部队将得到舰队支援。有时统帅会先将大部分给养在指定时间送到指定地点，等待军队前去取用。

在他们的黄金时代，希腊人要比先前任何人都更能抵抗困苦。是否曾有人能像亚历山大的士兵那样不懈地行军？是否有哪次撤退能够比肩万人大撤退的艰苦环境？也许只有恺撒手下的罗马军团能够望其项背。现代士兵只在一个方面能够与他们比肩或者超越他们：在过去200年时间里，士兵承受的伤亡比先前多了很多，而他们仍然乐于作战，这在古代是很难想象的。但在其他方面，尤其是凭借少量给养便能快速长途行军这一方面，希腊人是无法超越的。

不同时代、不同国家的军队在纪律方面的差别很大，反映了人民或者统帅的不同性格。一直到伯罗奔尼撒战争时，几乎所有希腊部队的纪律性和荣誉感仍然非常强。军事上的违纪行为会受到严厉处罚，最严重者会被处以死刑，或受到公开羞辱（对希腊人而言，这甚至比死刑更可怕）。相应的，对杰出表现的奖励也非常优厚。只要在战场上表现勇敢，即使是最普通的公民也能出人头地。赢得胜利的将领则会成为受人崇拜的英雄。不过重奖很少会出现。米太亚德只因并非独力赢得会战，便没有获得佩戴桂冠的荣誉。在希腊人中，军队本身才是最受赞誉的，将领只能退居其次。战利品会被大量分发给士兵和将领，其中也包括战俘——胜利者可以向他们索要巨额赎金，也可以将他们卖为奴隶。胜利者会在战场上修建纪念碑，或者将缴获的武器堆在一起，或者将武

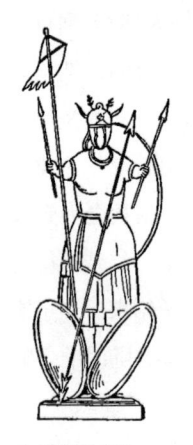

◎ 胜利纪念碑

◎ 在战斗中获胜的希腊士兵

器挂在高大的柱子上，并勒碑记录事件经过，以纪念胜利。有时全希腊都会一同为某一城邦的功绩进行纪念，如纪念雅典人在马拉松之战的胜利，或是因普拉蒂亚会战的胜利而在当地一同庆贺。但在伯罗奔尼撒战争后，希腊人失去了他们的优良素质，战斗精神也一落千丈。混乱、兵变时有发生。将领们不得不依靠巨款来维持部队的忠诚，对下流、可耻行径的严惩也变得越来越频繁。所有这些，都代表着希腊人的战斗素质愈发低下。这些也都是内战带来的后果。

在所有的古代文明中，使者都是受到一致尊敬和保护的。通常，会由使者通过对某种行为提出赔偿要求或抗议来向对方宣战。如果对方拒绝自己提出的要求，使者便将一根带血的长矛和一根火把掷到对方领土上，以此向对方宣战，威胁将以火和剑来报复对方。在战争爆发以及进行会战之前，双方都会进行冗长烦琐的宗教仪式，向众神献祭。事实上，这些仪式的真正目的在于让部队能够对将领具有迷信般的信心。如果牺牲显示出吉兆，军队的士气就会提高，士兵们吃过便饭之后，高唱军歌，伴随着笛声排成战斗序列，开赴战场。当方阵接近敌军之后，通常会大声呐喊振奋士气。在特定情况下，方阵也会受命安静地前进，以便能够听清将领的命令，直到接敌前的一刻，才开始呐喊，并用长矛和盾牌互相碰撞以壮声威。希腊人本身是一个非常健谈，甚至有点喋喋不休的民族，但在严格的纪律下，他们也能保持惊人的安静。作为战士，希腊人是安静而具有决心的。

按照当时的希腊宗教规定，所有战死者都必须得到掩埋。因此战后双方通常都会休战。由于担心自己没有掩埋尸体而激怒众神，不少胜利者都没能取得应有的战果。只有胜利者才能在战场上自由地建立纪念碑并掩埋尸体。失败者则只能恳求对方允许自己掩埋己方的尸体。因此提出这种请求也被视为是承认失败。阵亡将士的遗体或骨灰会被送回家乡，在庄严的仪式中下葬。

在某些方面，希腊人也是非常野蛮的。作为惯例，俘虏中的男性都会遭到屠杀，女人和孩子则被卖为奴隶。而妇孺遭到屠杀的情况也并不少见。失败的

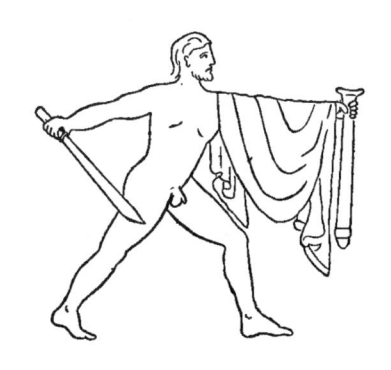

◎ 一名把长袍当作防盾的武士

敌军将被全数消灭，或被折磨致死，或被投入完全不适合的、非人的劳作中。希腊人并不认为自己应为上述行径而遭受谴责。

希腊人不常为营地设防，而更愿意依赖地形来提供防御。士兵们通常会携带兽皮制造的帐篷和在恶劣天气中提供保护的毯子。有时这些毯子也会像长袍一样被当作防御工具使用。

希腊人的野战工事，或为了保护要地、港口与城市间的道路（如雅典与比雷埃夫斯港之间的道路）而修建的防线，都是由土墙加上壕沟、栅栏、堤坝、鹿砦或石头筑成的。公元前429年，斯巴达人在围攻普拉蒂亚时建造了坚固复杂的双层城墙，但像这样精心建造的工事并不常见。

师从东方国家，希腊城市通常会有高大石墙提供保护。这些城墙的转折处设有石制箭塔，沿着城墙顶部还会有一条道路，外侧由附加的胸墙保护。胸墙本身为齿形结构或设有箭眼，以便向城外发射矢石。城墙外设有一条又宽又深的壕沟或护城河，内部也会在最适合防御的地方建一个或多个卫城。卫城在形式上与外墙相差不多，但更为坚固。在雅典，卫城被称为阿克罗波利斯（Acropolis），在底比斯则被称为卡德米亚（Cadmaea）。

只要有可能，希腊人总会尝试用诡计来攻克设防城市。若将领选择强攻，轻装部队便将利用矢石将守军驱离城墙，一部分精选的重步兵则会利用攻城梯或由他人高举的互相连接的盾牌来登上城墙，或是尝试从城门攻入城内。围攻者会绕着城市修建一圈城墙以封锁对方，有时还会在外侧合适的距离上再

◎ 活动掩体

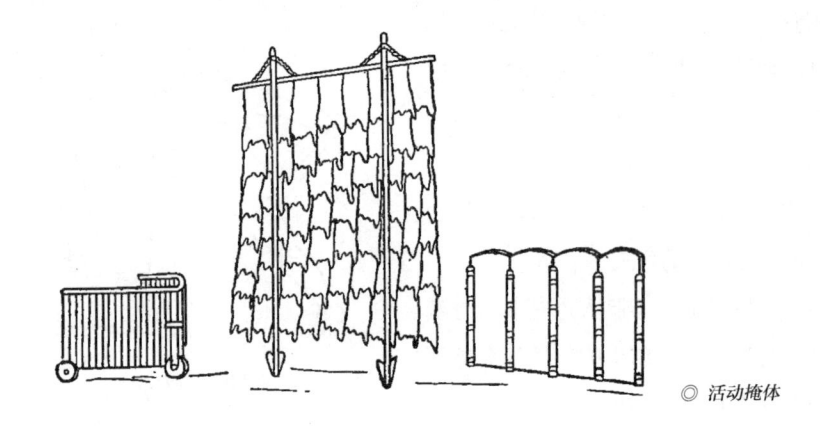

修建一道城墙，以阻挡对方援军。在正常的围攻战中，进攻方会首先在城外以合适的间隔修建一系列营地，并修建工事将营地连接起来；在那之后，围攻者会使用巨弩和抛石机将守军驱离城墙，他们还会建造通向城墙的掩蔽通道，同时建造巨型的土丘压制城墙，并填塞城外的壕沟。一旦攻方能够在有掩护的情况下接近城墙，他们便会用挖掘地道或使用攻城锤的方式来打破城墙。只要能够在城墙上打开缺口，进攻方便会从缺口处向城内发动进攻。不过在伯罗奔尼撒战争之前，希腊人似乎并不懂得使用巨弩或抛石机。巨弩（相当于加农炮）是一种巨大的弓箭，能够将10到300磅的长枪射出半英里多。抛石机（相当于臼炮）能将巨石、矢石或其他任何可以抛出的重物准确抛出相当可观的距离。

攻城锤最初只是一根装有铁头的树干，完全由人力托举使用，直到后来才通过绳索或链条安装在厚重的梁架上。通常情况下，攻城锤都会被安装在带掩护结构的轮车上，使用时由人借助杠杆缓慢向前推动，攻击城墙时也同样由人力拉动绳索操作。

地道通常会在离城墙有一段距离的地方开始挖掘，并一路挖到城墙下方，其内部由木梁支撑。进攻者会在城墙下方挖开的空间中填满引火材料并将其点燃，让大火和高温摧垮地基及其上方的城墙。

作为一种比土丘更容易建造的攻城设备，拥有数层结构的高大、可移动攻城塔同样能够压制城墙上的守军。它们通常会在守军弓箭射程以外的地方建造，并由人力逐步推进，其下层经常会携带攻城锤。

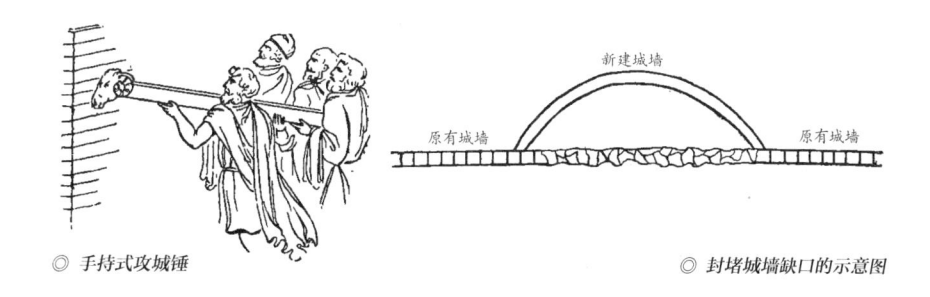

◎ 手持式攻城锤　　　　　　　　　　　　　◎ 封堵城墙缺口的示意图

　　被围者也会采取相应的反制措施。他们会建造木质的掩体来抵挡对方的矢石，将对方强攻部队的云梯推倒，向进攻者倾倒热水、热油、沥青，或是从城墙上向下投掷巨石。为摧毁敌军的攻城武器、重建交通线或逃出包围圈，守军也会向城外发动突击。他们还会建造半圆形的新墙来封堵城墙上的缺口，或是挖掘地道来破坏攻方的地道，又或者利用弓箭、巨弩以及其他类似武器射出火箭、火罐来摧毁对方的攻城武器。

　　围攻战极为消耗人力。而由于失陷往往意味着所有居民都被屠杀或卖为奴隶，守军总是会拼死挣扎。围攻战双方很少能够达成有条件的投降协议，即使达成协议，进攻者也经常在入城后便将其撕毁。这样一来，围攻战就变得旷日持久，其所消耗的人力物力也极大。

　　在古代希腊战争中，很少会有人信守承诺，任何承诺都是不可信的。只有使节是不可侵犯的，但并非绝不会被侵犯。

舰队

　　与今天相比，当时海战与陆战之间的区别要小很多。所有希腊士兵都可以被当作水兵，所有的陆军将领也都是舰队司令。

　　在传说的英雄时代，舰队只是海盗用来抢劫的工具。当商业有所发展之后，海盗逐渐减少。从希波战争到亚历山大的时代，希腊海军处在自己的巅峰期。地米斯托克利（Themistocles）创造了雅典海军，而围攻叙拉古（Syracuse）失败之前，雅典始终主宰着希腊的海洋。在希腊人的战争中，舰队经常起到至关重要的作用。

希腊的海岸线形状复杂且暗礁密集，再加上时常发生来势突然的风暴，导致希腊人只能使用较小型的船只作战。当时的战舰以划桨作为主要动力，风帆则只是一种辅助推进手段。这些战舰体型修长，吃水很浅，甲板下安装有一排到三排甚至更多的划桨。除用于容纳划桨手和士兵以外，舰上的剩余空间十分狭小，因此难以携带太多食物和饮水，只能靠近海岸行动或让运输舰步步紧随。通常而言，舰队每晚都会上岸宿营。①一旦遭遇风暴，当时的战舰便很可能会倾覆沉没，舰队也可能因此分崩离析。与战舰不同，当时的运输船和商船会更多地使用风帆而非划桨，其舰型则与澡盆非常相似。正因为如此，运输船、商船也被称为"圆船"，战舰则被称为"长船"，二者皆由外形而得名。

在希腊城邦中，等级较高的公民都更愿意作为重步兵或骑兵服役，只有低等公民、自由人或奴隶才会进入舰队服役。不过在危急时刻，也会有大量步兵登上战舰。在船上作战的技艺也很容易掌握。三列桨战舰拥有100至150具甚至更多的划桨，可以搭载40至50名或更多重步兵。当时的海战场常爆发于海岸附近。舰队本身的机动性非常优秀，很容易进行调动。在战斗中，只要彼此的划桨不会搅在一起，各舰就会尽可能互相贴近。冲撞对方舰体中部是最有效的攻击手段，所有希腊战舰也都为此装备了铁质或铜质的冲角。一旦某艘战舰的船舵损坏，它便只能任由对方宰割。海战通常都会演变为接舷战，在这种情况下，士兵和划桨手都会参加到搏斗之中。

当时的海战战术与陆战几乎相同。舰队和陆军之间也非常乐于互相支援，甚至会分享人力和机械。举例而言，舰上的人员可以在海岸登陆参加陆战，而在围攻海岸城市时，海陆两军也经常协同作战。

斯巴达

直到伯罗奔尼撒战争时，斯巴达依然维持着与吕库古时期几乎相同的军事制度。仅在与雅典之间的对抗要求斯巴达必须建立一支舰队时，吕库古的法律才有所松动，否则他们便永远不可能压倒竞争对手。当与富裕的雅典爆发战

---

① 绝大部分战舰也会被拖到岸上。

争后，斯巴达变得需要黄金来维持战争。可金钱进入斯巴达之后，很快就使他们原有的质朴荡然无存。在那之后，各种前所未见的改变开始浮出水面。斯巴达陆军不再完全由公民组成，拉柯尼亚人、自由人、希洛人和雇佣军大量存在于军队中。全斯巴达的自由人口依据年龄被分为五个等级，在战时依照长官团的命令各自提供相应的人数作战。在留克特拉会战时，克里奥布罗塔斯（Cleombrotus）国王手下所有的公民士兵都在20至35岁之间。在输掉了这场会战之后，所有40岁以下的公民都被征召入伍。进入军队服役的自由人逐渐增加，到阿格西劳斯远征亚洲时，其数量已经达到了3000人。希洛人则只在危急时刻（如曼丁尼亚会战前）才会被征召入伍。国王虽然仍然握有军队的指挥权，却越来越多地受长官团节制。后者是军队中真正的掌权者，有时甚至会解除国王的指挥权。到公元前5世纪为止，斯巴达没有给除希洛人和雇佣兵以外的军人发放军饷，不过国王及其随从的开销还是由国家承担的。到伯罗奔尼撒战争结束时，斯巴达人仍然以分发战利品的方式来奖赏军队，同时对违纪行为保持着严厉惩罚，例如死刑和剥夺名誉。斯巴达人会将一些罪犯当作奴隶一样看待，剃掉他们一边的头发和胡须，而且斯巴达人禁止将懦夫下葬。伯罗奔尼撒战争结束后，斯巴达的军纪开始衰败，政府经常被迫依靠巨额赏金来维持军队对上级的服从，而这在先前只不过是理所当然之事。

与早年相同，斯巴达公民仍然会以重步兵的身份参战。五个等级各自派出一个或更多的重步兵团，每个团人数在500人至1000人之间。每位重步兵手下都会有至少一名轻步兵以及数名希洛人听候调遣。轻装部队则由拉柯尼亚人、自由人组成，有时其中还会有一部分希洛人。他们的人数倒逐渐变得十分庞大。在普拉蒂亚会战中，其人数达到了公民的7倍之多。[1]

骑兵仍然十分糟糕。只有那些不符合重步兵标准的公民才会进入骑兵部队，所担负的任务通常也只是侦察和巡逻。只有在阿格西劳斯的统治下，斯巴达的骑兵才在数量和效率上得到了改进。其手下有一个团或中队的骑兵，从盛产马匹的锡西鲁斯（Scirus）周边征召而来。这些骑兵的素质要明显高于普通

---

[1] 一部分资料据此认为当时斯巴达8排的方阵只有第一排是公民，后面7人均是行长的仆人。这是完全错误的。在当时，轻装部队无论如何也不会与重步兵混编在一个方阵中。

斯巴达骑兵，因此也经常在会战中被投入使用，并且不止一次地决定了会战胜负。另外，在阿格西劳斯的军中还有300名由长官团亲自挑选的精锐骑士。此时的斯巴达骑兵在冲锋时会采用4排纵深的队形，与先前的8排相比，要算是一个非常巨大的进步了。

斯巴达重步兵在战斗时会排成8到12排的方阵，伴随笛声，迈着整齐的步伐向前推进。其战斗方式虽然简单，却总是能够取胜。尽管如此，由于斯巴达人蔑视艺术和科学，他们始终没有为战争艺术的发展做出过任何实质贡献。在斯巴达人眼中，决定战争胜负的只有勇气和队形细节。他们在会战中使用的战术和早期希腊军队无异，楔形、钳形以及其他类似队形只被当作操练手段局限在操练场上，并不会在战场上出现。

雅典

在为自己带来了巨大荣誉的马拉松会战之后，雅典的权力迅速崛起，而其民主政治也为军队带来了一些变化。20至40岁的所有男性公民虽然仍负有兵役义务，但被允许花钱雇人来替他们服役。从此时起，越来越多的雅典公民开始逃避兵役。军队中充斥着外乡人、自由人甚至奴隶（后者大多在舰队中服役），同盟国、仆从国部队以及佣兵在军队中的比例也逐渐增加。雅典的军队数量庞大（尤其是海军），在它的鼎盛时期，其领袖、公民和普通士兵在战争中都表现得十分爱国且出色。

在战时，雅典的每个部族（Phyle）都会通过选举或抽签选出一位将军来参与军队指挥。这样的将军共计10位。他们的任期以一年为限，任期结束后还要向人民汇报他在这一年的所作所为。这些将军经常连任，福基翁（Phocion）[1]连续多次担任将军，地米斯托克利和阿里斯提德[2]也曾长期连任。在个性上既不知感恩，也不理性的雅典人民如果对某位将军不满，这位将军便要缴纳一笔罚款，若不能缴纳，将军本人以及他的孩子就要被送进监狱。

---

[1] 公元前402年至公元前318年，雅典政治家、将领。
[2] 公元前530年至公元前468年，曾参加过马拉松会战和希波战争。

在这套体系中，雅典人很少能真正选举出合适的将军，不停更换的将领以及将领之间的不和经常使雅典军队的领导层混乱不堪，进而无法取得重大胜利。后来，雅典人终于认清了这一问题，开始将大部分将军留在国内负责后勤和行政工作。国内与前线将领的联系由一位名誉总司令负责，而他也负责主持战争议会。除此以外，这位总司令还在军队中担负另外一些任务，并在会战中指挥军队的一翼（通常是右翼）。在危及国家存亡的时刻，人民也会推举最受尊敬的将军或者公民担任真正的全军总司令，并赋予他极大的权力。亚西比德（Alcibiades）[1]便担任过这一职务。在10位将军之下，雅典军队中还拥有10名分队长（Taxiarch），他们类似于副官，也负责指挥相应的部队。他们的主要任务还是主持补给、宿营、行军序列、武器调配等后勤工作。最后，每位将军都会有至少一位直属的使节。

◎ 希腊军队统帅

雅典对军人的赏罚与其余城邦基本一致。没有合适理由而逃避兵役的人会被套上一件女人的衣服示众，懦夫被禁止参与宗教仪式和一切公众活动。违纪者会被禁止结婚，还会被当众羞辱，甚至他们的家人也会与外人一起羞辱他们，而他们自己不能对此有任何抱怨。

由于雅典人在生活上要比其余城邦更为奢华，他们的军纪也最先开始涣散。雅典军队由10个团（Chiliarchia）组成，每个部落提供一个团，每团人数为1000人或更多，由一位团长（Chiliarch）指挥，其下还有营长和行长等中低级军官。每一位重步兵都拥有一位仆人负责在平时为他背负武器，战斗时仆人则会撤退到队列后方。骑兵方面，在波斯入侵之前，雅典仅有96名骑兵，后来才增加到1000人至1200人，大约相当于步兵的1/10。这些骑兵被分为两个骑兵

---

[1] 公元前450年至公元前404年，伯罗奔尼撒战争后期雅典重要的政治家、军事家。

团（Hipparchia），由两位团长（Hipparch）和十位部落骑兵长（Phylarch，由十个部落各自选出一人担任，相当于步兵的团长）指挥。只有最富裕、最优秀的公民才能进入骑兵服役。在成为骑兵之前，他们还要接受体能和财产方面的严格审查，以确保他们能够负担养马的费用。可即使如此，雅典的骑兵也只能算是中等水准——雅典人擅长的是乘船，而不是乘马。

雅典人可以算是第一个使战争不再局限于单纯体能搏斗的民族。无论任何事物，只要有雅典人参与其中，他们的聪明才智就能对其加以改进，战争艺术也不例外。在战术、工事建造和围攻战方面，雅典人取得了巨大进步，而他们在战争指导方面的进步还要更大，这都要得益于雅典人的精明性格。

在后面有关马其顿军事组织的章节里，我们还会对希腊军队进行更详细的描述。二者的军事系统非常相似，完全可以互相引证。

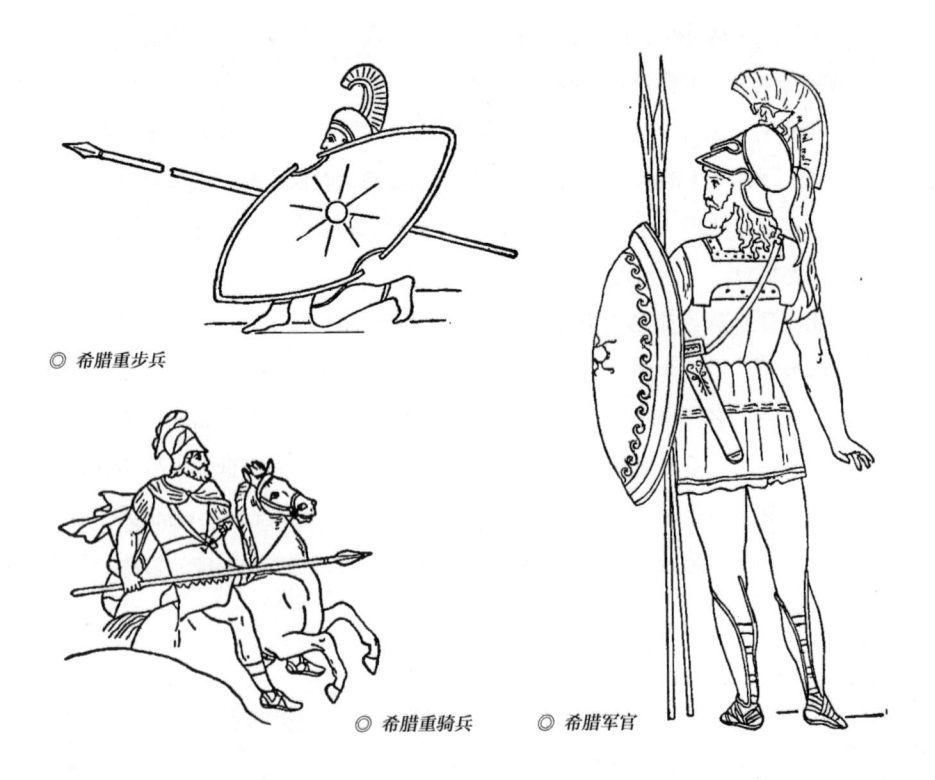

◎ 希腊重步兵

◎ 希腊重骑兵　　◎ 希腊军官

第七章
米太亚德与马拉松会战
（公元前490年）

大流士在远征西徐亚短短几年之后便对希腊发动了入侵，并最终在马拉松会战中遭遇失败。这也是我们所能找到的第一场详细、准确记录了大战术过程的会战。从这时起，指挥部队的艺术开始取得长足的进步。很自然，会战战术的艺术要比战略层面的艺术出现得早，在马拉松会战的时代，战略仍是希腊人从未触及的方面。不过必须注意的是，很多伟大统帅在战略层面上的杰作，事实上都出现在战略艺术为世界所理解之前。

在马拉松会战中，米太亚德毫无疑问有着一个会战计划的观念。作为十位将军之一，虽然米太亚德在会战当天负责指挥军队，但将军们在是否要进行会战而举行投票时陷入了僵局。最终米太亚德不得不说服总司令卡利马科斯（Callimachus）投票支持会战。就像很多伟大人物的乾坤一掷，米太亚德在这一天决定了雅典乃至整个文明世界的命运。这块距离玛卡里亚（Macaria）喷泉不远的战场，正是赫拉克勒斯、忒修斯（Theseus）书写他们神话的地方，也是欧律斯透斯（Eurystheus）对希腊发动入侵的道路。虽然并无明确的历史记载，但米太亚德无疑也曾利用这些神话来激起所有士兵的勇气。要知道，直到此时，希腊人对波斯仍心怀恐惧，并不知道自己蕴藏着多大的力量。在马拉

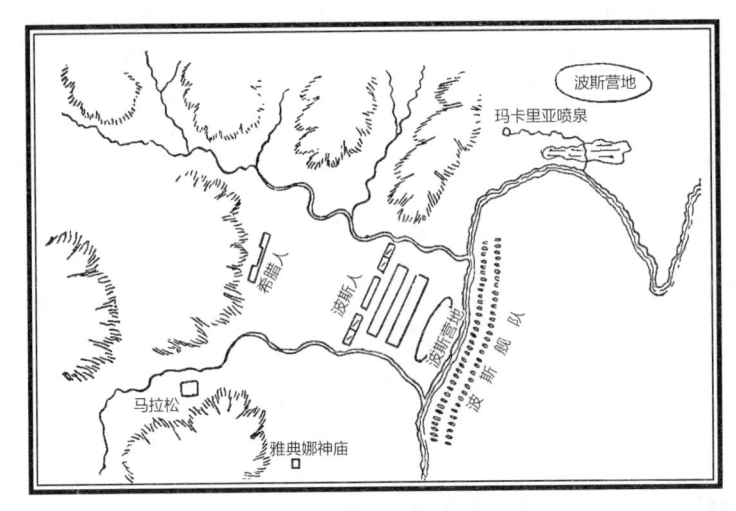

◎ 马拉松平原示意图

松战场上，米太亚德手中拥有11000人，其中1000人是普拉蒂亚人。与他们相比，波斯的大提士（Datis）和阿尔塔费尼斯（Artaphernes）手中有着十倍于雅典人的部队。①不过希腊人的盔甲更为厚重，纪律更好，也具有保卫国土的决心。波斯人的盔甲相对更轻，尽管其军队中的上层阶级也同样英勇，但大部分士兵除畏惧上级惩罚以外就再无作战意志了。更重要的是，波斯士兵征集自帝国的各个角落，因此并没有雅典人那样的凝聚力，一旦遭遇挫折便将无法挽回。不过希腊人此时对这些情况一无所知，反而认为自己已经陷入绝境。

波斯人的阵线纵深非常大，从海岸向内陆延伸。他们的行李营地位于海岸附近，一部分舰只也被拖上了营地背后的海岸。在雅典军发动进攻时，部分波斯军队可能已经重新上船，准备绕道海路进攻雅典了。②雅典营地设立在

---

① 约翰·富勒认为，由于波斯全军都是由海路而来，因此人数并不会超过2万人。如果真是如此，考虑到波斯军队的纵深要比希腊方阵大得多，米太亚德便无须故意将方阵中央的纵深减少到4排来延长战线即可获得与波斯人相当的宽度，因此富勒的说法事实上并不合理。波斯军队的规模无疑要比雅典人大得多，但10万人也肯定是夸大其词了。

② 在马拉松会战时，雅典城内的波斯内应已经准备在波斯舰队抵达城下时开门迎降。为策应这些内应，波斯人准备派出舰队由海路直抵雅典，而由陆军在海岸上继续与雅典陆军对垒。这无疑要算是相当杰出的战略。

第七章 米太亚德与马拉松会战（公元前490年）

距波斯人约1英里的山坡上，两侧倚靠在自然障碍物上，正面由少量鹿砦和木栅栏保护。雅典人在营地里等待了9天，希望波斯人主动进攻。米太亚德认为只有主动进攻才能确保安全，卡利马科斯的赞成票使这一观点终于占据了上风。[1]话虽如此，可一旦雅典军像米太亚德所希望的那样发动进攻，便要受到波斯骑兵威胁，若对方拥有出色的指挥官，雅典军侧翼甚至可能完全被对方骑兵摧毁。除此以外，米太亚德也深知在时机到来之后，己方必须以最快速度行动，争取奇袭敌军。由于手中的部队不够组成一条与波斯人宽度相当的正面，他被迫改变部队常用的队形。米太亚德削减了中央部分的纵深（可能是减少到了4排）以增加战线长度，同时两翼仍保持着通常的8排方阵。这样一来，在向波斯人推进的过程中，他也得以将侧翼倚靠在两条流向海湾的小溪上。

◎ 马拉松战场上的希腊士兵

在那个时代，在会战中利用地形掩护极为罕见，米太亚德却展现出了一位优秀指挥官的必备能力——因地制宜，最大限度地利用自己手中的资源。

雅典军中央部分虽然人数少，但拥有优秀的指挥官——地米斯托克利和阿里斯提德。1000名普拉蒂亚人被部署在了全军最左侧。在一个米太亚德认为敌军戒备最为松散的时刻，他命令部队以上述序列向波斯人前进。虽然雅典人距离对方将近1英里远，但由于士兵训练有素，米太亚德能够以两倍于平时的速度前进。这样一来，即使己方在与对方接触时就已经发生了一些混乱，也要远比缓慢前进，给对方骑兵充足时间投入战斗所面临的风险小。更重要的是，快速前进也能使方阵更快地穿过波斯弓箭手、投石手的火力网。看到已方队形仍然秩序良好，米太亚德又下令全军跑着向敌军的第一线发动进攻。后者在看到希腊人发动进攻后才仓促组织起来，而且已经被对方的英勇行动吓倒。

---

[1] 事实上米太亚德的观点是完全正确的。若雅典人始终保持守势，波斯人便将获得充足时间对雅典城进行迂回。

・亚历山大战史

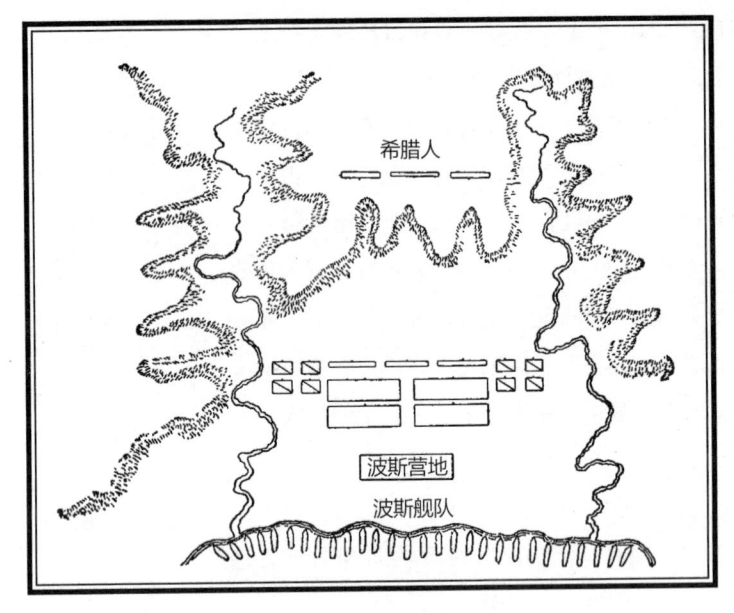

◎ 马拉松会战前的战场态势示意图

米太亚德的估计是正确的。他不仅预料到了波斯人会使用骑兵来打击他的侧翼，也认清了进攻带来的士气优势。保持着8排纵深的两翼在战斗中起到了决定性作用。这里的波斯人在进行了一段时间的出色抵抗之后，被希腊人的长矛摧垮，再也无法重新集结起来。不过在中央，由于战线过分延长且力量薄弱，尽管同样英勇，却还是被波斯人和塞人逐退。在指挥官的出色领导下，这些希腊重步兵寸土必争，不过对方的数量过于庞大。慢慢地，他们开始被对方击退，一直退到山脚下的进攻发起处才重新组成阵线。他们在这里站住了脚跟，并给米太亚德带来了胜机。毫无疑问，他已经预见到在会战中可能发生这种情况，即使没有，他也依靠将领的天才抓住了这个机会。凭借真正的战术眼光，米太亚德抓住了正确时机，发出了事先预定好或平时便通用的信号，命令两翼击败当面的波斯部队后，在不打乱队形的情况下，将他们的密集队形向内旋转，打击之前击退了希腊中央军并猛烈追击的东方军队。这一出色的调动不仅立刻使敌军发生了恐慌，也将他们置于任由希腊方阵宰割的处境。位于前方的波斯军队在两面打击之下混乱地挤在一起，无法进行任何有组织的反击，一些小规模的挣扎也完全没有任何作用，溃败很快便扩散到了波斯全军。希腊人获得了完全的胜利，一直追击到了

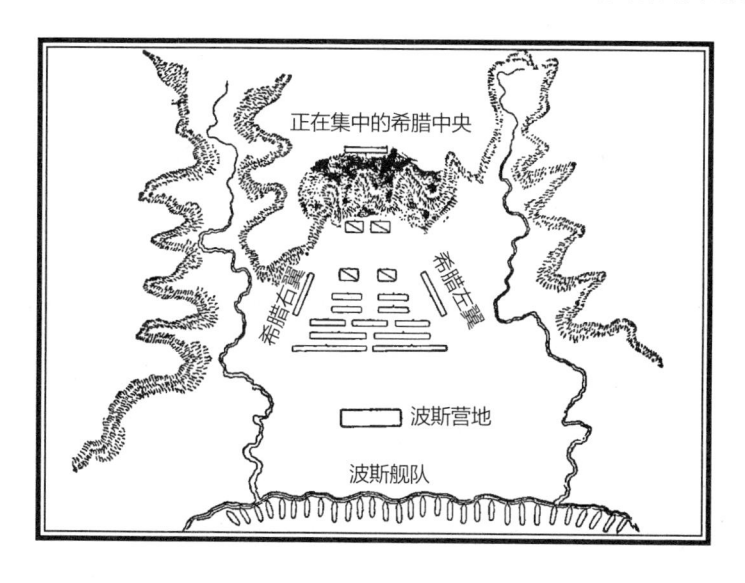

第七章　米太亚德与马拉松会战（公元前490年）

◎ 马拉松会战中希腊人的机动示意图

海岸上的波斯舰队附近。在这里，波斯人的抵抗仍然非常激烈，而他们也大批大批地被希腊人杀死。在会战中，总计有6400名波斯人被杀，而阵亡的希腊人仅有192人。面对着数量庞大且同样勇敢的敌军，希腊人依靠精妙的战术和严格的纪律赢得了这场会战。

希罗多德对马拉松会战并没有太多着墨，只是简单提及雅典人的中央被击败并受到敌人追击，而两翼则为他们赢得了会战。米太亚德在放任波斯人逃跑之后，将两个侧翼"连接"起来，击败了一度迫使雅典军中央后退的波斯军队。没有任何情况能比我们上面所述的会战过程更加符合希罗多德以及其他权威学者的描述——为了将两翼"连接"起来，希腊人必须先击败波斯的中央。而关于这场会战的过程也很少存在异议。[1]

---

[1] 约翰·富勒认为，在米太亚德的故意安排下，会战中雅典人两翼的内旋是因为中央进攻受阻拖后，侧翼为避免与中央脱节而被"拉"向了内侧。整个大战术的观念与200年后汉尼拔的坎尼会战类似。这一情况绝非毫无道理，而且对于雅典人而言也要更为"安全"一些，但似乎过于理想化。在本书中，道奇所述的会战过程中，雅典军中央与左右两翼已经发生了脱节，如果波斯人能够像居鲁士在锡姆伯拉会战中那样，在雅典人完成内旋运动前攻击对方的空隙，便有可能打击在已经分裂为左、中、右三部分的方阵侧翼上。无论如何，道奇的描述更为贴近希罗多德的记载。而方阵在快速前进时彼此脱节，出现空洞的情况也十分常见，波斯人可能由于受到奇袭，从会战一开始便秩序混乱，再加上马拉松相对狭窄的地形，因此没能采取任何类似锡姆伯拉会战的行动。

069

至于古代会战中双方伤亡数字的巨大差异，虽然看似并不可信，但众所周知，后世如克雷西（Crécy）、阿金考特（Agincourt）等会战中也出现过类似情况。当一支纪律优良的军队同纪律不佳的军队战斗时，这种情况并不罕见。在古代以及中世纪的会战中，失败一方在丧失秩序后，往往会在被追击的过程中遭受惨重损失，甚至经常遭到全歼。

由于发现波斯舰队可能会驶向雅典城，米太亚德在会战后迅速赶回了雅典，确保了胜利的成果。因为马拉松会战，波斯人自然能猜到雅典城内空虚，并立刻起航向那里前进。好在米太亚德及时抵达，阻止了城市陷落。

与此同时，由于宗教禁止斯巴达人在满月前参与战争，因此他们出发支援雅典的时间过晚。即使经过连续3天、每天50英里的强行军，他们还是在雅典人赢得马拉松会战的第二天才抵达战场，只好在极度懊恼之下返回了斯巴达。

马拉松会战的胜利展示出，在伊巴密浓达创造斜形序列之前，对平行序列最杰出的运用，而这在当时也是非常罕见的。雅典人在这场会战最激烈的时刻，及时且准确地采取了最合理的行动。无论米太亚德是在会战前便已计划好了这一套战术机动，还是在会战过程中及时抓住了机会，他都应为此受到世人尊敬。

必须注意的是，无论是马拉松会战，还是后面我们将要记叙的会战、战役，都绝非要记录下亚历山大之前一切值得提及的军事技艺。它们只是一些典型战例，用来说明战争艺术是如何逐渐发展的，以及亚历山大开始其军事生涯时战争艺术的发展水平。因此在本书中，我们会忽略掉大批著名军事事件。

第八章
布拉西达斯（公元前424年至公元前422年）

马拉松会战之后的一个世纪里，战争艺术在缓慢但持续地进步着。在这个时代里，虽然并没有出现太多的杰出将领，但那些能力稍差一些的将领却能够从前人或成功或失败的例子中获得经验教训，从而将战争打造成了一套系统。在萨拉米斯海战（The Battle of Salamis，公元前480年）之前，从地米斯托克利的远见卓识和镇定自若中诞生出最卓有成效的战略。在伯罗奔尼撒战争的数次战役中，即使希腊人几乎全盘采取守势，我们也还是能偶尔找到值得学习之处。不过这些战役始终为人所忽视，伯罗奔尼撒战争本身也并非一场大战。在这场持续了整整27年的战争中，仅出现了大约6场会战，而其中只有伊哥斯波塔米海战（The Battle of Aegospotami）[①]这一场决定性会战。希腊人在这场战争中更愿意消耗对方的国力，而不是流血。

普拉蒂亚围攻战（公元前429年至公元前427年）之所以引人瞩目，原因在于这是古代第一场拥有详细记载的围攻战，从中可以了解到当时的围攻战

---

① 公元前405年，莱山德率领斯巴达舰队在伊哥斯波塔米海战中击败了雅典舰队，毁灭了雅典赖以自立的制海权，迫使雅典在次年承认了斯巴达对希腊的领导权，结束了伯罗奔尼撒战争。

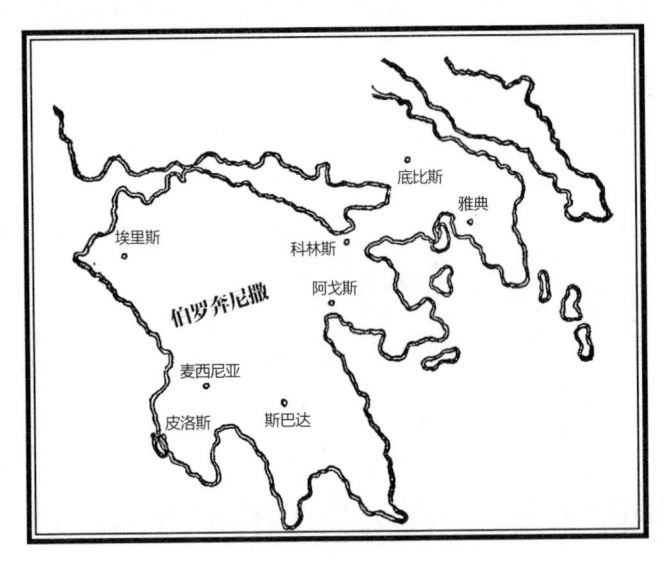

◎ 公元前425年的伯罗奔尼撒半岛示意图

术。普拉蒂亚仅凭少数部队便挡了斯巴达人两年之久，这就使对这场围攻战的研究更为重要了。修昔底德说围攻者首先依靠一道木栅栏将普拉蒂亚环绕起来。当他们看到仍然无法取得成功之后，又转而决定彻底封锁普拉蒂亚，在城外建造了两条城墙，一条面向城镇，另一条面向城外，二者间距为16英尺。城墙上只有一些轮换部队驻防，主力部队则在城墙外宿营。由于两道城墙之间架起了用来抵御敌军火力和恶劣天气的屋顶，因此也可以将它看作是一道拥有双面胸墙的城墙。两道城墙之间还有攻城塔，可以同时压制内外两个方向。另外，斯巴达人还在围攻线内外挖掘了两道壕沟，并在其上架设了吊桥。在普拉蒂亚会战之前，我们无法找到任何系统的围攻战术。

伯罗奔尼撒战争中也曾出现一些优秀将领。在他们之中，也许斯巴达的布拉西达斯（Brasidas）要算是最杰出的一位，而雅典则拥有最杰出的政治家。伯里克利为雅典制订的陆上防御、海上进攻战略，以及他在修昔底德笔下所进行的演讲都充满着智慧。德摩斯梯尼[①]颇具远见地占领皮洛斯（Pylos,

---

[①] 此德摩斯梯尼并非公元前4世纪那位反马其顿的雄辩家，而是伯罗奔尼撒战争时期的一位雅典将军，死于公元前413年。

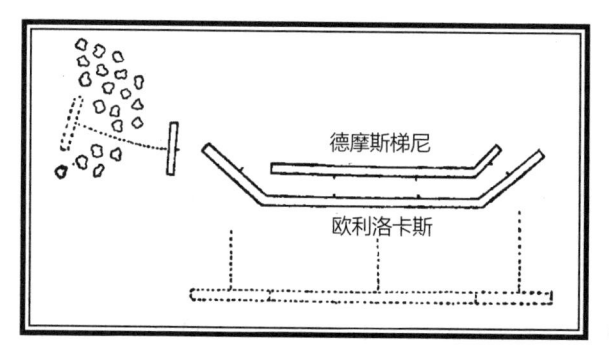

◎ 奥尔匹会战示意图

公元前425年），从背后威胁了斯巴达本土，不仅使他们放缓对雅典的陆上进攻，更使他们一度主动求和。这也展现出德摩斯梯尼具有最优秀的战略能力。另外，德摩斯梯尼还曾灵活地运用伏兵赢得了奥尔匹会战（The Battle of Olpae，公元前425年）[1]。当时德摩斯梯尼在自己右翼远方布满树林的一个谷地中隐藏了400名重步兵和轻装部队，一旦斯巴达左翼占据上风并试图包围自己的右翼，这些士兵便会用奇袭来摧毁斯巴达的左翼。德摩斯梯尼的预测是正确的。在欧利洛卡斯（Eurylochus）[2]试图包围德摩斯梯尼的右翼时，山谷中的伏兵突然打击在欧利洛卡斯的背后。这一行动是如此有效，以至于斯巴达人虽然完全摧毁了德摩斯梯尼的左翼，但他还是赢得了会战。

对叙拉古的围攻不仅给后人带来了大量的教训，同时也验证了两条最基本的战争原则——"出其不意是最佳的取胜之道"和"攻击对方最害怕遭到打击的地方，才能给他造成最大的打击"。不过由于篇幅有限，我们只能通过记录布拉西达斯的一次行军和一场会战，来展示那个世纪里战争艺术的最高点。

当时，马其顿国王佩狄卡斯（Perdiccas）、一些起义的色雷斯城市以及斯巴达加入了反雅典同盟，以对抗雅典在希腊北部建立已久的霸权。布拉西达斯在公元前424年穿过色萨利，与佩狄卡斯会合。在这次行军中，布拉西达斯表现出了过人的意志和头脑。他不像普通斯巴达人那样狭隘，他既是一位冷静

---

[1] 此处应为误记，奥尔匹会战事实上是在公元前426年进行的。
[2] 此役中斯巴达的指挥官。

的士兵，也是一位沉着的智者，英勇、坦诚且受人尊敬。色萨利人与雅典之间具有同盟关系，对斯巴达持有敌意，可布拉西达斯又必须穿过色萨利才能进入马其顿。为避免遭到色萨利人的阻拦，布拉西达斯率领他的4000名士兵进行了一系列快速的强行军，总能在当地人口动员起来前便穿过他们的土地。而当他终于在一个隘路上遭遇抵抗时，他又能够说服对方承认斯巴达人来到这里只是出于和平目的并对自己

◎ 布拉西达斯的行军（公元前424年）示意图

有利。毫无疑问，对于一位将领而言，口才也是一项极为重要的能力，可却殊少有人能够掌握。

在与马其顿人一同在伊利里亚（Illyria）进行了一次战役之后，布拉西达斯又在撤退中展示出了杰出的能力。此时佩狄卡斯已经弃他而去：由于马其顿与斯巴达联军所处的情况十分糟糕，他在一天夜里突然率领全部马其顿士兵回国了，只留下布拉西达斯及其手下不多的人马单独面对追击而来的大批野蛮人。这一局面考验着每一个斯巴达士兵，而在布拉西达斯的领导之下，士兵们没有显露出一丝溃散的迹象，也完全没有失去他们的纪律性。他对士兵们发表的演说就如同教科书一般经典。他鼓励他们说，尽管己方人数稀少，但在勇气、纪律以及任何战斗素质上都要远强于野蛮人，只要士兵们能够并肩战斗，便绝对能够击败野蛮人。[①]就目前所知，这是第一次一位将军告诉士兵，文明国家的士兵绝不需要惧怕蛮族，无论他们的数量到底有多大（如今这已经成为陈词滥调了）。在撤退时，重步兵们排成一个空心的正方或长方队形，保护着

---

① 事实上此言不虚，绝非专为鼓励士兵而凭空夸口。

中央的轻装部队和行李纵列。这一队形似乎也是布拉西达斯本人的发明。一部分血气方刚的年轻士兵扮演着侧卫角色，随时准备在野蛮人接近时冲出行列攻击他们。这些人被部署在整个队形的最外侧，以保证他们能够快速进出行列，而又不会破坏队形秩序。布拉西达斯本人则率领300名精选的重步兵，组成全军的后卫。只要斯巴达人开始行军，野蛮人便会发动进攻。但即使野蛮人的威胁如此步步紧随，斯巴达士兵们也没有没有丧失一丝的纪律。每当野蛮人发动进攻，全军便会停止前进，侧卫部队冲出行列，与后卫一同迅速将伊利里亚人击退，之后全军再重新开始行军。在最初的两三次进攻导致伤亡惨重后，野蛮人变得谨慎起来，不再发动直接的进攻。不过他们也只是转而采取伏击的方式进攻而已，他们甚至还抢先占据了斯巴达人必经的隘路入口处的高地，试图在这里将斯巴达人引入一场不利的战斗。不过布拉西达斯始终保持着戒备，认清了对方的意图后，他带领自己直接指挥的后卫，以双倍速度超越全军直扑高地。尽管伊利里亚人抢先占据了高地，却并没做好承受重步兵进攻的准备，在损失了部分人员后即被布拉西达斯逐退，丧失了隘路的入口。在此之后，一路始终遭遇顽强抵抗的伊利里亚人彻底放弃了企图。布拉西达斯能够在如此困难的环境下，牢牢掌握着手中的士兵，率领他们完成撤退，完全可以被看作色诺芬的榜样。

布拉西达斯在安菲波利斯会战（The Battle of Amphipolis，公元前422年）中击败雅典将军克里昂（Cleon），进一步显示出这位战士的罕见才能。在经历了马其顿、伊利里亚的战役之后，布拉西达斯撤退到了他先前驻扎过一段时间的安菲波利斯。这座城市位于斯特里蒙（Strymon）河畔的一座山丘上，仅东侧建有城墙，其余三面则被河流环绕。布拉西达斯在河对岸的柯迪利乌姆山（Mount Kerdyllium）宿营，可经由一座桥梁进入城市。被雅典派来应对布拉西达斯的克里昂自城市以南数英里的埃翁（Eion）登陆。为了对城市进行侦察，克里昂以右翼领先的序列沿大路前进至安菲波利斯东侧。从这里，他能够清楚地看到布拉西达斯的营地以及山丘上的城市，由于并不担心对方会攻击自己，因而他们在行军时纪律松散。可事实上，布拉西达斯早已下定决心攻击雅典人，准备利用对方松散的队列来争取优势。克里昂在获悉布拉西达斯已经从营地进入城内之后，还是认为对方不会进攻自己。直到亲眼看到城门处的骚动

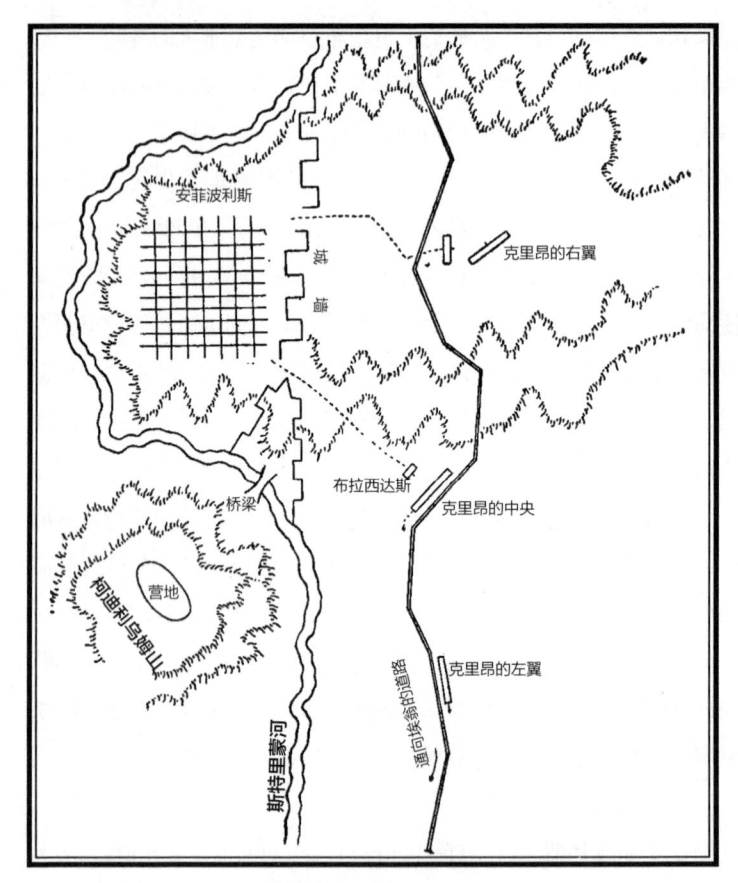

◎ 安菲波利斯会战（公元前424年）示意图

时，他才终于意识到自己已经身处险境。不过到了此时，克里昂仍认为对方只会像当时的惯例一样，从城门中走出来排成常规的战斗序列，之后才缓慢地推动方阵前进。尽管手中的部队人数远比对方多，装备也远比对方齐整，克里昂却决定拒绝他想象中的会战，他将行军纵队倒转过来，以左翼领导撤退，而且他始终都没有让队列组成密集队形。由于某种原因，雅典人的左翼行动过快，与中央和右翼发生了脱节，二者之间出现了一个空洞。深知出其不意道理的布拉西达斯从没有打算循规蹈矩。他挑选了150名精兵由自己直接指挥，埋伏在城门后面，他告诉他们敌军缺乏戒备，激励他们奋勇作战，完成任务。在此之后，这支规模虽小但满怀决心且人人都能以一当十的部队突然从城门冲出，打击在克里昂中央的侧面上。后者原本正沿着大路行军，遭到打击后立刻便陷入了巨大的混乱中。位于前方的左翼非但没有转回来支援中央，反而在惊恐之下立刻向埃翁逃跑了！[1]右翼则撤退到山丘上的一个位置。与此同时，另一支规模更大的斯巴达部队从更加靠北的城门出城，从后方攻击了雅典人的右翼。克里昂在逃亡中被杀。雅典右翼虽然进行了英勇的抵抗，但全无用处。超过600名雅典重步兵在战斗中阵亡，整个军队也都被击溃了。斯巴达方面仅有7名重步兵阵亡，但布拉西达斯受了致命伤。两位指挥官虽然都殒命沙场，但在能力以及品行上的差别非常显著。

作为伊哥斯波塔米海战的胜利者，莱山德（Lysander）的军事生涯足以使他成为仅次于布拉西达斯的伯罗奔尼撒战争中的第二名将。不过与很多名将一样，关于他的功绩我们也只能从略。

从军事角度来讲，伯罗奔尼撒战争的规模有限，政治手段发挥的作用并不亚于军事手段。能否从敌方阵营中争取到盟友，或是能否在对方的城市中煽动叛乱，对于一场会战的胜负同样至关重要。在这场战争中，政治手段压倒了军事能力。大部分战役不过是增加了一些附带目的的劫掠。海战多于陆战，有限的陆战通常也只是小战和围攻战。尽管参战城邦众多，战争波及的地域非常广大，并充斥着罕见的残酷和不必要的毁灭，甚至于整个希腊的命运都悬于这场战争之上，但伯罗奔尼撒战争本质上仍然是一场小规模战争。在这场战争中，伟大者、狡猾者、怯懦者层出不穷，所有这些人都影响着战争的走向。伯里克利、德摩斯梯尼、布拉西达斯、吉利浦斯（Gylippus）、莱山德、克里昂、亚西比德、尼西亚斯（Nicias）都在漫长争斗中的某一时刻彰显出自己德行、能力的优劣。倘若这场战争继续蔓延下去，希腊最终很可能会四分五裂，再也无法作为一个整体立足于文明世界。

---

[1] 我们必须记得，由于希腊军队是以右为上的，除特殊的战术安排外，部署于左翼者通常都是全军素质最差的部队，因此在恐慌之下逃离战场也并不让人意外。

第九章
从色诺芬到阿格西劳斯（公元前401年至公元前394年）

作为大流士二世的次子，小居鲁士（Cyrus the Younger）试图与兄长阿尔塔薛西斯（Artaxerxes）争夺波斯王位。公元前401年，他率领一支由亚洲人以及13000名希腊佣兵组成的军队入侵波斯。长久以来，大批希腊人成了佣兵，而小居鲁士手下这一批佣兵的战斗素质要远高于普通佣兵。这些佣兵在克利尔库斯（Clearchus）的指挥下，12天内便从迈利昂得鲁斯（Myriandrus）一路前进到塔普萨卡斯（Thapsacus），平均每天行军达19英里。作为小居鲁士与阿尔塔薛西斯的决斗以及万人大撤退的开端，库那克萨会战（The Battle of Cunaxa）非常有趣地展现出，在面对兵源杂乱的波斯大军时，纪律严明的希腊方阵能够完成何种壮举。在库那克萨会战中，阿尔塔薛西斯据称拥有90万大军（很可能过分夸大了），而包括希腊佣兵在内，小居鲁士的兵力为10万人左右。两支军队直接向对方开进，并最终在幼发拉底河相遇。

得知敌军接近后，小居鲁士将部队列成战斗队形。得到1000名骑兵支援的希腊方阵位于右翼，右侧倚靠幼发拉底河，在其背后一段距离坐落着他们的营地。小居鲁士本人与600名近卫骑兵位于中央，其余亚洲部队则组成左翼。由于军队规模极为庞大，当阿尔塔薛西斯同样将左翼倚靠幼发拉底河并以战斗

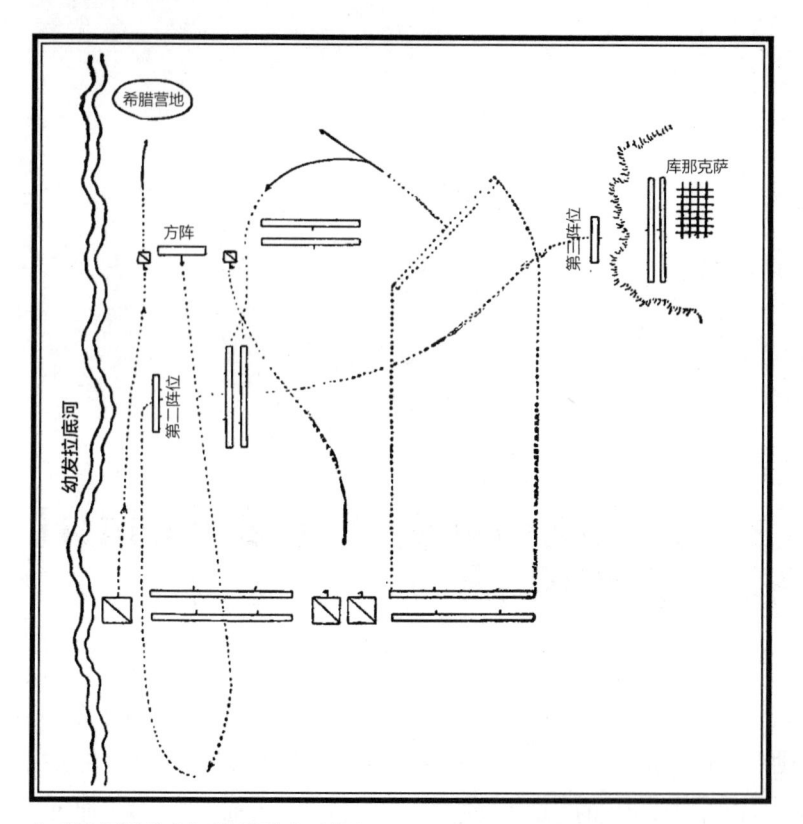

◎ 库那克萨会战（公元前401年）示意图

序列前进时，战线长度大大超过了小居鲁士，甚至于他战线的中央部分都已经超出了小居鲁士的左翼。当波斯人①的部队开始默声前进时，小居鲁士骑马检阅自己的士兵，对他们进行鼓励，并要求克利尔库斯去进攻对方中央的阿尔塔薛西斯以及他的6000名近卫骑兵。如果能够击败阿尔塔薛西斯本人，那会战也必将获胜。但克利尔库斯说因为方阵步兵左手持盾，对于右翼的安危总是比左翼更加在意，因此不愿离开掩护着自己右翼的河岸。他拒绝执行小居鲁士的命

---

① 虽然小居鲁士同样也是一位波斯亲王，但此处的波斯人专指效力于阿尔塔薛西斯这位波斯大王的军队。

第九章　从色诺芬到阿格西劳斯（公元前401年至公元前394年）

令，但同时也答应后者自己将在右翼全力以赴。

当波斯军队接近到半英里以内时，方阵前进了。他们用长矛敲击着盾牌，高唱着战歌。方阵的声势是如此骇人，以至于位于阿尔塔薛西斯左翼前方的骑兵和战车，在希腊人进入弓箭射程之前就已经溃散了。之后，充满战斗热情的方阵又以良好的秩序进攻对方左翼主力，将他们击败并追击了大约两英里的距离。与此同时，在意识到自己的阵线大大超出小居鲁士的左翼之后，阿尔塔薛西斯命令右翼向内旋转，攻击对方的背后。波斯左翼的骑兵此时已经击退了为方阵提供支援的那1000名骑兵，朝希腊佣兵的营地前进。

在此期间，小居鲁士一直将近卫骑兵握在手中，观察战况发展。在看到方阵取得的成功之后，小居鲁士希望自己不落人后，遂率领着自己的骑兵发动了凶猛进攻，仅凭一次冲锋便击溃了阿尔塔薛西斯周围的大批部队。不幸的是，这些骑兵忙于追击敌军，导致小居鲁士身边只剩下少量近侍（或称为"桌边侍伴"），而他仅率领着这些侍卫便直接冲向了阿尔塔薛西斯本人。虽然他确实打伤了阿尔塔薛西斯，但他自己在进攻中阵亡了。到了此时，波斯右翼已经完成了对小居鲁士左翼的迂回。后者在夹击之下得知统帅阵亡后，立刻四散逃亡。波斯右翼和骑兵都准备赶去洗劫敌军营地。不过阿尔塔薛西斯在看到左翼的失利后，又重新将右翼集中起来转向后方以面对方阵。

此时克利尔库斯已经彻底摧毁了波斯左翼，他也做了一次转向以攻击其余波斯部队。在回到幼发拉底河岸后，克利尔库斯发现了波斯人重新组织起来的阵列。他将方阵再次转向，背对着河流，并迫使阿尔塔薛西斯将全军向左移动来面对方阵。希腊佣兵们再一次前进，将波斯人从战场驱赶到了库那克萨镇所在的山丘上。在那之后，克利尔库斯退回了自己的营地。直到此时，希腊人才得知了小居鲁士的死讯。这13000名希腊佣兵击败了至少数倍于自己的敌军，却只有一人阵亡。[①]库那克萨会战证明，方阵在面对虽然同样英勇但缺乏纪律的东方士兵时占有绝对优势。不过，这场会战中方阵的巨大成功和微小损

---

① 这个数字根本不可信。事实上，色诺芬对整场会战的描述都非常夸张。但无论如何，其大体经过仍是可信的。

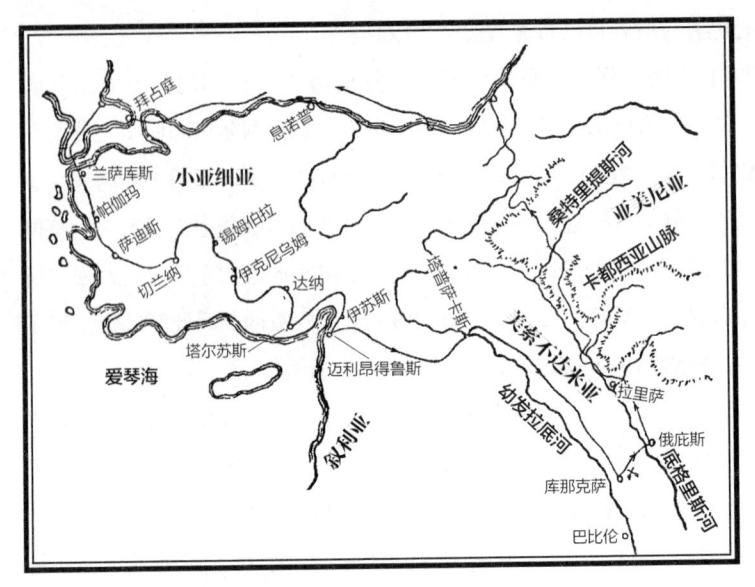

◎ 万人大撤退（公元前401年）示意图

失绝不能被视为惯常之事。

现在希腊人不得不自寻出路，尽可能撤出波斯了。由于克利尔库斯和其他将领在与敌军谈判时遭到对方阴谋刺杀，佣兵们选出了新的将军。依照抽签，色诺芬负责指挥后卫，彻里索弗斯（Cheirisophus）负责指挥前卫。这是历史上最负盛名的一次撤退，色诺芬也因此成为退却战之父，开创了后卫战术，并将其至臻完善。《长征记》①中记载的创新战术，要比先前所有的著作加起来还多。在他之后，所有的战争体系都将万人大撤退视作退却战的榜样，就好像它们将亚历山大的无可阻挡且极具智慧的行动视作进攻战范本一样。

尽管色诺芬是一位真正的战术大师，可他的军事天才在上千年时间里被人忽视。他对手下士兵的影响力无人能及，也从无某位将领能够像他那样关心士兵的安危。在撤退过程中，色诺芬使用了大量全新的战术。《长征记》首次

---

① 此为色诺芬本人的著作，以第三人称描述希腊佣兵从受雇于小居鲁士起到万人大撤退结束的过程。

第九章　从色诺芬到阿格西劳斯（公元前401年至公元前394年）

记载了将干草填充在羊皮中，再将羊皮缝合起来，之后再用这些羊皮囊架桥的办法——虽然这并非色诺芬本人的发明。后续章节中，我们将看到亚历山大经常使用这种方法渡河。另外，在面对复杂地形或希望保持部队的敏捷性时，色诺芬开创了新的前进方式——各团、连以右翼领先的纵队前进，以往则是排成横队前进。。这在小战术方面是一个非常巨大的进步。他在著作中展示出的战术给予后人极大启示。

万人大撤退中，多次出现连续数日的行军战斗。为应对敌军的骑兵和投射部队，色诺芬在撤退开始时也组建了一支投石兵部队和一小队骑兵。希腊军队在行军时总是缺乏戒备，因此色诺芬告诫手下士兵，如果行军纵队将队形保持得足够密集，不仅能够更容易地突破对方封锁，而且所占据的空间更小，因此也更安全。由于他们的对手并没有巨弩、投石机，因此无须担心对手从远方利用抛射机械击碎自己。这样一来，一旦追击部队从后方接近，色诺芬无须花费时间集中部队便可直接进攻。无论是利用散兵从远距离作战，还是动用后卫中的重步兵，他都能够为主力部队争取时间撤退一段距离，之后再迅速与主力会合。另外，这种密集的行军序列也能最大限度地降低侧翼遭到进攻的危险。在穿越平原时，色诺芬也和布拉西达斯一样，将队列排成一个空心的四方队形来保护中央的行李纵列和非战斗人员。不过在通过一系列隘路穿越山地时，他又会将队形调整得更为紧凑，并将后卫部署在附近的高地上掩护方阵。在行军纵队进入隘路之前，色诺芬总会派出轻装部队去占领控制着隘路入口的高地，直到纵队通过之后才会撤出。万人大撤退同样证明了将途经的地区、村庄彻底摧毁的必要性，虽然这很残酷，却能够使敌军无法获得充足食物和过夜的掩蔽所，从而延缓他们的追击。更为重要的是，色诺芬首次在方阵背后保留了预备队，这些部队可以随时用来填补第一线上出现的弱点。这是一个无与伦比的改进。在那之前，预备队的概念根本不存在，而色诺芬所创造的已经与我们今天相差不多了。也许上述这些创新战术现在看来已经并不稀奇，但那只是因为我们已经花了2300年来学习它们，而直到今天，色诺芬的《长征记》也仍是最好的军事教科书之一。万人大撤退还第一次揭露出波斯帝国内部是如何缺乏凝聚力，并因此失去了原先的强大实力。从色诺芬的经历中，亚历山大看到只要能够明智、持续地行动，哪怕仅凭较少的部队，他也能够建立伟大功业。

・亚历山大战史

　　我们很难仅通过一两次事件就将色诺芬的天才创造力解释清楚。不过只要对这些早期战事进行简单叙述，便足以说明亚历山大登上马其顿王位时的军事科学发展情况了。在亚历山大的时代之前，很多有效的战术便已经存在于世，而对色诺芬的几次战斗加以说明，也足以使我们对《长征记》中色诺芬的行动力、判断力、勇气以及他手中的资源获得一定的认识。另外，在我们研究亚历山大战史中那些模糊不清的记录时，《长征记》也能够为其细节提供参考。

　　当希腊人撤退了大约一半路程时，他们在穿过卡达西（Carducian）山区的一个隘路时经历了巨大的危险，也有不少人受伤。由于前卫前进速度过快，彻里索弗斯将蹒跚而行的色诺芬以及后卫部队甩在了身后。当希腊人从隘路中走出并进入一个谷地之后，他们发现自己面对着另一条隘路，其两侧的高地也已经为敌军所占领。当地的卡达西人勇敢、警觉且装备精良。他们的长弓几乎有一人高，箭矢也长达3英尺多。[①]继续前进似乎已经毫无希望，而当地向导们（这支希腊佣兵军中总会有数名向导）告诉他们说这是穿过山区的唯一道路。事实上，对于一位将领而言，最难做到的事情便是耐心找到合适的向导并判断向导所言的虚实。色诺芬在上一条隘路中战斗时刚好俘获了两名卡达西人，他相信这两人对这块地区要比其他向导更为熟悉。色诺芬亲自分别审问两人。首先受审的那位坚决否认还有其他道路。色诺芬当着另外那个卡达西人的面将其处决。后者立刻招供说还有另一条情况同样良好却鲜为人知的道路，而且很可能没有驻军。通过这条道路，希腊人可以迂回主路上的野蛮人阵地，将主路打通。

　　当天夜间，色诺芬派遣2000名志愿者在那位俘虏的带领下沿新路进行奇袭，并告诉那位俘虏要么受赏，要么受死。一场突降的大雨使野蛮人无法发现这支部队的行踪。为进一步吸引他们的注意力，色诺芬还以主力对敌军驻守的隘路发动了正面佯攻。卡达西人在迎击时坚信自己有能力摧毁色诺芬，甚至自认为已经将对方诱入了陷阱。作为一种防御手段，卡达西人整晚都在将巨石从

[①] 这一数字已经与英国长弓类似，除非制作原料太差，否则其威力也一定相当大，完全有可能射穿希腊人的盔甲。

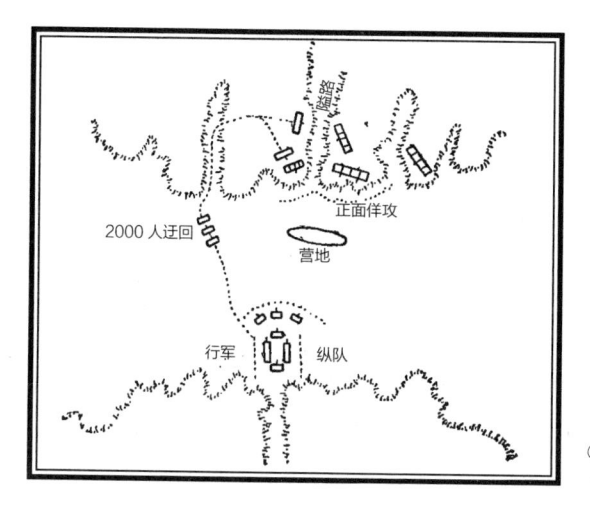

◎ 对卡达西隘路的进攻
（公元前401年）示意图

山坡上往下推。可事实上，色诺芬只留下了一小队人马，命令他们继续展示存在，主力部队则撤回营地休息去了。与此同时，那2000名志愿者已经抵达了小路，没有遭遇太多困难便逐退了驻守在那里的少量野蛮人，从后方进抵大路。到黎明时分，他们在晨雾的掩护下突然对震惊中的卡达西人发动进攻。齐鸣的号声不仅通知色诺芬行动已经成功，也加剧了敌军的混乱。主力部队立刻从谷地中加入进攻，将卡达西人赶出了阵地。

希腊全军同时沿两条隘路进入山地，色诺芬本人选择了先前由2000名志愿者打通的那一条。不过，仍有数量相当可观的敌军驻守在隘路中，占据了隘路两侧所有的高地。其中有三个高地迫使希腊人三次暂停行军，发动进攻以打开通路。希腊人始终非常谨慎，他们并不具有打一场你死我活的会战的能力，因此会故意给野蛮人留出撤退的道路。在攻克一座高地之后，希腊人会留下一支适当的部队据守高地，直到行军纵队中的部队、辎重、伤患和女人（与古代和中世纪军队中常见的情况一样，色诺芬军中也有大量妇女随行）全部通过之后才撤离。可当这些部队离开高地时，卡达西人又会冲出来袭扰他们的后方，迫使他们不得不先停下脚步将野蛮人逐退。在穿过谷地的整个行军过程中，野蛮人始终步步紧随。而色诺芬则是每一次战斗的灵魂人物，无论战斗发生在纵队前方还是后方。

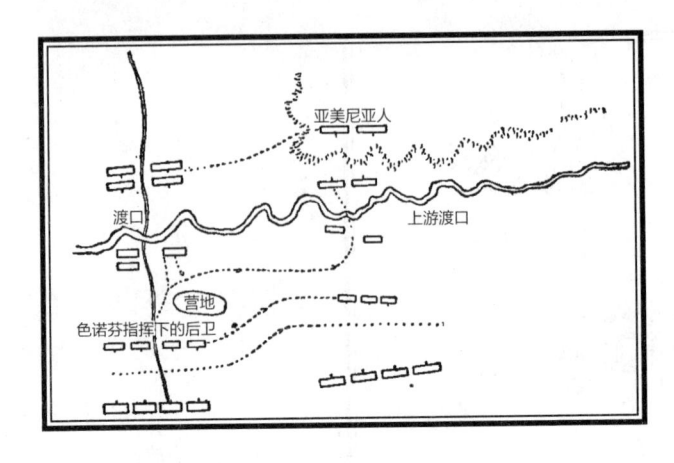

◎ 横渡桑特里提斯河（公元前401年）示意图

在军队赶到桑特里提斯河（Centrites）后，色诺芬发现亚美尼亚（Armenia）总督已经在河对岸占据了阵地，同时卡达西人仍在紧追不舍。希腊军队所走的道路虽然通向一个渡口，但那里的水相对较深，河床也布满了圆滑的石块，士兵们在涉渡时无法用盾牌挡住亚美尼亚人射出的箭雨和标枪。由于对方人数过多，希腊人很快便不再尝试涉渡。色诺芬则带着后卫从主力部队中脱离出来，抵挡着卡达西人的追击。此时的局面对希腊人而言近乎绝望，全军在极度不安中度过了当天的夜晚。不过性格坚韧乐观的色诺芬却梦到或假称梦到镣铐从自己的双手上滑落，第二天破晓时，他将此事告诉大家，恳请同伴们不要绝望。凑巧的是，当天清晨，一部分士兵发现上游大约半英里处还有一个情况更好的渡口。部队立刻开始向新渡口前进，不过卡达西人和对岸的亚美尼亚人紧跟他们的步伐。

虽然色诺芬只是与其余将领平级的指挥官，但一直以来因胆大心细而获得全军上下的信任。在到达上游的渡口后，他安排彻里索弗斯首先渡河，自己则带着一支人数足够的部队留下来抵挡卡达西人。为了让彻里索弗斯摆脱对岸亚美尼亚人的拦截，色诺芬又率领大部分部队向下游渡口前进，佯装放弃上游渡口。亚美尼亚人担心色诺芬从下游渡河后，自己将受到两面夹击，甚至被切断与大路之间的联系，于是急忙向下游移动，只在上游留下一支根本无法抵挡彻里索弗斯的小部队。在这些行动的掩护下，彻里索弗斯终于渡过桑特里提斯河,并在对岸开辟了渡场。由于大批亚美尼亚人又回到了一个距离他不远的山丘上,彻里索弗斯将部队列成了方阵。与此同时,色诺芬看到彻里索弗斯在河对岸占据了阵地后,迅速调转方向,准备尾随渡河。

不过此时卡达西人也认为自己的胜机来临了,并凭借庞大的人数对希腊人发动进攻。为应对这一威胁,色诺芬派人请求彻里索弗斯将弓箭手和投石手派回到河流中央,站在河水中掩护自己渡河。在那之后,色诺芬又命令自己的部队以最快速度向渡口前进,他自己则与一小部分精选的重步兵从主力中脱离出来,与卡达西人战斗。自知无法抵挡希腊人进攻的卡达西人,始终与色诺芬保持一定距离,只敢用矢石射击。到几乎所有部队都已经过河之后,为摆脱当面之敌的纠缠,色诺芬下令进攻,朝卡达西人发起冲锋,吓得对方在惊恐中四散而逃。当卡达西人重新集合起来时,色诺芬早已调转方向渡过了河流,只有弓箭手和投石手仍站在河水中掩护着重装部队。

在整个撤退中,色诺芬的表现都像上述战斗中一样令人尊敬,军队也因此得救。不过在参与库那克萨会战的13000名希腊人中,只有6000人活着看到黑海(Euxine),他们高喊:"大海!大海!"在14个月的时间里,士兵们总共行军215天,走了4000英里,按照实际行军天数计算,他们平均每天行军约18.5英里。

波斯人从此走向衰落。色诺芬写道:"波斯大王的帝国幅员辽阔、人口众多,但辽阔的疆域也使部队极为分散,无法抵挡任何能够快速行动的敌军……波斯将臣服于那个勇于对它发动进攻的人。"毫无疑问,亚历山大曾仔细研读过色诺芬的战史。

阿格西劳斯

在入侵亚洲这方面,亚历山大还有一位前辈。在公元前399年至公元前394年的斯波战争(The Sparto-Persian War)[①]中,斯巴达国王阿格西劳斯曾前往小亚细亚援助遭到波斯总督提沙费尔尼斯(Tissaphernes)压迫的希腊城市(因为这些

[①] 即斯巴达与波斯之间的战争。

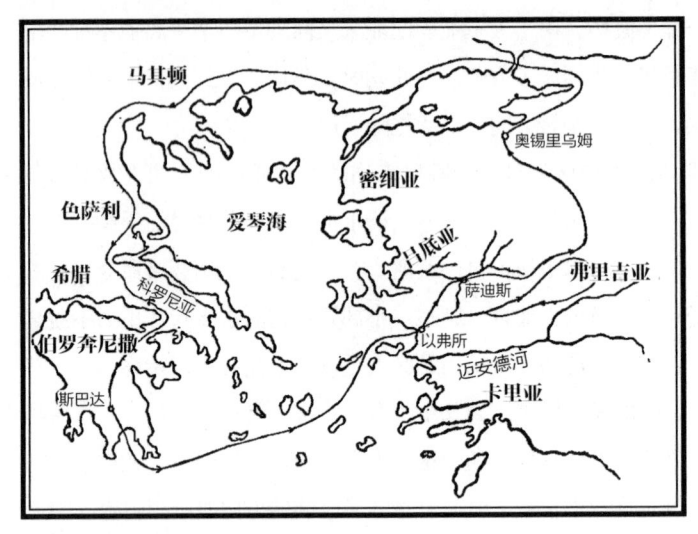

◎ 阿格西劳斯的行动路线（公元前396年至公元前394年）示意图

城市参与了小居鲁士的远征）。虽然时局导致阿格西劳斯没能完成他的任务，但他为后来者指明了成功的道路。亚历山大在构建其宏伟愿景时，也无疑从中获益匪浅，而他的好胜心甚至驱使他超越了居鲁士所征服的疆域。

阿格西劳斯带着8300人和6个月的给养从斯巴达出发，走海路到达以弗所（Ephesus）。在相当谨慎地解决了各希腊城市的争端之后，他便公开为进军卡里亚（Caria）做准备，提沙费尔尼斯已经在迈安德（Maeander）的平原上等待他的到来。不过阿格西劳斯手中并没有骑兵，而他也不愿意在那样一块特别适合骑兵行动的地形上与对方进行会战。因此，他并没向卡里亚前进，而是进入了弗里吉亚（Phrygia）。虽然阿格西劳斯最初希望在这里进行一次会战，但发现骑兵是在亚洲作战不可或缺的力量之后，他便回到了以弗所过冬，并在那里征召建立起一支非常出色的骑兵部队。当春季来临时，提沙费尔尼斯费尽一切努力试图了解阿格西劳斯的意图。这位斯巴达国王宣布他将再次进入弗里吉亚，提沙费尔尼斯认为这不过是对方想引诱自己远离卡里亚的计策，于是继续留在迈安德的平原上。阿格西劳斯成功骗过了对手。他进向帕克托拉斯（Pactolus），在那里击败了一支大规模的骑兵部队。像这样欺瞒对手的策

第九章　从色诺芬到阿格西劳斯（公元前401年至公元前394年）

略，是所有伟大统帅都能够成功运用的。

提沙费尔尼斯跟随阿格西劳斯进抵萨迪斯，但其手下却被阿格西劳斯的成功所吓倒，刺杀了这位总督。他们支付了30台仑（Talent）①黄金，试图收买斯巴达国王离开自己的省区，去往弗里吉亚。阿格西劳斯接受了他们的要求，却在离开之前蹂躏了省区的土地，并在达西利乌姆（Dascyllium）设立冬营。在这里，他为入侵波斯的战役做了大量准备工作。但波斯人的贿赂挑起了希腊的内部争端，阿格西劳斯只好回国。在回程中，他选择沿着薛西斯曾走过的陆路行动。在穿过色萨利时，他被迫使用武力夺路前进。阿格西劳斯指挥手下新组建的骑兵，对战全希腊最优秀的色萨利骑兵，显示出他卓越的才能。在色萨利境内，他听到了斯巴达舰队在辛度斯（Cindus）被击败的消息。出于谨慎考虑，他反而向士兵宣布舰队取得了一场大胜，以避免军队士气崩溃。之后他又攻击了底比斯和它的盟友，并在科罗尼亚（Coronaea）会战中将他们击败（公元前394年）。在这场会战中，他也表现出了令人印象深刻的战术能力。当双方接战后，阿格西劳斯所在的斯巴达右翼击败了敌军左翼，同时底比斯人的右翼击败了阿格西劳斯的左翼，并一路前进到阿格西劳斯的营地。阿格西劳斯在彻底驱散底比斯左翼，腾出手来之后，将自己的右翼向内旋转，在他亲自指挥之下猛攻底比斯人。据当时伴随在阿格西劳斯身边的色诺芬说，接下来发生了希腊历史上最激烈的战斗。底比斯人虽然损失惨重，却还是重新组成一个四方队形，突破斯巴达的战线与先前失败的左翼会合，不过他们还是将胜利留给了阿格西劳斯。②

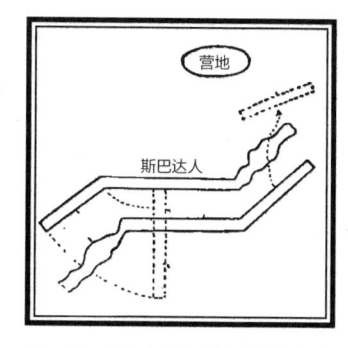

◎ 科罗尼亚会战（公元前394年）示意图

---

① 台仑为古代重量单位，也被用作贵重金属价值的计量单位。不同地区、不同时代，台仑的具体重量不同，1希腊台仑（或1雅典台仑）相当于26公斤，1巴比伦台仑则为30.3公斤。

② 这一会战事实上仍是没有大战术计划的传统平行序列会战，阿格西劳斯在这场会战中值得称道的也仅有积极、活跃、组织力以及快速反应能力。另外，有说法认为阿格西劳斯为避免敌军困兽犹斗，主动放宽了阵线，让底比斯人撤退。

通过研究阿格西劳斯的上述几次战役以及其他作战，可以看出他作为将领的出色素养。他是当时最优秀的将领之一，能力在他人之上。阿格西劳斯在位41年，为斯巴达带来了巨大的荣耀。他所进行的所有战役都令人印象深刻。

第十章
伊巴密浓达（公元前371年至公元前362年）

　　作为世界上早期的战术家之一，这位伟大的底比斯人对战争艺术的贡献几乎超过了所有其他统帅。他创造了许多将领，尤其是亚历山大和腓特烈所善用的斜形序列。如前所述，在此之前的所有会战都是以平行序列展开。在留克特拉和曼丁尼亚两场大胜中，伊巴密浓达都使用了斜形序列。

　　在公元前371年的留克特拉会战中，伊巴密浓达拥有大约6000人（也有说法称他有8000人）。在会战之前，底比斯人处于下风，士气低落且缺乏自信。与他们对战的斯巴达军队多达11000人，并且拥有极佳的斗志和纪律。当两军进行会战时，斯巴达国王克里奥布罗塔斯像通常一样将部队列成已经被数代人成功使用的12排方阵序列，骑兵位于方阵前方。克里奥布罗塔斯并非一位具有创造力的将领，他所期望的只是一场全线接战的普通平行序列会战。他本人也和随从一起，位于全军右侧的荣誉位置。斯巴达人希望在会战开始之后，向前挥动两翼形成一个凹形战线，以包围底比斯人的侧翼。伊巴密浓达非常清楚克里奥布罗塔斯会将自己置于全军右翼，因此他决定利用一次大胆的创新来弥补数量劣势。

　　我们并不知道伊巴密浓达是策划已久，还是在留克特拉会战中临时创造

・亚历山大战史

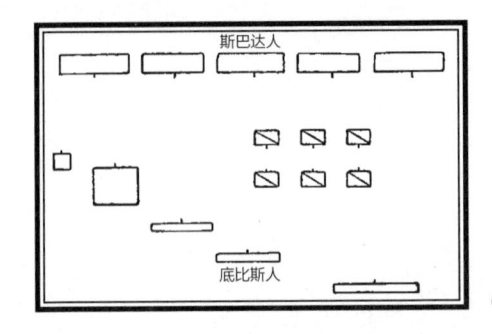

◎ 留克特拉会战（公元前371年）示意图

了这种战术。他在右翼和中央将方阵列成8排纵深，却将左翼的厚度从32排增加到了48排，形成了历史上首个纵向深度大于横向宽度的攻击纵队。由佩洛皮达斯（Pelopidas）指挥的底比斯圣团则以标准横队部署在这个纵队左侧。这是一个非常有效的办法，可以掩护这个全新队形的侧翼弱点。伊巴密浓达命令中央和右翼以更慢的速度前进，尽量不与对方交战，从而在底比斯战线与斯巴达战线之间形成了一个斜角。与所有新鲜发明一样，首次投入实战的斜形序列远不像在鲁腾会战（The Battle of Leuthen）中腓特烈以高超战术布置出的那样完美。不过斜形序列的观念毫无疑问是在此时出现的，整个战线也无疑具有斜形序列的一切特征，这都是可以确定的。

我们无法不假定伊巴密浓达拖后的一翼是以斜形序列前进的。根据记载，这一翼在会战开始时曾向右旋转一定角度，使其进入了一个倾斜的位置，同时左翼的纵队则笔直前进。这样一来，全军便形成了斜形序列。而为了向敌军前进，拖后的一翼在开始向正面前进时也会维持着斜形队形。这样的队形在进攻时无法有效打击对方，因此在接近对方之前，伊巴密浓达也肯定会让各部队以营或者团为单位，组成与对方平行的横队，全军则由此形成了阶梯状的斜形序列。不过伊巴密浓达的成就并不在于完善斜形序列的细节，而在于创造了斜形序列这一大战术概念。腓特烈在鲁腾的进攻则因对斜形序列精确、出色的执行而获得赞誉。与所有发明一样，一人创造，他人完善。不过无论细节是否相同，战争历史中这第一个斜形序列，目的也同样在于以厚重的攻击纵队来专门打击对方一翼。

伊巴密浓达达成了所期望的全部效果。无论如何完善其战术细节，也不

第十章 伊巴密浓达（公元前371年至公元前362年）

会取得更好的效果了。和斯巴达人一样，他也把骑兵部署在了步兵前方，只不过其掩护范围仅限于中央和部分右翼。虽然底比斯骑兵人数较少，但在开战后立刻便压倒了斯巴达骑兵，使后者毫无秩序地退向了步兵战线，造成了巨大混乱。趁着斯巴达战线混乱，伊巴密浓达开始向斯巴达右翼推进他的攻击纵队，并命令骑兵继续全线袭扰对方。攻击纵队由伊巴密浓达亲自指挥，我们可以想象，当这样一个纵深接近50排、手持长矛盾牌、身穿重甲的密集队形与斯巴达战线"相撞"时，其冲击力一定是极为巨大的。陷入绝望的斯巴达人此时非但没有继续去完成包围行动，反而试图通过延长右翼宽度来应对伊巴密浓达的攻击纵队，这恰恰削弱了他们在关键点的力量。不过斯巴达人并不愿意接受失败，他们进行了极为顽强的抵抗，拒不屈服。

在激烈的战斗之后，斯巴达人还是无法抵挡住伊巴密浓达。克里奥布罗塔斯和大批副官阵亡。底比斯圣团借着斯巴达右翼的混乱将其彻底击溃。斯巴达的中央和左翼在此过程中却并没有获得什么战斗机会，甚至可能根本没有参战。由于右翼动弹不得，左翼和中央的斯巴达人又没有遭到底比斯人攻击，因此面对着相当于预备队的那部分底比斯人，他们既没有收到任何前进的命令，也完全不知道该如何行动。最终，当斯巴达右翼完全被摧毁之后，底比斯的攻击纵队在胜利的鼓舞下，调转方向，向他们的侧翼前进，将他们吓得四散而逃，整支斯巴达军队都在往营地逃。在整个会战中，斯巴达方面只有骑兵和右翼的重步兵与敌人进行了战斗，但数代人通过不断胜利积累而来的自豪以及斯巴达方阵的无敌声望都随风而逝了。战术家的天才战胜了数量、威望和信心。其结果充分说明了色诺芬的一句名言："即使是最坚定的人，惊讶都可能演变成恐惧，尤其是在战争之中。"

在曼丁尼亚会战中，伊巴密浓达再次施展了同样的卓越战术。不过这一次会战的规模更大，双方人数都在2万人至3万人之间。可能伊巴密浓达的兵力要比斯巴达及其盟军的兵力多一些，但并不确定。这一次，底比斯士兵处在非常良好的状态下，士气也非常高昂，虽然其同盟军并不那么可靠。斯巴达联军位于曼丁尼亚山谷之中，这个山谷总体上沿南北方向延伸，长约12英里，宽7至8英里，但在中间部分，其宽度只有1英里左右。斯巴达人便以战斗序列在此处宿营。伊巴密浓达此时位于谷地南端的忒革亚（Tegea），并决定向等待着自

· 亚历山大战史

己的敌军前进。

　　这一次，伊巴密浓达毫无疑问已经在头脑中制订好了清晰的会战计划，就如同腓特烈在鲁腾会战前那样，而后者的计划是以伊巴密浓达的为蓝本。他从忒革亚启程，将最精锐的部队部署在左翼，并由左翼带领着其余部队行军，最不可靠的部队则被安排在队列后方。①他最初直接向斯巴达营地行军，而对方组成了战斗序列来迎击他。在接近到两到三英里时，伊巴密浓达向左转向，沿着一排山丘前行，试图使对方误以为他要进攻斯巴达右翼。早已排好战斗序列的斯巴达人始终观察着他

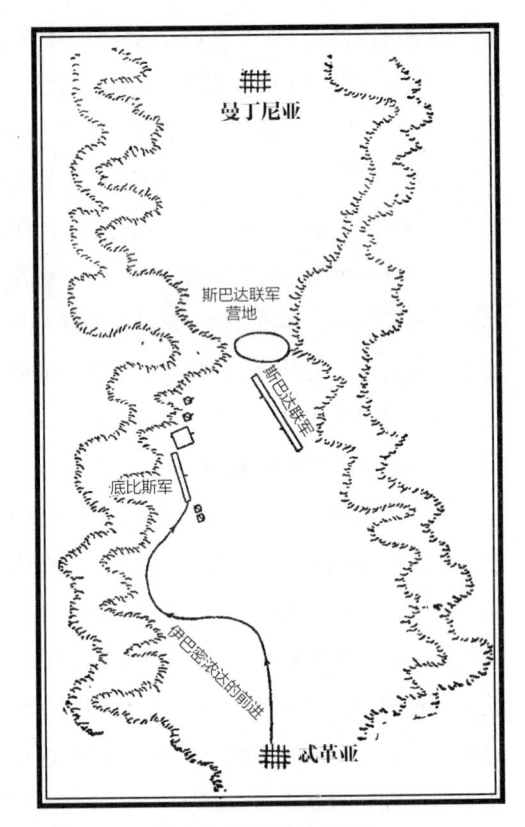

◎ 曼丁尼亚会战（公元前362年）示意图

的一举一动。虽然史料并没有提及斯巴达人是否曾向右旋转以面对伊巴密浓达的新阵地，但他们无疑这样做了。这是一种很自然的反应，斯巴达人期待与对方接战，只有向右旋转这一种情况能够符合史料中对会战过程的描述。古代史学家们的记录往往会出现不连贯或遗漏之处，而我们只能通过分析自行填补这些空白。

---

① 在留克特拉和曼丁尼亚两战中，伊巴密浓达在作战序列上都采取了与普通希腊军队完全相反的办法——将他的精兵置于左翼。他认为，只要凭借强大的攻击纵队从正面击败对方精兵，便足以使对方全军都在惊恐下溃散。而腓特烈的斜形序列更倾向于从侧翼攻击对方较弱的一翼，以此来使对方的战线失去平衡。

第十章　伊巴密浓达（公元前371年至公元前362年）

在伊巴密浓达那方，底比斯圣团位于行军队列最前方，伊巴密浓达则亲自指挥着其余的底比斯人和玻俄提亚人组成的纵队前进。[①]这些士兵组成了伊巴密浓达的左翼，他们只要进行一次原地右转，即可立刻组成在留克特拉会战中让他取得胜利的48排攻击纵队，行长位于第一排，以英勇闻名的军士们位于前方的几排。余下的部队以横队行军，只要一个简单的原地右转或类似的行动，即可排成普通的方阵。在斯巴达联军那方，右翼由曼丁尼亚人、阿卡狄亚人（Arcadian）组成，中央由斯巴达人、埃里亚人（Aelaean）以及亚该亚人（Achaean）组成，左翼为雅典人，骑兵则部署在步兵两侧。

伊巴密浓达希望出其不意。可能此时斯巴达联军仍然没有意识到自己因为什么输掉了留克特拉会战。平凡的将领总是需要很长时间才能掌握伟大将领的行动意图，这也是那些伟大统帅之所以如此出众的原因之一——他们的行动根本无法模仿。无论如何，斯巴达联军并没有小心防范伊巴密浓达的新战术。后者进入预想战位之后，又施展了一个聪明的诡计。他命令士兵们放下武器，就好像即将宿营一样，再加上另外一些举措，使对方相信伊巴密浓达不会在当天发动进攻。联军方面据此允许士兵自由活动。尽管表面上联军仍维持着战斗序列，但很多士兵都脱掉了盔甲，骑兵也卸下了马鞍。与此同时，伊巴密浓达却在宿营的假象下完成了部署。他将一部分骑兵置于自己的左翼，应对斯巴达联军右翼的骑兵，同时把轻步兵混编到这些骑兵中来增加他们的稳定性。另外，他也部署了几个中队骑兵来应对敌人左翼的雅典骑兵。为防止雅典人在自己前进时攻击薄弱的右翼侧面，伊巴密浓达又在右翼附近的一个小山丘上部署了少量精兵。如果雅典人真的尝试迂回伊巴密浓达的右翼，他们就可以从这里攻击雅典人的背后。与留克特拉会战一样，其厚重的攻击纵队将被用来摧毁敌军右翼。其余部队则会依照命令，从左至右以逐渐放缓的速度前进，即以斜形序列前进。

---

① 这个纵队指的是，当他们停下来排成战斗序列，向右转面对敌军之后的阵型——48排深、32排宽。行军时事实上是32排深、48排宽，方阵步兵以行长位于右侧的横排前进。本书中所有关于行军队形的描述都是以战斗序列为标准的。后面所说的横队在行军时即为深度大于宽度的纵队，但士兵们原地右转后又会立刻形成横队战斗序列。

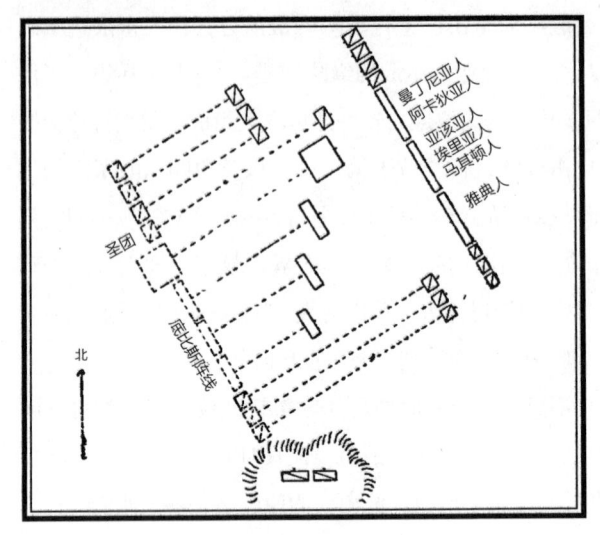

◎ 曼丁尼亚会战（公元前362年）示意图

在隐蔽地完成了准备工作，发布指示，并以一定会轻松取胜来鼓励士兵之后，伊巴密浓达下令士兵快速拿起武器。从未料想对方会立刻进行会战的斯巴达联军受到了奇袭。发出战斗信号之后，联军士兵们匆忙穿上盔甲赶回自己的行列中，迅速排出了一条战线。不过这条战线绝不可能像伊巴密浓达精心调整好的底比斯战线那样紧密。指挥官没有时间用训话来激发他们的信心，士兵们也没有强烈的求战欲望。

与此同时，底比斯攻击纵队已经在整齐划一的战歌声中，以密集队形英勇、坚定地向联军阵线前进了。在他们左侧，同样排成厚重纵队的骑兵首先攻击了联军骑兵，并将他们逐退。紧接着，凶狠的攻击纵队在圣团领导下好像巨弩射出的弩箭一样凿穿联军右翼，冲破了他们的阵线，不过顽强抵抗的曼丁尼亚重步兵并没有立刻被压倒。整个攻击纵队就像一艘在海浪中艰难穿行的战舰一样。不过他们前进动力的核心——伊巴密浓达手持长矛，再次亲率攻击纵队对仍在抵抗的敌军发动猛烈进攻，决意摧垮对方。激战虽然短暂，却是决定性的。底比斯攻击纵队不断施加压力，虽然曼丁尼亚人仍在坚强地抵挡着他们，不断战死在敌军前进的道路上，但攻击纵队还是获得了胜利。当底比斯中央和右翼依照斜形序列推进到联军阵线时，也没有遭遇激烈抵抗。底比斯人虽然赢得了胜利,但付出了沉重的代价:伊巴密浓达在率军英勇冲锋时,被一支长矛刺入了胸膛,不久之后便因此丧命。如果这位伟大统帅能够在会战中幸存,这场胜利将会更具决定性意义①,可即使如此,曼丁尼亚会战还是为底比斯赢得了光荣的和平。

在留克特拉和曼丁尼亚两场会战中,骑兵都为掩护斜形序列起到了重要作用,这说明伊巴密浓达对骑兵的价值有着清晰的认识,而他也很善于使用骑兵。

---

① 即使底比斯成为希腊的主宰者。

第十一章
腓力与马其顿（公元前359年至公元前336年）

马其顿在亚历山大一世国王在位期间曾是波斯的附庸国。不过在波斯人完全撤出希腊之后（公元前478年），马其顿重获自由，从此开始脱离东方而亲近希腊。也正因为如此，品达（Pindar）[1]将亚历山大一世称为"亲希腊者（Philhellenic）"。下一位值得提及的马其顿国王是阿基劳斯一世（Archelaus I，卒于公元前399年）。他修建道路，促进商业，设立希腊式的公共运动会，并照搬一切从先进文明所能学到的东西，大幅提高了马其顿的繁荣度。因此他在当时也被称为世上最富有、最快乐的人。

在阿基劳斯之后，由于人民有权推翻国王，贵族也会凭借实力争权夺势，马其顿王位更迭不断，甚至很难查清即位顺序。[2]在公元前376年阿明塔

---

[1] 希腊抒情诗人。
[2] 从阿基劳斯一世至亚历山大之父腓力二世前，马其顿国王依次为克拉特鲁斯、俄瑞斯忒斯、阿基劳斯二世、阿明塔斯二世、保萨尼阿斯、阿明塔斯三世、阿吉乌斯二世、复位的阿明塔斯三世、亚历山大二世、托勒密一世、佩狄卡斯三世以及阿明塔斯四世，其中最后一位曾与腓力二世共同在位三年。

斯二世（Amyntas II）死后，他的三个儿子——亚历山大二世、佩狄卡斯三世以及腓力二世先后即位，其中最末一位即为亚历山大大帝的父亲，通称为马其顿的腓力（Philip of Macedon）。腓力在登基前曾是佩狄卡斯三世的儿子、自己外甥阿明塔斯四世的摄政王。公元前359年，由于马其顿面临与周边野蛮人爆发战争的危险，腓力或是被推举成为国王，或是趁机夺取了王位。

这位马其顿的腓力，就这样在23岁时登上了王位。无论从任何角度而言，他都配得上是亚历山大的先人。腓力曾经在底比斯做过三年人质，在那里接受了最好的希腊式教育和训练。而且他也曾师从于伊巴密浓达本人，仔细研究了这位伟大将军的战术，并从其天才中受到启发。在此期间，腓力对希腊也有了透彻的了解，认清了其力量和弱点所在。腓力是一位严格的纪律实行者，但又并不教条。他对居鲁士的军队颇有研究，伊巴密浓达、雅典的伊菲克拉特斯以及他自己所进行的无数次战役的经验也使他获益匪浅。通过改进希腊式的组织和装备，腓力建立了一支前所未见的军队，他们纪律极佳，富有韧性。而他作为军队组织者的能力至今无人能够企及。他将自己的先进观念全部灌输到了马其顿方阵之中。凭借这支强大的军队和以帕尔梅尼奥（Parmenio）为首的优秀副将们，腓力表现出了一位征服者的风范。他将伊利里亚、配奥尼亚（Paeonia）以及色雷斯部分土地收入囊中，占领大量城镇，将自己的势力渗入了希腊。另外，他还占据了色雷斯的金矿，每年可以从中获得可观的黄金。他从一个疆界不稳的弱国之中，打造出了一个从黑海延伸至亚得里亚海（Adriatic）的强大王国。不过由于他经常与雅典发生战争，在德摩斯梯尼的《斥腓力》（Philippics）檄文中，他却被描述为一位顽固且权力欲极强的暴君。

腓力的妻子是摩洛西（Molossi）国王之女奥林匹亚斯（Olympias），后者出身于伊庇鲁斯（Epirus）王族，声称是阿喀琉斯的后裔（腓力也自称出身于赫拉克勒斯后裔）。腓力是在萨莫色雷斯（Samothrace）宗教集会上与奥林匹亚斯相识的。奥林匹亚斯是一个性格冲动、极为迷信的半野蛮女人，据说她还圈养毒蛇，崇拜魔法。以至于腓力到后来非常反感她。在婚礼前夜，据称她曾梦见一道闪电从天而降，一团火焰从她身体里奔涌而出，吞噬了它所能企及的一切。不过尽管奥林匹亚斯是如此缺少文化，她对儿子亚历山大却始终有着巨大的影响力。

当腓力正在围攻波提狄亚（Potidaea）时，三件喜事碰巧同时传到了他的军营中：亚历山大诞生，帕尔梅尼奥击败伊利里亚人，马其顿战马在奥运会赢得了战车竞赛。而在同一天，以弗所的阿耳忒弥斯（Artemis）神庙也发生了火灾。

亚历山大即在腓力与奥林匹亚斯的婚姻之中诞生（公元前356年7月），他也被称为亚历山大三世。他的体能和智力在很年轻时就已经成熟了，其男子气概甚至使腓力在出发围攻拜占庭时，放心地将年仅16岁的他留在首都佩拉（Pella）担任摄政。亚历山大不仅很好地处理了内政事务，更率领着手中的部队镇压了一个色雷斯部落的叛乱，从他们手中夺取了一个城镇，并将它改名为亚历山大里亚（Alexandria）[①]，使其成为第一座以此命名的城市。

腓力逐步将自己描绘成一位希腊政客，他创建了希腊同盟，并最终成为同盟的领导者，只有斯巴达拒绝加入。作为全希腊的统帅，他提议入侵亚洲，而这一提议最终经由他的儿子完成了。不过在德摩斯梯尼巨大影响之下的雅典和底比斯人对腓力的统治提出了抗议，他们担心马其顿对玻俄提亚的渗透会带来威胁，因此向腓力宣战。总计50000名雅典人和底比斯人进至玻俄提亚的喀罗尼亚，腓力则带着30000名步兵和2000名骑兵与他们交战。

雅典—底比斯联军由卡瑞斯（Chares）和吕西克列斯（Lysicles）指挥，在他们二人之中，卡瑞斯能力平庸，吕西克列斯轻率妄动。腓力将18岁的亚历山大也带到了这片战场，他将在一些老将的帮助下指挥左翼，腓力自己则指挥右翼。在数小时内，会战都没能分出胜负。

腓力的骑兵在会战开始阶段即被雅典人的英勇进攻击退，吕西克列斯不假思索便认定自己已经取得了胜利，并冒险发动追击。靠着对方阵的大胆运用，腓力挽回了劣势，马其顿人的超长长矛也不断刺杀着面前的一切。在腓力重整战线的同时，年轻气盛的亚历山大决心亲率色萨利骑兵发动冲锋（这足以证明从此时起，指挥骑兵便已经是亚历山大的长处之一），以使马其顿左翼

[①] 即亚历山大城之意。

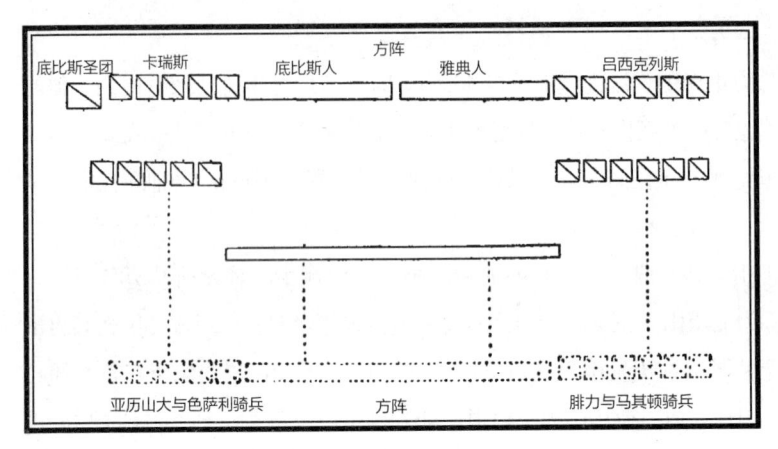

◎ 喀罗尼亚会战（公元前338年8月）示意图

    压倒以底比斯圣团为首的联军右翼，而这些圣团也正是伊巴密浓达最器重的精兵。这支由同性恋人组成的部队恪守着他们的忠诚誓言和对彼此的感情，最终全员阵亡。由于联军右翼在亚历山大的激烈进攻之下溃败，腓力也终于得以攻破联军左翼的行列。在那之后，腓力又快速向前推进己方的中央部分，彻底击溃了敌军。联军被毫无争议地击败，喀罗尼亚会战也成了希腊人的滑铁卢。雅典和底比斯各有1000人阵亡，按照8∶1的低伤亡比例计算（古代通常应为12∶1），联军的伤亡比例达到了36%。腓力一方的伤亡数字已经不可考。曾有说法认为，腓力曾试图以右翼在前的斜形序列发动进攻，而亚历山大的猛烈进攻却使左翼在前，破坏了腓力从伊巴密浓达那里学到的战术。这种假设缺乏依据，并不可信。

    在会战胜利后，腓力对底比斯以外的希腊城邦极为温和。他明智地对这些城邦软硬兼施。通过这种常识性的手段，腓力轻而易举地在会战结束后即让希腊人在科林斯（Corinth）推举自己成为希腊统帅（Hegemon），获得了一定的专制权力。

    喀罗尼亚会战的胜利使马其顿获得了巨大声望。腓力现在已经扫清了征服东方的障碍，因此他派出一支先遣部队进入亚洲，腓力本人也准备在一段时间后率领援军与他们会合。他的两位手下大将——帕尔梅尼奥和阿塔拉斯

（Attalus）负责指挥这支军队，在当地煽动各希腊殖民地起义反抗波斯大王统治。但远征准备工作却陷入了停顿：腓力的统治突然以悲剧告终，没能长时间享受希腊共主的地位。

腓力曾迎娶过几位老婆，由于受到不忠的指控，奥林匹亚斯回到了她的兄弟、伊庇鲁斯国王的保护之下。亚历山大在此事上反对父亲。虽然他深知母亲的缺点，但对她始终非常敬爱。在腓力与最后一位妻子克利奥帕特拉（Cleopatra）的婚宴上，新娘的舅舅阿塔拉斯在敬酒时声称腓力和克利奥帕特拉的孩子才是王位合法继承者。亚历山大猛地把酒杯扔了过去，喊道："你在说我是个孽种么？"腓力暴怒地站了起来，拔刀冲向亚历山大。但醉酒、愤怒以及他在喀罗尼亚的旧伤导致他无法站稳，摔倒在地。亚历山大立刻便嘲笑说："看啊，这个想要跨海征服亚洲的人，却连一张桌子都跳不过去！"

亚历山大在陪伴母亲回到伊庇鲁斯之后，又从那里去了伊吕利乌姆（Illyrium）的宫廷。阿塔拉斯加官晋爵，而在亚历山大的年轻朋友们之中，哈帕拉斯（Harpalus）、尼阿卡斯（Nearchus）、埃瑞吉亚斯（Erigyius）、拉俄墨冬（Laomedon）以及拉古斯（Lagus）之子托勒密（Ptolemy）、费罗塔斯（Philotas）等后来的名将先后遭到放逐。不过科林斯的狄马拉图斯（Demaratus）却敢于向腓力谏言，劝他不要因家庭争端而将希腊再次引向战火。在他的调解下，父子二人终于和解。为安抚亚历山大，腓力还将女儿克利奥帕特拉嫁给了奥林匹亚斯的兄弟。正是在这次婚宴上，腓力被保萨尼阿斯（Pausanias）所刺杀（公元前336年），此人之前曾为阿塔拉斯重伤，而腓力却拒绝为他主持公道，因此才选择复仇。奥林匹亚斯无疑也曾在暗地中鼓励这一行动。虽然很多现代学者指责亚历山大也参与了暗杀，却根本追查不到这桩罪恶与这位马其顿王子存在任何关系。

在保萨尼阿斯的同谋中，林卡斯人（Lyncestian）腓力之子亚历山大[1]是现场人群中第一个尊亚历山大为王的人，由于这一聪明的举动阻止了阿塔拉斯一派成员扶持腓力和克利奥帕特拉之子登上王位的可能性，他也赢得了亚历山

---

[1] 此腓力并非腓力二世，此亚历山大也并非亚历山大大帝。

大的原谅。

在腓力遭到刺杀时，可能已经预见到这一幕的奥林匹亚斯近在咫尺。同情腓力的人自然也将亚历山大视为同谋。其中一部分人相信由于其父的新婚姻和对他的厌恶，亚历山大并不应该成为合法继承人；另一部分人更是认为腓力已经选定了克利奥帕特拉的幼子继承王位；另外还有人认为佩狄卡斯之子阿明塔斯才是真正的继承人。而就在他们为此争论不休的时候，亚历山大动手了。克利奥帕特拉之子的支持者们远在外省作战，尚未知晓腓力已死，阿明塔斯也不过是一位沉默寡言的小伙子。与他们相比，亚历山大早已成为令举国人民骄傲的人物。人民同情他所遭受的压制，为能拥有这位青年英雄而自豪的军队更是被他牢牢握在手中。所有外部因素都有利于他。当那位同名的林卡斯人如前所述尊亚历山大为王时，他立刻便为所有人所接受了，只有平日里便牢骚不满的人例外，但他们的牢骚也很快就销声匿迹或是被压了下去。事实上，当时马其顿王位根本没有任何继承规则可言。阿塔拉斯、克利奥帕特拉、她的幼子以及谋杀腓力的凶手都被处死。不过这种被某些人认为"不可原谅"的残酷行为，事实上也只是亚历山大为自保所做的必要行动。进一步来说，这在当时也是一种惯例做法。马基雅维利（Machiavelli）在《君主论》一书中甚至还提倡一位君主必须为确保王位而担负一些"义务"，而他所说的这些所谓"义务"也绝不比亚历山大的行动更为高尚。纵使亚历山大是一位超越时代的伟人，但除去作为一名战士以外，他也绝非完人。阿明塔斯也许确实拥有优先继承权，[①]但他既没有争取王位，也没有能力将马其顿的权力发展维持下去。最后他也被以密谋反对亚历山大的罪名处死了。我们在本书中只简单地将事实经过记录下来，不会讨论这些政治行动的是非对错。

尽管只有20岁，亚历山大却已经十分成熟镇定。登上王位不久之后，他便彰显出了作为国王所需的一切素质。他首先检阅了军队，并对军队说道：

[①] 腓力二世即是从这位阿明塔斯四世手中接过王位。由于当时阿明塔斯仍是婴孩，腓力从未将他视为威胁，甚至还将一个女儿嫁给他作为妻子。

"国王尚在，只是变了名字而已。"国王的权威、法令、愿景以及领土，并没有受到任何影响。

在腓力即位时，马其顿只是一个小国，但他却将其建设成了除波斯以外世界最强大的国家。而作为文明世界的中心，马其顿在世界经济中也有着极重要的作用。

腓力和亚历山大都不是希腊人。在他们之前，马其顿既不像波斯一样专制，也不像希腊那样自由平等。普通马其顿人都是历经风霜的农民，拥有自己的土地，无疑也享有一些不为我们所知的自由权利。在腓力的统治下，马其顿农民阶级的地位得到了极大提升。从社会作用来看，马其顿的军队也就是一种公民大会，追求自由即为他们的最高本能。这个马其顿王国要比当时其余各国都更像是君主立宪制国家。

在腓力的权力之下，他身边的近臣也一步一步得到成长。虽然他们有时会喝得酩酊大醉（酗酒自古以来便是马其顿的传统），但任何希腊城邦都不曾有过这样高效、富有教养的宫廷臣子，或是如此盛大的宴会和运动会。除伯里克利时代的雅典以外，世界从未见识过像腓力这些手下这样如此充满智慧的重臣，也从未出现过像马其顿这样辉煌且井井有条的国家。据说就连雅典派来的特使都曾为佩拉的繁荣而震惊。无论从任何角度来看，腓力都要算是胸怀最为宽广、最坚强也最能干的君王之一。只有他的儿子，凭借足以使一切旁人都显得渺小的超人成功，才超越了腓力自己。诚如泰奥彭波斯（Theopompus）所言："总之，欧洲从未诞生过像这位阿明塔斯之子一样的人物。"

第十二章
腓力的军队

亚历山大大帝从其父马其顿的腓力那里所获得的遗产，与腓特烈大帝从他的父亲腓特烈·威廉（Frederick William）那里所获得的遗产一样——一支组织、武器、装备、纪律远强于当时任何其他武装力量的军队。

腓力是第一位将当时那种仅在战时强制成年男子服役的义务民兵军队转变成常备军的人。在他的统治之下，马其顿拥有一支40000人的常备陆军。这也是历史上第一个由国王担任统帅，在军队中将自由民置于专制指挥之下的制度。正是这种制度使马其顿压倒了希腊，因为后者的人民已经不再愿意服役，城邦只能依赖于雇佣兵、志愿兵或顶替服役的次等公民。即使是民兵兵役本身，若没有能与常备军相提并论的纪律和操典，也不过是一群乌合之众，而不能算是正规军。早期的希腊人曾经拥有过与常备军非常接近的纪律水准，但之后凝聚力却逐渐从希腊的方阵中流逝。如果人们可以将南北战争初期我国那些志愿兵与腓力时代的希腊军队相提并论，那么腓力的马其顿军队便要相当于现在的普鲁士步兵。而在南北战争的后期，不少久经战火的美国志愿兵都已经被磨炼得可以和最好的正规军相抗衡了。毫无疑问，希腊人依赖志愿兵役的习惯来自于他们对自由发自内心的追求，就如同美国人少数服从多数的制度一样。但作为一架战争机器，马其顿人的常备军制度要远远领先于任何其他的希腊国家。

当腓力在公元前359年取代佩狄卡斯三世被拥立为王时,马其顿的步兵装备仍十分原始且参差不齐。步兵们大多是穿着兽皮的牧羊人,使用着柳条编织的盾牌和各种拙劣的武器。与其称其为一支军队,倒不如说是一群土匪。骑兵的情况要好很多,他们事实上也是整个希腊最好的骑兵,而其余希腊城邦仍忽视着骑兵的作用。他们受训以密集队形冲锋,使用一根较短的骑枪作为武器。但即使是这些骑兵,也很难称得上精兵。

腓力认清了自己的骑兵并不够好,而且他也必须建立一支能够对抗底比斯、雅典和斯巴达方阵的步兵。由于腓力曾在底比斯接受教育,熟知伊巴密浓达通过高超战术击败斯巴达无敌方阵的战史,因此他决心建立一支能够击败底比斯的步兵。希腊重步兵此前一直装备着一块大型圆盾、一柄短剑和一支单手使用的长矛,后者长度可能在6英尺至8英尺之间,很少能达到10英尺。在短兵相接中,重步兵使用背面装有把手的盾牌挤推对手、保护自己,并视情况使用长矛或短剑攻击对手。腓力则发明了双手使用的萨里沙长矛,其伸出前排的长度足以让使用较短武器的希腊重步兵根本无法企及己方,腓力借此超越了希腊方阵。在喀罗尼亚会战中,底比斯前排的重步兵几乎全部被萨里沙长矛刺杀。凭借被萨里沙长矛武装起来的方阵,腓力使希腊跪倒在自己脚下,其子亚历山大则从军事生涯的开端便始终因他的军事天才受益匪浅。

在征召士兵时,腓力首先会征召马其顿人作为军队基干;其次征召附庸部族士兵,包括色萨利人、色雷斯人、配奥尼亚人、特里巴利人(Triballian)、欧德利西亚人(Odryssian)、伊利里亚人以及其他部族;再次则从同盟国,如希腊招募同盟士兵;最后,腓力也会从希腊或其他地区征召雇佣兵。在此之中,色萨利严格来讲是马其顿的同盟国,而且他们的指挥官也和希腊同盟军一样是马其顿人。

因为直到修昔底德和色诺芬之前,都没有任何关于希腊方阵阵型的准确描述,因此我们无法了解任何关于两人生活时代之前的方阵细节。色诺芬时代的方阵与亚历山大的方阵存在着非常明显的差别。事实上,无论在哪个时代,方阵的阵型、武器和操典都并不完全相同。不过通过对马其顿方阵的详细介绍,我们也足以看到其他城邦方阵的大体情况。

第十二章　腓力的军队

马其顿军事体系的建立归功于腓力，而亚历山大也并没有对他所继承的军队进行实质性改变。只有在军队中编入新的东方部队时，他才扩大了组织规模和架构来容纳它们，使军队的实力倍增。亚历山大明智地认清自己无法超越自己父亲卓越的组织能力。但他同时却将这支军队的能力发挥到他父亲做梦也无法企及的程度。

之前我们已经对斯巴达和雅典的方阵进行了部分介绍，它们都是希腊方阵中的佼佼者，但马其顿方阵却始终作为冲击战术最理想的阵型被永载史册。在人数上，马其顿方阵要比希腊方阵大得多。其冲击力可以用非常简单的办法估算一下：按照1887年的法国步兵战术，包括预备队在内，平均每1米宽的正面拥有大约7名士兵；而在马其顿方阵中，算上轻装部队，每1米正面拥有28名士兵，而且从前到后距离十分紧密。如此密集的纵深，使其在队列整齐情况下的冲击根本无法阻挡。

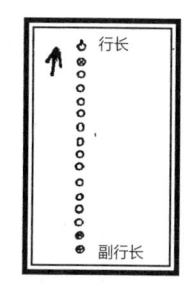

方阵最基本单位为16名重步兵前后排列的"行"（Lochos），站在最前的一人为行长（Lochagos，相当于士官）。第二位是一名领双饷的士兵，第三位的军饷也会因勇猛过人而比普通士兵更高一些。站在最后一位的也是一位副军士（Uraogs）。各行之间的序列是以从右向左排序。

◎ 方阵的基本单位"行"

马其顿重步兵分为持盾兵（Hypaspists）和步行伙伴（Pezetaeri）两种。前者位于方阵中右翼的荣誉位置，但通常都会被单独使用在全军的其他部分；后者作为普通的重步兵，居于方阵的左翼。持盾兵完全由志愿服役者组成，在两种重步兵中地位较高，其中最英勇的成员则被组成近卫步兵，由一位显赫的军官指挥；剩下的持盾兵常被称为"其余的持盾兵"，他们被组成规模为500人的团（后来增加至1000人），每团拥有一位团长（Chiliarch）。持盾兵接受近距离格斗和快速行进的训练，尽管他们也穿着全套盔甲，但相比步行伙伴还是要更轻一

◎ 持盾兵

109

些。持盾兵装备单手使用的绪斯同长矛、短剑以及一块大盾。持盾兵有时也会被称为银盾步兵（Argyraspid），但这一名称有时也会被一些史学家用来指代另一个兵种——轻盾兵。

如《荷马史诗》所言，在早期的军队中，贵族可能会作为"国王的伙伴"（Hetairoi，在马其顿军队中意为伙伴骑兵）在军队服役。这些人可能是他们国土最早征服者的直接后裔，但相比世袭头衔的说法，这些人更可能是财富达到标准、按照古代习俗应在国王身边服役的阶层。在腓力的军队中，伙伴骑兵可能包括大量原先统治着山区，但后来臣服于马其顿的家族。步行伙伴最初则是国王的近卫步兵，但后来其规模逐渐扩大，并最终在腓力手下成了普通重步兵。与此相仿，直到今日仍有不少国家会将普通步兵团也冠以"近卫"头衔。按照一些专家的说法，步行伙伴在平时会佩戴传家的宽边圆帽（Kausia），但也有说法称宽边圆帽应是国王用来与他人区别的头饰。无论如何，在会战中步行伙伴都会佩戴头盔、胸甲（或护胸）、胫甲（或护腿）。他们所穿的鞋子很少会被提及，不出意外应是普通的草鞋或者靴子。步行伙伴使用萨里沙长矛，按照波里比阿斯的说法，其长度达到了14腕尺（Cubit）[1]，即21英尺。而训练用的长矛还要再长两腕尺，达到24英尺长。他们将盾牌挂在左肩上，以避免盾牌将左臂完全占用，盾牌尺寸则以能够完全覆盖一名蹲下的士兵为限。另外，他们还佩有一柄可供劈砍、刺杀的短剑。盾牌正面通常会被绘上鸟类、野兽或者出生城镇的标志。士兵们在战斗时会握持距离长矛末端6英尺的部位以保持平衡，因此向前伸出的长度为14英尺。方阵最前方的5排士兵平握长矛，其余士兵则竖直握持或将长矛靠在前一名士兵的肩膀上。只有体力最好的士兵，辅以长期的体能锻炼和大量的操练，才可以成为能够依照命令施展动作的方阵步兵。一些著名的军事评论家始终质疑波里比阿斯对于萨里沙长矛的描述，认为其单位"腕尺"事实上应该是"英尺"，但在没有充足理由的情况下，我们无法质疑这些绝对的数据，尤其是考虑到其他国家使用的长矛长

---

[1] 腕尺为古代长度单位，根据使用地点不同，其具体长度也有所区别，1腕尺通常在444毫米至529.2毫米之间。

第十二章 腓力的军队

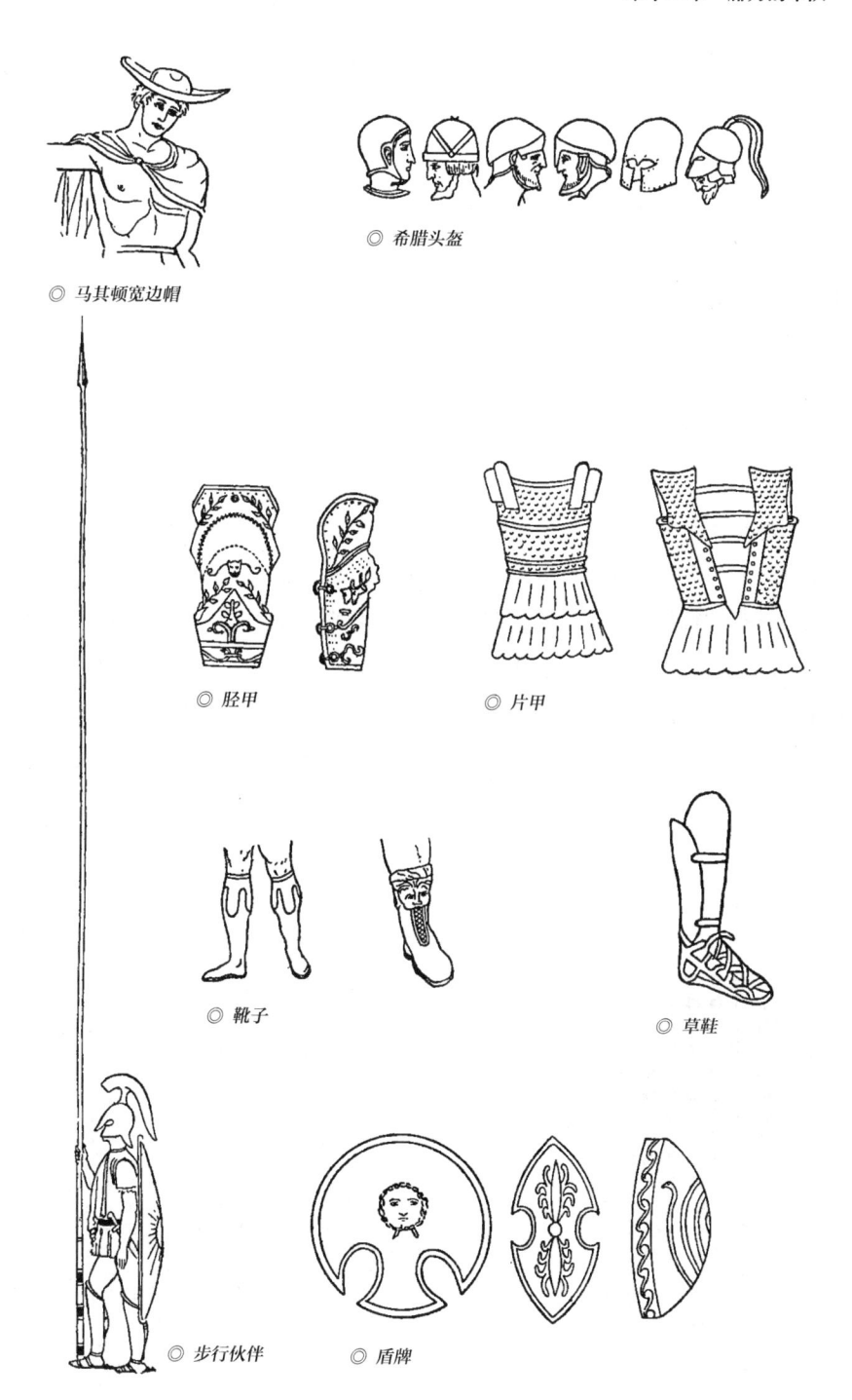

◎ 马其顿宽边帽

◎ 希腊头盔

◎ 胫甲　　◎ 片甲

◎ 靴子　　◎ 草鞋

◎ 步行伙伴　　◎ 盾牌

111

·亚历山大战史

度以及使用萨里沙长矛的方阵所达成的效果。对于这一点，格罗特（Grote）曾做过详尽的分析。

4个上述的行，组成一个拥有64人的"四行队"（Tetrarchia，相当于今日的排），并由站在最右侧一行前方的四行队长（Tetrarch，相当于今日的排长）指挥。两个四行队组成一连（Taxiarchia，有时也被写作"支队"Taxis），拥有128名士兵，由一位连长（Taxiarch）指挥。最优秀的士兵位于全连的前后两端，不如他们那样可靠的士兵则位于全连的中间。由行长组成的第一线就如同是淬过火的战斧利刃一般锋利。两个连则组成一个营（Syntagma或Xenagia），包括256名士兵。这个16行、16排的营，是马其顿基本的战术单位。其营长（Xenagos或Syntagmatarch）手下拥有一位站在全营后方的副营长（Uragos，与先前的次级士官名称相同）、一位副官、一位通过举高或放低营徽来传达命令的旗手、一位负责其他日常事务的传令官以及一位号手。这些军官为全营提供了充足的指挥官和督战官，每人都拥有自己明确的职责。

一个团（Chiliarchia，有时也被称作"支队"Taxis）由4个营组成，由团长（Chiliarch或Strategos）指挥1024名士兵，人数与我们现在的团级编

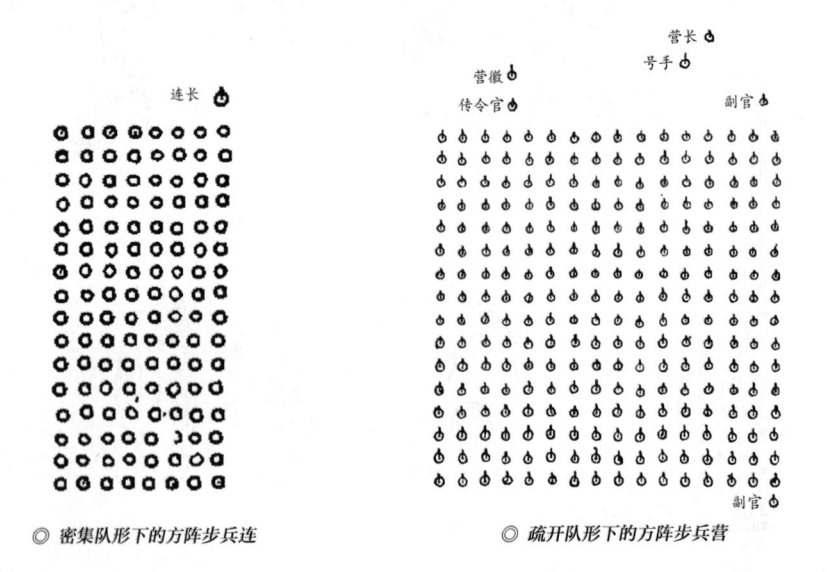

◎ 密集队形下的方阵步兵连　　　　　　◎ 疏开队形下的方阵步兵营

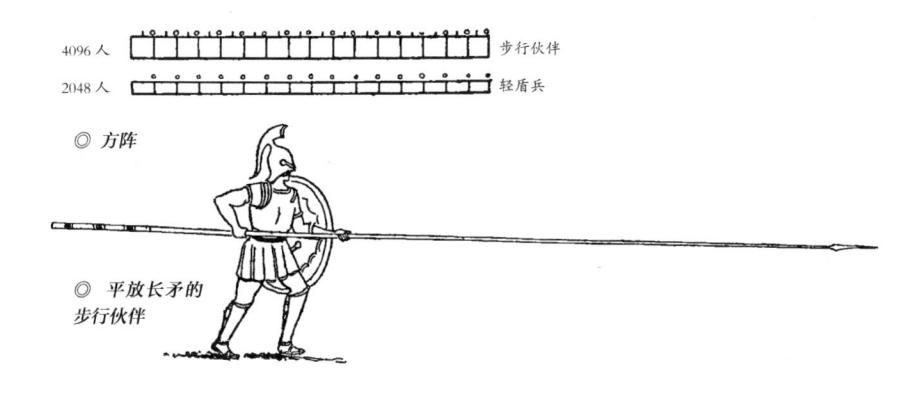

```
4096人  ○○○○○○○○○○○○○○○○  步行伙伴
2048人  ○○○○○○○○  轻盾兵
```

◎ 方阵

◎ 平放长矛的
   步行伙伴

制相当。至于"支队"一词则经常会被滥用，很多历史学者会用这个词来称呼任何规模的分遣队，因此在不同场合下会指代不同的编制。事实上，与所有现役的军队一样，军队中所有编制的人数都具有必要的弹性，而编制也经常会被打乱。16个营，也就是4个团可以组成一个拥有4096名重步兵的方阵，并拥有常备的附属骑兵和轻装部队。这与我们现代的旅概念相当，其指挥官被称为方阵司令（Phalangiarch），相当于旅长。另外，两个旅相加则成为一个双倍方阵（师），拥有8192名重步兵，4个旅则组成一个大方阵或四倍方阵（军），拥有16384名重步兵，双倍方阵的指挥官被称为双倍方阵司令（Diphalangiarch），大方阵指挥官则被称为四倍方阵司令（Tetraphalangiarch）。但这两个编制和名称都很少出现。"团长"一词却会被用在各种官阶的人身上，[①]而本书的主要参考对象——阿里安的《远征记》与很多其他史学家的作品一样，通常会直接使用指挥官姓名来称呼其麾下的部队。

军队中拥有大量奴隶伴随方阵行军，为士兵驮运给养甚至武器。重步兵和重骑兵的给养和装备重量通常在60磅以上。有时由于一些情况或在指挥官直接命令之下，奴隶数量会大幅减少，此时重步兵们便要自己背负武器和给养。

---

① Chiliarchia直译为千夫长。

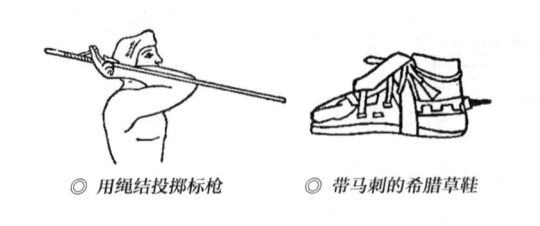

◎ 用绳结投掷标枪　　◎ 带马刺的希腊草鞋

在使用萨里沙长矛的方阵步兵背后，按照规定应拥有数量相当于方阵步兵一半的轻盾兵，其正面宽度与方阵相同，纵深则减半为8排。我们在这里将略过轻盾兵各级编制和指挥官的名称，因为其编制结构与方阵步兵非常相似。轻盾兵由雅典的伊菲克拉特斯首创，属于轻步兵，装备介于重步兵和散兵（Psilos）之间。他们拥有一块小圆盾、短矛和短剑，以一条宽阔的金属腰带保护腹部。有些学者认为持盾兵也属于轻盾兵，但他们更可能是方阵步兵的一部分。虽然各时代的轻步兵在装备和纪律上都并不完全相同，但总体上也相差不多。阿吉里亚人（Agrianian）作为亚历山大手下最优秀的部队之一，装备与轻盾兵相近，只不过经常被划作普通散兵。在持盾兵中，有一部分担负着近卫步兵的职责，他们也是整个步兵部队最精锐的力量。通常情况下，持盾兵所能负担的任务类型要比步行伙伴更多，其行动也要更为快速敏捷，同时又要比轻盾兵和轻步兵更具稳定性，非常适于进攻或驻守高地、强渡河流、支援骑兵、重要夜间值更以及夜间攻击等任务。他们可以按照命令执行轻、重步兵的任何任务。在亚历山大的军队中，持盾兵由帕尔梅尼奥的儿子尼卡诺尔（Nicanor）指挥，我们在后文中也将读到此人。

在一个方阵的前方，还部署有1024名轻装散兵，他们也同样属于轻步兵，包括投石手、弓箭手和标枪手。重骑兵（Cataphracti），通常使用长剑或者长枪，但有时也会装备标枪、战斧，并配有小圆盾、头盔、胫甲和带马刺的靴子。按照操典规范，重骑兵应位于方阵两侧，但亚历山大会依照实际环境调整他们的位置。此外，骑兵和轻步兵的数量也并不固定。

通常情况下一个四倍方阵的兵力数量如下：

重步兵——16384人；

轻盾兵与轻步兵——8192人；

轻/重骑兵——4096人；

总计——28672人；

若再加上军官，则所有部队人数总计在30000人左右。①

另外，方阵步兵也有另外一些编组方式，而每个支队也都会有自己的指挥官。但就像对太小的战术细节一样，我们不会对这些官阶和序列的细节加以讨论。

作为总结，在此列出一个大方阵的编制和官阶序列：

行（班），16名重步兵，由行长（士官）指挥；
四行队（排），64名重步兵，由四行队长（排长）指挥；
连，128名重步兵，由连长指挥；
营，256名重步兵，由营长指挥；
团，1024名重步兵，由团长指挥；
方阵（旅），4096名重步兵，由方阵司令（旅长）指挥；
双倍方阵（师），8192名重步兵，由双倍方阵司令（师长）指挥；
四倍方阵/大方阵（军），16384名重步兵，由四倍方阵司令（军长）指挥；
辅以骑兵和轻步兵，构成总计拥有28672名士兵的军队，由国王或特别指派的指挥官（通常是一名侍从副官）作为其总指挥官。②

毫无疑问，上述序列只是方阵的基本组织结构。其人数和编制在战场上会因士兵伤亡和任务需要而随时变更。同样值得注意的是，当亚历山大进入亚洲之后，由于引入了东方部队，他对军队结构做出了一些改变，但总体而言仍维持着腓力时代的编制。

按照阅兵/疏开队形，每个方阵步兵会占据一块6英尺见方的空间，并竖直握持萨里沙长矛。在密集战斗队形中（这也是通常在战场上使用的队形），

---

① 按照道奇上文中所说的编制，他似乎少算了4096名散兵，所以实际总人数应为32768人。不知为何，道奇在这个列表中将轻盾兵和轻步兵列在了一起，而且只计算了轻盾兵的人数。
② 如前所述，正确人数应为32768人。

・亚历山大战史

每名方阵步兵占据的空间将缩小到3英尺见方，左脚在前以确保身体左侧的空间能够被盾牌覆盖。方阵前5排水平握持萨里沙长矛，其余11排则竖直握持长矛或将其倚靠在前一排士兵的肩上，并可借此阻拦大量矢石。第一排的萨里沙长矛伸出方阵前端14英尺，第二排伸出12英尺，第三排伸出9英尺，第四排

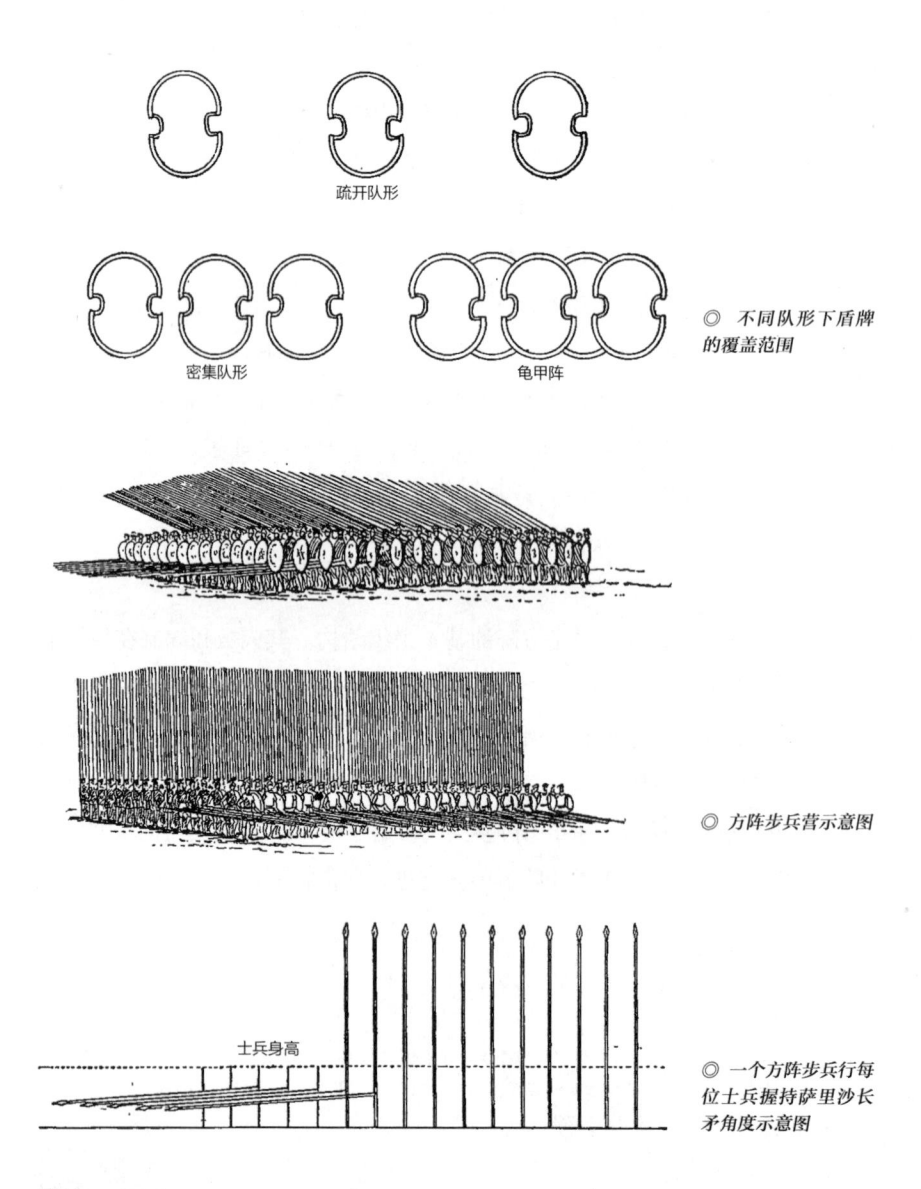

疏开队形

密集队形　　　　　　　龟甲阵

◎ 不同队形下盾牌的覆盖范围

◎ 方阵步兵营示意图

士兵身高

◎ 一个方阵步兵行每位士兵握持萨里沙长矛角度示意图

116

伸出6英尺，第五排伸出3英尺。如果使用训练用的长矛，则前6排的长矛都能伸出前排士兵身前。所有水平握持的长矛前端都会略微向下倾斜。在采取防御队形或进攻设防阵地时，方阵还可以结成"龟甲阵"（Tortoise）或"结盾阵"（Synaspism）。此时行列中的士兵互相紧贴，每人只占据1.5英尺见方的空间，第一排士兵用盾牌护住身体正面，其余士兵则将盾牌举过头顶，互相扣在一起。盾牌连接起来之后，其坚固程度甚至足以供弓箭手或投石手从上面走过，或是像后来实战中那样让车乘从上方碾过而伤害不到士兵。在抵御攻击时，重步兵右膝跪地，将盾牌靠在左膝上，其下端着地。这种姿势是由雅典将军卡巴里亚斯（Chabrias）发明的。

伊巴密浓达可能是第一个完善了重步兵训练操典的将军，而伊菲克拉特

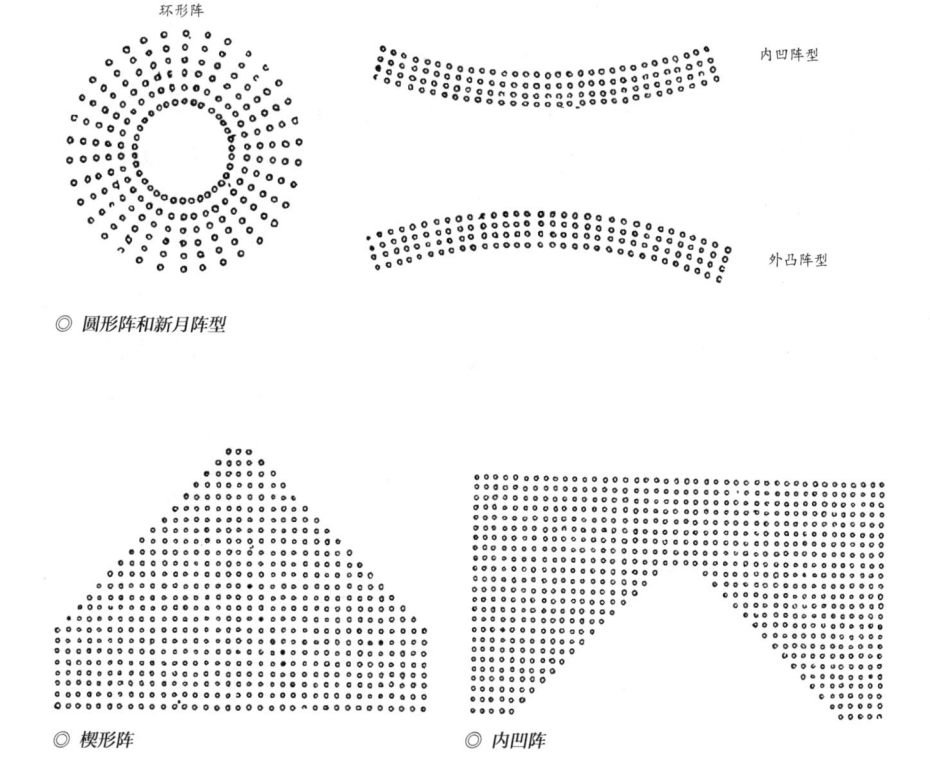

◎ 圆形阵和新月阵型

◎ 楔形阵　　　　　　　　◎ 内凹阵

斯是第一个完善了轻盾兵的将军。腓力和亚历山大又更进一步。在他们的操练之下，马其顿的方阵步兵可以组成或大或小的环形阵（其作用与现今士兵组成四方阵相同）；或是两翼突前的内凹阵以包围敌军；或是两翼后退组成外凸的阵型来同时应对正面和两侧的攻击；或是组成第一排只有三人，其后人数逐渐增加，第17排至第24排固定为36人的楔形阵；或是组成钳形阵①来阻止楔形阵的进攻。值得注意的是，只要是一个纵队的纵深超过了宽度，在当时都可能会被称为楔形阵。

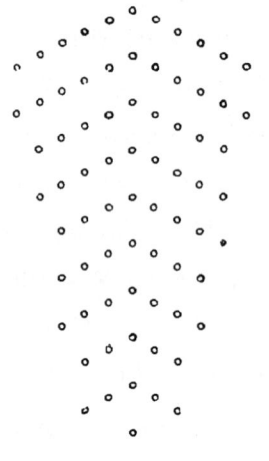

◎ 打乱行列后的队形

　　腓力和亚历山大的方阵能够做到向左右两侧旋转90度或45度，甚至完全转向背后。无论横排前进或是纵排行军时都可以做到随时掉转方向。如果想要将正面的横排人数加倍，则由每个纵行的双数排士兵向前一步站到前排士兵的左侧。方阵步兵们也可以在前进过程中为前排的两侧提供掩护，此时每行后半的士兵将不再跟随前排士兵，而是分成小队填充在左右两侧的空当之中。方阵步兵还会接受使用不同武器的训练，以及用不同的速度向左、右两翼甚至背后前进。除此以外，马其顿人在训练中还会训练很多其他的阵型或者机动。②

　　在通常的战斗队形下，一行的深度为48英尺。在每人占据3英尺见方空间的情况下，一个连正面宽24英尺，一营宽48至50英尺。在不计每个营之间空隙的情况下（关于各营之间空隙的问题，史料记录往往互相矛盾，无法准确估计），每个方阵步兵团的宽度即为200英尺。这样一来，在将轻步兵和轻盾兵分别布置在方阵前后的情况下，一个方阵将占据800英尺宽的正面，而一个四

---

① 钳形阵事实上就是反过来的楔形，整个阵型中央留出一个与楔形阵完全相同的空当。
② 这些阵型和机动事实上只是用来训练士兵适应不同战场情况的。实战中方阵步兵通常只采用最基础的一营16人宽16人纵深阵型，至多在纵深和宽度上进行取舍变更。如马拉松会战时将纵深削减为四排，又或者如西诺塞法拉会战一样加倍至32排。

倍方阵则占据3200英尺的正面，也就是0.6英里左右。

指挥官的口令、号声、军徽、短剑或者长矛都可以作为向方阵步兵下令的手段。高举的军徽代表前进，放平的军徽代表撤退，竖直举起一根长枪并立定在原地则意味着要求谈判。波里比阿斯还说当时存在一种烟火信号，但这一点已经不可考了。

腓力在军队中施行最严格的纪律，对违纪的惩处迅速而严厉。在公元前338年，两名高级军官因违规将一名女琴手带进军营而被革职。军营里禁止女性出入在古代军队中并不常见，亚历山大进入东方后也并没有坚持施行这项规定。

亚历山大在军队中编入的骑兵要比之前任何人都多，而且对于骑兵的运用也是所有人中最好的，他在骑兵战术方面的成就至今无人能够超越。在伊巴密浓达手下，骑兵数量约占全军的1/10。在亚历山大手下则达到了1/6甚至1/4。他认清为对付波斯军队中数量庞大的出色骑兵，自己也必须拥有足够的骑兵部队。在亚洲，骑兵是主力部队，而且亚洲骑兵也总是十分出色。

按照惯例，马其顿军队中的重骑兵由马其顿人和色萨利人组成，而轻

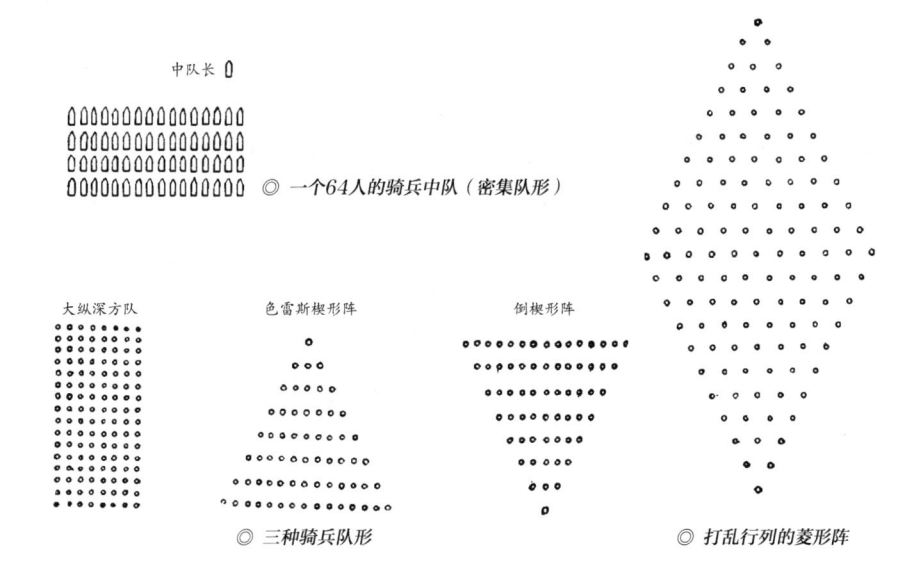

◎ 一个64人的骑兵中队（密集队形）

◎ 三种骑兵队形

◎ 打乱行列的菱形阵

· 亚历山大战史

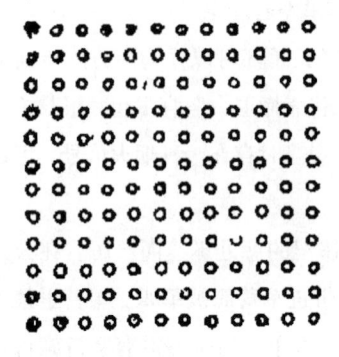

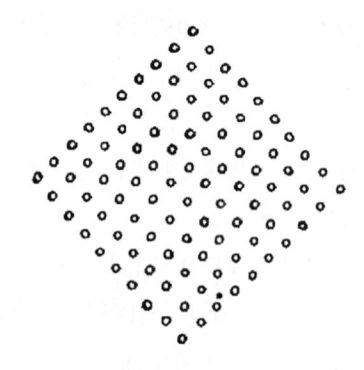

◎ 四方阵　　　　　　　　　　　　◎ 打乱行列的四方阵

骑兵则由色雷斯人和埃托里亚人（Aetolian）组成。骑兵基本单位为64人的中队（Ile），在战场上采用正面16人、纵深4排的阵型，其地位相当于一个方阵步兵营。四个中队组成一个骑兵团（Hipparchy），由一位官阶与方阵步兵团长相当的骑兵团长（Hipparck）指挥。两个骑兵团构成一个骑兵旅（Ephipparchy），与方阵地位相当。两个旅构成"一翼"，相当于双倍方阵。当64个中队或两翼被集中在一起时，他们便组成4096人的骑兵军（Epitagma），相当于大方阵。但很少有军队能够拥有数量如此庞大的骑兵，即使拥有这么多也不会集中在一起使用。上述为规定的编制，但也存在一些例外。例如伙伴骑兵中队的人数便超过了150人，而他们的指挥官军阶也与普通军官不同。另外亚历山大在东方对骑兵进行改组后，其编制也发生了变化。本章所述者仅限于腓力时代的马其顿陆军。不过亚历山大对其进行的改编也并没有触及这些已经被证明极有效率的基础编制。整支军队拥有非常良好的纪律，这一点无法用语言描述，而只能从他们的功绩中展示出来。

亚历山大对骑兵的大幅改良使他们远比先前的任何骑兵都要优越。这些骑兵以一排四骑的纵队行军，做小规模冲锋时则组成宽度、纵深均为八骑的正方队形。他们也能组成楔形或三角形的队形，视情况以人数最少的顶角[①]或人

---

① 正三角方向。

◎ 希腊重骑兵

数最多的底边①发动冲锋。有时他们还会以菱形队形发动冲锋，以便能够随时转向任何一个侧面。在面对数量更多的敌人时，马其顿骑兵经常被史料描述为"一个中队接一个中队"地发动冲锋，这一说法的具体战术意义我们已经无法准确得知。可能这代表着某种斜形序列。通常来说，骑兵会被部署在方阵的两翼，以保护其脆弱的侧翼。

马其顿的骑兵被分为三个等级。第一等为马其顿重骑兵，他们每人均拥有一个骑马的仆人或者侍从。最初马其顿重骑兵会拥有两到三名奴隶随行，直到腓力和后来的亚历山大时期，才将侍从人数减少到了一个。马其顿重骑兵都是志愿服役的，他们也是整个民族的精英。

腓力将这些年轻贵族集中在一起，给予他们最好的军事训练和最有见识的政治教育。正因为此，他们不仅能够担任军事指挥官，也同样能够在内政和外交方面担任要职。马其顿重骑兵在战场上佩戴头盔，穿着全套铠甲，并配有盾牌，使用长矛和短剑作为武器。他们的坐骑同样配有包括护额和护胸的全套

---

① 倒三角方向。

· 亚历山大战史

◎ 一个拥有225人的伙伴骑兵中队

◎ 轻骑兵

装甲。这些人便是著名的伙伴骑兵。在他们中间，第一个中队还担任近卫骑兵的职责。在国王的注视之下，伙伴骑兵们会不停地争夺容荣誉和声望。伙伴骑兵是国王最得力的部队，没有任何亚洲骑兵可以抵挡他们的冲锋，也没有任何步兵能够抵挡他们的进攻。他们是亚历山大所有会战的决定性力量。对大流士的追击则是他们行军能力的绝佳例证：当时他们在11天之内行军了3000斯塔德（366英里），而这还是在顶着烈日，并且途中还要穿过一片沙漠的情况下完成的。伙伴骑兵的团长由帕尔梅尼奥的儿子费罗塔斯担任，他也是持盾兵指挥官尼卡诺尔的兄弟。总计有8个中队的伙伴骑兵跟随亚历山大进入亚洲，分别由克雷塔斯（Clitus）、格劳西阿斯（Glaucias）、阿利斯顿（Ariston）、索坡利斯（Sopolis）、德米特里厄斯（Demetrius）、梅利埃格（Meleager）以及赫格罗卡斯（Hegelochus）指挥，每个中队均拥有200名或更多的骑兵，其中克雷塔斯的中队为近卫骑兵，通常由亚历山大亲自率领。

马其顿全部的伙伴骑兵总计可能是16个中队，分别从国土的16个地区征召，每个中队的人数在150人至250人不等。与底比斯圣团相同，这支部队的价

◎ 战马的笼头

值在于出众的军事素养，其有限的人数在所有部队中则只占一小部分。

按照惯例，马其顿所有军官和行政官员都是从伙伴骑兵或近卫骑兵中选出或晋升而来的。伙伴骑兵也担负有军事法庭的职责，负责审判一些军事案件，而战争议会也由他们构成。这些职责是否仅局限于近卫骑兵则并不明确。但无论如何，伙伴骑兵在军队和政府都极具影响力，同时也是宫廷帮派的核心人物。

色萨利人同样也是重骑兵，其效率仅次于马其顿重骑兵。他们中的一些中队还包含了色萨利贵族。哈帕拉斯的儿子卡拉斯（Calas）负责指挥所有色萨利骑兵。由米内劳斯（Menelaus）之子腓力率领的希腊辅助骑兵通常会与色萨利骑兵一同行动，但二者仍是互相独立的部队。

在伙伴骑兵和色萨利重骑兵之下，马其顿陆军中还拥有使用刀剑和标枪的轻骑兵，其中大部分均为佣兵部队。后来亚历山大还建立了一支专门的萨里沙枪骑兵（Sarissophori）。至于他们与普通枪骑兵的区别，只知道他们使用的长枪要比普通枪骑兵更长。最后一等的骑兵则是希腊语中所谓的"两用战士"（Dimachias），也就是既可以步行作战又可骑马作战的轻龙骑兵。他们拥有轻型的铠甲和盾牌，使用刀剑和既可用于刺杀又可投掷的投枪。他们在会战中首先与对方接战，会战后则被用于追击溃败的敌军。这些轻龙骑兵可以算作骑马的轻盾兵，介于重骑兵和普通轻骑兵之间，一些轻龙骑兵还会携带弓箭。

马其顿军队中的轻骑兵通常从同盟国中招募而来。亚历山大经常将弓箭手、轻盾兵、标枪手，甚至有时还将持盾兵与骑兵混编。这些步兵也证明了他

・亚历山大战史

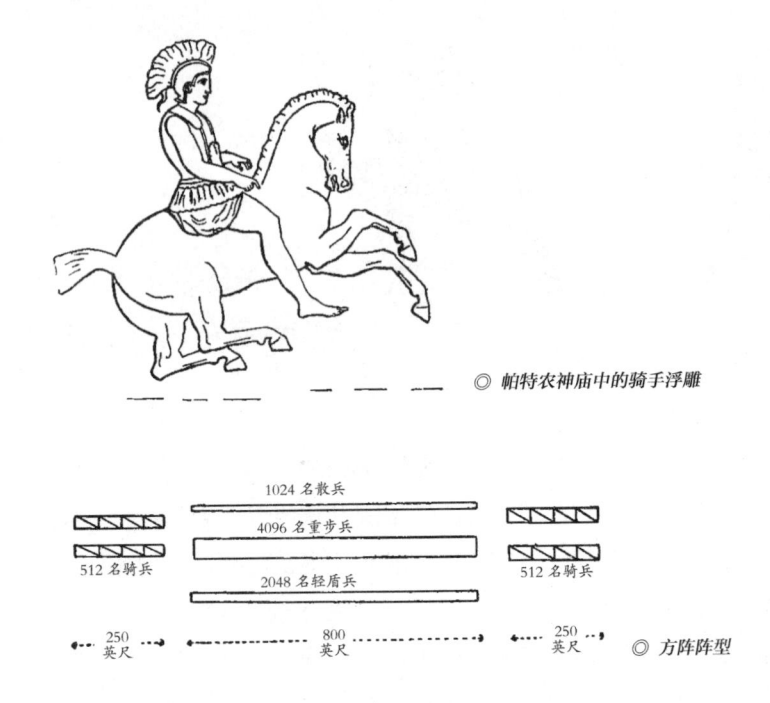

◎ 帕特农神庙中的骑手浮雕

◎ 方阵阵型

们在阻止队伍发生混乱方面的作用，而弓箭手更是在所有的行动中都能跟得上骑兵的速度。

当时的骑兵并没有马镫，马蹄也不钉掌。但这些骑兵能够安然度过漫长冬季并能够在山地行军，证明他们对马蹄的处理方法非常有效，而这些马匹本身更是极为坚韧。这些骑手坐在一块由马肚带系在马背上的毯子上，其中有些毯子很像后来的鞍架。骑兵所受的训练很大程度上使他们能够像拥有马鞍和马镫那样稳坐在马背上。当然，他们不能靠着马镫从马背上站起来砍杀或刺杀敌人，因此行动也受到限制。但敌人也同样如此，而他们的训练使他们强壮而活跃。尽管有着这些限制，这些骑兵仍能安坐在战马上。而到了现在，我们已经无法再找到像帕特农神庙（Parthenon）的装饰雕像中所表现的那种高超骑手了。古代骑兵必定是完美的骑手，否则那些雕像便不可能被依样制造出来。

腓力在军队中还组建了一支由老兵组成的预备队（类似于拿破仑的老近卫军），随时准备进行决定性的一击。照一些史学家所言，在进入亚洲的近卫军中有不少年龄高达60至70岁的老兵。亚历山大倾向于将伙伴骑兵当作老近卫军那样的力量。这支部队由全国最显贵家庭的子弟组成，他们从少年时代起便一直接受军事训练，因而能够胜任国王的任何任务。在他们之中，近卫骑兵家世最为显赫，装甲和武器也要比其余伙伴骑兵更好，他们中所有人都深受国王本人信任。

亚历山大的骑兵似乎并不互相紧贴着并排前进。这些骑兵之间会略有一些间隙，但仍能够保持队形阵线齐整。至于这些骑兵所占据的空间具体是多少，我们并不清楚。但通常而言，一名骑兵会占据前后10英尺、左右40英寸的空间。因此一个四排的骑兵中队纵深可能与一个16人的方阵步兵行相差不多，都在50英尺左右。一个骑兵中队占的正面宽度也不能确定。如果两马间距为6英寸，则一个中队即占据60英尺正面，一个团则占据480英尺正面。在拥有完整骑兵的情况下，即左右各有一个排成前后两条战列的骑兵团，①一个方阵将占据1/4英里宽度，其中的7000名步兵占2/3左右的长度，1000名骑兵占1/3。但事实上，很少会有方阵依照这种部署行动。

马其顿人、配奥尼亚人组成的轻骑兵由阿里斯托（Aristo）指挥，而欧德利西亚人在阿伽托（Agatho）带领下赢得了高效的声誉。马其顿枪骑兵则由林卡斯人阿明塔斯指挥。以上所有这些骑兵都被称为"先锋战士"（Prodromari），即骑兵中的散兵部队。最后，亚历山大还拥有从亚洲征召的大批非正规部队，既有步兵也有骑兵，如投石兵、弓箭手和标枪手。其运用很像奥地利人在七年战争中使用的潘都尔士兵（Pandour）、今日德国的骷髅枪骑兵（Uhlanen），以及俄国哥萨克骑兵（Cossack）。从哈伊莫司山（Mount Haemus）征召而来的阿吉里亚标枪兵由阿塔拉斯指挥，他们是轻装部队中地位最重要的，也是人数最多的。西塔西斯（Sitalces）指挥下的色雷斯标枪兵也同样可以在任何环境下有效使用。他们是军队的侧卫部队。克利尔库斯是著名的克里特弓箭手首任指挥官，但史料中经常提及这支队伍的指挥官常因阵亡或受伤而更换。这些弓箭手曾三次失去他们的指挥官。

---

① 此处指将一半中队置于第一线，另一半置于第二线，而非将所有骑兵排成两排。

·亚历山大战史

步兵可以分为四个等级[1]：第一等为步行伙伴，即使用萨里沙长矛的方阵步兵；第二等为使用单手长矛的持盾兵；第三等则是轻盾兵，他们可以算作组织整齐、装备精良的轻步兵；第四等则是散兵，包括弓箭手、投石手和标枪手。在骑兵中，第一等为伙伴骑兵、色萨利骑兵以及一部分希腊重骑兵；第二等为轻骑兵和装备优良的雇佣骑兵；第三等为枪骑兵和龙骑兵；第四等为非正规游牧骑兵，其装备五花八门。

在腓力之前，轻装部队并不受希腊人重视，很少使用，而且也没有太多声誉。他们从贫民中征召而来，装备恶劣，而且纪律也很差，在战斗中既不坚定也不可靠。直到亚历山大终于将他们置于严格的纪律之下，并让其执行合适的任务，才终于彰显出轻装部队的价值。

在当时，并不存在严格的所谓"工资标准"。小居鲁士为克利尔库斯[2]的重步兵每人每月支付1个达里克（Daric），约等于4美元[3]。德摩斯梯尼在《斥腓力》一文中曾提及一名步兵每月的军饷为10德拉克马[4]，约为两美元。雅典和阿戈斯（Argives）之间曾达成过协议，每天为每位骑兵支付1德拉克马，而步兵则为3奥波勒斯（Oboli）[5]，前者合27美分，后者则为13美分。在战争中失去一条肢体的士兵每天能够得到1奥波勒斯（4美分多一点）的补助。息诺普（Sinope）和赫拉克里亚（Heraclea）为色诺芬的士兵开价每人每月1基齐库斯（Cyzicus）[6]。索瑟斯（Seuthes）也为他们开出了同样的价格，相当于5.5美元。其余想要雇佣他们的人则开价每人每月1达里克（4美元）。[7]德洛伊森

---

[1] 此处的等级仅以装备轻重而论，并不指代他们在军队中的地位。
[2] 这里是万人大撤退里的那位希腊佣兵指挥官，不是前面那位克里特弓箭手指挥官。
[3] 达里克为古代波斯金币，此处美元则为作者著书时的汇率，1达里克约等于现在的400美元，但购买力远高于此。
[4] 古希腊银币，1德拉克马约合现在的20美元。
[5] 一种价值较小的希腊银币。
[6] 一种基齐库斯地区发行的金币。
[7] 以上对比可以看到，波斯人为希腊佣兵支付的酬劳似乎要比希腊本土的城邦更高。这可能也是大批希腊佣兵前往波斯寻找工作的原因，从而导致希腊本土的佣兵素质往往不及波斯人的希腊佣兵。

(Droysen)①曾进行过非常细致的估算,认为马其顿骑兵的军饷为每人每月300德拉克马,约为60美元;同盟骑兵250德拉克马,约50美元;方阵步兵84德拉克马,约17美元;除此以外每人还能得到相似数量的补助以供购买食物。从很久之前,希腊人便有发给士兵与军饷同等的伙食补助的习惯,但德洛伊森所估计的数字明显过高。也许亚历山大曾慷慨地发给士兵比这些数字还要更高的赏金,但日常军饷是否会有如此之高还是非常值得怀疑的。每月1达里克的数字看起来更加接近事实,要么就是德洛伊森给出的数字应为年俸而非月饷。

在全军排成战斗序列时,虽然序列会因环境不同而随机而变,但方阵总是位于中央,几个方阵步兵团或者旅总是在他们各自的指挥官带领下从右向左排列。按照惯例,这些旅每次都会根据一定的规定改变排列顺序。持盾兵会被部署在方阵右侧,其中近卫步兵会占据最右侧的位置。在持盾兵右侧则是8个中队的马其顿骑兵,同样会在每次会战中改变排列顺序。②在他们的右侧还部署有轻装部队,包括枪骑兵、配奥尼亚人、阿吉里亚人和右翼的弓箭手,这些部队是全军的侧卫和散兵,负责保护右翼,在会战中首先与敌军交锋。在方阵左侧,如果没有被指派用于保护营地,则色雷斯标枪兵会被部署在这里,与方阵右侧的持盾兵位置相当。在他们的左侧是希腊同盟骑兵,再左侧是色萨利骑兵,之后则是阿伽托率领下的欧德利西亚骑兵等轻装部队。左右两翼的界限则位于第三个和第四个方阵步兵旅之间。③

上述序列绝非一成不变的。亚历山大特别乐于研究战术和阵型,并依据所面临的情况来调整部队。有时方阵会被分为右翼、左翼和中央三部分。每一部分都再被一分为二,留出空隙以供前方的散兵撤退。不过除此以外,方阵的行列中似乎还会存在另外一些空隙。方阵最右侧是荣誉位置,方阵指挥官即站在此处,

---

① 19世纪德国史学家。

② 近卫骑兵似乎应该始终被部署在最右侧。

③ 马其顿军队在会战中通常会被分为两翼,由国王指挥右翼,副帅指挥左翼。而在会战中出现的脱节也总是会出现在第三个和第四个方阵步兵旅中间。因为由精锐部队组成的右翼在亚历山大亲率之下总是处于进攻之中,帕尔梅尼奥率领的左翼往往疲于防御,无法跟上右翼的行动。

他的职责并不仅仅是指挥战斗，同时也要作为士兵中最勇敢的一员奋勇杀敌。

腓力以及亚历山大大幅改进了原先希腊式方阵的组织结构和纪律性。为了使他们能够面对他们可能面对的一切，方阵步兵被打造得至臻化境。他们被教导永远不要等待对方攻击，而要主动出击。重步兵和轻盾兵受训以冲力作战，由各旅组成的小方阵保持着20至40英尺间隔独立运动，互相支持，每支部队都是彼此的预备队。骑兵攻击更是拥有超群的快速和锐利（亚历山大在这方面要算是腓特烈的老师），他们仰赖自己的冲锋气势，就如同方阵仰赖自己的重量一样。即使被击退，马其顿骑兵也总是能一次一次地集结起来再次冲锋。轻步兵和轻骑兵在战线中没有固定位置，但通常会填充在各重装部队之间的空隙中，凭借不知疲倦地运动来保护各个部队，以及方阵暴露的侧翼。

马其顿人行军时对于地形和兵种的重视在当时非常罕见，而其行列所覆盖的距离通常也非常巨大。

四倍方阵很少会作为一个统一的方阵行动，而是会被分为数个部分或支队单独战斗，每个部分都被称为一个方阵。有时亚历山大会将其中一个方阵部署在其余方阵背后，用作预备队或增加战线纵深。有时也会有不止一个方阵被用作预备队，抵御来自背后、右翼或者左翼的攻击，像阿贝拉会战（The Battle of Arbela）便是如此。亚历山大一个最显著的优点，便是能够依据情况快速调整部队的阵型部署，而这些部署很多都不在当时的阵型惯例之内。举例而言，在伊利里亚的佩利乌姆（Pelium）平原上作战时，由于位于地形狭窄的山区，亚历山大曾将方阵排成了120排的巨大纵深。阿里安将此称为"楔形"（Cuneus）队形。而在跨过多瑙河之后，亚历山大又将方阵步兵组成中空的四方队形，并将弓箭手和投石手置于其中央，就如同布拉西达斯和色诺芬所做的那样。无疑亚历山大是借鉴了二人的办法，但他又能将自己借鉴来的东西加以改进。在阿贝拉会战中，亚历山大以高超的技巧组建了两支侧卫部队[1]，并有效地发挥了作用。在海达斯佩河会战（The Battle of Hydaspes）中，他又以同

---

[1] 此处侧卫与上文中由轻装部队组成的侧卫并不相同。原文为flying wings，即"飞行的侧翼"，由重装部队和轻装部队共同组成。

◎ 巨弩

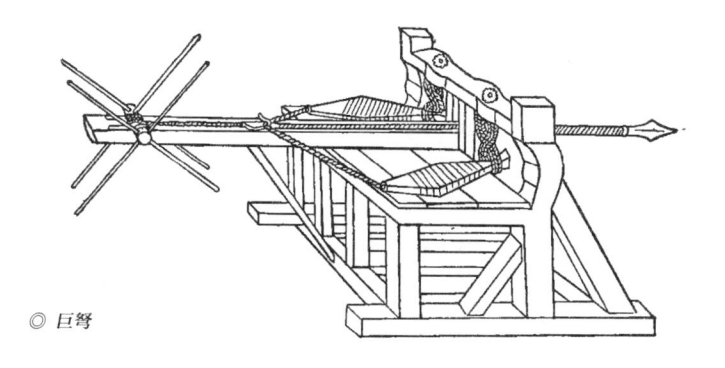

样的先见之明派出一支骑兵部队迂回了波鲁斯（Porus）的右翼，获得了同样有效的结果。

腓力和后来的亚历山大对当时的"炮兵"也做出了巨大改进。亚历山大是第一位用合理方式建造这些攻城器械，并将其安装在四轮车上，以使他们能像今天的野战炮兵一样随部队行军的统帅。在那之前，这些战争机械只会被用在围攻战之中。因为随时可以使用这些武器，亚历山大经常使用它们来攻击隘路、防御工事、掩护渡河或应付各种突发情况。腓力和亚历山大还将相应人员组成专门的炮兵连。在腓力手中，马其顿陆军总共拥有150个炮兵连，同时还有125个炮兵连留作备用。

按照普林尼（Pliny）[1]的说法，巨弩（Catapult）是由叙利亚人（Syrian）发明的。它们相当于安装在平台上的巨型弓弩。其推力来自于绑在弓背上、拧成股的绳子或者动物的筋。弓弦与绞盘相连，发射时则利用一块弹簧释放。巨弩可以发射重量在10至300磅之间的巨型铁头箭矢或者整根长矛，具有相当的穿透力。巨弩似乎可以被称作古代加农炮。[2]它们的射程可以达到将近半英里，并能在500步距离之内保持不错的精确度。有些巨弩还被用来发射大量的沉重霰弹，而非箭矢。

---

[1] 罗马史学家。
[2] 即直射火力。

◎ 抛石机

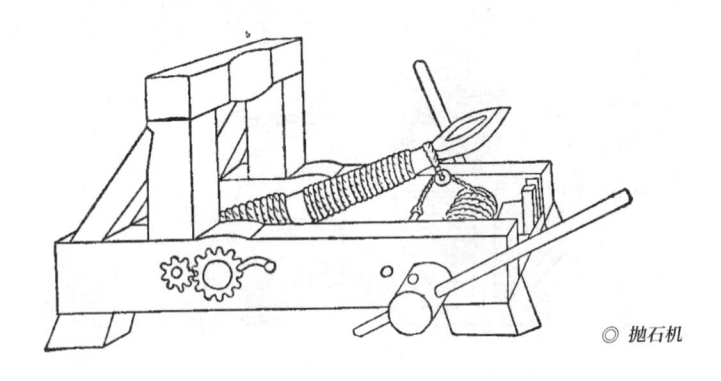

　　抛石机（Ballista）源自于腓尼基人，可投掷50磅或者更重的石块，相当于古代的臼炮①，可将弹丸投掷大约半英里远。抛石机拥有一根粗重的木制梁臂，其末端为勺形或碗状，另一端则由绳股或动物的筋连接在木制骨架上。在发射时，通过绞盘拧紧绳股将梁臂拉至接近水平位置，将弹丸放在梁臂末端的勺形或碗形结构中。绳股被忽然释放之后，梁臂将带着巨大动能向前转动。在梁臂被骨架顶部的木梁或绳索阻挡住之后，弹丸便会飞出，具有相当的精确度。抛石机也可以发射被烧得炽热的弹丸或者火球，有时还会将染病的尸体扔进城市中以散播疾病。这些武器具有相当的效率，在某些方面甚至能与我们现代的炮兵相提并论。在亚历山大手下，马其顿的这些攻城武器经常能像现代炮兵一样发挥巨大作用。在搬运这些武器时，马其顿人只会带走它们的关键部件，沉重的木料则可以在任何有树的地方就地取材。经由亚历山大的工程师们改进之后，一架抛石机或弹射器的关键部件仅需一匹驮马或者骡子便可运载。

　　我们对马其顿军队的行李或者物资纵列一无所知，但他们与今天的情况应该非常相似，只是当时的驮兽更多，而现在则是车辆更多。无论当时还是现在，马匹都需要草料，士兵都需要口粮，但我们却并没有听说亚历山大的士兵

---

① 即曲射火力。

会像恺撒的军团步兵那样随身携带20天给养。马其顿人用麻袋来存放口粮，其伙食由咸肉、奶酪、橄榄、洋葱和谷物组成。依照腓力的命令，马其顿军队中每10名方阵步兵会拥有一名苦力，伙伴骑兵也总会拥有大量仆从。据说腓力首先取消了步兵的行李纵列，之后又将骑兵的仆役减少到一人。腓力经常命令士兵们背负着全套装备、行李和给养在一天之内行军30英里进行拉练，即使在酷热的夏季也不例外。另外，军队的指挥部也需要一部分必需的设施方能履行职责。我们还知道亚历山大的军中拥有宪兵，文献中也曾提及常设的战地医院。而所有这一切，都是需要运输的。

我们很少能从史料中读到有关参谋部门、物资站以及工程部门的情况。但亚历山大所达成的功业便是他们也拥有极佳效率的最佳证据。马其顿的整个军事体系是腓力的杰作。当腓力即位时，佩拉不过是一个小城镇；到他被刺身亡时，佩拉已经变成了一个大都市。腓力的军事部门也一定会与现今最好的国家一样得到妥当管理。这样一架完整的战争机器在当时的世界从未出现过。这就好比现在普鲁士的完美常备军体系，突然出现在一个其余国家都只有像美国一样的民兵体系的世界中。

希腊对于军营的建造非常精心。其军营通常为圆形或椭圆形，内部拥有两条在中心交汇的道路，而这里也是指挥部的所在地。一旦确定设营地点之后，数量庞大的随军奴隶就会被派去在营地周围挖掘一条壕沟，并用挖出来的泥土堆成约6英尺高的围墙。这道围墙通常也会由藤蔓、乌鸦爪以及各种鹿砦加以保护。

希腊人对哨戒的要求非常严格，但当时的哨兵并不会像我们今天的哨所一样远离营地。希腊营地周围只会设置一批各由50名重步兵驻守的哨所，而哨兵就从这些哨所中向外派出。哨兵们会互相传递一个铃铛，以提醒自己保持警觉。负责环营巡视的军官也会摇着铃铛，并由一名火炬手陪同，一同完成规定的巡视圈数。而哨兵也会像我们今天的习惯一样盘问巡视军官，并交换口令（通常

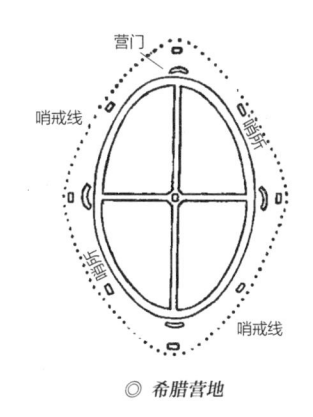

◎ *希腊营地*

是某位神祇的名字）。

在行军时，方阵会以右翼在前行动，很少有例外。[①]行军过程中常伴有军乐，大部分情况下是笛子演奏的，每个方阵步兵营也都配有自己的号手。不过马其顿军乐队的具体情况却只能留给众人自行想象了。当时军队在齐整步伐上花费的训练要比现在更多，因为在士兵们手持萨里沙长矛时，只有最整齐划一的步伐才能确保行列不发生混乱。

在面对敌军时，士兵们通常会高唱战歌。但在一些特定情况下，方阵前进时也会保持安静，以便能更加清晰地聆听命令，直到接近对方之后才开始唱出战歌，到即将与对方短兵相接时，所有士兵又会齐声发出呐喊。每一位老兵都会记得战场上的呐喊是如何振奋人心，并终生在他耳边萦绕。亚历山大的士兵在发动进攻时总能喊出令对方惊恐万分的战吼，有时这种战吼能够对敌方士气造成非常惊人的打击。

马其顿人行军时通常会由轻步兵、轻骑兵组成前卫和后卫，并时常会由比他们更重一些的持盾兵加以支援。炮兵、辎重和战象（如果有的话）位于方阵后方。大批的口粮会由补给纵列中的驮兽或奴隶背负，补给纵列本身的长度也一定非常巨大。不过由于东方人口稠密，亚历山大也习惯于像拿破仑那样依靠征发当地粮草供给部队，不过我们并没有发现马其顿军队像法国军队那样，因抢劫而大范围丧失纪律。

很多现今在战场上最常见而有效的战术行动都源自于希腊人。如我们所见，伊巴密浓达为我们揭示了斜形序列和纵队进攻的价值，而色诺芬无疑也向我们证明了以连、团为单位排成纵队前进能够克服那些足以破坏横队凝聚力的地形。其他例子更是不胜枚举。关于希腊军队战术的史料既详细又复杂，其在大战术和小战术上所表现出的智慧不亚于任何一个时代。可是话虽如此，绝大部分会战却还是依照最简单的平行序列进行。希腊战术家们所懂得的要比希腊将军们能够实际应用的更多。

[①] 方阵在行军时的序列与战斗序列没有区别，只是会全体向右转，原先最右侧的一行16名方阵步兵便成为行军队列最前排的士兵，其余各行跟随行军。

希腊人认为会战应通过单独的一次冲击决出胜负，通常也确实如此。其原因在于方阵无论进攻还是防御，只要在平整地形上便不可阻挡。在进攻时，马其顿人惯于先派出弓箭手和投石手作为散兵发动攻击，并由可能部署在他们两翼的轻骑兵加以支援。在他们之后是标枪兵和持盾兵，最后则是方阵和重骑兵（不过亚历山大却总是用伙伴骑兵首先发动攻击）。轻装部队完成攻击之后，会撤退到战线的左右两端，或是从方阵之间的空隙中撤退到后方，以便为方阵让出正面空间。此时军乐将被奏响，方阵步兵开始吟唱战歌，在激励士气的同时使方阵能够以整齐的步伐前进。

所有方阵部队在前进时都会出现不自觉的向右偏移情况，因为方阵步兵虽然可以利用盾牌保护身体左侧，但身体右侧却要依赖右侧战友的盾牌来保护，他们也因此会在前进时努力寻求右侧战友的保护。这很自然地导致了方阵右翼要比左翼走得更快，而且毫无疑问的是，方阵指挥官站在整个方阵右翼顶点上的原因之一便是为了控制这种侧倾的倾向。有些学者甚至把斜形序列的起源也归因于此。①因为在亚历山大几乎所有的会战中，斜形序列都是至关重要的，所以我们后面还会多次提及这个问题。不过我们可以确定的是，亚历山大对于留克特拉和曼丁尼亚两战肯定是了如指掌的，而这两战中的斜形序列与方阵右偏的倾向绝无任何关系。

依照惯例，希腊军队在会战中只会组成一条战线，而以方阵这种16人的大密度队形也是不可能构成第二线的。更重要的是，由于方阵的密集队形，假如将一部分部队组成第二线，则第一线所剩余的人数就很难组成一条足够长的阵线了。在亚历山大的会战中，敌军的兵力总是要超出自己的两翼很多，因此随时可能打击在他的侧翼上。可尽管如此，亚历山大还是经常会安排预备队，阿贝拉会战便是因地制宜打破希腊军队只排一条战线这种惯例的例子。在这场会

---

① 事实上，由于希腊军队总是把优秀部队放在右翼，因此左右两翼的力量总是不平衡的。从某种意义上来说，确实可以说所有希腊军队几乎都是斜形序列。但必须注意的是，因方阵右倾而形成的斜形序列事实上并不会给己方带来什么好处。而斜形序列作为一种有意的战术安排，仍是伊巴密浓达所发明的，而且由于当时他是采取了左翼突前的序列，因此与所谓"方阵的右倾习惯"没有任何关系。

战中，亚历山大用轻装部队组成了一个名义上的第一线，用方阵组成第二线，同时还拥有一个用来保护后方并可向左、向右旋转保护侧翼的第三线。位于右翼的骑兵和左翼的部队也相应组成了三条阵线。另外，亚历山大还习惯将大部分骑兵集中在一起以进行决定性打击，而这与任何希腊式惯例都是不符的。

在早期战争中，交战双方通常会选择一块平整的土地作为战场，军队完成集结之后，就直向着对方前进。到了亚历山大的时代，战争艺术已经不再局限于这种简单的决斗，而是会在战前进行一些机动来争取优势。后文中我们将看到亚历山大如何教导世人施展这些机动。同时他也在格拉尼卡斯河（Granicus）、皮纳鲁斯河（Pinarus）以及最令人印象深刻的海达斯佩河上，作为先行者教导后人如何强渡河川。不过，他在战略方面给人们的这些启示却只被汉尼拔和恺撒等少数统帅继承了下来。

在面对敌人进行撤退时，希腊人会以环形或者四方队形行军，并将奴隶、女人、战利品以及补给纵列置于阵型中央。同时还会派出前卫、后卫以及侧卫部队。

在会战获胜后，希腊人通常会用战利品在战场上建造一个纪念碑以示胜利，同时这也是供奉战死者的祭坛。

马其顿人对于信号的传递也非常在行，他们在夜间会使用烽火，而在白昼使用信号旗。他们似乎有能力迅速而准确地传递信息。

马其顿国王的侍卫部队可能要算是历史上首个专门培养军官的机构，也可以说就是军校的萌芽。所有的高级军官均从这些侍卫中选拔而出。这些严格选拔而来的青年围绕在国王周围，保卫国王安全，为国王牵马，夜间为其营帐站岗，执行国王派给他们的机密任务。在宫廷或战场上的指挥部任职时，他们围在桌边与国王一同研习战争艺术，并因此为国王所认识。他们会接受与现代军事学校一样的训练，而他们所担负的职责也绝非闲职。这些侍卫在亚洲时担负了极为艰苦的任务，甚至于其中不少人员因此丧命。因为亚历山大总是会敦促下属竭尽全力——他本人可以持续不停地工作，因此也要求别人像他一样能干。在经过数年训练之后，这些侍卫会依据个人的特点和忠诚而被任命到合适的指挥岗位上，此后只要他们拥有足够的能力和勇气，便可走上成功之路。他们可能会一路升迁至国王身边最显赫的七位副官之一或者部队指挥官,但也可能始终挣扎于中下级指挥官的行列之中。在战斗时,这些侍卫会作为持盾兵的一部分参加会战。塞琉古(Seleucus)[①]是这些近卫部队在亚洲时期的指挥官。

下列是亚历山大军中从国王开始向下的指挥关系层级。其军阶和指挥系统由腓力建立而来,军官的晋升则完全取决于其个人能力。

1. 亚历山大,国王、全军总指挥官。
2. 帕尔梅尼奥和安提帕特(Antipater),直属于亚历山大的大军指挥官[②]。在所有拥护腓力的家族中,有两个家族最为显赫。资历最深、最受信任的副帅帕尔梅尼奥是其中一个家族的头领;安提帕特则是另一个家族的头领。在亚历山大治下的马其顿中,帕尔梅尼奥家族代表了国家的军事阶级,安提帕特家族则代表民事政府。在亚历山大远征时,安提帕特作为摄政留在马其顿,帕尔梅尼奥则伴随军队进入亚洲。亚历山大惯于指挥军队的右翼,而帕尔梅尼奥负责指挥左翼。
3. 七位侍从副官(Somatophylaxe),他们既是国王的贴身侍卫,又经常被派去率领大型的支队执行特殊任务,也可能担任国王指派的任何重要指挥官,亦可能作为国王的副官。
4. 四倍方阵司令。
5. 双倍方阵司令。
6. 方阵司令,指挥一个由4096名重步兵组成的初级方阵。

(上述三种方阵指挥官更像是临时头衔而不是今天上将、中将、少将这样的军衔。)

7. 步兵旅长/团长、骑兵团长。
8. 步兵营长。
9. 步兵连长。
10. 四行队长(排长)

---

① 塞琉古本人即是这一军官培养体系的最佳例证。在亚历山大死后,塞琉古夺得了帝国大部分的亚洲版图,其建立的塞琉古帝国一直延续到公元前64年才被罗马所灭。
② 相当于元帅。

11. 行长。

（此外军队中还有一些骑兵军官，其军阶类似于营长、连长、四行队长、行长等四种步兵军官。轻装部队指挥官的军阶也与重步兵相似。）

国王的命令是军队中的最高法律，但国王也会经常召开战争会议以决定一些重大决策。依照法律或者先例，具体在何种情况下需要召开战争会议则并不确定。但它们的次数很多，而且似乎是依照硬性规定而来。在这些会议中，无论马其顿人、希腊辅助部队、佣兵、色雷斯人、阿吉里亚人、欧德利西亚人、配奥尼亚人，只要军阶足够资格，均可向国王提出建议。不过在这些会议之中，马其顿人在地位和影响力上可能要比其余民族的军官更大一些，而七位近侍副官的意见分量最重。不过除了在希发西斯河（Hyphasis）的一次例外，亚历山大向来依照自己的见解行事，而其说服力和影响力也总是能够和下属对他的尊敬、热爱相当。

第十三章
工事与围攻的技艺

在伯罗奔尼撒战争之前，进攻城市的手段并不高明。修昔底德对普拉蒂亚围攻战的记载是对围攻战的第一次详细描述。而亚历山大对围攻战术发展也有着巨大的推动。在所有门类的战争艺术之中，围攻是最接近科学的，其中不少技艺事实上也主要是在和平时代中使用的。如果不能通过饥饿迫使守军投降，那么围攻的手段便只剩下攀登城墙或打破城墙。而后一种手段的实施，又有必要尽可能不暴露在对方火力之下。与之相对，守军也必须摧毁对方攀登或打破城墙的手段，并尽可能给对方造成最大的损失，以使他们放弃围攻。

攻城梯是最早的攻城工具，它们首次出现是在七英雄远征底比斯的战争中。其中一位国王，也就是发明攻城梯的坎帕纽斯（Campaneus），据说就是从一架他自己制造的攻城梯上跌落而亡。在攻城梯之后出现的便是前文已经提及的龟甲阵。密集的士兵将盾牌互相紧扣在一起举过头顶，另一支部队站在盾牌之上，借此攀登城墙或组成第二层龟甲阵以供后续部队继续攀登。不过这些原始办法很快即被一些更为常规的手段代替了。围攻者们开始建立防御阵地，既用来阻止包围圈内发动的突围，也用来抵御包围圈外的部队解围。他们开始建造抵御对方火力的掩体，发动的进攻也更加高效有序。

围攻时，首先要围绕着城镇或者要塞修建一道闭合的设防城墙来将驻防

· 亚历山大战史

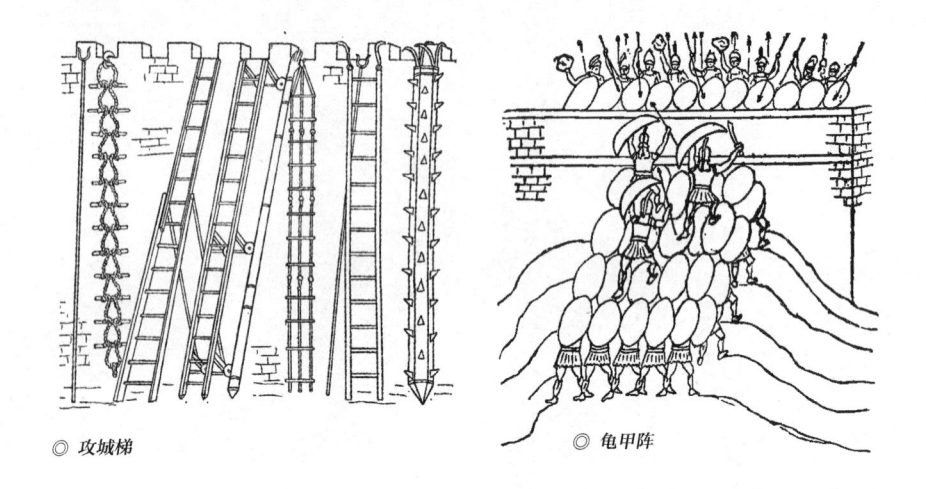

◎ 攻城梯　　　　　　　　　　◎ 龟甲阵

军包围在内，之后在这道城墙外侧合适的距离上修建另一道城墙，以阻挡外来的解围部队干扰围攻。

在内侧的围攻线前方，围攻者会垒起土丘，并由此进攻城镇的城墙。在建造土丘的过程中，进攻者也会使用掩体或者木棚（有时这些掩体也会被称为"龟甲"）来保护自己的人员。最常见的木棚会拥有一个由厚重横梁支撑的顶盖，其上覆盖有湿泥、瓦片、新鲜兽皮或其他防火材料，底部则装有车轮。有时围攻者会呈角度地建造两排木棚，并在距离城墙一段距离的位置使二者交汇起来。这些木棚前部面对着敌军的一面由生皮和绳股制成的帘子加以保护。

土丘四周的框架由泥土、石头、树木、藤条等材料堆砌而成，其中的空隙则用泥土、石头或者任何可以最快收集起来且能够负担攻城塔重量的材料填满。土丘本身为斜坡状，自城墙由远及近高度逐渐增加，但在接近城壕时会尽量建成一个平面。在建造过程中，围攻者也会在土丘上或土丘两侧建起攻城塔，并从上面发射标枪和矢石以阻止守军干扰建造工作。当土丘[①]建造完成

[①] 土丘本身并非直接攀登或攻击城墙的工具，而是利用其高度，在其上安排投射部队、攻城塔或投射武器以压制或驱散城墙上的守军，使己方能够不受干扰地填满城壕，将攻城锤等机械运到城墙脚下。

第十三章　工事与围攻的技艺·

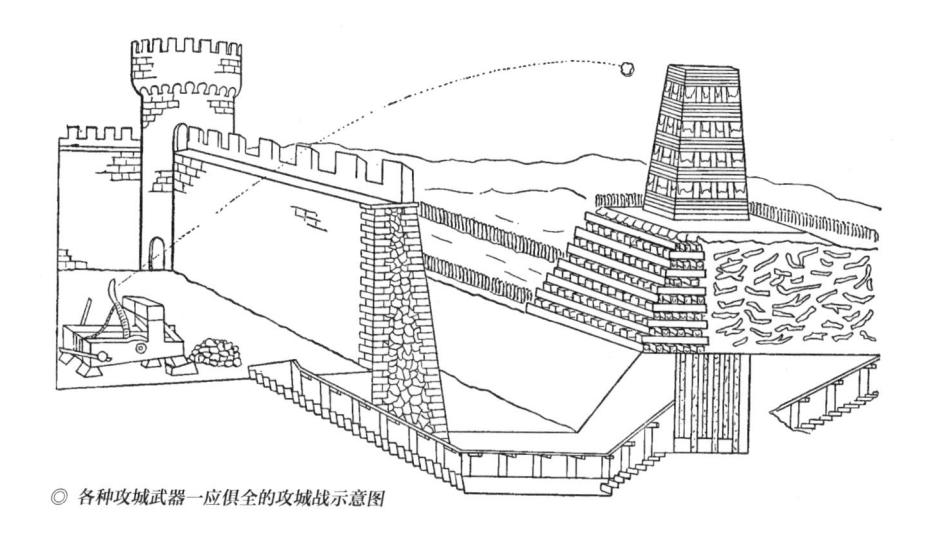

◎ 各种攻城武器一应俱全的攻城战示意图

后，进攻者就会将城壕填死，攻城锤或其他攻城武器随后便被推到城下来打破城墙。围攻者的攻城武器能被安放在土丘上，具有高度优势，而被围者的抛射武器通常却只能放在城墙后的平地上，难以准确射击。不过守军有时也会在城内建起相同大小的土丘来发扬自己的火力。即使考虑到整支军队，甚至周边地区所有人口都被迫加入工程，这些巨大土丘的建造速度也还要算是十分惊人。恺撒围攻阿瓦利肯（Avaricum）时曾在24天内建起了一个80英尺高、330英尺宽的土丘，其两端还建起了攻城塔。锡拉（Sylla）在围攻马萨达（Masada）时据说曾建造了一个286英尺高的土丘，它上面更是还建起了155英尺高的攻城塔！这些数字很有可能并不准确。即使我们以巴比伦的高大城墙作为参考，这些数字也毫无疑问是过分夸大的。不过无论如何，这些土丘的尺寸都一定是非常巨大的。

除土丘以外，有时围攻者也会单独建造攻城塔，因为其建造速度更快。它们的尺寸也同样惊人，据说其高度有时能达到20层，即使普通的攻城塔也有10层高。建造工程中的木工也必定技艺超群。攻城塔每一层中都配有士兵，四周也开有可以向城墙上的守军投掷矢石的射击孔。这些攻城塔被安装在数个宽阔结实的轮子上，需要数百人来移动它们。据狄奥多拉斯的记载，德米特里厄斯在围攻罗德岛时曾让雅典人埃皮马科斯（Epimachus）建造了一个150英尺高、75英尺见方的攻城塔，其底部装有8个6英尺宽的轮子，同时轮子和攻城塔主体都拥有铁甲保护。为推动这个攻城塔，总共多达3400人轮班工作，轮子内侧也安装了手柄，以供人员在内侧推动。所有这些攻城塔的前进速度无疑都会非常缓慢，普鲁塔克说需要一个月时间才能让一座大攻城塔前进250步，而狄奥多拉斯却说这些攻城塔可以在更短的时间内移动1000步。其移动方式多少可以从我们现在移动房屋的工程中看出一二。攻城塔中也设有蓄水池，用来扑灭守军可能点起的火焰。一般攻城塔下层还会装有攻城锤，抛射武器会被安置在中层，而士兵则占据上部的几层。当攻城塔被推动时，士兵们便持续不断地向城墙上的守军发射弓箭、标枪和其他矢石，以防他们干扰围攻行动。到足够接

◎ 装有吊桥和攻城锤的攻城塔

近城墙时，安装在铰链上的吊桥便会被放到城墙上，而围攻者就从吊桥上发动进攻。很多情况下，攻城塔也会被建造在固定的底座上，而且也经常采用砖块砌成。

攻城锤最初只是由士兵徒手使用的铁棍或者铁头木梁。普林尼认为特洛伊木马其实就是一个攻城锤。修昔底德清楚地记载了攻城锤曾出现在伯罗奔尼撒战争的萨摩斯（Samos）围攻战中。在那之后出现了将攻城锤吊装在框架上的形式，操纵方式也变成用绳索拉动，这就使其冲击力倍增。后来这些攻城锤也被装上了轮子，并沿着铺好的轨道行动。最后所述的这种攻城锤长度平均在50英尺左右。据说德米特里厄斯曾建造过两个长达120英尺的攻城锤。攻城锤两端经常会被加上配重，以使它们的冲击力更大。大型攻城锤需要大量人力来操纵，重量也往往能达到数百吨之巨。狄奥多拉斯曾提及，运输一个巨型攻城锤曾动用过100对驮马，而包括换班人员在内，总共使用了1500人来操纵这个攻城锤。

围攻者可以通过挖掘地道来破坏城墙，被围者则会用挖掘地道来破坏围攻者的土丘和攻城塔。由于当时并没有炸药，双方必须在目标下方挖掘足够大的空间才能破坏掉整个建筑。在挖掘时，地道的顶部由木梁加以支撑，完工后其内部会被填进引火物并点起火焰。火灾烧毁木梁后，土地、城墙或者地基都会跟着受损，最终导致上面的建筑倒塌。

地道和反地道①的使用非常广泛，地下交战时有发生。通过聆听金属工具在附近地下发出的声响来判断地道位置的办法也有所实践，攻守双方都曾表现出巨大的创造力和科学技巧。

希腊人会使用移动雉堞来保护那些在城墙下守卫工事或进攻城墙破口的士兵，它们既有手持的，也有安装在轮子上推动的。另外，希腊人也会使用移动护廊或前文所述的木棚。

◎ 掩体

---

① 即一方通过挖掘地道的方式来破坏对方地道。

•亚历山大战史

　　亚历山大手下的工程师迪阿迭斯（Diades）发明了一种安装在高大垂直支架上的巨钩或者称为"巨爪"，它可以钩住并拉倒对方城墙上的石块。此人还发明了一种"起吊器"，由一根竖直的桅杆、一根安装在桅杆上的横桅以及挂在横桅末端可以容纳士兵的篮筐或箱子组成。篮筐的升降由固定在横桅另一端

◎ 巨爪和起吊器

◎ 被吊车钩住的攻城锤和棚车

的绳索操纵。这种装置可以将一小队士兵直接起吊到对方城墙的高度，借此爬上城墙攻击守军。

作为防御一方，被围者则会采取各种手段来阻止对方士兵进入城内。他们使用长柄的叉子推倒攻城梯；他们会烧热油脂、沥青或者沙石泼洒到攻城者身上；他们甚至会将一切能发出异味的材料全都扔到对方的攻城器械上。防御者破坏土丘的速度和围攻者建造土丘的速度一样快。在敌军选作攻击点尝试打破城墙的区域背后，防御者又会建造第二道城墙、掩体或者半圆形城墙，当攻击者真的打破外墙之后立刻便会面对一道新墙。城墙上会建起箭塔，以压制围攻者建造的攻城塔。守城者会不间断地用巨弩射出火矢，用抛石机投掷火盆，以求点燃进攻者的工事。在预计会遭到攻城锤攻击的部分，城墙也会被加上护垫。这些护垫可以用床垫、绳子或者任何软质材料制造。城墙上的士兵会使用吊钩钩住并拆毁攻城锤，也会投掷重物来砸坏攻城锤或吊装攻城锤的绳索。

守军会不断地出城突击，尝试烧毁攻城武器，扰乱围攻者的行动。很明显，古代人在围攻战中对资源利用的想象力与现代人同样出色。即使他们的抛射武器威力不及我们的炮兵，也还是要算非常有效。

希腊人很少会在战场上设立防御工事。除了用来环绕军营以外，希腊人从不在平原上建造工事，而通常只用它们来防御隘口。确实，希腊人不会像后来几个世纪中的罗马人那样出色地强化营地防御工事，但特洛伊城下的希腊人还是曾为营地设防，而这也从灾难中拯救了他们一次。后来希腊人也有过建造临时堑壕的例子，但其作用是否与我们今日所理解的堑壕相同，就不得而知了。

第十四章
亚历山大的希腊战役（公元前336年）

接下来我们要对亚历山大少年时代的生活和政治环境进行一些简述。从幼年时代起，他迷信的母亲便将赫拉克勒斯、阿喀琉斯和狄俄尼索斯（Dionysos）的故事印在了他的脑海中，而父亲所给予他的现实思维又使他将祖先们被迫向波斯大王进献"土和水"视为必须要报的仇恨。从马拉松和萨拉米斯的胜利之中，他学到即使少数团结一致的部队，也要强过大批缺乏凝聚力或领袖的乌合之众。波斯部将们在小亚细亚残酷摧毁的神庙和灵柩，更将他的正义感和愤怒激发到了极点。其年轻的肩膀上支撑着一个宏伟的梦想。鉴于腓力的卓越成就以及伟大计划，亚历山大甚至一度担心父亲不会留下任何土地去给他征服。他的预见性和好奇心也超越了他的年龄。据说从少年时代起，每当有波斯使臣来到马其顿宫廷中时，他就会向他们打听亚洲的军队、地理、资源、财富、法律、风俗以及政府情况。使臣们对此无不称奇。无怪乎腓力会对自己的儿子和继承人如此自豪。

亚历山大的教育最早由他母亲的一位亲戚——列奥尼达斯（Leonidas）负责。这是一位严格的人。另外，他还有一位专门的老师，名叫利西马科斯（Lysimachus）。此人对迷信传说和阿谀奉承非常放任，导致亚历山大或多或少地相信了自己拥有珀琉斯（Peleus）[①]、阿喀琉斯高贵血统的说法。不过从那之后，他就要幸运得多了，因为"亚里士多德这位在知识领域征服了世界的人，成了这位未来世界征服者的老师（公元前345年至公元前344年）"[②]。从这位伟人身上，亚历山大学到了最富有智慧的学识，并因此获益终生，印证了名师出高徒的谚语。令人遗憾的是，这位学生后来失去了导师兼朋友的信任。[③]

从他的母亲那里，亚历山大继承了狂热、多愁善感以及英雄的气魄；而从他父亲那里得到了强健的体魄、理智的思维、冷静的判断力以及万无一失的洞察力。亚历山大勇敢、机敏，拥有阳光而充满智慧的面容以及圆润洪亮的嗓音，使他在人群之中有如鹤立鸡群。在平时，亚历山大举止优雅，讨人喜欢，而且拥有一双特别舒润深邃的眼睛。他留有一头卷发，据说有一个把头偏向左肩的习惯，后来这个习惯也被所有希腊公子们所模仿。亚历山大对待他人时彬彬有礼，在心情不错时脾气也很温和。他极擅长体育运动，但从不考虑参加专业比赛。关于战马布塞弗勒斯（Bucephalus）的故事可能并非谣言。按照普鲁塔克的记载，当天在场的任何人都无法驾驭这匹精神紧张的骏马，多半是因为他们都略有些粗暴。亚历山大却能细心观察其性格，温和却又无畏地跨上马背，轻松地驾驭了它。从那天起，布塞弗勒斯始终至诚地为亚历山大效力，直到死于海达斯佩河会战后对波鲁斯的不断追击中为止。

最初布塞弗勒斯是被带来准备卖给腓力的。由于马贩的开价高达13台仑，因此布塞弗勒斯也一定是一匹名马。不过由于它不断挣扎，无一人能驾驭

[①] 珀琉斯即阿喀琉斯之父。

[②] 亚里士多德是由腓力请来教导马其顿贵族子弟的，因此可以说，亚历山大的理智来自于父亲一边的教育，而激情和迷信多来自母亲那边。

[③] 导致二者关系破裂的原因有二。其一是亚历山大曾处死了一位亚里士多德学派的卡利斯提尼斯。此人处处对亚历山大阿谀奉承，但在暗地里却反对他的亚洲政策，最终因参与谋反而被处死。不过相比之下，第二个原因显然更为重要。亚里士多德虽是当时世界上最伟大的哲学家，但对波斯人和波斯文明非常仇恨，认为世界人口应分为希腊人和波斯人两种，前者应奴役后者。亚历山大在征服波斯后给予二者平等的权利，使亚里士多德非常不满。在后一点上，二者的裂痕无疑是因为亚里士多德本人的狭隘，而绝非亚历山大的过错。

住它。当布塞弗勒斯就要被带走时，亚历山大却说自己要尝试一下。众人都嘲笑这个小子是不是疯了，不过腓力还是给了他尝试的机会。

普鲁塔克写道："亚历山大立刻跑向那匹马，拉住缰绳将马牵到面对太阳的方向，因为他之前已经看到这匹马会被自己的影子吓到。接着，他牵着马向前走了几步，手中握着缰绳，每当布塞弗勒斯变得有些急躁时，他就会轻拉缰绳。亚历山大轻抚马鬃，敏捷地跳上马背，他坐稳后一点一点拉紧缰绳，在不刺激到马的情况下将它控制住。当亚历山大感到布塞弗勒斯不再反抗自己，却对奔跑急不可耐时，他松开了缰绳，放任骏马全速飞奔，一边用命令的口气激励着它，一边用脚跟催促着它。"

亚历山大的智慧毫不亚于他的意志。他非常乐于与别人进行脑力的碰撞。而若以性格的坚韧而论，整个世界历史上疏少有人能与他相提并论，更无人能够超越到他之上。

亚历山大大帝便是在上述的环境中长大成人。我们之前已经介绍了他如何登上王位。虽然他手中的军队是由父亲打造而成，但当稳固了自己的地位之后，他便立刻在指挥这支军队时显示出其父永远无法企及的迅猛、勇敢和决断。从没有哪位将军能够像亚历山大这样称职，他就好像超人一样指挥、统领着这支军队，并与士兵们并肩战斗。无论何时，他都能够以身作则，绝不要求别人去做他自己不愿做的事情。他要求旁人去做的事，他自己也一定能做得远比全军上下任何人都更好。

从一开始，亚历山大在政治行动上便滴水不漏。他并没有普通年轻人的轻举妄动，明智地维持着他父亲的权力政策。可即使如此，他的处境还是很危急。在腓力死后，希腊就宣布不再接受马其顿统辖。从那时起，雅典立刻投入战争准备，并建造了一支舰队。底比斯人也试图将马其顿驻军从卡德米亚卫城中赶出去。较小的城邦们开始骚动，而斯巴达更是从未向马其顿臣服。从未预见到这些情况的腓力先前已经分散了军队，很大一部分军队已经在帕尔梅尼奥带领下进入了亚洲。北方各部落也变得愈发难以控制，而伊利里亚人更是已经掀起了叛乱。这样一来，亚历山大在东、西、南、北四个方向都面临着危险。更重要的是，一直以来假作想要推举克利奥帕特拉之子、实则想要自己登基的阿塔拉斯此时正与帕尔梅尼奥一同在亚洲指挥部队，图谋利用自己对部队的影响力来实现这一计划。形势似乎已经绝望了,亚历山大的朋友们也建议他放弃希腊,并与阿塔拉斯议和。不过亚历山大并没有这么做,他已经趟过了不少鲜血,深知只有鲜血才能换来安全,别无他途。为此,他在即位后立刻派人去亚洲,将阿塔拉斯以叛国罪处死。亚历山大的将军兼密友赫卡泰奥斯(Hecataeus),带着一支忠于亚历山大的新鲜部队前往亚洲与帕尔梅尼奥会合,安全地完成了处决。

解决了最大的危险之后,在他父亲遇刺两个月之内,亚历山大便已经率领着一支和腓力在喀罗尼亚会战中兵力相当的军队进入了色萨利,决心向那些认为腓力死后马其顿便将衰落的人们做一次武力展示。他所选择的路线为海岸上的皮纳乌斯关口(Peneus),其中较大的坦佩隘口(Tempe)和较小的卡里普克隘口(Callipeuke)都有敌军严密防守。若想要对它们发动进攻,结果必将是徒劳且灾难性的。坦佩隘口南侧的奥萨山(Ossa)岩壁陡峭,只有在海岸一侧的山坡要比皮纳乌斯方向更平坦一些。凭借着充足的人力以及伴随终生的挑战困难的性格,亚历山大在对方不知情的情况下,沿着奥萨山海岸一侧的山坡,开凿出了一条从未有人走过的道路,使军队在其他道路所不及的位置上占据了立足点,并迂回了关口中的色萨利守军。不过亚历山大还是希望能够与色萨利保持友善,因为色萨利有着全希腊最好的骑兵,而这也是他未来进攻波斯时所必需的。在向色萨利人表现出大度和慷慨之后(亚历山大也总是会恪守诺言),他说服色萨利人给予自己他们曾给予腓力的一切,并在必要时同他一起对抗其余希腊人。不仅是色萨利人,科林斯同盟中的其余北方部落也倒向了亚历山大,使他能够不受阻挡地快速穿过温泉关。

在温泉关,亚历山大也像他父

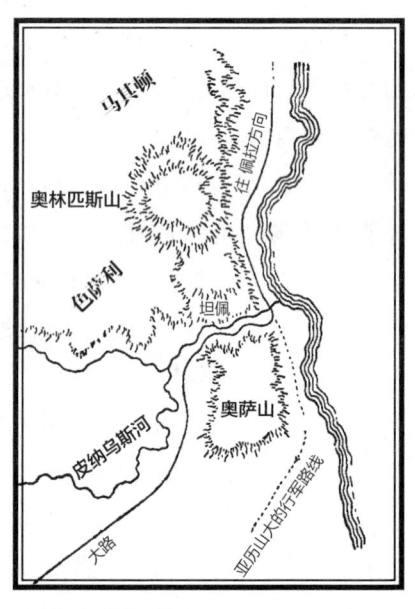

◎ 进军色萨利示意图

第十四章 亚历山大的希腊战役（公元前336年）

亲一样召集同盟会议，并被任命为全希腊统帅。底比斯人和雅典人虽然拒绝出席会议，但在亚历山大率军向底比斯前进之后也急忙承认了同盟的决定，亚历山大也乐于接受两个城邦迟到的承认。在科林斯，他又再次举行投票确认这一任命，而这次只有不惜遭到孤立也要保持独立的斯巴达缺席。在那之后，亚历山大率军进入伯罗奔尼撒继续做武力展示，不过没有在那里进行任何作战。另外，他也给予了所有希腊城邦自治权。

现在亚历山大已经将希腊暂时稳定了下来，其一切的财富、智慧、力量都成了这位年轻勇敢国王的荣誉饰物。只有戴奥真尼斯（Diogenes）[①]没有觐见亚历山大，而当后者来找他时，又对亚历山大说他的唯一愿望便是让亚历山大别再挡着他晒太阳了。这位国王对此感叹道："宙斯在上，我若不是亚历山大，愿为戴奥真尼斯！"至少是在此时，亚历山大平定了东方和南方的危险，他也回到了佩拉过冬。

弗里曼（Augustu Freeman）[②]说，腓力和亚历山大两位马其顿伟人均非常热爱、尊敬希腊，其中尤以雅典为甚。在两人的政策中，希腊也无可避免地受到了尊重，对希腊施加的伤害从不超出政策要求。腓力和亚历山大都将自己视作希腊人，绝不会摧毁他们名义上的祖国。很明显，他们从未试图将希腊并入马其顿，而是让马其顿成了一个希腊城邦，并以此地位统治全希腊。弗里曼所言毫无疑问确是正确的。不过当亚历山大登上了波斯大王的王座之后，他可能就只将希腊和马其顿视作帝国一隅，以及最勇敢士兵的来源地了。

纷乱就此顺利告终，亚历山大也终于看到了按计划入侵波斯的可能性。到此时为止，帕尔梅尼奥在小亚细亚并没有太多成就，不过他的存在也使波斯人无法对马其顿发动入侵。因此可以说，当亚历山大后来被迫与色雷斯人作战时，帕尔梅尼奥掩护了他的战略侧翼。虽然这也许是个意外收获，但这些位于亚洲的军队也对国内平静起到了作用。

马其顿此时已经整装待发。如前所述，马其顿人民享受着平等的权利，

[①] 公元前404年至公元前323年，希腊著名哲学家。
[②] 19世纪的英国史学家。

所有公民在国家召唤时也都需要承担兵役。马其顿的士兵便是马其顿的公民，身为一名公民也就代表着他是一名马其顿士兵，而所有这些士兵都是常备军。在整个马其顿国内，不存在任何利益冲突。如果国王统率无方，人民可以推翻或者取代他。若国王是腓力或亚历山大这样的人物，公民士兵们对他的敬仰又会让王权得到加强。他们勇敢过人、纪律严明，同时具有志愿兵和常备兵的所有优点，素质远超其余任何希腊士兵，更是波斯士兵们所无法企及的。

第十五章
多瑙河战役（公元前335年）

亚历山大早已认清，在出发远征波斯之前，自己必须首先使边境上的野蛮部落臣服。在腓力的时代，这些部落中一部分曾经臣服，一部分被视为盟友，另一部分不友好者则会在试图进入马其顿时随时遭受惩罚，因此没有造成祸患。不过当腓力遇刺之后，曾在里克尼提斯湖（Lake Lychnitis）与腓力发生激烈战斗的伊利里亚人在克雷塔斯[①]率领下，与阿波罗尼亚（Apollonia）、狄拉奇乌姆（Dyrracchium）海岸附近的由首领格劳西阿斯率领的陶伦蒂安人（Taulantinian），以及陶伦蒂安人以北山谷中的奥塔里亚人（Autariatian）一同发动了叛乱。不过与他们相比，色雷斯的特里巴利人更为危险，腓力当年在与他们作战时并没有取得成功，腓力本人也在战斗中受伤。在这些部落以北则是一些"甚至会抢劫自己人的土匪"，他们随时可能会参与到动乱之中，洗劫马其顿边境地带。腓力并没有使这些部落完全臣服，而只是将他们镇压了下去。现在他们又一次起事，若亚历山大希望自己能在数年时间里远离马其顿前往亚洲作战，他便不能再采取任何折中办法来对付他们了。

[①] 此克雷塔斯并非那位号称"黑人"、后来因辱骂亚历山大而被杀死的近卫骑兵指挥官。

·亚历山大战史

当希腊已经平静下来之后，春天的到来也提供了山地作战所必需的适宜气候，时机恰到好处。帕尔梅尼奥已经在留下一位副将统领军队后从亚洲回国，负责镇守马其顿，抵挡伊利里亚人入侵。亚历山大则率军北上多瑙河，补正腓力因受伤而没能给特里巴利人的教训。此外，安提帕特则留在佩拉，负责国内的民事工作。①

有两条道路可供亚历山大选择：其一是沿阿克修斯河（Axius）北上，进入忠于自己的阿吉里亚人领地；另一条路则沿着东部海岸穿过色雷斯自由部落的领地，进入赫布拉斯（Heburs）山谷和哈伊莫司山脉，从东方直接攻击特里巴利人。亚历山大选择了后者，因为这条道路途经欧德利西亚人领地，可以沿路安抚这个举棋不定的民族。亚历山大还命令一支舰队从拜占庭（Byzantium）起航，准备沿多瑙河上溯，与他自己的陆军在合适时间会合。公元前335年早春，亚历山大踏上征程，决心一劳永逸地解决多瑙河以及伊利里亚边境上的纷扰。

亚历山大从安菲波利斯出发，前进到菲利皮（Philippi），又从那里沿内萨斯河（Nessus）北上，越过罗多彼山（Rhodope）向哈伊莫司山脉前进，即今日的巴尔干山脉。从出发到抵达哈伊莫司山脚，亚历山大总共花费了10天时间，而色雷斯人也正在这里等待着他，试图在山脉南坡上阻止马其顿军队进入山口。至于亚历山大所进攻的具体隘路，很可能便是亚德里亚堡（Adrianople）以北，后来被称为图拉真门（Porta Trajani）的巴尔干主要关口。

野蛮人学会了一种聪明的办法来面对令他们所惧怕的方阵。这些野蛮人只有匕首或狩猎用的短矛做武器，把狐皮或狼皮当作头盔和甲胄，根本无法在近距离抵挡方阵如林的长矛。不过他们却收集了大量辎重车和战车，将它们列在前方组成一条车阵，如果方阵前进，他们便将这些车辆从山坡上推下去，以此来打破方阵的行列，从而使他们能够获得在近距离的个人性白刃战中取胜的机会。他们很自然地认为，对方的方阵队形越是密集，车辆所能带来的威胁便

---

① 关于帕尔梅尼奥和安提帕特二人的任务，亚历山大故意使他们分管军务和民事，任何一人都不具备统领全国的权力，以确保自己在战事延长或遭遇危险时后方不会发生叛乱推翻自己。

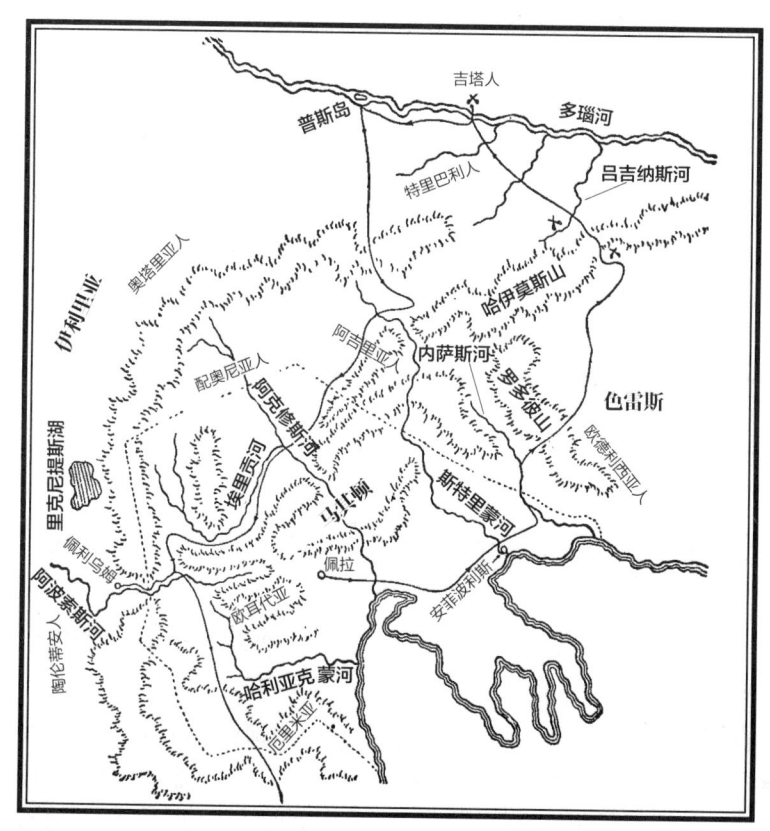

◎ 多瑙河与佩利乌姆战役示意图

越大。不过亚历山大也同样精明。他深知此处是唯一能够通行的道路，也认清了野蛮人的意图。①因此他向自己的方阵步兵下令，只要地形允许，当对方推下车辆时，方阵各行就要向左右两旁让出通道，让车辆穿过。至于那些无法让出通道的方阵步兵，他又命令他们在车辆接近时伏在地面上，举起盾牌互相连接，组成龟甲阵使车辆能从盾牌组成的坡道上滑过。攻守双方在行动中都将自

---

① 这一点事实上是非常困难的。因为将领很容易误认为对方是要躲在车辆后方进行防御作战。不过亦有可能是色雷斯人在战前就已经将车辆摆成了易于推动的姿态。

· 亚历山大战史

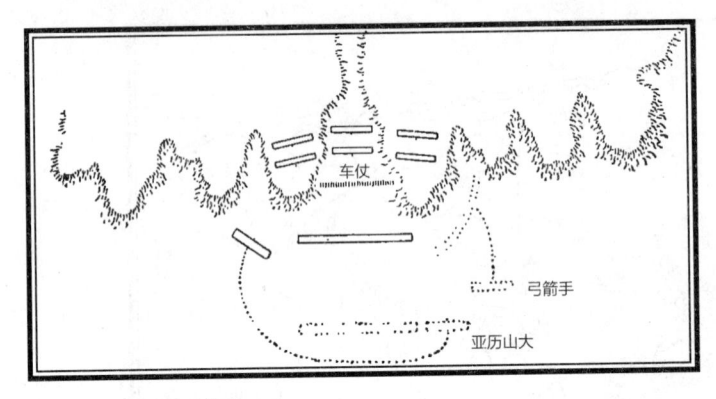

◎ 哈伊莫司山之战示意图

己奇怪的计划付诸实施，但马其顿人的计划显然更富天才：他们在向敌军前进时无一人因遭到车辆碾压而死。

在成功躲开了这一极为危险的攻击之后，方阵步兵伴随着巨大的呐喊声重新开始向敌军前进。野蛮人早已因计策失败而惊慌失措，现在又从山上开始向前进中的方阵冲锋。①亚历山大派出弓箭手，从右翼前进打击色雷斯人的侧翼，而他自己则率领着自己的近卫军、持盾兵以及部分阿吉里亚士兵从对方右翼进行迂回。在弓箭手对敌军的吸引之下，方阵步兵进抵对方战线，很快便将那些半武装的野蛮人击败。甚至于在亚历山大还没有完成迂回之前，会战就已经结束了，所有没来得及逃亡的野蛮人都战死沙场。歼敌总计1500人左右，其余野蛮人则在山地的树林和峡谷中四散而逃。他们的女人、儿童以及辎重被全部俘获，并由吕撒尼亚斯（Lysanias）和帕尔梅尼奥之子费罗塔斯押送到海岸边出卖以换取现金。

在安全越过哈伊莫司山之后，亚历山大从平缓的北坡降入特里巴利人控制的山谷，并渡过了距离多瑙河大约三天路程的吕吉纳斯河（Lyginus，即近日的詹特拉河，也有学者认为吕吉纳斯河应是今日的奥西乌斯河）。特里巴利

---

① 这无疑是一个不明智的行动，虽然他们具有居高临下的优势，但对没有发生混乱的方阵进行正面冲锋仍是没有任何成功希望的。

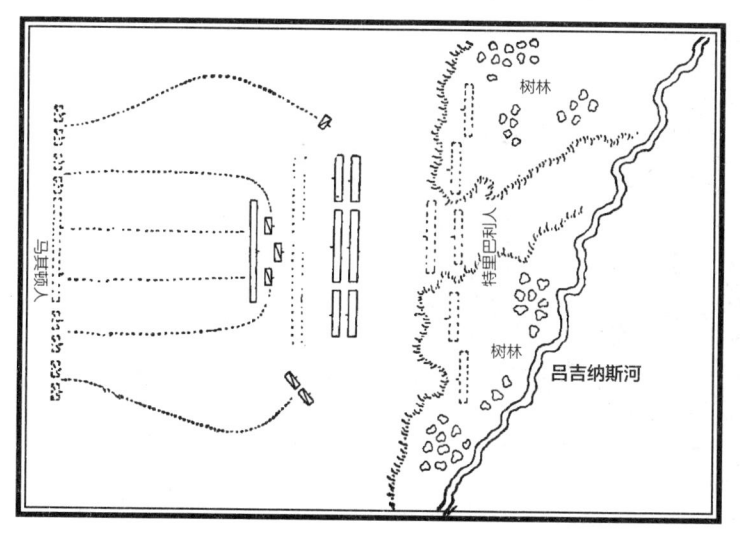

第十五章 多瑙河战役（公元前335年）

◎ 吕吉纳斯河之战示意图

人的国王塞拉穆斯（Syrums）在亚历山大到来之前，已经将所有妇孺都送到了多瑙河中一个名叫普斯（Peuce）的小岛上，就连一部分男人和塞拉穆斯本人也都逃到了那里。普斯岛的具体位置现在已经很难考证，但很可能位于现代的维丁（Widdin）附近或其下游。可是当亚历山大渡过吕吉纳斯河开始向多瑙河上的野蛮人前进之后，他却发现特里巴利人的主力正在向吕吉纳斯河前进，试图切断他背后的道路。亚历山大通过一次迅速的反向行军，在当天黄昏时分，敌军正准备宿营时奇袭了对方。

特里巴利人撤退到了河流附近布满树林的峡谷中，非常难以接近。亚历山大率军发动进攻。他亲自率领着方阵，但出于谨慎，他又将弓箭手和投石手布置在方阵前方，希望将撤退中的野蛮人引到开阔地上。这些轻步兵在向前推进后勇敢地发动进攻，很快便使急躁的特里巴利人冲出树林与他们短兵相接，而这些轻步兵也很快即被击退。在轻松胜利的诱惑下，特里巴利人继续前进，使亚历山大得以派出费罗塔斯率领一个骑兵中队去攻击对方暴露的右翼。与此同时，赫拉克利德斯（Heraclides）和索波里斯则率领两个骑兵中队进攻对方左翼，他本人也带领着方阵，在骑兵之后直向野蛮人前进。若战斗只限于散兵冲突，特里巴利人是很难被击败的，可一旦密集方阵打击在他们的阵线上，骑

155

• 亚历山大战史

◎ 利用皮囊渡河的办法

兵也从近距离凭借重量碾过他们之后，他们立刻便被击败了，并在损失了3000人后逃回峡谷之中。由于夜幕降临，马其顿人并没有进行追击，余下的特里巴利人四散逃亡。亚历山大一方有大约50人阵亡，伤者在古代文献里很少会被提及，但他们与阵亡者的比例通常在8∶1到12∶1之间。

在那之后，亚历山大再次调转方向，沿原路进发，三天后到达了多瑙河上，地点可能位于普斯岛下游附近。在这里，先前从拜占庭起航、载有补给的舰队与他会合。亚历山大在战船上部署了弓箭手和重步兵，率领舰队向已被塞拉穆斯设防的普斯岛前进。不过由于战舰体型较小，除划桨手以外无法搭载太多士兵。而同时对方河岸却很高且设防严密，水流也因此处河道狭窄而非常湍急。在进行了登陆的尝试后，马其顿人在对方坚强的抵抗下并没有占得上风。

在多瑙河对岸，吉塔人（Getae）为阻止亚历山大渡河，集中了4000名骑兵和超过10000名步兵，并似乎已经与普斯岛守军联手（公元前335年5月中旬）。亚历山大决定先击败吉塔人。这些野蛮人很自然地认为，如果亚历山大想要渡河，势必要进行数日的准备，而他们也能在敌方陆续抵达北岸时分别攻击他们。不过亚历山大在面对抵抗时总会燃起固执的决心。由于他预料在吉塔人被击败之后，普斯岛也会在惊恐中投降，因此决定立刻渡河。他动员舰队，并收集了大量使用空心圆木制造的独木舟，当地人使用这些独木舟捕鱼、经

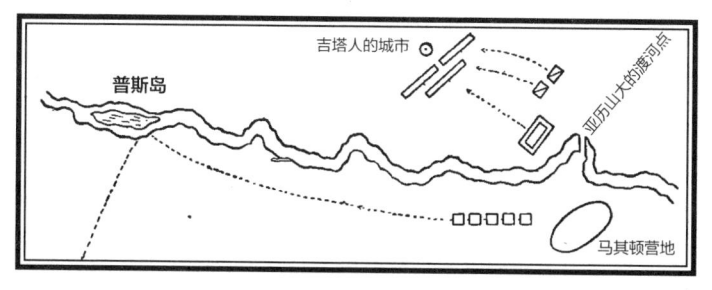

◎ 击败吉塔人与塞拉穆斯示意图

商、出行，有时也利用它们做一些海盗营生。另外，亚历山大还在士兵们用来当作帐篷皮的兽皮中填上干草，或将它们绑在一起当作舟筏，或是为泅渡的士兵提供浮力。其中后者也是一种古来已有的办法。通过这些办法，再加上亚历山大的异常活力，他在仅仅一个短暂的夏夜之中，便将1500名骑兵和4000名步兵渡过了多瑙河。任何一个亲眼见过多瑙河如何宽阔、湍急的人，都会知道这是何等的壮举。

马其顿人瞒过了野蛮人，在一片作物长得很高的地方登陆，这些谷物也隐蔽了他们的行动，而敌军也没有在这里设置岗哨。到天色放亮之后，马其顿人开始穿过庄稼地前进。他们横握着萨里沙长矛，以此来将庄稼压倒。按照阿里安的说法，由于骑兵无法在庄稼被踩实之前行动，因此马其顿人以步兵在前，骑兵在后的序列前进。在走上开阔地之后，由帕尔梅尼奥之子尼卡诺尔指挥的步兵立刻组成四方阵前进，其左翼倚靠在河岸上，右翼则由亚历山大亲率的骑兵支持。此时吉塔人已经因如此大规模的军队能够在数小时内跨过多瑙河而震惊不已，而且他们对于阻挡马其顿人也准备不周。在骑兵的第一次攻击之下，他们便逃到了自己在上游4英里左右的城市。因为担心遭到对方伏击，亚历山大始终让方阵保持着左翼倚靠河流的四方队形，但同时快速推进骑兵来追击撤退的吉塔人。后者的城市设防不周，也没有进行任何抵抗，便在让尽可能更多的老弱妇孺乘上马匹后向上游逃跑了。亚历山大夷平了整座城市，指派涅俄普托勒摩斯（Neoptolemus）之子梅利埃格以及马卡塔斯（Machatas）之子腓力收集战利品运走，之后又向宙斯、赫拉克勒斯以及多瑙河献祭，最后在同一天之内重新渡河回到了营地。由于亚历山大已经给了吉塔人足够的教训，使他们懂得尊重自己的实力和统率力，他并不打算将疆界推进到多瑙河以远的地区，以便利用多瑙河本身作为其王国的最佳防线。

赢得胜利后，塞拉穆斯和临近部落都派来了使者，恳请得到这位年轻国王的友谊。在双方都互相做出保证后，亚历山大也非常高兴地应允了他们。在这些部落之中，有一个来自亚得里亚海地区、因身材高大且勇气过人而著称的部落，也因听说了他的伟大成就而前来恳求友好。在对他们提出的诸多问题中，亚历山大还特地询问他们最害怕何物，满以为对方会回答说最害怕自己的愤怒。但对方却回答说他们一无所惧，只怕有朝一日天空会从头顶上塌下来，使亚历山大极为惊讶懊恼。

第十六章
佩利乌姆（公元前335年）

在对吉塔人和特里巴利人取得胜利，并借此压平多瑙河流域的各部落后，马其顿人开始转向南方，向友好的阿吉里亚、配奥尼亚地区前进。在这里，亚历山大第一次听到了前述的伊利里亚各部落在克雷塔斯和格劳西阿斯带领下叛乱的消息。他还听说伊利里亚人已经占领了佩利乌姆城以及它附近的山口，奥塔里亚人也准备在他穿过山区向佩利乌姆前进时攻击他，而且他们也已经与其他野蛮人达成了共识。

亚历山大的情况此时远不明朗。奥尔戴卡斯河（Aordaicus）或阿波索斯河（Apsos，今迪沃尔河）所流经的佩利乌姆山谷，是穿过将伊利里亚与上马其顿分开的山脉的唯一道路，也是唯一能将西部蛮族阻挡在河对岸的隘口。亚历山大本人此时正在沿埃里贡河（Erygon）向佩利乌姆前进，如果奥塔里亚人在他行军时攻击他的侧翼，就有可能为伊利里亚人入侵南马其顿赢得时间，使他们在亚历山大赶回之前对马其顿造成无穷破坏。或者，由于他已经在山脉之间向北前进太远，难以迅速赶回，伊利里亚人可以通过占领埃里贡河沿岸隘路将他切断在希腊以外，而他们自己却可以利用佩利乌姆维持着通向马其顿的交通线。亚历山大已经听到谣言说希腊又变得躁动不安起来。倘若果真如此，对亚历山大在希腊的事务而言，这将会成为一次严重甚至致命的挫败。因为底比斯和雅典将获得充足时间进行战争准备，更不用说马其顿本土也将面临野蛮却勇敢善战的伊利里亚人威胁。为预防这种情况，费罗塔斯①镇守着底比斯的卡德米亚卫城，位于本土的帕尔梅尼奥手中也握有一支优秀部队。不过他们二人很难抗衡希腊起义这种巨大规模的动乱，更何谈同时还要面对克雷塔斯和格劳西阿斯对马其顿的入侵。

佩利乌姆山口是腓力在进行了数次战争之后才夺取过来的。该关口位于里克尼特湖（今奥赫里德湖）以南，地形狭长，但在末端宽度变大并与其余一些更大的峡谷相连。阿波索斯河经整个峡谷流入亚得里亚海。控制了这个山口，不仅能控制流向东北方向的埃里贡河，也能控制向南流入马其顿的哈利阿克蒙河（Haliacmon）的源头。佩利乌姆本身是一座位置重要的山地要塞，其城镇本身也拥有着相当坚强的防御工事。另外在山川之间，马其顿人还修筑了一道简易工事来保护沿埃里贡河和哈利阿克蒙河延伸的道路，同时这道防线也是他们必须不惜代价守住的，否则不安的野蛮人就会进入马其顿。佩利乌姆本身位于山谷之间的一片平原之中，完全控制着穿过山谷的道路。这条道路大体上沿阿波索斯河岸和山谷峭壁之间延伸，在最狭窄的部分仅能容纳四人并排通过。亚历山大所处的局势极为危险。只要遭受一次最小的失败，他就将失去腓力用鲜血换来的西部疆界安全。而且由于亚历山大此时已经进入了山地之中，敌人随时可能挡在亚历山大与佩拉之间。到那时，亚历山大只有通过原路返回，才能花费大量时间绕道回国，而就算这样他也还是可能会被奥塔里亚人切断退路。一旦在北方遭遇重大失利，他对希腊的控制也将完全丧失。远征波斯更将成为一场空谈。

所幸，奥塔里亚人的危险很快即被解除了。亚历山大的老友、阿吉里亚国王兰加拉斯（Langarus）带领着他最精锐的部队前来与亚历山大会合，并自愿带兵进入奥塔里亚人的领地去拖住他们。早在多瑙河战役后期，阿吉里亚部队便已经效力于亚历山大军中，且表现出色、坚韧。兰加拉斯指挥军队非常娴熟，使并非特别善战的奥塔里亚人被迫退守山区。为报答这一友善、高效

---

① 此处的费罗塔斯可能并非那位帕尔梅尼奥之子，因为后者此时正随亚历山大的军队行动。

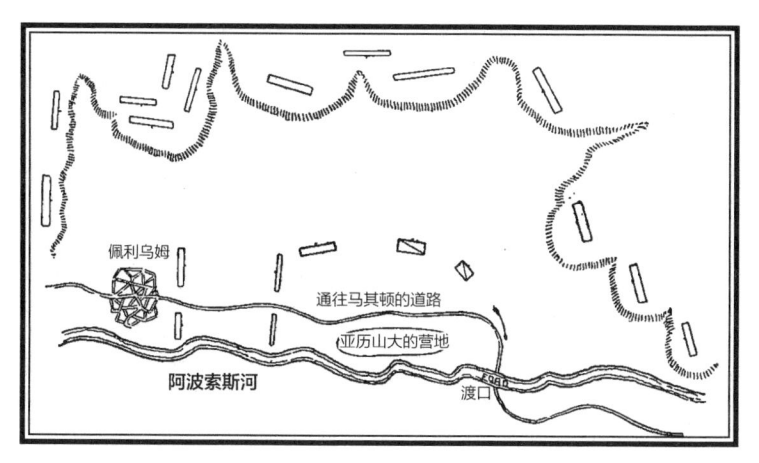

◎ 佩利乌姆平原示意图

的帮助，亚历山大给予兰加拉斯诸多封赏，还准备将他同父异母的妹妹塞纳（Cyna）嫁给他，只不过兰加拉斯并没能活到婚礼那天。当亚历山大进入亚洲之后，我们也将经常看到阿吉里亚人的英勇表现，而他们也是最英勇、最有效的轻步兵。

在解决了奥塔里亚人的问题之后，亚历山大开始溯埃里贡河而上，向佩利乌姆关口前进。克雷塔斯早前已经占领了佩利乌姆，并在那里等待着陶伦蒂安国王格劳西阿斯到来。亚历山大一度希望能够抢在格劳西阿斯赶到之前夺回佩利乌姆，但克雷塔斯却占据着其周边的所有高地，只要亚历山大试图对城市发动进攻，高地上的部队就会攻击马其顿人的后方。

亚历山大在阿波索斯河岸宿营，准备立刻对城镇发动进攻。阿里安说，克雷塔斯依据野蛮人的习俗，在与马其顿人开战前献祭了3名男孩、3名女孩以及3头黑羊，之后便将部队展开，准备对马其顿人发动攻击。尽管面临着大量困难，亚历山大却远没有放弃计划的想法。他首先向高地上的伊利里亚人前进，其汹涌的气势使对方无法在高地上立足，被迫撤退到了城市之中。对城市的第一次突击失败之后，亚历山大开始在城市外建造对内和对外的两道围攻线。不过第二天，格劳西阿斯率领着一支拥有压倒性数量的军队赶到佩利乌姆，打乱了亚历山大的行动。格劳西阿斯占据山谷东侧亚历山大营地周边的高地,准备在亚历山大攻城时攻击他的背后,并切断其退却线。

亚历山大现在面临的局势极为险恶,因为敌军在兵力上已经数倍于自己。亚历山大无法承受任何失败,只有取胜才能解除困境。这不仅是因为他所拥有的时间不足,还因为他缺乏补给,无论是口粮还是草料都已经非常紧张了。有一天,他派出费罗塔斯率领一些骑兵和驮兽前去征发给养,却被占据着田地周围高地的格劳西阿斯包围。亚历山大不得不带领着持盾兵、阿吉里亚人以及弓箭手,并由400名骑兵加以支援,才通过一次适时的攻击艰难地将费罗塔斯解救出来。除非能够引诱对方进行一场正规会战,否则这位国王手中的兵力便无法与敌军对抗,而他的给养也不足以支持他等到援军到来。

与此相对,克雷塔斯和格劳西阿斯所处的位置却使他们能够静观其变。他们掌握着战场上的所有决定点,拥有足够的补给以及敞开的交通线,而他们除守住关口以外也没有其他任何要紧事务,二人也非常明智地拒绝接受会战。他们庆幸于自己已经将亚历山大逼入绝境,任自己宰割。伊利里亚人现在占据着佩利乌姆周围所有的高地,如果亚历山大试图从营地撤退,他们便可以打击亚历山大的侧翼,城内守军也能从背后攻击亚历山大。最重要的是,亚历山大唯一的撤退线便是他来到这里时所走的那条位于峭壁与河流之间仅能供四人并排行进的隘路。而且在进入隘路之前,亚历山大还必须先渡过阿波索斯河。由于野蛮人从高地上控制着渡口以及整个峡谷,并派出了数个支队控制着马其顿人的退却线,撤退行动反而会使野蛮人获得更大优势。伊利里亚人好战且装备精良,高涨的信心也足以支撑他们坚强战斗。如果亚历山大派出支队搜集补给,就有可能遭到浓密树林中的野蛮人伏击。亚历山大的情况已经十分绝望了,但他却必须夺回佩利乌姆。

这位年轻国王从未想要撤退,也并不打算等待援军,天生的急性子反而帮助了他。如果不能解决眼前的问题,他便不能试图离开希腊前往亚洲,否则希腊人的起事便将演变成巨大叛乱。其第一步行动是要解决面临严重威胁的撤退路线问题。①为此亚历山大制订了一个只有天才方能酝酿出的卓越计

---

① 这并不代表着亚历山大有撤退的打算。一位优秀统帅在战场上首先要确保的,并非如何取胜,而是在失败的情况下如何避免更大损失。而撤退路线是否通畅,对士兵的士气也有极大影响。

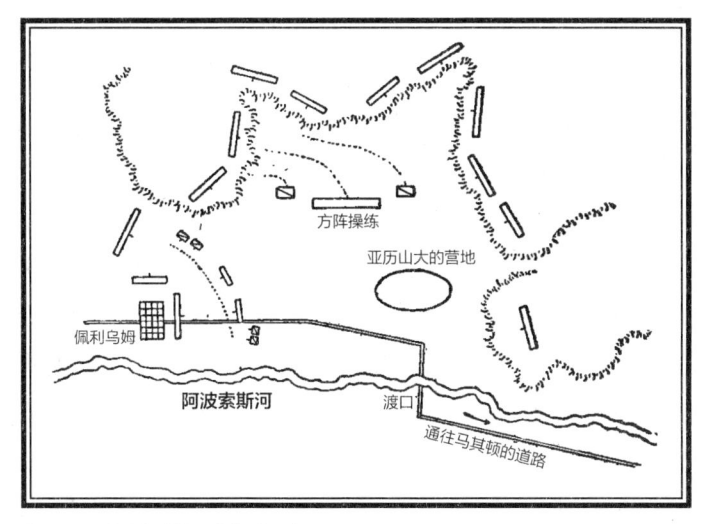

◎ 亚历山大在佩利乌姆的行动示意图

划。他决定利用一次队形操练来扰乱对方的判断，使敌人无法判断自己是否要发动进攻，并乘机在敌军缺乏防备时打击他们。在将骑兵和轻步兵作为屏障排列在城市方向后，这位国王将方阵列成了120排的大纵深队形，仅保留一部分骑兵用于掩护方阵两翼，并开始在周围高地上排好战斗队形的敌军众目睽睽之下，进行一系列只有马其顿军队才能完成的复杂机动。高地上和佩利乌姆城墙上挤满了好奇的野蛮人，想要一睹这些身着盛装、动作完美的敌军操练。事实上，马其顿士兵也和敌军一样好奇，不知他们的首领到底欲行何事。不过凭借着对这位令他们自豪的年轻国王的盲目信心，在亚历山大号令之下，他们就像是国王挥舞自己的宝剑一样令行禁止。像这样奇怪却壮观的计策，实属空前绝后。

方阵步兵在操练时始终紧闭口舌保持静默，以便他们能够迅速清晰地听到军号所传达的命令。一开始，他们按照命令敏捷地放平长矛，之后又同样敏捷地将它们扛到肩上，武器所发出的碰撞声整齐划一。在数次反复之中，他们的行动都如同在佩拉接受检阅一样精确。接下来，方阵步兵们原地右转，放平长矛，好像要向对面的敌人发动进攻一样。不过他们没有这样做，只是重复了原先的操练。之后方阵又转向左侧，又将同样的行动重复了一遍。每当马其顿人放平长矛时，受到威胁的那一面敌军便会做好在方阵推进时或战或逃的准备。在上述操练之后，亚历山大又让方阵在两个侧翼带领下来回行军，进行腓力的方阵所熟练掌握的复杂操练。

带着近乎恐惧的敬畏，敌军始终没有弄清对方的操练目的何在，而这次操练的时间也一定很长。他们的阵型逐渐散乱开来，没有为抵挡一次真正的进攻做好准备。突然之间，就好像是操练的一部分一样，亚历山大将方阵列成楔形，并以左翼领先向距离自己最近的敌军进行快速冲锋。这些野蛮人甚至连抵抗的样子都没有装出来便立刻沿着较矮的山脊逃跑了。在这之后，亚历山大又命令马其顿人放声呐喊，并用长矛敲击盾牌。此前一直位于城外的特里巴利人要更警觉一些，他们迅速撤回了城内。

一支小部队仍然停留在控制着亚历山大退却线以及他必经渡口的山脊上。为逐退这支部队，亚历山大让伙伴骑兵和一些轻骑兵快速向这座山脊推进，并向他们下令，如果敌军仍坚守阵地，其中一半士兵便要下马步战，因为单凭骑兵可能无法攻克山脊。[①] 这说明亚历山大已经认清，骑兵不仅可以骑乘作战，也同样可以步行作战。这也使骑兵在他经常穿越的崎岖地带中能够起到双倍效用。尽管总是有观点认为骑兵一旦下马便毫无作用，但亚历山大的骑兵在步战搏斗中却能和在马背上一样有效，这一点在世界历史上也从未有人能超越他们。敌军并没有进行任何抵抗便在混乱中四散逃亡到山地之中了。亚历山大占领了这座对渡河至关重要的高地，并将大约2000名阿吉里亚人和弓箭手布置在上面。

在敌军溃散的掩护之下，亚历山大终于安全渡河。由于在河对岸只需要防御一个渡口，他受到突然袭击的可能性更小。他命令持盾兵和其余重步兵首先涉渡过河，并在过河后立刻向左展开组成方阵，其阵容要尽可能壮观。同时

[①] 亚历山大之所以没有动用步兵支援进攻，除方阵可能仍在对付其余高地上的敌军，而轻步兵也在监视佩利乌姆城以外，可能也在于步兵行动太慢，而亚历山大希望趁热打铁，在敌军神经冷静下来之前即利用骑兵的快速推进吓退对方，只有在对方坚守阵地的情况下才会与对方交战。

这位国王也下令将炮兵排列开来，以这些伊利里亚人前所未见的新颖装备吓阻敌军。同时他本人则仍留在山丘上监视整个行动。野蛮人在看到马其顿人渡河之后，认为敌人想要逃跑，便回到了原先的高地上，从上面冲下来试图攻击敌军的背后。但亚历山大也紧密观察着他们的一举一动。当他们接近之后，亚历山大便率领着自己的近卫骑兵，在巨大的呐喊声之中发动冲锋，同时方阵也开始运动，佯装再次渡河。亚历山大的攻击和方阵的佯攻逐退了野蛮人，他也就趁着这个机会将阿吉里亚人和弓箭手送到了对岸。

为掩护渡河行动，亚历山大的攻城器械（他从佩拉的军械库里带来了相当数量）也始终都在向对方投射矢石。这要算是首次在野战中使用炮兵的记录。此外，弓箭手也站在河中央，转身向在格劳西阿斯催促下不断追击的野蛮人发射箭矢。在攻城器械和弓箭手的射击下，格劳西阿斯始终无法抵挡箭雨射击，亚历山大得以将全军安全带到河对岸。

亚历山大的第一步行动获得了成功，确保了退却线的安全。他本人始终在第一线战斗，终其一生他也都始终如此。在战斗中，亚历山大头部被一位投石手投出的石块所伤，颈部也被敌人打了一棍。在这场井井有条的行动中，马其顿方面无一人阵亡。虽然也有大量马其顿人受伤，但优秀的铠甲以及野蛮人的劣质武器使他们免于致命伤害。不过必须提及的是，在古代文献中，轻步兵的死伤通常都被视作不值一提之事。

由于被大量敌军包围，而且无法征发给养，亚历山大原先位于佩利乌姆城下的阵地难以立足，而现在他终于获得了安全的阵地。不过他还远没有满意。在对野蛮人取得一场标志性胜利并夺回佩利乌姆之前，他绝不愿意撤回马其顿。其现有阵地方便征发给养以等待援兵，敌军也无法从他的背后切断补给，这都使他不再必须撤退。渡河三天之后，亚历山大始终活跃的侦察兵向他报告说，克雷塔斯和格劳西阿斯毫无警戒地驻扎在佩利乌姆城下，也没有设置任何岗哨、壕沟、城墙，他们的阵线也被拉得很长。毫无疑问，两人自以为是地认为亚历山大是被自己所吓退了，因而放松了警惕。这正是亚历山大所期望的机会。夜幕降临之后，亚历山大带领着近卫持盾兵、阿吉里亚人、弓箭手、欧戎提斯（Orontes）之子佩狄卡斯以及帕尔梅尼奥之婿寇纳斯（Coenus）的两个方阵步兵旅组成的前卫渡过河流。刚一抵达对岸，不等其余部队按照命令快速跟上，他就派出阿吉里亚人和弓箭手，排成方阵队形①攻击野蛮人的侧翼。在奇袭之下，对方很多人甚至在睡梦中即被杀死了。野蛮人完全溃败了，不是被杀就是被俘，逃亡者也都丢掉了他们的武器。亚历山大一直追击残余敌军到了陶伦蒂安山脉脚下。克雷塔斯逃进了佩利乌姆，但在发现自己无法坚守城市之后，便在点起大火之后逃到亚得里亚海岸上重新与格劳西阿斯会合。

这样一来，亚历山大终于夺回了佩利乌姆，重建了对确保马其顿安全必要的警戒线。克雷塔斯和格劳西阿斯也情愿接受亚历山大提出的条件，重新宣誓效忠。佩利乌姆要塞被重新建起，使亚历山大无须担心该城再落入伊利里亚人手中。马其顿周边的野蛮人在一连串严厉教训之下，终于认清现在马其顿王位上所坐着的，是一位比腓力还要更伟大的人物。

---

① 虽然只有使用长矛的方阵步兵可以组成方阵，但其余步兵，甚至轻步兵也同样可以组成相同的密集队形，只是不使用长矛作战而已。

第十七章
毁灭底比斯（公元前335年）

  由于预见到马其顿年轻但英勇的国王将给自己本人以及波斯带来威胁（亚历山大也从不掩饰想要入侵波斯的企图），波斯国王大流士三世派出手下最能干的将领——罗德岛人门侬（Memnon）前往小亚细亚抵挡马其顿人。此外，他还开始在希腊播撒黄金，引诱各城邦起兵反对马其顿及其国王对希腊的领导权。由于亚历山大长期远征伊利里亚，关于战事又没有什么消息传到希腊，这就导致希腊人之间出现了亚历山大和马其顿军队都已经被野蛮人摧毁的谣言。无论是真实存在还是德摩斯梯尼编造出来的，甚至曾有一个声称亲眼看到亚历山大在佩利乌姆城下遭受致命一击的人从北方来到了雅典。不过若以亚历山大确实曾在佩利乌姆受伤的情况来看，此人所言也并非空穴来风。

  雅典城中一部分底比斯流亡者[①]认定这是推翻马其顿统治的绝佳机会。位于底比斯城中一个山丘上的卡德米亚卫城，自从喀罗尼亚会战后便为马其顿人

---

① 这些流亡者们本是在喀罗尼亚会战后被逐出本邦的反马其顿主义者，但他们在雅典却正好起到了联合两个城邦反马其顿势力的作用。

所镇守着。流亡者们赶回底比斯，试图奇袭卡德米亚卫城的守军。他们被友人趁夜放进底比斯城内，杀死了从卫城中走出来、没有预料到发生兵变的马其顿军官，鼓动全邦发动叛乱，重新设立玻俄提亚长官职务（Boeotarch），并宣布底比斯重新独立。周边数座城市也宣布想要加入叛乱，而底比斯也许诺为他们提供各种帮助。作为叛乱的理由，底比斯坚称亚历山大一死，自己对马其顿便不再有效忠义务了。

亚历山大一听到这些消息，立刻便预见到他在希腊的统治将面临巨大危险，必须迅速将叛乱扼杀在萌芽状态中。希腊人虽然在去年曾投票任命他为希腊统帅，但那却完全是出于现场马其顿军队的压力。斯巴达始终对他存有敌意，雅典也心怀不轨，他们可以很容易地组成一个反对亚历山大的同盟，而此时伊利里亚人的问题也才刚刚圆满解决。不过从此时起，亚历山大身上却发生了一连串的幸事，就好像暴雨将至之时，风却突然将乌云吹走了一样。

按照某些说法，运气总是伴随着一个人自己的特点变化的。当他不受环境限制随心所欲时，运气就总会偏向他这一边。而一旦他开始屈从于环境条件，厄运就会接踵而至。这一说法并不完全公允，有时哪怕是最能干的将领也会因人力无法控制的环境而备受拖累。任何一个熟知亚历山大和汉尼拔战史的人都会知道，在二者的能力、对环境的掌控力都相当的情况下，前者总是能够拥有好运伴随，而后者却总是为厄运所累。如果一位干将因对方愚笨而获胜，那他又是不是因为幸运才没有遭遇旗鼓相当的对手呢？也正是从这种意义上而言，亚历山大才是幸运的，而他的幸运也仅限于这一层面为止。除此以外，所有关于亚历山大的所谓"幸运"，不过是他自己所创造出来的有利条件罢了。

亚历山大立刻便开始快速向希腊前进，其路线经由马其顿的欧耳代亚（Eordaea）和厄里米亚（Elimaea），之后又穿过了品都斯山脉（Pindus）的高地（阿里安称之为"诸峰"）。亚历山大在行军时之所以选择沿地势较高的山脚地带行动，可能是因为这些地区的河流要比平原上更窄。而在山路和渡河之间本来就是两难选择。在七天之内，亚历山大抵达了色萨利境内皮纳乌斯河上的佩利纳（Pelina），之后再过六天，他便已经进入了玻俄提亚境内。亚历山大无疑是有着好运相伴才能如此快速地行军，但诸神也只会帮助那些能够自勉的人。这位国王在这一方面从不会将命运交给别人，历史上也从未有谁在个

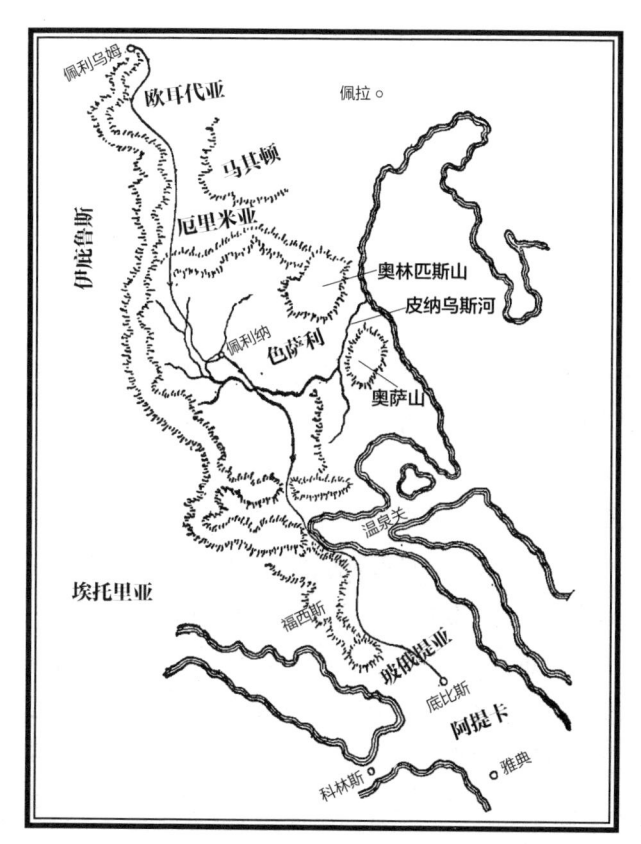

◎ 从佩利乌姆到底比斯的行军示意图

人努力方面能够超过他。①亚历山大的行军之迅速，导致在底比斯人尚不知晓他已经穿过温泉关之时，他就已经到达了距离底比斯西北只有50斯塔德（不足6英里）的翁刻斯托斯（Onchestus）。可即使到了此时，亚历山大的敌手们还是坚信这位腓力之子已经死了，指挥军队的不过是安提帕特或者是与国王同名的林卡斯人亚历山大。他们之所以有如此想法的原因，也正如前文所述，是亚历山大确实在上一次会战中被对方的棍棒和石块所伤，导致希腊上下均认为他

---

① 事实上，由于腓力在训练马其顿军队时曾常让军队进行急行军训练，因此马其顿士兵对马其顿和色萨利境内的地形一定是非常熟悉的，这一定会在很大程度上对亚历山大的快速行动有所帮助。

已经受了致命伤。如果说亚历山大在多瑙河和伊利里亚战役中表现出的速度、能量以及精干指挥已经足以使人为之震惊，那么这一次在山地之中，带领着数量可观的骑兵、步兵、大量炮兵以及补给纵列在两周内行军超过300英里，便足以成为整个战役的高潮。

亚历山大的出现立刻使底比斯的全部盟友四散而去，就连雅典都选择静观其变，使底比斯陷入了孤立（公元前335年8月）。

亚历山大希望对底比斯宽大处理，也并不愿意浪费手下士兵的性命。因此他在向底比斯城推进时速度十分缓慢，让对方有时间派出使者恳求原谅。他在城市以北宿营，监视着底比斯人，并等待对方做出回应。狄奥多拉斯和寇蒂斯（Quintus Curtius）[①]均认为亚历山大此时的军队人数应为30000名步兵加上3000名骑兵。不过底比斯人却并不想要和平，他们自负地派出骑兵和轻步兵对亚历山大的前哨进行了一次坚决攻击。不过当他们就要进抵马其顿营地时，却被一支由弓箭手和重步兵组成的部队击退了。在此之后，亚历山大绕到了城市正面，面对着通向阿提卡（Attica）的城门重新宿营，以此来切断底比斯与雅典的联系。另外，从这里他也能看到卡德米亚卫城。而由于卡德米亚卫城与外城城墙相接，他在此处与卫城的距离也很接近。城内的底比斯人早已将马其顿驻军封锁在了卫城之内，并且在城外也修建了一些栅栏来加强阵地，阻止卫城获得外援。亚历山大此时仍保持着耐心。他派使者要求底比斯交出两位反马其顿的意见领袖——菲尼克斯（Phoenix）和普罗昔底（Prothytes），同时许诺其余所有愿意投降的人仍可维持原有生活。大部分公民都倾向于放弃叛乱，但那些已经一无所有的流亡者却千方百计地让人民拒绝了亚历山大的要求。可即使如此，亚历山大还是不愿意对底比斯发动进攻。这种自制力对他而言并不常见，而这肯定是出于一种善意的动机——他希望拯救这座光彩夺目的城市，而且也不愿让自己的士兵遭受伤亡。

底比斯人的冥顽不化最终还是招致了毁灭。按照狄奥多拉斯的说法，亚历山大此时已决心对该城发动进攻。不过托勒密却说亚历山大仍然不想付诸

[①] 公元1世纪著名的罗马史学家。

武力。无论如何，所有的这些拖延最终都被佩狄卡斯的方阵步兵旅画上了句号。在没有得到命令的情况下，佩狄卡斯抓住一个有利时机，对底比斯人的阵地发动了进攻。在利用攻城器械打破栅栏或者城墙之后，佩狄卡斯立刻冲进缺口中，打击在了底比斯人针对卡德米亚卫城的围攻线上。位置邻接佩狄卡斯的阿明塔斯，也率领着自己的方阵步兵旅紧跟着前者攻入城内。看到佩狄卡斯和阿明塔斯已经打开了突破口之后，再加上担心独立行动的两个旅可能会被底比斯人压倒，亚历山大只好将原本就布置在附近作为支援兵力的全部轻步兵、弓箭手、阿吉里亚人都向前推进，命令他们跟随在佩狄卡斯和阿明塔斯后方前进。另外，他还将近卫步兵和持盾兵调动到了缺口外侧作为预备队。

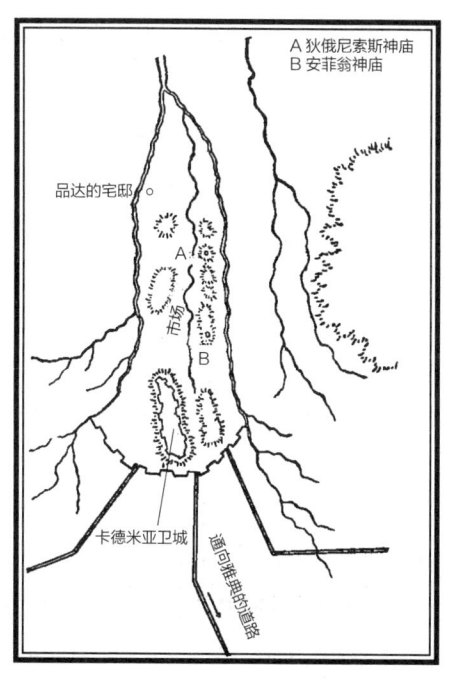

◎ 围攻底比斯示意图

佩狄卡斯在进攻第二道防线时身负重伤，但其手下却还是将敌军赶入了一条通向赫拉克勒斯神庙的甬道之中，并一直追击到了神庙脚下。不过在此处，底比斯人也重新集结了起来，并在绝望之中凭借一次反击逐退了马其顿的两个方阵步兵旅和轻步兵，[①]其中后者甚至还在指挥官被杀后混乱地冲到了预备队阵地上，而底比斯人也就紧追在后。亚历山大早已排成方阵队形，做好了迎击他们的准备，而底比斯人也已经因为先前的成功而发生了一些秩序混乱，

---

① 由于城内的空间狭小，方阵步兵旅是无法使用萨里沙长矛作战的，而只能使用短剑进行个人的白刃战。

171

因此很容易便被亚历山大逐回城内，而他自己也跟着攻了进去。与此同时，卡德米亚卫城内的守军对安菲翁（Amphion）神庙方向发动了突围。一支马其顿部队也从两翼扫清并占领了城墙。这样一来，卫城守军和亚历山大之间重新建立了联系。虽然底比斯人在市集和安菲翁神庙脚下仍尝试抵抗，但亚历山大很快就击败了少数留在原地等待马其顿人进攻的底比斯人。

底比斯骑兵逃离了城市，步兵们也在敌军攻击下一触即溃，虽然仍在英勇战斗，却被驱散成小股孤立部队做困兽之斗。大批底比斯人遭到屠杀。但按照寇蒂斯的说法，其中大部分人都是被玻俄提亚人、弗西亚人和普拉蒂亚人所杀的，其中玻俄提亚人更是一泄多年来受底比斯压迫之恨，马其顿人则并没有参与屠城。无论妇女、儿童，都没能逃过屠杀，哪怕是躲在自家宅院、神庙甚至祭坛中也不例外。马其顿人在当天的战斗中有500人阵亡，再加上受伤人数，其伤亡比达到了相对较高的17%。底比斯方面则有6000人阵亡，30000人被卖为奴隶，后者据说总共卖出了相当于535000美元[①]的价格，平均每人不到18美元。这对于当时奴隶市价而言要算是很有意思的统计，不过大批奴隶进入市场也可能导致了单价的下跌。后来亚历山大对自己在底比斯的残忍感到后悔，认定这一行为触怒了底比斯的保护神狄俄尼索斯，导致后者对他后来的功业总是心怀恶意。

亚历山大行动的迅速和猛烈让整个希腊都目瞪口呆，雅典立刻便不再对这位征服者进行任何抵抗。斯巴达也对曾在伊巴密浓达领导下于留克特拉、曼丁尼亚两战中击败自己的底比斯人居然被这位半神打得支离破碎而惊讶不已。在当时，人们认为底比斯已经被众神所抛弃，而亚历山大则成了奥林匹亚诸神的宠儿。

现在这位国王将底比斯方面的事务交给了常年与底比斯敌对的盟友处理。最终底比斯全城都被夷为平地，只有那些曾经支持腓力和亚历山大的人以及诗人品达的宅院得以幸免。马其顿部队重新进驻卡德米亚卫城，底比斯的土地则被马其顿盟友所瓜分。到公元前335年9月，这个曾孕育出伊巴密浓达的光

---

① 约合今日的535万美元。

辉城邦，已经凄惨地从世界上消失了。每当想起这位杰出的指挥官，我们便不禁为底比斯的命运而伤感。被底比斯摧毁的奥科美那斯（Orchomenus）和普拉蒂亚则得到了重建。

为援助底比斯人，雅典甚至已经派出部队前去支援，但在获悉其命运之后便立刻将他们召回了。曾同样反对马其顿的埃托利亚和埃里亚人现在也急忙派出使者恳求原谅。亚历山大宽大处理了这些城邦，不仅因为他急于对亚洲进行远征，也同样是因为他本性慷慨。另外，除天性如此以外，亚历山大也深知在惩罚过后施以仁慈是非常合算、有效的政治手段。雅典也同样派出使者来平息马其顿国王的愤怒。亚历山大一开始要求他们交出包括德摩斯梯尼在内9位曾猛烈抨击过马其顿的意见领袖，不过由于雅典人的求情，他也明智地同意放弃这一要求，只坚持要求将卡里德摩斯（Charidemus）流放。雅典人接受了这一惩罚，卡里德摩斯则前往波斯为大流士三世效力，但后来又被他的新主子所处死。到了当年秋天，亚历山大率军回到了马其顿。

在接下来直到亚历山大去世的十二年中，有关希腊本土的历史记载几乎是一片空白。这片英雄辈出的土地，逐渐沦为亚历山大东方大帝国的一块属地。内斗和不断爆发的反马其顿热潮成为希腊政治的全部内容。

综上所述，亚历山大在短短一年之后，不仅稳住了他的王位，而且也清除了蛮族邻人的威胁，平息了希腊同胞的叛乱，使自己得以安全地专心于亚洲问题，而这才是他一生所追求的事业。对于他的国王生涯而言，第一年无疑是非常成功的。在接下来的数周中，亚历山大又马不停蹄地投入到改组军队、整备战舰的工作之中。与此同时，他还要对自己所面临的巨大挑战进行研究，而这也是人类历史上最巨大的挑战——亚历山大军事生涯中最重要的部分才刚刚开始。

第十八章
出征亚洲（公元前334年）

在叙述亚历山大一生最重要的事业之前，我们必须先对两个极端理论进行说明。有一种观点认为，远征波斯不过是一种半疯狂的行径，亚历山大也不过是一个赌徒，其行动完全建立在暴躁性格以及对马其顿这个小国的绝对专制之上，他的成功也不过是源自匹夫之勇和众所周知的好运。另一种观点则认为这次远征建立在筹划已久的精密计划之上，亚历山大对自己所面对的地区、政府、资源、地理限制以及军事力量都有着深刻的了解，就好像是拿破仑入侵俄国之前所进行的大量研究一样。这两种观点都与事实相去甚远，但考虑到所谓"好运"只不过是亚历山大本人智慧、勇气、人格以及体能的一种体现，后一种观点无疑要更加合理一些。如果古代世界能够将亚历山大的想法和一举一动都记录在历史中，有亚里士多德做导师的亚历山大又何尝不能同样了解这个世界？

相对而言，我们并不是很清楚亚历山大掌握了多少有关波斯帝国的信息。小亚细亚早已遍布希腊人口，他们与波斯人也有频繁接触，因此亚历山大对波斯大王手中的这一部分国土肯定会比较熟悉。对于小亚细亚以远的地区，亚历山大可能便只能依靠色诺芬的《长征记》以及那本不可靠的《居鲁士的教育》做参考了。而那时的探险家，在信息方面也和现在一样不可靠。为波斯人效力的希腊佣兵对波斯也只是一知半解。亚历山大可能从没有读过克特西亚斯所著的波斯史。阿塔巴赞（Artabazus）和门侬两位名将曾在佩拉避难，他们可能提供了不少信息，波斯使者也可能会受到审问，以上这些途径被使用到了何种程度也难以说清。不过我们知道，亚历山大在所有战役中都有着细心收集情报的习惯。因此我们可以想象，尽管他本人也无法认清自己所面对的实际障碍和地理距离，但他还是在出发前便已经收集了远达幼发拉底河流域的一部分核心知识。而对于幼发拉底河以东的地区，则完全是一片空白，或只能凭借想象了。

不过亚历山大却具有一个过人的优点——他能够从一些片面的情报中总结出惊人准确的实事。另外，他对于一两件互不相关之事，也能准确判断出其价值所在。能够认清整体事实而不被部分情况所误导，不因细节拖累而阻碍了主要目标达成，对于一些隐晦征兆也能正确理解，在指挥艺术中没有什么比这些能力更有效用。亚历山大的所有战役都在一定程度上显示出了他的这种能力，因此我们也可以推测，即使他对于所有重要目标都缺乏细节方面的了解，但至少在远及巴比伦所在的幼发拉底河的范畴之内，他还是能够制订出大体的行动计划。

毫无疑问，亚历山大是被自己宏大的想象力带到了比幼发拉底河更远之地。所有的伟大统帅都拥有充足的想象力，或者至少也拥有足够的热情，而这些将领也都能将自己的想象力控制在合理范围内。在这方面，亚历山大也同样出色。我们知道腓力对入侵亚洲酝酿已久，而亚历山大正是在这一计划的熏陶中长大成人。所有事实都显示出，马其顿已经坚持不懈地为这一计划进行了长达数年的准备工作。很少有什么文物能够比当时的铸币更能揭示事实真相——早在亚历山大远征之前数年，我们就已经能够从腓力统治时期的马其顿和一些小亚细亚城市所铸钱币中看到这对父子的征服意图了。

到此时为止，马其顿所秉承的政策并不需要希腊为自己提供一支舰队。假使拥有希腊本可以提供的舰队支援，亚历山大便能够控制爱琴海，并将未来战役建立在一个更安全的基础上。不过此时再做准备已经为时已晚，亚历山大只能单纯依靠陆军了。虽然当时的舰队能够比今日更迅速地建造出来并做好战斗准备，但如果亚历山大想要准备出一支足够规模的舰队，也还是需要将远征推迟数月之久。亚历山大在任何情况下都是一个不耐烦的人，而且他也很有可能并未充分认识到海权的价值所在。虽然他有着能够从过往中迅速总结经验教训的能力，甚至也经常在事件发生之前就预见到危险，但此时其头脑中可能还没有认识到一支舰队所能带来的优势，因为此前他所经历的战事全都发生在陆地上。在远征开始时，亚历山大手中只有160艘三列桨战舰。

为确保马其顿本土安全，亚历山大也做了明智的准备。绝大部分盟邦的首领都会随国王一同出征，其领地也大多将交由公民领袖来管理，以确保这些地区的行为检点。安提帕特留在国内担任摄政，亚历山大也为他留下了一支足以令人畏惧的部队。安提帕特和帕尔梅尼奥曾劝说亚历山大在出发之前应首先结婚，生下子嗣之后再行出征。①亚历山大并不想让波斯人获得充足的准备时间，因此拒绝了这一建议。难道他要坐等波斯大王派出一支舰队来到马其顿海岸，又或是率领大军越过托罗斯山脉（Taurus）抵挡马其顿入侵？如果亚历山大尚希望将小亚细亚作为行动基地，那他便不能耽误任何时间，而必须在敌军将其固守住之前便将其占领。被波斯人倚重的腓尼基和塞浦路斯（Cyprus）拥有当时最好的水手，一声令下便可集结超过400艘战舰，即使整个希腊相加也无法与之相比。波斯陆军同样不计其数，假以时日便会将整个小亚细亚淹没。到了那时，亚历山大又如何才能展开他的战役呢？他必须在道路被挡住之前便将计划付诸实施。

亚历山大自己也已经做好长期，甚至永久离开本土的准备，并将自己所有的财产都送给了亲友以帮助他们负担昂贵装备所需的费用，他给自己所留下的，正是如他所笑言的"希望"。亚历山大的以身作则将所有伙伴骑兵的热情带到了最高点，甚至他们中也有不少出身富庶者效仿国王。这些轶事可能只是史学家们的夸大其辞，但也足以显示从亚历山大本人的热情之中，可以诞生出何等伟大的精神影响力。

为建立手中的完美军队，腓力在遇刺时总计有500台仑的债务。而到了亚

---

① 这一点足以证明此二人对腓力和亚历山大的忠诚，因为亚历山大无子的情况原本是他们夺取王位的最好机会。

历山大从马其顿出发时，他又给这笔欠款增加了800台仑，而手中可用的现金则只剩下了60台仑——他确实需要"希望"。

与此相对，波斯帝国已经江河日下，其过分膨胀的疆域早已顽疾缠身，存在着诸多足以导致帝国覆灭的问题。波斯长久以来之所以仍能抵挡住希腊人的入侵意图，所依靠的只有黄金。通过聪明地为不同城邦提供资金，使他们不断互相争斗，避免了希腊城邦联起手来入侵波斯。可是当马其顿统治崛起之后，波斯人的怯懦政策便失去了效用，只能等待入侵者破门而入了。

如前所述，大流士已经派遣罗德岛人门侬前往小亚细亚对抗帕尔梅尼奥和阿塔拉斯，后二者之前也曾在密细亚（Mysia）进行了一次并无太多结果的战役。在那之后，阿塔拉斯被亚历山大以叛国罪名处死，其所辖部队则在短暂犹豫之后重新效忠国王，并加入了忠心不二的帕尔梅尼奥指挥下。虽然这支先头部队的战役并没有什么成果，但对于开辟并守住桥头堡、掩护亚历山大渡过海峡却至关重要。门侬是一位出色的战士，很奇怪他为何没有将马其顿军队逐出小亚细亚，尤其是在多瑙河和佩利乌姆战役前帕尔梅尼奥被召回马其顿的情况下。其原因可能在于波斯各总督嫉妒一切执掌大权的希腊人，导致门侬无法获得足够的资源来展开积极行动。所有这些情况对亚历山大而言都可以说非常幸运。如果门侬能够放开手脚大干一场，很可能会挽回波斯方面的颓势。

在亚历山大入侵不久之前，波斯人刚刚重占埃及和腓尼基，其主要依靠的力量便是罗德岛人门托耳（Mentor）的希腊佣兵。在那之后，门托耳成了赫勒斯滂海峡（Hellespont）附近地区的波斯军队总指挥，弟弟门侬和义兄阿塔巴赞也在其手下效力。在门托耳死后，门侬接过了兄长的职务。在此期间，阿尔塔薛西斯三世这一脉的整支皇族都为宦官巴高斯（Bagoas）所囚禁，而阿尔塔薛西斯二世的后裔大流士三世被扶上了王位。在腓力遇刺时掌管了波斯大权的大流士三世，曾一度幻想年纪轻轻的亚历山大根本无法遂行入侵亚洲的计划，因此放松了戒备，认定只要继续在反马其顿的希腊城邦中播撒黄金，便足以将他困在本土。从希腊获悉了更多情报的门侬明智地建议国王加强备战，但后者却并没有听从其劝告。大流士三世所具备的能力，也许可以使他在更为和平宽松的环境下成为开明、公正的君主。但与亚历山大压倒性的军事生涯相比，这位国王却显得愚笨且死气沉沉，根本无力抵挡亚历山大锐不可当的前进步伐。

第十八章 出征亚洲（公元前334年）

波斯帝国此时已经成为一盘散沙，不少省区的总督对国王根本没有忠诚可言，因此他们也不会反对任何新征服者。波斯虽然在名义上是统一的帝国，实际上却已经分裂成一系列自给自足的小型王国了。毫无疑问，亚历山大对波斯西部的政治和地理情况，也像他对当时的战争艺术一样了解。相邻总督之间的嫉妒和争斗使他们几乎发生内战。亚历山大只要能够利用这种局面，便可以轻松地敲开波斯帝国大门，而这也正是他想要做的事情。亚历山大手中的军队不仅对这位年轻指挥官忠心耿耿，而且更渴望从波斯最富庶的省区中得到战利品，亚历山大也愿意将这些财富中的大部分都分给士兵们。到了后来，作为对勇敢和艰辛的报酬，马其顿的将军们变得比王公贵族更加富有，甚至连普通士兵所得到的赏金，相比他们在国内的财产也显得无法计数。

在完成了稳定国内统治和对外征战的准备工作之后，亚历山大终于感到自己可以安全离开马其顿了。这场对波斯的远征，在名义上是要将所有亚洲的希腊殖民地从波斯统治下解放出来。这也使远征本身在希腊受到强烈支持，希腊人也为亚历山大提供了7000名同盟军和5000名佣兵的支援，只有一部分阴谋分子仍在秘密反对马其顿。由于亚历山大自称出身于阿喀琉斯血脉，他也号称自己有权领导这次远征。在从征讨底比斯的战役结束返回马其顿之后，整个冬天他都奔忙于准备远征，其间也交替以献祭和运动会向诸神致敬。至于其手下最重要的两员副将，亚历山大计划让帕尔梅尼奥追随自己前往亚洲而将安提帕特留在本土。尽管他的母亲对安提帕特并不满意，但在亚历山大看来，他是唯一一个能在自己长期征战期间，明智稳健地处理政务的人选。

公元前334年早春，在给安提帕特留下12000名步兵和1500名骑兵来镇守希腊、抵挡波斯舰队并防止他人篡夺马其顿王位、镇压不满势力，同时也将安提帕特的三个儿子带在身边以确保其忠诚之后，亚历山大开始向赫勒斯滂海峡进发了。此时他手中拥有大约30000名步兵和5000名骑兵，对于他们所面对的波斯大军，以及他们即将用一场入侵来改变世界历史轨迹的命运而言，这无疑是一支小部队。而亚历山大营帐中，也只剩下很少一部分他所能借来的现金。

亚历山大所要入侵的，正是在薛西斯、居鲁士手中拥有无尽资源和财富，以及遍布勇猛能干之士，但如今却已经彻底腐化的土地。波斯国土虽然要比亚历山大手中的土地大30倍，却有着缺乏凝聚力的致命弱点。只要不遭受失败，亚历山大每在一处获得胜利，就能夺取那片土地的控制权。亚历山大对于这一情况心知肚明，而且也决心利用这种对自己十分有利的情况。另外，他还计划在途经的土地上就地取食，并用当地财富犒赏手下将士以及那些自愿加入己方的大流士仆从。

以下是亚历山大军队的组织结构：

1.骑兵（5200人）

重骑兵（3400人）：

马其顿伙伴骑兵（费罗塔斯）：8个中队，每中队150至300人，计1800人；

声望仅次于前者的色萨利骑兵（卡拉斯）：8个中队，计1200人；

希腊辅助骑兵（腓力）：8个中队，计400人。

轻骑兵（1800人）：

马其顿枪骑兵、先锋战士（阿明塔斯）：4个中队，计600人；

配奥尼亚轻骑兵（阿里斯托）：4个中队，计600人；

欧德利西亚轻骑兵（阿伽托）：8个中队，计600人。

2.步兵（30000人）

方阵步兵（19000人）：

6个马其顿方阵步兵旅：每个旅由6个250人的营或3个500人的团组成，6个旅长分别为佩狄卡斯、寇纳斯、阿明塔斯、梅利埃格、腓力（后由波利伯孔接替）、克拉特鲁斯，计9000人；

希腊辅助方阵步兵（安提柯）：6个旅，计4000人；

希腊雇佣方阵步兵（梅纳德拉斯）：6个旅，计6000人。

轻盾兵（9000人）：

马其顿持盾兵（尼卡诺尔）：5个营，计3000人（持盾兵可能应被划为方阵步兵）；

希腊辅助轻盾兵（指挥官不明）：5个营，计1000人；

希腊雇佣轻盾兵（指挥官不明）：5个营，计1000人；

色雷斯标枪兵（指挥官不明）：4个营，计4000人。

轻步兵（2000人）：

马其顿弓箭手（克利尔库斯兼任）：500人；

克里特弓箭手（克利尔库斯兼任）：500人；

阿吉里亚标枪兵（阿塔罗斯）：1000人。

总计：

步兵30000人，骑兵5200人，全军35200人。

必须注意的是，这些部队的实际比例和组织细节可能与上表中所列者并不相同。事实上，没有任何一支作战部队会严格符合其理论编制。亚历山大也不过只是在留下足够保证马其顿安全的部队之后，将国内其余所有兵力都编组起来带去参加远征了而已。

史料中并没有提及亚历山大的炮兵指挥官。毫无疑问，攻城器械需要专门训练的士兵来操作，但显然他们在当时并不被视作军队组织的一部分。对炮兵指挥官的忽视也同样出现在中世纪。

上表中所列出者为各部队的首任指挥官，但这些指挥岗位在战争中也会出现很多变化。如后面的指挥官列表中所示，后来在战争中总共有14位其他军官曾作为方阵步兵旅长而被史料所记载。其余部队的指挥官也会经常更换，而在吸纳了大量东方部队之后，全军人数在进入印度时也增加到了14万人。

马其顿人、希腊人以及盟邦军队通常都会尽量按照兵源地区编组在一起，以使他们能够孕育出一种团队精神，并促使各团队之间竞争。我们无法确定色雷斯人、阿吉里亚人、欧德利西亚人和配奥尼亚人完全都以盟军身份参战，还是他们中也有部分人员以佣兵身份参战。二者区别在于，一旦出现战事，同盟军便要在马其顿人召唤之下投入战斗，而佣兵则只在双方约定好的时间范围内服役。这些部落的贵族必须无条件为主君效力，正规部队通常也会服役很长时间。希腊辅助部队和佣兵在战争中通常都会与马其顿士兵混编在一起，方阵步兵的行长和营长通常也是马其顿人和希腊人各半。

至于亚历山大军队中行李纵列的规模，我们只能靠猜测来做一估计。炮兵（准确来说应称之为抛射武器）需要马匹，虽然其所需的马匹数量不会像今天的炮兵那么多，但如木梁等沉重部件还是需要驮兽来负担，而其使用的大型箭矢则不需要运输，只需就地取材即可制成。可即使军队所需的弹药很容易获取，口粮和草料还是需要运输的。腓力曾下令将骑兵的随军奴隶减少到一人，此人可能也会乘马，这就意味着，如果这名奴隶想要为主人和自己的马携带草料，就必须还要再有一匹驮马。单是这些，就已经使骑兵部队中的马匹数量达到了骑兵人数的三倍。在某一时刻，方阵步兵在严令下只削减到每十人仅有一名奴隶，可能还有一匹驮马。此外，指挥部也一定需要相当数量的驮兽。总体而言，马其顿军队的行李纵列绝不可能比我们现在更小太多，尤其是在考虑到他们还允许士兵随军携带战利品和女人的情况下。

以下是亚历山大手下值得提及的军官，总数为68人。一些部队的指挥官经常出现变更，有些部队则常年都由一人领导。由于各种史料互相矛盾，我们不可能列出一份完全准确的将领职务名单，只能尽可能精确地列出下表[1]：

1. 帕尔梅尼奥，国王手下的全军司令，通常指挥军队左翼，而亚历山大本人指挥右翼。

（以下第2至第9位八人曾相继担任亚历山大的侍从副官[2]，深受国王信任，只要不被派出指挥部队，就总会伴随国王左右。他们相当于军队中的将官、参谋或副官以及国王本人的近侍。以下为阿里安记录下的各位侍从副官，另外一些史学家也曾提及另外两到三人。）

2. 赫费斯提翁（Hephaestion），国王的密友，阿明塔斯之子，生于佩拉。

3. 列昂纳托（Leonnatus），安帖斯（Anteas）之子，生于佩拉。

4. 利西马科斯，阿伽托克利斯（Agathocles）之子，生于佩拉。

5. 佩狄卡斯，欧戎提斯之子，生于奥勒提斯（Orestis），也负责指挥一个方阵步兵旅。

6. 阿里斯托纳斯（Aristonus），皮萨乌斯（Pisaeus）之子，生于佩拉。

---

[1] 这一列表中所列出的将领和相应职务仅代表这些人所担任过的职务，而非所有这些将领都是在同一时刻担任对应职务。

[2] 最多时，同时有七人担任这一职务。

7. 托勒密（Ptolemy），拉古斯（Lagus）之子，生于欧耳代亚，他接替了德米特里厄斯。

8. 培松（Peithon），克拉提亚斯（Crateas）之子，生于欧耳代亚。

9. 朴塞斯塔斯（Peucestas），公元前325年在卡尔马尼亚（Carmania）被任命为侍从副官。

10. 费罗塔斯，帕尔梅尼奥之子，指挥伙伴骑兵。

11. 尼卡诺尔，帕尔梅尼奥之子，指挥持盾兵。

12. "黑人"克雷塔斯，德罗皮达斯（Dropidas）之子，指挥近卫骑兵。

13. 格劳西阿斯，指挥一个伙伴骑兵中队。

14. 阿里斯托，指挥一个伙伴骑兵中队。

15. 索坡利斯，指挥一个伙伴骑兵中队。

16. 赫拉克利德斯，指挥一个伙伴骑兵中队。

17. 德米特里厄斯，指挥一个伙伴骑兵中队。

18. 梅利埃格，指挥一个伙伴骑兵中队。

19. 赫格罗卡斯，指挥一个伙伴骑兵中队。

20. 寇纳斯，帕尔梅尼奥的女婿，指挥一个方阵步兵旅，后来又负责指挥近卫骑兵。

21. 阿明塔斯，安德罗米尼斯（Andromenes）之子，指挥一个方阵步兵旅。

22. 梅利埃格（第二位），指挥一个方阵步兵旅。

23. 腓力，阿明塔斯之子，指挥一个方阵步兵旅。

24. 克拉特鲁斯（Craterus），指挥一个方阵步兵旅。

25. 波利伯孔（Polysperchon），接替托勒密和克拉特鲁斯成为方阵步兵旅长。①

26. 卡拉斯，哈帕拉斯之子，指挥色萨利骑兵。

27. 腓力（第二位），米内劳斯之子，指挥希腊骑兵。

28. 腓力（第三位），马卡塔斯之子，指挥一个步兵旅。

---

① 作者在这里可能有所混淆，因为在上一个列表中，作者刚刚将波利伯孔列为腓力的接替者，而在这里又将其列为克拉特鲁斯或者托勒密的接替者。

29. 西塔西斯（Sitaleces），指挥色雷斯标枪兵。

30. 克利尔库斯，指挥马其顿和克里特弓箭手，后来又负责指挥希腊辅助部队。

31. 克林德（Cleander），接替克利尔库斯指挥马其顿和克里特弓箭手。

32. 安提约古斯（Antiochus），接替克林德指挥马其顿和克里特弓箭手。

33. 欧布里昂（Ombrion），接替安提约古斯指挥马其顿和克里特弓箭手。

34. 安提约古斯（第二位），指挥一个步兵旅。

35. 阿塔拉斯，指挥阿吉里亚人，后指挥一个步兵旅。

36. 阿德米塔斯（Admetus），在泰尔围攻战期间临时指挥持盾兵。

37. 阿明塔斯（第二位），林卡斯人阿拉皮阿斯（Arrhabaeus）之子，指挥马其顿枪骑兵。

38. 阿明塔斯（第三位），指挥一个步兵旅。

39. 阿里斯托（第二位），指挥配奥尼亚轻骑兵。

40. 阿伽托，帕尔梅尼奥的兄弟，指挥欧德利西亚轻骑兵。

41. 安提柯，腓力之子，马其顿人，指挥希腊辅助方阵步兵。

42. 巴拉克鲁斯（Balacrus），阿明塔斯之子，安提柯的副手，指挥希腊辅助方阵步兵。

43. 巴拉克鲁斯（第二位），尼卡诺尔之子，史料中有时认为他也是一位侍从副官。

44. 梅纳德拉斯（Menandrus），尼卡诺尔之子，指挥希腊雇佣方阵步兵。

45. 塞琉古，皇家卫队指挥官。

46. 托勒密（第二位），塞琉古之子，指挥一个步兵旅。

47. 西塔西斯，指挥色雷斯人。①

48. 托勒密（第三位），腓力之子，曾临时指挥过一个伙伴骑兵中队。

49. 费罗塔斯（第二位），指挥一个步兵旅。

50. 卡拉纳斯（Calanus），接替巴拉克鲁斯指挥希腊辅助部队。

---

① 此处与第29条似乎重复，也可能是同名指挥官或上一位西塔西斯的亲戚接任了这一职务。

51. 阿西塔斯（Alcestas），指挥一个步兵旅。

52. 托勒密（第四位），指挥一个步兵旅。

53. 格尔吉阿斯（Gorgias），指挥一个步兵旅。

54. 阿里斯托布拉斯（Aristobulus），一位低级军官，曾撰写了一部关于亚历山大的历史。

55. "白人"克雷塔斯，指挥一个方阵步兵旅。

56. 培松（第二位），索索克勒斯（Sosocles）之子，步兵军官。

57. 培松（第三位），阿格诺尔（Agenor）之子，指挥一个步兵旅。

58. 涅俄普托勒摩斯，指挥一个步兵旅。

59. 安提贞尼斯（Antigenes），指挥一个步兵旅。

60. 卡桑德（Cassander），指挥一个步兵旅。

61. 林卡斯人亚历山大，埃罗普斯（Aeropus）之子，卡拉斯的副官，指挥色萨利骑兵。

62. 埃瑞吉亚斯，希腊同盟骑兵指挥官。

63. 西米阿斯（Simmias），指挥一个步兵旅。

64. 阿塔巴赞，原大流士的希腊佣兵指挥官，后效力于亚历山大。

65. 尼阿卡斯，早年是一位步兵军官，后来却成为杰出的舰队司令。

66. 欧迈尼斯（Eumenes），书记官。

67. 迪阿迭斯（Diades），工程师。

68. 拉俄墨冬，宪兵司令。

以上这些将领们在所有亚历山大的战役中都会被经常提及，其他军官则远没有这些人那么重要。这些将领通常都会保持在同一指挥岗位上，只有受伤、死亡、晋升、派去执行其他任务或因失职受罚时才会发生变化。

作为这些将军的首领，国王亚历山大是一位前所未有的优秀统帅，而他本人在任何方面都是全军的表率和领袖，同时他也是全军中最为努力、最不知疲倦、最有活力、最勇敢、最杰出的一员。他的成就以及工作的方式，均被副将们所竞相模仿，而他们也因此而被抬高到了一个难以企及的高度。亚历山大从不要求他人"冲上去！"而总是以身作则要求士兵们"跟上来！"在面对最

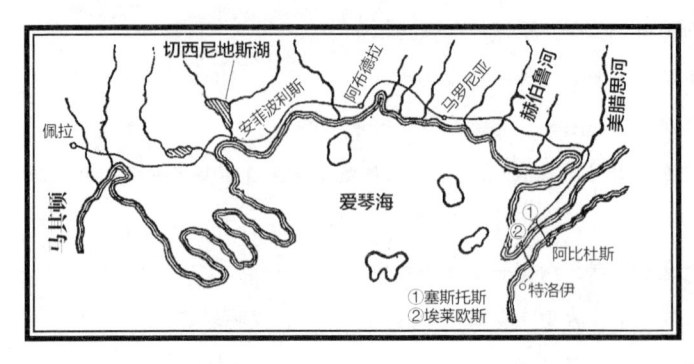

◎ 从佩拉前往小亚细亚的行军示意图

艰巨的任务时，他总会亲力亲为；面对最致命的危险时，他也总是第一个冲上前去。尽管亚历山大拥有更好的盔甲，但他身上的伤痕却要比手下最鲁莽的勇士还要更多。他的勇气、体力、使用武器的技艺以及耐力也令他人无法望其项背。从投掷阿吉里亚标枪到调动方阵行动，从指挥重步兵进行长矛操练到率领全军进行会战，亚历山大在一切军事技能上都出类拔萃。他的一言一行之所以为全军所信服，绝非因其出身王室，而是因为他伟大的头脑、心灵以及能量。

亚历山大前往亚洲的道路位于爱琴海岸与切西尼地斯湖（Cercinitis）之间，经由安菲波利斯、阿布德拉（Abdera）以及马罗尼亚（Maroneia），之后跨过赫伯鲁河（Hebrus）和美腊思河（Melas）南下，最终抵达距离佩拉大约350公里的塞斯托斯（Sestos）。总计耗费20天，行军十分迅速。据说舰队全程都沿着海岸伴随陆军，并在每天夜间上岸与后者会合。这也是陆军与舰队目的地相同时的惯常做法。

帕尔梅尼奥受命将绝大部分骑兵和步兵从塞斯托斯运到阿比杜斯（Abydos）。为此亚历山大将160艘战舰和集结在赫勒斯滂的大批商船都交给了他。由于没有受到任何波斯部队或门侬手中的希腊佣兵阻挡，这一运输工作得以轻松完成。亚历山大本人据说只带领持盾兵和伙伴骑兵等少部分军队，在埃莱欧斯（Elaeus）向普罗忒西劳斯（Protesilaus）这位首个登上特洛伊海岸的希腊人陵寝献祭后，亲自掌舵从那里起航，并在距离埃阿斯、阿喀琉斯和普特洛克勒斯（Patroclus）不远的西基昂角（Cape Sigeum）登陆。在于航行过程中向波塞冬（Poseidon）和涅瑞伊得斯（Nereids）献祭之后，亚历山大从船头向亚洲投掷出一支长矛，作为征服波斯意图的象征，并第一个全副武装踏上了海岸。

在那之后，亚历山大又率领着这支精兵前去凭吊特洛伊的遗址，在那里向众神和普里阿摩斯（Priam）献祭。亚历山大还特别亲自向阿喀琉斯献祭，而他的密友赫菲斯提翁也为阿喀琉斯的密友普特洛克勒斯（Patroclus）献上祭酒。从伊里乌姆（Ilium）高地上的雅典娜神庙中，亚历山大带走了据称为荷马笔下英雄所佩戴过的武器和盔甲，然后又把自己的全副盔甲献给了神庙。从此时起，这些神圣武器便由一位特别挑选的勇士负责携带，战斗时紧随亚历山大。所有这些纷繁的仪式都依照希腊风俗进行，而且也非常符合亚历山大多少有些迷信的性格。为纪念亚历山大登陆亚洲的地点，那里建起了祭坛和纪念碑，而一座名为新特洛伊的城市也被建立起来。

通过这些行动，我们能够看到亚历山大性格的缩影。与其说他是一个普通的人，倒不如说他更像一个荷马式的英雄。他爱恨分明，既有常识又略显迷信，慷慨却又狂躁易怒，无异于一位现世的阿喀琉斯。不过除了英雄气概以外，亚历山大还蕴藏着希腊民族的全部智慧，二者相加，最终使他成为世界前所未见的最伟大战士。

在这里，亚历山大还对军队进行了一次检阅，按照狄奥多拉斯的记载，其军队组成如下：

步兵（30000人）：

马其顿方阵步兵，计12000人；

同盟重步兵7000人、雇佣重步兵5000人，计12000人；

色雷斯人和伊利里亚人，计5000人；

阿吉里亚标枪兵和弓箭手，计1000人。

骑兵（4500人）：

马其顿重骑兵（费罗塔斯），计1500人；

色萨利重骑兵（卡拉斯），计1500人；

希腊雇佣骑兵（埃瑞吉亚斯），计600人；

色雷斯和配奥尼亚轻骑兵（卡桑德），计900人。

总计：34500人。

除少数指挥官职务以外,这一数字与前文给出的数字相差不大。在这些兵力以外,还要再加上早已进入小亚细亚的帕尔梅尼奥残部5000人。不过随着亚历山大在小亚细亚各地派驻了越来越多的驻防部队,其手中实际可用的作战部队也迅速减少了。

第十九章
格拉尼卡斯会战（公元前334年5月）

亚历山大在阿利斯贝（Arisbe）与军队会合，第二天便开始向佩柯提（Percote）前进。由于发现艾达山（Mount Ida）的关口已被敌军占领，而波斯陆军也已经集中在了扎雷亚（Zeleia）平原上，因此亚历山大转而向北沿着海岸行军，以此来绕过艾达山口的阵地，并寻找和敌军进行会战的机会。在此过程中，他专门下令禁止士兵蹂躏途经的土地或伤害当地人民。越过兰萨库斯（Lampsacus）之后，亚历山大派出了一支由1个伙伴骑兵中队和4个枪骑兵中队组成的侦察部队，由林卡斯人阿明塔斯指挥，同时又派遣帕内古拉斯（Panegorus）率领另一支伙伴骑兵去占领位于格拉尼卡斯河（Granicus）入海口、控制着格拉尼卡斯河流域整个平原的小镇普里阿普斯（Priapus），这个小镇随即向马其顿人投降。

波斯舰队近在咫尺，控制着爱琴海。波斯陆军也位于格拉尼卡斯河对面的平原上，其中包括20000名波斯、巴克特里亚、米底、赫卡尼亚（Hyrcania）、帕弗拉戈尼亚（Paphlagonia）骑兵，以及与之数量相差不多的希腊佣兵。而狄奥多拉斯给出的10万步兵、10000骑兵的数字无疑是不准确的。不过只要部署得当，这支部队的数量也已经足够了。

波斯人此时正由吕底亚、爱奥尼亚总督斯皮瑞达提斯（Spithridates）以

• 亚历山大战史

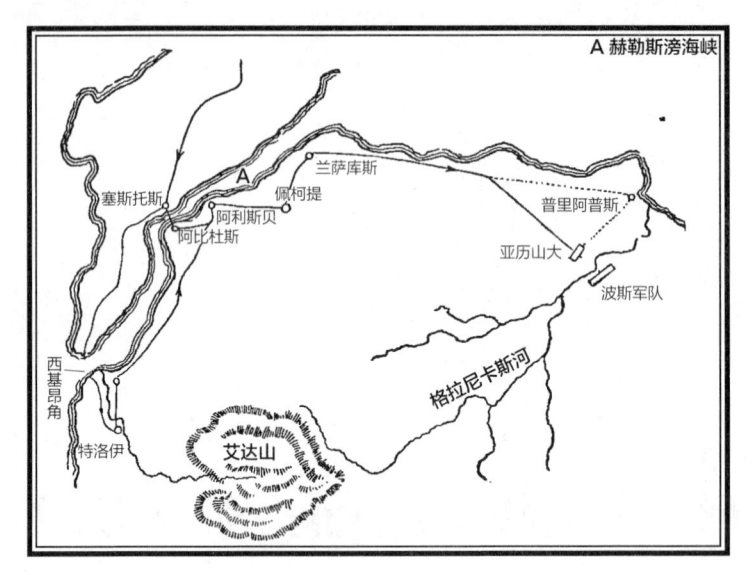

◎ 进军格拉尼卡斯河示意图

及赫勒斯滂-弗里吉亚地区（Hellespont-Phrygia）总督阿西提斯（Arsites）共同指挥，同时军中也还有不少贵族和英勇的首领，其中包括波斯人奥马里斯（Omares）、卡帕多西亚骑兵指挥官米特罗布赞斯（Mithrobarzanes）、阿萨米斯（Arsames）、罗米色瑞斯（Rheomithres）、佩提尼斯（Petines）、尼发提斯（Niphates）、大弗里吉亚（Greater Phrygia）总督阿提耶斯（Atizyes）以及不少皇亲贵族。另外希腊佣兵则属于门侬麾下一部。这支部队兵员精良、将领出色，即使不能阻止住马其顿陆军，也足以拖延其行动，并对其声望造成打击。

虽然门侬在军队中的指挥级别不高，但还是明智地建议波斯将军们应避免与亚历山大进行决定性会战，主动撤退并切断亚历山大的供给，如果有必要，就焚烧农田作物、村庄，将小亚细亚西部变为一片赤地。之所以如此，是因为门侬始终保持着清醒的认识，知道己方拥有无限资源，也知道亚历山大在给养和资金方面都非常缺乏。另外，门侬还提出由他本人率领一支地面部队前往马其顿，并由已经集结好的舰队加以支援。但这个绝妙的建议却被波斯将领

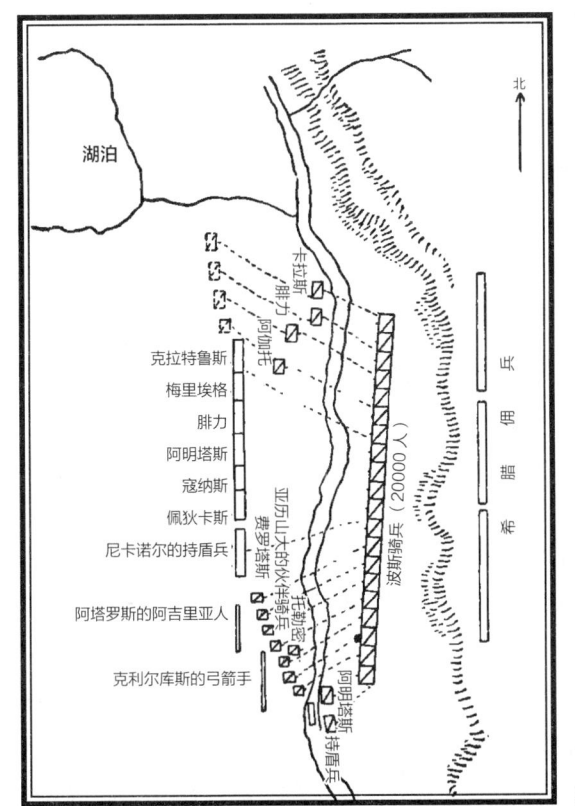

第十九章　格拉尼卡斯会战（公元前334年5月）

◎ 格拉尼卡斯会战示意图

们拒绝了，他们对门侬满是嫉妒和怀疑，不仅因为后者是一个希腊人，而且也因为他深受波斯大王信任。这些将军们自恃勇敢，认为仅凭勇气便足以压倒入侵者。阿西提斯更是宣称绝不允许在自己的省区中烧毁一栋房屋，而门侬的建议遭拒也使亚历山大受益匪浅。在商议过后，波斯将领们决定立刻与亚历山大进行会战，并率军前进到了格拉尼卡斯一线，以阻止对方渡河。

在获悉波斯军队已经抵达附近之后，总是直向目标挺进的亚历山大将重步兵依照左右两翼分为两个纵队，马其顿骑兵位于右翼，色萨利和希腊骑兵位于左翼，行李纵列和大部分轻装部队则位于重装部队后方。赫格罗卡斯率领着枪骑兵和大约500名轻步兵组成前卫。从格拉尼卡斯河方向不断有侦察兵骑马回来，报告说波斯人已经在对岸占据了阵地，并排成了战斗序列。

格拉尼卡斯河有多处可供部队涉渡过河，但在其他地方水流又深又快，河对岸也十分陡峭，一支军队很难在有敌军阻挡的情况下渡河。由于渡河时部队必须排成纵队来对抗水流，其面对敌军的正面十分狭窄，侧面也很容易遭到波斯骑兵攻击。由于此时白昼即将过去，帕尔梅尼奥便建议军队先宿营过夜，希望对方会在看到马其顿大军的数量后主动撤退，并借此来避免首战即受挫败（在此时的情况下也绝非不可能），以致影响军队士气。不过亚历山大却更加相信勇敢进攻对士气的激励作用，而且在侦察之后，他也已经确定对方部署失当，因此决定立刻渡河。亚历山大坚信自己能够强渡过河，甚至不愿为此使用诡计诱惑对方。他希望通过这种行动给波斯人留下一种印象：即使是如此的天险，也不会让亚历山大暂停一步。以免波斯人鼓起勇气来阻挡马其顿人。亚历山大在战术、战略层面的勇敢，绝不亚于个人层面上的大胆。在他这第一次大会战中，即使已经大胆到接近有勇无谋，却仍然很难说这一决定不比谨慎行动更合理。

波斯首领们将骑兵部署在了河岸上，虽然波斯骑兵在数代人以来都被视作最好的攻击部队，但使用长矛的希腊雇佣步兵无疑要远比他们更适于防御河流。不过由于波斯人对门侬的嫉妒，希腊佣兵被部署在了骑兵后方。在这里他们根本派不上任何用场，只能作为战事的旁观者。抵达河岸后，马其顿纵队向左右展开成横队，帕尔梅尼奥负责指挥左翼，亚历山大本人则指挥右翼。整支军队并没有一个独立的中央部分。

从右侧起，马其顿最外侧的部队是费罗塔斯的伙伴骑兵，他们拥有弓箭手和阿吉里亚标枪手支援。按照某种惯例，脾力之子托勒密在当天身负率领重骑兵前卫的荣誉，也就是阿里安所说的苏格拉底（Socrates）中队。在其左侧则是阿明塔斯所率领的枪骑兵和配奥尼亚轻骑兵，由一个营的持盾兵为其提供稳定性，他们都被部署在右翼前方。亚历山大本人率领着其余伙伴骑兵位于托勒密后方，尼卡诺尔也率领着其余持盾兵部署在重骑兵左侧，接下来则分别是佩狄卡斯、寇纳斯、阿明塔斯（指挥步兵的一位）以及阿明塔斯之子脾力的方阵步兵旅。

亚历山大计划利用阿明塔斯的轻装部队来吸引波斯左翼的注意力，并由

第十九章 格拉尼卡斯会战（公元前334年5月）

托勒密的重骑兵中队紧随其后。而他自己率领的7个伙伴骑兵中队则将在左侧方阵的支援下带领整个右翼给予敌军沉重打击。马其顿右翼将因这一行动形成斜形序列，其中较为靠左的部分拖后。帕尔梅尼奥指挥的左翼在必要时可独立行动。在这一侧，从左算起分别为卡拉斯的色萨利骑兵、米内劳斯之子腓力的希腊同盟骑兵、阿伽托的色萨利骑兵以及克拉特鲁斯、梅利埃格的方阵步兵旅，其中后者与右翼的腓力方阵旅相连。攻城武器也被部署在这一翼后方向对岸投射矢石，以此来支援帕尔梅尼奥同样以斜形序列对波斯右翼发动的攻势。史料中并没有提及这些武器发挥了什么作用，不过对于河对岸的白刃战而言，抛射武器对敌我双方会造成同等危险。在格拉尼卡斯会战中，新鲜的并非其效果，而是使用本身，因为在亚历山大之前，所有这些攻城武器的使用都还局限于围攻战。

波斯人在骑兵方面是亚历山大的四倍，但根本没有使用自己的步兵。整场会战胜负完全由双方骑兵的行动决定，方阵则只是在胜负已定之后才发挥了作用。波斯骑兵以方阵序列沿河岸部署，步兵则如上所述被置于后方从河岸开始逐渐隆起的高地上。这是一个致命错误。手持突刺长矛的重步兵特别适于抵御渡河行动，骑兵则应该在马其顿人渡河后秩序发生混乱之后再对他们发动进攻。波斯人的部署则完全颠倒了，因为英勇的波斯首领们希望能够亲自作为骑兵指挥官，带领手下亲信，首先投入最激烈的战斗之中。门侬带着自己的儿子们与阿萨米斯一同位于骑兵大军的最左侧，其右面紧接着米底和巴克特里亚骑兵，阿西提斯和斯皮瑞达提斯指挥下的弗里吉亚、帕弗拉戈尼亚、赫卡尼亚、吕底亚骑兵位于中央，罗米色瑞斯则位于右翼。超过40名波斯高阶贵族甚至王公参加了会战。

波斯人在看到马其顿军的阵容之后，从头盔上引人注目的两根白色羽毛、光鲜的武器盔甲以及指挥动作中认出了亚历山大，立刻便将大量精锐骑兵集中在了左翼，面对着亚历山大所在的马其顿右翼，而这一翼马其顿军也恰好因为地形原因更为突前。当亚历山大开始整理队形时，波斯人也同样开始整理队形。整理完毕之后，在一小段时间里，两军就只是安静地互相面对着。波斯人坐等着在马其顿人渡河时发动进攻，亚历山大也在确保每个旅都能各就各位。为此，他骑马沿着战线巡视，并鼓励全军拿出勇气。在那之后，他命令指

・亚历山大战史

挥骑兵的那位阿明塔斯率领枪骑兵、配奥尼亚骑兵和持盾兵前进,托勒密也就紧跟在他们后面。士兵们开始高唱战歌,吹响军号,并高喊着荷马史诗中战神的名字:"音尼阿利阿(Enyalius)!"进攻也随着这种真正的马其顿式锐气开始了,士兵们满怀着从先前许多胜利中积累而来的信心踏入河流。只不过他们先前从未遇到过像波斯骑兵这样出色的对手。

亚历山大将直属部队的右翼依靠着托勒密,左翼则倚靠着方阵。由于以右翼顶点领导进攻,整个右翼也如先前所说的那样形成了斜形序列。之所以如此行动,一部分原因在于河流渡口限制,但也同样是为了避免敌军绕过右翼的顶点,攻击己方侧翼。与此同时,帕尔梅尼奥也在下游方向指挥着左翼对波斯右翼发动进攻。这样一来,左右两翼便脱节了,只不过这种脱节在当时并不会被算作像今日一样的错误。①右翼的方阵跟在亚历山大激烈进攻所打开的道路中前进,左翼的方阵则跟随着帕尔梅尼奥。

右翼所形成的斜形序列虽然在某种程度上可以说是亚历山大故意为之,但更多的是源自伙伴骑兵和轻骑兵的快速攻击,导致方阵在涉渡过河时无法跟上骑兵的速度。不过无论因何形成,这一斜形序列都发挥出了效力。亚历山大本人的过度勇猛,以及他总是指挥全军右翼的情况,导致他的所有会战看起来都是有计划的斜形序列行动。不过事实上,某些情况下这种斜形序列只是他本人无与伦比的精力意外所致,只有在海达斯佩会战中的斜形序列能够肯定是故意而为的。而在这场格拉尼卡斯会战中则并非如此。很多有关战争史书都说亚历山大在所有会战中都会让部队排成斜形序列,就如同腓特烈在鲁腾会战中所做的一样。不过,只要仔细对原始资料加以研究,就可以发现古代的史学家们从未在著作中记载这种情况。虽然早在伊巴密浓达时代,斜形序列便已经诞生,而亚历山大也经常使用这种战术,但将其作为惯常序列的情况还是要到后

---

① 更可能的情况是,由于与波斯人之间有格拉尼卡斯河相隔,即使马其顿的阵线出现脱节和空洞,对方也很难甚至根本无法加以利用。在亚历山大的四场会战之中,格拉尼卡斯、伊苏斯和阿贝拉会战均出现了相同的左右翼脱节情况,在前二者中波斯人均在河流背后采取守势,因此并未出现太多危险。而在阿贝拉会战中当波斯人在平原上采取攻势时,马其顿军左翼与右翼的脱节便险些导致帕尔梅尼奥的崩溃。因此道奇说左右翼脱节在当时不算错误是不对的。

第十九章　格拉尼卡斯会战（公元前334年5月）

世才会出现。而且斜形序列本身的阵型也会因环境而发生变化。如前几章节中所述，伊巴密浓达在留克特拉和曼丁尼亚会战中的斜形序列非常近似于阶梯形。而在格拉尼卡斯会战中，受自然条件影响，斜形序列就并没有如此规则的几何形状可言。

　　波斯人首先开始在更高的河岸上从四面八方向托勒密和其前方阿明塔斯所在渡口投掷标枪，此时二人正在河岸湿滑的泥地当中挣扎前进。不久之后，双方骑兵便陷入到了近战之中。波斯人勇敢地冲到河岸边试图击退敌军。他们使用投枪作为武器，马其顿人则使用长矛，因而后者也可以反复使用自己的武器。马其顿骑兵在数量上远比对方要少，还要经受对方从高处投掷下来的大量矢石，而他们所面对的，正是对方装备最好且由最负盛名的首领指挥、鼓励下的波斯骑兵。率先进攻的马其顿人虽然英勇奋战，但还是很快便被击败并被逐退。国王本人率领近卫骑兵，与指挥其余伙伴骑兵的费罗塔斯一同趋前救援，对亚历山大亲眼辨别出来的敌军精锐和指挥官所在部分发动猛攻。在这里，亚历山大的奋战足以配得上其祖先赫拉克勒斯之名。在他的猛烈攻击掩护之下，马其顿骑兵得以一个中队接一个中队地渡河前进。与当时骑兵只进行反复短促冲锋的战术并不相同，当天的战斗更像是古代英雄的对决，一人对一人，一骑对一骑，双方都想凭借冲击力、勇敢和耐力将对方击退。波斯人决意要将马其顿人赶回河水之中，马其顿人则拼尽全力争取在河岸上获得立足点。在标枪投掷殆尽之后，东方骑兵又拔出了弯刀。整个战斗异常激烈，最勇敢、最坚定的骑兵大多战死沙场。那两根白色羽毛始终奔波于战场的每个角落，"音尼阿利阿！"的呼喝声也回荡在所有喧嚣之上。最终，在国王本人的英勇带领之下，马其顿骑兵的长矛压倒了波斯骑兵手中的轻型武器，亚历山大亲自指挥的部队登上了河对岸。

　　亚历山大在战斗中也冒着极大的个人风险。他的长矛折断之后，又从相邻的伙伴骑兵手中借过一支新矛，并用它刺死了大流士的女婿米特罗布赞斯，当时后者正带着一部分精锐骑兵以楔形队形向亚历山大本人冲锋。在刺死米特罗布赞斯的同时，亚历山大自己也被米特罗布赞斯的兄弟罗沙克斯（Rhoisakes）用弯刀砍断了一部分头盔，他随即又用长矛刺死了这位王子——亚历山大始终处于战斗的中心。斯皮瑞达提斯高举着武器从后方冲向亚历山大，所幸皮肤黝黑的克雷塔斯砍断了对方手臂，否则亚历山大必将重伤甚至阵亡。在其吸引下，双方部队都向他本人集中了过来，亚历山大也凭借着无可阻挡的勇气始终带领着伙伴骑兵坚持战斗。按照狄奥多拉斯记载，亚历山大在战斗中躯干两处受伤，头部也被对方击中过一次。

在前卫部队的攻击掩护之下，右翼其余部队得以相继渡河。由于所面对的抵抗较弱，左翼的骑兵也成功在下游占据了渡口，并打击在波斯人的右翼上。马其顿人手持着长矛，骑马迎面向敌军发动冲锋，混在骑兵中的轻步兵也给波斯人造成了不小打击。在马其顿国王亲自率领的右翼方向，波斯阵线首先遭到突破，亚历山大也就抓住机会将伙伴骑兵投入到这个缺口之中，将波斯骑兵压成一团，在几次猛烈进攻之后便将其击溃了。

波斯的亚洲步兵立刻逃跑，只有奥马里斯指挥下的20000名希腊佣兵仍坚守阵地，他们不仅为希腊佣兵的声誉，也同样要为自己的性命而战。这些佣兵排成密集队形，保持着良好的秩序，向亚历山大请求投降，但后者拒绝了他们的请求。这些佣兵在本可能出手挽救会战时作壁上观，现在面对着未曾想到的绝境也已经束手无策。虽然他们仍保持着希腊人的战斗精神，却在马其顿方阵的包围以及伙伴骑兵对自己左翼、色萨利骑兵对自己右翼的攻击下，很快就在阵地上被屠杀了，只有2000名幸存者成了俘虏。而在这次最后进攻中，亚历山大的坐骑也战死沙场。①

大约1000名波斯骑兵在战斗中被杀，但由于将领们英勇地将自己暴露在战斗中，导致指挥官阵亡比例大得吓人。在他们之中，吕底亚总督、卡帕多西亚总督、大流士的儿子、女婿、妹夫以及大批王公贵族战死沙场。马其顿方面只有大约25名伙伴骑兵和60名其余骑兵阵亡，另有数百人受伤。仅有不到3000名骑兵曾在右翼与对方发生交战。步兵方面则只有大约30人在进攻希腊方阵时阵亡。这一数字看起来似乎肯定要低于实际数字，因此自然会生出疑问：希腊佣兵装备精良，且必须为生死存亡而战，马其

---

① 这并非是那匹著名的布塞弗勒斯。

第十九章　格拉尼卡斯会战（公元前334年5月）

顿人怎么可能只损失了30名步兵便杀死了成千上万的希腊佣兵？古代和中世纪战争中总会出现相似问题，其唯一解释便是被击败的军队溃散成乌合之众，为惊恐所掌控，丧失战斗意志，无法进行任何集体或单兵的抵抗，而且古代军队也没有可以用来掩护败军退却的火炮。在格拉尼卡斯会战中，马其顿士兵使用21英尺长的萨里沙长矛，而希腊重步兵手中的长矛只有12英尺，再加上骑兵从两翼的攻击才缔造了这一结果。参考1346年的克雷西会战和1415年的阿金考特会战，英国在克雷西会战中只损失了一名骑士和少量士兵，法国人却损失了11位王公、2300名贵族骑士以及30000名普通士兵。在阿金考特会战中，在英国人损失1600人的情况下法国损失了20000人。仅凭19世纪的战争经验很难理解这些事实，但历史上无数经验却证明这些数字绝非不可能。不少人曾认定马其顿的损失数字之小根本就是吹牛皮，但即使这个数字存在水分，双方伤亡差距也仍然很大，亚历山大在希腊的诸多政敌也从未有不同的记录。

各时代中某些特定会战的损失数字与军事、政治结果的对比更加有趣。在库那克萨会战中，希腊方阵无一人阵亡，仅有1人受伤。在格拉尼卡斯，马其顿总计阵亡115人，伊苏斯会战中阵亡数字为450人，阿贝拉会战则为500人，而这三场会战决定了波斯的命运。在梅格洛玻利斯会战（Battle of Megalopolis）中，安提帕特率领着40000人击败了阿吉斯（Agis）[①]所率领的20000人，马其顿一方有3500人阵亡，斯巴达则有5300人阵亡。会战越是重要，战斗便越激烈，必须提及的是，梅格洛玻利斯会战对斯巴达而言是生死存亡之战。

我们通常会认为古代士兵要比现代这些所谓"堕落年代"中的士兵更具勇气。人们也总是说在远程武器取代了白刃格斗之后，勇气就已经逐渐消失了。这种认为现代士兵缺乏勇气的说法很值得怀疑。自从两军阵线不再需要互相交织搏斗以来，士兵们所面对的伤亡比例反而远比先前更大。下面是一些我

[①] 阿吉斯三世，斯巴达国王。

们这一代人中的鲜明例证。

先看小型部队：

巴拉克拉瓦会战，英国轻步兵旅673人中有113人阵亡，占比16.8%；

马斯拉图尔会战，第16威斯特伐利亚步兵旅3000人中509人阵亡，占比16.9%；

梅斯围攻战，普鲁士近卫轻步兵营1000人中162人阵亡，占比16.2%。

以上是过去一段时间内两国交战中阵亡比里最高的例子。

在美国内战期间，联邦军76个步兵团都曾在某一会战中经受过更大的阵亡比例。在此之中，阵亡率达到过28%的团有1个、达到过26%的团有1个，达到过24%的团也是1个，达到过23%的团有4个，达到过22%的团有5个，达到21%的团也有5个，达到20%的团更是多达7个。

以下是一些稍大规模部队作战的阵亡率：

盖茨堡会战，第1军9000人中593人阵亡，占比6.6%；第2军10500人中769人阵亡，占比7.6%；第3军11000人中578人阵亡，占比5.3%。

安提塔姆会战，第2军15000人中883人阵亡，占比5.9%。

奇克莫加会战，第14军20000人中664人阵亡，占比3.3%；麦考克的师12500人中423人阵亡，占比3.4%。

石河会战，第21军13000人中650人阵亡，占比5%。

盖茨堡会战，吉本的旅3773人中344人阵亡，占比9.1%；衣阿华旅1883人中162人阵亡，占比8.6%。

莽原会战，佛蒙特旅2800人中195人阵亡，占比7%。

以下再列出一些本世纪中大军会战的数据：

博罗迪诺会战，法军133000人中估计有4400人阵亡，占比3.3%；俄军132000人中估计有4500人阵亡，占比3.4%。

第十九章　格拉尼卡斯会战（公元前334年5月）

滑铁卢会战，反法联军72000人中估计有3600人阵亡，占比5%；法军80000人中估计有4100人阵亡，占比5%。

盖茨堡会战，联邦军82000人中3063人确认阵亡，占比3.8%；邦联军60000人中2665人确认阵亡，占比4.4%。

格拉沃洛特会战，德军146000人中4449人确认阵亡，占比3%。

"阵亡"一词所指代者并不包括在会战后因伤不治而亡的数字。举例而言，盖茨堡会战中联邦军阵亡者和因伤死亡者（绝大部分在一周之内死亡）相加人数为5291人，占比6.4%，不过为了确保数字的可比性，我们只取在战斗中阵亡人数，即3063人。另外，上表中博罗迪诺和滑铁卢会战中的人数并不是准确数字，但与事实应该也相去不远。

从这些数字中可以得出以下结论：规模越大的部队阵亡率越低。主要原因在于真正与对方发生交战的部队比例较小。部队人数超过60000之后，全军在激烈战斗中的阵亡比在4%左右；在10000人至20000人的情况下，这一比例为5%左右；在2000至5000人的部队中为7.5%左右；在1000到2000人的团级作战中为17%；在500人的营级作战中则高达22%。以上这些数字都没有将伤者（即使是伤重不治者）统计在内，而且这个数字也仅限于激烈的长时间战斗。对于一般会战而言，即使同样激烈，伤亡数量也远少于此。

在希腊人的会战中，只有胜利者的损失数量值得统计。因为失败者总是会在逃亡中遭到屠杀，如果把他们也统计在内，希腊人的阵亡比就要比今日大上很多倍了。不过有时在古代会战中，除去失败后遭到屠杀的人数以外，阵亡数量也比现代战争要高出很多。梅格洛玻利斯会战中，即使是胜利一方的马其顿人，阵亡比也达到了9%，两倍于滑铁卢会战，更达到了盖茨堡会战的2.5倍。不过在普通的希腊会战中，阵亡比例还是要比现代战争更低一些。古代武器杀伤力不及火枪子弹，士兵们还会穿着盔甲，并有盾牌来抵挡标枪、箭矢和石块。但古代会战中的受伤者数量很大。在亚历山大的战斗中，伤亡比通常为10∶1至12∶1，而且经常达到20∶1，今日这一数字则为7∶1。如果只考虑阵亡比例，亚历山大的会战确实不像今天的会战那样激烈，但如果将伤亡数量全都统计在内，情况就大不相同了。

199

·亚历山大战史

如果将著名会战中的伤亡数字加起来重新统计，我们便能发现这一点：

腓特烈在8场会战中平均伤亡率约为18.5%；
邦联军在11场会战中平均伤亡率约为14%；
联邦军在11场会战中平均伤亡率约为13%；
德国军队在8场会战中平均伤亡率约为11.5%；
英国军队在4场会战中平均伤亡率约为10%；
奥地利军队在9场会战中平均伤亡率约为10%；
法国军队在9场会战中平均伤亡率约为9%。[①]

以上数据是非常好的参考标准。

在格拉尼卡斯会战中，亚历山大带领下的3000名骑兵中仅有不到3%阵亡。骑兵在伤亡比例上从不会达到步兵的高度，因为骑乘部队从组织上就使他们无法承受像步兵那么高的损失比例。格拉尼卡斯会战本身就是一场险中取胜的骑兵战。如果我们把伤亡比假定为10∶1，则这些骑兵的伤亡总量就占到了全军31%，这对任何部队来讲都要算高比例了，对骑兵而言更是高得惊人。在后文中，我们还会经常对伤亡数字进行讨论，因此有必要记住这些伤亡数字和比例。

利西波斯（Lysippus）为在格拉尼卡斯这第一场会战中阵亡的马其顿人制作了雕像以示纪念，亚历山大以最高荣誉将这些人全副武装地下葬，他们的家人也被免除税务，并由国家提供丰厚供养。受伤者得到了最精心的照料，亚历山大亲自视察了每一位伤者，并听他们述说自己的事迹。波斯士兵和希腊佣兵也被掩埋，亚历山大还专门下令禁止在当地进行抢劫。不过希腊俘虏们却被用铁链串起来送回了马其顿示众，因为与科林斯同盟城邦相反，这些人反而加入波斯大王的军队与希腊同胞作战。他们中只有底比斯人得到了释放。另外，

[①] 以上德国、英国、奥地利、法国军队所指代的均为19世纪后半叶战争中的各国军队。

300副盔甲被送到雅典，在阿克罗波利斯神庙中进献诸神。亚历山大则留下祭辞："腓力之子亚历山大与斯巴达以外的全希腊人，献上这些从亚洲外族人那里夺来的战利品。"其余战利品则全部分发给了士兵，以激起他们对更多战利品的向往。

波斯在格拉尼卡斯会战中虽然表现英勇，但并不明智。他们依靠的是勇气而不是战术，并使步兵完全没有发挥任何作用。而这支佣兵却正是此时波斯陆军中规模最大、最优秀的步兵，如果部署得当，在门侬这样的将领指挥下完全能够发挥巨大作用。

先前两年中曾伴随帕尔梅尼奥在此地作战的哈帕拉斯之子卡拉斯，因熟悉当地情况而被任命为赫勒斯滂-弗里吉亚总督。亚历山大命令他不要对当地政府进行任何变更，必须依照原政府惯例进行治理，只是当地也必须遵从亚历山大本人的指令，并按照原先的数额纳税，上缴马其顿军金库。

这场胜利为亚历山大在小亚细亚赢得了巨大的声誉和成功。斩杀波斯贵族也使他本人的武功可以和《伊利亚德》中的英雄比肩，更使波斯人对亚历山大的认识发生了巨大改变。格拉尼卡斯之战过后，士气所受的打击和大批首领在会战中阵亡的情况，使波斯各总督的力量彻底崩溃，自此之后再无任何军队在小亚细亚开阔地上阻挡亚历山大。

通向波斯的道路已经为亚历山大敞开了，现在他可以直接向戈尔迪乌姆（Gordium）前进，并从那里进抵西里西亚（Cilicia）。这是一条直接的道路。不过亚历山大清楚地认识到，这条道路绝非坦途。波斯舰队驻扎在爱琴海中，在占领所有沿海城市之前，他无法安全地跨过托罗斯山脉。至于如何消灭波斯所依赖的舰队，亚历山大却并不打算直接与其交锋。为在前进时保护自己的背后和侧翼，他必须占领这些海岸城市。而这些城市本身也拥有大量希腊人和支持希腊民主制度的人士。在格拉尼卡斯会战出人意料的胜利之后，他们便随时都可能将自己的财富和命运交给这位征服者。此外，占领这些城市还会给亚历山大带来另一个他最想得到的好处——阻止波斯人可能对马其顿本土进行的入侵。亚历山大深知自己始终面临着这种危险，倘若波斯人将此付诸实施，其危险性不亚于另一支阻挡去路的波斯军队。

为扩大胜利果实，国王又派出帕尔梅尼奥去征服弗里吉亚总督在普罗庞提斯（Propontis）海岸①上的首府所在地达斯库里乌姆（Dascylium），以确保自己在依照计划沿海岸向南前进时的背后安全。

---

① 即今日的马尔马拉海，是小亚细亚和巴尔干半岛之间的内海。

第二十章
萨迪斯、米利都、哈利卡纳苏斯（公元前334年秋）

吕底亚首府萨迪斯是第一座亚历山大计划中必须占领的城市，而他也没有耽误任何时间便开始向这座克罗伊斯王的古都前进。从现代的道路以及总体地理条件来看，亚历山大应该是沿着艾达山东侧行军，但也有学者认为他沿着原路回到伊里乌姆再进向萨迪斯。帕尔梅尼奥轻易占领达斯库里乌姆之后，很快便重新与其国王汇合。萨迪斯的卫城十分著名，建立在一座孤立、高耸的陡峭岩地上，四周由三道城墙环绕，几乎不可能被任何部队攻克。只要能够坚守下去，萨迪斯便能为波斯舰队提供有效支援，而其蕴藏的财富也足以建立起另一支陆军。在这个节骨眼上，时间是非常宝贵的。可是当亚历山大接近萨迪斯之后，其近期胜利给这座城市带来的恐慌发挥了效用。当地的波斯指挥官米特拉达梯（Mithrines）怯懦地抛弃了对波斯大王的忠诚，率领使节团觐见亚历山大，献出了萨迪斯卫城以及其中的巨大财富。亚历山大在几英里以外的赫耳穆斯河（Hermus）上宿营，并派遣安德罗米尼斯之子阿明塔斯率领其步兵旅进驻萨迪斯卫城。同时他还把米特拉达梯安排在身边担任重要职务，以向世界显示自己对投诚者的慷慨，以及他并不担心这些人会反过来再背叛自己。亚历山大将自由赏赐给萨迪斯，并恢复了该城在200年前遭波斯征服时被剥夺的古吕

◎ 从格拉尼卡斯河到哈利卡纳苏斯示意图

底亚法律。这样一来，亚历山大便赢得了当地人的好感，并确保了他们的忠诚。帕尔梅尼奥的兄弟阿桑德罗斯（Asandros）被任命为当地总督，尼西亚斯主管税收，保萨尼阿斯则率领一支阿戈斯同盟部队镇守卫城，其中后两者都是从伙伴骑兵（可能是从近卫骑兵中队）中挑选出来的。另外，亚历山大还在卫城里为兴建宙斯神庙奠基。萨迪斯是第一个向自己屈服的大城市，亚历山大非常急于展示出自己会友好对待所有主动投降者。更重要的是，萨迪斯还是小亚细亚非常重要的交通要道，必须牢牢握在手中。这才使这位国王恩威并施以确保其忠诚。

在这里，亚历山大派出新近成为总督的卡拉斯带领其余希腊辅助部队，与接替他指挥色萨利骑兵的林卡斯人埃罗普斯之子亚历山大一同对赫勒斯滂地区进行远征，在这片曾经由门侬统领的地区争取人民好感。如果这项工作能够获得成功，不仅能够在亚历山大南进时保护其左翼，同时也能保护亚历山大深

第二十章 萨迪斯、米利都、哈利卡纳苏斯（公元前334年秋）

入亚洲时所需的戈尔迪乌姆至托罗斯山的道路。尼阿卡斯受命指挥舰队（这也说明在当时指挥舰队并不需要专门训练）前往莱斯博斯岛（Lesbos）和米利都（Miletus），向这些海岸城市施加压力，以此来支援陆军的进攻。在舰队的压力下，价值巨大的米提林尼（Mitylene）也转投了马其顿一方。

在萨迪斯的轻松成功也是亚历山大那令人羡慕的好运之一。萨迪斯卫城原本可以像后来的泰尔（Tyre）一样将他拖住数月，在其胜利威名刚刚开始对敏感的亚洲人产生影响时，进军停滞无疑会严重打击亚历山大的威望。这位国王对萨迪斯的优待证明他早已认清了这些情况。作为对萨迪斯人和吕底亚总督种种优待的回报，他们只需要向亚历山大缴纳与大流士统治时相同的赋税。

从萨迪斯出发，亚历山大行军四天时间抵达爱奥尼亚城市中的明珠——以弗所，该城同样开门迎降，亚历山大取消了统治当地的寡头独裁制度，并为其建立了一套民主政府。所有民主意愿强烈的地区都会反对波斯的暴政统治，亚历山大也自然会受到欢迎。在这里他又下令，将原先上缴给大流士的进贡进献给阿耳忒弥斯神庙。他本人更是命令手下工程师狄诺克拉提斯（Denocrates）以最宏大的方式重建神庙，以此向阿耳忒弥斯致以最高敬意。如果我们还记得，这座神庙正是在亚历山大出生那一天被火灾烧毁的。亚历山大对这座城市的解放，特别是对其守护神的尊敬，使他的名望受到了无尽欢迎。

著名画家阿佩利斯（Apelles）也住在以弗所，他作了一副亚历山大手持闪电的画像，装饰在阿耳忒弥斯神庙中。亚历山大还在以弗所接见了特拉勒斯（Tralles）、马格尼西亚（Magnesia）以及一些其他卡里亚（Caria）城市的使节，他们都向他表示臣服。帕尔梅尼奥受命率领5000名步兵和200名骑兵前往卡里亚受降。侍从副官利西马科斯的兄弟安提马科斯（Antimachus）也带着一支同等规模的部队前去解放受波斯统治的伊奥利亚（Aeolic）和爱奥尼亚城市，它们的总数多达24座。依照国王命令，他们推翻了所有这些城市中的寡头政治，建立民主政府，并恢复古代法律，免除了他们向大流士缴纳的重税，只按照古时规矩上缴少量进贡即可。

亚历山大在所经过的每一座希腊城市都会展开一些公共工程，以彰显自己的解放者身份。士麦那（Smyrna）原本已经被波斯人摧毁了，现在亚历山大又将其重建起来。在克拉索米纳（Clasomenae），他又亲自为一道防波堤奠基，并开凿了一条运河来改善其港口。这些工程所需资金来源可以很方便地从波斯人原先收集起来的税收中获得，亚历山大将其中一大部分用于增进公共利益。这样一来，他便牢牢握住了自己所征服的土地，不仅进行了周密的军事安排，更赢得了这些城市的政治好感。这些对当地设施的大幅改进，都可以证明亚历山大并不打算压榨所征服的土地，反而是这些地区能够从中获益。驱动他始终不断向前远征的贪念，也只局限于土地本身，而绝不在于金钱。

在向阿耳忒弥斯神庙献祭，并让全军着盛装在神庙前进行游行表示敬意之后，亚历山大启程前往米利都（Miletus）。那里的指挥官——希腊人赫吉斯特拉图斯（Hegistratus）无疑希望能得到和米特拉达梯一样的奖赏，不久前便已经归降心切，数次写信给亚历山大请降。不过当他听说波斯舰队即将前来解救米利都时，他又改变了主意，决心坚守卫城，为大流士守住米利都。因为波斯人并不曾对米利都进行压榨，反而像对腓尼基一样，充分发挥其在商业方面的重要性，准许保留原有政府，并给予其大量特权。

米利都对波斯人意义非凡，如果无法守住这座城市，他们便很可能会失去爱琴海。米利都坐落在米卡里（Mycale）海岬以南15英里的一个海角上，米卡里海岬保护着其北侧，萨摩斯岛也在其外海方向20英里处。米利都本身分为外城和内城，后者四周拥有厚重的城墙和壕沟保护。城市的大港建立在对面的拉地岛（Lade）上，而在海岸附近的几个小岛上还建有另外三座小港，可供规模最大的舰队躲避风浪，亦可供大批商船停泊。小亚细亚的归属权，在历史上不止一次取决于谁能够在米利都获得胜利。

亚历山大没有花费太多力气便占领了对方早已撤出、根本没有防守的外城，并开始修建围攻线来封锁内城。非常幸运的是，由尼阿卡斯指挥的160艘战舰赶在波斯舰队之前三天到达了该城，使他得以占领拉地岛，从而在海陆两方面都完全将内城封锁了起来。亚历山大将色雷斯部队和4000名佣兵派到了拉地岛上，以确保对该岛的控制权。在派出几个支队进行封锁后，亚历山大手中只剩下大约12000名方阵步兵、持盾兵、阿吉里亚人和弓箭手，骑兵也只剩下4个中队的马其顿骑兵以及色雷斯轻骑兵。

不少马其顿将领，甚至包括谨慎的帕尔梅尼奥都建议亚历山大对拥有400

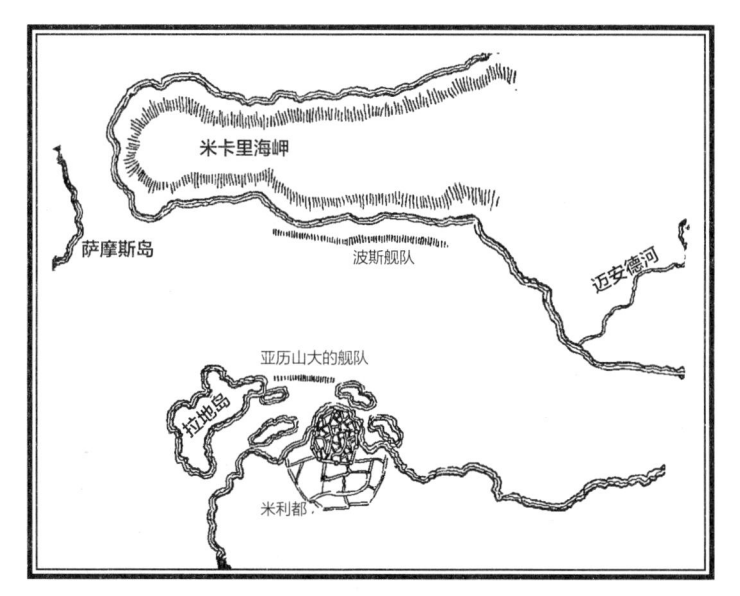

第二十章　萨迪斯、米利都、哈利卡纳苏斯（公元前334年秋）

◎ 米利都及周边地区示意图

艘战舰的波斯舰队发动进攻，后者在到来之后便停泊在了米卡里海岬附近。海战似乎已经无法避免，马其顿人的士气也非常高昂，正如帕尔梅尼奥所言，他们可以通过持续的攻势来压迫对方。但亚历山大却认为并不值得为海战胜利所能带给自己的利益冒险，因为一旦失利，自己在声望上的损失就可能导致希腊发生叛乱。他拒绝冒险尝试运气，马其顿舰队的实力远不如陆军，而且大部分水手也不是马其顿人。尽管此前希腊人总是能在海上击败波斯人，但此时他手中的战舰还是远不如塞浦路斯和腓尼基战舰精锐，而且数量也只有160艘。亚历山大让理智战胜了自己天生的激情，而这也是正确的，因为他原本便无法对希腊水兵的忠诚抱绝对信心。

帕尔梅尼奥却抱有另一种观点：他曾看到一只鹰落在舰队附近的岩石上，他便认定这是海战胜利的吉兆。亚历山大虽然也看到了这一幕，但他坚持说因为鹰是落在岸上的，因此胜利将发生在陆地上而不是海上，而他也就依此行事。两位能力出众、智慧过人且颇具常识的将军会为这样一件琐事及其所象征的意义激烈争论似乎非常奇怪。但即使到了今天，事实上我们也还是经常会为一些琐事是象征上帝的保佑还是谴责而争论不休，却将智慧和洞察力抛弃在一旁。

米利都人此时也派出了一位使者，提出同时为希腊和波斯双方开放港口的条件，希望以此换得亚历山大解除围攻。亚历山大不屑地拒绝了这一建议。他对使者说自己并不是为了征服半个亚洲才来到这里，而是要征服全部。亚历山大在遣返使节时说，他已经决心在第二天拂晓时攻击城墙。攻城武器立刻投入工作，很快便在数处打破城墙，亚历山大也带着部队在他所说的时间攻击城墙缺口。为避免波斯舰队进行援救并阻止米利都的希腊佣兵逃到波斯舰队，尼阿卡斯将战舰的船头指向敌军，肩并肩地布置在海港最窄处。马其顿人迅速攻入城内，将守军驱离城墙并杀死了大量敌人。很多希腊佣兵都想架着小舟甚至靠盾牌的空心提供浮力逃往城市附近的一个小岛。虽然他们大多被舰队截获，但还是有一部分人成功登上了那座小岛。到第二天，亚历山大试图占领这座避难岛屿，当他率领着一些船头装有梯子，可以对攻击海岸的三列战舰前进时，人数仅有300的这一小队人进行了极为英勇的抵抗。以至于亚历山大仅出于对他们的尊敬，便提出让这些佣兵为自己效力的停战条件。另外，他还赦免了米利都的公民，并将自由赐给这座城市，不过公民以外的所有居民都被卖为奴隶。

波斯舰队每日向尼阿卡斯挑战，后者一律加以拒绝，到了晚上，波斯人便会回到米卡里海岬附近，并派人前往10英里开外的迈安德河（Maeander）取水。亚历山大据此制订了一个计划，试图不经一战便将敌军从此处赶走。他派遣费罗塔斯率领部分骑兵和3个步兵旅前去占领波斯舰队的海岸根据地，并沿海岸巡逻阻止对方取水或征发给养，以此来达成用陆军围攻舰队的效果。波斯舰队很快便被迫驶到了萨摩斯岛，补充给养后才重新回到米卡里海岬。在每日驶到海港入口挑战始终无效之后，波斯舰队转而试图在希腊水兵上岸吃饭休息（这对古代舰队而言是必需的）时切断一部分希腊战舰。他们派出5艘战舰驶入拉地岛和陆地之间的锚地奇袭无人乘坐的战舰，并试图以这种驶入对方港口的方式来把对方的舰队和陆军切断。由于当时所有马其顿战舰乘员都不在船上，波斯人几乎取得了成功。在看到波斯人的行动之后，碰巧就在附近的亚历山大急忙组织起所有能够找到的水手登上10艘战舰，前去追击对方的5艘战舰，将对方逐出了海港并俘获其中一艘。从对这场小败的失望之中，波斯人认

第二十章 萨迪斯、米利都、哈利卡纳苏斯（公元前334年秋）

清了自己无法动摇亚历山大对米利都的占领，决定离开米利都周边地区。在数量占有优势、条件也更为优越的情况下，他们没有取得任何战果，不久后便驶往萨摩斯岛，亚历山大在海上的静坐战术在某种程度上算是取得了成功。

亚历山大现在认为舰队对自己即将展开的行动已经没有太多用处了，尤其是在他们必须居于守势的情况下。到此时为止，舰队已经完成了掩护陆军完成初步行动这一最重要的任务，而因为波斯舰队中拥有塞浦路斯人和腓尼基人这些最好的水手，他们在正规会战中又绝非波斯人对手。这都使这位国王感到自己应该采取占领海港、驱逐波斯舰队的方式来将他们消灭，而非与对手进行一场海战。一旦在海上不幸遭受随时可能出现的失败，他便将面临无法挽回的损失。到了此时，波斯舰队尽管仍能给他带来麻烦，但已经无法像先前那样阻挠其地面行动。仅军饷一项，亚历山大每月就要为舰队花费50台仑，另外还要为其提供等额的给养。舰队所消耗的资金和陆军相等，却不能像后者那样开疆拓土。由于亚历山大想要与各地交好，因此并不会洗劫各个城市，而税收也只控制在合理范围内，这导致他资金并不充足。另外，他也需要舰队中的人员来补充地面勤务，而手中的160艘三列战舰上，水手、划桨手等相加总计就能够提供将近30000人。未来在亚历山大拥有足够资金时，他也可以随时重建一支舰队。因此，在攻克米利都之后，亚历山大便开始解散舰队，将船从拖上海岸，只留下一少部分运输船以及20艘作为人质的雅典战舰。狄奥多拉斯说亚历山大之所以解散舰队，是为了告诉陆军士兵自己绝无撤退打算，要么胜利要么毁灭。不过这个理由无疑过于浅显了，亚历山大的士兵们并不需要陷入这种绝境也一样可以奋战。

在那之后，这位国王便从米利都沿着海岸向哈利卡纳苏斯前进，沿路接受各城市的投降，并在各地留下驻防守军。在解散舰队之后，确保沿路城市安全变得加倍重要，因为他现在只有依靠陆上封锁，才能将波斯舰队驱离爱琴海。亚历山大通过占领整个海岸来击败对方舰队的观念，无论在概念上还是执行上都非常出色。其计划就是把他在米利都的行动放大到一个大战略性的规模上。这些城市都可以自给自足的，波斯舰队在商业上对他们的干扰并不会造成太多影响。亚历山大还认为，恢复商业的最好办法便是扼杀波斯舰队。另外，只要波斯舰队仍在爱琴海上活动，这里的商业活动便会持续衰退，而这又会使波斯舰队更快地被驱离这片海域，最终使其盟友获利。

哈利卡纳苏斯是波斯在爱琴海上的最后一个大型要塞，此处也已经集结起了一支由门侬指挥的波斯人和希腊佣兵部队。门侬在格拉尼卡斯会战之后，没能守住以弗所和米利都，绕道将残部集结到了这里，与他一同来到此处的还有雅典流亡者埃费阿提斯（Ephialtes）以及欧戎托巴提斯（Orontobates）。该城从地理上来讲十分坚固，而现已被大流士任命为整个下亚细亚（Lower Asia）总督以及海军最高指挥官的门侬也已经尽一切可能加强了此处的防卫。后者还自愿将妻儿送到了波斯宫廷中充当人质以证明其忠诚——如果连门侬都无法拯救小亚细亚的波斯残余力量，那任何人也都做不到了。巨大城墙和新近挖掘出的又深又宽的壕沟三面环绕城市，只有南侧紧临大海。哈利卡纳苏斯拥有三座卫城：阿克罗波利斯[①]位于城市北部的高地上；萨尔马基斯（Salmakis）位于海岸附近的城市西南角落，并在海角颈部形成了港口西部边界；最后一座王家卫城则位于海港入口。阿孔尼苏斯岛（Arconnesus）已经设防，另外门侬还在城市周边村镇中设置了驻军，以便将亚历山大的注意力从城市上引走。城市中拥有可抵御长期围攻的给养，港口中也拥有一些战舰来对抗马其顿人，并负责从城外运输给养，而亚历山大在没有舰队的情况下无法阻止这种运输工作。与此同时，哈利卡纳苏斯的水手们也都被转移到了地面勤务上来。另外，城市中还有不少避难者，其中包括参与谋杀腓力的阿拉皮阿斯（Arrhabaeus）的兄弟，林卡斯人涅俄普托勒摩斯、因亚历山大对其表示愤怒而逃亡的安提约古斯之子阿明塔斯（尽管这种出逃看起来毫无意义）以及色拉西布洛斯（Thrasybulus）等人。

对哈利卡纳苏斯进行围攻已经在所难免。在亚历山大抵达城下的那天，当他率领着人马向朝向米拉萨（Mylasa）的城门前进时，在他距离城墙还有超过1000步距离时，守军便进行了一次突击，随之而来的便是一场散兵战斗，马其顿人压倒了对方并将他们赶回城市之中。紧接着，亚历山大便精力旺盛地投入到围攻之中。

[①] 与雅典卫城同名，事实上阿克罗波利斯就是希腊语"卫城"的意思。

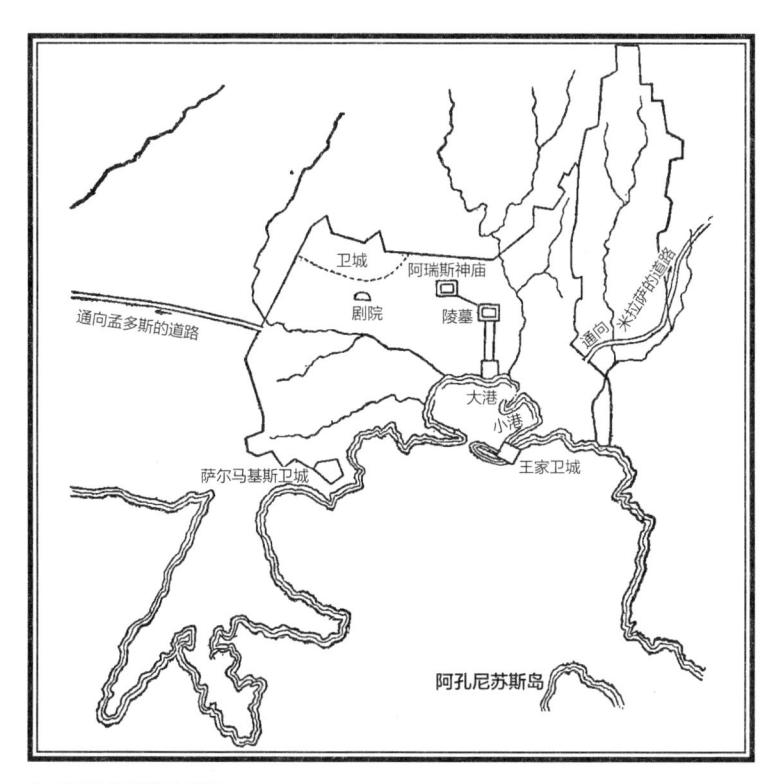

第二十章　萨迪斯、米利都、哈利卡纳苏斯（公元前334年秋）

◎ 哈利卡纳苏斯示意图

哈利卡纳苏斯所在的半岛最西端有一座小镇孟多斯（Myndus）。亚历山大认为如果能攻克这座小镇，它便能在围攻中被当作兵站为自己提供资源，因此他也将相当一部分的部队，包括持盾兵、伙伴骑兵，以及阿明塔斯、佩狄卡斯、梅利埃格的三个方阵步兵旅、弓箭手和阿吉里亚人从哈利卡纳苏斯以北抽调到了那里。除攻克孟多斯以外，亚历山大还希望这一行动能够对敌军进行一次全面侦察，以确定能否从孟多斯方向进攻哈利卡纳苏斯的城墙。一部分孟多斯人先前已经向亚历山大请降，要求后者在夜幕掩护下来攻城。不过当他到达城下之后，这些人却已经被压制住了，孟多斯还是与马其顿人兵戎相见。尽管此时马其顿人没有携带梯子，但被这一结果激怒的亚历山大还是决定攻城，利用夜幕掩护攻击城墙并挖掘地道将其破坏，而他们也成功

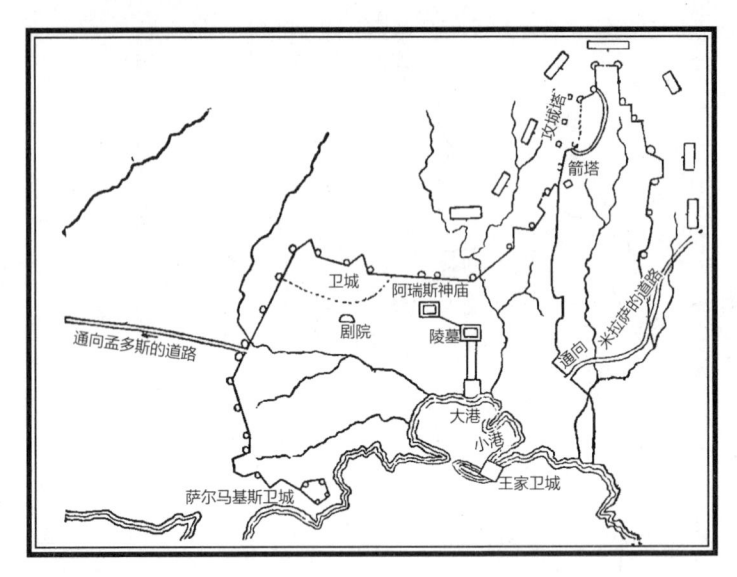

◎ 围攻哈利卡纳苏斯示意图

摧毁了城墙上的一座箭塔。不过这些行动并没能在城墙上打开缺口，而哈利卡纳苏斯守军也在第二天一早听到消息之后便从海路赶来救援此地，迫使亚历山大不情愿地放弃占领孟多斯的企图，退回到原先的阵地上，重新回到对哈利卡纳苏斯的直接围攻上来。

在无法找到更好进攻点的情况下，亚历山大决定对城市西北部发动进攻。他首先利用棚车掩护部队来填塞45英尺宽、23英尺深的壕沟，以便将攻城塔向前推进来压制城墙、驱逐守军，之后再调动攻城锤来打破城墙。不过在亚历山大准备攻城塔的过程中，守军也没有坐以待毙，他们不仅让工程师修建了一座高达150英尺的塔楼，足以压制亚历山大攻城塔，而且还在一天晚上冲出城外，试图摧毁围攻马其顿人花费大量劳力建起的围攻设施。不过马其顿人始终保持着警惕，很快便对前哨进行了增援，使战斗演变成了一场激烈的夜战。在杀死了170人之后（其中包括涅俄普托勒摩斯），亚历山大的手下击退了敌军，己方阵亡16人，另有300人受伤。之所以受伤人数如此之多，主要原因在于马其顿人遭到了奇袭，而士兵在夜间也没办法用盾牌和掩体有效阻挡矢石。

在那不久之后，两名马其顿方阵步兵因为互相争吵谁更勇敢而单枪匹马地跑去攻击距离卫城最近的城墙。半是为了取乐,一小队守军从城墙里出来攻击了这两个冒失鬼,可这二人居然杀伤了不少敌军。这就导致双方发生了一场规模不小的战斗,冲出城外的守军也越来越多。这一情况与恺撒对高卢战争时期进攻内尔维人(Nervii)时发生的情况类似。守军的出击被击退了,而如果马其顿人的进攻能够事先有所计划并抓住时机,原本是很可能成功的,因为此时城墙上并没有多少守军,这一侧(面对米拉萨方向)的两座箭塔也已经倒塌。马其顿人还差点凭借地道毁掉第三座箭塔,不过守军却利用一道内墙或是半圆形墙体将缺口堵住了。第二天,亚历山大开始用攻城武器对这道新墙发动进攻,守军则再次发动突击试图摧毁这些武器。这次突击取得了部分成功,他们点燃了这些攻城武器的藤条掩体,不过费罗塔斯还是制止了他们对武器其他部分的破坏,亚历山大也亲自率领马其顿人将敌军逐退,并杀死了一部分敌军。不过即使如此,亚历山大还是不得不向守军提出休战,以便掩埋阵亡者的尸体——这也是他唯一一次承认失败。由于守军可以在对方攻击新月形新墙时从背后向他们投掷标枪,所以这道城墙非常难以攻破。

不过无论如何,哈利卡纳苏斯也已经十分危急了。如果他们不能摧毁围攻者的攻城武器,对方很快就能迫使他们投降。为此他们决心再进行一次大规模却绝望的突袭。这一次他们从城墙缺口和三门(Triple Gate)同时发动了突击。前一方向由埃费阿提斯率领,他们的激烈进攻使驻守在新墙外的马其顿新兵们受到奇袭。最初马其顿人被对方逐退,直到攻城塔上发射出密集箭矢,亚历山大也亲自率领着腓力的老兵加入战斗,才终于稳定了局面,并杀死了埃费阿提斯。哈利卡纳苏斯守军带着大量的火把和各种引火材料,险些就完成了任务。不过他们尝试点燃的攻城塔和攻城武器却是在亚历山大本人亲自督战,并像往常一样部署了精锐部队的地方。这些守军遭到猛烈攻击,并被击退。由于缺口十分狭窄,守军很难迅速从瓦砾中退回城内,因此损失惨重。另外一支从三门中冲出来的部队则攻击了托勒密(并非那位拉古斯之子)的阵地,他们也同样被击退。当哈利卡纳苏斯守军挤作一团从一座他们架在壕沟上的桥上撤退时,桥体由于不堪重负垮塌了下来,不少人摔到了壕沟之中,并在那里被马其顿人杀死。在看到友军崩溃后,城墙上的守军为避免围攻者混在乱军之中入城,关闭了城门,马其顿人随即开始大量斩杀留在城外那些被吓破了胆、丢掉武器无法自卫的敌军。如果不是亚历山大希望对方投降以避免这座古城遭到洗劫而将部队召回，他们毫无疑问能够攻下哈利卡纳苏斯。战斗中大约1000名守军被杀，马其顿人则有40人阵亡，其中包括一位托勒密、弓箭手指挥官克利尔库斯以及不少有名的马其顿人。

到了此时，城墙已经被削弱且攻破了，大量守军也或死或伤。欧戎托巴提斯和门侬决定撤退到萨尔马基斯城堡以及海港内一座岛屿上的王家卫城。在放火点燃他们修建的巨塔和其余工事以及所有城墙附近的房屋后，他们在夜间第二班岗时撤出了主城。大火蔓延很快，马其顿人也迅速入城，尽可能阻止火势，抢救出了一部分战利品。不过这座废城并不能被留给门侬，否则亚历山大便无法继续进军，因此他决定将城市残存部分彻底夷为平地。

由于时间紧迫，亚历山大并不能亲自指挥对欧戎托巴提斯和门侬的避难所进行围攻，但他还是留下了3000名步兵和200名骑兵的守军，由另一位托勒密指挥对两处的进攻，并负责占领所有其余海岸城市。他的攻城纵列则被送到了特拉勒斯。至于卡里亚地区的政治领导者，他选择了曾统治这片土地，却遭到推翻的艾达女王（Queen Ada）作为副摄政。这是一位性格坚强、品格高尚的女性，亚历山大对她也敬重有加，她的影响力也对吸引其余卡里亚城市投入亚历山大麾下举足轻重。另外，亚历山大还在数座城市留下了由马其顿人指挥的驻防军，哈帕拉斯则被任命为财务官。

随着哈利卡纳苏斯的陷落，亚历山大现在已经完全将整个小亚细亚西部永久性地握在了手中。自格拉尼卡斯会战以来的夏季和秋季中，他完成了大量工作。

第二十一章
前往托罗斯山（公元前334年至公元前333年冬）

亚历山大现在计划向小亚细亚内陆进发，他恢复所占希腊城市自由的行动确保他们忠于自己，从而保证了未来行动的安全。马其顿驻防军控制着爱琴海沿岸所有重要地点，在面对波斯舰队袭扰时相对安全，同时波斯陆军也基本上退出了小亚细亚。亚历山大认清了，这些情况都会削弱南部海岸城市的抵抗，这些城市也已经感到自己的波斯主子无论是从海上还是陆上都很难对他们进行支援，这就导致亚历山大可以轻松将这些城市全部占领，而他也只需要一小部分部队即可进行下一次战役。

冬天即将到来。马其顿军中有相当一部分人在开始远征前刚刚结婚，国王便给这些人放假，将他们送回本土与妻子团聚，到开春时再回来。这些士兵由塞琉古之子托勒密、帕尔梅尼奥的女婿寇纳斯以及梅利埃格这些同样有家室的将领带领。这一做法也使亚历山大赢得了士兵的好感，当他们回来时甚至还带来了不少新兵。另外，亚历山大还单独派遣了克林德前往伯罗奔尼撒半岛征兵。

接下来，亚历山大将手中的兵力分为两个纵队。帕尔梅尼奥率领部分马其顿部队、全部色萨利重骑兵、希腊辅助部队、攻城纵列和车辆纵列前往中

・亚历山大战史

◎ 从哈利卡纳苏斯到戈尔迪乌姆（1）示意图

间基地萨迪斯，之后再向弗里吉亚前进，并在那里过冬，待春季来临后再向全军汇合点戈尔迪乌姆进发。从不将危险或重要任务交给别人的亚历山大则为自己安排了一场冬季战役。他带领着由伙伴骑兵、持盾兵、方阵步兵、阿吉里亚人、弓箭手以及色雷斯龙骑兵组成的第二个纵队轻装出发。尽管天气恶劣、地形崎岖，但他还是希望能够一路扫清吕西亚（Lycia）和潘菲利亚（Pamphylia）海岸上的所有城市，沿路留下驻防部队，以完成驱逐波斯舰队的工作。只要能够夺得大陆上的所有港口，波斯舰队势必迅速撤离爱琴海。在那之后，亚历山大将穿过山区，从皮西迪亚（Pisidia）进入弗里吉亚，并向北前进至戈尔迪乌姆。

两支纵队分开之后，任务简单的帕尔梅尼奥也拥有行动自由，最终他们也在适当时间以整齐的阵容和高昂的士气到达了戈尔迪乌姆。我们会在后文对此详述。亚历山大则开始沿着海岸行动，在保证当地希腊佣兵安全的条件下接受了海佩纳（Hyparna）的投降，之后便侵入了吕西亚，占领了特尔梅苏斯（Telmessus）、皮纳莱（Pinara）、赞瑟斯（Xanthus）、帕塔拉（Patara）以及大约30座其他城镇。由于吕西亚在波斯大王麾下始终保持着半独立地位，因此这一征服工作相对也比较容易。在所有这些城市中，只有马尔马拉（Marmara）选择了拼死抵抗，但这一努力最终也化为乌有。当马其顿人的攻城武器在城墙上打开缺口，使守住城市的希望破灭之后，这些勇敢的人民却在绝望中组织起来，点燃了整座城市和私人财产，成功偷越过了马其顿营地，逃入了大山之中。虽然我们肯定会对亚历山大带有敬仰和倾向性，但偶尔也会乐于看到诸如此类的英勇行为使一部分敌人的命运不至于像他人那样悲惨。

深冬的天气非常不适合作战行动，亚历山大却还是继续前进。其路线可

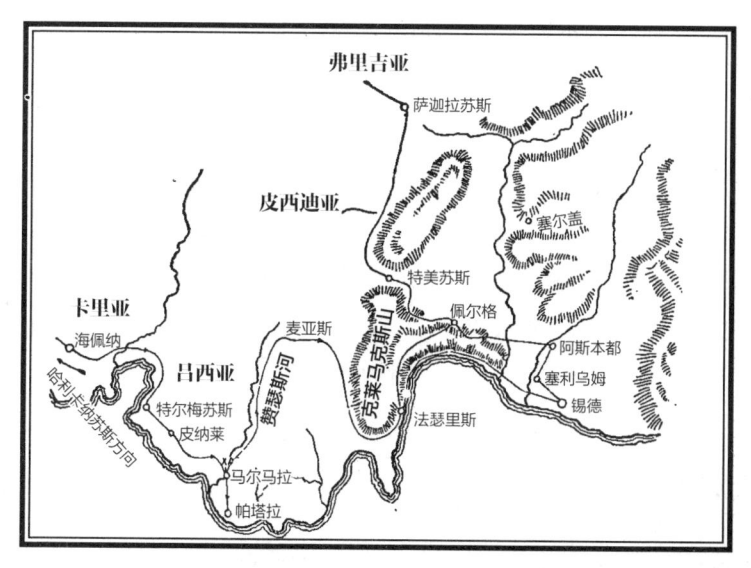

第二十一章　前往托罗斯山（公元前 334 年至公元前 333 年冬）

◎ 从哈利卡纳苏斯到戈尔迪乌姆（2）示意图

能是沿着赞瑟斯河向上游前进，进入其发源地麦亚斯（Milyas）。亚历山大在这里接见了法瑟里斯（Phaselis）以及近乎所有海岸城市的使节。为了表示降伏和祝贺，他们向亚历山大献上了金冠和礼物。亚历山大解放和优待不抵抗者的消息，如同开门咒语一般灵验。对于这些使者，亚历山大也给予尊敬，同时也向每座城市都派遣了代表他本人的摄政。

按照惯例，亚历山大会在每一座降伏或攻克的城市中都留下一小队马其顿人作为当地守军的骨干。这些人通常都是因为伤病或残疾赢得了退出战场转而执行较轻松勤务的权利，但仍具有足以影响当地局势的战斗力和忠诚。如果城镇地位紧要或居民抱有敌意，驻防军的规模也会随之增大。即使是少量的马其顿人，只要拥有优秀指挥官并占据着城镇的卫城，也足以在数量众多的佣兵支持下守住城市。

亚历山大从麦亚斯启程向法瑟里斯前进，后者也可能是所有降伏城市中最重要的一座。法瑟里斯坐落于克莱马克斯山（Mount Climax）脚下，拥有三座良港和一条大道，实力雄厚且十分富有。从此处起，一条大路穿过山区，直接通向内陆的佩尔格（Perge）。一个皮西迪亚部落在这条路上建立了堡垒，

217

并经常由此进入法瑟里斯土地上打劫。亚历山大到达后立刻便出手帮助了自己的新子民，支援他们镇压了那个土匪窝。另外，由于他自己也要使用这条道路，因此有必要保持其通畅。

亚历山大在法瑟里斯度过了冬季余下的日子。他对自己收获颇丰的战役感到十分满意，举行了不少宴会和运动会以示庆祝。从未有人像他一样辛苦工作，而在这些相对较少的休闲时光里，亚历山大也会精力充沛。据记载，他曾在一场宴会上指挥带领众人穿街过巷进行游行，并给因曾在腓力宫廷中效力而名声显赫的诗人狄奥迪克底（Theodectes）的雕像戴上了一个花环。

安菲波利斯的尼阿卡斯，因其克里特人的身份而受到当地人的欢迎，因此他也被任命为吕西亚总督。

不过在法瑟里斯，也发生了林卡斯人亚历山大不走运的叛变。如前所述，此人曾参与谋杀腓力，但因第一个拥戴亚历山大为王而获得原谅，并被授予极大荣誉和显耀军阶。不过当阿明塔斯①从马其顿逃往大流士宫廷之后，这位亚历山大便认定自己很难再长期享受国王的原谅，而他对国王的命运也并不看好，因此通过阿明塔斯与波斯大王取得联系。大流士假托一个理由给他送来了回信，告诉这位亚历山大只要他能够杀死马其顿国王，便能得到1000台仑黄金（125万美元）的奖赏。不过这位使者却为帕尔梅尼奥抓住，被迫说出了整个阴谋。此时这位林卡斯的亚历山大正担任着色萨利骑兵指挥官职务，而且还是伙伴骑兵的一员，可谓一人之下万人之上。国王对伙伴骑兵吐露了真相，而后者早已对林卡斯的亚历山大疑惑重重，担心国王重用了奸人。此时正与帕尔梅尼奥一同位于萨迪斯的叛徒立刻被剥夺了指挥权关押起来。伙伴骑兵们原本要将他判处死刑，但从不忘记他人恩惠的国王却更愿意饶恕他的背叛。最终直到三年以后，这位林卡斯人亚历山大才因费罗塔斯的另一个阴谋而被处死。

在将那个强盗部落驱逐出难以接近的要塞之后，亚历山大就已经命令色雷斯士兵对道路进行了修整。在天气较为温和之后，他便从法瑟里斯出发，派出了一部分轻步兵进入那条通往佩尔格的山路。从战略上讲，佩尔格要算是整

---

① 安提约古斯之子。

第二十一章　前往托罗斯山（公元前334年至公元前333年冬）

个地区最重要的城镇，控制着通往北部山区的道路。国王本人亲自率领伙伴骑兵、方阵步兵沿海岸行军。这条行军路线十分冒险。在高达7000英尺的克莱马克斯山的陡峭轮廓与大海之间，只有一片非常狭窄的海滩，而且其中一段长达数英里的海滩还经常被数英尺深的海水或沼泽所淹没。只有在北风狂啸的罕见天气中，海水才会被吹离岸边，使海岸可以通行，但这种天气也只会持续几个小时。沿这样一条海岸行军的计划，事实上和汉尼拔穿越阿努斯（Arnus）沼泽的行动一样果敢，只不过这一行动的战略意义并不像后者那样重大。可话虽如此，如果行军能够成功，亚历山大便可以奇袭佩尔格，因为后者的居民并未预料到他会从这一方向而来，而这样一个行军对守军士气的打击也将不可限量。

　　就在亚历山大准备进行这次行军时，一如既往的好运又降临了，周期性降临的北风这一次额外狂暴。这一好运给亚历山大带来的便利不可否认，但无论如何，他本人选择穿过这条险路的正确时机才是带来好运的原因。虽然在有些地段士兵仍要淌过齐腰深的海水，但整个行军还是得以安全完成。这一成功又使亚历山大拥有天佑神助的威名更加深入人心。毫无疑问，这次远征从头到尾的每一个细节都在亚历山大的计算之下，而越是看似危险的行动，就越有着它安全的一面。整个行动没有损失一名士兵，而当他们穿过海浪回望背后那位于悬崖边的数英里危险道路时，虽然他们可能会为此感到不寒而栗，但无疑也会对自己的国王充满信心，并为他的能力、勇气、年轻以及英俊感到自豪。虽然这位征服者的成功总是有好运相伴，但绝不能忘记的是，在亚历山大的营帐中总是有着最优秀、最专业的人才，而他本人也总是不知疲倦地钻研每一步行动所面临的问题。事实上，大部分所谓"好运"都不过是他精密计算的结果。更重要的是，亚历山大从不给幸运女神抛弃自己的机会，每当幸运女神准备出手相助时，亚历山大总是能够自己解决问题。国王幕僚中的逍遥学派学者，也是第一位记录亚历山大战史的卡利斯提尼斯（Callisthenes）曾添油加醋地描写过这次行军，声称大海自动向这位神祇一般的年轻人屈服。不过亚历山大在写给故乡的信中却只是轻描淡写道："他①在潘菲利亚阶梯（Pamphylian

---

① 到近代之前，人们在描述自己的行动时往往都会使用第三人称。

Ladders）开辟了一条道路，并从那里穿行而过。"

控制着西北两方面山路的佩尔格选择投降，至于该城是否因前述的行军遭到奇袭却并不清楚。阿斯本都（Aspendus）也愿意投降，但反对马其顿人在此驻军，亚历山大同意了这个要求。作为代替，他要求该城进贡了50台仑黄金分发给军队，另外还要求他们按照每年向大流士进贡的数量给自己提供了一些马匹。在此之后，他又前进到锡德（Side），并像先前一样在此留下了驻军。这座城市也是托罗斯山脉西侧最后一处要地，其位置距离山脉与大海交接的悬崖十分接近。

现在亚历山大已经控制了几乎整个小亚细亚海岸线，终于可以安全向北前进去平定内陆省区了。其背后只有一些并不具重要地位的孤立据点仍未攻克，但也被封锁了起来。当亚历山大正准备围攻距离海岸5英里左右、位于阿斯本都和锡德之间的塞利乌姆（Syllium）时，他听到阿斯本都拒绝向他缴纳许诺的贡品。由于塞利乌姆十分坚固，而且守军也是波斯人雇佣的希腊佣兵，战斗力完全不是普通亚洲士兵所能相提并论的，因此亚历山大决定暂时绕过这座要塞，调转方向回到阿斯本都。虽然这位国王十分热衷于能够带来好处的艰难任务，而且在某种程度上来讲也十分固执，但他也绝不会因天性使然而误入歧途。纵使他真的是一位顽固之徒，我们也很难找出他被自己所误导的例证。这一次，亚历山大便认为自己不应花费时间来围攻塞利乌姆，而只留下了一小队人马对其进行监视。

阿斯本都大部分城区位于一块高耸的巨岩之上，山脚下则流淌着欧里梅敦河（Eurymedon）。有一部分居民生活在山下的村庄里，由城墙保护着，不过当马其顿军队接近之后，他们便放弃了村庄，闲置的房屋则使亚历山大得以妥善安置部队。阿斯本都极为坚固，由于亚历山大的攻城纵列都被分派给了帕尔梅尼奥，这座城市几乎可以无限期地坚守下去。此时正流传着亚历山大拥有天佑神助的流言，亚历山大也乐于看到这些流言滋长，不仅因为其巨大的政治影响，而且无疑也满足了他自己的自尊心。阿斯本都守军也受到了影响，甚至愿意接受比之前更严苛的投降条件——进贡和人质数量都要加倍。亚历山大本人也并不愿意在整个世界都等待着他去征服的时刻在这种小地方花费时间，很快便沿着佩尔格大路向弗里吉亚进发了。

第二十一章　前往托罗斯山（公元前334年至公元前333年冬）

由于有大量工作等待着他，亚历山大也绝不愿意停顿太长时间来镇压托罗斯的山地部落。他只需要亲自教训他们一下，以便让自己能够安全通过即可，之后他只需留下一位副官便足以代替自己将他们全部镇压。亚历山大从不让目光从主要目标上偏离，也从不被细枝末节吸引。而他现在的主要目标，则是尽快与波斯大王本人交锋。

通向弗里吉亚的唯一一条道路位从佩尔格以西发端，沿托罗斯山脚延伸一段距离之后伸入特美苏斯（Termessus）的隘路之中，其地形之险要，只要一小队士兵便足以阻碍大军通行。可走的道路位于陡峭岩壁一侧，受制于峡谷两旁位于弓箭射程之内的高地。而在整个隘路的出口，还有着一座拥有坚固防御工事的城镇。亚历山大在抵达隘路之后，发现道路两侧高地已被数量可观的山民占领。他立刻下令准备宿营，假作自己不会在当夜攻击隘路。这一诡计奏效了，而其作用也和伊巴密浓达在曼丁尼亚会战前所使用者一样。大部分敌军都退回到了隘路以远的城市之中，只留下少量部队守卫峡谷，而这些人对待这项工作也十分疏忽。亚历山大始终保持警惕等待着机会，当他确定了敌军的情况之后，立刻便率领着弓箭手、标枪手以及持盾兵，小心翼翼地向隘路中对方镇守的地方前进，紧接着又大胆地攻击了守军。后者在奇袭之下，无法抵挡马其顿人更加密集的矢石，很快便从阵地上被驱赶了出去。道路被打开了，国王命令军队穿过隘路，一直前进到对方城门附近才真正地宿营过夜。对特美苏斯人抱有敌意的塞尔盖（Selge）也派遣使节来到这里，表示愿意为希腊人提供协助。亚历山大与塞尔盖订立了条约，确保了后者对自己的忠诚。不过由于攻打特美苏斯必将经受不小麻烦并浪费大量时间，亚历山大在留下部分兵力封锁该城、驻守隘路之后便如同他在塞利乌姆和其他一些地方所做的那样绕道而去，向萨迦拉苏斯（Sagalassus）前进。

萨迦拉苏斯居民素以皮西迪亚人中最好战者闻名，要知道，皮西迪亚人本身便已经是一个具有惊人勇气和决心的民族了。萨迦拉苏斯城位于山地中海拔最高的一块平地上，在其背后便是弗里吉亚。萨迦拉苏斯人在城市以南的岩地中排好了战线，而这些岩石也形成了一道天然城墙。另外还有不少特美苏斯人也赶到这里，试图阻拦马其顿人前进。亚历山大的骑兵在这种崎岖地形派不上用场，但他立刻便做好准备用步兵去攻击对方阵地。亚历山大亲自指挥部署

・亚历山大战史

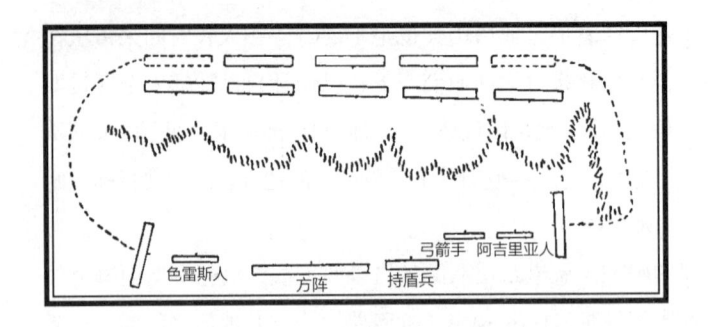

◎ 萨迦拉苏斯之战示意图

在右翼的持盾兵，同时部署在左翼的方阵步兵则由林卡斯人阿拉皮阿斯之子阿明塔斯指挥，各旅依照当天的既定次序排列，以便使每位指挥官都有显示英勇的机会。弓箭手和阿吉里亚人负责保护重步兵右翼，西塔西斯指挥的色雷斯标枪兵则负责掩护左翼。位于右翼前方的轻步兵在重步兵支援下进攻非常迅猛，其勇猛本应直接赢得会战，但他们突然遭到两侧对方伏兵的攻击，轻装的弓箭手在指挥官阵亡后丧失了秩序，只有装备较好的阿吉里亚人凭借着一贯的英勇和坚韧守住了战线，等到了亚历山大亲率的重步兵支援。不过那些山民在无可阻挡的方阵面前却依然镇定自若，展现出大无畏的献身精神，聚集起来冲向萨里沙长矛阵列，成百地死在冲破方阵的尝试中。最终他们发现马其顿人就如同他们城外那些岩石一样坚不可摧，放弃了获胜的希望，四散退往周边地区，准备尝试东山再起。马其顿人由于装备较重且不熟悉地形，并没有进行追击。大约500名野蛮人在战斗中被杀，他们分散撤退的行动也没有起到任何作用，反而立刻被亚历山大抓住机会，不费吹灰之力便攻克了半遗弃状态中的萨迦拉苏斯。马其顿方面在战斗中有20人阵亡，其中包括弓箭手指挥官克林德，而这也是第二位阵亡的弓箭手指挥官了。

攻克萨迦拉苏斯之后，亚历山大暂停前进，转而对皮西迪亚境内其余要塞进行了一系列征讨。其中一部分被强行攻克，另一部分与亚历山大达成协议，使他没有花费太多时间，也没有遭遇任何值得一提的抵抗便将整个地区握在了手中，而这也是保护他继续向北前进所必需的。现在他已经打通了前往山脉另一侧高地的道路，身后也不再有人能够威胁自己后方。

第二十一章　前往托罗斯山（公元前334年至公元前333年冬）

亚历山大由此进入了弗里吉亚，左翼倚靠着阿斯卡尼亚湖（Lake Ascania）行军，并在五天后抵达切兰纳（Celaenae）。这座城市位于迈安德河源头的一座山上，由薛西斯在入侵希腊失败后当作抵挡对方反击的堡垒建造而成。其所在巨岩旁人根本无法接近，因此可以无限期地坚守下去。不过由1000名卡里亚人和100名希腊佣兵组成的守军却在弗里吉亚总督带领下听取了亚历山大的提议，同意在一定期限内（寇蒂斯说是60天）若无援军到来他们便投降。深知自己在进向戈尔迪乌姆的同时将会切断该城所有外援的亚历山大接受了这个条件，留下腓力之子安提柯带领1500人确保条约按时执行，并任命阿明塔斯之子巴拉克鲁斯接替安提柯指挥希腊佣兵。在休整了10天之后，亚历山大开始向弗里吉亚故都戈尔迪乌姆前进。帕尔梅尼奥不久后也抵达该地，原先休假回家的已婚士兵也同样来到了这里，随他们一同来的还有3650名新兵，其中包括3000名方阵步兵、300名马其顿重骑兵、200名色萨利重骑兵以及150名埃里亚人。

在戈尔迪乌姆，从雅典来的一位使者请求亚历山大释放在格拉尼卡斯会战中俘获并押解到马其顿的雅典俘虏。为表示自己有能力将希腊控制在臣服状态中，亚历山大拒绝了这一要求，但承诺说当远征胜利告终之后，他会考虑这一问题。现在亚历山大已经重新踏上了从赫勒斯滂穿过卡帕多西亚、西里西亚通向波斯帝国心脏的大路。他并没有在格拉尼卡斯会战胜利后就沿着这条大路前进，但他所绕的远路无疑是明智且经过深思熟虑的——如果他希望以小亚细亚作为未来行动的基地，便只能如此。

在上述的冬季山地战役结束后，亚历山大远征的第一年也告终结。古代史学家们并没有记录亚历山大及其手下如何面对、忍受住了冬季作战的各种困难，对于这种战役中为避免拖延和失败所必须花费的大量劳力也没有任何记载。

不过亚历山大的成功却仍然没有压制住希腊内部的反对力量。我们必须记得，两千年前的市井流言并不比今天要少。虽然亚历山大已经占领了小亚细亚所有海岸城市，但仍有很多人相信能力出众的门侬是故意放任亚历山大，以稳固自己对爱琴海上岛屿的控制，并最终入侵马其顿将亚历山大切断在国外。亚历山大的政敌们也说，门侬很快就能证明马其顿人对国土的防御是如何松懈。这些说法也并非毫无根据，门侬确实有能力，也是唯一一位有能力给亚历山大造成巨大麻烦的人，此时也没有谁真正认清了亚历山大所具有的资源和能力。因此这种说法的出现也十分自然。

不过亚历山大在政治上的才华也不亚于军事能力。如我们所知，亚历山大为所有被攻克或投降的希腊城市恢复了自由和古代法律。这意味着他并非只是简单地取代波斯大王成为新的独裁者。这些城市也在种种恩惠之下相信，他们可以完全信任亚历山大，后者也同样可以信赖他们。值得注意的是，早在远征开始时起，亚历山大便对所有帮助或投奔自己的地区、党派都一律给予优厚待遇，对反抗或背叛者则一律加以最严厉的惩罚。这不仅给了他足够的资源来继续入侵波斯帝国，也同样巩固了国内的稳定。因为每一座接受了亚历山大的城市，也都自动承认马其顿确属希腊的一部分。[①]

与此同时，波斯大王却并不感到危急。大流士只将手下那些将领败于希腊人视作指挥不当导致的意外，只要适当处理便足以补正。小亚细亚只不过是他庞大疆域中的偏远一隅而已，而且他也并没有认清亚历山大先前行动的矛头所在。不过大流士还是看到了门侬先前建议的正确性，任命他为整个战区的最高统帅，希望后者能够迅速挽回亚历山大初期胜利所造成的一系列灾难。

[①] 希腊人反对马其顿统治的一个重要理由便在于马其顿长期以来被雅典、斯巴达、底比斯等城邦视为半野蛮人，并不应该被算作希腊的一部分。

第二十二章
征服西里西亚
（公元前333年夏季至秋季）

　　作为爱琴海地区波斯唯一的最高指挥官，门侬计划着将战争带到马其顿境内，并挑拨亚历山大在希腊的政敌发动叛乱，以便切断其部队与欧洲的联系。为此，他利用阿波罗尼德斯（Apollonides）的叛变夺取了开俄斯岛（Chios），在当地重新建立寡头政治。从这里出发，他又在莱斯博斯岛登陆，攻克了岛上4座主要城镇，只有米提林尼除外。这座城市在马其顿驻军支持下抵抗了一段时间之后，门侬转而开始进行正规围攻，利用双重城墙切断其与外界的陆上联系，并用舰队封锁了米提林尼的港口，很快便将该城逼入绝境。毫无疑问，亚历山大这次是真的交了好运，因为他唯一一个有能力的对手门侬不久之后便死于发烧，将指挥权留给了外甥发那巴扎斯（Pharnabazus）代理。门侬生前曾计划在爱琴海上确立合适基地之后立刻率领舰队前往赫勒斯滂海峡，切断亚历山大的交通线，并从此处入侵马其顿。在大流士所有的将领中，也只有门侬一人对于如何抵抗亚历山大入侵具有清晰、高明且可行的计划。而他的继任者则根本不具备将这一计划付诸实施的能力。

　　米提林尼城在重压之下，最终被迫放弃了对亚历山大的效忠，接受发那巴扎斯和陪同着他的奥托夫拉达提斯（Autophradates）许诺的一些条件。可是

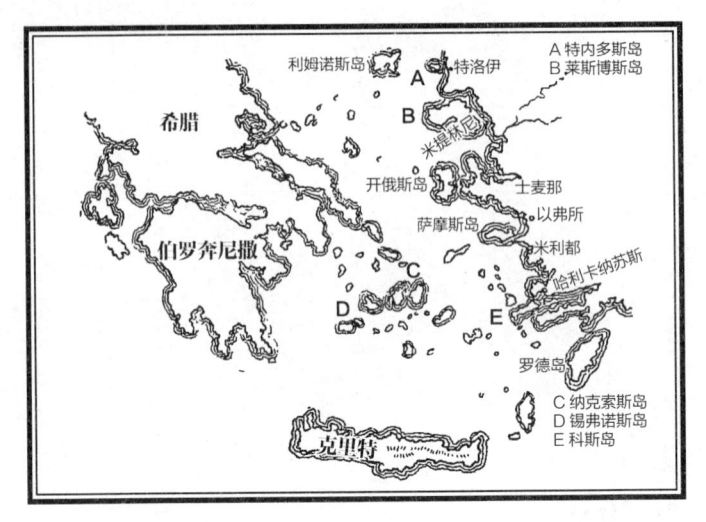

◎ 爱琴海示意图

当波斯人控制了城市之后，立刻便推翻了协议，并从该城公民手中压榨了大量供奉。紧接着，他们又故技重施，占领了特内多斯岛（Tenedos）。如果放在一年以前，波斯舰队的这些行动可能会给亚历山大登陆亚洲造成极大干扰。但当时门侬并没有赢得完全信任，无法施展自己的影响力和智慧。

门侬的去世又一次证明好运总是站在亚历山大一边。大流士从此失去了唯一一个了解如何运用波斯帝国巨大资源并可能抵挡住马其顿军队、阻止大流士犯下无法挽回错误的人物。虽然门侬手中的军队只有大流士大军的1/10，但他却使亚历山大所面临的困难增加了十倍。他的死使波斯人丧失了对海军行动的统一指挥，也使亚历山大有机会重新组建一支舰队。后者即使先前并不认为能在海上击败门侬，现在也一定会感到自己能够击败其继任者了。

门侬死后，大流士召开了一次战争会议，以此来决定如何将那位鲁莽却危险的入侵者赶出国门。他很自然地拒绝了身边那些希腊人的建议，决定相信波斯大臣和将军们的智慧和勇气，亲自率领从整个王国征召起来的大军与亚历山大决一死战。另外，大流士还派出使者确认了发那巴扎斯在爱琴海的指挥权，但同时却将舰队中的所有希腊佣兵都抽调了回来，以便在未来的陆战中使用。这一调动却使波斯舰队大为削弱，并最终丧失了一切入侵马其顿的机会。

只有达塔姆斯（Datames）麾下舰队还能继续攻克特内多斯岛。

到了此时，马其顿人的财政状况也比原先更好，能够负担一支舰队的开销了。重新组建舰队也并非难事。亚历山大派遣赫格罗卡斯前往赫勒斯滂地区，收集所有从黑海返航的商船，将它们改造成战舰，同时安提帕特也受命从埃维亚岛（Euboea）和伯罗奔尼撒征集船只。由于赫格罗卡斯扣押了一些雅典运粮船，导致雅典人十分愤怒，不仅拒绝派遣舰队支援亚历山大，反而还武装起了100艘战舰试图与波斯人合作。最终赫格罗卡斯明智地释放了手中的雅典船只，因为他手中的船只数量也已经足以满足任务需要了。

亚历山大组建第二支舰队的决定与他先前解散第一支舰队同样必要。不仅波斯舰队所剩实力几何尚且无法确定，而且只要马其顿人无法进行干预，希腊各城邦也绝非没有与大流士积极合作的可能。因此舰队从建立伊始便派上了用场。在安提帕特的命令下，普罗提阿斯（Proteas）第一次率舰队出航便在基克拉迪群岛（Cyclades）中的锡弗诺斯岛（Siphnus）俘获了达塔姆斯手下10艘三列战舰中的8艘。这支新舰队的出现也有效地遏制了雅典人的敌意，以及整个希腊可能爆发的全面叛乱。

很自然地，我们也会对亚历山大为何要解散第一支舰队感到不解。这可能也确实是一个错误，如果门侬没有去世，甚至可能会演变成致命错误。毫无疑问，由于缺乏舰队，亚历山大使自己的后方面临着巨大危险，如入无人之境的波斯舰队迟早会登陆马其顿。但反过来讲，这对亚历山大在小亚细亚的地位也并不会造成直接威胁。而他在小亚细亚向波斯船只关闭所有海港的行动，也对当时波斯舰队构成了巨大威胁，因为在当时的条件下，战舰每天都要上岸补充给养。即使舰队看起来不可或缺，亚历山大可能也认为安提帕特有能力镇压可能威胁到马其顿本土的希腊叛乱（后来他也在梅格洛玻利斯证明自己确实拥有这种能力），并击败波斯入侵。毫无疑问，亚历山大认为自己未来在陆地上所能取得的成功足以弥补爱琴海方面的损失。其行动也无可避免地要求将大量舰队海员调到陆地上负担勤务，而他又没有足够资金来为全部舰队成员支付军饷。而且正如第二年所展现出来的，当形势更加危险时，他也能够轻松重塑自己的海上力量。如果亚历山大解散舰队的决定确属错误，所幸也并没有带来灾难性结果。

在戈尔迪乌姆，两支马其顿纵队会合到了一起，全军也重新进行了整编。随亚历山大进行冬季战役的纵队从南方而来；帕尔梅尼奥那支拥有炮兵和重骑兵的纵队从萨迪斯而来；休假到期的新婚人员以及他们带来的新兵也从马其顿到来。所有人员都聚在一起，为第一年所取得的杰出胜利欢欣鼓舞，也对未来深入波斯大王富饶土地之后取得更大的胜利和更丰厚的战利品充满期待。他们对领袖的绝对信任使他们对进一步胜利充满自信。新兵的到来非常及时，他们正好补充了人马损失和分派出去驻守各城市的部队人数。

也正是在戈尔迪乌姆，公元前333年2月或3月间，亚历山大挥剑斩断或解开了著名的米达斯王（King Midas）之结，使弗里吉亚人相信他就是预言中解开绳结便可征服亚洲之人。无论亚历山大是解开还是斩断了绳结，人民都相信了他正是实现预言、征服东方之人。此事显示了亚历山大如何通过自己奇妙的作为或处理事情的有趣手段对平民施加影响。毫无疑问，人民对亚历山大的支持，多半来自于对这位国王绝非凡人的看法。

亚历山大从戈尔迪乌姆启程，沿着山脉南麓向安卡拉（Ancyra）前进，在那里接受了帕弗拉戈尼亚人（Paphlagonian）的投降，同意了他们不希望马其顿人驻军的请求，不过他可能还是向弗里吉亚总督卡拉斯下达了监管他们的命令。从这里亚历山大进入了卡帕多西亚，跨过哈里斯河并征服了该河以西的所有土地，这里也正是居鲁士时代波斯和吕底亚的交界。之后他又征服了哈里斯河以远直达伊利斯河（Iris）的地区，并任命塞比克塔斯（Sabictas）为当地总督。亚历山大同样恢复了该地区希腊城市的原有法律和习俗，不过为了尽快寻找到大流士并与他进行决定性会战，亚历山大也并没有彻底消灭这些城内的寡头势力，而只是将民主势力扶植到足以压制前者的程度便率军离去。

亚历山大现在已经成为托罗斯山脉以西整个小亚细亚的主人，既可以选择以山为界采取守势也可以跨山继续前进，后一选择无疑更符合他的性格。因此亚历山大便率军向托罗斯山脉最大的关口西里西亚门（Pylae Ciliciae）前进。这条隘路的海拔高达3600英尺，只要由坚定的驻军坚守便几乎无法攻破。当年小居鲁士穿过这条隘路之前，便已经做好了无法突破关口、必须由海路派出一部分部队迂回其背后的准备。色诺芬也说这条隘路根本不是人力所能攻克的。其中很多地段，两侧垂直石壁距离之近，仅能供四人并排通过。由于手中

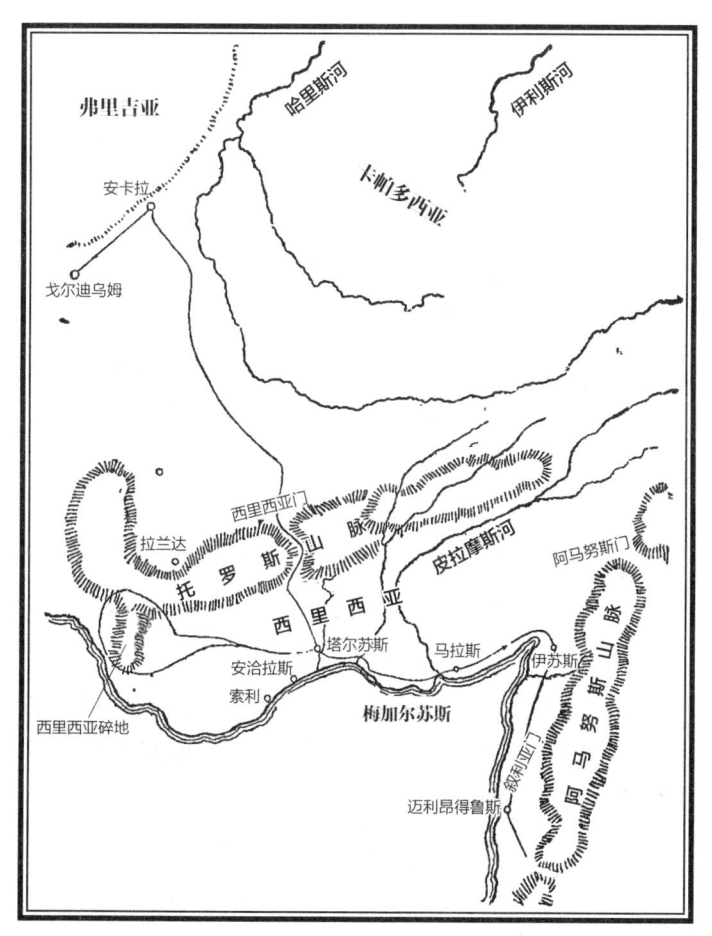

第二十二章 征服西里西亚（公元前333年夏季至秋季）

◎ 从戈尔迪乌姆到阿马努斯山示意图

没有舰队，亚历山大无法复制小居鲁士的迂回行动。波斯人对此一清二楚，他们也具有足够的力量来封锁隘路。亚历山大如果想要迂回隘口，就只能绕道拉兰达（Laranda）进入被称为西里西亚碎地（Rugged Cilicia）的西里西亚西部。不过这条道路也同样十分危险，必须尽力避免，而且这条道路可能也根本不为当地野蛮人以外的任何人所知。

可大流士此时最重要的前线将领——西里西亚总督阿萨米斯却并没有做好守卫西里西亚门的准备，原因可能是他并没有收到专门的命令。当马其顿人

229

到达隘路时，发现关口中的守军十分孱弱。在留下帕尔梅尼奥指挥重装部队宿营之后，亚历山大亲率持盾兵、弓箭手、阿吉里亚人在夜幕降临后对这条异常险要的隘路发动攻击。至于阿萨米斯为何没有派兵镇守西里西亚门，又或者大流士为何没有为此专门下令则不得而知。无论如何，亚历山大的迅猛攻击都取得了成功，少量守军显然认为自己无法抵挡这一攻击而逃掉了。第二天，在控制住隘路之后，亚历山大便将全军都送进了西里西亚。寇蒂斯也说，就连亚历山大也对自己的好运感到惊讶。

在下山过程中，亚历山大听到消息说阿萨米斯在丢掉西里西亚门之后决定放弃塔尔苏斯城（Tarsus），并想要在撤退之前毁掉这座城市。凭借着一如既往的精力，亚历山大立刻率领骑兵和轻步兵利用强行军进抵塔尔苏斯。他们不仅阻止了阿萨米斯的破坏行动，还利用一次突然的猛攻将对方击退了。

这样一来，马其顿入侵者们便跨过了波斯心脏地区的第一道屏障，他们所面对的第二道屏障，则是西里西亚另一端的阿马努斯山脉（Mount Amanus）。

亚历山大在塔尔苏斯病倒了，按照阿里斯托布拉斯的说法，病因是过度劳累，其他人则说是因为在西德纳斯河（Cydnus）的凉水中洗澡所致。塔尔苏斯就坐落在西德纳斯河岸上，亚历山大由于在午间行军中感到十分炎热，便跳入河中洗澡，但其因先前数周劳累而变得虚弱的身体却因此生病了。亚历山大因高烧而浑身发颤，所有医生都认为他难逃一劫，只有从他少年时代起便一直作为其医师并为国王非常尊敬的医师腓力并不苟同。在那个年代里，身为一位君王的医师并不是什么令人羡慕之事，一旦医治无效，他便可能受到最严厉的惩罚。后来在赫菲斯提翁去世时，据说亚历山大就处死了那位治疗不当的医师。因此在为上层人物治疗重病时，医生也肯定会愈发紧张。老成持重的帕尔梅尼奥警告亚历山大说，那位腓力可能已经被大流士用1000台仑黄金和许配女儿的条件收买，要他毒死亚历山大。但亚历山大本人却坚信腓力是一位正直的人，一只手将帕尔梅尼奥的告密信拿给他看，同时用只有无辜者才能面对的目光紧盯着这位医生，另一只手拿起他开出的药剂喝了下去，自知清白的腓力始终面不改色。药剂起了作用，亚历山大非常幸运地康复了。这位国王在识人方面颇具能力，事实上没有识人之明的人也根本无法达成伟大成就——奸臣贼子所能毁掉的东西，远比明君所能建立起来的更多。除仅有的几次例外，亚历山大在人员任命方面几乎从未出错，他也因此受益良多。

在塔尔苏斯，亚历山大派出帕尔梅尼奥率领希腊同盟军、佣兵、色萨利重骑兵以及西塔西斯的色萨利部队前去占领并守住叙利亚门（Syrian Gates）。一旦占领这条穿过阿马努斯山的隘路，他便能打通进入叙利亚和腓尼基的通道。这一行动也说明他肯定十分熟悉小居鲁士的行军路线和相应细节。在帕尔梅尼奥出发的同时，亚历山大带着余下的军队向安洽拉斯（Anchialus）前进。此处竖立着伟大亚述国王两手相贴的巨大雕像，其上还有着那句著名碑文："萨达那帕拉斯在一天之内建起了安洽拉斯和塔尔苏斯，陌生人，请你欢宴、狂饮、爱恋吧！生命中没有比这更美妙之事了！"在占领了下一个城市索利（Soli）之后，为惩罚其对大流士的坚定忠诚，亚历山大决定征收200台仑的进贡。不过后来他还是免除了这笔罚款。

从索利出发，亚历山大带着三个马其顿方阵步兵旅、弓箭手以及阿吉里亚人，前去征讨西部省区西里西亚碎地中仍未臣服的山地部落。这些山贼虽然不能给他造成实质性伤害，但如果不加以征服，还是能够轻易扰乱他的交通线，造成大量麻烦。另外，虽然可能性不大，但他们也可能从领地前往拉兰达和伊克尼乌姆（Iconium），进而占领西里西亚门。由于恶劣的地形，他们所居住的要塞十分难以接近。可尽管存在这些困难，亚历山大还是在短短一周之内便将这些山贼全部镇压，并回到了索利。虽然我们对亚历山大的一些小战知之甚少，而这些战事又总是被传说所环绕，但只要看到那些可以确定的事实，并拿它们与环境的艰险程度做一对比，我们便不仅能看到亚历山大本人有着超过所有其余统帅的英雄气概，也能看到其手下士兵在力量、纪律、耐力以及忠诚等方面同样举世无双。这些战役之所以取得成功，完全得益于亚历山大本人的体能和精神力量，也只有他能够唤起手下士兵完成史籍中对战役简略描述中所暗示出的艰巨任务。

回到索利之后，亚历山大听到托勒密和帕尔梅尼奥的侄子阿桑德（Asander）在一场会战中击败了波斯将领欧戎托巴提斯，杀死了750名波斯人，并占领了哈利卡纳苏斯的萨尔马基斯卫城以及王家卫城。此外包括孟多斯、考纳斯（Caunus）、锡拉岛（Thera）、卡利波利斯（Calipolis）等卡里亚

·亚历山大战史

城镇以及科斯岛（Cos）和特里欧庇昂（Triopium）也全都被攻克了。为了庆祝这些胜利，亚历山大举办了运动会，并向医神阿斯克勒皮俄斯（Asclepius）献祭以示让自己康复的感谢。除此以外，这些庆祝活动很可能也是为了让索利人恢复在波斯常年统治下已逐渐被人遗忘的希腊传统习俗。在此之后，亚历山大启程前往塔尔苏斯，沿着海岸进至梅加尔苏斯（Megarsus）和马拉斯（Mallus），恢复了两座城市的希腊传统，取消赋税，并向它们的守护神献祭。之后他又派费罗塔斯率领骑兵穿过阿雷安（Aleian）平原，征服皮拉摩斯（Pyramus）地区。

穿越并征服戈尔迪乌姆和阿马努斯山脉之间的地区，也耗尽了公元前333年的整个夏季和秋季。

第二十三章
伊苏斯会战（公元前333年11月）

在马拉斯期间，亚历山大听到大流士正停留在亚述山以远的索契（Sochi），距离叙利亚门只有两天路程。这位波斯大王从幼发拉底河一路前来，手中兵力多达50万人。与拿破仑（可能也包括所有名将）一样，亚历山大也经常处于鲁莽边缘，从不退缩，甚至会在某些时候像赌徒般孤注一掷。这一次，他在自信和狂热以及局势需要的驱使下决心一战。他将伙伴骑兵以及其他指挥官集中起来召开战争议会，征求他们的意见，将他所听到的波斯军队庞大规模以及他们就在附近等情况毫无保留地告诉了他们，同时又保证说击败他们根本不成问题。在场所有人也都对与波斯大王决战跃跃欲试。亚历山大遂决定前往阿马努斯山以远的平原上寻战。他沿着海岸，循着色诺芬走过的道路前进。出发后第二天，亚历山大穿过了位于山脉与海岸之间、地形与温泉关十分相似的叙利亚门，在迈利昂得鲁斯附近一道险要的山口面前宿营。虽然亚历山大毫无疑问想要立刻与大流士决战，却为11月初的暴风恶劣天气所累，不得不停留了一至两天时间。

显然，亚历山大并没有注意到或是根本不知道其北侧还有另一道山口，可以使大流士直接前进到他的背后。这要算是他的一个严重疏忽。阿马努斯山脉总共有两条隘口连接着西里西亚和波斯帝国的心脏地带，靠北的一条通向

· 亚历山大战史

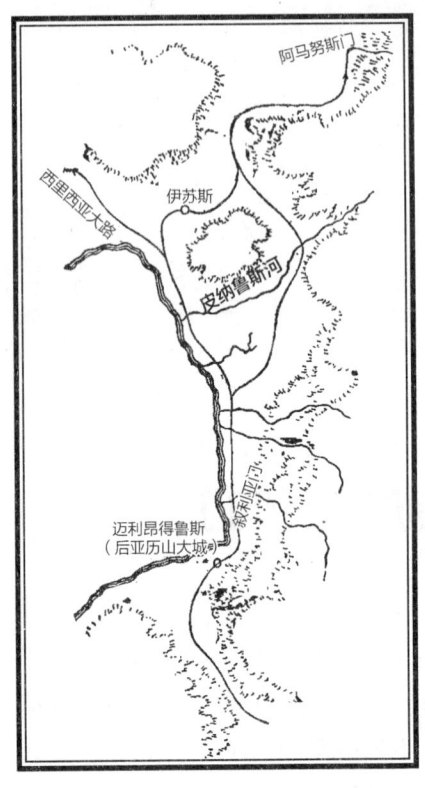

◎ 伊苏斯平原示意图

幼发拉底地区，另一条则通向叙利亚，并因此得名叙利亚门。在穿过后一条道路之后，亚历山大本打算向左一转，向东北方向前进，在索契平原上寻找大流士。如果亚历山大知道北面还有一条道路，那么他可能就不会做出大流士仍停留在亚述平原的判断，而且可能会放弃大流士绝不会穿过并不适于其军队规模和武备，也根本无法搜集足够补给供养全军两星期以上的狭长山路，甚至也不会派一部分军队去守住这条山路的这种想法。通常而言，亚历山大对所过之地的地理都会了解得非常透彻，而他身边也有大量能干的军官专门负责此事，并在他的驱使下不懈工作。从这一角度而言，亚历山大似乎不会不知道阿马努斯门（Amanic Gates）的存在。但这一次亚历山大却一反平时的谨慎，为大流士敞开了阿马努斯门，而在此时的环境下，至少他也应该在那里留下一支监视部队，在波斯人到来时为他提供预警。

亚历山大也许根本不担心大流士会出现在自己背后，这从他没有给设在伊苏斯（Issus）的医院留下一兵一卒的情况中即可以看出。而且他可能认为，即使这种情况真的出现，他本人和手下军队的机动能力足以凭借几次大胆行军便能摆脱庞大却笨拙且组织混乱的敌军，甚至可能出现凭借猛烈行军扰乱对方并对其发动进攻的机会。可无论我们能设想出多少种亚历山大可能采取的办法，不派兵驻守阿马努斯门也还要算是亚历山大的过失。

大流士此时已经放弃了唯一一种真正有效的策略，即动员海军将战争带

第二十三章 伊苏斯会战（公元前333年11月）

入马其顿，并利用希腊佣兵镇守各山道关口，阻止对方在帝国中心地带获得立足点。早在战争开始时起，门侬便已经勾画出了这套计划的轮廓。凭借着优势舰队，波斯人可以封锁赫勒斯滂海峡，而托罗斯山一线也完全可以将对方阻挡在西里西亚以外。只要坚守住托罗斯山的各条隘口，即足以制止马其顿人继续入侵。即使托罗斯山也被突破，在其背后也还有阿马努斯山和大海之间的叙利亚门以及较北方的阿马努斯门，这两处完全可以挡住亚历山大。大流士手中也有很多非常适合于防守隘口的希腊佣兵。亚历山大的所谓"好运"，无疑也来自于大流士的愚蠢。

虽然经常有人争辩说一个人的成功绝不会取决于运气，而且运气也确实不会长久延续。想要取得成功，需要主动制造运气，攻其不备。不过无论如何，亚历山大的任何行动都不可能让大流士做出如此致命的荒唐决定。大流士宠臣们的愚蠢建议以及他自己所犯的错误，对亚历山大而言无疑都要算是好运。如果托罗斯山和阿马努斯山都拥有重兵把守，除非亚历山大能够像后来在波斯门那样迂回关口，否则便根本无法攻破。本书中所说的亚历山大的好运，也正是指代这些方面。当我们读到汉尼拔的战史时，就会发现这位与亚历山大旗鼓相当的名将由于一连串的厄运（更准确地说是不利事件），而没能完成史上前所未见的军事杰作。

越过幼发拉底河之后，大流士已经在开阔地带等待亚历山大很长时间。由于其军队数量庞大，也最适合在平原作战。一支大规模的希腊佣兵最近也在比阿诺尔（Bianor）和阿里斯托米迭斯（Aristomedes）指挥下加入大流士麾下，使他手中的希腊士兵数量达到了30000人，同时他还拥有最好的重步兵（即卡尔达克步兵）[1]和铁骑兵，这都使他对胜利信心十足。大流士所凭借的力量，来自于军队的数量、所谓的"战争正义性"、波斯王室的威名以及无数士兵们对波斯大王本人的惧怕。据说在大流士从巴比伦出发之前，占星术士们曾预言说他很快就将获得决定性胜利。在索契这样一个宽阔的平原上，波斯军

---

[1] 约翰·富勒认为卡尔达克兵应该是轻步兵。从后来伊苏斯会战中大流士将他们部署在希腊佣兵两侧的情况来看，他们的装备肯定要比希腊佣兵更轻，但是否仍属于重步兵则不得而知。

队可以发挥出数量上（尤其是骑兵方面）的绝对优势。大流士一定已经认清了自己先前的军事错误，但同时他还是非常期待亚历山大进入波斯平原地带，这样一来他就可以更容易地包围并消灭掉他。另外在波斯军队中也还是像往常一样伴随有大量的仆从和女人，而据说大流士所携带的金银财宝需要600头驴和300头骆驼才能装完。所有军队和行李纵列加在一起，总共花了5天时间才跨过幼发拉底河。

从西里西亚门逃亡而来的阿萨米斯第一个通报了亚历山大已经接近的消息，大流士自此便焦急地等待着亚历山大的到来。不过当亚历山大因生病和在西里西亚碎地作战而长期停留在塔尔苏斯时，大流士却又为身边那些憎恨宫廷中希腊将领的波斯谋臣所误导，放弃了现有的优秀阵地，在让柯费尼斯（Kophenes）将女眷、行李以及财宝送到大马士革（Damascus）之后，自己率军穿过阿马努斯门，沿最近的道路从索契向伊苏斯前进。

大流士也绝非唯一一个坚信自己能够碾碎亚历山大的人。据说德摩斯梯尼曾拿着一封波斯来信穿行在雅典大街上，对公民们说亚历山大已经被困在了西里西亚，早晚就要死在那里。约瑟夫斯（Josephus）也说所有亚洲人都相信亚历山大根本无法抗衡数量庞大的波斯军队。但另一方面，从亚历山大方面叛逃过去的阿明塔斯强烈反对大流士离开索契，声称希腊人一定主动前来和他们进行会战。不过最终还是认为战事将会顺利告终的波斯谋臣们占了上风。他们向大流士保证，亚历山大在知道波斯军队的数量之后一定会丧失勇气，只想着逃跑，己方只有迅速行动才能抓住并惩罚这位无礼的暴发户，并阻止希腊人未来可能的入侵。这些建议最终导致大流士迈向了自己的灭亡。另外，由于朝臣们的阴谋陷害，大流士还处死了希腊人卡里德摩斯。后者预言说如果波斯只凭借人数和波斯军官们的勇气就急于与马其顿人交战，便很可能遭到失败，只有在战争艺术方面同样高超的军队才能与之抗衡。卡里德摩斯所说的这些话，实在是一语中的。

穿过阿马努斯门之后，大流士便迂回了亚历山大的后方。在亚历山大于迈利昂得鲁斯宿营的同一天，大流士也进抵伊苏斯，并在这里发现了一些被亚历山大留在后方的伤患。他残忍地将这些人全部杀害，之后便前进到了皮纳鲁斯河。

第二十三章　伊苏斯会战（公元前 333 年 11 月）

到了此时，亚历山大仍不愿相信大流士已经进抵伊苏斯，因此他派遣了一些伙伴骑兵乘着一艘三十桨的快帆船从海路前去侦察，这些人很快便确认了这一情报的正确性。即使勇敢如亚历山大，一开始也肯定会因自己失算导致的危险大惊失色，不过他绝不会让别人发现这种情绪，而他在压力之下所表现出的想象力和行动力要比平时更加惊人。在这一方面，也许只有腓特烈可以和他相提并论。而且很有可能的是，当他反过来看到情况的另一面时（这也是他的另一个强项），忧虑就被打消掉了。他深知己方具有出色的机动能力，也看到对方军队虽然占据了自己的交通线，但战场地形却远不像索契平原那样对他们有利。故军不能久留西里西亚，而且尽管他们拥有英勇的军官和出色的士兵，但指挥系统却非常无能。亚历山大此时可能会觉得，无论大流士的行动最初看起来威胁再大，他们也还是已经进入了一片对马其顿人有利的战场，如果要让他自己使用诡计来引诱大流士，反而会冒更多危险。在此之前，亚历山大即使做梦也没想过将波斯大王引过阿马努斯山，一路来到伊苏斯。

但是对士兵们而言，这种情况的影响就要完全不同而且很可能发生危险了。像这样一个突然情况，即使是最好的士兵也很难保持镇定。之前全军上下始终期待着数日后在山脉另一侧与对方交战，但现在他们却突然发现自己第二天就要在背后与敌人遭遇。毫无疑问，马其顿军营中会有很多关于遭到奇袭或无法理解这一局面的流言蜚语。所有士兵都希望自己的退路畅通无阻。可现在当军队中的方阵步兵回头看到自己走过的危险道路，想起他们穿过的山川、闯过的险阻，不免怀疑这些道路是否已经为敌军所占领，他们是否要踏过尸山血河才能返回家园，而他们又是否能完成色诺芬那样的壮举。马其顿士兵非常乐于表达自己的想法，在言论自由方面就和美国人一样。他们既无法理解，也不可能喜欢现在的情况，而且还会把忧虑公开表达出来。不过也正是这些思想独立、头脑灵活的特性，把他们打造成可以经受漫长而艰巨的战役考验，也能够顶住气馁即意味着毁灭的危险。在这种精神作用之下，所有关于局势的讨论都处在安全范围之内，而且他们在言语之间也对国王信心十足。士兵们很快便冷静了下来，没有出现任何士气崩溃的征兆，但毫无疑问，他们也绝不会像岩石一样坚定，必须借由外力才能打消他们的疑惑。

亚历山大非常清楚士兵们的状况，但他也非常了解他们，知道自己无须惊慌失措。他又一次召集战争议会，将包括马其顿、希腊盟军、轻步兵、佣兵在内的所有步兵团长、骑兵中队长召集在一起，激起他们的勇气，向他们保证一定能够取得胜利。亚历山大告诉他们，大流士所作所为正是他最期望看到的，一定是众神出手相助，才会将波斯大军引入到这一片无法发挥数量优势却对厚重方阵极为有利的地形上。他还劝告士兵，千万不能被敌军出现在背后所吓倒，因为己方在战斗中总是胜利的一方，而波斯人则总是会被消灭。对方虽然数量庞大，但士兵们却不过是大流士的奴隶，是被他用皮鞭赶上战场的，波斯人的希腊佣兵也不过是为了稍微高一点的军饷就肯与同胞为敌的卑劣之人。而且这一次他们所面对的不是某个总督，而是大流士亲自率领的全国大军，这一战将决定整个亚洲的命运。亚历山大称赞了每一位曾在过去有过英勇表现之人，同时也谦逊却自信地展示出自己统领他们的能力。他诚恳地要求士兵们回想色诺芬以及历代希腊人的伟大功业，并向他们保证胜利奖赏将是他们做梦也无法想到的。凭借着一位真正领袖所必备的说服力，亚历山大将所有军官的热情都带到了最高点。在场几乎所有人都巴不得紧握国王右手，发誓为他战斗到死。可以肯定，成百上千名围在会场周围的士兵也听到了这些慷慨激昂之词。这位国王的勇敢心灵每跳动一次，就会将沸腾热血输送到士兵的脉搏之中，很快这种振奋就传遍了全军。这些讲话的内容与后来腓特烈在鲁腾会战前的热诚演讲惊人相似，而将军们的热烈反响也别无二致。

当天夜间，亚历山大开始向叙利亚门的海岸隘口进行反向行军。他及时地用骑兵和弓箭手重新占领那里，借此打通了前往伊苏斯的道路——他两天前才刚刚离开那里。在布置好前哨之后，全军在岩石环绕的关口中度过了夜晚。次日天刚放亮，亚历山大便以纵队穿越隘路向平原进发。

这块平原从叙利亚门向北延伸，宽度也逐渐增大。其长度到伊苏斯为止约为20英里，西侧以海岸为界，东侧则以地形崎岖的山地为界，一些小溪从山丘之间的空隙中伸展出来流向大海。另外在伊苏斯以南数英里处还有一条较大的皮纳鲁斯河穿过平原，该河流向西南方向，其南岸的山丘有一部分伸入到了平原方向。波斯军队的营地正位于这条皮纳鲁斯河北岸。

跃出隘路之后，道路逐渐变得宽敞，亚历山大随即以高超的调动将纵队排成方阵队形，并向两侧展开组成战线。亚历山大惯于在会战之前以检阅序列

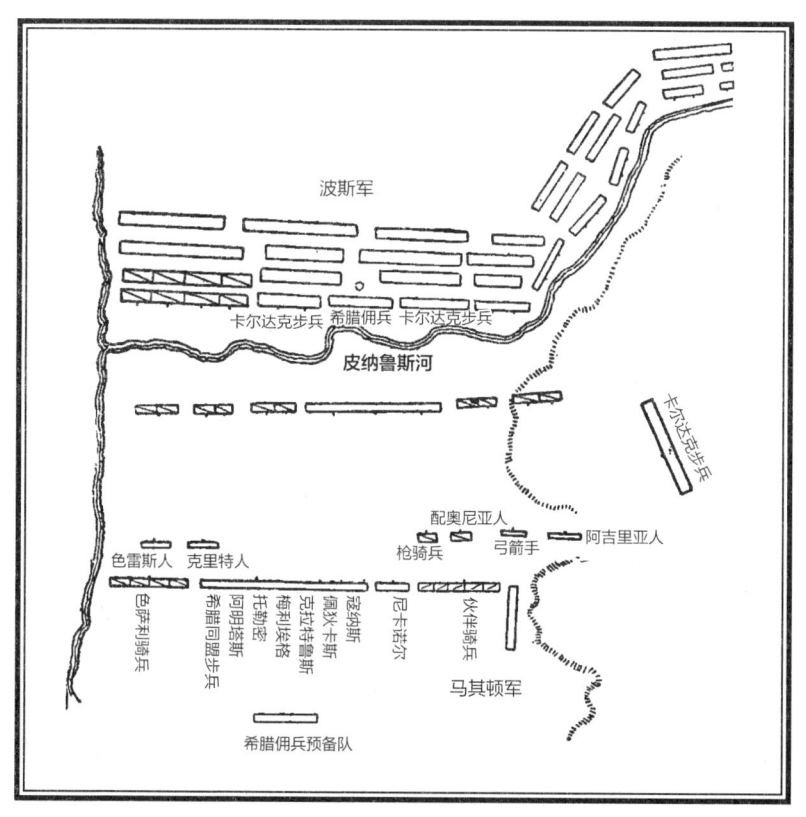

第二十三章　伊苏斯会战（公元前 333 年 11 月）

◎ 伊苏斯会战（1）示意图

行军，其人员所受的训练也可以保障行军时的密集队形。原本位于步兵后方的骑兵在到达平原后加快步伐赶到步兵两翼，这样一来，全军便形成了战斗序列，方阵纵深则与通常一样为16排。从山地方向算起，步兵右翼最外侧为尼卡诺尔的近卫步兵和持盾兵，其次为寇纳斯以及佩狄卡斯的方阵步兵旅。帕尔梅尼奥指挥的左翼依靠着海岸，其步兵从左侧算起分别为阿明塔斯、托勒密、梅利埃格等三个方阵步兵旅，这三个旅都被交给克拉特鲁斯统一指挥，而后者自己旅的位置则并不清楚。帕尔梅尼奥收到死令，要求他的左翼绝不能离开海岸，为此他也得到了希腊同盟步兵的加强。亚历山大最初计划将马其顿和色萨利重骑兵全都布置在右翼，二者也已经收到了相应命令。这样一来，由于从隘

239

路到皮纳鲁斯河之间的平原仅有大约1.5英里宽（该地区的地形至今已经发生了很大变化），马其顿人的侧翼便可以获得充分保护。

位于伊苏斯以南地区的大流士获悉亚历山大所在之后曾试图采取攻势夺取叙利亚门，却发现亚历山大已经抢先占据了隘口。在听到亚历山大接近之后，他便在皮纳鲁斯河上占据了阵地，并将30000名骑兵和20000名轻步兵推进到河流南岸组成屏障，使敌军无法观察到其后方部队的展开，同时他也命令这些部队在收到后退信号之后，便要绕过主力左右两翼撤退。大流士所占据的阵地就如同设防工事一样优越，皮纳鲁斯河是他的壕沟，而其北侧较高的河岸就是城墙。他手中拥有大约30000名重装希腊佣兵，这些人在门托耳之子锡蒙达斯（Thymondas）指挥下面对着马其顿的方阵。从他们的阵地上可以看到对方正在组成战线。在希腊佣兵两侧则部署着两倍数量的卡尔达克步兵（该名称用来指代其余外族佣兵），这些人也同样是接受白刃战训练的重步兵。不同资料中希腊佣兵和卡尔达克步兵的数量和位置关系存在冲突，但这并不影响全局，因为这两支部队肯定是位于波斯全军的中央，而且数量也非常庞大。

希腊佣兵和卡尔达克步兵似乎组成了波斯人的第一线。这90000人若以16排的方阵队形排列，总计将占据超过3英里的宽度。卡利斯塞纳斯（Calisthenes）曾说皮纳鲁斯河谷的宽度为14斯塔德，也就是1.65英里。如果想要挤进这个宽度，希腊佣兵和卡尔达克步兵就要排成25排。这是一个非常有意思的问题，但我们在这里并不会花费太多篇幅来讨论这一问题。当然，这些人也可能是排成了两至三条战线。[1]

大约20000名士兵（可能是卡尔达克步兵的一部分）被布置在左翼顶点，位于皮纳鲁斯河南岸的山地附近，以作为对亚历山大右翼的威胁。由于这片地区的地形，当亚历山大向前推进战线之后，这支部队中的一部分阵线便会超出到马其顿阵线后方。这无疑是一个相当聪明的部署，本应发挥一定作用。

---

[1] 事实上还有另一种可能，即希腊佣兵和卡尔达克步兵相加根本没有90000人之众。古希腊史籍中对敌军兵力往往过分夸张，大流士其实际兵力在10万与15万之间似乎更为合理，而所有重步兵数量也应在3万至5万之间。德国战史学者汉斯·德布吕克认为大流士全军总计只有25000人，这一数字又显然是过小了。

第二十三章 伊苏斯会战（公元前333年11月）

大流士其余部队均在第一线后方依照民族区别排成纵队，准备相继投入战斗，但事实上这种部署不过是把大量人员都挤在了一起，既无法行动又十分危险。包括随营者在内，据说整个波斯大军多达60万人。其中战斗部队可能在20万人左右，但夹杂大量不可靠的人员是其致命弱点。数量过于庞大也正是它的命门所在。而且由于他们始终认为敌军正在逃亡，当马其顿部队突然出现在面前准备发动进攻时，士气也一定会发生动摇。

在排布好战线之后，大流士将原先作为屏障的骑兵和轻步兵从左右两翼撤了下来。不过当他看到骑兵在山地上难以发挥作用时，就让大部分骑兵都集中在了右翼，面对着帕尔梅尼奥，海岸沙滩也是仅有的可施展机动性之处，只有一少部分骑兵被派往左翼。大流士计划依靠山地来掩护左翼，而由右翼那巴赞斯（Nabarzanes）指挥的骑兵作为主攻力量，凭借数量突破马其顿左翼，之后打击在其阵线背后。大流士本人按照惯例位于全军中央的希腊佣兵背后，其全军则从山地一直延伸到了海边。

此时马其顿人的士气正处在最高点，对于自己的英勇也满怀信心。国王的演说激起了全军的热情，当波斯人进入视线之后，士兵们便立刻想要求战。从我们对战争的常识来看，亚历山大此时所处的局势已经不能再糟糕了。因此我们也不得不对他能在如此绝望的危险之中，凭借大胆冷静的头脑以及超乎常人的能力稳住军心赢得大胜而惊叹。

在看到大流士将骑兵集中在右翼面对帕尔梅尼奥之后，由于己方那一侧仅有伯罗奔尼撒和希腊骑兵，亚历山大担心自己的副将可能会被压倒，因此他命令色萨利骑兵从方阵背后隐蔽却迅速地转移到了左翼。在右翼的骑兵中，伙伴骑兵与方阵位于同一条战线上，普罗托马科斯（Protomachus）的枪骑兵以及阿里斯托的配奥尼亚轻骑兵则位于伙伴骑兵前方。在步兵中，安提约古斯的弓箭手、阿塔拉斯的阿吉里亚部队同样位于伙伴骑兵的右前方。另外，亚历山大还在右翼后方布置了一小部分轻步兵、轻骑兵，面对着准备从后方攻击自己右翼的敌军。不过很快他就认清，只要不将他们赶走，这一危险始终都会存在下去。因此在战斗开始之前，亚历山大派出了一支轻装部队去攻击他们，波斯人虽占有居高临下的优势，却还是被逐退到了山顶。大约300人的两个伙伴骑兵中队在他们面前占据阵地加以监视，原先侧卫中的部队则被用于加强右翼方阵的薄弱环节。可当这些部署完成之后，右翼方阵却还是显得过于薄弱，亚历山大遂又将两个伙伴骑兵中队填充了进去。按照以兵源地区命名的规则，两个中队分别为安特慕西亚（Anthemusia）中队和卢加亚（Lugaean）中队。在左翼方面，克里特弓箭手以及西塔西斯指挥的色雷斯人位于方阵步兵前方，骑兵位于方阵步兵左侧，希腊佣兵则作为预备队保留在后方。值得注意的是，亚历山大充分认识到了预备队的价值，而在他之前只有色诺芬曾意识到这一点。亚历山大认清了方阵最大的弱点即在于缺乏后备力量，因此总是会通过部署预备队来弥补这一问题，这在当时并不常见。

马其顿军队凭借精湛的技巧，安静地完成了所有部署。由于亚历山大可以看到对方的阵线，因此他所做的每一个调整都是对敌军部署进行详细侦查后的结果。所有这些调整都没有使部队发生混乱或者慌张，一切都井然有序，执行也十分精确。马其顿全军人数在30000人左右。

在亚历山大右翼，也就是波斯左翼的一侧，皮纳鲁斯河有一个从北方而来的转弯处，因此大流士的左翼位置也比较靠后。由于先前已经逐退了那一部分卡尔达克步兵，亚历山大遂向前推进弓箭手、阿吉里亚部队以及部分希腊佣兵，使自己的右翼包抄了波斯第一线的左翼。在大流士准备以右翼主攻的情况下，亚历山大便决定攻击大流士左翼。

对一支人数较少的部队而言，这片战场非常有利。部队的侧翼可以得到保护，地形也相对复杂，使对方无法像在开阔平原上那样发挥数量优势。由于认为波斯人会主动进攻，亚历山大让部队暂时休息片刻，准备在波斯人渡河时攻击他们。不过波斯人却始终守在阵地上，只有右翼的骑兵开始渡过皮纳鲁斯河进攻马其顿左翼。亚历山大认为大流士将自己所在的中央保留在皮纳鲁斯河背后采取守势是犯了大错。因为这样一来，一旦指挥系统所在的中央部分陷入困境，右翼便无法支援中央，即使他们击败马其顿左翼也无法挽回败局。而只要波斯大王所在的部分被击败，东方士兵们便会发生崩溃。所以亚历山大现在的问题便是如何摧毁对方中央。在他看来，最好的办法便是先摧毁波斯左翼，之后再从背后打击其中央部分。只要帕尔梅尼奥能够率领马其顿左翼坚守到自己取得一定进展之时，他就有信心取得胜利。

大流士始终停留在原地坐等希腊人发动进攻，相信自己在数量上的优势

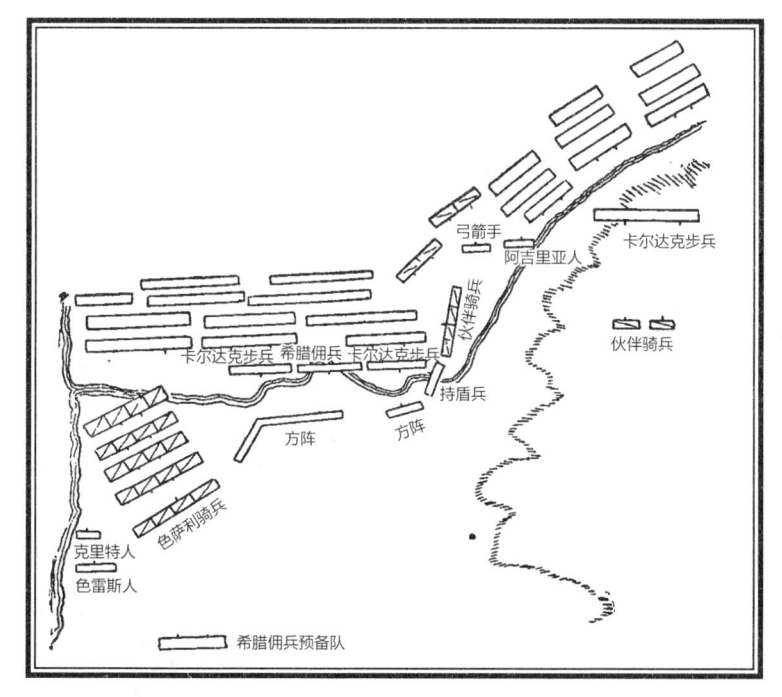

第二十三章 伊苏斯会战（公元前333年11月）

◎ 伊苏斯会战（2）示意图

足以抵挡住对方进攻，并指望自己的骑兵击败亚历山大的骑兵，突破对方左翼，打击其背后。这样一来，双方便都用较强的一翼面对着对方较弱的一翼。色萨利骑兵都是出色的战士，亚历山大将色萨利骑兵派至左翼在一定程度上弥补了马其顿阵线的弱点。而大流士对自己左翼的弱点却没有做任何补救，其左翼的卡尔达克步兵也非常丢人地没能起到任何作用。

波斯国王摆出的防御架势，也使亚历山大手下部队产生了一种大流士缺乏勇气的想法，这就导致他们的士气愈发高涨。大家都高喊着要求发动进攻，亚历山大也随之下令前进。从一支部队的喊杀声中既可看出胜负，而此时马其顿军中明显是一片胜利之声。在阵线缓慢却坚定向前推进的同时，亚历山大骑马在阵线前方高声激励士兵们，呼唤着每一个方阵步兵旅和每一位指挥官的名字，激发起全军的英雄气概。士兵们也大声欢呼回应着他们的国王，亚历山大的以身作则以及十足信心就好像兴奋剂一样，感染着队列中每一位士兵。

243

虽然必须要跨过一条河流，但这些困难却反而更加鼓励了这些曾在格拉尼卡斯河上杀出血路的士兵。皮纳鲁斯河北岸大部分河岸都比较陡峭，而相对平坦的部分也被大流士布上了障碍。不过皮纳鲁斯河本身在全线都是可以涉渡的。

会战即将打响，马其顿士兵的热情也已经达到了沸点。为保证队列完整，避免发生动摇，方阵步兵始终在军乐伴随下以缓步前进，就好像是在游行一样气宇轩昂地迈着整齐步伐。直到进入对方标枪射程后，亚历山大才发出预先定好的信号，由他本人和近卫骑兵领导着全军以双倍速度冲进河水之中，并发出足以令敌军恐惧的呐喊声，在山海之间回响。攻击的迅速不仅对波斯人产生了震慑作用，同时也使己方不至于长时间暴露在对方矢石之下。在亚历山大亲自带领的右翼，由于河流地形使他可以攻击波斯阵线后方，双方刚一发生接触，波斯人便立刻陷入到了混乱之中。

河流的这个转折也导致马其顿军阵线再一次形成了右翼领先的斜形序列。虽然很多学者将其形容为亚历山大的惯用阵型，但毫无疑问这一次的斜形序列也还是意外所致。①不过无论如何，这一序列都发挥了决定性作用，使亚历山大得以攻击波斯中央部分的左侧，也就是他认为大流士的弱点所在。

伙伴骑兵和持盾兵的冲击产生了巨大威力，因为大流士麾下没有任何士兵能够与之抗衡，波斯人只抵挡了很短时间，其阵线很快即被打乱，马其顿人则持续施加着压力。亚历山大逐退正面的波斯左翼部队之后，立刻便发现自己已经前进到了波斯中央的希腊佣兵左翼，后者正是大流士最为依赖的部队。此时这些希腊佣兵已经成功阻止了马其顿方阵的前进。不过亚历山大也已经赢得了最重要的立足点，他在这一侧取得的成功使波斯人不可能仅凭自己右翼取得优势便赢得会战，因为亚历山大现在已经迂回了大流士的左翼，也是他的战略侧翼，并因此切断了对方的退却线。

寻找对方的战略侧翼，以迂回这一翼来切断对方退却线，这种行动总是被认作拿破仑的发明。毫无疑问，确实从未有哪位将领能够像这位伟大的科西

---

① 事实上，从前述亚历山大的战术安排来看，即使地形不如此，马其顿军也会采取以右翼领先的斜形序列，以便攻击大流士的左翼。而且，利用、适应地形发动进攻正是一位杰出将领该做的事。

嘉人一样能够如此大规模、如此有效地利用对方这种弱点。不过在伊苏斯平原上，亚历山大也看到了攻击对方战略侧翼的意义，而他在之后的会战中也还会再次施展这种战术。汉尼拔穿越阿努斯沼泽的行军明确地显示出他也明白这种意义。只不过将这种策略展示给世人的，正是拿破仑战史的作者们而已。与这些人相反，拿破仑本人不止一次说过自己是从前人身上学到了这些知识，但确实是他，将这些学到的知识完美地发挥到了极致。

位于马其顿中央的方阵并没有像亚历山大所带领的右翼那样，以无可阻挡的气势迅速取得成功。他们渡河的地段河岸更高，方阵步兵们的装备也要更加笨重，二者相加导致他们发生了一些混乱，进攻进展也相对较小。与此同时，国王身边的部队在其本人迅猛带领下，已经前进到了战线前方。而大流士的希腊佣兵对方阵也进行了十分活跃的攻击。马其顿方阵步兵不仅行列发生混乱，而且由于右侧的几个方阵步兵旅试图尽最大努力跟随亚历山大快速前进，导致方阵右翼出现了一个空洞。希腊佣兵在勇气方面并不亚于马其顿人，这就使这个空洞显得十分危险，双方的世仇也使战斗变得十分血腥。两军方阵的战斗覆盖了整条河流的两岸和所有主要渡口，双方都拼尽全力，希腊佣兵试图挽回败局，赢得波斯大王的青睐和他承诺的奖赏；马其顿士兵们则并不甘于只能望国王项背，更不愿丢掉马其顿方阵步兵的无敌声望。更重要的是，一旦他们退败，马其顿全军也会一起毁灭。两军在这里短兵相接，箭矢根本发挥不了任何作用，只能使用长矛和刀剑作战。塞琉古之子托勒密以及120名马其顿官兵在此阵亡——尽管马其顿方阵的勇气过人，但还是陷入了巨大危险。

所幸亚历山大又像往常一样扭转了局势。他的部队将波斯左翼从河岸逐退，暂时腾出了手脚。他带领着持盾兵、方阵右侧各旅，在伙伴骑兵支援下转过来攻击希腊佣兵的侧翼，以凶猛进攻撕碎了他们的阵线，立刻便解除了正面各旅的压力。在此之前，这些部队已经在被迫向后退却了。局势扭转之后，在胜利的希望之下，方阵恢复了秩序，重整旗鼓，并从此站住了阵脚。

与此同时，波斯左翼的骑兵也已经过河，凶猛地对色萨利骑兵发起进攻，并在激烈战斗中占据了明显优势。在帕尔梅尼奥这里，战况无疑是全军最艰苦的，若非亚历山大在右翼冲锋的卓越成果，马其顿人很可能已经输掉了会战。不过之所以出现这种情况，完全是由于波斯人不仅数量占优，而且战斗力也十分出色,而绝不是帕尔梅尼奥本人在这一过程中犯了什么错误。他在奉命行动时同样十分积极,而且也具有一定自由指挥的权力。数量庞大的波斯骑兵始终聚集在一起,其重量就如同雪崩一般不可阻挡,几乎就要横扫对手。色萨利骑兵只能凭借勇气和绝对的纪律性,从不同方向连续发动小规模反击,才得以与波斯人抗衡。波斯人虽然有着足以碾过一切敌人的庞大数量,但色萨利人始终没有屈服,一遍又一遍地来回冲锋,尽可能地对波斯人进行打击,坚决地维持着战线。即使是伙伴骑兵也不可能做得更好了。

按照惯例,大流士作为波斯大王自然位于全军中央最显赫的位置。他乘着一辆四匹马并排拉动的华丽战车,几乎囊括了所有宫廷显贵的贵族亲兵在欧克塞斯里斯(Oxathres)指挥下,都围绕在国王周围,因此这位波斯大王在战场上也一定十分显眼。在帮助方阵稳定战线之后,亚历山大便开始从波斯大军中凿开一条道路,向波斯阵线中央的核心地带前进,直接冲向了大流士和他的贵族亲兵。与库那克萨会战一样,这一行动决定了会战胜负。亚历山大也和以往一样一针见血,直向对方中央杀去。面对着亚历山大率领的伙伴骑兵,波斯大王身边的将士很快便非死即伤,就连他的马匹也开始不听使唤。若不是他的兄弟欧克塞斯里斯进行了一次冲锋使他能够从战斗中逃脱,这位波斯大王很快也会成为一位牺牲者。大流士就好像是面对着发怒的赫拉克勒斯和阿喀琉斯一般,被恐惧的暴风所席卷,丧失了一切英雄气概。

大流士看到自己的左翼已经被击溃,亚历山大也已经插进了己方军队与阿马努斯门之间,自己更是面临着被俘甚至阵亡的危险。这位波斯大王失去了所有自制力,迅速逃到了一辆专门为他准备的、由备用战马拉着的轻便战车上逃亡了。但由于地形崎岖,而且遍布着逃兵,这辆战车也没有把他带走太远。好在大流士早已备下一匹良种母马,为了给逃命做准备,波斯人甚至还专门将这匹母马生下的小马驹留在了阿马努斯门。乘战车逃亡不久之后,大流士便换乘到这匹母马上从战场上奔驰而去。随着国王在众目睽睽之下逃跑,波斯左翼和中央的部队立刻便丧失了一切纪律。正准备前进投入战斗的第二线预备队也立刻便像融化一样步大流士后尘而逃。马其顿极右翼的配奥尼亚人、弓箭手、阿吉里亚人、佣兵以及两个骑兵中队发动追击,杀死了所有没能及时逃亡的波斯人。已经取得优势的波斯右翼骑兵发觉了左翼的溃败,而且很快便听到了

"国王逃跑了！"的悲鸣。他们立刻便失去了勇气，开始动摇，在认清自己无论如何奋战也无法取胜之后便同样掉头逃跑了。色萨利骑兵紧跟在后进行追击，不仅杀死了大量这些骑兵，甚至还导致波斯骑兵之间互相践踏。

在发动全面追击之前，亚历山大必须先确保左翼和中央的安全，再加上夜晚临近，他也无法追得太远。这两个原因使大流士本人得以逃亡，不过亚历山大还是俘获了他的战车（大流士的米底披风也留在车中）、弓箭以及盾牌。大流士则一直逃到了幼发拉底河，并从塔普萨卡斯渡到河流对岸之后才停止逃跑。从这支大军的残骸之中，他仅收集到了4000名希腊佣兵。所有没被杀死的波斯步兵都逃到了山区中，骑兵则一路沿着海岸逃亡，最终逃过了上阿马努斯隘口（Upper Amanic Pass）。据说还有一支8000人的希腊佣兵在阿明塔斯带领下向南沿海岸杀出重围逃到了腓尼基，从莱斯博斯人那里夺取了船只，在烧掉不需要的那部分船之后驶往塞浦路斯，之后又逃亡到埃及。与阿明塔斯一同逃亡的还有门托耳之子锡蒙达斯、法勒斯人阿里斯托德墨斯（Aristodemus of Phares）、阿卡纳尼亚人比阿诺尔以及其他一些逃亡者。

在格拉尼卡斯会战中逃得性命的阿萨米斯、罗米色瑞斯在伊苏斯会战中阵亡。波斯人被杀者极多，数量达到了10万人，其中还包括10000名骑兵。拉古斯之子托勒密声称自己手下士兵在追击时曾将死去的敌人扔进沟壑中堆成桥梁跨越而过。由于波斯将领们还像往常一样非常英勇地将自己暴露在战斗中，他们也一样伤亡惨重。马其顿方面则有450人阵亡①，其中300人是步兵，150人是骑兵，阵亡比例为1.5%。另外，寇蒂斯认为阵亡数量为180人，贾斯汀（Justin）则说是280人，受伤数量也众说纷纭。受伤阵亡比在当时通常是10∶1，照此计算，全军伤亡数量达到了5000人，伤亡比则在17%左右，比现代会战平均数字还要高出很多，后者伤亡比很少会超过10%。

没有任何记录可供猜测亚历山大军中有多少人因伤而亡。不过这一数字无疑会很大，因为即使是那些在今天看来并不太严重的标枪、石块、弓箭伤口，在当时不佳的医疗条件下也会致命。我们可以确切知道的是，有很多人因

---

① 这个数字为阿里安所说。

伤致残，而且军队减员数量也非常多。因会战丧命的士兵，绝不可能只像阵亡数字显示的那么少。

另外，古代的胜利之军不会因被俘损失人员。因此在对比古代会战和现代会战中的人员损失情况时，必须减去现代会战中往往数量不少的所谓"失踪"人员[①]。

波斯人带到战场上的财宝价值不足3000台仑（360万美元），但他们还在大马士革保存了大量黄金。会战结束之后，亚历山大派帕尔梅尼奥穿过欧戎提斯山谷（Orontes Valley）去夺取大流士的财宝。由于叙利亚总督的背叛，这部分财宝原本已经被运出了城，现在就被帕尔梅尼奥截住，之后也就被储存在那里。

第二天，尽管亚历山大本人被刀剑割伤了大腿，但他还是一瘸一拐地前去看望马其顿伤员，赞扬那些在战斗中表现杰出的人，并拿出现金犒劳他们。之后他又参加了以军事礼节埋葬死者的仪式，全军都如同参加会战一样，庄重地参加了葬礼。

大流士的家属被波斯人遗弃在了营地里，他们也受到了亚历山大的尊敬和优待。哪怕真如很多人所声称的，亚历山大之宽大并非发自内心，他也把情绪控制在了礼节之下，这对年轻人而言并不常见。而且事实上，普鲁塔克、阿里安以及其余史学家评价亚历山大时都说他宽宏大量，很显然这种评价也要更接近于事实真相。如果我们只看到那些暴露他缺点的恶行，而看不到那些证明他高贵善良的善行，便无法公平评价亚历山大的人格。史书中提及亚历山大从追击大流士的战车上返回之后，在大流士营帐中与伙伴骑兵们一起吃饭时听到有女人的哭声。询问之后才知道波斯太后西绪甘比斯（Sisygambis）和王后斯塔蒂拉（Statira）以为大流士已经战死，正在为儿子、丈夫悲伤。亚历山大立刻便让列昂纳托去向她们保证大流士还活着，而她们对马其顿人也不应感到害怕。行如其言，亚历山大不仅没有施用当时征服者对女性的权力，甚至禁止他人在自己面前提起斯塔蒂拉的美貌——这位王后要算是当时最美艳的女人之

[①] 即被俘人员。

第二十三章　伊苏斯会战（公元前333年11月）

一。这两位王室女性由她们熟识的东方侍从陪伴，受到了王后一般的待遇，完全不像是俘虏。可能亚历山大是当时唯一一个会如此行事的希腊人，而且他的克制以及他给予俘虏的礼遇对他未来的政策也十分有利。从此之后，所有的对手都对亚历山大赞不绝口，波斯人在领略了他的指挥能力之后，又发现他的人格也一样伟大。这样一来，亚历山大击败大流士的工作也变得更加从容。第二天，当亚历山大和赫菲斯提翁一同去拜访两位王后时，因为亚历山大穿着并不比赫菲斯提翁更华丽，而后者身材又要更高一些，西绪甘比斯就把赫菲斯提翁当作了亚历山大拜伏在他脚下。当西绪甘比斯发现自己认错了人，惊恐地担心这位征服者要降罪于她时，亚历山大却把她搀扶起来，说她并没有错，因为赫菲斯提翁也是一位"亚历山大"。①之后他又抱起了大流士的幼子，对其爱护有加。

除在幼发拉底河与大流士会合以及逃到了埃及的那一小部分希腊佣兵以外，波斯全军都在伊苏斯被消灭了。一些幸存者聚集在一起逃回了波斯内陆，另一部分逃到了西里西亚山区。不少人聚在一起游荡了一段时日之后便逃回了家乡。虽然一些散兵游勇逃到了小亚细亚的卡帕多西亚、帕弗拉戈尼亚、卢卡尼亚等地，但每当他们出现，就会立刻遭到当地的马其顿总督镇压。弗里吉亚总督安提柯和小弗里吉亚②总督卡拉斯都曾驱逐过不少这样的小股部队。在接下来的两年中，亚历山大没有遇到任何有组织的抵抗，而冬季的临近也使大流士躲过了进一步追击。

由于流经平原的河流沉淀物积累，今日的伊苏斯地貌已经发生了很大变化。有很大一部分当年的海岸已经变成了绵延的沼泽，叙利亚门现在也已经因山体滑坡而被阻断，无法通行。时至今日，能够穿过阿马努斯山脉的道路，已经只剩下阿马努斯门一条了。

经此一战之后，即使连波斯人都认清仅凭数量无法赢得会战。虽然这在今日已经是老生常谈了，但在只知数量的古人眼中，他们可能很难认清这一问

---

① 在希腊语中，亚历山大意为"男人的保护者"，这个轶事中亚历山大所说的正是此意。
② 即赫勒斯滂-弗里吉亚地区。

249

· 亚历山大战史

题。虽然拿破仑曾说神祇会站在数量更多的一方，而他自己的神机妙算却能够相当于千军万马。但在他说出这些言论时，欧洲各国士兵的训练、纪律水平旗鼓相当。在数量相当的情况下，指挥官的天才便成为决定性因素。而波斯的乌合之众并不能算在拿破仑这句格言或理论的讨论范畴之内。大流士在战前曾吹嘘说要凭借庞大部队将亚历山大踩在脚下，但无论是在这一次，还是在后来他真正有机会发挥数量优势的阿贝拉会战中，他本人却始终是全军的弱点。而这位波斯国王的失误也可以算是亚历山大的好运。通常而言，波斯人，尤其是贵族和将领们都十分英勇可靠，但他们组成的大军却还是很很容易击败。大流士并非一位天性坚定之人，当他发觉曾被自己低估的希腊人仅凭少量士兵便敢于和自己抗衡时，他便失去了理智。与此相反，亚历山大在会战中出色的指挥却表现出了最高水准。凭借着敏锐的眼光，他不仅理清了整个局势，也发现了对方阵线上的弱点，并以同样可敬的勇气和冷静挑战对方的庞大部队。毫无疑问，正是亚历山大所表现出的这些素质，使大流士暴露出了自己的弱点。从这一角度上来讲，亚历山大的好运也是他自己带来的。

伊苏斯会战可能是亚历山大所有胜利中影响最深远的一仗。在这场会战之后，亚历山大的名字几乎成了神祇的同义词。和往常一样，亚历山大举办了运动会和献祭仪式来庆祝胜利。为了表示纪念，他还在叙利亚关口中建造了一座亚历山大城。[①]皮纳鲁斯河岸上也竖立起了三座巨大的祭坛来祭奠在此阵亡的将士。

由于西里西亚在已被征服的地区中最具军事重要性，必须交给最优秀的将领来掌管，因此亚历山大选择了一位侍从副官——尼卡诺尔之子巴拉克鲁斯担任西里西亚总督。巴拉克鲁斯在侍从副官中的职位则由米尼斯（Menes）接替，波利伯孔则接替了塞琉古之子托勒密。瑟迪马斯（Cerdimmas）之子梅侬（Menon）成为北叙利亚总督，统治地区以帕尔梅尼奥所占领者为限。亚历山大还给他留下了一支希腊同盟骑兵部队来驻守所辖地区。

---

① 这座城市更重要的作用还是保持叙利亚门的畅通。

第二十四章
围攻泰尔（公元前333年11月至公元前332年8月）

在伊苏斯会战之后，波斯的海军将领们试图拯救那些仍有机会摆脱厄运的土地和军队。为避免开俄斯岛变节，发那巴扎斯带着12艘三列桨战舰和15000名雇佣军前往那里。但门侬去世以及伊苏斯战败的影响却是灾难性的。不久之后，腓尼基和塞浦路斯的波斯盟友们便显示出分崩离析的信号，这对波斯帝国海上力量的打击要比前面两件事更为严重。当亚历山大没有像波斯人预期那样前往幼发拉底河，而是开始向腓尼基前进时，沿岸城邦的国王们立刻便感到自己的统治受到威胁，这也使他们对波斯的忠诚再次受到巨大削弱。门侬的巨大影响力已经彻底不复存在了。

波斯舰队给开俄斯岛留下了卫戍部队，之后又向科斯岛和哈利卡纳苏斯派出了几艘战舰，最终驶到了锡夫诺斯岛（Syphnus）。仍在抵抗亚历山大的斯巴达国王阿吉斯试图劝说波斯将军们向伯罗奔尼撒半岛派出舰队，以便斯巴达人能够与波斯舰队联手，积极地袭扰马其顿领土。可虽然阿吉斯态度积极，不断地推进着这些宏大计划，波斯人在伊苏斯战败的消息还是阻止了所有这些行动。发那巴扎斯立刻回到了开俄斯以免当地发生叛乱，这在此时已经并非不可能了。阿吉斯仅从波斯人手中争取到了30台仑黄金和10艘三列桨战舰，只好

・亚历山大战史

借此派他的兄弟阿格西劳斯到克里特和其他爱琴海岛屿去煽动叛乱，之后再与奥托夫拉达提斯一起前往哈利卡纳苏斯。

在伊苏斯获胜之后，亚历山大并没有直接向幼发拉底平原前进从而进入波斯腹地，而是向南进入了腓尼基。因为只要压平这块沿海地区的诸城邦，亚历山大就能消灭远至埃及的所有抵抗。在深入内陆之前确保对整个海岸线的控制，原本便是他总体计划的一部分。不过我们现在已经无法考证，这些计划是在这位国王从佩拉启程之前便已经制订好的，还是当他愈发深入亚洲，制海权问题愈发严重才随之诞生的。但有必要怀疑的是，亚历山大在远征开始时可能根本没有足够的地理情报可供他制订这种计划。可无论如何，他的整个战略行动都非常完美而平衡。如前所述，他已经派遣帕尔梅尼奥带领色萨利骑兵穿过欧戎提斯山谷去占领叙利亚，并夺取大流士进军伊苏斯之前留在大马士革的财宝和随营物资。而他本人则在将西里西亚方面的事务做了适当安排之后，率军进入腓尼基。

与波斯大王统治的其余地中海沿岸地区不同，腓尼基并没有彻底陷入暴政统治。波斯非常依赖腓尼基各城邦海员的技艺以及他们的舰队，同时这里也是波斯最倚重的通商口岸，这就使它们拥有了与后来德意志自由市相似的地位。虽然它们的地理条件并不具有完全独立所必需的与世隔绝，但它们位于黎巴嫩山以及大海之间的地形还是足够险要。它们中有不少城市都建立在沿岸岛屿上，还有一部分则建立在

◎ 叙利亚与腓尼基示意图

第二十四章　围攻泰尔（公元前333年11月至公元前332年8月）

无论陆路、海路都难以接近的位置上。每座城市都控制着一片或大或小的地区。这些城市的大量贸易以及手工业虽然没有像其他城镇一样在东方统治下衰败，但也已经被最大限度地纳入了波斯管辖之下。

腓尼基各城邦的战舰此时均在波斯舰队中服役，这些分队的指挥官大多都是国王本人。但如上所述，伊苏斯会战的结果直接动摇了这些城市的根基，被留在家乡的政府也看到了倒向亚历山大的必要。如果这些城邦能够联合起来，它们本能给亚历山大造成不小的麻烦。但它们之间的隔阂和嫉妒，再加上亚历山大的聪明引诱，阻止了这种可能。占领腓尼基对亚历山大而言是取得成功的先决条件。只要大流士仍保持对腓尼基的控制或影响力，即使仅是与这些城邦维持正式的合作关系，他便始终能拥有一支舰队。而一旦这些城邦不再忠于波斯，波斯大王最有力的武器便将转投对手阵营了。

在向腓尼基前进时，亚历山大首先遇到了阿拉达斯（Aradus）的国王格罗斯特拉塔斯（Gerostratus）之子斯特拉唐（Strato）。虽然国王本人正在奥托夫拉达提斯的舰队中服役，但斯特拉唐还是主动向亚历山大献出了自己最大、最繁荣的首都马拉苏斯（Marathus）及其附近的阿拉达斯岛、塞贡岛（Sigon）、马瑞尼亚岛（Mariamme）以及所有受他和父亲统治的领土。这要算是亚历山大在腓尼基获得的第一个，也是重要的成功。为表示臣服，斯特拉唐向亚历山大献上了重礼，还按照当地习俗将一顶黄金王冠戴在了亚历山大头上。

亚历山大在马拉苏斯停留了几天时间。在这里，他收到了大流士派使节送来的一封信，大流士希望亚历山大能将他的母亲、妻子以及孩子交还给他，并提议两国应成为朋友和盟友。大流士在信中将亚历山大的胜利归功于某位神祇的眷顾，并重提波斯与马其顿早年的友好。他本人作为一位国王也恳求另一位国王将家人还给自己。亚历山大对此做出回应。由一位地位相当的使节将回信送给大流士。他在信中列举波斯对希腊造成的伤害、大流士挑起的敌意以及波斯宫廷对杀父凶手的教唆。他在信中强调自己拥有征服整个亚洲的权力，要求大流士承认亚历山大是自己的主君，而非对等的国王，并威胁大流士无论逃到天涯海角，他都将紧追不舍，直到完成毁灭波斯统治的使命为止。作为亚历山大性格的侧面印证，他在信中的一些话非常耐人寻味："尊我为亚洲的主人，前来拜谒，你的请求便能够得到满足。但如果你拒绝尊我为君，那你就应当据守阵地,为你的国土而战。因为不论你逃到哪里,我都将紧追不舍。"

同样在马拉苏斯,亚历山大从大马士革接收了一批希腊人,他们是斯巴达、底比斯、雅典派到大流士宫廷中的使者。考虑到这些人的地位,亚历山大给予他们额外的宽大处理。他释放了底比斯人,但仍暂时将斯巴达人握在了手中。雅典的伊菲克拉提斯之子(伊菲克拉提斯便是那位轻盾兵的创始人)也在这些人中间,他被亚历山大安排在了自己身边的一个荣誉职位上。

接下来,亚历山大开始向比布拉斯(Byblus)前进,并接受了后者的有条件投降,而其国王也同样在波斯舰队中指挥着自己的分队。按照阿里安的说法,比布拉斯是世界最古老的城市,掌握着一片相当可观的土地。出于对波斯人过去恶行的憎恨以及对泰尔的嫉妒,西顿(Sidon)也打开了城门。泰尔——整个地中海东岸的明珠,同样派来了由国王阿泽米卡斯(Azemilcus,此时他也在奥托夫拉达提斯麾下服役)之子带领的使团表示臣服,条件却是亚历山大不能进入泰尔。亚历山大回答说他希望向泰尔的赫拉克勒斯神庙献祭。但泰尔人还是对此加以拒绝。因为在进入以弗所时,亚历山大曾将全军集结在阿耳忒弥斯神庙的门前一同献祭,如果现在亚历山大又要再来一次这样的献祭,那泰尔人就会失去一切自由,因为他们认为马其顿人一旦进来就不会再走了。他们愿意将自己的舰队和忠诚献给亚历山大,但不愿交出他们的性命、自由以及对欢乐的追求。毫无疑问,他们希望保持足够的独立,以便在亚历山大和大流士二者其一成为最终胜利者时投入胜者麾下。他们自知自己对这两位国王同样重要,因此不愿在局势未定前将自己交给任何一方。如果大流士最终获胜(在当时看来这也绝非不可能之事),泰尔人将因自己是唯一保持忠诚的腓尼基城市而获利。即使大流士再次失利,泰尔人也仍有能力长期坚守,单独与亚历山大妥协。对泰尔人而言,这种考量是非常自然而且明智的,但他们却并不了解亚历山大。泰尔拒绝了这位马其顿国王的条件,公民们紧闭城门,国王也从海外归来保卫城市。

亚历山大已经拟订了一系列非常清晰的战略计划:首先对埃及进行一次远征,以完成对东地中海所有沿海城市的征服,摧毁波斯的海权;之后再向巴比伦进军,只要能够掌握整个海岸线,后方的马其顿和希腊便能不受斯巴达和它的波斯盟友威胁。但这一切的前提便是占领泰尔,否则他就不能在这个腓尼

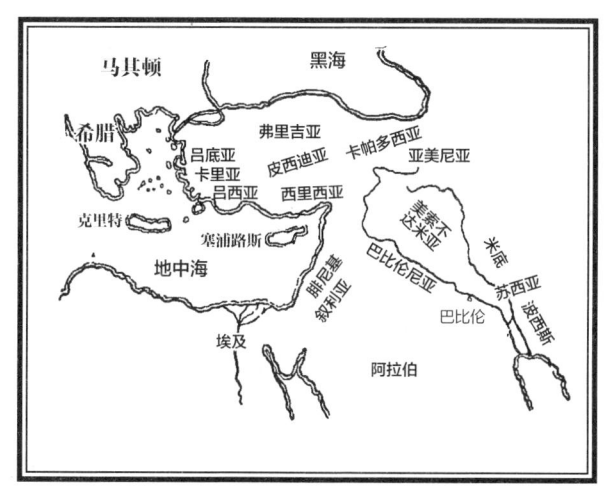

第二十四章 围攻泰尔（公元前333年11月至公元前332年8月）

◎ 亚历山大的大战略示意图

基最大，甚至是世界最大的海军基地位于自己背后的情况下，安全地向埃及或巴比伦前进。为此亚历山大按照惯例或者法律规定召集伙伴骑兵、方阵步兵的团长、营长、骑兵中队长以及同盟军军官举行战争会议，说明军队面临的情况。军官们同意必须攻克泰尔，但他们对如何围攻泰尔却根本没有头绪，因为这看起来根本就是不可能的。但亚历山大却回答说，无论对谁而言，只要是必须要做的事情，都绝非无法完成。依靠手中掌握的大量资源，亚历山大决定先将泰尔孤立起来，之后再对其发动进攻。一次冗长的围攻随之而来，如果波斯将军们仍有像门侬那样的勇气，这次围攻就将使他们占尽优势。但大流士并没有与亚历山大对抗的才能。时间在战争中往往至关重要，但这一次却并没有成为亚历山大的敌人。

不少批评者质疑亚历山大为何不在伊苏斯会战之后直接追击大流士，占领巴比伦和苏萨，控制波斯帝国的核心地带，阻止大流士组建一支新军。古斯塔夫也曾因渡过莱希河（Lech）后没有向维也纳进军而受到过相似的质疑。事实上，亚历山大对自己后方以及马其顿本土的担心要远远大于他对前方任何敌人的担心。虽然波斯舰队正在被迅速地肢解，却仍然掌握着爱琴海；阿吉斯国王的兄弟已经控制了克里特；希腊诸邦虽因最近的胜利而暂时平静了下来，但仍随时可能爆发叛乱。在将从赫勒斯滂到尼罗河的整个海岸线都握在手中之

· 亚历山大战史

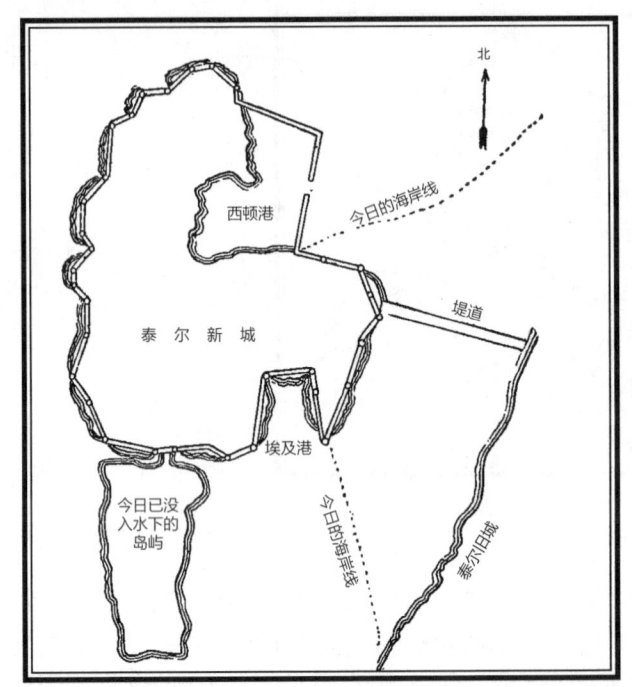

◎ 泰尔示意图

前，向内陆发动任何远征都要冒着失去一切的危险，无异于赌博。如果亚历山大的目标是征服全部已知世界，他便必须以全部已知海岸线当作行动基地。伊苏斯会战的胜利并不是亚历山大的行动目的，而只是他下一步行动的基础。这条海岸线是他庞大计划所必需的最小基地。而亚历山大征服计划的宏大和条理性，正可以从他在泰尔海岸上的耐心等待和行动中得到最好证明。直到那之后，他才终于越过了幼发拉底河。

到达泰尔之后，亚历山大发现位于大陆上的旧城已经被放弃了，其居民已经撤退到了所谓的"新城"中。后者位于一座长两英里，宽度略窄的岛屿上，与海岸相隔一条0.5英里宽、18英尺深的海峡，在接近海岸的一侧水浅而泥泞。整个海岛均由高大的城墙环绕。海岛拥有两个港口，一为位于北部的西顿港，一为南部的埃及港，二者均有一部分面对大陆。即使远没有新城坚固的老城，也曾经抵挡住了尼布甲尼撒长达13年之久的围攻。泰尔城拥有大量的武器、英勇的人民（据称其守军人数多达30000人，但这很可能是所有能够作战

第二十四章　围攻泰尔（公元前333年11月至公元前332年8月）

的居民总数）、一切可以用来抵抗围攻的战争机械以及不在少数的战舰，后者正是阿泽米卡斯国王在新城被彻底封锁前从波斯舰队带回来的。同时城内也拥有能够长时间支撑的粮食。亚历山大希望能够获得腓尼基人的支援，泰尔人则相信过去的友邦能够加入己方，而不会去帮助亚历山大毁灭曾经的盟友。

由于亚历山大此时手里没有船只，只能从海岸对泰尔发动进攻，因此他决定从大陆起建造一条堤道穿过海峡。按照计划，这条堤道有200英尺宽，在两侧将木桩打入海底，中间则用石头、沙土和木材填充。工程在亚历山大到达城下之后便立刻开始了，劳工则从周围所有地区征集而来。从黎巴嫩山运来的雪松被当作木桩，非常容易打入松软的海床。石头则来自于海岸上的旧城，这座遭到居民放弃的城市现在被拆解用来对付它原来的主人。海岸湿地上的草丛也被做成了结实的绳索。为避免堤道两侧被海浪冲刷损毁。整棵整棵带着枝叶的大树被扔到海里，减缓因西南大风而汹涌的海浪。为了建筑这条奇迹般的堤道，亚历山大耗尽了一座城市和一片森林的所有资源。

亚历山大亲自监督着工程的每一个环节，并时常用振奋人心的言语和他的亲自到场来鼓励那些夜以继日工作的马其顿士兵和其他劳工。工程进展非常迅速，但当他们接近城墙附近的深水区并进入了对方矢石射程范围之后，工程的困难便只能用灾难来形容了。泰尔人将攻城器械架在城墙上，使出浑身解数来毁坏堤道。他们时常乘着战船从不同方向对劳工进行攻击，还派遣潜水好手在水下破坏堤道。泰尔人施展的技巧超乎常人想象，向无礼的马其顿后来者展示了自己自古传承的才能。狄奥多拉斯详述了其中不少方法，我们在此不多赘述。不久之后，亚历山大便被迫在堤道末端建造了两个攻城塔，以便将泰尔人驱离。他在这两个攻城塔上部署了士兵和攻城器械，还在正面铺上了兽皮以免攻城塔被城墙上射来的火矢引燃。马其顿人还用柳条和兽皮制成可移动的掩体，并竖起栅栏和棚车来掩护劳工不受攻击。在得到了这些掩护之后，工程才重新获得了实质性进展。

泰尔人知道自己必须摧毁这两座攻城塔。他们将一艘拥有宽阔甲板、内部能够容纳大批货物的老旧双桅运马船改建成了火船，在其内部装填了大量沥青、干柴以及其他易燃物，在像天线一样伸出的横桅上还挂上了装满了硫黄、石脑油和类似物质的火盆。在一个风向朝向内陆的大风天里，泰尔人用两艘三列战船将火船拖到了堤道末端，在留下引火人员由其自行尽力游回城内后，两艘三列战船撤退到安全距离，发射矢石阻止马其顿人灭火。为让火船能够冲上并固定在堤道上，其船尾还专门加了配重来抬高船头。攻城塔、柳条制成的掩体以及马其顿的攻城器械都被火船引燃，横桅大锅中的燃料也被倾泻一空，风势更助长了大火。尽管马其顿人英勇地与大火搏斗，但所有工程还是被焚烧殆尽。因为猛烈的西北风和泰尔人从战船、城墙上发射的矢石使他们根本无法扑灭迎面而来的火焰。泰尔人还从城池中乘着船只在堤道的上风方向登陆，借着大火推倒掩体，烧毁攻城器械。最终大火不仅烧毁了两座攻城塔，堤道末端也受到了严重的损毁，不久后便在海浪冲刷下垮塌。无数劳工工作数月的成果在短短一个小时之内便毁于一旦。

这场灾难并没有让亚历山大气馁，这位国王天性不愿接受任何失败。寇蒂斯和狄奥多拉斯记载亚历山大曾在此时与泰尔协议暂时停战。但无论从任何角度来看，他都不太可能采取这样的行动，而且这与他的个性也完全不符。事实上，他立刻便开始着手建造一条更宽的堤道，以便在上面建造不止两个攻城塔，同时他也开始建造新的攻城器械来取代被烧毁的那些。新的堤道据说要比先前更加正对海浪冲刷的方向。而老的堤道曾因前端遭大量海水冲击而逐渐损毁。亚历山大拥有大量的工程师和优秀的机械师，师出波利塞德斯（Polycides）的迪阿迭斯和查理亚斯（Chairias）则是这些工程师的领袖。

到次年早春季节，亚历山大终于认清，只要泰尔人仍然掌握着制海权，他便永远无法攻克这座城市。在留下佩狄卡斯和克拉特鲁斯指挥围攻之后，亚历山大自己带领着持盾兵和阿吉里亚部队前往西顿征召三列战舰，这一工作很快便告完成。两位原先在奥托夫拉达提斯舰队中效力的国王——阿拉达斯国王格罗斯特拉塔斯和比布拉斯国王埃尼拉斯，在得知自己的城市已经向亚历山大投降后，立刻便离开波斯海军，将自己的船只交给了亚历山大。二者的舰队与西顿提供的三列战舰相加，总共达到了80艘战舰。同时罗德岛也派来了城邦的旗舰和其余9艘战船，其他地区的舰只也相继加入舰队。而塞浦路斯人听说亚历山大在伊苏斯会战的胜利后，由国王尼塔戈拉斯（Pnytagoras）亲率120艘战船加入马其顿一方。在所有这些船只之中，不少都是四层甚至五层桨的大型战舰。这对于亚历山大的影响力来说是决定性胜利，这位征服者也非常愿意对这

第二十四章 围攻泰尔（公元前333年11月至公元前332年8月）

些过去的敌人既往不咎。

在自己的海军进行战斗准备而攻城器械也在建造之中的同时，亚历山大带领着一个中队的骑兵、持盾兵、阿吉里亚人以及弓箭手对黎巴嫩山附近的山地部落进行了一次为期十天的战役。这些部落控制着欧戎提斯山谷以及通向山谷的道路，已经造成了不少麻烦。这次战役的结果与镇压西里西亚山区时一样彻底，亚历山大攻克了一系列山地要塞，像旋风一样席卷了整个山地。关于这次行动我们无法找到任何细节记录，但从这位不知疲倦的国王的其他类似武功中，可以推断出这一工作进行得非常彻底。而从这块地区的地形复杂程度之中，也能看到在如此短时间内完成这项工作是何等困难。其所花的时间在别人眼中，仅够来回行军之用。普鲁塔克曾根据卡瑞斯的记录，提及这位国王在这次远征中曾多次表现出个人的英勇。英雄般的英勇行为在亚历山大身上不过是惯常之事，我们后面将不再对此赘述。当他回到西顿时，克林德已经带着4000名希腊佣兵的增援等在那里了，同时舰队的备战工作也进行得十分顺利。

舰队完成准备工作之后，亚历山大在船上安排了足够接舷战的持盾兵，并在第一个顺风天里（虽然当时的战舰几乎完全依靠划桨动力，但也并不情愿在顶风中作战）便起航向泰尔前进，试图尽早与对方进行海战。亚历山大本人亲自率领塞浦路斯人和腓尼基人组成的右翼，克拉特鲁斯和尼塔戈拉斯则指挥左翼。在这支壮观的舰队接近泰尔之后，亚历山大暂停了前进，以便重新整理阵线，这与他在伊苏斯会战中一度减慢方阵前进速度异曲同工。直到行动缓慢的舰只跟上行列之后，这位国王才重新下令前进。原本决心抵抗并且已经证明自己技艺的泰尔人，惊讶于亚历山大所集中的舰只数量已经超过己方，原先盟友的抛弃也令他们倍感沮丧，而更令他们大吃一惊的还是亚历山大向他们大胆挑战的绝对信心。因而他们拒绝出港，而只是在西顿港的出口处布置了一排尽可能多的三列战舰，以此来封锁港口，并为避免船只遭俘而将舰首指向港外。看到这种情况之后，亚历山大也并没有试图突破到港内。不过腓尼基的舰队还是通过高超的机动，切断并摧毁了三艘冒险驶出港外的三列战舰，后者的水手则游回了海岸。亚历山大将他的舰队停泊在堤道两侧，在那里躲避海风。安德罗马科斯（Andromachus）带领塞浦路斯舰队面对着西顿港停泊，腓尼基舰队则面对着埃及港停泊，亚历山大的指挥所则设在腓尼基舰队一侧。到了此时，泰尔的陷落已经只是时间问题了。

大量攻城机械或从塞浦路斯、腓尼基征集而来，或在当地建造而成。那个时代所有的科技和一些全新的发明几乎全都派上了用场。在这些攻城武器中，一部分被布置在堤道上，其余则被安装在平底船、商船或部分航速较慢的三列战舰上。一些战舰上还建造了攻城塔，其上安装有能够搭靠对方城墙的吊桥。这些浮动的攻城武器船面对着城市停泊，开始施展它们的威力。但泰尔人却还是能灵活熟练地与之对抗，其手段则是在面对堤道和攻城战舰的城墙上修建箭塔。这不仅使对方无法将吊桥搭靠在城墙上，而且也让己方的优秀抛射机械能够发扬火力。它们向接近的船只发射带火的箭矢，还用抛石机投掷火球。泰尔的城墙高达150英尺，相对也十分宽阔。其结构则由凿成正方体的巨石组成，并由水泥填充在石块之间。这种极具技巧和耐心的建造方法具体情况现在已经不可考了。除城墙上射出的矢石以外，城墙脚下的海床上也布满了专门防止敌人接近的石块，这就使攻城战舰几乎无法接近城墙。亚历山大现在便开始着手打捞这些石块，这一工作所需的技巧和耐心也绝不容小视。而且不久之后，那些停泊在城墙下进行这项工作的船只就遭到了泰尔人一些附满铁甲的三列战舰干扰——泰尔人在这些战舰上，利用长柄镰刀砍断打捞船的锚链，使它们无法停泊。亚历山大也如法炮制，将一部分战舰装上铁甲，布置在打捞船前方，以免它们再被泰尔人割断锚链。但泰尔人却还是能利用蛙人在水下割断锚链（泰尔是海绵的交易中心，因此蛙人数量很多且技艺高超）。亚历山大则通过改用铁质锚链来使蛙人无计可施。在那之后，这些石块终于在大量的人力劳动下，利用带活扣的绳索和吊车拖出水面，之后再运走并抛到深水区。通过这些工作，攻城武器才终于得以接近并攻击一部分早前即被选作攻击点的城墙。

很自然，泰尔人指望自己最富庶的殖民地迦太基能够提供支援。早在亚历山大的堤道形成实际威胁之时，他们就已经把自己的家人送到了那里。但最终迦太基并没有给泰尔提供任何支援，这无疑使他们对忘本的迦太基人失望至极。必须提及的是，迦太基自己也在与他国交战。但无论如何，就像他们后来在汉尼拔时代所做的那样，迦太基始终秉承着非常自私的国策。

泰尔的舰队分为两部分，分别停泊在两个港口之内。而马其顿舰队也就部署在港口出海口，阻止泰尔舰队突围，使他们的舰队无法会合发动反击。泰

第二十四章 围攻泰尔（公元前333年11月至公元前332年8月）

尔舰队的实力并不足以进行任何有效行动，但在饱受骚扰之后，泰尔人还是决定进行一次迅速的出击，准备攻击停泊在堤道北侧的塞浦路斯战舰。

泰尔人假装晾晒风帆而把它们挂在海港出口，借此阻挡了亚历山大的视线，并将精悍的划桨手和最勇敢的士兵布置在13艘战舰上——3艘五列战舰、3艘四列战舰、7艘三列战舰。到正午左右，当亚历山大的水手们都四散在岸上就食，他本人也正在堤道另一侧面对埃及港的指挥所里休息时，泰尔人驶出了港口。一开始他们尽可能压低航行时的噪声，航行到一半距离之后，他们突然发出巨大的吼声，全速冲向塞浦路斯舰队。突然的进攻使泰尔人在一开始占据了优势，将不少塞浦路斯战舰击沉、击伤或赶到了海岸上。不过亚历山大的哨兵也迅速把这个消息告诉了他（也有记载说亚历山大恰好当天从营帐里出来的时间比往常更早，从而亲眼看到了这一攻击），他立刻集中了堤道南岸所有能够立刻调集起来的战舰，用其中一部分不满员的舰只去封锁南部港口以免这里的泰尔战舰也趁机突围，他本人则带着全部的五列战舰和5艘三列战舰前往堤道北侧的战场。由于此时堤道距离城墙已经非常接近了，亚历山大不得不围着泰尔城绕了整整一圈，才到达西顿港对面泰尔战舰正在大肆进攻的地方。不过，亚历山大现在的位置也使他能够打击在泰尔战舰的背后。看到亚历山大的迅速行动（这些划桨手的速度之快，甚至能够等同于今日蒸汽船的平均航速了），泰尔人从城墙上向自己的战舰发出了返航信号。但在被战场噪音覆盖并被罕见胜利冲昏头脑的泰尔战舰听到信号开始撤退之前，亚历山大就已经开始了攻击。泰尔人立刻四散而逃，但这位国王还是彻底摧毁了数艘战舰、俘获两艘（一艘五列战舰和一艘四列战舰）。通过这样一次行动，亚历山大证明了自己同样是一位出色的海军将领。

亚历山大现在已经完成了绝大部分工作。堤道已经建造了足够的长度来攻击城墙；战舰已经获得了安全的泊地；海峡已经被清理干净，可以供攻城战舰接近城墙；泰尔人的舰队也已经被他逐回港内无法突围。剩下所要做的，就只有打破城墙对城市发动进攻。但这正是最困难的工作，泰尔人在绝望之下也变得更加危险。

除这些困难之外，亚历山大还发现堤道面对的城墙太过坚固，他所建造的任何攻城武器都无法给这段城墙造成实质性损伤。同时攻城战舰也无法打破西顿港一侧的城墙。这位马其顿国王虽然对此感到失望，但远没有气馁。直到马其顿人尝试攻击了每一处城墙之后，攻城战舰才终于成功重创了面对埃及和外海的一段城墙，并将其打破。泰尔人从不认为这里也会遭到攻击，因而这段城墙并不像其余部分那样坚固。

被围攻的泰尔人数月来始终显示着自己的发明能力和机械技巧，亚历山大的工程师们使出了浑身解数才得以与之抗衡。在此之前，马其顿士兵们已经愈发急不可耐，对于攻克这座非凡要塞的信心也发生动摇。但突破口的开辟重新点燃了他们心中的勇气。亚历山大在突破口上架起了一座栈桥，并派出突击部队加以攻击。但泰尔人凭借暴雨般的矢石、火球和其他办法将他们逐退，并在突破口建造了弧形内墙将其堵住。亚历山大只能等待更好的进攻机会。虽然不少历史学家认为亚历山大在此期间曾打算放弃围攻继续远征，但亚历山大根本没有采取过任何能印证这种理论的行动，而这种理论与亚历山大坚忍不拔的性格也完全不相吻合。

进攻失败三天后，海面十分平静，亚历山大准备进行一次新的进攻。此时已经是7月底了。他将自己的攻城锤集中在城墙的西南部，这里也是最容易攻击的地点。同时他还命令一部分搭载着巨弩、抛石机和投石手、弓箭手的战舰环绕全岛进行射击，以使对方无法确定主攻方向。一部分战舰被部署在海岸附近，准备凭借猛烈的攻击和密集的矢石来威慑对方。另一些战舰则装载着亚历山大最精锐的部队——阿德米塔斯的近卫持盾兵和寇纳斯的方阵步兵旅，亚历山大也准备亲自领导突击。舰队的其余部分全部被派到了两个港口的入口，准备尝试切断入口的拦阻绳攻入港内。除此以外，全军剩下的所有其他部队也都将在这次总攻中提供支援。在几个小时的尝试后，亚历山大终于在城墙上打破了一个更大的缺口。装载着攻城锤的战舰后撤，两艘带着栈桥的战舰向前将栈桥搭靠在海滩上。紧接着，在亚历山大亲自监督之下，近卫持盾兵开始发动突击。泰尔人也以最高的勇气抵挡着他们的进攻。可一旦马其顿人在城墙上站稳了脚跟，其一如既往的勇猛便很快将对方逐退了。持盾兵指挥官阿德米塔斯被长矛刺穿，成了第一个阵亡的马其顿人。亚历山大则与寇纳斯的方阵步兵紧随在近卫持盾兵之后，攻克了数座箭塔以及连接着它们的城墙，一路沿着城墙向泰尔的卫城前进。这样一来就要比他们先从城墙下到地面，再从地面进攻卫

第二十四章 围攻泰尔（公元前333年11月至公元前332年8月）

城容易得多，因此卫城很快即被攻克了。

与此同时，负责进攻两座港口的舰队（腓尼基人负责攻击埃及港，塞浦路斯人负责进攻西顿港）全部成功突破到了港口内。他们摧毁了泰尔战舰，并占领城市外围的北部和南部，不久后便架设云梯攻入城内。在两面夹攻之下，泰尔人放弃了城墙，在阿革诺耳（Agenor）神庙附近重新集结。在阿德米塔斯阵亡后直接指挥近卫持盾兵的亚历山大从卫城中冲出来，不久后便击溃了所有抵抗。在寇纳斯以及舰队四面八方的攻击之下，城内的战斗很快就演变成了屠杀。泰尔人早前曾在城墙上拷打、屠杀马其顿俘虏，把尸体扔进大海使他们无法下葬，甚至连亚历山大的使节也被他们从城墙上抛进海里，这些残酷行径以及他们的顽强抵抗都激怒了马其顿人。按照寇蒂斯和狄奥多拉斯的说法，总共有8000名泰尔人被杀，2000人被钉死或吊死在海岸的十字架上。在其余居民中，亚历山大赦免了所有在赫拉克勒斯神庙中避难的人（其中包括泰尔国王和不少高级官员），然后将其余所有30000余名居民和佣兵卖为奴隶。女人、儿童以及老人大部分早已被送到了忘恩负义的殖民地迦太基。在最后的总攻中，只有20名持盾兵阵亡，在整个围攻过程中也只有400名马其顿士兵丧命。除此以外，无疑还有3000到4000名马其顿士兵受伤。据说有一部分居民在腓尼基舰队的默许下逃离了城市，战事平静后又回到泰尔。寇蒂斯记载有15000人因此得救。

泰尔的结局虽然残酷，但不过是古代围攻的惯例而已。也许这种残酷看起来是不可原谅的，但直到三十年战争期间的马格德堡（Magdeburg）围攻也同样以相似的残暴结局收场。面对乌合之众，古代军队需要这种屠杀来保持士气。哪怕是伟大如亚历山大这样的国王，即使他想要阻止屠杀，也必须三思而后行。在那个年代，如果剥夺了士兵们的这些"权利"，统帅在军队中的威望便会严重受损。而且毫无疑问的是，亚历山大在某些时候也像手下那些方阵步兵一样渴望复仇。

现在亚历山大终于得偿所愿地用军事礼节向赫拉克勒斯献祭，整个军队排成阅兵队形从神庙门前通过，攻破城墙的那架攻城锤则被当作谢礼献给了赫拉克勒斯。亚历山大的舰队也排成战斗队形接受检阅。被俘获的赫拉克勒斯圣舰，被刻上献词之后重新献给神庙。此外，亚历山大还在神庙地界上举办了运动会以示庆祝。

就这样，在一场长达7个月的围攻之后，泰尔陷落了。毫无疑问，这座城市的英勇抵抗和悲壮的命运，给世界造成的影响并不亚于伊苏斯会战。泰尔城数百年来的荣誉，最终屈服于亚历山大百折不挠的勇气、能力以及军事才华之下。

亚历山大仍然把这里当作海军基地使用，但泰尔城本身却被完全摧毁了。不过按照斯特拉堡（Strabo）的说法，这里后来又重新成为繁华的城市。建造起来的堤道甚至彻底改变了海峡的潮汐，使原先的海港被淤泥填满，新城所在的海岛也因此变成了半岛，这无疑成了大自然为这位最伟大统帅的武功所修建的纪念碑。

围攻泰尔期间，亚历山大还曾收到第二封来自大流士的信件，后者提出以1000台仑黄金的代价，换回自己的母亲、妻子以及孩子，并愿意将女儿斯塔蒂拉嫁给亚历山大，甚至同意割让幼发拉底河以西的全部土地。亚历山大将这封信读给伙伴骑兵，帕尔梅尼奥便建议亚历山大接受这些条件。据说两人为此曾有下述的对话："如果我是亚历山大，我就会接受它们。""如果我是帕尔梅尼奥，我也会接受，但我是亚历山大，所以我不会接受。"之后亚历山大便回信给大流士说，整个波斯都是属于他的，如果他想要和大流士的女儿结婚，那么他根本不需要大流士的同意，至于黄金，他也根本不需要。遭到拒绝后，大流士才也开始为接下来的对抗进行充分准备。

按照约瑟夫斯的说法，亚历山大之后便开始向耶路撒冷进军（也有人认为是在占领加沙之后），因为后者决定恪守对大流士的忠诚，拒绝为亚历山大提供补给。但当他抵达城下时，却发现大祭司们已经带领着公民等在那里迎接他了。对这些人亚历山大给予了最高的尊敬。他不仅对这座城市秋毫无犯，甚至还给予它每七年免除一年赋税的优待。无论约瑟夫斯记载的细节是否完全正确，亚历山大都不可能在后方留下一座像耶路撒冷这样的重镇不去加以征服。因此这些记录无疑在大体上是正确的。此后撒玛利亚（Samaria）的总督桑巴拉特（Sanballat）转投亚历山大，阿克（Acco）也没有进行任何抵抗便告臣服。

第二十五章
从加沙到埃及（公元前332年9月至公元前331年春）

到9月初，除加沙以外的整个叙利亚都已臣服于亚历山大。而加沙恰好是亚历山大必须征服之处。这座城市位于一片比平原地势更高的沙漠边缘，建在一块60英尺高的人造山丘上。这也是亚历山大到此时为止在南叙利亚遭遇的最坚固要塞，其地位控制着从大马士革通向埃及的道路，以及从红海（The Red Sea）通往泰尔的道路。自从叙利亚经常爆发动乱的民众被波斯控制以来，加沙便成为一座要塞。大流士将这座要塞交给了自己最信任的仆人——宦官巴提斯（Batis），后者也征发了大批给养集中于此。一心忠于大流士的巴提斯认为，凭借波斯驻军和一些阿拉伯部队，他完全可以守住这座要塞，在大流士重新征召起一支新军之前确保埃及的臣属地位。之后再由大流士挥动大军将那位傲慢的冒险家从亚洲圣土上赶走。巴提斯认为亚历山大攻克泰尔所倚靠的是他的舰队，但战舰是无法靠近加沙的，因为它距离海岸有两英里距离（斯特拉堡说是7斯塔德），而海岸的沼泽也使这里完全不适于登陆。这都使舰队在加沙完全派不上用场，巴提斯对加沙的设防情况也感到非常满意。

到达加沙之后，亚历山大在城墙南部看起来最薄弱的部分宿营，并下令为攻城建造合适的攻城武器。由于马其顿人只能在平地上建造攻城武器，而城

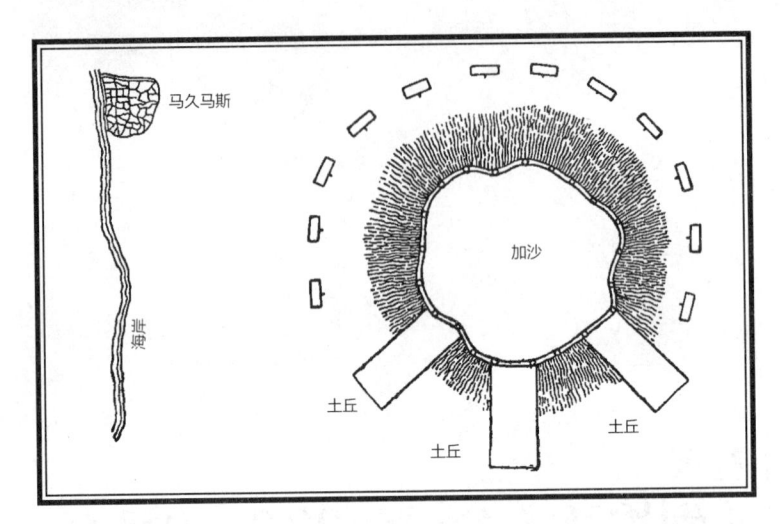

◎ 围攻加沙示意图

　　墙却建造高地上，因此工程师们认为他们不可能造出能够接近并攻击城墙的武器，但亚历山大并不同意这点。毕竟在连泰尔都已经被他攻克的情况下，还有什么城市能够抵挡他呢？亚历山大随即开始在城墙南部最薄弱的位置建造土丘，其规模也非常巨大。在惊人的短时间之内，土丘（可能只有一部分）的高度便达到了可供攻城武器攻击城墙的高度。而且亚历山大建造的土丘数量也可能并不止一个。

　　在攻城开始之前，亚历山大按照习俗向众神献祭。此时一只猛禽从亚历山大头顶飞过，将一块石头扔到了他的头上，之后猛禽又落到了一架攻城机器上，并被上面的绳子缠住。祭司阿里斯坦德（Aristander）看到这些征兆，对亚历山大预言说他确实可以攻克加沙，却必须注意自身安全。因此亚历山大一反常态，没有站在城墙附近，而是站在了攻城武器背后，而且也安排了比往常更多的掩体。不过有一天，城内守军出城反击，几乎就要将花费大量工作才建成的攻城器械点燃，而地势较低的马其顿人即将被逐出攻城塔和攻城武器周围。看到这一迫在眉睫的失败危险，亚历山大再也无法控制自己，抓起武器便率领着持盾兵迅速上前救援。马其顿人在败退一段距离后击退了对方的突击，但亚历山大却被一架巨弩所发射出来的箭矢命中。箭头射穿了盾牌和胸甲，射进了肩膀。亚历山大伤势非常严重，险些丧命。而按照寇蒂斯的说法，亚历山大在这次围攻中两处受伤。

在从泰尔运来的攻城武器抵达了加沙附近的小港马久马斯（Majormas）时，马其顿人也将土丘延伸到了整个城市四周。不过史料中所指的"四周"可能也只是在不同方向上又建起了几个土丘。土丘的一部分（阿里安说是整个土丘）宽达120英尺，高度更是达到了250英尺，几乎与城墙相当。由于平原上的沙土无法用来建造土丘，所有工程材料都要从远处运来。也许上述这些数字并不足信，但从埃塞俄比亚、埃及、尼尼微、巴比伦的过往战例中也能看到，强制动员整个地区人口所能建起的工程是何等巨大。事实上，由于土丘的作用只是供攻城塔和攻城锤接近城墙，因此只需在最适合的位置建造一至两座即可，其余部分的城墙只需要较小的围攻线即可封锁。倘若真要建造巨大土丘环绕全城，将浪费大量不必要的人力。这样一来，无论史料中"四周"二字有着何种意义，我们也只能得出亚历山大是在城市周围又多造了几座土丘，而非用土丘环绕全城的结论。如果这些土丘只面对着一小部分城墙，上述数字便完全是可以实现的了。

马其顿人的攻城武器可以很方便地在土丘上工作，很大一部分城墙即被攻城锤打破，另外还有更多地段也被打开了突破口。可尽管亚历山大已经压制了城墙，将守军从胸墙和掩体背后驱离，但守军却还是十分顽强。即使马其顿人像往常一样英勇，守军也还是能在付出巨大代价之后三次击退其进攻。亚历山大在第四次进攻之前先把城墙上的缺口扩张开来，并吸取先前进攻因缺乏工具导致成效不大的经验，将所有云梯和一切可用工具全都派上了用场。另外他还派出了更多部队，从各方向同时进攻。马其顿士兵之间爆发了普遍的竞争，都想要第一个登上城墙。最终，伙伴骑兵涅俄普托勒摩斯超过他人第一个登上城墙。其他人也紧随其后压倒守军夺取了城墙，事先安排的精锐部队则开始向各城门前进。城门不久之后即被打开，马其顿人随即进入城内，全城都爆发了血腥的屠杀竞赛。英勇的加沙男性全部阵亡，死后也被敬重他们的马其顿人摆成了手中持剑而亡的姿势，妇孺则全被卖为奴隶，总计有10000人在加沙战死。据说亚历山大非常野蛮地报复当地指挥官巴提斯，将其尸体拖在战车后环绕全城示威，就如同其祖先阿喀琉斯对赫克托耳所做的那样。虽然这种报复行

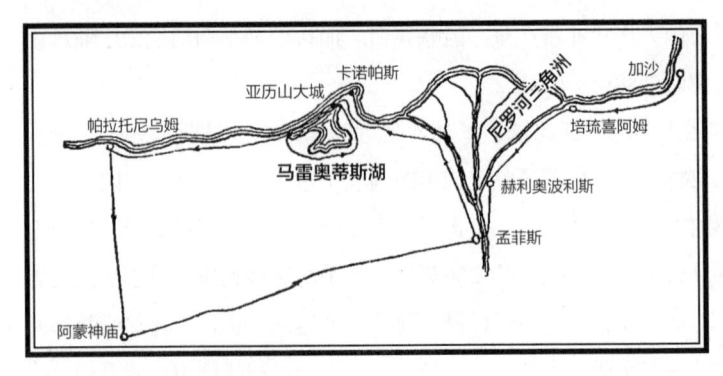

◎ 亚历山大在埃及的行动示意图

为很符合亚历山大的年纪，但这对他而言却非同寻常，很可能并非事实。[1]整个围攻持续了两个月。

由于加沙是主要的香料市场，亚历山大在这里也缴获了大量香料。据说他单是给自己曾经的导师列奥尼达斯，就送去了500台仑重的乳香和100台仑重的没药树，以示对导师过去教训的纪念。当亚历山大还是一位孩童时，有一次在献祭时曾将一大捧香一股脑投入火中。列奥尼达斯当时对他说，除非他征服了香料产地，否则就必须节约。现在亚历山大给列奥尼达斯送去了大量香料作为礼物，让他不必再在神祇面前显得吝啬了。

通过对当时货币的研究，我们能够发现很多史实，小亚细亚和叙利亚的铸币便是极好例证。在亚历山大恢复托罗斯山以西地区的自由之后，这些城市所获得的地位与希腊城邦相当，而托罗斯山东南那些波斯土地则成了亚历山大自己的领地。因此，后者在货币上都铸有亚历山大的头像，而小亚细亚城邦的钱币却并非如此。在给叙利亚和腓尼基相继留下有效的政府之后，亚历山大开始向尼罗河前进。

12月初，也就是伊苏斯会战整整一年之后，亚历山大开始了对埃及的远

---

[1] 英国史学家塔恩对这一记载也并不认同，因为亚历山大师出亚里士多德门下，走到哪里都会带着一本亚里士多德批注的《荷马史诗》，而亚里士多德对阿喀琉斯残忍对待赫克托耳尸体的行为曾大加批评。

第二十五章　从加沙到埃及（公元前332年9月至公元前331年春）

征，并在7天后抵达了佩卢西乌姆（Pelusium），先前他曾命令赫菲斯提翁率领舰队在这里与他会合。埃及最近才刚刚被波斯重新征服，对波斯主人根本没有任何效忠之意，更不打算以武力来抵抗马其顿人。埃及人都要算是和平主义者，对征服者的更替也毫不关心。当地的波斯总督马查塞斯（Mazaces）原本可以动员叛徒阿明塔斯从伊苏斯战场上带来的希腊佣兵守卫埃及，这些佣兵也希望总督进行抵抗。但恰恰相反，马查塞斯反而攻击并驱散了这支部队，将他们中的大部分都杀死了。这样一来，这位总督便失去了抵抗的手段，再加上他在埃及不得人心，亚历山大很快便被所有埃及城市接纳进城，而且还得到了大约800台仑黄金。在给佩卢西乌姆留下一支驻军之后，亚历山大命令舰队沿尼罗河东部支流前往孟菲斯，他自己则率领陆军沿河流东岸穿过沙漠向赫利奥波利斯前进，沿途一切城镇望风归降。在那之后，亚历山大也进向孟菲斯，在那里跨过尼罗河并向圣牛阿庇斯（Apis）献祭，同时还举办了希腊式的宴会和体育比赛。亚历山大对于处理征服之处的宗教问题一向十分小心地给予尊敬，而绝不乱加侮辱亵渎。在埃及，他又通过把埃及和马其顿的宗教传统融合在一起，同时博得了新老臣民的好感。

在那之后，亚历山大率领军队沿尼罗河向海岸进发，其中近卫骑兵、持盾兵、阿吉里亚人和弓箭手乘船顺着尼罗河西部支流航行，并在卡诺帕斯（Canopus）掉头向西。他本人在沿着马雷奥蒂斯湖（Lake Mareotis）岸航行时发现如果在这里建造一座城市，很可能会成为重要的贸易口岸。他亲自为这座亚历山大城选定了地点，并建立了其著名的市场。最初亚历山大想把城市建立在法罗斯岛（Pharos），但因为这座岛屿面积太小，最后还是决定在大陆上建城。亚历山大城的海港后来成为世界最好的海港之一，[①]亚历山大的远见也总是能够应验，这从他在赫勒斯滂地区建立的第一座亚历山大城[②]开始便是如

---

① 直到二战时期，英国人还将亚历山大港作为地中海舰队母港，在其中驻扎了大量战列舰和航空母舰。很少有古代海港城市的港口能够使用这么长时间。

② 此处指的应该是东征过程中建立的第一座亚历山大城，因为早在亚历山大作为父王腓力的摄政期间，便已经在征讨北方蛮族时建立过一座亚历山大城了。

此。在确定城墙范围时，由于手上没有任何可供参考之物，亚历山大只好将分发给士兵的大麦洒在土地上作为标记。这些大麦吸引了大批鸟类到来，阿里斯坦德和其他祭司便据此预言此地将会繁荣昌盛。

爱琴海的舰队指挥官赫格罗卡斯现在也来到了埃及，并向亚历山大汇报说由于波斯人的暴虐统治，特内多斯岛已经发生了叛乱并倒向了马其顿一方，开俄斯岛也已经步其后尘。另外，马其顿舰队还攻克了米提林尼，使莱斯博斯岛上的其余城市自动投降，赫格罗卡斯的副将安福特鲁斯（Amphoterus）也占领了科斯岛。赫格罗卡斯还将上述各地反对亚历山大的大批首领也抓了过来。国王把这些囚犯送回了各自城市，让公民去自行审判他们。这些城市现在已经在他本人麾下，对于孰是孰非也能看得更清。凭借着这些胜利，再加上他已经关闭了所有波斯人常用的海港，波斯的海上力量彻底陷入瘫痪，亚历山大则占领了整个地中海的海岸线。

亚历山大现在希望去拜访利比亚沙漠中的阿蒙神庙，其祖先佩尔修斯（Perseus）和赫拉克勒斯据说都曾在那里求得神谕。亚历山大不仅希望追随这些英雄的脚步，也想要获知自己的由来以及未来，或至少像阿里安所说"能够装出来已经获悉一切的样子"。普鲁塔克和阿里安都认为亚历山大之所以声称自己是宙斯后裔，完全是为了对自己所征服的民众产生更大影响力。按照寇蒂斯的说法，亚历山大之所以如此，"要么是他真的相信宙斯是自己的生父，要么就是想让别人这么想，而不止认为他只是一位伟大的凡人"。虽然这位国王确有不少可以指责之处，但"愚蠢"绝非其中之一。他的智慧要远远超过那个时代其他最聪明的人，对于假装深信自己出身神祇并以此来博取政治效果这种计策而言自然是绰绰有余。除非亚历山大是想要获得虚荣的满足感，否则他便绝不会真的相信这些故事。

在相当数量的步、骑兵伴随之下，亚历山大循着海岸线抵达了距离亚历山大城将近200英里的帕拉托尼乌姆（Paraetonium），之后又从那里向南走了差不多同样距离才抵达神庙所在地。阿里斯托布拉斯说，当亚历山大到来时，这片旱地罕见地下起了雨，以表示众神对亚历山大的青睐。寇蒂斯也说有两群渡鸦（拉古斯之子托勒密则在回忆录中说是两条会说话的蛇）全程引导着部队的行军。无论事实经过到底如何，亚历山大这一次旅程想必十分顺利。

第二十五章　从加沙到埃及（公元前332年9月至公元前331年春）

神庙所在的绿洲长5英里、宽3英里，不少居民在此耕作，该地本身也生长着大量橄榄树和棕榈树。这里的雨水以及土地的肥沃程度与周边沙海形成了鲜明对比。贾斯汀说亚历山大提前便已经告知祭司们要如何回答自己的问题，而且还特别下令他们要尊自己为宙斯之子。寇蒂斯则评论说："无论何人想要质疑这则神谕的圣洁和可信度，都可以轻易得出神谕完全出自伪造的结论。"虽然史料并没有记载亚历山大的问题以及神谕的内容，但亚历山大现在已经获得了完全满意的答案。按照阿里斯托布拉斯的说法，亚历山大首先沿着原路返回亚历山大城，之后才前往孟菲斯，托勒密则说亚历山大直接去了孟菲斯。事实上亚历山大可能是让一部分士兵原路返回，而他自己则带着部队中相对更加坚强的部分直接穿过沙漠前往孟菲斯。如果不是听说大流士已经招募了一支新军，亚历山大可能就会一直沿着海岸前往迦太基，但这一重大消息迫使他向相反的方向进军。迦太基此时正处于孤立之中，对亚历山大完全不构成威胁，因此他便将迦太基留待未来再行征服。

大量希腊使节来到孟菲斯觐见亚历山大，他们每人都带着自己城邦的要求，擅长政治的亚历山大使所有这些使节在离去时都能心满意足。另外他还在这里接收了安提帕特派来的一支小规模援军，其中包括米尼达斯（Menidas）指挥的400名希腊佣兵、阿斯科莱皮奥多拉斯（Asclepiodorus）率领的500名色雷斯骑兵以及几千名方阵步兵。

为了给埃及建立起一套未来的行政机构，亚历山大像对待所有被他征服的地区一样，恢复了当地古来已有且为人民所热爱的传统。同时他也非常清楚要如何让这些经受长期集权统治的人民接受其民政和军事统治。为此，亚历山大将行政和军事机构完全分开。前者的权力仅限于征税并执行古来已有的完善法律、习俗，亚历山大也明智地没有对这些习俗进行更改。军事指挥官手中则没有任何财政权力，避免了军队、财政合二为一的风险。除国家领导人变更以外，[1]亚历山大没有对原有政府机构进行任何改变，但又对其加以严密监控，

---

[1] 亚历山大在征服埃及之后被埃及人尊为法老，成了埃及的合法统治者。亚历山大死后，拉古斯之子托勒密继承了法老王位。

这样一来，当地人民便不再有机会进行有组织的反抗活动。所有城镇卫城都会由值得信赖的马其顿人驻守。除此以外，城外还会有一位将领受命在当地征召新兵并按照马其顿的操典来训练他们，其手中也还有足以控制住这些本地兵的马其顿人。亚历山大在各地普遍被尊为国王，因为人民知道在权力更替之后，这位新王的税收不会像波斯大王那样沉重，从而减轻他们的财政压力。

具体到埃及而言，亚历山大指派了一位埃及人多罗阿斯匹斯（Doloaspis）担任埃及总督，同时又将军事权力交给了两位马其顿人。其中彭塔里昂（Pantaleon）负责指挥孟菲斯驻军，珀勒墨（Polemo）负责指挥佩卢西乌姆驻军，二人均是伙伴骑兵出身。另外亚历山大还在埃及留下了一部分希腊辅助部队，并将他们交给利西达斯（Lycidas）指挥，朴塞斯塔斯和巴拉克鲁斯则被任命为全埃及军队的指挥官。亚历山大在埃及留下的部队，包括上述驻防军和辅助部队在内，总计为4000人，其中彭塔里昂手中还拥有30艘三列战舰。利比亚的指挥权被交给了阿波罗尼奥斯（Apollonius），已被征服的一部分阿拉伯则被交给了克里昂米尼（Cleomenes）。卡拉纳斯接替巴拉克鲁斯指挥军队中剩下的希腊辅助部队，欧布里昂接替死去的安提约古斯负责指挥弓箭手，列昂纳托则成为侍从副官之一。按照阿里安的说法，亚历山大不放心将一个如此巨大、资源如此丰富的国度交给任何一个人，所以才在这片远离未来战场的土地上安排了数位长官。由于撰写者不同，各种史料对总督、民事长官、军事指挥官的记载时有出入，但这些细节对本书而言并不重要。

第二十六章
挺进巴比伦（公元前331年春至9月）

春季到来之后，亚历山大在尼罗河上架桥渡河回到了泰尔，他的舰队此时已经驻扎在了那里。途经撒马利亚时，亚历山大惩罚了当地人刺杀其副官安德罗马科斯（其位置被一位与门侬同名的军官接替）的行径。在泰尔，亚历山大于赫拉克勒斯神庙前再度举行了盛大华丽的祭祀庆典。雅典也再一次派来使节要求亚历山大释放在格拉尼卡斯会战中抓获的雅典佣兵。按照寇蒂斯的说法，为安抚雅典人，亚历山大这一次宽大地同意了这个要求。这一行动立刻发生了作用，据说就连德摩斯梯尼都写信恳请亚历山大原谅他恶毒的反对行为。另外，亚历山大还派了一支舰队前往伯罗奔尼撒半岛，前去压制斯巴达坚韧不拔的伟大人民，阻止他们在反抗马其顿方面发挥影响力。

为了让可靠人物掌管税收，腓尼基被交给了柯拉纳斯（Coeranus），内托罗斯地区（Cis-Taurus）被交给了菲洛塞奴（Philoxenus），而刚从叛逃中归来的哈帕拉斯由于无法负担战地指挥勤务，被亚历山大指派主管军中的金库。这位哈帕拉斯曾经是亚历山大的亲信之一，在亚历山大因招惹父王而被流放时也追随在其左右。亚历山大从未忘记过哈帕拉斯的友谊。可在伊苏斯会战之前，这位哈帕拉斯却因为犯下了一些小错，害怕责罚而逃跑了。现在亚历山大将他召唤回来掌管资金。亚历山大很有识人之明，只不过有时会过分相信自己

273

的朋友。一日为友，终身为友，只有造反那种恶劣行径才能使亚历山大斩断友谊。后来成为舰队司令的尼阿卡斯受命担任远至托罗斯山脉一线的吕西亚地区总督；阿斯科莱皮奥多拉斯被任命为全叙利亚总督，其副手梅侬则因为失职而被解职；米南德（Menander）负责掌管吕底亚，克利尔库斯接替了他在希腊辅助部队中的职务；埃瑞吉亚斯成为希腊同盟骑兵指挥官；拉俄墨冬由于熟悉波斯语言，被任命为宪兵司令。

在完成这些指挥岗位的调整之后，亚历山大开始向塔普萨卡斯前进，在此过程中他肯定也从小亚细亚征调了一部分驻防军来补充野战军。在穿过欧戎提斯谷地到达安提俄克（Antioch）之后，亚历山大开始向东行军，用11天时间从腓尼基前进到了幼发拉底河，平均每天行军将近20英里。作为对比，先前万人大撤退之前，10000名希腊佣兵从迈利昂得鲁斯行军至塔普萨卡斯也花费了12天。塔普萨卡斯经常被当作跨越幼发拉底河的渡口，居鲁士当年正是从此渡河。被亚历山大配属到前卫部队的工程师们也准备在这里用船只建造两座浮桥。但由于大流士派出马扎亚斯（Mazaeus）带着5000名骑兵和2000名希腊佣兵镇守对岸，工程师们没能完成浮桥。不过当亚历山大抵达之后，由于大流士已经做好了与亚历山大再次决战的准备并且急于求战，马扎亚斯便不再阻挡对方，带着这支作为大流士新军的最前哨拔营撤退了，浮桥也终于得以建成。从波斯人的行动来看，似乎他们想要将亚历山大诱入帝国心脏地带，这样一来，如果亚历山大被击败，他便会全军覆没。从这个角度来看，马扎亚斯所得到的命令应该仅限于侦察并汇报亚历山大的行动，因为大流士似乎并不希望拖延会战时间[①]。除两座浮桥以外，马其顿工程师们还修复了另一座马扎亚斯拆毁的桥梁。

在渡河进入美索不达米亚（Mesopotamia）平原之前，亚历山大在当地花费了数星期为新城市尼塞弗尼乌姆（Nicephonium）奠基。亚历山大不断建立城市的目的十分明确：第一，为伤患或不再适于作战的人员提供避难所；第

---

① 大流士之所以不愿意耽搁会战时间，很可能是因为他手中的部队规模过于庞大，令他感到难以供养。

二，作为一系列军事哨所保护交通线；最后，这些城市还可以在当地传播希腊的文化和风俗。在建立这些城市时，工程师们首先会在选定的地点上划定其大致边界，再确定卫城的位置，并挖掘壕沟、建造城墙来对城市加以保护，逐渐增强其防御能力。完成这些工作之后，马其顿人便会邀请周边居民入城定居，赋予他们一定优待，并提供驻军保护。亚洲大量的人口也很快就能够将这些地区发展成富饶之地，亚历山大所挑选的筑城地点也总是非常优秀，直至今日也还是价值千金。更重要的是，能够用间距不大的设防城镇覆盖整个作战线还具有很重要的军事价值，因为在这些道路上经常有信使、援兵、军用辎重等物资来回运输。后面我们也将看到这些要塞是何等有效。

建立起尼塞弗尼乌姆城之后，亚历山大便在当地渡河进入了美索不达米亚。照阿里安的说法，在行军时亚历山大将"幼发拉底河和亚美尼亚置于自己左侧"，也就是说他是在向北朝阿尔米达（Armida）前进。由于这条道路地形更为平整，给养和饲料也比较充足，因此经常作为行军路线。万人大撤退中希腊佣兵们所走的那条沿幼发拉底河直接通向巴比伦的道路则已经被波斯人踩踏殆尽以阻止亚历山大直接向这座都城前进。更重要的是，幼发拉底河平原要比底格里斯河高地更为炎热。按照色诺芬的说法，幼发拉底河上那条沙漠道路十分缺乏给养，对军队通行而言条件极差。另外，大流士可能还专门命令手下部队踩踏了底格里斯河高原以外的一切道路，以便将亚历山大引入他所希望的决战场。毫无疑问，这位波斯大王非常急于求战，肯定会乐于看到马其顿人向自己的方向前进。对于战斗的胜负，此时他要算是信心十足。

亚历山大原本打算向尼尼微附近、今天被称为旧摩苏尔（Eski Mosul）的地方前进，但他从俘获的波斯侦察兵口中得知，大流士正带领着一支大军停留在底格里斯河上。虽然与波斯军队决战正是亚历山大的主要目标，但他更希望在开阔地上进行一场会战，而且他也认为在波斯大军虎口下渡过如此大河并不明智。为躲避敌军干扰，亚历山大决定向更加靠近上游的地点前进，以便在抵达底格里斯河时可以不受对方阻拦。不过由于河水湍急且渡口深达士兵胸部，亚历山大在渡河时仍然遭遇了不少困难。要知道，在波斯语中，这条河被称为"箭"，其流速在今日为每小时6英里左右。必须提及的是，按照通常观点，骑兵的涉渡深度不应超过4英尺，步兵则不应超过3英尺。为减缓水流，亚历山大在上游方向用马匹排成了一条屏障来减缓水流，下游也布置了一队骑兵拦阻那些被河水冲走的士兵。为鼓励步兵们过河，亚历山大身先士卒，将武器举在头顶涉渡而过。有些士兵互相拉着过河，最终没有一个人在河水中丧命。从某种角度来说，这在大军渡河的历史上要算是最有趣的例子之一了。

在渡河之后的休整过程中，当地发生了一次月全食（9月20日），这在希腊通常是被看作凶兆。不过祭司阿里斯坦德却告诉士兵们说这是吉兆，因为并非希腊的保护神太阳神阿波罗，而是波斯人崇拜的月亮女神阿施塔特的光芒被掩盖了。这些话有可能是善于对付迷信者的亚历山大教给阿里斯坦德说的。这位国王的智慧也总能压倒他自己的迷信心理。无疑，月食的出现对亚历山大本人也会带来巨大影响，不过在他的头脑中，征服的愿望永远都能占据上风，无论发生任何情况，他都会始终全神贯注于自己的军队。在亚历山大的诸多品格之中，最值得一提的便是总能用智慧压倒迷信心理这一点。

渡过底格里斯河之后，马其顿人开始沿河流东岸前进，戈尔迪亚纳山脉（Gordyaean Mountain，即色诺芬所说的卡都西亚山脉）位于军队左翼。四天之后，他们与大流士的1000名骑兵前哨遭遇。在此之前，大流士已经蹂躏了此处的土地，因此马其顿人在这里很难获得给养。

虽然亚历山大到此时为止已经征服了如此广大的土地，但大流士所丢失者却不过是其庞大帝国的一小部分而已。与从幼发拉底河到印度河、查可萨提河之间广阔土地所能提供的资源相比，小亚细亚、叙利亚、埃及根本不算什么。这些土地上的人民也一样勇敢，而且忠于大流士。但在过去两年中，这位波斯大王除了从整个帝国人口中征召另一支大军以外就别无其他作为。既没有尝试阻止亚历山大占领边疆各省，干扰马其顿人的围攻战，阻断其必经之路上的山口，也没有支援自己在爱琴海上的舰队，后者本是所有这些行动中最容易实现也最迫切的。更有甚者，大流士不仅将亚历山大放过了所有山口，甚至没有对其渡过两条宽阔、湍急河流的行动施以任何阻挠。另外，他也能够很轻易地将土地化为赤地，使亚历山大无法继续深入。但最终由于大流士军事战略的无能（或是根本没有战略），导致马其顿人能够一路享用着丰厚的补给，积累起巨大的财富，在军队物质条件和士气都十分优秀的情况下进抵亚述。他无视了无数次摧毁马其顿军队的机会，却将全部希望孤注一掷，只要他输掉了这场会战，便将永远失去自己的帝国。

毫无疑问，以上所有这些要点，波斯战略家们都肯定做过彻底的讨论，虽然他们互相可能会意见相左，但这些人物本身也必定是一些聪慧能干之人。可话虽如此，所有这些人都对己方在开阔地的数量优势（尤其是骑兵方面）抱有十足信心，坚信能够将亚历山大小小的军队摧毁。因此，他们认为最佳策略便是允许亚历山大进入美索不达米亚，之后再在这样一个他无法安全退却的遥远之地给其致命一击。按照他们最终得出的结论，亚历山大越是远离家乡就越是危险，所以才让他安然渡过了幼发拉底河和底格里斯河。最重要的是，如果亚历山大在底格里斯河附近被击败，他就会被赶入亚美尼亚山地或美索不达米亚，波斯军队可以很方便地进行追击并将他彻底摧毁；而即使大流士再次失利，他退往巴比伦的道路也畅通无阻。

亚历山大此时已经在王位上坐了五年，他已经成为希腊的主人，在多瑙河上针对野蛮人进行了一次成功的战役，惩罚了伊利里亚人，并用底比斯的毁灭教训了希腊人不要惹他发怒。在那之后，他又征服了小亚细亚，翻过崇山峻岭，跨过大河，在一场激烈的大会战中击败大流士，彻底摧毁了波斯大王的军队。另外，他还进行了古代世界中最伟大的围攻战，征服了叙利亚、腓尼基、埃及以及超过100座设防城镇，建造了数座城市，将波斯舰队驱逐出爱琴海，征服了整个地中海海岸，深入波斯帝国心脏，将两条大河天险置于身后。尽管因为进行围攻战和在各地建立政府而耽误了一些时日，但亚历山大此时还是已经行军超过6000英里，而且在此过程中肯定还要带着与现代军队一样庞大的辎重纵列。不过他真正的使命才刚刚开始，争夺亚洲统治权的最终决斗也即将到来。

大流士已经失去了以往的决断力。这位国王在和平时期是一位出色的统治者，但在战争中却是自己的大敌，而且似乎自家人在伊苏斯会战被俘后就已经精神瘫痪。亚历山大将大流士的家属作为人质，即足以保证大流士在某种程度上行动受限。虽然亚历山大是一位极为高尚的人，但他还是决定将这些家属的利用价值发挥到最大程度，既是对大流士，也是对他自己的军队。如果他遭遇了严重失利，这些人质就能发挥出无可限量的作用。另外，亚历山大之所以将大流士的家属留在军营中而不是送到后方城市，原因也不止如此。对这些家属而言，他们的人身安全只有在马其顿士兵的簇拥下才能得到最佳保障。她们心中也很清楚，现在会战即将爆发。如果大流士因失败被迫再次潜逃，她们又能如何保全自己？对亚历山大而言，将这些人质留在自己身边并给予她们最显赫的待遇，足以使自己在波斯国王长久的朋友和臣民之间显得更加光彩夺目、地位也更加重要，使他在控制这些人民时力量增加百倍。在阿贝拉会战之间的某一时刻，大流士的妻子斯塔蒂拉王后因病去世。一些历史学家称其死因为难产，但如果真是这一原因导致悲剧，时间又显得太晚，因此其真正死因可能是跋涉的劳累或是被俘的羞耻以及对家乡的思念。据说亚历山大也尽一切可能体面地将这位王后下葬，表现出赢得人民好感的天生能力。这些可能都是事实。如果此事并非如此，亚历山大的政敌肯定会对他大加批判。

  大流士此时已经建立起一支比之前伊苏斯会战时规模更庞大的部队。他为这些士兵们装备了刀剑和更长的长矛，准备以此来应对马其顿的萨里沙长矛。但同时他可能并没能对操练方法和部队纪律水平加以改进来适应武器变化。虽然据说大流士也曾非常努力地训练这些士兵适应新的战术，但他并不具备必需的时间和经验。他之所以轻率地放弃对幼发拉底河和底格里斯河渡口的防御，可能也是因为他希望与亚历山大达成和平协议以换回家人。似乎正是因为对进一步谈判的期望，导致大流士并没有在更适于发挥数量优势的美索不达米亚平原上与对方交战，而是从巴比伦出发后向东离开了这个省份，自己也跨过了底格里斯河。①渡河之后，大流士便停留在阿贝拉（Arbela），在这里建立了补给站、行宫和金库，之后才跨过吕科斯河（Lycus）向博姆达斯河（Bumodus）附近的高加梅拉（Gaugamela）前进，此地位于阿贝拉以西70英里。

  大流士此时又一次提出割让一半帝国并许配女儿以及30000台仑黄金给亚历山大的求和条件，以求亚历山大交还家人。据说大流士因亚历山大对其妻子、母亲、孩子的尊敬待遇以及在他妻子病死后的厚葬（这对一位征服者而言

---

① 大流士的渡河时间要比亚历山大更早，因此是他本人主动决定在底格里斯河以东交战，而非追随亚历山大的渡河行动。不过，大流士之所以不在美索不达米亚作战，也可能是因为当地炎热的气候和不佳的给养条件使他无法供养大军。

并不常见)深受感动。在听到这些情况之后,大流士向诸神祷告,如果他自己无法久坐波斯王位,就请将王冠戴到那位既是仇敌又是恩人的马其顿国王头上。按照惯例,亚历山大将大流士的提议交给战争议会讨论,但由他本人最终判定大流士只是在尝试腐化自己的朋友,因而将使者们赶走了。

在侦察兵向亚历山大报告面前有一支波斯军队时,他立刻将部队列成战斗序列继续前进。不过之后的侦察报告却证实这支敌军不过是一支仅有1000名骑兵的小部队。亚历山大便亲率着一个近卫骑兵中队以及配奥尼亚轻骑兵组成前卫,其余部队则分为两个纵队,骑兵位于纵队两翼,辎重位于后方,所有人都对将要发生何事好奇不已。波斯前哨试图拔营撤退,但还是有一少部分被杀,另有一些人被俘。从这些俘虏口中亚历山大获悉了大流士军队的构成,得知这支军队是从所有听命于波斯的民族中征召而来。不同学者对波斯军队的数量记载不同,从20万步兵、45000骑兵到100万步兵、10万骑兵不等。另外大流士军中还有200辆轮毂上装着镰刀、车梁上装着长矛的战车,以及15头从印度运来的大象,这也是它们第一次被用来与欧洲人作战。波斯军队的指挥序列如下:巴克特里亚总督贝苏斯(Bessus)指挥巴克特里亚人、印度人以及索格迪亚纳人;马瓦塞斯指挥赛西亚(Sacia)人,这些人几乎全都是骑射手;阿拉霍西亚总督巴散提斯(Barsaentes)指挥阿拉霍西亚人和印度山地民族;阿里亚(Aria)总督萨提巴赞斯(Satibarzanes)指挥着数量庞大的阿里亚人;福拉塔弗尼斯(Phrataphernes)指挥帕提亚人、赫卡尼亚人、塔普里亚人(Tarpurian),他们都是骑兵;阿特罗帕提斯(Atropates)指挥米底人、卡都西亚人(Cadusian)、阿尔巴尼亚人(Albanian)以及沙赛西尼亚人(Sacessinian);欧戎托巴提斯、阿利奥巴赞斯

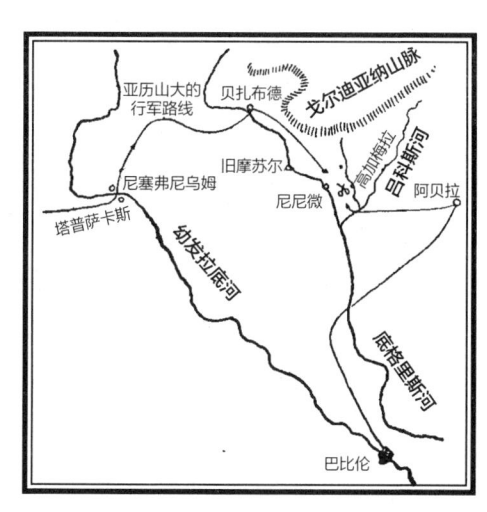

◎ 进军高加梅拉示意图

（Ariobarzanes）、欧塔尼斯（Otanes）指挥从红海附近征召的各部队；欧克塞斯里斯指挥乌克西亚人（Uxian）和苏西亚尼亚人（Susianian）；保帕雷斯（Boupares）指挥巴比伦人、卡里人和西塔西尼亚人（Sitacenian）；欧戎提斯、米特劳斯提斯（Mithraustes）指挥亚美尼亚人；阿里阿塞斯（Ariaces）指挥卡帕多西亚人；马扎亚斯则指挥着叙利亚山地人（Coele-Syrian）和美索不达米亚人。

其中一些部队在战斗序列中所占据的位置并没有被史学家们记载，关于各部队指挥官、民族以及数量的记载也有很大差异。与前文一样，只要没有出现明显错误，我们就会以阿里安的记录作为指导。至于史料中的差异，我们也可以假定当波斯军队列成战斗序列之后，部分指挥官的指挥范围便不再局限于自己平时指挥的部队。

大流士在高加梅拉附近大平原上选择的战场对他非常有利。波斯军队已经仔细地铲平了整个平原，清除了所有障碍物，砍掉了所有灌木，以便战车和骑兵能够自由活动。①

亚历山大给予手下士兵四天的休息时间。我们可以想象士兵们会以超乎寻常的仔细磨利武器、修整盔甲。马其顿的营地距离波斯大军7英里，由一道壕沟和栅栏加以设防，而全军也都受命以最高警惕守卫营地。在后来会战时，亚历山大将会把大量辎重以及医院留在这里，以便部队能够仅携带武器盔甲轻装上阵。从各种情报之中，亚历山大也断定大流士这一次已经决心只在自己选择的战场上作战，而不会因不耐烦而被引入不适于大军行动的战场。

经过四天休整准备，亚历山大在当夜（9月29日至9月30日）大约第二班岗时启程，在夜幕掩护下向敌军前进，希望能够在黎明时抵达波斯阵线并发动攻击。②不过他在前进时却发生了延误。今日阿贝拉平原上有着一些古代城镇遗迹形成的大量锥形土丘，在亚历山大的时代，这些城镇可能依然存在。由于两支军队之间有一道丘陵地带相隔，当亚历山大从晨雾中走出之后，便发现了4英里外黑压压布满了整个平原的波斯大军。大流士此时已经以"纵深巨大的正方阵

---

① 事实上将战场铲平使亚历山大在会战中所仰仗的重骑兵和方阵也获得了理想战场。
② 亚历山大可能是希望达成奇袭效果，第二天黎明时突然出现在对方面前，打击对方士气。

第二十六章　挺进巴比伦（公元前331年春至9月）

型"将骑兵和步兵混在一起排成了战斗序列。亚历山大将方阵留在马扎亚斯所撤出的高地上，从远距离观察了对方的战线，并召集伙伴骑兵以及军官们举行战争会议。不少年轻军官建议立刻发动进攻，因为士兵们此时士气高昂，急于求战。不过帕尔梅尼奥以及年龄较大的军官们却建议说在对战场地形进行勘察之前不应与对方交战，以防对方在阵线前方挖掘了陷阱或设置了障碍物，而且对敌军的战术安排也要先弄清楚。尽管在亚历山大具有决策权的情况下，其战争会议从不像我们所知的其他战争议会那样拖延战事，但这一次还是帕尔梅尼奥的意见占了上风。亚历山大在现代波特拉（Bortela）附近的一个山坡上建立了新营地，并用栅栏为其设防，士兵们在当天休息时也手持武器保持着战斗序列。亚历山大本人则率领着一部分轻步兵和伙伴骑兵对战场进行彻底的侦察。

　　完成这项重要任务之后，他又重新将伙伴骑兵和军官召集起来，对他们讲话。虽然其具体内容已经无可考证，但可以想象的是，这些言语一定十分激昂。阿里安只为我们记录了演讲的大概内容，而其记载很可能来自于他引用最多的拉古斯之子托勒密。亚历山大对军官们说，他知道自己可以信赖军官们的勇气，但他们也必须将自己的热情贯彻到手下每一位士兵身上。在这场即将到来的战斗中，他们不仅是为整个亚洲霸权，也同样是为自己的生死存亡而战。亚历山大这一次对纪律的要求也远比先前更为严格。他禁止士兵们像往常一样高唱战歌，严令他们在前进时必须保持绝对的安静和秩序，以便听清号手的命令。不过亚历山大又要求士兵们在收到专门命令之后，便要尽可能地高声呐喊，以造成敌军恐慌。命令的传递必须迅速，执行必须干脆，每一个人都要记得自己的勇气决定着会战胜负。所有军官们都以要求亚历山大立刻带领他们进攻敌军回应着他振奋人心的言语。不过亚历山大却命令他们立刻休息进食，以便能够以充沛的体力在次日投入会战。

　　当天深夜，帕尔梅尼奥造访亚历山大的营帐，建议他发动一次夜间进攻，因为波斯人很容易在黑暗之中发生恐慌和混乱。另外波斯人还有在夜间卸下马鞍、捆住马腿①的习惯，士兵们也会脱掉盔甲。如果发动夜袭，波斯人便

---

① 捆住马腿是一种防止马匹乱跑的方法。

将无法抵抗，更容易被击败。亚历山大回复说他不愿意去偷窃一场胜利，因为征服所依靠的并非诡计。不过他之所以如此回复可能是因为当时还有旁人在场。亚历山大一定非常清楚，若想要在这样一片人口怀有敌意，而且遍布着对方间谍的地区发动夜间进攻，必定要面临巨大风险。而且他也只有在一场公开的会战中击败大流士，才能真正地征服亚洲，否则大流士就会再次得到为失利开脱的借口。更重要的是，如果夜袭失利，他自己也很难在熟悉地形的敌军面前撤退，因为除刚刚走过的道路以外，马其顿人对地形几乎一无所知。因此他才拒绝了帕尔梅尼奥的建议。

第二十七章
阿贝拉会战[①]
（公元前331年10月1日）

亚历山大从营地出发的当天清晨，波斯军队发现了盘踞在高加梅拉平原西侧高地上，敢于向波斯大王愤怒挑战的弱小马其顿军队。波斯人认为对方很快便会发动进攻，但亚历山大却如上一章中所述，将这一天花在了准备和侦察之中。由于没有设置栅栏，而且也担心对方夜袭，因此大流士命令部队整夜（9月30日至10月1日）手握武器保持戒备。整整24小时里，波斯士兵就列着战斗序列站在那里。波斯人的士气早在伊苏斯会战后就已经一落千丈，现在让他们白白站立一天肯定又让他们感到恼怒，马其顿军队的威名更使他们恐惧不已。为显示自己也将与士兵一同战斗，振奋他们的神经，大流士在当晚骑马巡视了整条阵线。

会战结束之后，马其顿人从波斯人手中缴获了一份记录战斗安排的文件，其中不仅包含着波斯人的阵型，也提到了上述事实。毫无疑问，这份文件就相当于今日的战斗序列表。波斯军队的布置情况如下：贝苏斯指挥的左翼从

[①] 亦称高加梅拉会战。

左算起为巴克特里亚骑兵、达安人（Daan）和阿拉霍西亚人、波斯骑步兵、苏西亚尼亚人、卡都西亚人，马扎亚斯指挥的右翼从右算起为叙利亚山地人、美索不达米亚人、米底人、帕提亚人和赛西亚人、塔普里亚人、赫卡尼亚人、阿尔巴尼亚人以及沙赛西尼亚人。所有这些部队都被依照大型的四方队或大纵深密集队形排成三条战线。大流士亲自指挥的中央部分包括其亲兵15000人（这些波斯近卫军的长枪末尾装饰着金苹果），此外还有印度人、卡里亚人以及马底亚（Mardia）弓箭手。乌克西亚人、巴比伦人、红海人、西塔西尼亚人则在中央后方组成一个纵深极大的纵队，作为国王周围部队的预备队。西徐亚骑兵位于左翼前方，其附近还布置有100辆镰刀战车；大流士前方部署有15头战象，战象左右两侧也有50辆战车；右翼前方则是亚美尼亚和卡帕多西亚骑兵以及另外50辆镰刀战车。至于希腊佣兵，虽然大流士急需他们的能力和勇气来对抗亚历山大的方阵，但同时也质疑他们的忠诚，因此这些人被分成两个部分，分别置于国王亲兵的左右两侧。贝苏斯指挥整个左翼，马扎亚斯指挥整个右翼。

　　大流士同样也用激昂的演说鼓励下属，恳请他们不要因格拉尼卡斯和伊苏斯一小一大两场失利而气馁，因为后者只不过是因为战场夹在山脉和大海之间，使他们无法发挥数量优势。大流士还恳请部下为家人和故乡而战："事已至此，我们必须为生存以及妻儿的自由而战。如果你们不用血肉筑起城墙，他们就会像我的家人一样落入敌手。"大流士凭着太阳的辉煌、祭坛的圣火以及居鲁士不朽的威名要求他们为波斯帝国以及荣誉而战。

　　10月1日清晨，马其顿人在饱睡饱餐之后走出了营地，以如下战斗序列向前推进：右翼为伙伴骑兵，其中克雷塔斯的近卫骑兵位于最右侧，亚历山大本人也伴随着该中队，接下来分别是格劳西阿斯、阿里斯托、索波里斯、赫拉克利德斯、德米特里厄斯、梅利埃格、赫格罗卡斯各自的中队。整个伙伴骑兵部队则由帕尔梅尼奥之子费罗塔斯指挥。伙伴骑兵左侧为马其顿方阵，寇蒂斯说他们列成了两条战线，可能指代的分别是方阵步兵和轻盾兵。方阵最右侧为持盾兵中的近卫步兵，接下来是帕尔梅尼奥之子尼卡诺尔指挥的其余持盾兵以及寇纳斯、佩狄卡斯、梅利埃格、波利伯孔、西米阿斯（负责代理指挥阿明塔斯的旅）、克拉特鲁斯等人的方阵步兵旅。埃瑞吉亚斯的希腊辅助骑兵位于方阵

第二十七章　阿贝拉会战（公元前331年10月1日）

◎ 阿贝拉会战前双方的作战序列示意图

步兵左侧，紧接着是腓力的色萨利骑兵，后者在伊苏斯会战中的表现不亚于伙伴骑兵，因此在这一战中也被摆在了全军最左侧，与全军最右侧的伙伴骑兵呼应。帕尔梅尼奥则以色萨利骑兵中最优秀的法沙利亚（Pharsalia）骑兵中队作为护卫骑兵，并按照惯例负责指挥整个左翼。

波斯军队的阵线远远超过了马其顿人两翼。除非亚历山大将队形疏散到坚实度不够发动进攻的程度，这本是不可避免之事。为应对这一危险，亚历山大第一次编组了第二线预备队，也就是在两个侧翼分别编组一个可向左右旋转的纵队，用于在必要时抵御来自侧翼和后方的攻击，其意义相当于在两翼分别设置了一个侧卫。很自然，亚历山大会担心敌军会利用他们庞大的数量包围自己，而这也是一种很常见的战术。亚历山大的阵型曾被称作是空心四方阵，但事实上却远不止如此，因为它具有空心四方阵远不及的机动性，两翼的侧卫纵队可以随时面对任何方向，应对来自前后左右的进攻。在实战中，左侧卫也确实曾击败了来自内侧的进攻。寇蒂斯对此评价道："总体而言，亚历山大将军队布置成了能够面对所有方向的阵型，如果对方尝试包围，他就可以从四面抵挡这些进攻，其正面并不比侧面更为稳固，侧面也同样不比背后更稳固。"

在右翼的第二线与第一线之间，亚历山大部署了一部分骑兵，其位置可以抵挡任何从亚历山大右侧绕过来的敌军。亚历山大也对这些骑兵下令，如有需要，他们要与侧卫一同组成后卫或预备队战线，将全军组成四方阵；如果正面有需要，他们就要前进到第一线，在方阵背后支援其正面进攻。右侧卫由阿塔拉斯的一半阿吉里亚部队、布里索（Briso）的马其顿弓箭手以及克林德的马其顿老兵组成。其前方是马其顿轻骑兵以及阿里提斯（Aretes）和阿里斯托指挥的配奥尼亚轻骑兵，再往前则是米尼达斯新近带来的希腊雇佣骑兵，后者的位置使其可以在会战中获得不少表现机会。另外在近卫骑兵和其余伙伴骑兵前方，还有另外一半的阿吉里亚人、弓箭手以及巴拉克鲁斯的标枪兵掩护，后者正面对着大流士阵线中央的战车。在所有这些部队中，亚历山大专门向米尼达斯下令，一旦波斯人想要包抄马其顿侧翼，他就应对这些波斯部队的侧面发动进攻。

左侧卫包括西塔西斯的色雷斯人、柯拉纳斯的希腊辅助骑兵以及阿伽托

第二十七章　阿贝拉会战（公元前331年10月1日）

的欧德利西亚骑兵。在这些部队前方为安德罗马科斯的希腊雇佣骑兵。除主力战线以外，我们很难从阿里安或其余古代历史学家的记载中推测出其余部队的具体部署方式。狄奥多拉斯称其为半圆阵形。相比于队形，我们对这些预备部队在战斗中的表现要了解得更多，而这也就足够了。本书附图中的阵型非常接近于各位史学家的描述，也符合阿里亚引用托勒密、阿里斯托布拉斯所记录的亚历山大在会战中的行动，因此可算比较准确。后文中对会战机动的附图也符合所有古代史学家们对会战的描述。

行李、俘虏以及随营人员都被安置在由色雷斯步兵负责守卫的木栅栏营地中，大流士的家属也位于其中。相对较重的辎重则被留在了后方7英里处的旧营地中。亚历山大全军作战人员总计为7000名骑兵、40000名步兵以及少量亚洲士兵。其中亚洲士兵根本没有发挥任何作用，既没有与对方交战，也没有被列在战线之中。

当天夜间，亚历山大罕见地谨慎讨论了次日作战计划。一些历史学家称他对面前的局势感到十分担忧，寇蒂斯也说他当晚忧喜交加。但这绝非亚历山大的性格。更有可能的是，这位国王根本没有出现任何焦躁心理，因为焦躁从不会出现在他身上。永不熄灭，甚至可以说是鲁莽的希望正是他的力量源泉。不过这种性格并不会掩盖亚历山大的智慧，他对于必须要采取的行动也有着充分认识。正是这种乐观性格与智慧的罕见结合，才造就了这位伟大统帅。据阿里安记载，亚历山大在于深夜制订好了全部会战计划之后便睡觉休息，直到天亮后很久才被帕尔梅尼奥叫醒。只有自信能取胜者，才可能在如此大战的前夜安稳入眠。从这一角度而言，亚历山大根本没有表现出任何焦躁的征兆。起床后他还为自己精心装扮了一番，穿上了最华丽的盔甲，面容也向士兵们展示着取胜的信心。马其顿部队按照既定顺序从营地中走出列成战斗序列，营地的栅栏则仍被留在原地以保护非战斗人员和俘虏。在检阅部队之后，亚历山大命令部队以缓步前进，马其顿士兵们随即迈起步子，自豪于可以凭借勇气和纪律对抗如此庞大的敌军，要么获得胜利，要么战死沙场。

关于这场会战，阿里安的记载无疑要比寇蒂斯的记载更加可靠。阿里安对亚历山大的描述前后一致，比较可信。而他对这场会战的记载也足以供最认真的学生在沙盘上重现部队的阵型和战术。尽管在细节上略有冲突分歧，但他对会战主要过程的描述依旧清晰利落。寇蒂斯对所有会战、围攻战的描述都非常模糊，而且经常前后矛盾。他对国王本人的描述也总是在人神和懦夫之间摇摆不定，而这二者皆非亚历山大的真实形象。

大流士这一次终于得以在自己选定的战场上与对方决战。他决定利用战车冲锋来拉开会战序幕。已经认清这一点的亚历山大为对抗这一冲锋，命令方阵步兵像在哈伊莫司山作战时一样做好让出通道供战车通过的准备。另外，亚历山大还专门命令方阵前方的标枪兵在战车接近时杀伤、恐吓其马匹。作为马其顿方面的计划，亚历山大决定首先利用精锐骑兵对面对着自己右翼的波斯中央部分左侧进行冲锋。不过在他就要发动进攻时，却从波斯叛逃士兵那里听说对方已经在战线中央前方洒下了铁蒺藜。为躲开这些障碍物，他决定向右前进一段距离。亚历山大可能命令士兵们原地右转45度，各中队以斜形序列前进。除躲避障碍以外，为避免远比自己更长的波斯战线包围己方右翼，他也自然会采取这样一个行动。

亚历山大可能已经预见到自己的斜形运动会引诱波斯左翼以平行序列跟随自己，从而导致波斯左翼和中央之间出现一个缺口，或至少也能破坏其阵线的完整性。无论亚历山大的初衷如何，这一行动都产生了效力。在看到亚历山大的行动之后，大流士担心马其顿人会被带出自己已经铲平的土地，使他的战车无法发挥作用，并使骑兵受限，因此他立刻派出战车趋前攻击，并率领着中央阵线紧随其后。与此同时，他还派出了最左翼的1000名巴克特里亚骑兵和一部分西徐亚骑兵去包围马其顿右翼，阻止其进一步的斜形运动。米尼达斯奉命抵挡敌军骑兵，却被西徐亚和巴克特里亚骑兵凭借压倒性的数量优势击退。紧接着阿里斯托也带领着配奥尼亚骑兵向敌军冲锋，将对方逐退了一段距离。不过贝苏斯又率领着其余14000名巴克特里亚骑兵，与盔甲比马其顿人更重的西徐亚骑兵一起重新稳住了波斯战线，极大地威胁了马其顿人的右翼。因此这里也爆发了激烈但在一段时间内并不具决定性的骑兵战。最终亚历山大亲自赶到这里激励士兵，把他们重新集合起来，阿里提斯也奉国王命令，以齐整的秩序向巴克特里亚和西徐亚人左翼进行冲锋，使马其顿人占据了优势，整支骑兵也"一个中队接一个中队"地不断向敌军发动冲锋，这一战术也使亚历山大手下骑兵表现得一如既往的顽强。

第二十七章　阿贝拉会战（公元前331年10月1日）

古代历史学家们并没有提及在亚历山大开始向右前进时曾向帕尔梅尼奥下达何种命令，但他肯定会要求后者跟随自己在右翼的行动。不过帕尔梅尼奥并没能以同等速度行动，而且后来他对亚历山大进行支援的尝试也被波斯人打断了。亚历山大为自己右翼所注入的热情以及左翼无法紧随右翼行动的情况，终于又一次使原本的平行序列在外观上形成了左翼拖后的斜形序列。其原因在于亚历山大总是倾向于使用自己所在的右翼领导进攻，

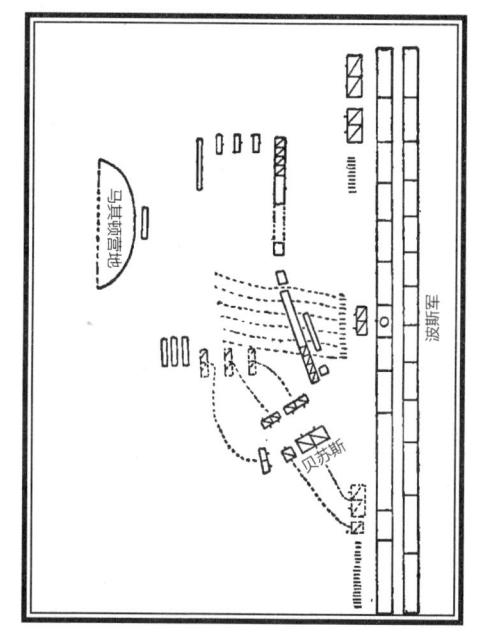

◎ 阿贝拉会战（1）示意图

而这在希腊人之间也是惯常之事，再加上帕尔梅尼奥在左翼的进攻虽然同样勇敢，但总要更谨慎一些，导致这场会战与其余会战一样，半是故意、半是自然地演化出了斜形序列的外观和效果。

在右翼骑兵部队英勇抵挡住优势敌军进攻的同时，波斯人开始了被他们寄予厚望而马其顿人也十分恐惧的战车冲锋。不过就像诸多会战中的战象或其他反常行动一样，这次冲锋也归于失败。在战车快速越过平地向方阵冲刺时，重步兵们用长矛敲击盾牌惊吓马匹，阿吉里亚人、弓箭手、标枪手也用密集的矢石标枪攻击它们。在这些轻步兵的攻击下，一部分马匹只因为恐惧便停下了脚步，另外还有一些马匹受伤。由于长期伴随骑兵行动，这些轻步兵脚步十分迅捷。他们跳到拉着战车的马背上，拉住缰绳切断绳索，杀死马夫和士兵。另外一部分战车则要么从马其顿军队让出的通道中穿了过去，要么便撞在林立的萨里沙长矛上，或毙命或掉头逃跑。那些穿越到了战线后方的战车则几乎全部被非战斗人员俘获，第二线的轻盾兵也摧毁了部分战车。最终这些负有盛名的战车并没有达成任何波斯人期望或马其顿人担心的效果，不少战车甚至还冲回

了波斯阵线中。由于波斯人战线纵深更大，[①]这些战车给己方造成的损害远比它们给马其顿人造成的更大。相比之下，马其顿战线只发生了很小的混乱，他们凭借着优良纪律很快便重建了秩序。

在对战车冲锋失败的失望之下，大流士下令中央方阵向前推进，不过该行动需要一段时间才能完成。由于第一线的巴克特里亚和西徐亚骑兵已经加入到进攻亚历山大右翼的纵队中，肯定也有一部分步兵已经被他们带着一起向自己的左翼、亚历山大的右翼方向前进了，这就导致波斯正面出现了一个巨大的空洞。虽然其第二线部队可以趋前弥补，但大流士却并没有下达相应命令。不仅指挥着伙伴骑兵，也亲自指挥、应对右翼危险鏖战的亚历山大，在看到阿里提斯能够独力抵挡住贝苏斯之后便回到了正面。这位国王对于战场局势的眼光如同雄鹰一般锐利，立刻便发现了波斯阵线上的空洞，他也认清了这一天赐良机的价值。他抓住这一机会，以空前（可能也是绝后）的迅捷将方阵右翼的持盾兵以及寇纳斯、佩狄卡斯两个方阵步兵旅组成了一个大纵深的纵队或楔形队形，由排成密集队形的伙伴骑兵领导着，转向左前方向缺口前进。在前进过程中，马其顿人也终于发出战吼恐吓敌军。亚历山大带领着这个楔形队形以最快速度前进，好像攻城锤一般撞进波斯阵线，直指大流士本人所在位置。与伊苏斯会战一样，亚历山大再次凭借大胆的行动抓住了胜机。

马其顿楔队如同闪电一般攻击波斯阵线。在很短的一段时间内，马其顿和波斯士兵英勇地短兵相接，争夺着主动权。但在英勇国王的带领下，曾在格拉尼卡斯、伊苏斯两战中赢得无尽荣誉的伙伴骑兵无可阻挡，很快便在大批敌军之间杀出一条血路，而从未遭遇过敌手的萨里沙长矛也同样锐不可当。大流士又一次陷入惊慌。不仅没有身先士卒挽回这一暂时性的劣势，甚至也没有等到第二线上前支援，在其战车被一根投枪刺穿之后便掉头逃亡了。英勇的东方军团从此失去了领袖，当国王逃跑之后，无数勇敢的士兵们又如何还愿意再为他血战到底？

到了此时，波斯左翼的骑兵也已经败退，并在阿里提斯追赶下与本应前

[①] 再加上他们对迎面而来的战车也毫无准备。

进支援他们的第二线搅在一起，使后者也迅速陷入混乱。大流士的逃亡则终结了波斯左翼和中央一切抵抗行动，数量庞大的士兵开始崩溃并转身逃走，马其顿右翼只对他们进行了几次冲锋，便使他们如退潮一般在惊恐中逃出了战场。

在亚历山大率领楔队冲向波斯中央，右翼骑兵也击退了贝苏斯的巴克特里亚和西徐亚骑兵的同时，马其顿左翼却几乎要被击溃了。由于国王本人将寇纳斯和佩狄卡斯两个方阵步兵旅编入了他的楔队中，其余方阵以西米阿斯为右翼，试图紧跟国王的前进。不过西米阿斯和克拉特鲁斯的两个旅没能加入这一行动中，因为帕尔梅尼奥此时正承受着重压，必须集合起手头所有可用的部队。虽然史料没有提及，但可能波斯镰刀战车在这一侧取得了较大的战果。波斯右翼骑兵对马其顿左翼发动了进攻，波斯中央右侧的部队也已经开始前进，二者使帕尔梅尼奥无法追随国王的行动，不得不停在原地抵挡这些危险的进攻。这样一来，虽然亚历山大空前绝后的冲锋足以永存史册，但这一行动同时也在自己的战线上造成了一个缺口，而疲于应对马扎亚斯猛攻的帕尔梅尼奥却根本没有能力去填补它。

这是一个非常严重的威胁。交战双方都不缺乏优秀的将领，在看到机会之后，波斯右翼的一部分骑兵（据说包括帕提亚人、印度人以及部分波斯人，不过后者本应位于战场的其他位置）从阵线中脱离出来，在没有受到阻挡的情况下冲过缺口，使马其顿左翼陷入混乱，并一路冲到了马其顿人后方的行李营

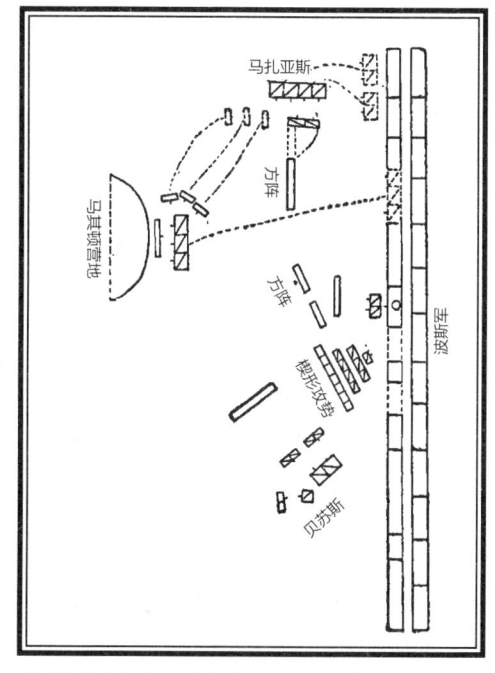

◎ 阿贝拉会战（2）示意图

地。①守卫营地的色雷斯步兵凭借栅栏顽强地抵抗着进攻，但不少俘虏也挣脱出来开始从背后攻击他们。波斯骑兵释放了更多的战俘，这些人立刻开始协助解救大流士的家人。不过这些家眷看到自身安全在营地外的激战中根本无法保全，明智地回绝了解救。

亚历山大曾命令左翼后方的第二线部队在必要时转向后方，此时他们便开始发挥作用了。西塔西斯、柯罗纳斯、阿伽托、安德罗马科斯并没有站在原地袖手旁观。在看到危险之后，他们便立刻将各自部队调转向后，疾驰过来挽救危局，猛烈地打击在敌军背后，使他们陷入极大混乱之中，杀死、俘虏了大批人员，剩下的骑兵也沿着原路逃走。这一危险似乎已经化解。

不过马其顿人还面临着更大的危险。就在波斯人对中央缺口的突破达到高潮时，指挥整个波斯右翼的马扎亚斯带领亚美尼亚和卡帕多西亚骑兵，看到先前那些骑兵给马其顿人造成的混乱，想要趁着混乱一举解决战斗。他将手下骑兵排成了厚重的纵队，集中全部力量冲向马其顿左翼外侧，试图席卷帕尔梅尼奥的所有部队。所幸亚历山大将色萨利骑兵布置在了这里。这些优秀骑兵自豪于自己的战绩以及不输伙伴骑兵的坚韧，对于自己置身战斗之外感到十分焦急。现在他们便向左转过来，像伊苏斯会战中一样，在马扎亚斯攻击途中对他发动连续不断的反冲锋。尽管马扎亚斯拼尽全力，但他们还是阻挡住了这位勇敢的波斯人，使他无法越过色萨利骑兵组成的屏障。

此时局势仍不明朗。在马其顿右翼，米尼达斯、阿里斯托、阿里提斯仍在英勇地抵挡着贝苏斯反复的猛烈进攻；亚历山大的楔队刚刚开始对着波斯中央心脏部位前进；色萨利骑兵英勇地抵挡着马扎亚斯数量庞大的部队；帕提亚、印度以及波斯骑兵则即将被马其顿左翼的预备队从背后击败。任何一个变化都可能改变战斗局势，导致亚历山大输掉会战。

对亚历山大在右翼获胜并不知情的帕尔梅尼奥，在对方从缺口突破、马

---

① 这一部分骑兵可能是受大流士命令部下解救其家属的影响以及波斯士兵传统上对抢劫敌方财物的欲望才直奔马其顿营地而去。若这些骑兵在冲过缺口之后立刻向右旋转从后方攻击帕尔梅尼奥的方阵，即有可能在马其顿左侧卫的反击发生效力之前击溃帕尔梅尼奥。

第二十七章　阿贝拉会战（公元前331年10月1日）

扎亚斯也从正面猛攻的极度混乱中，感到左翼局势已经绝望，遂派人向亚历山大求援。当信使找到亚历山大时，他正处在决定会战胜负的关头。亚历山大回复道："告诉帕尔梅尼奥，如果获胜，我们就能赢回损失的一切。即使失败，也要战死沙场。让他把自己当作腓力和亚历山大一样战斗吧！"

不过胜利有时很快就会到来。诚如拿破仑所言："一次会战的命运就是一个单独时间、一个单独思想的问题。决定性的时机到来

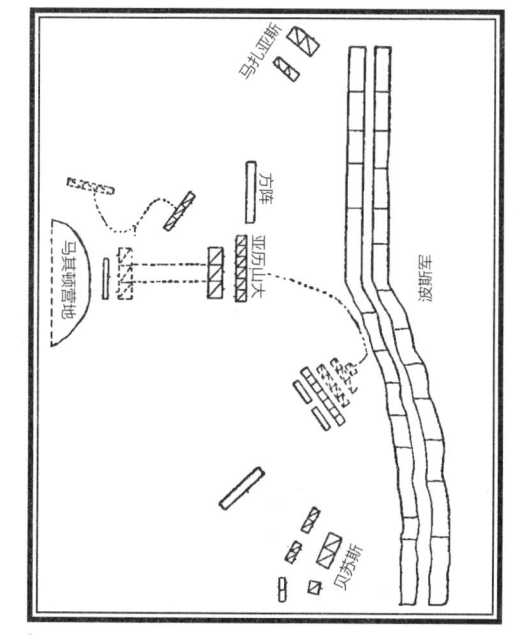

◎ 阿贝拉会战（3）示意图

了，即使一支最小的预备队也足以使敌军士气发生崩溃。"在大流士周围各纵队意识到这位大王已经逃走之后，他们就像在伊苏斯会战时一样崩溃融化了。这些士兵既没有头领，也不知应做何事。在有人带领时，这些庞大纵队中的士兵十分英勇，战斗欲望强烈，可一旦失去了领导，他们便成了乌合之众。从这一角度说，波斯士兵的庞大数量对敌我双方都要算是威胁。在马其顿人又进行了几次冲锋之后，波斯人的溃败便已经无可挽回了。中央阵线的撤退很快演变成了溃退。贝苏斯在看到亚历山大冲锋的致命效果之后，也将自己的骑兵撤出了战场。马其顿右翼所组成的杰出楔队赢下了整场会战，波斯中央和左翼被迫全面撤退。

可到了此时，马其顿左翼仍面临着危险。迫使亚历山大并不情愿地放弃了立即追击的打算，在留下步兵巩固战果之后便将伙伴骑兵向左调转，支援自己处于窘境的副将。就在因背后遭到攻击而撤退的帕提亚、印度、波斯骑兵重新穿过马其顿战线撤退时，亚历山大刚好与他们遭遇，对他们发动了全面攻

293

击。双方随即爆发了这一天中最为激烈的战斗。波斯骑兵如果不杀出重围就只有死路一条，伙伴骑兵也因为追击被耽搁而愤怒不已。这场势均力敌的短兵相接短暂却血腥，大约60名伙伴骑兵在短短几分钟之内阵亡，另外还有包括赫菲斯提翁、寇纳斯、米尼达斯在内的大量马其顿人身负重伤。对方不仅背后遭到预备队追击，前面又有亚历山大本人率领着伙伴骑兵阻挡，除死战以外没有任何出路，因此很少有人能够逃出重围，几乎全员战死沙场。

利用这一段喘息之机，尽管马扎亚斯仍在顽强地努力着，但色萨利骑兵终于击败了他，之后又借着对方阵线中迅速蔓延的士气崩溃，不等亚历山大到来便将波斯右翼击退了。在确定帕尔梅尼奥能够独自控制战场的这一侧之后，亚历山大终于掉头开始对大流士进行拖延已久的追击。据说逃亡的敌军数量之多，使整个战场都为他们扬起的尘土所覆盖，追击者只能依靠敌军马鞭抽打马匹的声音作为引导紧追敌军。之前仅是遭到挫败的波斯右翼在听说国王逃跑后也立刻放弃了作战，帕尔梅尼奥得以轻易将他们摧毁。马扎亚斯本人则带领着一些人马，从马其顿人的左翼绕过，渡过底格里斯河之后逃往巴比伦。

亚历山大向前推进跨过了吕科斯河，数以千计的逃亡波斯士兵淹死在这条河里。渡河之后，亚历山大下令宿营让人马稍许休息。帕尔梅尼奥占领了高加梅拉的波斯营地，俘获了所有大象和骆驼。当午夜月亮升起之后，亚历山大向阿贝拉方向重新展开追击，希望能在那里俘获大流士、他的财宝以及王室财产。亚历山大在第二天便抵达了这座70英里开外的城镇，不过大流士却先他一步逃走了。与伊苏斯会战之后一样，虽然亚历山大没能抓到他本人，但还是缴获了他的长枪、弓箭、战车以及大量黄金。

在会战和追击过程中，亚历山大手下有1000匹战马因受伤或疲劳而亡。按照狄奥多拉斯的记载，马其顿方面有500人阵亡，这也是最可信的数字。按照通常的受伤/阵亡比计算，马其顿全军伤亡人数总计比例略少于12%。波斯人被杀数量按照寇蒂斯的说法为40万人，狄奥多拉斯说是90万人。阿里安则称"据说有30万人被杀"，所有这些数字毫无疑问都是错误的。[1]

---

[1] 以上所有数字都是极大夸张，完全不可能出现的。

第二十七章　阿贝拉会战（公元前331年10月1日）

阿里安的《远征记》前后文通常总是能够互相证明。从他的记录之中，你便能看到亚历山大的所作所为。不过他在引述损失数字时却经常犯错。阿里安在绝大部分场合下绝不会过分夸赞亚历山大，也许只有此时他才会允许自己对数字加以夸大来抬高他心中的英雄。[1]不过波斯人的损失数字也必定十分庞大。古代战争的惯例便是胜者只损失少量人员，败者全军覆没。所有战象、战车也都被俘获。可以确定的是，无论波斯人到底损失了多少人马，他们都像伊苏斯会战后一样彻底崩溃了。毫无疑问，一些小股部队从战场上逃回了各自的家乡，但也不再有人能将他们重新组织起来。大流士本人只召集到大约3000名骑兵和6000名步兵的残部，向内陆方向逃去。

这场会战因胜利一方统帅的勇敢和指挥技巧而引人注目。会战的胜利不仅要归功于亚历山大的坚定和智慧，同样也源自失败统帅的寡断和怯懦——虽然其下属有着极为出色的表现。从未有人能够像亚历山大一样将军队部署得可以灵活抵挡四面八方的攻击；从未有人能够如此迅速地抓住对方战线上的突破口；也从未有人能够如此巧妙地化解致命危机。无论随着时间流转，会战战术如何进步，世界也不可能再见到比这一天阿贝拉战场上更加杰出的战术了。即使大流士没有逃离战场，其手下士兵也很难抵挡住亚历山大出色的协同攻击，因为他们只不过是一群乌合之众。当波斯人还在单纯依靠数量时，亚历山大却为自己的军队注入了全新战术。腓特烈教会了现代世界如何行军；拿破仑教会了世人不能单凭数量，只有拥有优秀指挥的大军才能获胜；亚历山大则首先告诉世人，会战胜负并不取决于人多势众，而是取决于在合适时间对合适地点进行打击。麦克唐纳（Macdonald）在瓦格拉姆会战（The Battle of Wagram）[2]中的攻击纵队根本无法与亚历山大在阿贝拉会战中的楔形攻击相提并论，而后者也是所有这类行动的始祖。

---

[1] 这些数字也有可能是托勒密等人在撰写回忆录时便已经夸大了的。

[2] 瓦格拉姆会战是1809年拿破仑所进行的一场会战。当时拿破仑在多瑙河初次渡河失败后，获得增援。在一天夜间迅速渡河，并从第二日清晨开始便与始终环绕渡口布防的奥地利查理大公交战。在会战的决定性阶段，由于奥地利中央部分兵力逐渐薄弱，拿破仑集中了超过100门火炮进行射击，并命令麦克唐纳将多达8000人的部队编组成了一个空心纵队，突破了奥地利阵线。

与其国王相比,帕尔梅尼奥似乎显得能力不足。一些历史学家也对他颇有微词,甚至还有人指责他因嫉妒国王的成功而故意行动迟缓。这都是言过其实的说法。帕尔梅尼奥无疑是一位优秀的将领,甚至在他那个时代可以算作杰出将领了。马扎亚斯的进攻规模极大,很难阻挡。而且也正是亚历山大所取得的成功才使阵线出现了空当,使印度、波斯、帕提亚的骑兵纵队能够从马其顿两翼之间穿过。由于并不知晓亚历山大所取得的优势,帕尔梅尼奥认为自己已经陷入绝境也并不奇怪。相比之下,亚历山大能在如此绝望的局势下取得胜利才更值得惊讶。

波斯方面事实上只有骑兵投入了战斗,不过这些部队的表现十分勇敢,并且也抓住了马其顿左翼出现空洞的机会冲过了马其顿战线,这说明这些部队一定拥有着出色的指挥官。不过与他们相邻的步兵却在亚历山大的楔形攻击面前一触即溃,大流士逃离战场又使其余部队也跟着崩溃了。部队纪律的价值在这场会战中表现得淋漓尽致:波斯阵线出现空洞导致无法挽回的致命崩溃,而马其顿阵线出现空洞却只造成了暂时混乱而没有影响到部队士气;马其顿军队很快便整理好队形准备再次投入战斗,波斯人则是直接发生了溃败。

第二十八章
巴比伦、苏萨、乌克西亚人（公元前331年10月至12月）

　　从阿贝拉出逃之后，大流士带领着贝苏斯的巴克特里亚骑兵残部、亲兵、长矛末端装饰有金苹果的近卫部队以及少量希腊佣兵穿过亚美尼亚山区前往米底，所有人员相加为6000名步兵和3000名骑兵。另外，负责指挥一部分红海部队的阿利奥巴赞斯也从灾难中拯救出了人数据称在25000至40000人的部队，并率领着他们撤退到波斯门（Persian Gates）驻守。由于大流士预计亚历山大会向整个战役最丰厚的奖赏——巴比伦和苏萨前进，大流士撤向了方向相反且军队很难追击而至的埃克巴塔纳（Ecbatana）。这位大王只顾着自己逃命，他似乎已经忘记他仍有可能在忠于自己的勇敢人民支持下守住波斯入口，也忘记了波斯门正是世界上最易守难攻的山地关口之一。他的逃亡也导致波斯上下无主。阿利奥巴赞斯可能根本不知道大流士会弃整个波斯于不顾。他认识到自己很难守住位于平原上的巴比伦和苏萨，但山脉背后的波斯波利斯（Persepolis）却完全有可能守住。

　　由于担心大量腐尸会滋生瘟疫，亚历山大不得不迅速离开阿贝拉。马其顿人沿大路向巴比伦前进，并在俄庇斯（Opis）渡过底格里斯河。亚历山大像往常一样谨慎，不愿在后方留下任何危险，以确保胜利果实的安全。为此，他既没有跟随大流士进入山区，也没有对阿利奥巴赞斯向波斯门的撤退进行追击，而是决定立刻向巴比伦前进，以免波斯人组织起城防力量，后一情况也是理应出现的。亚历山大曾听说过巴比伦的历史及其高大无比的城墙，并担心再次出现像哈利卡纳苏斯、泰尔或者加沙那样的围攻战，而他现在并不愿意再浪费时间了。

波斯帝国的巨大实力从这座都城便可见一斑。要知道，虽然希腊在当时象征着世界的智慧与自由，但象征着物质力量的却正是波斯。今日很多已经化为沙漠的地区，在亚历山大时代还有着富饶的田野和富足的人民，波斯列王宏大的宫殿以及无限奢华，除象征着极度自私的中央集权统治和更加自私残酷的农奴制度以外，同样也代表波斯大王手中的领地是何等巨大，而他又可以利用这些资源创造出何等宏大的功业。

巴比伦的外层防御工事覆盖直径大约是巴黎城防面积的7倍，巴黎有14平方英里土地位于城防工事内部，巴比伦的城防工事则囊括了将近200平方英里土地。不过在这之中，只有不到1/3的面积被城市建筑覆盖，余下面积均是开阔地，其上的农田产量也很高，几乎可以无限期地供养全部居民。城市内部被幼发拉底河一分为二，一部分为建有空中花园和宫殿的王城，另一部分则是下层人民居住之地。巴比伦城内建有50条150英尺宽的主干道，此外还有4条将城市分划为不同区块的林荫大道。在城市的全盛期，其城墙高达200腕尺（300英尺），宽度也达到了70英尺，上面还建有数座箭塔，城墙四周有100座青铜城门与外界相连。可能从未有城市能够与全盛期的古巴比伦相提并论，即使亚历山大之前的征服者们已经摧毁了巴比伦诸多宏伟设施，但它毫无疑问仍是世界上最令人惊叹的城市之一，对马其顿普通士兵们而言更是前所未闻。

亚历山大已经听到在高加梅拉表现十分英勇的马扎亚斯占据了这座城市，因此在向城市接近时，亚历山大将部队排成战斗序列缓步前进。不过他不仅没有看到紧闭的城门和戒备森严的城墙，反而非常惊讶却欢喜地发现巴比伦城门大开，市民也在祭司、长老和波斯官员带领下，依照东方礼节从城门中走出来向他们的新征服者和主人致敬，欢迎他的到来，甚至还献上了花环和礼物。马其顿国王不经一战便进入了这座塞米勒米斯所建的坚不可摧之城。

第二十八章　　巴比伦、苏萨、乌克西亚人（公元前331年10月至12月）

降伏者自然也得到了回报，马扎亚斯被亚历山大任命为巴比伦省总督。由于亚历山大早已有着慷慨大方的名声，马扎亚斯自然也早已盘算着这一结果。阿波罗多拉斯（Apollodorus）被任命为巴比伦城的长官，阿伽托受命指挥卫城驻军，阿斯科莱皮奥多拉斯负责税收。同时，曾向亚历山大献出萨迪斯的米特拉达梯被任命为亚美尼亚总督，米尼斯则担任西里西亚、腓尼基和叙利亚太守（Hyparch），负责保卫交通线不受伊苏斯、阿贝拉两战后到处抢劫的波斯溃兵威胁。值得注意的是，亚历山大虽然一向会将民事权力交还给当地旧有制度，但从来都会谨慎地将军事权力握在自己的部下手中。如前文所述，这原本是居鲁士所采取的政策，亚历山大也将其出色地付诸实施了。

至于军队方面，亚历山大给予了他们急需的长时间休整。毫无疑问，粗野的马其顿士兵非常享受于这座东方绚丽城市的奢华习性以及它的宫殿和神庙。按照寇蒂斯和狄奥多拉斯的说法，亚历山大也将在这座城市里俘获的财物慷慨地分发给了士兵们。每位马其顿骑兵收到了6迈纳（Minae）或600德拉克马（相当于120美元），希腊骑兵和轻骑兵每人5迈纳（100美元），马其顿步兵每人得到了大约40美元，同盟步兵和轻盾兵则为两个月额外军饷。这些货币在当时的购买力要比现在大得多。按照巴比伦习俗，亚历山大向先王别卢斯（Belus）献祭，之后又举行了马其顿式的体育比赛和赛跑。到了此时，他心中民族融合的思想也开始成熟起来。巴比伦本身则成为他继续踏上征服之路的第二个基地，在这里他可以收集到足够的给养和资财。

对波斯帝国而言，苏萨要算是另一个更加靠近中央地区的都城，也是波斯大王的冬宫所在地。这座城市现在就成了亚历山大的下一个目标。只要面前仍有工作或者危险，这位永不停歇的国王便总是急于踏上征程。可能是担心休养太久会影响手下马其顿人的士气，亚历山大在巴比伦停留一个月，站稳脚跟之后便启程向苏萨前进，并在20天后抵达了那里（时间可能是11月）。此时天气情况良好，若是在炎热季节，这次行军可能便很难如此迅速。行军所过之处十分富饶肥沃，虽然这片土地在今日已经沦为一片沙漠，但地形条件与当时几乎相同，季节更替也没有本质性变化。在阿贝拉会战会战结束之后，亚历山大曾派遣菲洛塞奴带着一支轻装的前进部队前往苏萨。此时在行军途中，亚历山大便听到该城已经向菲洛塞奴投降并献出了城内的所有财宝，包括金砖和金币在内，其价值相当于5000万至8000万美元。除黄金以外，城内还藏有大量珠宝以及其他珍贵之物。[①]被薛西斯掠走的哈尔摩狄奥斯（Harmodius）、阿里斯托格顿（Aristogiton）两尊雕像也在宝库中被发现，并交还给了雅典。在苏萨，亚历山大也同样举行了献祭和运动会。

亚历山大对背叛大流士者论功行赏已经成为惯例，而背叛这种行为在东方也并不罕见。欢迎菲洛塞奴入城的守将阿布里提斯（Arbulites）派儿子带着用骆驼和大象装载着的财宝，作为礼物觐见亚历山大。为嘉奖其效劳，亚历山大任命阿布里提斯为该省份总督，但同时也安排了一位伙伴骑兵马扎拉斯（Mazarus）率军驻守苏萨卫城，同时又指派阿基劳斯指挥留在该城的3000名驻军。在苏萨缴获的财宝使亚历山大受益良多，他派遣米尼斯给安提帕特送去了3000台仑黄金以便与斯巴达人作战，后者也正急需这些资金。

亚历山大将大流士的家人也安置在了苏萨，并给予他们王室待遇。

安德罗米尼斯之子阿明塔斯从马其顿带来了一支兵力相当可观的援军。寇蒂斯说他们总数为15000人，其中还包括50名近卫军。有了这些部队，亚历山大决定对军队编制进行改组。他将方阵中每个团（包括两个营）的人数从500人增加到1000人。[②]作为军队中最为重要的指挥岗位之一，统领1024名士兵的团长也由亚历山大按照一些特定规则重新任命，而国王在做出这些选择时也必须给出理由，从而使士兵看到获得晋升者皆是全军中最优秀的将领。和其他任何一位国王一样，亚历山大也有着自己的个人好恶，但他却能将保持军队效率放在比个人好恶更重要的位置上。首先获得晋升者包括曾在哈利卡纳苏斯城下挽救失败攻势的阿达奇亚斯（Adarchias）以及安提贞尼

[①] 我们必须始终记得，亚历山大和大流士的实力重心完全不同。亚历山大的实力即为其军队，而大流士的实力则是黄金和威望，只要他仍然拥有足够的黄金和威望，便可以从庞大的帝国中不断招募部队。亚历山大也认清了这一点，因此他所选择的打击目标也十分精准——首先在会战中公开地击败大流士，毁灭他的威望，之后再占领他的宝库，剥夺他的黄金。与之相对，亚历山大所需要做的，则是合理训练、使用以及安抚自己的部队，只要他手中的这支精锐军队能够保持战斗力完整，他便能够不断获得威望和黄金。

[②] 即从512人增加至1024人。

第二十八章　巴比伦、苏萨、乌克西亚人（公元前331年10月至12月）

斯、费罗塔斯、阿明塔斯、安提柯、林塞斯提斯（Lyncestes）、西奥多塔斯（Theodotus）、希兰尼卡斯（Hellanicus），他们各自负责指挥一个新的方阵步兵团（Mora）。按照这些说法，此时军队编制与腓力时期已经有所不同，[①]这代表着亚历山大为适应新环境不得不对军队编制进行了一些改组以便将新兵源融入军队之中。当然，也有可能这些古代历史学家在记录这些变化时用词不当，误用了希腊编制，而非马其顿编制中的单位名称，不过这并非问题的实质。亚历山大对编制的改组也十分出色，他消除了外族骑兵与马其顿骑兵的界限，并通过将所有骑兵中队改编为两个连这种办法将骑兵部队的编制加倍，骑兵连长都是从伙伴骑兵中挑选出的可靠人物，低级军官也都是有经验的老近卫军。这样一来，亚历山大便将军队的框架放大，使其可以容纳东方民族的士兵。另外，到此时为止，马其顿人都是以军号作为宿营时的传令工具，亚历山大则又引入了一种信号系统。他在自己的指挥所附近竖起一根桅杆，夜晚通过火把，白天则利用黑烟来从这根桅杆上传递命令。通过这种办法，亚历山大便可以在敌人面前隐藏自己的意图同时清楚地向己方士兵下令。在阿贝拉会战之前，马其顿人和希腊人在会战中向前推进时总会高唱战歌。但如前所述，亚历山大在这场会战中专门告诉士兵们除非接到命令，否则便不允许呐喊，以便在呐喊声响起时对敌军产生更大的震慑作用。这种安排从那之后也被延续了下去。亚历山大这一次所获得的援兵，都拥有着优秀的作战素养，可以立刻编入作战部队之中。不过这些人仍需要在纪律方面受训，而亚历山大要比当时任何人都更能给予他们教导。让百战百胜的士兵接受新编制、新条令总是十分困难的，亚历山大选择在增援部队到来、新单位编入军队时将改变付诸实施是十分明智的。

色诺芬在评价同僚军官时曾说："玻俄提亚人普罗克西内斯（Proxenes）可以指挥诚实之人，却没有赢得足以让士兵愿意为他冒险所必需的尊敬或者畏惧。另一方面，克利尔库斯却总是十分严厉和残酷，士兵们对待他也不过是像

[①] 此处所指的主要是团级部队此时被称为Mora，而非腓力时代的Chiliarchia。

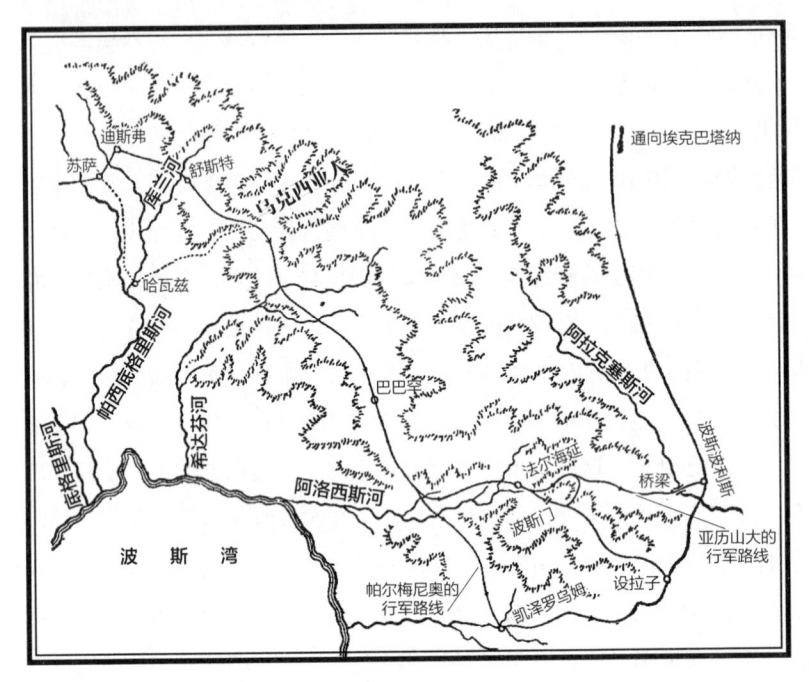

◎ 从苏萨到波斯波利斯示意图

小孩对待老师一样的态度。"所有在军队中服役的人都能发现这种差别。不过亚历山大却与他们不同。在对待自己的军队和被征服的人民时，他总是和蔼可亲。他曾说："我来到亚洲并不是为了消灭民族，而是希望所有被我征服之人都能从我的胜利之中受益。"通过自己掌控各阶级人民的突出能力，亚历山大确实做到了这一点，使原先纷扰不断的各色人群融合到了一起。

完成这些工作之后，亚历山大从苏萨出发。其下一个目标是波斯地区的首府波斯波利斯，这里也是波斯历代征服者的发源地，对迷信的民众而言，它也象征着整个帝国的统治权。另外，亚历山大不仅要夺取波斯各城市中的财宝，更重要的是他也必须要在大流士获得足够时间组建另一支军队保护这些城市前完成这一任务。自从大流士从阿贝拉逃跑之后，亚历山大便对他的计划和目标一无所知。此时马其顿国王和波斯波利斯之间由一道崎岖高大的山脉阻隔，只有一条仅凭少数部队即可据守的隘路可供通行。不过希腊人自始至终都

第二十八章　巴比伦、苏萨、乌克西亚人（公元前331年10月至12月）

是优秀的山地战士。他们出生在山地之中，从最早的战争中便不断在山地作战。很可能从未有任何现代国家能够在山地战术方面和色诺芬或亚历山大相提并论——马其顿军队绝不会被山岭吓倒。

读者可能很难完全认清从苏萨到波斯波利斯这一段行军中所要遭遇到的巨大困难，因为古代的史学家们对此总是一笔带过，而今日那里也还是人迹罕至缺乏信息。从苏萨所在的低地启程，亚历山大必须穿过一道山脉和数条宽阔湍急的河流，才能抵达波斯波利斯那海拔5000英尺的高地。科普拉提斯河（Coprates）、库兰河（Kuran）或称帕西底格里斯河（Passitigris）、希达芬河（Heduphon）、阿洛西斯河（Arosis）、阿拉克塞斯河（Araxes）都位于这片土地之中，而它们更是有着大量同样宽阔的支流。其中一些河流与其古代名称并不相同，但位置并没有发生变化。将苏西亚尼亚和波斯一分为二的山脉极为高耸崎岖，使这次行军与穿越阿尔卑斯山无异。可能除阿尔卑斯山以外，我们很难联想到太多拥有大批冰封高地的山脉，也很难用其他山口来佐证这条道路的艰险。此时正值冬季，也许在平原上进行冬季战役会比在夏季烈日下作战更为舒适一些。但在这些山地中，就连夏日都很难减少行军所要面临的艰苦。

一些权威人士认为这道山口是曾为军队穿越过的最困难道路。这种观点可能并不正确。亚历山大后来跨越的帕拉帕米苏斯山（Parapamisus）要更为困难，而汉尼拔跨越阿尔卑斯山的行动更是无人能及。不过无论如何，这次行动都仍要算是非常惊人。整个山脉包括8到9座高达14000英尺的高原和雪山，无异于由岩地、悬崖、溪流以及隘路组成的迷宫。通常仅有一条道路能够穿过冰雪覆盖的山脊。除行军途中将会遇到的无数困难以外，这条道路上还有乌克西（Uxii）隘路以及波斯门两个障碍。其中后一关口可以从一条更靠南方的道路绕过，即从现代的巴巴罕（Babahan）平原开始，沿凯泽罗乌姆（Kaizeroum）通向设拉子（Shiraz）的道路。可即使这条道路，也被形容为"岩石林立、崎岖不平的危险道路"。

在亚历山大众多杰出的能力之中，亦包括能够掌握所有他将要入侵的地区的地理、地形以及其他知识的能力。毫无疑问，由于参谋班子中拥有大量来自希腊和波斯的专业人士和科学家，亚历山大无疑能够得到大量信息，但即使

· 亚历山大战史

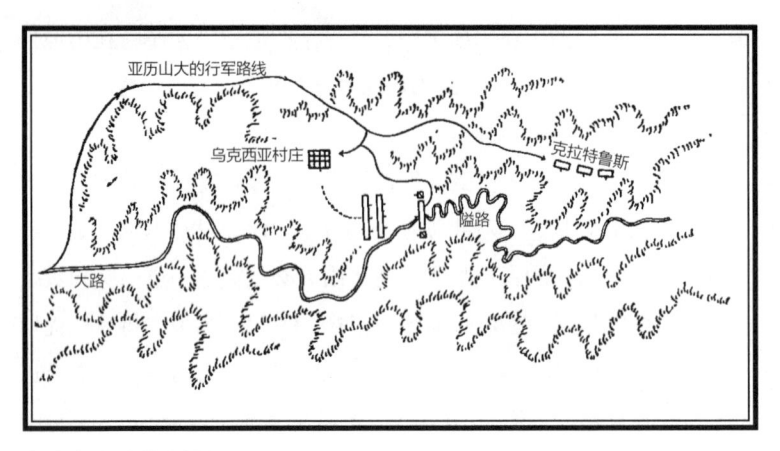

◎ 乌克西亚之战示意图

如此,他本人学习知识的能力也足以令人惊叹。亚历山大行军的效率,也证明他绝不会在掌握充足情报之前便盲目前进。

在向波斯波利斯前进之前,亚历山大必须首先征服乌克西亚人居住的山区。他在12月初开始行动。一部分地理学家认为他绕道躲过了科普拉提斯河(今提斯孚尔河),在阿瓦士(Ahwaz)附近渡过了帕西底格里斯河,另外一些人则认为他直接渡过了科普拉提斯河,之后又进到舒斯特(Shuster)。不过这些争议并不重要。在听到苏萨已经被占领之后,原先臣服于波斯大王的平原部落立刻倒向了亚历山大。但那些山地部落不仅始终都能抵挡住波斯人的进攻,甚至还迫使波斯大王每次穿越隘路时都要支付过路费。在马达提斯(Madates)带领下,乌克西亚人给亚历山大送去消息说,除非他也像波斯大王那样支付过路费,否则他们就不会允许他穿过山地进入波斯。[①]

即使到了今日,这块土地上还是遍布着难以治理的土匪。亚历山大对乌克西亚人的使臣以礼相待,告诉他们自己会在一个日期带着过路费前往关口,但他们也应该迎接自己。乌克西亚人自然认为亚历山大会沿着通常的道路前

[①] 此处的"波斯",指的是居鲁士建立帝国之前,波斯族的原有土地。

第二十八章　巴比伦、苏萨、乌克西亚人（公元前331年10月至12月）

来，亚历山大也确实将大部分军队都派到了那条道路上。不过事实上，他已经得知还有另一条非常艰难的道路可以绕过隘路。亚历山大亲率自己的卫队、持盾兵以及8000名其他士兵，由苏西亚（Susia）向导带领着，在夜间克服了巨大困难，穿过山路来到了乌克西亚人村落附近。

乌克西亚人在隘路上建有城墙加以据守。亚历山大派遣克拉特鲁斯绕道占领了一座高地，这里也是野蛮人被驱离城墙后撤退时的必经之路。第二天白昼，亚历山大突然打击在毫无防备的野蛮人身上，摧毁了他们的村庄并夺取了大量战利品。在击溃当面之敌后，亚历山大抢在乌克西亚大部队行动之前抵达了隘口上的城墙。当乌克西亚人抵达后便发现城墙已经被占领，马其顿人也已经排成了战斗序列准备进攻。被亚历山大的迅捷以及城墙失守惊得目瞪口呆的乌克西亚人根本没有表现出任何抵抗意图便逃之夭夭。他们中有不少人被杀，不少人在逃亡时摔下悬崖，想要逃往山区的人也被克拉特鲁斯俘虏或者杀死。乌克西亚人被彻底击败了。

以上为阿里安的记载，其中并没有提及任何激烈战斗。但寇蒂斯以及一些其他学者却说马其顿人被迫对乌克西亚人在隘路上的要塞进行正规围攻，并由轻步兵从后方对其进行攻击。守军顽强的抵抗使进攻几乎失败。在密集的矢石射击下，攻击者不得不组成龟甲阵向后退却，甚至抛下了自己的国王。在一段时间之内，亚历山大根本无法控制住自己的士兵，他不得不用过去的功绩来让这些士兵感到羞耻。在国王有力的责备之下，方阵步兵们找回勇气，将攻城梯和攻城武器推进到合适位置，克拉特鲁斯此时也终于从后方接近了野蛮人。对于克拉特鲁斯的行动，古代历史学家们并没有给予详细记载。

在这一战中，亚历山大利用了野蛮人只在白天作战或准备战斗这一广为人知的习俗，乌克西亚人也根本没有预料到亚历山大会在夜间从几乎无法通行的山路接近。凭借出其不意的行动（这也是亚历山大经常采取的办法），亚历山大在短短几个小时之内凭借少量人马，便做到了波斯人用数代人时间以及无数大军都没有做到之事，而且只损失了少量人员。亚历山大在选择恰当行动方面的能力并不亚于他对危险的极度藐视。也正是这两种能力相配合，才使他百战百胜。

乌克西亚人立刻求和。亚历山大本想彻底铲除这个部落，但波斯太后西绪甘比斯却为他们求情，在犹豫一段时间之后，亚历山大同意了她的请求，[①]允许乌克西亚人保留原有土地，但每年要进贡100匹马、500头牛以及30000头羊。乌克西亚人身为牧民，也并没有金钱或其他财物可供支出。乌克西亚地区则被划归苏西亚总督统辖。

[①] 按照前文记载，西绪甘比斯本应该已经被安置在了苏萨，因此不知道西绪甘比斯这一次是如何向亚历山大求情的。

第二十九章
迂回波斯门（公元前331年12月至公元前330年3月）

从乌克西亚山地出发，亚历山大将军队分为两个纵队。他派遣帕尔梅尼奥率领色萨利骑兵、希腊同盟步兵、雇佣步兵以及方阵步兵中装备较重的部分，保护着行李和攻城纵列沿南面的山脚前进。与此同时，他自己则带领着装备较轻的[①]方阵步兵、伙伴骑兵、枪骑兵、马弓手、阿吉里亚人以及弓箭手，以强行军沿距离较近但更难通行的道路前进。行军的起点大概是今日的巴巴罕，此地位于乌克西亚山区外围。在行军130英里之后，亚历山大在第五天抵达了波斯门附近，该地也有苏西亚门、苏西亚之岩（Susiad Rock）的称呼。亚历山大本打算像在西里西亚门那样利用奇袭攻占此地，但波斯总督阿利奥巴赞斯却已经占领了这道关口，并在隘路上建造了一道城墙。波斯门今日被称为凯-埃-色菲（Kal-eh-Sefid），位于现代法尔海延（Falhiyan）以东4英里处，总计有40000名步兵和700名骑兵驻守此地，这些士兵是优秀且可靠的。凯-

---

① 此处"较轻"所指代者应是辎重、行李较少之意。

埃–色菲意为白色城堡，"由一整块岩石构成，无论从任何方向都十分难以接近，其顶部的城墙也好像城堡一样"。作为通向伊朗高原的关键入口，所有旅行者都同意其道路非常难以通行。

亚历山大本可以沿着帕尔梅尼奥那条南方山脚下的远路前往波斯波利斯，但他不愿将一支危险的敌军留在背后。阿利奥巴赞斯手中的军队人数与自己全军相当，一旦他发现自己丢掉了波斯波利斯，就可能会立刻向苏萨前进。即使亚历山大已经在苏萨安排了一支足够数量的守军，完全可以固守城市，但对方一旦真的对苏萨发动进攻，其在士气方面的影响力就可能会抵消他所做的很多工作。亚历山大并不打算绕过任何一支组织良好的武装力量，除非他能够使其彻底失去作用。按照拉格维尔（La Gravière）估算，从巴巴罕到设拉子的路程，经波斯门大约为173英里，若经由凯泽罗乌姆则为238英里。

在宿营之后，亚历山大对敌军阵地进行了侦察，并在第二天对城墙发动了一次坚决的直接攻击。在阿里安的描述中，这位马其顿国王似乎遭到了某种伏击。看来即使是亚历山大也同样偶尔会犯下粗心的错误。这一次，他所要面对者并不是一位普通的敌人，而波斯门也绝非一般的防线。通过快速行军来从毫无戒备的敌军手中夺取胜利的办法这一次并没有发挥效力。[①]阿利奥巴赞斯已经预见到了亚历山大的到来，凭借着自然条件和亚历山大从未遭遇过的坚强工事为阻挡其穿过隘路做好了万全准备。他首先放任马其顿人进入隘路，而没有对他们进行任何阻拦，道路之狭窄仅能勉强容纳三人并排通过。马其顿人在两道垂直的岩壁之间穿行，当纵队的头部抵达最狭窄、最危险的地段，但距离城墙尚远时，他们突然为猛烈的矢石、敌军的呐喊以及从山上滚落而下且足以碾碎整排士兵的巨石所震惊。在面对普通的矢石时，马其顿人可以用盾牌抵挡，但面对这些巨石，他们毫无办法，而敌军却躲在他们无法看到也无法企及的地方。阿利奥巴赞斯肯定也收集了一些攻城机器并把它们安装在城墙上，一

[①] 事实上也不可能奏效。如果我们还记得，阿利奥巴赞斯在阿贝拉会战之后即已经开始向波斯门退却，而亚历山大却在巴比伦、苏萨等地花费了大量时间。到亚历山大抵达波斯门时，时间间隔已经有两个月之久。

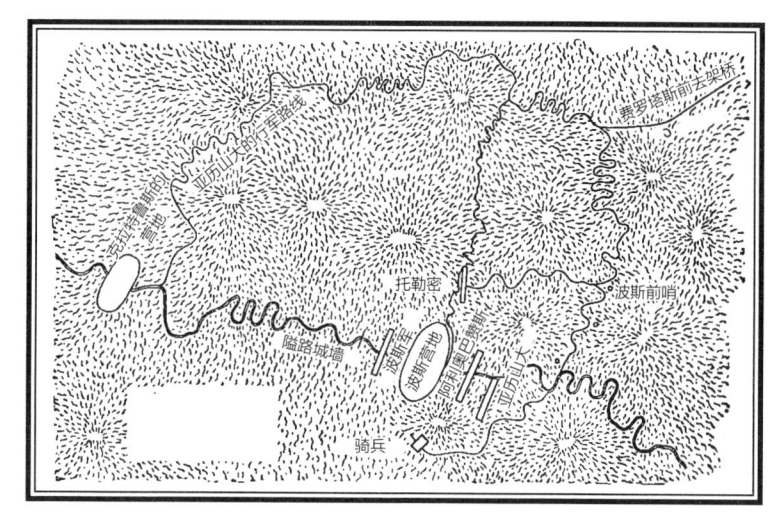

第二十九章 迂回波斯门（公元前331年12月至公元前330年3月）

◎ 在波斯门的迂回行动示意图

旦攻击者进入射程之内便开始射击。

并不轻易气馁的马其顿人也开始尽最大努力来攀登这座花岗石城墙。他们互相支援着，或组成龟甲阵，或抓着灌木，像苍蝇一样紧紧抓着岩石。后来成功爬上科瑞尼斯（Chorienes）山的那些人也在这些士兵之中。士兵们尝试了每一条可能的道路，将墙上的每一条裂缝都派上了用场。但所有尝试都归于失败，亚历山大也罕见地被迫吹响了撤退的号声。在损失了不少人员之后（具体损失数字不详，但狄奥多拉斯说有大批士兵伤亡），亚历山大回到了隘路入口处的营地，那里距离城墙有4英里远——其进攻暂时受挫了。亚历山大一时间在这坚不可摧的防御工事脚下束手无策，就好像拿破仑也曾为巴德要塞（Fort of Bard）所阻一样。不过相比之下，巴德要塞只不过是小事一桩，而驻守在波斯门的敌军却多达40000人。

亚历山大曾抓到了一些俘虏。一开始他从这些人嘴里没有得到任何情报，但最终一位曾做过奴隶，多年来一直在这些山岭中放养羊群的牧民告诉他，还有另一条不为人知且被认为仅能步行通过的艰险道路可以抵达隘路远端，也就是阿利奥巴赞斯防线的背后。这位向导是一位被卖为奴隶的吕西亚人，在放牧时了解到了整个地形。在亚历山大心中，人命要比一整头骆驼背负

309

的金子还要无价，甚至他自己的求胜心都要比金钱更吸引自己。但他也非常清楚，此时金子在这里要比无数抛石机都更有作用。亚历山大向这位吕西亚人承诺，只要他能带领自己走上正确的道路，他便将得到无尽的财富，否则亚历山大就会将他就地正法。后来亚历山大赏赐给这位牧民价值33000美元的赏金，这在当时几乎要算是天文数字了。亚历山大总是践行着他的天才理论："这不是帕尔梅尼奥应得的，却是亚历山大应给予的。"

亚历山大总是会亲自实施那些最困难的工作，这一次可能也是目前为止对他而言最为冒险的一次行动。他留下克拉特鲁斯指挥他自己和梅利埃格的方阵步兵旅以及一部分弓箭手和骑兵，将这些部队留在城墙前方的营地中。亚历山大命令克拉特鲁斯要在夜晚点燃更多营火，白昼时也要进行一系列小型的力量展示，假装全军仍在营地中以吸引敌军注意力。在亚历山大从城墙远端发出进攻号声时，他们就要迅速加入进攻。亚历山大自己则带领着手下最优秀的部队——持盾兵、佩狄卡斯、阿明塔斯、寇纳斯等三个方阵步兵旅、轻装弓箭手、阿吉里亚人、近卫骑兵中队以及另外四个伙伴骑兵中队（由于需要在12月的冰雪中沿放牧小道前进，这些骑兵的马匹无疑钉了马掌）。亚历山大为这些士兵配发了三天的口粮，并在夜间出发，一夜之间便前进了10余英里。考虑到道路情况，这一速度要算非常快了——此时的天气时常降雪，路途一定十分恶劣。不过亚历山大有着耐力过人的身体素质，而他也总能让手下士兵们做出惊人的壮举。此时他已经走过了一半路程。他本可以借着冬季的长夜在一夜之间走完全部路程，但一道看起来无法通过的深谷迫使他必须等到天明再寻找跨越方法。到天明之后，他找到了绕过深谷的道路。

现在亚历山大已经抵达了山脉北坡，在他面前是一片平原，只要跨过阿拉克塞斯河即可进抵波斯波利斯，其背后则是迂回阿利奥巴赞斯后方所必须跨越的山脉。此时他的处境十分危险。由于行军环境恶劣，其军队已经被分割成了一些小型支队，而野蛮人却仍然保持着完整。只有好运以及对敌军完全的奇袭效果才能使他不致归于毁灭。在其他地方只能算是小灾小难的小败，在这里即可完全毁灭亚历山大。但迂回阿利奥巴赞斯也是他唯一的机会，若不如此，他就只有撤退一条路可选。也许他可以在隘路山口留下一支小部队封锁阿利奥巴赞斯，自己则下山追随帕尔梅尼奥，以此来困住波斯人。或者他也可以从山

第二十九章　迂回波斯门（公元前331年12月至公元前330年3月）

的这一侧直接向波斯波利斯前进，但这又需要在阿拉克塞斯河上架桥。这一行动所需的时间非常宝贵。由于架桥行动可能需要数日时间，一旦阿利奥巴赞斯发现亚历山大的意图，他就可以沿着大路，赶在亚历山大抵达之前迅速赶回波斯波利斯，而亚历山大却希望能够在财宝被撤走或城市得到防御之前抵达那里。[①]更重要的是，这两个计划都会导致在城墙下战死的士兵们无法得到掩埋，这更是亚历山大非常不愿看到的情况。

与往常一样，亚历山大不惧艰险。在一整夜的时间里，他率领着部队以单排纵队在大雪中穿过没有道路的地区。士兵们一直因超常的兴奋和卖力而默声前进。在这里，亚历山大发现了一条可以直接通往阿利奥巴赞斯营地的道路，但他并不打算从这里发动进攻。不仅由于对方肯定已经监视着这条道路，也因为从这条道路进攻无法切断对方退却线，可能导致自己的计划失败。

到第二天早晨，亚历山大凭借着一向的先见之明，派出阿明塔斯、费罗塔斯、寇纳斯带领一个先遣队沿北部的山脚向阿拉克塞斯河前进，并命令他们在那里架桥。由于该河水流湍急，高耸的河岸也布满了岩石，想要迅速完成架桥任务必须要有极大的工程技巧。架桥所需的资材则是从附近村落中拆过来的。亚历山大本人带领着余下的部队，等到黑夜再次降临，才在夜幕掩护下迅速而谨慎地开始前进。行军中所遭遇的困难非常惊人，最终取得的结果也十分喜人。在黎明之前，亚历山大便抵达了野蛮人后方，其前卫不久后便与对方设在这条道路上的哨所发生冲突，凭借着卓越的战术，亚历山大得以占领两座哨所，之后又驱散了第三座哨所的哨兵。由于这些哨兵们被切断了退路，他们在极度恐慌中逃进了山区而不是营地，因此亚历山大也在没有被察觉的情况下抵达了野蛮人背后。

阿利奥巴赞斯的营地呈狭长形，这也是当时常见的形式。亚历山大首先抵达了接近营地左翼的地方。阿利奥巴赞斯的岗哨在白天看到克拉特鲁斯仍留在原地，夜间也因营火数量众多认定敌军全军都在正面，再加上此时正在下雪，波斯人便安静地留在营地之中，对自己已经阻断了那位勇敢征服者的

[①] 亚历山大不愿与帕尔梅尼奥一同绕道前进的原因也是如此。

去路感到满意。在亚历山大突然从对方自认为安全的方向吹响号角之后，他们才发觉自己即将遭到进攻。由于亚历山大突然出现在自己的背后，阿利奥巴赞斯勉强将士兵在营地面前排成了两条战线。亚历山大也将士兵列成了一条平行的战线，却将所有骑兵都加强到了自己的左翼，派遣他们去迂回阿利奥巴赞斯的右翼，如果可能的话，他们还应在阿利奥巴赞斯忙于应对亚历山大正面攻击的同时去占领波斯营地。此前他已经派遣托勒密带领着3000名右翼的步兵沿着上文中那条通往波斯营地的道路前进，此时他便可以在对方因右翼与正面战斗而应接不暇时从那里对营地发动突袭。无论亚历山大分散兵力的行动在今日会遭到何种质疑，但在当时，不仅环境要求他必须如此，而且也确实为他赢得了胜利。亚历山大的主力部队以及托勒密都有能力对抗阿利奥巴赞斯可能采取的任何行动，而他也正确估计到多方向进攻会对敌军士气造成毁灭性的打击。

天刚放亮，亚历山大左翼的骑兵便对波斯营地发动了进攻。始终保持战备的克拉特鲁斯也欣喜于听到国王的号声，开始从正面进攻隘路中的工事。亚历山大的骑兵攻击吸引了对方注意力，托勒密和他的3000步兵得以奇袭营地。由于波斯人已经发生了恐慌而阿利奥巴赞斯又下令部队向营地集中，克拉特鲁斯登上了城墙并将守军击退，从后方攻击了营地中的波斯人。所有这些行动几乎都在同一时刻发生，很快便获得了全面成功，如此协调的进攻在当时是十分罕见的。由于阿利奥巴赞斯即使知道那些山间小路也认定它们无法通行，因此根本没有做好任何准备，再加上四面八方都遭到了攻击，很快便在白刃战中被击溃，不少人在逃亡中落入山谷而亡。寇蒂斯则说双方均有大量人员跌落。阿利奥巴赞斯带着一小队卫兵或寇蒂斯所说的40名骑兵、5000名步兵从自己后方突出重围，却发现自己已经被费罗塔斯切断了前往波斯波利斯的去路，后者此时已经架好桥梁渡过了河流。

听到阿利奥巴赞斯已经逃亡的消息之后，为避免情况有变导致波斯波利斯的财宝被毁，亚历山大没有经过任何休息，便在命令克拉特鲁斯随后跟进之后，亲自率领伙伴骑兵在一夜之间行军40英里，前往那座他颇具远见架起的桥梁，并在大雪之中渡过了阿拉克塞斯河。之后他又带领着这支精锐部队抢在沿设拉子驿道逃亡的阿利奥巴赞斯之前赶到波斯波利斯，阻止了对方摧毁财宝的

第二十九章　迁回波斯门（公元前331年12月至公元前330年3月）

可能。为赢得亚历山大的好感，梯里达底（Tiridates）也已经加入了费罗塔斯方面，阻止阿利奥巴赞斯蹂躏土地的行动，后者最终在抵抗过程中被杀。为奖赏其功劳，梯里达底被任命为苏萨的总督。

亚历山大在波斯波利斯和帕萨加迪（Passargadae）缴获了总计价值1500万美元的黄金以及大量财宝。除西班牙在美洲所获的财宝以外，几乎没有其他例子可以与此相提并论。当这些财宝后来被转运到了埃克巴塔纳时，据说动用了多达1万辆需要两头驴子拉的货车以及5000头骆驼。

在前往波西斯（Persis）的途中，亚历山大遇到了800名（寇蒂斯说是4000名）因遭到虐待而残废的希腊俘虏。要知道在东方，对俘虏施虐是非常常见之事。亚历山大对此感到十分愤慨，对这些俘虏则感到同情。他为这些人安排了一个专属的殖民地，给他们分配了土地，还安排奴隶供养他们。另外，这些俘虏每人还得到了相当于600美元的黄金、10套衣服、两对牛以及50头羊。

亚历山大现在已经进入了波斯帝国的发源地。正是在帕萨加迪的山谷之中，居鲁士推翻了米底人的统治。为纪念自己的胜利，他也把宫廷、宫殿以及陵寝建立在了这里。波斯大王的所有附庸臣属都将这里视为主君的家乡，就好像麦加（Mecca）圣地之于伊斯兰教徒一般。居鲁士和他的后继者们凭借着富饶的土地，将这片山谷变成了一片美丽壮观之地。宫殿、庙宇、被称为"四十巨柱"的王家城门、在山腰上切割出的梯田，所有这些最宏伟、高贵、壮观、庞大的建筑都被装点在阿拉克塞斯河和米达斯河（Medus）相汇的河谷中。

由于波斯大王曾经烧毁、亵渎雅典，作为希腊统帅，既然亚历山大现在已经进入了希腊天敌的心脏地带，自然也要对波斯波利斯施以同样的暴行，才能使两个民族互不亏欠。可能是在手下的马其顿人强烈要求之下，亚历山大一反保护千辛万苦所得领地的惯例，也违背了自己的一贯政策，下令洗劫波斯波利斯，并烧毁了波斯大王的宏伟宫殿。

狄奥多拉斯、寇蒂斯、普鲁塔克都说这一决定是亚历山大酒后受到托勒密的情妇、雅典女子泰伊丝（Thais）蛊惑而做出的行为。但根据阿里安的记载，再加上普鲁塔克所说的屠杀行为，都可以证明摧毁波斯波利斯是出于对波斯人毁灭雅典及其神庙的故意报复。因为诸多颇有道理的原因，帕尔梅尼奥强烈反对这一行动。焚烧波斯宫殿的行动不可能像狄奥多拉斯、寇蒂斯和普鲁塔克所记载那样与庆功盛宴同时进行。因为亚历山大往往要等到艰苦战役彻底结束后才会进行这种狂欢。这场洗劫的规模并不清楚，但即使亚历山大曾专门下令放过女人和她们的珠宝，其残酷程度也肯定会超出现代人的想象。

不过毫无疑问，亚历山大也已经很明显地表现出了他从父亲以及整个民族那里继承来的放纵。所有马其顿人都有酗酒的习惯，亚历山大的父亲和他所有的祖先都不能例外。可这并不能作为此次暴行的借口。从此时起，亚历山大也愈发酗酒，而这一习惯也经常带来悲剧般的后果。但我们也必须记得，亚历山大在投入工作时总能够保持着自己的优良品性。只有在稀少的闲暇时光中，他才会为琼浆玉液所吸引。一部分人曾拐弯抹角地影射亚历山大不过是一个酒鬼，这种观点可以说是错误到了极点，只能用愚蠢来形容。

作为洗劫波斯波利斯的参考，我们也必须记得在亚历山大的时代，战争并不像今天那样已经成为算术题，各团、各连也并不仅仅是参谋算计的数字。那时的士兵偶尔需要品尝鲜血的滋味。如果不能足够凶狠，那么士兵在会战中便缺少了至关重要的品格。我们今天所说的"美德"，与亚历山大手下那些方阵步兵的"美德"相去甚远——后者有时会希望释放出自己对鲜血以及其他施暴行为的渴望。

年底时分，马其顿陆军全部抵达了波斯波利斯，亚历山大让士兵们在此后长达四个月的时间里在此宿营过冬，以避免冬季在波斯山地行军时所要遭受的艰辛和减员。不过他本人并没有沉迷于这座华丽都城的享乐之中。他留下帕尔梅尼奥和克拉特鲁斯指挥大部分军队，自己则在抵达波斯波利斯三周之后便启程对周边部落进行一系列小战，以便一鼓作气地征服整个波西斯省。

在南方的山区中，领地位于设拉子与波斯湾之间南方山区中的马底亚人与乌克西亚人十分相似，几乎处于独立状态。马底亚人以狩猎为生，从不种植任何作物。他们生活在山洞之中，女人要和男人做相同的工作，战斗时也一同参战，据说她们甚至还要比男人更加凶狠。为确保波西斯与大海之间的道路安全，以及他能够照自己的设想对海洋加以利用，亚历山大就必须征服这些部落。

第二十九章　迂回波斯门（公元前331年12月至公元前330年3月）

此时正值隆冬时节，要想在这些部落控制之下且为冰雪覆盖的山地中进行一场战役，必定将会十分艰苦，使人精疲力竭。但凭借着惯常的迅捷和高超的战术，亚历山大在30天之内便征服了山区。此前从未有人能在与山地部落作战时取得如此佳绩。

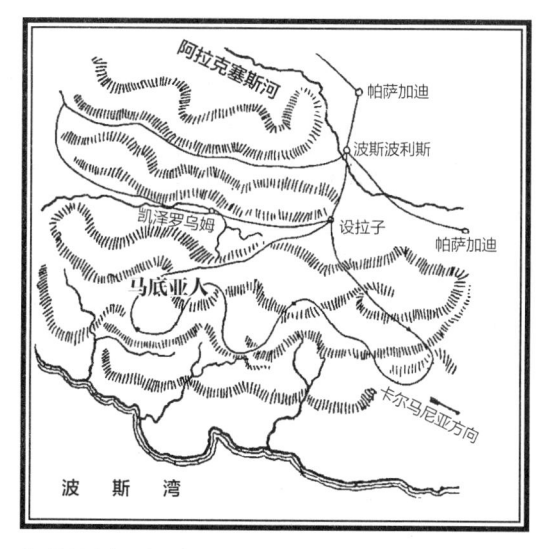

◎ 征服马底亚人示意图

寇蒂斯记载说马底亚人的土地不仅为冰雪覆盖，而且到处都是艰难险阻，险峻之地比比皆是。同时气候多雾、多雨且寒冷彻骨。山地中根本没有道路，所有人都会感觉自己已经走到了世界尽头，另外当地夜幕降临也很快。有一次，当士兵们抱怨征途中的艰苦时，亚历山大跳下战马，步行前进，所有骑兵也跟着他下马步行，这一行动立刻便平息了所有不满。整个战役中马其顿人经历了各种困苦。他们不得不在一道冰坡上凿出台阶，也不得不在树林中砍出一条道路。不过他们最终还是来到了马底亚人的土地，恩威并施地征服或彻底镇压了对手。由于亚历山大已经接近到了卡尔马尼亚附近，当地总督阿斯帕斯提斯（Aspastes）也赶紧向他投降，亚历山大让他在自己手下保留原职。在此之后，亚历山大便回到了波西斯。福拉索提斯（Phrasaortes）被任命为波西斯总督，其父正是在伊苏斯会战中英勇阵亡的罗米色瑞斯。亚历山大留在波西斯首府的兵力据说为3000人。

从公元前334年3月至公元前330年3月，亚历山大花费了四年时间攻入波斯帝国心脏地带，征服了从希腊到他所在位置之间的所有土地。与薛西斯在一个半世纪之前想要将希腊纳为波斯帝国边区一省的计划相反，亚历山大已经使希腊的智慧压倒了东方世界。至于西方文化为何没能在东方长久维持下去，主要原因即在于亚历山大的英年早逝。由于他在征服工作结束之后不久便去世

・亚历山大战史

了，他并没有足够时间来巩固自己的成果，使它们得以延续下去。①

亚历山大在帕萨加迪缴获了另外一些财宝。这座城市原本由居鲁士建成，也是他的陵寝所在地，波斯波利斯则是后来才取代其位置成为帝国中心的。曾有两座城市被称为帕萨加迪，居鲁士所建立的这一座现今已被埋没在大地之中，其位置位于波西斯北部，另一座帕萨加迪城则位于波西斯东部。

---

① 事实上，亚历山大虽然英年早逝，但还是开启了一个所谓的"希腊化时代"。通过托勒密埃及、塞琉古、本都、帕伽玛、巴克特里亚等大大小小的希腊化王国，希腊文化仍能在此后数百年间或多或少地对远至印度河流域的东方文明产生影响，促成了东西文化的交流，使小亚细亚、中东、伊朗的东方人学会了西方智慧，也使西方诸国引入了一君、一神等东方思想。

第三十章
追击大流士
（公元前330年3月至7月）

　　大流士逃亡到了米底境内距离波斯波利斯500英里的埃克巴塔纳，在那里坐等事态发展。历代波斯国王都会在此度过半个夏季。在一年的时间里，波斯国王会在春季时前往苏萨，夏季时来到埃克巴塔纳，余下的日子便在巴比伦度过。埃克巴塔纳古城的具体位置一直有所争议。一部分学者认为该城位于现代的哈马丹（Hamadan），另一部分则认为它位于哈马丹以西50英里的位置。相似的地理问题在本书中总是会反复出现。不过无论如何，埃克巴塔纳的位置肯定位于欧戎提斯山（Mount Orontes）脚下一片海拔6000英尺的平原上，每年有8个月时间都能够风调雨顺。整个城市拥有多达7道城墙，每一道都比其外侧的城墙更高一些，每道城墙的颜色也并不相同，其中最内侧的两道城墙分别镶有银质和金质的外板。卫城同时也是一座宝库，内部拥有华丽的宫殿。

　　大流士打算在米底静观其变，如果亚历山大紧追而来便与他再做一次会战或撤退至帕提亚、赫卡尼亚或远至巴克特里亚等地，沿路坚壁清野，阻止对方追击。到了此时，似乎大流士所关心的只剩下了自身安全。他此前已经将行李纵列、女人以及手中尚存的财物从厄尔布尔士山脉（Elburz，即里海山脉）中的里海门（Caspian Gates）隘路送走，自己则在埃克巴塔纳停留了数月之久,静观亚历山大作何行动。不过虽然大流士没有对敌人进行任何军事抵抗,但他也并非全无作为——他给斯巴达和雅典送去了300台仑黄金,引诱二者进攻马其顿本土。

亚历山大现在已经掌握了足够的资源,不仅可以将战争带到世界任何角落,同时也足以保证祖国安全。他决定开始对大流士进行追击,不将其俘获决不罢休。

波斯大王仍具有足够的力量和条件来保护帝国东部各省。近卫骑兵指挥官那巴赞斯、米底人阿特罗帕提斯、塔普里亚人奥托夫拉达提斯、掌握着赫卡尼亚和帕提亚各省总督的福拉塔弗尼斯、阿里亚总督萨提巴赞斯、统领阿拉霍西亚和德兰吉亚纳(Drangiana)的巴散提斯、巴克特里亚总督兼大流士表亲贝苏斯、大流士的兄弟欧克塞斯里斯、大流士的儿子们以及被称为"波斯第一贵人"、指挥着希腊佣兵的阿塔巴赞仍然簇拥在这位大王周围。这些将领们都有着英勇的精神且仍保持着明智的头脑。另外,阿利奥巴赞斯的残部也从波斯门退到了这里,并将亚历山大的所作所为汇报给大流士。此时大流士手中既不缺士兵也不缺武器,寇蒂斯说他手中仍有73000人马,完全可以在埃克巴塔纳集结一支装备精良的大军,而里海门也是一处足以抵挡任何对手的坚强阵地。如果他以放弃对那些业已无可挽回的土地的统治权为代价,在这里与亚历山大媾和,他至少可以接回自己的家人,并继续享受东部各省的财富。希腊本土此时仍可能为这种媾和创造条件。亚历山大本人也可能因无法跨越里海门而厌倦征服。大流士不幸的生涯也将借此走上一条略显繁荣的道路。[①]

公元前330年冬末,亚历山大离开波斯波利斯向北进发,他启程的具体月份已不可考。他把补给纵列留在背后以低速跟随,自己则率领着作战部队沿山脉天险的山脚前进,并期待与大流士再进行一次会战。亚历山大穿过的这片土地在当时人口众多、环境和平。今天却已经成为荒蛮之地。不过那里的地理

[①] 事实上,除守住里海门以外,以上这些假设都很难实现。不仅因为亚历山大已经两次拒绝大流士割让领土的求和条件,而且他在天性上也绝不会厌倦征服,因为在他心中有着一种"天无二日、国无二主"的观念。也正是这种观念驱动着他紧追大流士,之后又杀死了自封波斯大王的贝苏斯。虽然这原本是一种来自波斯的东方概念,但亚历山大却将它到了西方世界。

第三十章 追击大流士（公元前330年3月至7月）

环境与今天仍然相同，人口也多少因地形原因与现在同样狂野，当地气温与今日一样骤冷骤热。雨季从11月延续至2月，其余月份则干燥炎热，白昼时居民们要躲避在土屋之中过活。

在行军12天之后，亚历山大进入了米底境内。他在这里听说安提帕特已经在血腥的梅格洛玻利斯会战中击败了斯巴达人，并杀死了他们的国王阿吉斯，卡都西亚人和西徐亚人因此也拒绝支援大流士。不过亚历山大也深知这位波斯大王身边仍然拥有大批英勇高贵之士以及一支不可小视的军队。如果领导有方，这支军队要比阿贝拉会战中那些不计其数的乌合之众更加危险。只要大流士还活着，他便仍是亚历山大所有敌人所依附的核心。而且除里海门以外，也还有不少地点可供波斯人据守。

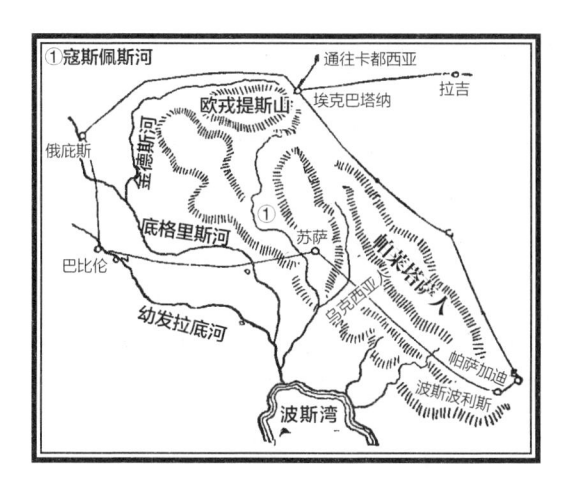

从波斯波利斯前往埃克巴塔纳的过程中，亚历山大顺路征服了帕莱塔萨人（Paraetacae），这是一个生活在波西斯和米底之间山地分水岭以东的部落，毗邻乌克西亚人。与亚历山大所有的山地小战一样，史料中并没有提及这次战役的细节经过，而只是一笔带过。在征服帕莱塔萨人之后，亚历山大留下苏萨总督阿布里提斯之子欧克塞斯里斯担任当地总督，随后便赶去追击大流士了。

作为一个战略中心地点，亚历山大自然非常希望占领埃克巴塔纳。该城经由金德斯山谷通往巴比伦的距离与经由寇斯佩斯（Choaspes）山谷通往苏萨的距离同为350英里，而且还控制着一条直接通往马其顿的商路。亚历山大认为大流士会坚守埃克巴塔纳，因此尽管他行军十分迅速，但也不失谨慎。可当他前进到距离埃克巴塔纳三天距离时，阿尔塔薛西斯三世之子比斯萨尼斯（Bisthanes）却前来寻求亚历山大保护，并告诉后者大流士已经带着3000骑兵

319

和6000步兵又一次向东方逃亡了，因为看到大流士大势已去，卡都西亚人和西徐亚人也没有给他援助，而波斯军中出逃的士兵也非常多。

到达埃克巴塔纳之后，亚历山大解散了手下的色萨利骑兵和希腊同盟骑兵，因为这些部队的服役年限已经到期。除全额军饷以外，他们还额外得到了2000台仑黄金的奖赏。在分配这些黄金时，最优秀的骑兵所得金钱相当于1100美元，即使最低级的步兵也得到了价值400美元的黄金，二者之间的其余各兵种也依次获得相应赏金。另外，亚历山大还为他们安排了从黑海回国的运输工具，并指派米尼斯负责相应细节。色萨利骑兵的马匹似乎属于本人，因此他们也在离开军队前卖掉了马匹。不过这些士兵中也有大量人员自愿延长服役期留在军中。这批人所获的奖赏，可能也包括先前所提到的军饷和赏金在内，每人多达3300美元。除这些记载以外，关于亚历山大军中退伍士兵的抚恤金便再无明确的详细记载了。

亚历山大现在已经进入了一个不同的地区，面对的敌人也与先前不同。他不再需要士兵们排成密集队形进行会战，而更需要轻型、灵敏的部队。因此与先前相比，色萨利重骑兵的重要性有所下降。更重要的是，在所有的重骑兵中，只有伙伴骑兵能够经受即将到来的艰苦山地作战考验。先前因为生病而被留在苏萨的克雷塔斯现在也重返军中，并一路收拢了康复的伤员，到他抵达埃克巴塔纳时已经收拢了6000人左右，并最终在帕提亚与亚历山大会合。此外根据寇蒂斯的说法，亚历山大还得到了6000名希腊佣兵的增援，后者的指挥官为雅典人柏拉图（Plato）。像这样一支人数较少的援兵，能够从赫勒斯滂一路穿过被征服的波斯土地到达米底，证明沿途所有地区都已经接受了他们的新统治者。

亚历山大将从大流士军营或者城市中缴获的财产也全部集中到了埃克巴塔纳。所有被运到这里的贵重金属总价值在2亿美元到4.5亿美元之间。其运输过程由帕尔梅尼奥负责保护，到达目的地后则交由哈帕拉斯存入地下金库之中。负责驻守该城的马其顿士兵多达6000人，另外还有一些骑兵和轻步兵也同样驻扎在这里。

在此之后，亚历山大还命令帕尔梅尼奥从埃克巴塔纳出发，率领希腊佣兵、留在军中的色萨利人以及除国王本人亲率部分以外的一切骑兵，穿过卡都西

第三十章　追击大流士（公元前330年3月至7月）

亚前去征服赫卡尼亚。不过后来帕尔梅尼奥又奉命返回，负责指挥埃克巴塔纳驻军。到了此时，帕尔梅尼奥的将星逐渐暗淡，已经无法再负担劳苦的勤务了。

尽管马其顿军队刚刚从波斯波利斯抵达埃克巴塔纳，但他们的工作还远未结束。亚历山大必须继续前进。他在抵达这里之后，立刻便率领着方阵步兵在7月的烈日下穿过帕提亚干燥的荒野，登上赫卡尼亚的群山。从未有哪支军队曾像他们这样辛苦。

里海地区经常降雨，气候闷热，使人容易生病，其附近高地在冬季极为寒冷，夏季又十分炎热。不过由于这些高地相对干燥，单纯的炎热也并不像印度那样让人无法忍受。夏季和秋季气候相对宜人。高达10000至20000英尺的山脉顶峰由冰雪覆盖，无论何时均极度寒冷。从波斯湾的布沙海尔（Bushahr）起到德黑兰（Teheran）、里海，整片土地可分为南部炎热的沙漠荒野、中部气候适中的牧场耕地以及北部寒冷荒芜的雪山三种地形。可即使是那片在波斯人口中所谓"气候最为适宜"的地区，也同样十分炎热，经常发生干旱和降水不足的情况。里海附近的土地在能够得到灌溉时十分肥沃，但这些高地有三分之二都因饱受缺水困扰而成为不毛之地。换言之，里海地区就好像是一片有着大量绿洲的沙漠，其北部地区以及山脉坡地上拥有树林覆盖，平地上却一片荒芜。

完成埃克巴塔纳方面的工作之后，亚历山大率领伙伴骑兵、轻步兵、埃瑞吉亚斯的希腊雇佣骑兵、除埃克巴塔纳驻军以外的方阵步兵、弓箭手以及阿吉里亚人组成的一个纵队，以强行军出发追击大流士。由于行军是如此迅速，不少士兵和马匹都精疲力竭，不得不被留在后方缓慢跟随。亚历山大本人则带领着其余士兵，在11天之内即抵达了今日德黑兰附近的拉吉（Rhagae），平均每日行军20英里。在这样一个炎热地区的盛夏之中，率领重步兵能达到如此速度已经非常出色了。

现在亚历山大距离里海门只剩下一天的路程了，不过大流士却已经穿过这条隘路逃往赫卡尼亚，并可能会进一步后退到巴克特里亚。他又一次放弃了在关口阻挡马其顿人前进的机会。由于波斯军中有大批逃兵散落在队伍后方，其行动方向也很容易追踪。其中大部分人逃回了家乡，另一部分则向亚历山大投降。按照阿里安的说法，亚历山大的部下都已经精疲力竭，对仅

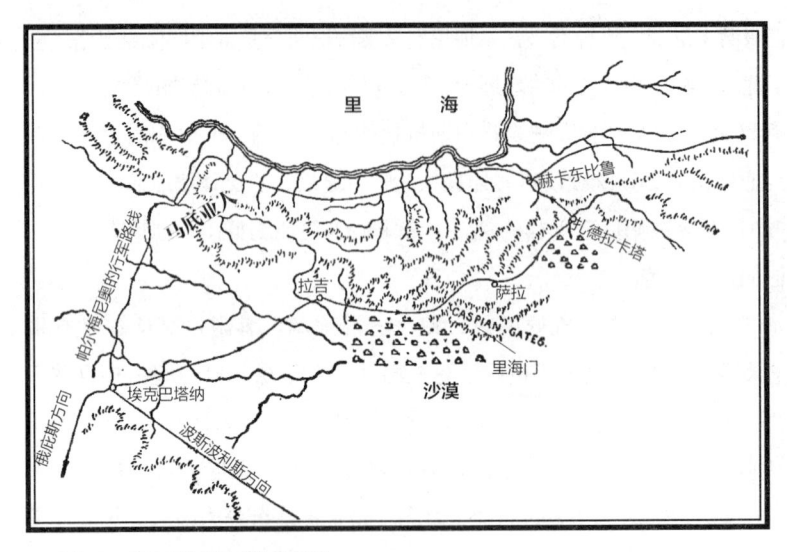

◎ 从埃克巴塔纳到扎德拉卡塔示意图

凭这样的追踪能否抓获大流士不抱任何希望。由于他尚未确定大流士逃往何方，快速行军也已经耗尽了军中的粮草，亚历山大给予了士兵们五天休息时间，并任命被大流士终身监禁在苏萨的欧克索达提斯（Oxodates）接替阿特罗帕提斯担任米底总督。亚历山大认为此人曾遭受大流士粗暴对待的经历足以保证其对自己的忠诚。在此之后，他开始向距离拉吉30英里的里海门前进，并在当天便穿过了这条隘路（穿过隘路本身需要3个小时）。在那之后，亚历山大发现里海门以远的地区除沙漠以外别无他物，只好先派出寇纳斯前去征发给养，为进一步追击做好准备。

与此同时，大流士也开始担心即使如此逃命也无法甩掉可怕的追击者。他越是逃跑，军队中的逃兵就越来越多，那么他是否应该调转方向，与已经因追击而筋疲力尽的马其顿人决一死战呢？据说，大流士曾召集贵族们举行战争会议，建议他们再与敌军战斗一次。可到了此时，这些贵族们不仅彻底失去了勇气和对大流士的信任，而且军营之中也已经酝酿着叛变的阴谋。因此会议也变得十分紧张，贵族们都要求大流士退位，即使连古来已有的波斯大王权威也已经无法再保护大流士了。不过这场争吵还是平息了下来，贵族们暂时克制住

第三十章 追击大流士（公元前330年3月至7月）

了自己，并恳求国王原谅，但他们对大流士的效忠也即将走到尽头了。

当亚历山大在里海门暂停期间，他突然从巴比伦人巴吉斯塔尼斯（Bagistanes）以及马扎亚斯之子安提贝鲁斯（Antibelus）那里听说（这二人是从大流士的军营中逃出来向亚历山大寻求庇护的），贝苏斯、巴散提斯、那巴赞斯已经阴谋囚禁了大流士。阿塔巴赞预见到了这场叛乱，曾和他的儿子一起建议大流士转移到他们控制下的希腊佣兵军中，这些佣兵的直接指挥官则是帕特龙（Patron）。忠诚的佣兵事实上并不罕见，就好像是路易十六手中的瑞士近卫军为不幸的主君战至最后一人那样，几乎所有希腊佣兵都仍然对大流士十分忠诚。不过大流士本人虽然已经十分怀疑贵族们的忠诚，而且也愿意将自己交到阿塔巴赞手中，却始终优柔寡断，一直耽搁到自己被三位阴谋者抓住。三人在一天晚上行动，按照传说，他们用一条金链将大流士绑了起来，带上一辆被遮盖起来的战车，或如寇蒂斯所言是一辆用肮脏兽皮覆盖的辎重车，以免被旁人辨认出大流士。在这位波斯大王被绑架之后，他的军队也就像烈日下的冰雪一样迅速融化，不少头领率领麾下部队返回家乡，更多的人跑到亚历山大那里寻求怜悯，阿塔巴赞和希腊佣兵则向北撤退到了塔普里亚山区。

以上消息促使亚历山大加快原本已经非常迅速的脚步。他将伙伴骑兵、骑射手、枪骑兵以及最勇敢、最坚韧的一部分方阵步兵组成一支精锐部队，集中了全军最优秀的战马，立刻启程追逐那些叛乱分子。由于他甚至没有等待寇纳斯带回给养，这支部队每人仅携带着两天的口粮。克拉特鲁斯留在主力中间，用较慢的速度追随国王。亚历山大昼夜兼程，一直到第二天中午才暂停行军，休息到当天晚间后又重新启程追击到次日清晨，并抵达了被巴吉斯塔尼斯抛弃的萨拉（Thara）军营。亚历山大在营地中找到了大流士的翻译梅隆（Melong），他因病被留在了营地中。从梅隆口中，亚历山大首次获悉了实情。梅隆告诉他说，贝苏斯首先篡夺了逃亡军队的指挥权，阿塔巴赞和希腊佣兵虽然仍对大流士保持忠诚，但波斯大王却更愿意信任自己的本土部队，并最终遭到了这些人的背叛。由于出身大流士亲族，贝苏斯原本受命指挥巴克特里亚骑兵以及一些其他部队，而他还统治着富可敌国的巴克特利亚省。他深知大流士对亚历山大的重要性，因此他盘算，如果自己不敌对方，便将大流士献给亚历山大，以此来换取后者允许他以君主身份继续统治原有领土；如果能够击败亚历山大，那么他便会转而寻求自己统治整个波斯。另外，他也向其余同谋者许诺将会给予他们无尽封赏。

亚历山大接下来的追击速度惊人。他在第二天夜间依然兼程行军直到第三天中午，前进到了一座在前一天刚刚被敌军当作宿营地使用过的村庄（可能是今日的巴克沙巴德）。亚历山大此时已经将贝苏斯追至一日路程之内，但也付出了大量人马损失的代价。他在这座村子里听说贝苏斯只在夜间行军，并通过详细询问村民得知自己可以从一条穿过沙漠的近路截断沿大道行动的贝苏斯。步兵根本无法穿越沙漠，也无法跟上亚历山大愈发快速的前进。必然地，此时部队的一切物质、精神力量都已经被耗尽，支撑他们的只剩下国王自己对目标的惊人执着。亚历山大在部队中又挑出500匹最好的战马，搭载500名最优秀的指挥官以及从士兵之中不分兵种、军阶挑选出的体力强健、毅力顽强者。这些人携带着自己平时使用的武器，在高温天气中沿村民指出的道路前进。跟随亚历山大至此的持盾兵和阿吉里亚士兵也分别在尼卡诺尔和阿塔拉斯指挥下以最快速度沿贝苏斯所走的大路轻装进发。剩下的部队虽然同样以强行军继续追击，但并没有在装备和人员方面做特殊安排。亚历山大从当天下午开始行动，凭借着无限的精力，在夜间前进了47英里，到天明时便出其不意地打击在了野蛮人的营地上。在过去4天中，亚历山大行军超过175英里，而他走过整个400英里路程也不过花费了11天。

由于行军速度是如此之快，当亚历山大追及敌军时，身边只剩下60名伙伴。此时正值黎明，他不做任何等待便率领这一小队人马对数千名敌军进行了一次闪电冲锋。由于亚历山大的突然出现，对方立刻陷入瘫痪。他们秩序涣散，甚至很多人都没有携带武器，很快便被驱散，为数不多坚持抵抗者也被杀死。不过亚历山大的所有努力还是化为了泡影——也许是事先早有安排，贝苏斯的同谋，直接监管着大流士的那巴赞斯、巴散提斯在看到自己已经无法继续控制这位俘虏，而且后者也已经没有利用价值之后，便用他们的投枪刺穿了大流士的躯干，之后双双逃亡。大流士被谋杀的地点可能位于今日的达姆甘（Damghan）附近。当亚历山大找到大流士的乘驾时，这位波斯大王已经成为一具尸体，亚历山大为他盖上了自己的红色斗篷以示尊敬。此时可能是当年7月份。

第三十章 追击大流士（公元前330年3月至7月）

亚历山大一定对此极度失望。在付出了无比的艰辛之后，他还是没能活捉大流士。如果这一目标实现，东部各省就会变得十分容易征服。而他也将从把大流士这位波斯末代国王留在身边（就好像居鲁士对待克罗伊斯那样）这种处理方法中，满足自己与生俱来且迅速膨胀的虚荣心。他此后对贝苏斯所展开的无情追击，可能也主要来自此时的这种失望之感，而不只是像表面上那样是要惩罚他的弑君之罪。毫无疑问，亚历山大所进行的追击已经超过了自己所能期待的结果，而他也确实配得上这样一个出色行动。他不知疲倦的追击行动，完全得益于自己不屈不挠的意志力以及从中迸发出的超人般精力。如果不是肩负重任，这样对待士兵可能就要被评价为暴虐无谋了。与以往一样，亚历山大本人在行动中也承受着和士兵一样的炎热、饥渴、劳累以及危险，而且也是最乐于面对这些困难的一人。

在穿过沙漠的艰苦行军过程中，一些士兵曾用头盔为国王奉上一些饮水。就在亚历山大将要喝下这些水时，看到身边士兵们疲惫饥饿的面孔，他说道："你们什么都没有，而我却要喝水？"之后便在没有喝下一口的情况下将水还给士兵。后者随即热情地回应他说："带领我们走向天涯海角吧！只要您仍是国王，我们便不会再受凡事所累！"

事实上大流士的死对亚历山大而言可能更为有利。如果大流士还活着，他就可能会成为所有反对亚历山大的阴谋核心。而如今，亚历山大不仅从大流士的横死之中获得了好处，而且还不用背负任何杀害对方国王的罪责。只要他毫不留情地追击弑君者，就能够赢得波斯人民的好感。到了那时，除亚历山大以外，再无他人有权登上波斯王位。而且除缺乏登基的法理依据以外，亚历山大也将是自居鲁士之后最有希望将波斯带向繁荣的主人。

亚历山大将大流士的遗体送到了波斯波利斯（也有说法认为他将遗体送到了大流士母亲西绪甘比斯所在的苏萨），并按照波斯列王的仪仗为他举行了皇家葬礼。在此之后，由于怜悯大流士的不幸，亚历山大依然以最高礼节厚待大流士的亲属。

作为阿契美尼德王朝的最后一位国王，大流士具有成为优秀国王的能力，但作为指挥官却素质低劣。他本人并不缺乏勇气。狄奥多拉斯告诉我们，在为先王阿尔塔薛西斯三世效力时，大流士曾在与一位卡都西亚勇士一对一决

・亚历山大战史

斗时杀死了对方，并因此赢得了"最勇敢的波斯人"称号。但他的精神却缺乏坚韧和平衡，并因此招致了最终的厄运。事实上，大流士在位期间始终并不走运。在他于公元前336年登上王位之后不久，波斯便与希腊和马其顿发生了战争，他对波斯的统治，几乎正是伴随着格拉尼卡斯会战的失败而开始的。大流士去世时年龄大约在50岁左右，此时他已经沦落为叛徒手中的俘虏，身为国王却遭锁链捆绑。

亚历山大任命曾在埃及俘获马查塞斯的帕提亚人阿明纳斯皮斯（Amminaspes）担任帕提亚和赫卡尼亚总督，同时任命伙伴骑兵出身的特莱波利马斯（Tlepolimus）统领当地驻军。

第三十一章
讨伐贝苏斯
（公元前330年7月至秋季）

谋杀大流士的同谋者们已经达成共识，他们必须首先分头返回自己统领的省区，组建军队，最终与贝苏斯在巴克特里亚会合。之后他们将在那里选出新的波斯大王，并集中部队支持新王。作为大流士的表亲以及这些人中地位最显赫的一位，贝苏斯无疑有理由认为自己将成为幸运之子。可就在弑君者刚刚分散开之后，他们便开始彼此猜疑，甚至忘记了他们还拥有共同的敌人。福拉塔弗尼斯始终留在赫卡尼亚，那巴赞斯之后也来到了那里与他会合。萨提巴赞斯逃到了阿里亚，巴散提斯则逃到了德兰吉亚纳。他们之间缺乏团结的情况，无疑对亚历山大十分有利。

马其顿陆军此时已经精疲力竭，各部队也分散在先前追击的路线上，互相之间距离很大，若是在其他情况下便可能会面临巨大危险。事实上，如果大流士不是只顾逃命的话，亚历山大的凶猛追击便可能成为无谋之举。毫无疑问，亚历山大完全无法抑制自己立刻前去追讨那些叛徒的急迫心情，不过他此时也并不知道他们逃向了何方。因此他首先在帕拉柯斯拉斯山脉（Parachoathras，今拉布塔山脉）或里海山脉（今厄尔布尔士山脉）南方山脚下的赫卡东比鲁（Hecatompylus）附近将部队重新集中起来，让他们休息了一

・亚历山大战史

段时间。在此之后，他决定首先侵入赫卡尼亚。这不仅是为了在里海地区获得桥头堡，同时也是为了在自己未来越过山脉时，不会在侧翼和后方留下不稳定的部落。

另外，亚历山大在这里也首次遭遇了需要花费一些精力才能让士兵追随自己行动的情况。士兵们已经开始厌倦流浪般的生活，体力也已经消耗殆尽。在大流士死后，他们便认为自己的使命已经宣告结束，可以踏上回乡之路，或至少返回到巴比伦了。所幸亚历山大总是有着令人无法辩驳的说服力。凭借着士兵们对自己的忠诚和感情，并许诺未来会给士兵们大笔赏金（由于亚历山大始终十分慷慨，因此这一点是很有说服力的），亚历山大最终打消了士兵们的顾虑。寇蒂斯说马其顿士兵有喋喋不休抱怨不满的习惯，这一说法从某种意义上来讲可能也是事实。不过士兵们越是喜欢抱怨，便越能证明亚历山大说服力的高超，因为这证明他总是需要不停地劝说部下追随自己，而这些部下最终也都有着出色的表现。亚历山大眼下的目标除征服赫卡尼亚以外，还希望找到曾为大流士效力的希腊佣兵，惩罚他们为金钱与同胞自相残杀的罪过。除此以外，他也怀疑波斯大王手下的部分贵族逃到了赫卡尼亚避难，他们可能会以希腊佣兵作为核心组建部队，亚历山大对此绝不能坐视不管。

位于亚历山大北面的里海山脉是里海地区的巨大前哨，各山峰高达12000至20000英尺，可供跨越山脉的只有一些漫长难行的山口。同时它也是帕提亚与赫卡尼亚的分界线，其南坡居住着塔普里亚人。靠近里海的山脉北侧则遍布着溪流，平地十分狭窄，多数地区不超过20英里宽，使整个地区如同巨大的沼泽一般。当地的树林浓密，易守难攻，同时地表植被也十分茂盛。当地气候与蓬蒂内沼泽（Pontine Marshes）[①]相似，夏季干燥，冬季又会溪流泛滥。虽然在此之中仍有一些土地比较富饶，一些村庄也分布在这些沃土中间，但所有道路仍泥泞不堪。近年曾有一位旅行者途经此地，发现在不超过300英里的旅程中，就有超过20条难以涉渡的宽大河流。马其顿士兵一定十分出色，才能若无其事地跨过沙漠和雪山，而且仍能保持快速行军。作为他们的领袖，亚历山大

---

① 意大利境内的一片沼泽。

第三十一章　讨伐贝苏斯（公元前330年7月至秋季）

则更加伟大。因为正是他无可阻挡的精力和宏大的智慧，才缔造出了这些优秀的士兵！

在因情况所限而暂时搁置对贝苏斯的追讨之后，亚历山大将全军分为三个纵队，以赫卡尼亚首府扎德拉卡塔（Zadracarta）作为集合地点。他本人选择了最艰苦的西部道路前进，其手中部队人数最多，装备也相对较轻。克拉特鲁斯沿着亚历山大东面的道路前进，其手中除他自己以及阿明塔斯的方阵步兵旅以外，还有600名弓箭手以及数量相当的骑兵，他的任务是去攻击塔普里亚人。埃瑞吉亚斯则率领着剩下的骑兵、希腊佣兵以及行李和大批随营人员沿最容易通行的道路前进，这条道路也是当地居民所经常使用的。

由于野蛮人已经占据了所有这些错综复杂的山路，随时准备伏击亚历山大，因此后者在行军过程中也极为谨慎。亚历山大曾从色诺芬的著作中学到如何在重重阻碍中穿越山路，而现在他本人也已经积累了大量这类作战的经验。在跨过第一道山脊之后，亚历山大听说一些大流士的旧将就在自己附近，他随即率领持盾兵、装备最轻的方阵步兵以及一些弓箭手，冒着伏击风险沿一条非常难以通行的道路前进，而他也不得不沿路设置了不少后卫关卡来保护后续纵队的行军。可遗憾的是，亚历山大这次行军的细节资料却已经失传了。进抵齐奥贝提斯河（Ziobetis，该河具体位置已经无法辨别）之后，亚历山大在河边宿营四天，其间有大量人员赶来向他投降，甚至连那巴赞斯和福拉塔弗尼斯也包括在内。此后史料中便再无关于那巴赞斯的记录，可能他被迫淡出了政治、军事舞台。亚历山大凭借高超的技巧撤回了后卫部队，整个纵队也在没有遭受实质性损失的情况下穿过了山脉，只有阿吉里亚人曾在行动行将结束时被拖入了一场激烈的后卫战。在此之后，亚历山大便开始向赫卡尼亚首府扎德拉卡塔前进，并与其余两个纵队会合到了一起。在武力和谈判的双重作用之下，克拉特鲁斯已经征服了途经道路上的塔普里亚人，埃瑞吉亚斯也在几乎没有遭遇抵抗的情况下完成了行军。阿塔巴赞带着自己九个儿子中的三个来到此处投诚，其中包括塔普里亚总督奥托夫拉达提斯，亚历山大也让后者继续担任总督职务。

从没有哪位征服者能够像亚历山大这样善于将宿敌转化成自己的伙伴，他对大流士手下那些忠实总督、仆人的善待总能将他们变成自己的坚定支持者。亚历山大能够认清，这些人对大流士的忠诚意味着未来他们也将忠于自

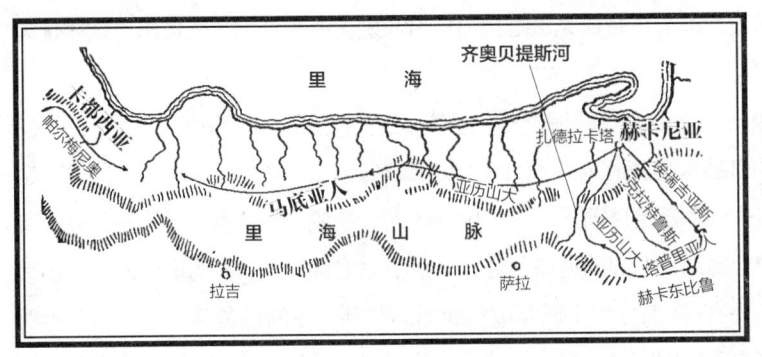

◎ 里海战役示意图

己。而对他们的奖赏，也并不会与那些背叛大流士将重要地点、财宝献给自己之人的奖赏所冲突。亚历山大在这一方面并没有严格的规矩或者惯例，其赏罚标准完全取决于当时当地的具体情况。他在这方面很少犯错，仅有的那些错误也只能提醒我们亚历山大仍然是一个凡人。

阿塔巴赞曾与有姻亲关系的罗德岛人门侬一起在佩拉流亡并在那里见过亚历山大。现在亚历山大便赏赐给他和他儿子在自己身边效力的机会。从伊苏斯和阿贝拉两战中幸存的希腊佣兵也恳求与亚历山大议和，但后者却告诉这些佣兵，自己只接受无条件投降，如果不立刻前来投降，自己就要迅速率军报复他们。这些佣兵总数在1500人左右，当他们真来投降时，亚历山大在加以责备之后便原谅了他们的罪行，将他们编入自己麾下。斯巴达派到大流士宫廷的使者也在这些佣兵中间，他们随即被软禁了起来。

亚历山大早已认清赫卡尼亚在未来能够成为一支里海舰队的基地，因此他在此之前便已经派遣帕尔梅尼奥从米底北部出发进入卡都西亚，之后又沿着海岸穿过赫卡尼亚与主力部队会合，征服沿路地区，并在里海山脉以北开辟了一条道路。

从扎德拉卡塔启程，亚历山大开始掉头向西，迎着帕尔梅尼奥前进，同时这一行动也可以征服贫穷却好战的马底亚人，因为后者很可能会干扰他在里海建立舰队的计划。亚历山大率领着持盾兵、弓箭手、阿吉里亚人、寇纳斯和阿明塔斯的方阵步兵旅、半数伙伴骑兵以及一支新建的标枪骑兵离开主力部队

第三十一章　讨伐贝苏斯（公元前330年7月至秋季）

所在的扎德拉卡塔营地。当地地形十分艰险，没有道路，树林密布，而且也无法提供任何补给（原因主要在于当地过于贫穷）。尽管如此，亚历山大还是对马底亚人发动了进攻。在那之前，亚历山大也已经穿过了马底亚人的领地，诱使对方认为自己已经躲过遭到攻击的危险

　　亚历山大所走的道路可能位于山脊和海岸林地沼泽之间，即沿着山脚行军。里海的海面在当时要比现在更高，虽然我们并不清楚海平面变化对地貌的影响到底有多少，但当时的史料与今日旅行家们的描述相去也并不太大。很多马底亚人逃到了内陆的山沟之中，但即使在这里他们也并不安全。亚历山大有条不紊地紧跟着他们，不断向各处派遣支队使马底亚人不得安宁，而在马底亚人领地另一端的帕尔梅尼奥也使他们无路可逃。马底亚人在这两支十分擅长山地作战的军队夹击之下，不得不彻底臣服。不过史料中并没有记载亚历山大和帕尔梅尼奥是否曾在这场战役中真正会合到一起。在这次行动中，新建的标枪骑兵表现十分出色。他们的装备与帕提亚骑兵相似，在山地作战中的效率无人能及。即使从对手身上，亚历山大也能学到很多经验，他采纳了大量东方技战术，其中尤以轻骑兵方面为甚。

　　马底亚被划归先前刚刚确认继续担任塔普里亚总督的奥托夫拉达提斯统领。在确保了整个山脉的安全之后，亚历山大才回到扎德拉卡塔，并在那里举行了为期两周的体育竞赛和宴会来庆祝胜利。帕尔梅尼奥则回到埃克巴塔纳继续指挥那里的驻防部队。

　　亚历山大在米底停留时曾收到消息称，希腊境内的反马其顿动乱已经因斯巴达人在梅格洛玻利斯血战中的失败以及阿基斯国王阵亡而暂时平息。如前文所述，这场会战以及一些现代会战的伤亡数字总是会被用来质疑亚历山大会战中那些较小的阵亡数字是否意味着那些会战并没有那么激烈。虽然我们已经对此进行过讨论，但我们不能忘记的是，这些数字只是衡量士兵的意志和素养以及将领能力的标准之一。一位将领的能力要从他的战术以及影响中去寻找，而绝不是单靠杀死敌军或己方被杀数量来衡量。历史上最杰出的胜利，绝不仅仅是屠杀敌军那么简单。难道亚历山大在阿贝拉会战的损失数量增加三倍就能让他无与伦比的战术焕发更多光芒么？事实正好相反。是否能够凭借最少的牺牲来换取伟大战果，才是对一位将领能力的最大考验。这

与在值得牺牲且形势需要时战至最后一人的勇气并不冲突。如果是亚历山大指挥梅格洛玻利斯会战,其损失可能会仅相当于安提帕特的一小部分。而毫无疑问的是,在这二人中,也只有亚历山大能够赢得阿贝拉会战。即使亚历山大从未在东方遭遇素质优秀的部队,其功业也不会因此而受到贬损。在与精锐部队作战时,他也能有着同样出色的表现。要知道,亚历山大第一次经历大型会战,便摧毁了全希腊无人能敌的底比斯圣团。虽然他一生从未与斯巴达人对垒,但被他击败的底比斯人也曾使斯巴达俯首认输,而他在亚洲的劲敌波斯人,也正是斯巴达国王保萨尼阿斯在普拉蒂亚会战中一直想要避免交战、最终也只是被迫投入会战的对手。另外我们也不能忘记,亚历山大曾面对的帕提亚人也在日后歼灭了克拉苏(Crassus)的7个罗马军团。难道只因为格兰特在弗吉尼亚损失了60000人,而只在维克斯堡损失了8000人,就要说他在弗吉尼亚的战役更为伟大么?诸如此类的对比绝无任何价值,因为衡量将领是否出色的标准完全不取决于此。可人们还是经常做出这种对比,并对其细节刨根问底。亚历山大从未放弃过任何一场会战,而总是会战斗至最终获胜。通过热情和技巧的结合,他总能在不遭受重大损失的前提下迅速赢得会战,这正是对其能力的最佳证明。所有仔细研究过亚历山大战史的人,都只能得出一个结论:即使面对着优秀指挥官统领下的最优秀部队,亚历山大也还是能够赢得人类能力、耐力所及范围内的任何会战。

由于斯巴达的叛乱企图,亚历山大始终冒着后方不保的风险,但他始终对安提帕特的能力以及自己送回马其顿的战争资金抱有信心,坚信好运会站在自己一方。另外亚历山大也从未因后方安危而影响自己征服亚洲的步伐,因为他总是会在下一阶段行动开始之前将后方安全布置妥当。不少人认为亚历山大有勇无谋,但事实上他却对一切都有着精密的计算,只是他同时也具有乐观勇敢的精神。所有的伟大统帅都曾面临风险,并具有正确评估风险的能力。在斯巴达人失败之后,亚历山大确信其在作战线上沿路留下的大量驻军已经足以保证交通线安全,因此自己在向内陆前进时所要面临的风险也相应减小了。虽然他无论如何都会向内陆继续前进,但当他真正行动时,对后方安全无疑是比较满意的。幸运的是,其后方并无任何一位敌人能够与他抗衡。而且事实上,因为他是亚历山大,世上原本便无人能与他对敌。

第三十一章 讨伐贝苏斯（公元前 330 年 7 月至秋季）

亚历山大前往苏西亚的道路可能位于帕拉柯斯拉斯山脉北坡，此时季节适宜，除山峰以外所有道路状况极佳。也正因为如此，马其顿军队才能在携带了庞大行李纵列的情况下依然保持着高速行军。长期以来，军队中累积的辎重越来越多。亚历山大允许士兵们随军携带所有沉重的战利品，军中也充斥着大批女人，各种奢侈品更是已经膨胀到了完全不必要的地步。虽然这并不会对轻装上阵的作战人员造成影响，但行李纵列却一定已经因此而变得笨重不堪。由于他计划进入自己几乎一无所知的地区，这一情况必须有所改观。亚历山大以身作则，放火烧掉了自己的行李，以说服手下士兵效仿自己。很快，行李纵列便恢复到了马其顿军队的标准规模。

据说亚历山大也是在这里首次改穿东方服饰，虽然这可能只包括一部分衣服，但这些服饰方面的改变却在未来也引起了轩然大波。不过，我们也不应认为亚历山大会在会战中穿着任何马其顿盔甲和披风以外的服饰。他并没有抛弃曾屡次在战斗最前线引领士兵的白色羽翎，或者用任何米底君主的奢华服饰取而代之。只有以东方帝王的身份出现时，亚历山大才会使用东方服饰和礼仪。

亚历山大从近来投靠过来的波斯士兵口中得知贝苏斯已经继承了亚洲之主的宝座，开始穿着王室服饰并佩戴王冠，甚至连名字都改成了阿尔塔薛西斯。波斯军中不少人都已经逃到了巴克特里亚，而贝苏斯原有的巴克特里亚部队也仍然跟随着他。所有这些举动，都使亚历山大极为震怒。他绝不允许波斯帝国落入谋杀大流士的凶手手中，因此决定不能再耽搁对贝苏斯的征讨。亚历山大终止了已经在扎德拉卡塔进行得似乎已经有些放纵的庆祝活动，以便为出征做好准备。

亚历山大亲自率领着持盾兵、方阵、马其顿骑兵、阿吉里亚人以及弓箭手等大约 20000 名步兵和 3000 名骑兵，穿过阿里亚地区向其目的地——巴克特里亚前进。阿里亚总督萨提巴赞斯已经在苏西亚臣服于亚历山大，尽管此人也是谋杀大流士的共谋者之一，但亚历山大却还是让他继续统领自己的省区，同时还专门派出伙伴骑兵出身的阿纳克西普斯（Anaxippus）率领 60 名骑兵驻扎在当地，负责防止马其顿军队在穿过阿里亚时对当地进行破坏，并在当地建立自己的权威。亚历山大认为这些手段足以暂时架空萨提巴赞斯，而同时又不会引起后者抱怨。由于贝苏斯已经得到了很多大流士旧臣辅佐，又已经在等待着

333

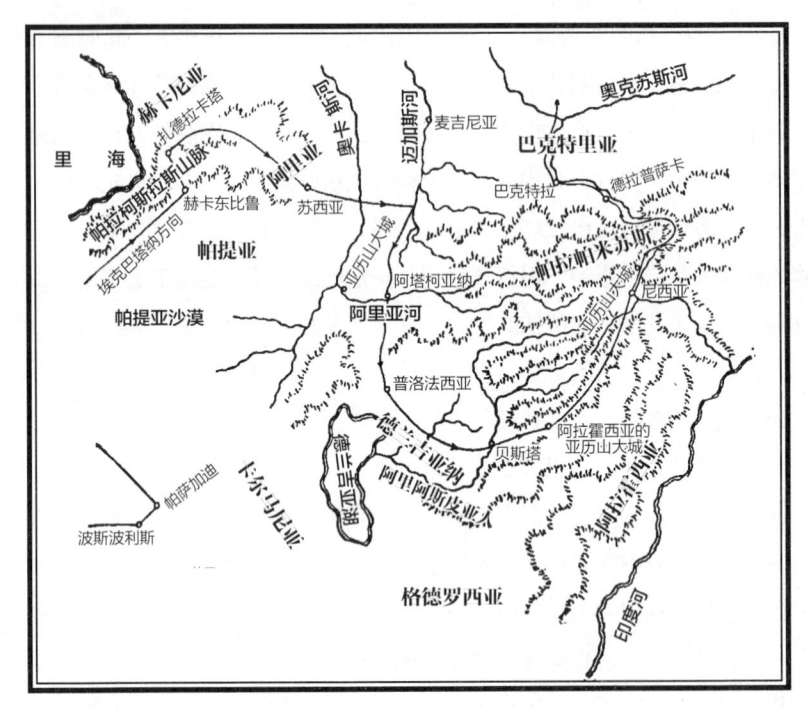

◎ 从里海前往高加索的行军路线示意图

西徐亚人支援，因此亚历山大希望能赶在贝苏斯与其同谋者会合之前进入巴克特里亚。在此期间，持盾兵指挥官、帕尔梅尼奥之子尼卡诺尔在苏西亚去世，使全军都为之伤感。亚历山大虽然没有耽搁行动，但还是留下费罗塔斯率领2600名士兵为尼卡诺尔举办了规模庞大的葬礼。

与今日一样，伊朗高原在当时也被视作"一片被光秃山脉分割开来的不毛之地"，气温在华氏0度至120度之间[1]。不过在亚历山大的时代，当地人口要比现在更多一些，因此为作战部队所能提供的物资也要更多。可即使口粮充足，昼夜温差却还是会使士兵叫苦不迭，而当时的日照也和今日一样暴烈。

---

[1] 即摄氏零下18度至零上48度之间。

第三十一章　讨伐贝苏斯（公元前330年7月至秋季）

当纵队已经向巴克特里亚走出了不少距离之后，亚历山大突然听说萨提巴赞斯在自己刚刚走过的省区里屠杀了阿纳克西普斯和所有马其顿驻军，公开宣布自己倒向贝苏斯，试图与后者会合，并已经在阿塔柯亚纳（Artacoana，位于今日的赫拉特附近）闭门坚守，很多谋杀大流士的共谋者也已经在那里与他会合。这是一个巨大威胁，再加上巴散提斯已经准备从德兰吉亚纳支援萨提巴赞斯，亚历山大绝不能容忍这种后方的叛变行为。此时很多希腊雇佣骑兵、重新入役的色萨利骑兵以及安德罗马科斯的部队已经在米内劳斯之子腓力率领下与亚历山大会合，后者也立刻停止向巴克特里亚前进（此时他所走的道路要比后来真正侵入巴克特里亚时所走的那条更易通行）。在留下克拉特鲁斯指挥大部分军队之后，亚历山大率领伙伴骑兵、枪骑兵、弓箭手、阿吉里亚人以及阿明塔斯和寇纳斯的方阵步兵旅赶往叛乱地点。在短短两天之内，他率军前进了75英里（600斯塔德，这也是亚历山大最卓越的行军之一），如同旋风一般降临阿塔柯亚纳，萨提巴赞斯仅能率领少数阿里亚骑兵逃走。亚历山大在战斗中杀死了3000名敌方官兵，并将大批俘虏卖为奴隶。波斯人阿萨米斯被任命为新的阿里亚总督，克拉特鲁斯所率军队也被召至此处。

阿塔柯亚纳以北拥有数条极佳的山路可以翻越高加索（Caucasus）[①]进入巴克特里亚，高加索山脉在此处的海拔并不像帕拉柯斯拉斯山脉那样高大，原本翻越起来并不太困难。不过亚历山大却被迫要先向南进入扎兰吉亚（Zarangeia）或德兰吉亚纳（二者分别以扎兰吉亚湖和阿里亚湖得名），因为这些地方是由巴散提斯和其同谋者担任总督的。在亚历山大向南出发之后，自知叛乱罪恶的巴散提斯不等马其顿国王前来复仇，便逃向了印度河或格德罗西亚（Gedrosia）方向，不过他却在途中被随从捉拿带回给亚历山大，后者也随即将他处死。

按照拉格维尔将军的计算，亚历山大率领手下纵队从赫卡东比鲁前进至阿里亚当地走过的路程总计超过了500英里，而其实际行军时间为198小时。按照亚历山大在20天内每天行军10小时计算，士兵们每天要行军超过25英里。无

[①] 在亚历山大的时代，高加索指今日兴都库什山脉，而非俄罗斯以南的格鲁吉亚等国。

论这个数字是否确切，都非常引人注目，而事实上马其顿人也确实非常善于快速行军。

可能正是这次在前往巴克特里亚途中发生的凶险背叛，导致他不得不向阿里亚进行迅速反向行军，使亚历山大感到自己必须更加谨慎，重新拾起伊苏斯和阿贝拉两战前后的明确战略，即在继续前进前完全征服所有后方地区。位于伊朗、图兰（Turan）和阿里亚纳（Ariana）之间的阿里亚在这些地区中最为重要。奥卡斯河（Ochus）与阿里乌斯河（Arius）在这里转向北方，从赫卡尼亚、帕提亚、马尔吉亚纳（Margiana）、巴克特里亚、阿拉霍西亚、印度以及科芬河（Cophen）上游地区等地而来的军事大道也在这里交会。在阿塔柯亚纳以西大约100英里处，亚历山大还建立了一座阿里亚的亚历山大城。此处的居民直到今天仍在纪念着这位伟大国王。

毫无疑问，亚历山大对这一地区的地形进行了尽可能深入的调查，对道路、河流、山脉、隘路、城市的位置以及居民习性有所了解。他现在已经认清，自己绝不能放任侧翼存在一片如此广大却态度不定的地区。因此他暂时推迟了对贝苏斯的复仇，不情愿地留给这位篡位者能够巩固地位、集结军队的喘息之机，向南进发征服沙漠以北、阿拉霍西亚山脉以西的所有部落。与直接前往巴克特里亚相比，这条道路要更长将近1000英里。直到整个阿里亚都被征服之后，亚历山大才能安全跨过巨大的帕拉帕米苏斯山脉（Parapamisus，即兴都库什）。克拉特鲁斯抵达之后，亚历山大立刻依照计划向南前进至普洛法西亚（Prophthasia），除漫长的行军以及道路难行以外，他并没有遭遇什么抵抗。

据说，在行军过程中，亚历山大曾遭遇过一支抱有敌意的部落。在马其顿人的攻击之下，部落居民沿着一座山坡上的树林撤退，而山峰背后则是一道悬崖。由于亚历山大不愿多费时间，他并没有对这些人发动直接进攻，而是放火将树林点燃，迫使野蛮人自己跳下了悬崖。对于亚历山大多样的作战手段而言，这要算是一个极好的例证，只不过此事也同样证明了战争的残酷本质。

第三十二章
"费罗塔斯的阴谋"
（公元前330年秋）

在普洛法西亚，亚历山大发现了所谓"费罗塔斯（帕尔梅尼奥之子）的阴谋"。在他的一生之中，这要算是一次最不幸的事件。由于此事与军队纪律关系重大，因此我们有必要在本书中加以详述。必须提及的是，亚历山大计划之宏大已经超出了部下所能理解的范围，也许只有他能够自由吐露心声的挚友赫菲斯提翁除外。以克拉特鲁斯为代表的部分马其顿将领只是出于职责为亚历山大尽心竭力，更有另一些将军们直言不讳地表达不满。作为一种权利，似乎当时的马其顿人拥有不亚于今日的言论自由。但随着公开抱怨的情况越来越多，亚历山大本人对这些言论也愈发难以容忍。可能他此时已经逐渐开始受到东方专制概念的影响，而其天性、人格以及先前的成功也使亚历山大逐渐接受了一人独裁的概念。马其顿士兵们并不愿接受这种概念，同时他们也认为那些被征服的民族只应该被自己踩在脚下。与此相反，亚历山大却逐渐接受了东方服饰。无论是否有虚荣心的驱使，这都是一个极好的政治策略，能够向他的东方臣民们展示自己与旧主并无不同。但这在头脑简单的马其顿士兵中间却引发了巨大争议，而那些想要效法国王却无力负担华丽服饰的人自然也对他心生嫉妒。到后来亚历山大把东方人也像希腊人一样任命为各省总督甚至将一部分人安排在自己身边，虽然这也是一个在持续胜利之下避免浪费武力的必要政治行动，但这对于马其顿士兵而言却无法理解——如果连最伟大的东方人都已经被自己所征服，为何眼前这些人却又能在职权上压过自己？在他们看来，即使是最低贱的希腊人，也要好过最高贵的波斯人，因此他们认定国王已经忘记了士兵们的效劳，而且担心亚历山大最终会像对待亚洲人一样对待他们。

早在费罗塔斯事件之前，旁人便经常警告亚历山大军中情绪有变，但他并没有对此加以注意。对他具有巨大影响力的母亲也经常告诫他不要一味地信任他人。她怀疑亚历山大周围已经有人开始谋反，只是暂时没有成果而已。不过无论如何，由于士兵们可以公开抱怨，亚历山大肯定已经意识到了士兵们心怀不满。虽然从年轻时起他便总是能够从帕尔梅尼奥那里得到建议，费罗塔斯在战场上也十分英勇尽职，但现在他却感到后者已经变得越来越敌视自己。甚至连克拉特鲁斯也并非始终支持国王，而只是依照士兵准则服从命令，克雷塔斯更是日渐疏远。这种情绪在战争会议上最为明显。所有人似乎都希望能够中止征服脚步，瓜分战利品返回家乡，只有赫菲斯提翁站在亚历山大一方。在此之前，这位国王还能够靠着慷慨和宽容来说服士兵跟随自己。但现在就连赏金都已经不再诱人，他不得不转而采用其他办法了。

如果放任这种批评发展下去，就可能会使军队丧失纪律，并由此衍生出无数危险。很难想象亚历山大如何率领一支纪律涣散的军队，在如此辽阔、艰苦且远离家乡的环境中，面对着无数敌人还能获得成功。一旦不满情绪爆发，他就只能杀一儆百。如果亚历山大不能维持绝对权威，他便无法在王位上稳坐。

帕尔梅尼奥此时已经70岁了。他的小儿子赫克托耳在远征埃及时淹死在了尼罗河中；次子尼卡诺尔虽作为持盾兵的称职指挥官赢得了全军上下的赞赏，但最近也去世了；只有费罗塔斯依旧担任着伙伴骑兵指挥官，仍以优秀指挥官的身份活跃在军队中。在马其顿，从未有哪个家族能够赢得国王如此之高的敬意。

费罗塔斯似乎曾听说亚历山大身边有一些厌倦不断冒险的人物想要谋杀这位国王，以这种胆大妄为的行动来结束远征。在长达两天的时间里，尽管费罗塔斯时常伴随在国王左右，却始终不曾将阴谋告知后者。除非费罗塔斯对自己保持沉默确有合乎道理的解释，否则他确实难脱干系。最终亚历山大通过

第三十二章 "费罗塔斯的阴谋"（公元前330年秋）

其他渠道得知了这一阴谋，主谋狄姆诺斯（Dimnos）在被捕时自杀。在被亚历山大审问为何不将阴谋告知他时，费罗塔斯声称自己认为这件事实在微不足道，根本没有留意。为了能抓获所有同谋者，不打草惊蛇，亚历山大表面上接受了这个理由，费罗塔斯也像往常一样被请去参加晚宴。直到当天午夜，国王才召集了赫菲斯提翁、克拉特鲁斯、寇纳斯、埃瑞吉亚斯、佩狄卡斯、列昂纳托等最受信任的指挥官，并派他们率领适当数量的卫兵去捉拿嫌疑人，而费罗塔斯则被认为是他们的首领。

与很多马其顿士兵一样，费罗塔斯也曾或多或少地公开批评亚历山大的自大和东方化政策。很自然地，费罗塔斯会吹嘘父兄和他自己为亚历山大宏伟功业所做出的贡献。最致命的是，他还把这些话在私下里告诉了自己的情妇，后者又把这些话向亚历山大和盘托出。这种两面三刀的行为持续了超过一年时间，因此费罗塔斯的厄运很可能早在此前便已经注定了，这次事件不过是导火索而已。费罗塔斯自己本非没有过错。作为一位指挥官而言，他过于自大，据说也不受部下爱戴，而且对亚历山大的不满也人尽皆知。但帕尔梅尼奥整个家族对亚历山大的忠心却始终如一。

第二天，亚历山大召集将军们组成了一个正式的军事法庭。国王本人作为原告方列出了费罗塔斯的罪行，并立刻将他交给伙伴骑兵去定罪。费罗塔斯拥有在法庭上为自己辩护的权利，审判官们也都是他的同僚。但这些伙伴骑兵们在审判时很可能已经接受了亚历山大的指使，无论是出于对国王的畏惧，还是因为认清这一判决可能会决定全军是否丧失纪律（军队纪律往往取决于能否施行惩罚，即使惩罚有时并不公正），在审判中，许多人指证费罗塔斯参与了阴谋。按照许多史料的记载，亚历山大在此过程中并没有表现出任何急躁或偏见之情。普鲁塔克、寇蒂斯、狄奥多拉斯则说费罗塔斯受到了拷问，被迫供出了同伙。必须注意的是，酷刑拷问在那个年代不过是审判中的例行手段，我们并不能以此来责怪亚历山大。一些学者声称亚历山大在一道帐幕后目睹了对费罗塔斯的拷问，而且还如同懦夫般从幕后嘲弄费罗塔斯。这种说法无疑缺乏根据。尽管费罗塔斯不失为勇敢之人，但最终如许多名人一样在酷刑面前崩溃，在无法继续忍受拷打的情况下说出了不实口供：父亲帕尔梅尼奥已经长期策划想要刺杀亚历山大，即使无法做到这一点也要伺机夺权篡位。这份供词被拿去向全军宣读，士兵们立刻高声呼喊，一致同意处死费罗塔斯和帕尔梅尼奥。于是伙伴骑兵们用标枪刺死了费罗塔斯以及所有他供认出的同伙。亚历山大也亲自派出一位名为波利达玛斯（Polydamus）的信使前往埃克巴塔纳，命令克林德、西塔西斯、米尼达斯等部队指挥官处死帕尔梅尼奥。波利达玛斯骑着骆驼，在11天内穿越过了860英里路程，赶在费罗塔斯审判的消息传到埃克巴塔纳之前很久便赶到了那里。

帕尔梅尼奥曾写信给他的儿子们说："首先注意好你们自己，其次是你们所珍视的人，只有这样，我们才能达成希望中的目标……"这句话的意味十分耐人寻味。亚历山大要么相信这位父亲也对儿子的阴谋有所了解，要么就是认为帕尔梅尼奥在听到费罗塔斯的死讯之后会变得十分危险，利用其巨大影响力发动反叛。此时帕尔梅尼奥手中拥有多达7000名士兵，而且他也掌握着埃克巴塔纳的金库。无论以上述两种可能中的任意一种而论，亚历山大都必须将他杀死。帕尔梅尼奥最终被以暗杀方式处死。这位名将将一生心血全部投注到了亚历山大及其父亲的功业之中，无数次地为二人冒着生命威胁作战，而当他被刺杀时，甚至可能根本没有意识到命令正是来自年轻的国王本人。也许亚历山大没有办法公开处死帕尔梅尼奥，但这种卑劣的手段还是令人难以启齿。而且即使他已经为此多加预防，由于全军上下都十分爱戴帕尔梅尼奥，就连国王本人都对他尊敬有加，因此在镇压阴谋的血腥行动过程中，军中还是存在兵变的危险。寇蒂斯在审判费罗塔斯的长篇记录结尾也写道："国王本人也肯定冒着生命危险，因为帕尔梅尼奥和费罗塔斯在军队中权势巨大且深受爱戴，除非能够拿出有力证据来证明二者的罪恶，否则他对二人的判罚就一定会引起全军愤怒。因此在费罗塔斯拒绝认罪时，亚历山大采用了非常残酷的手段来拷打他，而当他承认了罪行之后，甚至于包括他的朋友在内，全军便再无一人对他心存怜悯了。"与寇蒂斯的大部分言语一样，这一段话也可以从两个方向来理解，但似乎更倾向于为亚历山大使用酷刑进行辩解。

指挥着一个步兵旅的安德罗米尼斯之子阿明塔斯和他的三个兄弟（分别是伙伴骑兵珀勒墨以及两位步兵旅长阿塔拉斯、西米阿斯）因为曾与费罗塔斯交往甚密，也同样被指控参与谋反。珀勒墨因此投敌，另外三人则在军事法庭上，当着马其顿士兵的面勇敢地为自己辩护，并最终洗清罪名，珀勒墨也得以

第三十二章 "费罗塔斯的阴谋"（公元前330年秋）

官复原职。判决阿明塔斯兄弟无罪的审判官似乎也还是偏向亚历山大而判处费罗塔斯有罪的那些人。不久之后，阿明塔斯便在战斗中阵亡，其余三兄弟则仍在军队中担任重要指挥官，深得国王信任。由于被怀疑是阴谋的从犯，德米特里厄斯被剥夺了侍从副官职务，由拉古斯之子托勒密取而代之。从此之后，原先隶属于费罗塔斯的伙伴骑兵也被分为两个团，分别由赫菲斯提翁和克雷塔斯指挥。因为亚历山大认为自己不能再将这支精锐骑兵交给任何一人单独统领，即使赫菲斯提翁也不例外。后来他的这一观点也得到了证实。另外，亚历山大还专门将伙伴骑兵中同情帕尔梅尼奥者聚集起来组成了一个单独的中队，而这支部队在日后战斗中表现也十分出众。

谋杀帕尔梅尼奥，在加沙残酷对待巴提斯的尸体，对贝苏斯的处置以及杀害克雷塔斯等行为（后两件事将在后文详述），即使这些事件在当时环境下可能并不能算作罪恶，也仍然要算是亚历山大人生中的污点。但我们也不能忘记，亚历山大从不敢在自己或军队的安全问题上冒任何风险，判处费罗塔斯有罪并施以死刑的，也是他的同僚们而非亚历山大本人。一些历史学家们怀疑当时根本没有人企图谋反，并因此将整个悲剧事件归罪于亚历山大的"嗜血天性"。但事实上，当时有很多谋反嫌犯都选择了逃亡或自杀，这在一定程度上能够证明这场阴谋确实存在，而且已经颇具规模。

可能从没有哪位帝王能像亚历山大这样拥有如此之多的美德，同时恶行又如此之少。当然，如果愿意花费心机，那么我们完全可以从古代史料中提取出证据来证明亚历山大是一个恶魔，但我们也同样可以从相同史料中找到他拥有超人般美德的证据。事实却是二者皆非。亚历山大确实有着非常明显的缺点，尤以过分虚荣和性格鲁莽为甚。但同时他也拥有高贵的美德。只要仔细研究所有古代史学家们对亚历山大的描述，我们就能看到这位马其顿国王有着不亚于任何在历史上扮演如此重要角色之人的个性。可话虽如此，无论事实如何，亚历山大又是出于何种动机而杀死了帕尔梅尼奥和费罗塔斯，失去这两位指挥官对于马其顿军队来说仍是毋庸置疑的沉重打击。

另外，马其顿士兵们在此期间还要求处死林卡斯人亚历山大。此人先前曾因亚历山大庇护而在小亚细亚逃过一死，从那时起就被羁押在军中。这一要求得到了法庭的满足。陷入疯狂的士兵们此时已经忘却了所有不满，国王也重新赢回了士兵们的热情。这次事件虽然在具体细节方面令人扼腕叹息,但最终却还是起到了整肃军队纪律的作用,军队的面貌也得到了改观。

第三十三章
翻越高加索（公元前330年秋至公元前329年5月）

在费罗塔斯的事件过后，亚历山大率军进入了阿里阿斯皮亚人（Ariaspian）的土地，其行军路线很可能穿过了今日的阿多雷斯坎（Adoreskan）谷地。阿里阿斯皮亚人善于养马，曾为居鲁士侵入西徐亚的行动提供了不少援助。马其顿人在前进过程中遭遇了不少河流，但由于此时军队已经非常善于进行渡河行动，只需将其视作例行公事，因此除针对著名大河的渡河行动以外，下文中将不再对渡河过程加以详述。亚历山大发现阿里阿斯皮亚人生活在一片被山区和沙漠包围着的富饶绿洲之中，以农业为生，其独立自主的政治模式也与希腊人颇为相似，因此这位国王也对他们敬爱有加，将阿里阿斯皮亚人长期向往却不愿通过武力夺取的土地也赐给了他们。亚历山大并没有在这里留下任何总督或者驻军，坚信单凭居民的善意和民风即足以保证其忠诚。在与他们一同居住了两个月之后，亚历山大转向东北方向的巴克特里亚，沿途征服了德兰吉亚纳人和一些格德罗西亚部落。其中格德罗西亚也是波斯帝国东南方向最偏远的省份，在今日则是俾路支斯坦（Belochistan）的一部分。四年之后，当亚历山大在此地穿过沙漠返程时，损失了其直率部队的大部分士兵。

阿拉霍西亚人同样未作抵抗便宣告降伏，他们的土地一直延伸到了将波斯与印度分割开来的山脉分水岭。梅侬受命担任阿拉霍西亚人的总督，并带领4000名步兵和600名骑兵驻扎在当地。亚历山大在这里建立了一座新的亚历山大城（即今天的坎大哈），以阻挡山脉另一侧的印度人侵入阿拉霍西亚，而这座城市也正位于数条通向印度的山路附近。在此之后，亚历山大便开始向科芬河方向前进，一批名为帕拉帕米西亚人（Parapamisian）的印度部落居住在朝向印度一面的高加索山脚。马其顿人从阿拉霍西亚穿越高加索山脉时正是11月份，天气十分恶劣，士兵们在大雪中饱受各种困难，食物也更感匮乏。所幸当地部落对马其顿人都十分友好，不仅没有骚扰行军，还为他们提供了不少援助。可即使这些衣食无缺的部落，也难以供养大军通行。

亚历山大此时还得知阿里亚人已经在萨提巴赞斯鼓动下再次叛乱。先前亚历山大攻克阿塔柯亚纳时，萨提巴赞斯逃到了贝苏斯那里并从后者手中得到了2000名骑兵。贝苏斯希望他利用这支兵力在背后牵制亚历山大，使他无法进入巴克特里亚。亚历山大派遣阿塔巴赞率领包括大流士降兵在内的6000名希腊佣兵，由埃瑞吉亚斯和卡拉纳斯的600名希腊同盟骑兵支援，去镇压这次叛乱。另外，他还命令帕提亚总督福拉塔弗尼斯尽一切可能为阿塔巴赞提供支援。原属于帕尔梅尼奥的大约11000名老兵则从埃克巴塔纳前来，与主力会合到了一起，其驻防任务则由克林德所率的希腊新兵接替。援兵到来使亚历山大能够派出上述的必要支队去镇压叛乱，而指挥官们也能极富热情和技巧地履行职责，萨提巴赞斯在一场激烈会战中被杀，其手下也被击溃。任务完成后，阿塔巴赞、埃瑞吉亚斯、卡拉纳斯也重新与主力会合。

现在亚历山大已经进入了科芬山谷（今日的喀布尔谷）。这条位于尼西亚（Nicea，即今日的喀布尔）附近的谷地位于海平面6000英尺以上，其北侧便是帕拉帕米苏斯山脉。在古代时可能与现代相同，有三条主要山路能够跨过山脉，通向连接着科芬河支流以及奥克苏斯河（Oxus）支流的奥克苏斯谷地。其中东北山路从德拉普萨卡（Drapsaca，即后来的英德劳布）穿过旁都什（Pandshir）谷地延伸至卡瓦克山口（Khawak Pass），海拔高度13000英尺。西部山路沿贵霜（Kushan）山谷越过兴都库什山口通向戈里（Ghori），这也是后来亚历山大在回程时所走的道路。另外还有一条西南方向的道路，可以从

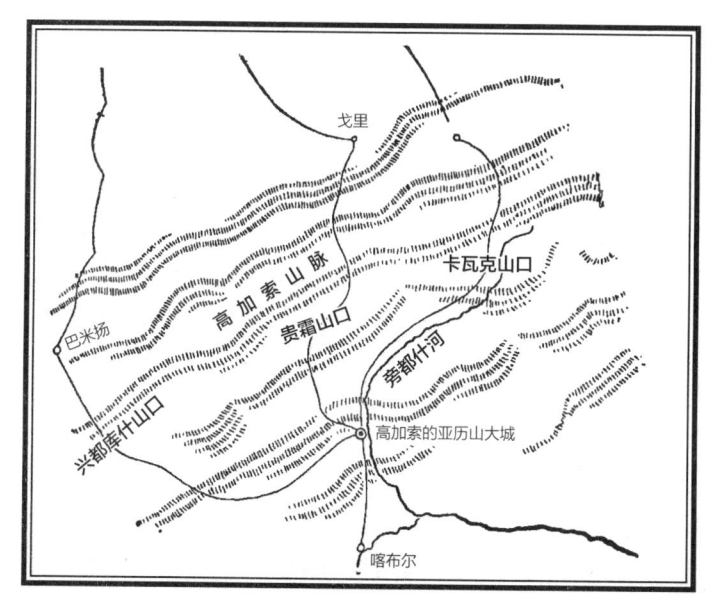

第三十三章　翻越高加索（公元前330年秋至公元前329年5月）

◎ 翻越高加索示意图

戈尔班德谷（Ghorband Valley）穿过哈吉雅克山口（Hajiyak Pass）进入巴米扬（Bamian），整个路程从喀布尔算起在300英里以上。亚历山大在距离东北路径最近的地方宿营，这也是三条路中最难通行的一条。亚历山大断定贝苏斯会认为自己将沿着较为易走的道路前来，不会在东部山路的隘路上设防。不过，由于这条道路在初冬季节很难供步兵通行，马匹更是绝无通过可能，他被迫停顿一段时间，等待天气转为适宜行军。

在这段间歇期内，亚历山大在喀布尔西北大约20英里处建造了一座高加索的亚历山大城，即今日的贝格赫拉姆（Beghram）。他以一如既往的明智，选定通向巴克特里亚三条道路的交汇处为城市奠基。亚历山大建立这座城市不仅使士兵们在冬季结束、道路可以通行之前有事可做，其位置也足以控制他计划使用的道路，避免敌对部落在他进攻遭到失败时轻易切断其退却线。另外亚历山大也已经认清自己对兴都库什以远地区完全一无所知，那里有重重危险等待着他，因此必须小心行事。亚历山大在新城中留下波斯人波罗克塞斯（Proexex）担任总督，伙伴骑兵奈罗克塞纳斯（Neiloxenus）负责指挥驻军。

· 亚历山大战史

　　根据先前几次战役的经验，亚历山大认识到接下来的战斗要求部队必须具备远比先前更加灵活的机动能力。现在他的对手已经不具备组织大规模抵抗的能力，未来也不会再出现大规模会战。他将要面对的是一些诸如贝苏斯手下那样散布在各地的小规模敌军，战斗规模也要远比原先更小。因此他就需要将部队分为几个支队。由于缺乏来自马其顿本土的增援，亚历山大肯定要征召东方士兵来补充缺额，这就使军队中轻装部队的比例有所增加。再加上很多老练可信的指挥官都已经身亡或者退役，而年轻军官们开始肩负更多重任，亚历山大也对军队的组织进行了大量改组。从公元前329年开始，不少年轻副官都受到了提拔，并在之后的征程中伴随国王完成伟业。

　　每个伙伴骑兵中队也被分成了两个连，每八个连组成一个团。这样一来，亚历山大便将伙伴骑兵改编成了两个下辖八个连的骑兵团，而不再是一支下辖八个中队的单独部队。①如前所述，克雷塔斯和赫菲斯提翁分别指挥一个骑兵团。到后来军队规模变得愈发庞大时，似乎亚历山大又将伙伴骑兵增加到了8个团，每团拥有800名骑兵。在印度作战期间，有5位团长的名字曾被提及，分别是赫菲斯提翁、佩狄卡斯、德米特里厄斯、克雷塔斯、克拉特鲁斯以及指挥近卫骑兵的寇纳斯。

　　公元前331年由米尼达斯带来的400余名雇佣骑兵，也同样因征召的新兵而被扩编至一个团，至于这些新兵是否来自东方民族史料并未提及，但总体而言很有可能。另外，亚历山大还组建了一支新的骑射手部队。而步兵部队的重组则要等到他进入巴克特里亚之后，有大批援兵从后方加入时才会进行。由于东方士兵通常总是更善于骑马而非步行作战，因此亚历山大在东方征召的部队大多都是骑兵。从此时起，这支军队也开始体现出与辽阔帝国一样的全新特征。马其顿陆军最初只由马其顿人、希腊人和欧洲蛮族组成，如今亚历山大又让东方人在军队中占据了很大比例，并开始用希腊的训练和传统来教导他们。对作战而言，向各族士兵灌输马其顿式纪律是必不可少的。

---

① 这一改编应是在费罗塔斯死后，亚历山大将伙伴骑兵交给赫菲斯提翁和克雷塔斯同时指挥时进行的。

第三十三章　翻越高加索（公元前330年秋至公元前329年5月）

亚历山大的陆军中既有军事管理系统，也同样设有民事管理人员。考虑到这支军队的惊人成就，这些管理系统绝不会存在一丝多余之处，只有这样才能将这个系统精简到单纯的战斗机器。可不论如何精简，宫廷仪仗、马其顿本土和波斯政府的管理人员、财务官员、其余一些公职人员以及各种武器装备、工程师、军需官、医疗人员也还是要必须跟随军队一同行动。由于士兵们不断穿越各种气候不同的地区，从酷热的沙漠到如极地般寒冷的高耸山峰，军队中的医疗人员也一定总是承受着巨大压力。[1]另外，军队中还会有商人、小贩、科学家、文学家、哲学家、宫廷贵客、祭司、占卜师以及大量女人跟随。整支军队便是帝国的移动都城。最令人惊讶的是，亚历山大不仅能够高效有序地掌管着这些纷繁复杂的人员，而且只要一声令下，即可从中集合出一支既能快速行军又能出色战斗的部队。像这样一位能够将如此之多互不相关甚至互相冲突的部门结合在一起，并使他们能够高效工作之人，绝不能被单纯地看作一位军事冒险家，因为其所作所为已经超出了常人的理解范围。那些与他生活在同一时代、亲眼见过亚历山大之人将其视作人神的观点，要比所谓"单纯的军事冒险家"更接近事实。

亚历山大已经征服了帕拉帕米苏斯山脉以南的所有部落，完全确保了后方安全。现在他可以跨过这道贝苏斯赖以作为屏障的山脉，对其发动进攻了。马其顿军队的实力也得到了帕尔梅尼奥旧部（这些人的驻防任务由后方援兵接替）以及一些希腊方阵步兵的增援。另外，亚历山大先前还曾让30000名精选的波斯青年接受马其顿式训练，据说其中一部分人也已经加入了军队。

贝苏斯是所有抵抗的核心，其手中拥有不少从大流士军中逃亡的将领、阿贝拉会战中波斯步兵残部一部分、大约7000名巴克特里亚和索格迪亚纳骑兵以及数千名达安人。除此之外，亚历山大还要面临在冰雪中穿越山路以及给养缺乏等困难，即使将整个山脉北坡踩躏一空也仅能收集到数日口粮。如前所述，贝苏斯曾让萨提巴赞斯率领2000名骑兵前往阿里亚，最后却以失败告终。

---

[1] 这一点在克雷塔斯从苏萨前往埃克巴塔纳与亚历山大会合时能够收集到多达6000名康复病患、伤患中即可见一斑。

此外他还派出巴赞斯（Barzanes）前往帕提亚去煽动叛乱，但至今也仍未有实质进展。贝苏斯现在只好将自己的部队集中起来，并为此在一段时间内都停留在扎瑞亚斯帕（Zariaspa，巴克特里亚首府，又称巴克特拉）。他曾希望亚历山大会对高加索的可怕山路望而却步，转而侵入印度而不是巴克特里亚。倘若真的如此，贝苏斯就能得到集结部队并在亚历山大背后行动的机会。同时他还认为那些新近才被亚历山大征服的地区也很容易掀起叛乱。作为权宜之计，他只好先派出大批小规模部队去阻挡亚历山大的前进。巴克特里亚的部落首领欧克西亚提斯（Oxyartes）、达安首领达塔弗尼斯（Dataphernes）、索格迪亚纳的斯皮塔米尼斯（Spitamenes）以及帕瑞塔塞尼亚（Paraetacenae）的卡塔尼斯（Catanes）此时都效力于贝苏斯帐下。

求知若渴的亚历山大可能已经从地理学家们身上学到了那个时代几乎所有的地理知识，因此也对面前山脉的高大宽广以及山路之险要有所了解，甚至可能对山脉另一侧的地区也能够略知一二。出于对知识的渴望、对冒险的热情以及通商需求，这位希腊王最终也踏遍了印度和波斯的偏远地区。亚历山大希望能够重建原先由腓尼基人掌控、后来因战争而中断的贸易。丝绸、毛皮、生铁以及很多其他商品很久以来便从此地被运往地中海地区。很明显，亚历山大绝没有将长时间快速行军后的间歇期浪费在宴会或者酗酒之类的愚行上，而是花费了大量时间去研究他所要经过的地区。更重要的是，亚历山大身边除去哲学家、文学家和艺术家以外，还拥有一批世界顶尖的工程师和科学家，而他本人更要算是这些人中最具才华的一位。再加上亚历山大对民族融合等问题极具热情，他无疑会花费大量时间去研究各民族及他们栖息地的特点。这并非否认亚历山大偶尔甚至经常因马其顿人的天性而放纵自己，以及过分虚荣、喜欢他人谄媚等缺点。但无论如何，他的这些缺点总还是会受到评论家们过分攻击。对这些问题的过分关注也几乎使人们对亚历山大的印象误入歧途。亚历山大确实有缺点，但它们只会在战斗间歇期才表现出来。除仅有的一些例外时光以外，他整个人生都在危险艰苦的环境中度过。可能从未有哪位伟人，能够像他一样在拥有如此之多的伟大功业和美德的同时，又只有那么少的恶意和罪行。在分析亚历山大的性格时，从古代史料中进行研究，肯定要比从现代评论家的推断中去寻找更为合理。

第三十三章　翻越高加索（公元前330年秋至公元前329年5月）

在最寒冷的天气刚刚结束之后，亚历山大不等地面积雪融化便开始行动了。他本应再多等待几周，却已经无法再压抑心中的急切。军队忍受着寒冷、饥饿和难行的道路，沿旁都什山谷而上，一路前进至卡瓦克山口，这里要比阿尔卑斯山脉中最高的斯泰尔维奥山口（Stelvio Pass）高出4000英尺，与阿尔卑斯山最高峰白朗峰（Mont Blanc）相比也只低了2000英尺。按照狄奥多拉斯的记载，很多士兵因无力追随军队而被抛弃在道路上，另外还有一些士兵因为雪地反射的强烈光线而失明。沿途的村民虽然友善，但他们全部的财产只有几头畜牛，根本没有给养可以供给军队。在熬过重重苦难之后，纵队才终于开始下山。

古代史料对这次惊人行军的描述仅有寥寥数语。但事实上这次行军却是除汉尼拔跨越阿尔卑斯山以外绝无仅有的军事杰作，而且也是史料记载中首个跨越如此巨山的行动。汉尼拔因为意外情况耽搁了时间，只能在已经过晚的深秋进入山区。亚历山大却是因为急不可耐，而过早地在早春开始行动。二者均经受了暴雪和其他苦难的考验。

沿途村民要么是已经吃光了过冬的粮食（主要是小麦），要么就是将它们藏了起来，因此士兵们只能找到很少的给养，而且也无法找到用来生营火的木柴。整个山脉上只稀疏地生长着一种附有松节油的灌木，士兵们所能得到的食物也只有一些植物根茎、偶尔可以捕到的鱼以及补给纵列中依靠当地充足的盘根草为生的牛。军队沿着奥克苏斯河的一条支流下山，走得越远情况便越糟，因为那里的土地已经为贝苏斯所蹂躏了，所有的房屋都已经被烧毁，牲畜也被赶走。在马其顿人从南坡上山时，冰雪只覆盖了峰顶以下10至12英里的路程，从北侧下山时，却要面对将近40英里的艰难雪路。而且我们绝不能将亚历山大所走的道路想象成今日阿尔卑斯山脉的军事大道。严格来讲，在马其顿人的行军路线上，根本没有道路可言。

到了第15天，在经受了惊人的苦难之后，军队终于抵达了他们路线上的第一座巴克特里亚城镇——德拉普萨卡。在这里，士兵们得到了一些休息时间。我们并不知道在先前的行军中有多少士兵伤亡，虽然史籍中记载战马已经损失殆尽，但对于人员的损失还是只能依靠猜测。另外，关于后来穿越格德罗西亚沙漠那场更为恶劣的行军，虽然军队人员多半都没能走出沙漠，但也并无详细

· 亚历山大战史

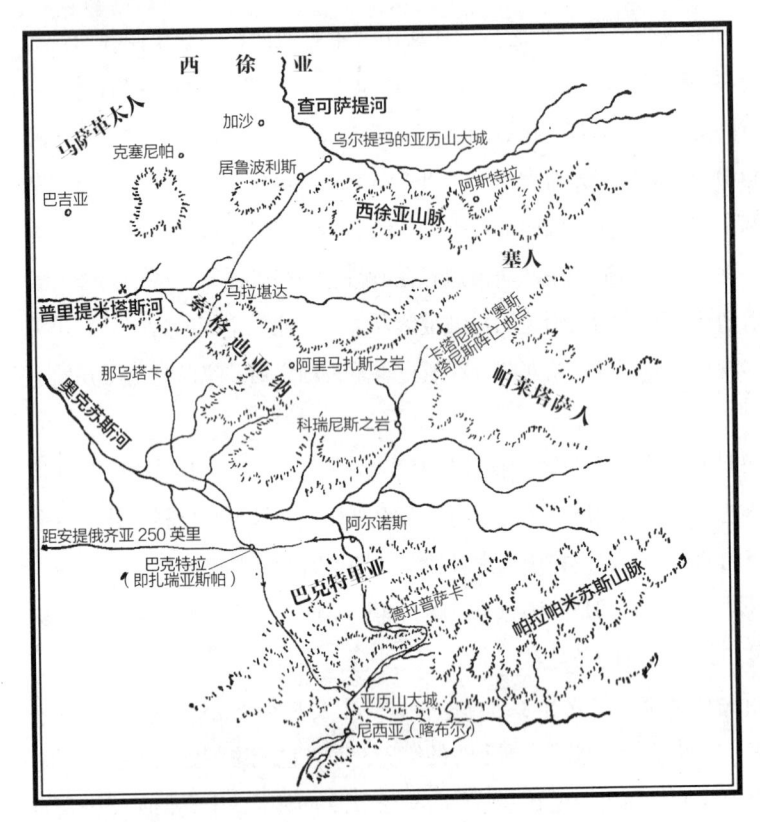

◎ 巴克特里亚与索格迪亚纳示意图

的损失数字。在古代史料中，只有那些在战斗中光荣阵亡的士兵才会被提及，而这些阵亡者与在各种恶劣野外环境中丧命的士兵相比数量要算很少的。[1]如果亚历山大先前没有转向南方进入德兰吉亚纳，从苏西亚进入巴克特里亚的道路原本要更为好走一些。如前所述，这也是亚历山大原本所选择的道路，只是南部各省的叛乱威胁才使他放弃了这一计划。到他抵达高加索时，由于其位置

---

[1] 这一点可以参考汉尼拔翻越阿尔卑斯山时的损失数字。当他在公元前218年深秋进入山区时，其手中拥有多达50000名步兵和9000名骑兵，但到进入内高卢（高卢分内高卢、外高卢）时却已经只剩下20000名步兵和6000名骑兵。不过他在途中一路遭到野蛮人袭扰，这是亚历山大翻越高加索时不曾面临的困难。

第三十三章　翻越高加索（公元前330年秋至公元前329年5月）

已经向东延伸太远，只得选择在绵延的山脉中翻越关口，进入巴克特里亚。

巴克特里亚和索格迪亚纳原本拥有高度发达的文明，在被波斯征服之后便成了帝国东疆的桥头堡。虽然他们成了波斯大王的臣子，但也从未被彻底征服，始终保有自治权。在先前的战役中，与其说贝苏斯是大流士的臣属，倒不如说他是波斯的盟邦领袖。贝苏斯带到阿贝拉战场上的西徐亚人、塞人也被描述为"波斯大王的盟军"。而亚历山大现在也即将面临这些狂野的民族了。

从德拉普萨卡出发，亚历山大很快便在没有遭遇抵抗的情况下穿过地势较低的那一部分山区，进抵奥尔纳斯（Aornus），之后又穿过了一些富饶的平原向扎瑞亚斯帕前进。始终认为单凭山脉天险和将山麓北坡化为赤地即可阻挡对方入侵的贝苏斯如梦方醒，终于意识到自己已经身处险境。亚历山大方一出现，贝苏斯便退到了奥克苏斯河背后，并烧毁了所有可供对方渡河的船只，一路逃到了索格迪亚纳的那乌塔卡（Nautaca）。在看到贝苏斯无力保卫自己的省区之后，巴克特里亚骑兵立刻便四散而去，全部逃回了家乡。不过索格迪亚纳人和达安人却仍留在了贝苏斯身边。

抵达扎瑞亚斯帕之后，亚历山大仅在一次攻击之下便将其攻克。阿塔巴赞和埃瑞吉亚斯此时也从镇压阿里亚的行动中返回。亚历山大任命阿塔巴赞为巴克特里亚总督，伙伴骑兵阿基劳斯（Archelaus）则率领一支合适的留守部队驻扎在奥尔纳斯，此处也正好位于亚历山大来到巴克特里亚时所走的隘路出口，现在这里就被当作兵站使用。至少从表面来看，帕拉帕米苏斯山至奥克苏斯河之间的地区轻而易举便被征服了。

公元前329年春季，亚历山大开始着手征服索格迪亚纳。从地形上讲，这片地区可以非常容易地对马其顿进攻进行长时间抵抗。其首府马拉堪达（Maracanda）位于一片人口众多的富饶平原，其西部是一片沙漠，其余三面都由山脉壁垒保护，非常难以接近。除易守难攻以外，索格迪亚纳还能征召起一支数量可观的军队，并将其送到阿里亚、帕提亚、赫卡尼亚等地，在亚历山大的后方行动。达安人、马萨革太人以及查可萨提河以远的西徐亚人也随时可能会劫掠亚历山大的交通线，甚至一些在重赏之下加入贝苏斯一方的印度王公也可以沿着科芬河支流源头进抵奥克苏斯河源头地带。由于山区和沙漠都可以作为临时避难所，亚历山大对索格迪亚纳的征服工作将非常困难。而这与拿破仑在西班牙的失败如出一辙。

从富饶的巴克特拉开始，通向奥克苏斯河的道路非常贫瘠，这也使行军变得非常困难。整片地区甚至没有一条小溪能够延伸50英里以上，而且当地天气在这个季节也十分酷热干燥。由于沿途有大量士兵累倒，证明亚历山大很可能并没有事先预料到这次行军会如此艰难。不过当军队抵达奥克苏斯河之后，士兵们便将河水打好，送回给沿途倒下的人员，拯救了其中大多数人的性命。据说直到最后一位幸存的落伍士兵被救回之前，亚历山大从没有卸去铠甲休息片刻，始终都在为救援士兵奔忙。不过即使如此，狄奥多拉斯还是说这次行军途中死亡的将士要比任何一次会战都更多。

奥克苏斯河是亚历山大迄今为止所面对的最大河流。该河深度极大，宽度达到了0.75英里，水量巨大且湍急，河底的沙层也很难支撑桥桩。由于贝苏斯已经摧毁了上下游很大范围内的所有船只，如果亚历山大想要架桥或者造船渡河，光是收集木料便要花费很长时间。不过亚历山大总还是有办法渡河——他重新用起了在多瑙河上使用过的兽皮浮囊。他在这些帐篷皮里填满稻草或其他轻质浮力材料，之后又将皮囊缝合起来，组合起来当作浮筏、浮桥使用，单兵也可以单独使用一个浮囊渡河。仅在五天之内，亚历山大便将全军送到了河流对岸，整个过程没有遭遇任何抵抗。这种使用浮囊的方法历史悠久，而且十分常见。即使到了今天，该地区的渔民们据说仍在依靠一些天然材料制成浮囊渡河或者捕鱼。

渡河之前，亚历山大让一些已经疲惫不堪的马其顿老兵以及再次服役期满的色萨利骑兵返回了马其顿。据说每位骑兵都得到了一笔相当于2200美元的现金，步兵也得到了相当于500美元的财物。由于亚历山大发放赏金的差别很大，因此很难从中推测出什么发放规则。另外，他还派遣一位伙伴骑兵——斯塔萨诺（Stasanor）去阿里亚取代阿萨米斯，因为他认为后者已经在贝苏斯的挑拨下心生不满了。

渡过奥克苏斯河之后，亚历山大以强行军向贝苏斯前进。由于近期的不断撤退以及谋杀大流士之后混乱的管理能力，贝苏斯的盟友此时大多已经对其丧失信心。再加上他们都已经为亚历山大渡过奥克苏斯河的明显进攻意图所吓倒，急于与这位征服者议和。因此当亚历山大还在路程之中时，贝苏

第三十三章　翻越高加索（公元前330年秋至公元前329年5月）

斯的主要部下——斯皮塔米尼斯、达塔弗尼斯、卡塔尼斯、欧克西亚提斯便派出使者觐见亚历山大，告诉他这些人已经反叛了贝苏斯，并且像抓捕大流士那样把贝苏斯抓了起来。他们向亚历山大承诺，只要后者能提供帮助，他们就会把贝苏斯交出来。为此亚历山大派遣拉古斯之子托勒密带领着三个中队的伙伴骑兵以及枪骑兵、费罗塔斯[①]的步兵旅、1000名持盾兵、阿吉里亚轻步兵以及半数的弓箭手等大约6000名士兵，其兵力足以在对方拒绝的情况下强迫其交出贝苏斯。托勒密以强行军

◎ 西徐亚王公

前往索格迪亚纳，亚历山大本人则率领着余下的军队以稍慢速度在后追随。据说托勒密在四天之内便走完了平时要用十天的路程（四天总计走了大约150英里，平均每天37英里左右），抵达了野蛮人前一日离去时留下的营地。斯皮塔米尼斯和达塔弗尼斯并不愿意亲自交出贝苏斯，于是他们将贝苏斯单独关在了一个村子里，之后二者便退出了村子，任由托勒密自行前来抓获贝苏斯。当这位奸诈却不幸的王公被用缰绳牵到亚历山大面前时，他浑身赤裸着、脖子上带着木枷。亚历山大命人用鞭子抽打、羞辱贝苏斯，之后又把他发落回扎瑞亚斯帕，后来又处死了他。由于史料中并没有提及亚历山大如何处置斯皮塔米尼斯、达塔弗尼斯、卡塔尼斯、欧克西亚提斯等人，因此他们可能已经得到了原谅，但并没有被任命为某地的总督。

在索格迪亚纳，亚历山大收集到了大量马匹来补充骑兵部队在跨越高加索时的损失，因此大部分骑兵也终于能够重新上马作战。之后亚历山大便前进到了马拉堪达（今撒马尔罕），并在当地留下了驻军。这座城市附近有一处今天被称为阿尔索格（Al Sogd）的富庶谷地，可以为军队提供大批给养。到此

[①] 并非那位帕尔梅尼奥之子。

时为止，索格迪亚纳南部已经被亚历山大所征服了。不过当他向北进发时，他将会面临更加激烈的抵抗。

第三十四章
查可萨提河（公元前329年夏）

完成索格迪亚纳南部的征服工作后，亚历山大开始向居鲁波利斯（Cyropolis，位于现代的火站河附近）进发。这是索格迪亚纳最后一座城市，以建城者居鲁士的名字命名。居鲁波利斯与查可萨提河相距不远。亚历山大曾将查可萨提河（在波斯语中意为"大河"）误认为居鲁士曾渡过的阿拉克西斯河（Araxes）。阿里安有关于地理方面的记载经常有误，而这也是十分自然的。虽然他是在亚历山大数百年后犯下的这些错误，却有助于我们理解亚历山大自己在地理方面自然而然所犯的错误。不过值得注意的是，这位国王不完整的地理知识，从没有阻碍他利用自然或人工制造的环境条件进行攻击、防御或永久占领某处。

也是在这一带，在穿过一些西徐亚山脉中连接着马拉堪达和居鲁波利斯的关口时，一支马其顿征发队在隘路中迷失方向，遭到野蛮人伏击溃散。之后，这些人数大约在30000人左右的野蛮人便逃到了山脉中一个拥有数座要塞或易守难攻之处的部分。亚历山大决心立刻惩罚这一行径。他带领着装备最轻的部队追击野蛮人，对他们的主要据点勇猛地发动攻击。尽管这些野蛮人也和亚历山大在该地区遭遇的其余部落一样，很少与敌人短兵相接而只从远距离用矢石攻击对方，但由于对方阵地极为坚强，数次攻击最终都无功而返。一如既往勇猛过人的亚历山大本人也在率领士兵冲锋时被一支箭矢射断了腓骨。这件意外反而点燃了士兵们的愤怒，其进攻愈发无可阻挡。该地很快便被一次新的攻势所克。不少野蛮人遭到屠杀，但更多的人选择自己跳下悬崖。在这3万野蛮人中，仅有不到8000人从屠杀中逃生，臣服于亚历山大。此后一段时间中亚历山大只能被担架抬着行军，并由各骑兵、步兵单位轮流护卫。对这位国王而言，被迫修养的这段时间一定非常烦躁，尤其是此时全军正需要他的活力、精神以及体能来领导。

大约也正是这个时候，又发生了亚历山大屠杀布兰奇达埃（Branchidae）后人的事情。这位布兰奇达埃曾将米利都阿波罗神庙中的财宝献给薛西斯，之后逃过希腊人的复仇伴随波斯大王逃到波斯，最终在索格迪亚纳定居。在长达150年的时间里，布兰奇达埃一族都没有与野蛮人通婚或者杂居。亚历山大认为有必要铲除这些人。若以现在的眼光来看，这一行为绝对不可原谅。但这种对敌人施以非人待遇之事并不奇怪。或许亚历山大屠杀这些人也只是出于宗教方面的复仇，就好像是宗教改革时期的那些残忍屠杀一样。

亚历山大现在所在的地区（现代的费尔干纳）位于西徐亚高加索的崎岖山岭与又宽又深的查可萨提河之间。这里一直以来都被认为是文明世界与西徐亚野蛮部落的分界线，即使现在，查可萨提河也仍是鞑靼人（Tartar）与文明世界的分界线。其南方和东方是一片极为崎岖的山脉地区，北面是湍急的河水，侵入者只能从西面进军。由于还有富庶的印度等待着他去征服，亚历山大绝无任何越过这条边界的打算。他只希望在这里建立一个桥头堡，以方便未来自己想要进攻这些野蛮人时再行利用。另外，这个桥头堡在与野蛮人进行商贸交流时，也将发挥重要价值。

在西徐亚边境不远处，当时仍有一系列现已不可考的要塞城镇或据点。在它们之中，有七座大城，其中又以居鲁波利斯为最重要的一座。亚历山大在这些城市中安排了驻军，并且占领了隘路以掩护后方的退却线，之后才在查可萨提河下游的狭窄水道旁宿营，河水也在此处转向北方流入现代鞑靼地区（Tartary）的沙漠平原。

起初亚历山大与西徐亚人保持和平的意图似乎就要实现了。被称为欧洲西徐亚人的所谓"国王"派来了一位使者觐见亚历山大，而亚洲的阿维安西

第三十四章 查可萨提河（公元前329年夏）

徐亚人（Abian Scythian）也派来了另一位使者。荷马曾称亚洲西徐亚人是整个世界最为公正的民族，而这可能要归因于他们贫穷、与世无争、与邻为善的特点。亚历山大派出一些伙伴骑兵与使者同行，表面上是要向对方国王表示善意，实则也要观察对方领地的地形、物产、财力以及军队状况。作为这些示好行动的补充，亚历山大还在查可萨提河附近建造了一座新城市，如果未来有必要对西徐亚发动远征，这里就将成为行动基地。而如果西徐亚人首先发动进攻，这座城市也能作为桥头堡抵挡对方侵入。亚历山大认为，由于当地人口稠密，再加上他留在此处的驻军和移民，该城人口一定会快速增长，成为当地重镇。这座城市的具体位置并不明确，但很可能就是今日的火站河（Khojend），倘若真是如此，该城便再一次印证了亚历山大为城市选址的判断力。

亚历山大认为治理高加索地区最好的办法仍是民族自治，就如同他征服亚洲途中一路所做的那样。他坚信应让被征服的部落在当地政府中享有更多席位，以此来确保他们效力于自己的利益。这一次，为达成同样的目的，亚历山大决定召集索格迪亚纳人进行集会，以此来商讨如何才能最好地管理该省。不过由于马其顿人计划在当地建造一座设防城市，导致索格迪亚纳人并没有理解亚历山大的好意，反而认为他是想要把所有部落首领召集起来一起杀掉，以此来一劳永逸地将他们变为奴隶。毫无疑问，他们的这一疑心也因贝苏斯余党煽动而变本加厉。最终索格迪亚纳人发动了叛乱，他们抓住了上述所有七座城镇

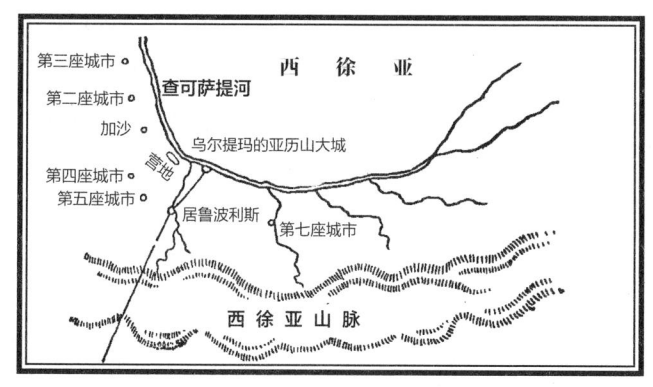

◎ 七城之战示意图

357

中的马其顿驻军,将他们全部屠杀。之后索格迪亚纳人便紧闭城门,加强城镇防御。与此同时,马拉堪达的斯皮塔米尼斯和巴克特里亚多地也因为相同原因发生了叛乱,这些行动之间甚至可能是早已互相勾结好的。叛乱者们先前可能认为一旦自己将贝苏斯交给亚历山大,后者就会离开这里,而他们自己则仍可保持对领地的统治。因为亚历山大宣称自己就是为了追讨谋杀大流士之人才来到了这里。但现在他们却发现亚历山大旨在完全征服这片土地,才终于煽动起了叛乱。这些叛乱者们早已看清亚历山大所在的位置是如何危险。

听到当地人叛乱的消息之后,亚历山大立刻开始行动。亚历山大此时并未听说自己后方也发生了骚乱,而他也没有预料到叛乱地区如此之大,不过他还是决心立刻先将面前的动乱镇压。他命令所有连队都要准备好攻城梯,并命令克拉特鲁斯以强行军前往这片地区最大的城市居鲁波利斯,用工事和壕沟封锁该城,在城外建造攻城武器,并保持时刻对其展示武力,以免该城向其他城市提供支援。居鲁波利斯本身由石墙环绕,卫城内也具有大批守军。

国王本人则率军前往距离马其顿营地最近的城镇加沙[①],此处也仅有泥土、岩砾堆砌的胸墙保护。到达当地之后,亚历山大立刻开始行动,很快就凭借着弓箭手、投石手以及随军的小型攻城武器将城墙清理干净,方阵步兵也借着攻城梯爬上城墙。在第一次进攻之下,亚历山大便迅速攻占了加沙。城内全体男性都被屠杀,妇孺则被当作战利品分给士兵,整个城镇也都被夷为平地。紧接着,可能距离不远的第二座城镇也在同一天便遭受了同样命运。亚历山大在这一天的卓越战果中再次证明了自己的无穷精力。第二天,他又攻克了第三座城市。

在所有这些事务进行过程中,亚历山大还在另外两座距离较近的城镇周围设立了一道骑兵封锁线,以免二者的居民逃往高原地区。在看到城镇燃烧的浓烟,并从少数幸存者口中得知前三座城市的命运之后,正如亚历山大所料,两地的居民试图逃亡。但他们却被环绕在四周的骑兵无情斩杀,几乎所有人都

[①] 并非地中海东岸的那座加沙城。

第三十四章 查可萨提河（公元前329年夏）

命丧黄泉。这样一来，在短短两天之内，亚历山大便攻陷并毁灭了五座城市。反叛者之所以受到如此严重的挫败，多半是因为他们轻率地放弃了自己唯一擅长的游击作战，反而与马其顿人去打自己绝非敌军对手的围攻战。

之后亚历山大便开始向已在克拉特鲁斯封锁之下的居鲁波利斯前进。地位最高、决心最坚定的野蛮人都已经集中在了这里，而且该城还拥有厚重高耸的石墙保护，无法仅凭一次突击便将其攻克。已经有大约15000名士兵和不少低级首领们聚集在了此处。就在亚历山大开始砍伐厚重木材、建造攻城武器、准备摧毁城墙之时，他突然发现查可萨提河的一条支流从居鲁波利斯城墙下方通过。按照阿里安的说法，这是一条只在雨季才会涨满的人工水道，现在却已经干涸了，完全可以被当作一条进入城内的通道使用。亚历山大立刻命令伙伴骑兵、持盾兵、弓箭手和阿吉里亚人前往距离水道最近的城门，自己则率领一支小部队，在攻城武器和轻步兵从远端利用比平时加倍的火力吸引居民注意力的同时，从水道秘密进入城内，很快便将他那支精锐部队所面对着的城门打开了。马其顿人随即从此攻入城内，占领了城市。不过野蛮人并没有立刻屈服，他们虽然已经丧失了城市，但还是必须为自己的性命而战。双方爆发了激烈战斗，亚历山大被对方投石兵击中了头部和颈部，再次受伤，克拉特鲁斯也被弓箭射中。激战之中马其顿军队受伤人数极多，其中还包含了大量军官。最终野蛮人被逐出了他们坚守的市场，城墙上的守军被扫清，从城市远端发动进攻的部队也与亚历山大会合到了一起。大约80000名野蛮人遭到屠杀，其余大约7000人逃入了卫城，仅仅一天的围攻之后，这些人便因缺乏水源而投降了。居鲁波利斯陷落之后，第七座城镇也在第一次攻击之下便被亚历山大攻克，其中大部分居民也被屠杀。

大量幸存者被绳索串在一起。亚历山大将其中算得上领袖人物的人都送到外乡，以免他们未来再生祸端，七座城市也被尽数夷为平地。这一做法是否合理尚待争论，但必须注意的是，亚历山大自始至终都秉承着善待投降者，但以最野蛮、严厉的手段惩罚投降后又行叛乱之人的政策。在先前的情况下，亚历山大面临的情况不仅是几个部落是否臣服，而更是自己的生死存亡。如果不能彻底击败这些野蛮人，他自己便无路可走。好在亚历山大凭借迅猛的行动，才成功打开了返回索格迪亚纳的道路。不过这一初步成果的效

· 亚历山大战史

力却只是暂时性的。

　　与此同时，西徐亚人在听到动乱的消息之后，很快便组成一支军队在查可萨提河对岸宿营，准备在局势有利时渡河参与到战争之中，同时他们还在自认为安全的距离上嘲弄马其顿人。亚历山大此时已经得知斯皮塔米尼斯再次叛乱，包围了马拉堪达卫城内的马其顿守军。马萨革太人、达安人、塞人据报已经加入了骚乱，欧克西亚提斯、卡塔尼斯、科瑞尼斯、奥斯塔尼斯（Austanes）以及许多知名首领也在发挥领导作用。亚历山大十分清楚这些叛乱与之前七座城镇的动乱有联系，而且也已经完全认清自己的形势，但他还是认为自己有必要先阻止西徐亚人发动入侵，之后才能掉头去对付斯皮塔米尼斯。因此他只好先派出安德罗马科斯、米尼德玛斯（Menedemus）、卡拉纳斯率领800名希腊雇佣骑兵以及1500名希腊雇佣步兵前去对抗叛乱。另外，由于亚历山大认为大部分叛乱人口应该还是更倾向于和平的，因此他还为这支部队安排了一位翻译法纳基斯（Pharnuches），此人过往在与野蛮人的交流中表现得十分聪明（阿里安说此人的地位在上述几位将领之上）。他认为有了这支兵力去吸引对方注意力，无论发生任何情况，都足以使他自己能够先解决查可萨提河一线的问题，再转向南方去镇压叛乱。

◎ 西徐亚弓箭手

　　亚历山大必须在前往巴克特里亚之前解决西徐亚人问题的原因显而易见。若不能在查可萨提河附近取得显著的胜利，他便不能转身离去。此时河对岸的西徐亚部队人数虽少，但在他们背后的沙漠中却可能集结着一支大军。如果他不能给西徐亚人一个沉痛教训，一旦他撤离查可萨提河之后，自己背后就总要面临西徐亚人骚扰。与以往一样，亚历山大总是将战争全局而非细节问题摆在首位。只要情况允许，他便一定会采取行动，将局势扭转过来。

　　在三周之内，亚历山大加强了查可萨提河上那座城市的城防工事，将其命名为乌尔提玛的亚历山大城（Alexandria Ultima）。部分希腊佣兵和一些无法再负担远征劳顿的马其顿人被安置在城内，同时一部分经过选拔的野蛮人以及现已没有威胁的原有七座城镇居民也被迁入城内。另外在这座城市的居民

第三十四章　查可萨提河（公元前329年夏）

中，还有一部分是亚历山大本人出资买下的俘虏，而他们也被用抽签的办法挑选出来，服役于驻防部队之中。与此相对，同样被安置在这里的希腊人，一定会感到自己只不过是被遗弃在这里的哨兵而已。按照常例利用运动会和献祭来为这座最偏远的亚历山大城奠基之后，亚历山大将注意力重新转回西徐亚方向。这些野蛮人现在愈发不安和大胆，甚至开始尝试从河对岸干扰筑城工作。他们组成小股部队，嘲笑亚历山大不敢过河与自己交战。从对方的这些行动中，亚历山大也认清西徐亚人绝非自己在过去所遭遇的那些弱小民族，必须给予他们严厉的教训才行。

按照惯例，亚历山大在前进之前举行了献祭仪式，但祭司阿里斯坦德却告诉他牺牲显示出的征兆对己方不利。因此亚历山大推迟了作战行动。当然，由于他本人的伤病尚未痊愈，因此他可能也并非不愿意推迟行动。之后不久，亚历山大再次为渡河献祭，这一次祭司又说预兆表示国王本人可能会面临生命危险。但亚历山大却宣布说自己宁愿冒险渡河，也不愿被野蛮人继续嘲笑下去，因此决定不再耽搁时日。

亚历山大无疑是比较迷信的，他对此也毫不掩饰，其母更是异常迷信。可话虽如此，亚历山大也并非狭隘、偏执之人，他绝不会允许任何牺牲征兆压倒自己的决心。亚历山大本人也说："我们不可能总是在自己选择的环境中作战。毫无疑问，我本人也愿意在牺牲显示吉兆的情况下作战，但作战需要却优先于谨慎。如果任由西徐亚人肆意侮辱而不给予其惩罚，那么巴克特里亚人也会受此鼓励。我们必须扮演进攻者的角色，如果有一天我们把自己居于防御地位，那么就离失败不远了。"

尽管对全军许下豪言壮语，可按照寇蒂斯的说法，亚历山大却绝非信心十足。与阿贝拉会战前不同，他当天夜间无法入眠，始终紧盯着对岸的营火。不过这也并非毫无理由。阿贝拉会战前夜亚历山大之所以能够安然入眠，是因为他对自己的将才、手下劣势兵力的勇气以及平坦开阔的战场都具有十足信心。可在查可萨提河岸，他却面临着对作战地域一无所知的危险情况。此时他的后方已经因叛乱而发生危险，正面也面对着进退不得的窘境。不过亚历山大所采取的行动，在任何意义上都完全没有表现出过分急躁之下常有的弱点。

查可萨提河这一段地区在旱季是可供军队横渡的，但亚历山大手中可用

・亚历山大战史

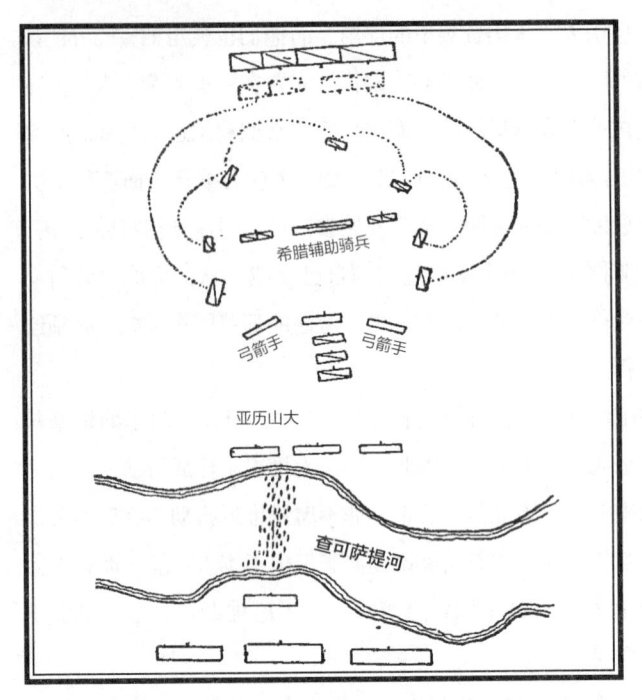

◎ 与西徐亚人的会战示意图

的工具也只有那些皮质浮囊。在渡过奥克苏斯河时，轻装部队直接凭着浮囊过河，重骑兵和方阵步兵在由浮囊支撑的木筏上渡河，马匹则自行游到对岸。亚历山大现在刚从伤病中恢复，这次行动也是他复出后第一次指挥作战，因此也受到了士兵们热诚的欢迎。为掩护渡河，亚历山大将攻城武器排列在岸边向对岸的野蛮人发射矢石。在被它们射杀的一部分野蛮人中，有一位似乎是将领或著名勇士的人物，被巨弩直接射穿了藤条盾牌和亚麻胸甲。西徐亚人对马其顿人能够从如此之远的距离上使用矢石打击自己感到大为震惊，很快便从河岸撤退到了较远的位置上。这也是第一次在攻势渡河行动中使用炮兵的确切记录。在吹响渡河号角之后，亚历山大乘着第一条浮筏开始渡河，其手下士兵也把盾牌互相连接起来组成盾墙或龟甲阵来在渡河过程中抵挡对方箭矢。弓箭手和投石手首先登上对岸，英勇地与西徐亚人展开散兵战斗，阻止对方重新接近河岸。与此同时方阵步兵和骑兵相继乘着木筏过河，各部队的马匹则被拴在相应木筏后方。

第三十四章 查可萨提河（公元前329年夏）

渡河之后，亚历山大让一个团的希腊辅助骑兵和四个中队的枪骑兵趋前投入战斗，这些部队总人数在1200人以上。西徐亚人在与这些部队交战时十分聪明，他们并没有与对方进行白刃作战，而是始终以环形队形围绕在希腊人周围，用弓箭和标枪射伤了不少敌军，几乎就要将马其顿人击败。看到手下部队的巨大压力之后，亚历山大在弓箭手、阿吉里亚部队以及巴拉克鲁斯的轻步兵掩护之下将骑兵集中在一起向前推进，迫使西徐亚人放弃散兵战斗，组成了一条完整战线。紧接着，亚历山大又命令一部分轻骑兵去迂回对方侧翼，同时自己率领着三个中队的伙伴骑兵和枪骑兵，排成纵队向对方高速推进。西徐亚人发现在亚历山大纵队的快速行动面前无法施展其散兵战术，因而发生了动摇。再加上他们根本抵挡不住马其顿人的冲锋，很快就被彻底击溃，大约1000人被杀，另有150人被俘。

亚历山大立刻发动追击。此时天气十分炎热，追击的距离也很远，士兵们由于大多只能饮用死水，因此干渴难忍。亚历山大以身作则，但也因此很快就在追击过程中染上重病，使凶兆成为现实。追击随即终止，精疲力竭的国王被抬回营地，此后数日内都面临着生命危险，不过他饱经磨炼的体格最终还是战胜了疾病。在这场查可萨提河会战中，亚历山大一方有160人阵亡，将近1000人受伤。由于只有不超过6000人真正与对方交战，伤亡比接近20%。包括1800头骆驼在内，马其顿人夺得了大量战利品。

亚历山大对西徐亚人的胜利取得了预期效果。不久之后，西徐亚国王便派出使团向亚历山大道歉，声称查可萨提河边的这些部队只不过是一群杀人越货之徒，他们无法无天的行动与西徐亚宫廷毫无关系。西徐亚国王表示效忠于亚历山大，愿意为后者所提出的一切任务效力。亚历山大并不打算花费时间在查可萨提河以远的地区与对方交战。不仅因为他必须立刻返回索格迪亚纳，另外一个原因还在于，只要抵达居鲁士征服的最远疆界，其虚荣心便已经可以满足了。因此他也愿意相信使者们带来的消息，并给予他们温和的答复，让他们在不需交纳赎金的情况下把俘虏带了回去。这一慷慨的举动，再加上他们亲眼所见的会战过程，使亚历山大的盛名在西徐亚人中间就像七年前在多瑙河蛮族部落中一样为光环所包围。亚历山大的声望，正是他抵挡这些部落入侵的最有力武器。

第三十五章
剿灭斯皮塔米尼斯（公元前329年至公元前328年秋）

亚历山大在查可萨提河耽搁的时间，使索格迪亚纳境内的叛乱获得了不小进展。半是靠着威胁，半是靠着哄骗，斯皮塔米尼斯已经诱使全部当地人都加入了叛乱，这些居民本身也好像陶匠手中的泥土一样逆来顺受。查可萨提河的延误不可避免，而且这方面的事务方一了结，亚历山大便立刻开始向马拉堪达方向前进了。

到此时为止，斯皮塔米尼斯和他的直属部队根本无法奈何马拉堪达守军。马其顿驻军不仅能守住卫城，甚至还曾发动了一次成功的突袭，使斯皮塔米尼斯损失了大量人员，之后又毫发无损地返回卫城。后来，当斯皮塔米尼斯听说亚历山大派到马拉堪达的支队已经近在眼前后，他便只好从这座首府周围向西撤退了。想要建功立业的解围部队指挥官们并没有满足于已有战果，在抵达马拉堪达后便急忙开始追击斯皮塔米尼斯，试图对后者的胆大妄为施以惩罚，并在斯皮塔米尼斯向沙漠撤退的过程中对其后卫进行了严重干扰。但在成功的鼓舞之下，他们不明智地前进到了一片草原上，并攻击了一部分西徐亚游牧部落，因为马其顿指挥官们怀疑这些部落是斯皮塔米尼斯的盟军，或至少也为他提供过援助。这些游牧部落立刻便被激怒，决心加入索格迪亚纳人的叛乱，并为他们提供了600名精锐骑兵作为支援。

看到马其顿人指挥无方，斯皮塔米尼斯决心冒险一战。他将西徐亚沙漠附近的一块平原作为战场，因为在这里他可以以疏散队形与对方交战，将东方骑兵的个人性英勇施展出来。另外，斯皮塔米尼斯也拒绝与对方进行白刃战，因为在这一方面东方人绝非马其顿人对手。他命令骑兵绕着马其顿方阵发射弓箭、标枪，从四面八方攻击对手。一旦马其顿人向某一方向冲锋，那里的东方部队就会后退，避开马其顿骑兵的进攻。当对方停止追击后，他们又会反身重新投入战斗。在不停的运动之中，马其顿人逐渐耗尽了体力，而对方却凭借数量优势仍然维持着机动性。另外，斯皮塔米尼斯的马匹精力相对充沛，安德罗马科斯的手下却早在来到马拉堪达途中便已经筋疲力尽，而且在过去数日中只能得到半份口粮。由于西徐亚人始终保持着警惕，使马其顿人不得休息，后者愈发进退不得，大批人员在这场非正规会战中或死或伤。

原本便是为执行外交而非军事任务而来到此处的法纳基斯拒绝再担任远征指挥官，其余将领们也不愿接手这一绝望局面。马其顿军队既没有计划也没有指挥官。他们唯一的希望便是将全军组成四方阵向波利提米图斯河（Polytimetus，今索格-库什科河）的丛林河谷前进，在那里寻求掩蔽。但各部队之间根本没有协调可言。卡拉纳斯率领着部分骑兵试图过河，却并没有将自己的行动告知安得罗马科斯，于是步兵们只好乱作一团地跟在骑兵后面。此时士兵们的士气已经崩溃，再加上缺乏指挥，当他们到达渡口之后便丧失了秩序。看到这一情况，始终紧随在后猛烈压迫对方，等待良机的野蛮人立刻从河流两侧同时对马其顿人发动进攻，四面八方的攻击使方阵彻底陷入混乱。撤退演变成了溃退，除阵亡和受了致命伤的士兵以外，大部分幸存者都逃到了波利提米图斯河中的一座小岛上。野蛮人随即从远距离包围了该岛，用弓箭将这些人全部射死，只留下少数人当作战利品暂时投入残酷的奴役之中，不久后这些人也被杀害。据说只有60名骑兵和300名步兵从这场失利中幸存。

关于这场悲惨的战役，阿里安和寇蒂斯记录的经过相差无几。马其顿人一反常态地表现拙劣，多达2000人的损失比亚历山大征服整个波斯过程中在会战中阵亡的士兵还要更多。这再一次证明战争的胜负不仅取决于成百上千的士

第三十五章　剿灭斯皮塔米尼斯（公元前329年至公元前328年秋）

兵，更取决于将领的指挥。亚历山大在为这支部队选择指挥官方面犯了大错。斯皮塔米尼斯则以高昂的士气回到马拉堪达，准备再次围攻卫城，而这一次他对成功抱有更大的期望。

听到噩耗后，亚历山大对这场丢脸的失败极为恼怒，立刻准备亲自出马。现在他已经安顿好了查可萨提河方面的事务，已经开工的新城也足以作为这一线的前哨。亚历山大带领着一半的伙伴骑兵、持盾兵、弓箭手、阿吉里亚人以及轻装的方阵步兵前往波利提米图斯河谷，克拉特鲁斯负责率领其余部队追随国王。从不放缓行动脚步的亚历山大这一次在三天之内行军多达170英里，第四日早上便抵达了马拉堪达。可斯皮塔米尼斯却在听说亚历山大即将到来时就解除围攻逃之夭夭了。亚历山大将对手追至沙漠，赶过波利提米图斯河，却始终无法追上对方。在从河岸上的战场通过时，亚历山大在时间许可的范围内为阵亡将士举行了下葬仪式，所有尸骨尚存的士兵都得到了掩埋。另外，作为报复，亚历山大踩躏了整片土地。为他人之间仇恨而付出代价的索格迪亚纳人只好可怜地逃往每一个可供求生之处，并为所有城镇、村落设防。他们无法指望敌人手下留情，而亚历山大也确实没有这样做。他如同暴风雪一样席卷了当地的所有村庄和农场，屠杀了所有曾参与那场战役的野蛮人，即使他们绝大部分已经逃到设防地区也无法幸免。这些城镇一个接一个地被夷为平地。据说在这次报复行动中，不计女人和孩子在内便有12万人遭到屠杀。只有恺撒对高卢人的屠杀在可怕程度上能超过这次大劫。

亚历山大在马拉堪达留下普柯劳斯（Peucolaus）指挥3000名守备人员，之后便回到了扎瑞亚斯帕，准备在那里过冬。在索格迪亚纳遭受厄运之后，亚历山大无须多费精力便使巴克特里亚人臣服了，该省的叛乱本身也不像索格迪亚纳那样深入。根据寇蒂斯的记载，在残酷的屠杀之后，亚历山大又继之以宽大的手段，并因此获得了成效。不过一些叛乱首领还是逃到了山地要塞之中，试图在那里抵挡亚历山大的追击。

当年冬天，亚历山大就在扎瑞亚斯帕宿营过冬，大量增援也在这里与他会合。虽然后方省区的总督和其他民政官员都存在着大量问题，但这种援兵能够跨越如此广大的土地而没有遭遇太多困难，无疑证明了亚历山大沿路建立一连串要塞线的有效性。

不过在扎瑞亚斯帕宿营期间，马其顿人并不清闲，除运动会和宴会以外还要为当地进行建设。据寇蒂斯的说法，亚历山大在巴克特里亚和索格迪亚纳建立了6座城市，而贾斯汀则说是12座。原先引发了叛乱的那场首领集会，也终于成功召开了。贝苏斯也被捆绑着带到这里接受审判，并被削去鼻耳。之后贝苏斯又被发配回了埃克巴塔纳，可能一路上都被示众，并最终在目的地被处死。这一套程序都是以东方惯例进行的。

亚历山大身上的缺点，绝非只有现代评论家能够看到，阿里安等古代史学家当然也十分明了。在其记录最为准确的著作中，他也写道："对贝苏斯采用这样过火的刑罚我是不同意的。我认为对犯人处以断肢之刑是野蛮行为。我同意那些认为亚历山大放任自己模仿米底人、波斯人，并按照这些外国君王习俗，将手下子民视作劣等人的观点。我也不赞成他不穿马其顿传统服装而改穿米底服装，特别是因为他自称赫拉克勒斯后代，就更不应该如此。此外他对于使用被征服者波斯人的头饰替换征服者马其顿人的头饰也并不感到羞愧。我倒是认为，亚历山大的光辉伟业能够证明（也只有此事能够证明），一个人无论体格如何魁梧、出身如何显耀高贵、在战争中建立如何伟大的功业，即使在所有这些方面都超过了亚历山大，甚至完成了亚历山大想办而未能办到的事——带领舰队环绕利比亚和亚洲，把二者全部征服，又再加上第三大洲欧洲，这一切，对他本人的幸福来讲，都是无益的。只有当他在全世界面前完成这些宏伟事业的同时，能够从中学到如何当自己的主人，才不算是徒劳。"

无法否认，波斯习俗对亚历山大的影响越来越大。如果亚历山大没有接受东方人民更为习惯的华丽仪仗而是保持了自己神祇一般的性格，如果他没有像后来一样盲目自大而是保持着清醒，毫无疑问他将会成为一位更加完美之人——在拥有惊人能力、天生诚实大方的同时还能维持着马其顿式的淳朴。但事实上，虽然亚历山大是完美的统帅，却绝非一位完人。所谓"马其顿式的淳朴"并非天生形成，而且从政治上来讲也并不明智。亚历山大最初所掌握的国土不过是世界版图上的一隅，而他所征服的土地却占去了地图大半。无论从任何角度来讲，至少在某些方面采用这些帝国组成民族的服饰，也都是一项合理

第三十五章　剿灭斯皮塔米尼斯（公元前329年至公元前328年秋）

的决定。当然，正是来自马其顿的淳朴、纪律、智慧以及高超指挥能力才使他能够完成这些超乎常人的成就。

之前提及从希腊来到扎瑞亚斯帕的援兵，其指挥官包括吕西亚总督尼阿卡斯、卡里亚总督阿桑德罗斯、叙利亚总督阿斯科莱皮奥多拉斯及其副手米尼斯、埃波利卡斯（Epolicus）、米尼达斯、托勒密以及数位色雷斯将领，总计兵力达到了17000名步兵和2600名骑兵之多。亚历山大此时也正急需这支军队来补偿前几次战役带来的兵员缺额。帕拉帕米苏斯山以北的牧民、山民部落十分好战，人人皆兵，绝不会因一两场会战失利就全面崩溃。与之相比，他们西面那些省份中每年向波斯缴纳贡税的和平居民只有少部分人携带兵器，其余则都是工匠和农民。事实上，如果没有这些援兵，亚历山大可能很快就要站不住脚了。这些新来的部队则改变了天平的倾斜方向。法国海军上将拉格维尔曾评论道："相比之下，当拿破仑皇帝在莫斯科城下宿营时，没有一位战略家认为他处在灾难边缘，或是指责他在鲁莽冒险。当亚历山大踏入奥克苏斯河与查可萨提河之间的土地时，无疑要比莫斯科的拿破仑更为鲁莽，这位马其顿国王从不曾在如此危险的战场上作战。"不过亚历山大的所谓"鲁莽"要算是被迫为之，深入俄国远达莫斯科城下则只是拿破仑的一个行动选项而已。若想要牢牢控制住整个伊朗高原，就必须征服巴克特里亚和索格迪亚纳。在西徐亚边境上进行战斗对亚历山大而言也别无选择。若想要从查可萨提河上离开，就只有在不损失任何胜利果实的情况下成功撤退或完全毁灭两条路径。与其说亚历山大鲁莽，还不如说他是格外勇敢。

帕提亚总督福拉塔弗尼斯和阿里亚总督斯塔萨诺也押解着前任阿里亚总督阿萨米斯、被派到帕提亚活动的贝苏斯拥护者巴赞斯以及其他一些俘虏来到此处。这些人也正是谋害大流士的主谋者中最后被抓获的一批。随着他们被俘，后方的抵抗活动可以算是被粉碎了。

先前被亚历山大派去出使欧洲西徐亚人的伙伴骑兵现在也已经返回。由于老王逝世，他的兄弟继承了王位，因此这些伙伴骑兵也带回了另一位使者。这位新王也同样希望与亚历山大保持友谊，甚至还邀请亚历山大带着手下军官来与他家族中的女性通婚，而这在西徐亚是被看作最高礼物的。毫无疑问，这位西徐亚国王是想要建立互相平等的同盟关系。另外，亚历山大还接见了一个克拉斯米亚（Chorasmia）[①]使团，这些人生活在里海和乌拉尔海之间，其国王法拉斯米尼斯（Pharasmenes）担心亚历山大认为自己也参加了斯皮塔米尼斯的叛乱，因此亲自带领使团和1500名近卫骑兵觐见亚历山大，恳请后者与自己订立同盟条约，并承诺说如果亚历山大想要去征服与克拉斯米亚毗邻的亚马逊人（Amazon），自己愿意提供向导和给养。对这两方面的使者，亚历山大都给予了礼貌的接待和满意的答复，并且让他们与巴克特里亚总督阿塔巴赞建立了友谊。

早前亚历山大曾将里海想象成环绕大陆的大洋一部分，而他心中的理想疆界即以这个大洋为界。但现在他已经从自己手下军官以及野蛮人两方面的报告中得知，里海距离大洋可以算是差之千里，二者之间的广大土地上也生活着无数被他称为"西徐亚人"的民族。[②]因此亚历山大只能退而求其次，与这些野蛮人订立同盟，并在疆界上建立屏障阻挡他们进入帝国境内，而不会再将征服范围扩大到野蛮人的领地内。亚历山大对帝国疆界应有范围的计划总是极具常识。他告诉法拉斯米尼斯，自己要首先征服印度，在成为亚洲之主后，他才会返回希腊，再从那里出发沿赫勒斯滂、博斯普鲁斯前进征服黑海沿岸。到那时，他就会欣然接受法拉斯米尼斯的同盟和援助。当此之时，一心想要征服印度的亚历山大非常急于将巴克特里亚和索格迪亚纳方面的事务做一了结，他对这次似乎永远不会结束的反复拖延早已失去了耐心。

亚历山大的征服计划非常成熟，实现手段既简练又聪明。他将对波斯进行征服的疆界划定在幼发拉底河、底格里斯河上游山脉、奥克苏斯河、查可萨提河以内，东疆则以印度河和海达斯佩河（Hydaspes）为限，并在河岸上建立合适的城市、军事前哨为这些河流设防，以使其成为抵挡对岸蛮族部落的屏障，而疆界以内在自己治下的边境民族又是一道更好的血肉屏障。所有这些政策，都是亚历山大对于其庞大功业有着清晰认识的最佳证明。

可无论如何，入侵印度的战役都注定要被推迟下去了。就在亚历山大正

---

① 即花剌子模。
② 西徐亚人事实上不过是希腊人对已知世界以外一切民族的总称。

第三十五章　剿灭斯皮塔米尼斯（公元前329年至公元前328年秋）

在为远征印度进行准备之时，索格迪亚纳人又一次发动叛乱，起兵反抗亚历山大派去统治他们的总督普柯劳斯。之前的惩罚不仅没有使索格迪亚纳人驯服，反而使他们变得绝望。当时有不少人聚集成小股队伍逃入山区避难，从那之后，他们中一部分领袖人物带领难民占据一切城堡、村落、隘路、高地、树林等天然或人工建成的险要之处严密据守。这一新的问题要比先前更加棘手——索格迪亚纳人越是绝望，形势对亚历山大就越危险。普柯劳斯手中仅有3000人马，根本不敢尝试去镇压叛乱，甚至连马拉堪达谷地都很难保全。即使亚历山大本人，在给阿拉霍西亚、高加索、乌尔提玛等地的亚历山大城留下驻防部队之后，能够立刻调动起来对付索格迪亚纳人的兵力也已经不足10000人。亚历山大居于弱势。所幸斯皮塔米尼斯此时仍在马萨革太人的土地上避难，无法领导这次叛乱。另外，在隆冬之际，上述的增援也与他会合到了一起，而这又被一部分人看作是其"好运"的一个例证。

当年年初，亚历山大从扎瑞亚斯帕启程。在给该城留下了需要修养的伙伴骑兵、80名雇佣骑兵以及少数近卫部队作为驻防军之后，他又将波利伯孔、阿塔拉斯、格尔吉阿斯以及梅利埃格等四个已经得到援兵加强的步兵旅拆散成数个支队部署在巴克特里亚各地，确保当地人口臣服，并继续镇压那些忠诚尚且存疑的地区。另外，为了让有限的军队能覆盖更多地区，亚历山大又将手中剩下的部队分成了5个独立的纵队，由赫菲斯提翁、拉古斯之子托勒密、佩狄卡斯、阿塔巴赞、寇纳斯以及他本人各自率领一支。由于敌人只是一些孤立的小股部队，因此这种安排也并无危险。就在亚历山大刚刚抵达奥克苏斯河岸并在那里宿营时，国王的营帐旁突然有一股轻油从地下喷了出来（也可能是早已有之却才刚刚发现）。根据这一预兆，祭司阿里斯坦德寓言这次战役一定会获致成功。

很不幸，关于这场会战并没有太多史料存世。索格迪亚纳人又一次犯下了致命错误，放弃了足以长时间拖延马其顿人行动的游击战，而选择坚守设防城镇。五支纵队从索格迪亚纳人的土地上横扫而过，征服了一片又一片土地，一部分凭借武力，另一部分则是对方主动投降。这些纵队的前进路线很可能位于奥克苏斯河、波利提米图斯河以及二者的支流上，其行动一直远达迈加斯河（Margus）以远地区，并最终在马拉堪达会合。根据寇蒂斯的说法，亚历山大本人所率的纵队沿着奥克苏斯河向下游前进，之后又溯迈加斯河而上前进到

• 亚历山大战史

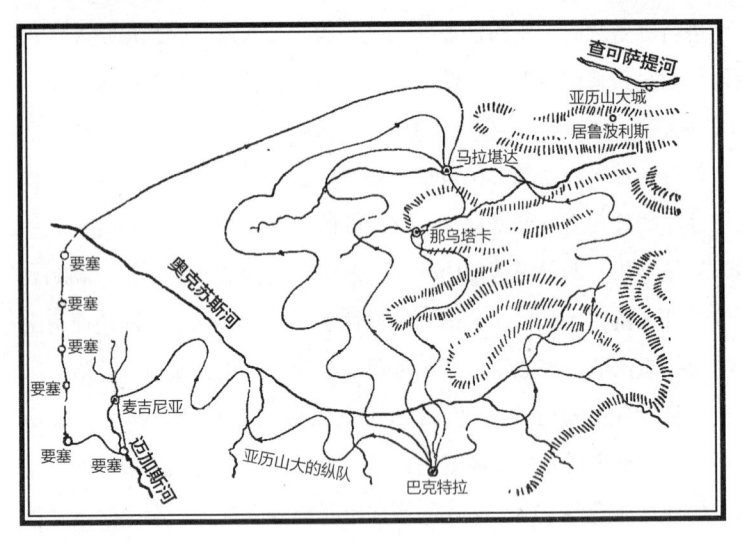

◎ 五支纵队的行动示意图

了麦吉尼亚（Marginia）或阿拉霍西亚（今梅尔夫）。他在这里建造了6座要塞（两座面向南方，四座西方），用以抵挡达安人从里海方向侵入。

接连不断的叛乱以及随之而来的报复行动一定已经使索格迪亚纳几乎化为焦土。亚历山大之前必须彻底将叛乱镇压下去，可到了战争将这片富饶土地变成荒漠之后，又必须重新给当地导入人口。为此亚历山大命令赫菲斯提翁在当地建立了数座新城，将外来居民迁入城中，并使用一切可能的手段重新扶植农业。但即使如此，要想恢复索格迪亚纳曾经的繁荣，也还是要花费数十年时间。

尽管斯皮塔米尼斯的命运要到几个月后才落下帷幕，但我们还是有必要在此对其加以详述。

由于北面和东面的山区尚有不少地区未被征服，亚历山大自然也担心斯皮塔米尼斯会逃到那里去煽风点火。若得到一位领袖，这些叛乱就可能酿成大祸。因此亚历山大从马拉堪达派遣阿塔巴赞和寇纳斯的两个纵队进入马萨革太人的土地上去追捕据称已经逃到那里的斯皮塔米尼斯，同时他本人则亲自带领着另外三个纵队进向索格迪亚纳尚未平定的叛乱城镇。凭借着快速的行军，亚历山大把这些城镇彻底孤立起来，将它们征服了，之后他又回到了马拉堪达。

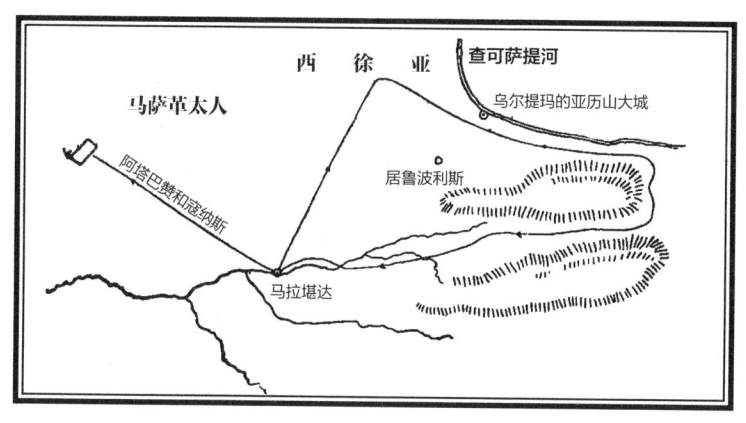

第三十五章　剿灭斯皮塔米尼斯（公元前329年至公元前328年秋）

◎ 索格迪亚纳的最后一次战役示意图

关于这次战役并没有详细史料。

在此期间，斯皮塔米尼斯已经集结起了600名马萨革太骑兵，再加上一些旧部，从山地里走出来攻击了一座巴克特里亚的马其顿边境要塞。斯皮塔米尼斯可不是什么无能之辈。他将守军诱出城堡，之后又设伏占领了要塞，杀死了所有守军。在胜利鼓舞之下，斯皮塔米尼斯深入到了扎瑞亚斯帕，一路烧杀踩躏。不过当他已经收集了大量战利品之后，并不愿意进攻这座城市。如前所述，该城中仅有索塞迪斯（Sosides）之子培松和阿里斯托尼卡斯（Aristonicus）率领的数位伙伴骑兵病患、80名希腊雇佣骑兵、少数近卫兵以及他们的随从。这些部队数量虽少，却绝不容忽视。他们从城门中冲出来，适时地打击在西徐亚人身上将其击败，并抢走了他们的战利品，杀死的敌军也不在少数。可就在这些马其顿人感到自己脱离危险、开始返回扎瑞亚斯帕时，他们却突然遭到对方伏击，损失了7名伙伴骑兵和60名雇佣骑兵。阿里斯托尼卡斯战死，培松也负伤被俘。就在斯皮塔米尼斯准备攻城时，克拉特鲁斯从信使那里听到了这一消息（此时克拉特鲁斯的所在位置却并不清楚），并立刻开始向此处前进。斯皮塔米尼斯自知无法对抗正规部队，便率领着大约1000名骑兵逃向沙漠。克拉特鲁斯追上并击败了他们，杀死了150人，其余敌军则逃走了。

差不多与此同时，已经97岁高龄的阿塔巴赞因年事过高退休，巴克特里亚总督职位被交给了阿明塔斯。原本亚历山大想要任命克雷塔斯担任该职，但后者却遭遇了不幸，我们也将在下一章中对此详述。寇纳斯则被留在索格迪亚纳，指挥他自己和梅利埃格的方阵步兵旅以及400名伙伴骑兵、马弓手以及阿明塔斯手下由巴克特里亚人、索格迪亚纳人组成的旧部宿营过冬。另外，寇纳斯还肩负着监视斯皮塔米尼斯的任务，此时后者感到自己无法在巴克特里亚立足，正在索格迪亚纳边境游荡。

在命令赫菲斯提翁返回巴克特里亚为冬营安排给养之后，亚历山大追击着一些巴克特里亚和索格迪亚纳叛军跨过了波利提米图斯河，到达了克塞尼帕（Xenippa）。由于不想被卷入冲突之中，克塞尼帕人拒绝叛军入境。大约2000名叛军只好调头抵抗，在一场激烈战斗中损失了800人之后，叛军被迫求和。

亚历山大接下来要对付的是希西米特里斯（Sisimithres）岩地要塞。该地的具体位置已经不为人所知，但一些学者认为希西米特里斯距离马拉堪达有数百英里远。在亚历山大历经艰难险阻抵达该地之后（其困难程度不亚于对这座要塞进行直接攻击），这座要塞最终选择了投降。

与此同时，斯皮塔米尼斯决心在索格迪亚纳进行最后一搏。除自己的叛军以外，他还招募到了3000名渴望抢劫战利品的西徐亚骑兵。后者既无家业又无居所，一贫如洗使他们总是想要凭借抢劫发财。斯皮塔米尼斯带领着这支部队前进到马萨革太人与索格迪亚纳交界处的巴吉亚（Bagae）。始终保持着警戒的寇纳斯率军迎击，在一场激烈战斗中将对方击败，杀死了800名叛军，己方则只有37人阵亡。经此一役，斯皮塔米尼斯手下的巴克特里亚人和索格迪亚纳人都感到局势已经无望，不愿再为自己缺乏运气的首领效力，集体向马其顿人投降了。只有西徐亚人在毁掉所有辎重后，与斯皮塔米尼斯一起逃到了沙漠。可即使在这些西徐亚人中，也有很多跑回到寇纳斯那里投降。不久后，西徐亚人听说亚历山大已经亲自率军赶来，便杀死了斯皮塔米尼斯，将他的首级献给亚历山大作为和解礼物。寇蒂斯的说法则与此不同，他在书中说是斯皮塔米尼斯的妻子谋杀了他，并将首级献给了亚历山大。硕果仅存的叛乱者达塔弗尼斯后来也被达安人交了出来。现在亚历山大终于可以开始重建这一片曾被称为"东方花园"却被战争彻底摧毁的土地了。

第三十六章
克雷塔斯（公元前329年至公元前328年冬）

按照寇蒂斯的说法，在斯皮塔米尼斯被杀之前的那个冬天里，亚历山大对享乐愈发放纵着迷，终于在马拉堪达酿成了最令人扼腕的一场悲剧。亚历山大杀害了因醉酒而口出恶语的克雷塔斯，只可能是因为过分膨胀的虚荣心以及酒醉之下出现的自制力失控。亚历山大很少失去自制力，这些错误也并不影响征服工作，但这些都不能作为借口。与费罗塔斯谋反事件不同，克雷塔斯之死与亚历山大的战史几乎没有任何直接关联，但既然大部分史学家都会把它当作重要议题来讨论，而克雷塔斯又是最出众的马其顿将领之一，那本书也不能将其一笔带过。作为检讨亚历山大人格的一个窗口，此事也极为重要，值得花费些笔墨。

采用部分东方服饰、礼仪，并鼓励或至少是默许手下对自己行跪拜礼等行为，毫无疑问也是亚历山大人格的缺点，就如同他会偶尔放纵自己一样。只不过酗酒并不像改换服饰、礼节那样是来自于政治需求。正是从这些问题之中，诞生了卫兵谋反的事件，并导致哲学家卡利斯提尼斯和侍卫希摩劳斯（Hermolaus）被处死。

毫无疑问，亚历山大超人般的成功已经给他的人格造成了负面影响。他

375

的精神力量虽然绝无任何衰退，但一些人类天性中的缺点却也逐渐显露了出来。这也是再正常不过的情况。我们已经知道，亚历山大从母亲那里继承来了十分暴躁的激情和迷信。当他的胜利逐渐扩张时，这些缺点也变得越来越明显。埃及阿蒙神庙的祭司曾宣布亚历山大是神祇之子。虽然亚历山大在当时可能并不真的相信这种说法，而只是将其当作政治手段来运用。可随着接连不断的胜利，虽然有证据指出亚历山大仍在同伴之间拿这一神谕取笑，但事实上他可能也已经逐渐开始相信自己确是神祇之子。另外，即使亚历山大最早采用东方服饰和习俗完全是出于政治原因，但现在他过分奴役手下的行为也已经超出了必要和适当范围，遭热爱自由的马其顿人怨恨。他们仍然铭记着腓力的诚实和伟大功业，对亚历山大自称出身于其他血脉十分厌恶。在马拉堪达的一次宴会上，虽然当天是酒神狄俄尼索斯的纪念日，但亚历山大却选择向两位孪生神灵卡斯托耳（Castor）与波鲁克斯（Pollux）献祭。到亚历山大放任自己的马其顿习性开怀畅饮之时，他与马其顿人之间的矛盾终于激烈爆发了。

在宴会中，不少人围绕着亚历山大，称颂他的神祇血统，甚至将他与赫拉克勒斯相提并论。近卫骑兵指挥官，德罗皮达斯之子"黑人"克雷塔斯，在大醉之中却仍然保持着马其顿人的男子气概，站起身来指责这些人是在诋毁自己热爱的先王腓力，长篇大论地唱起了反调，并当面告诉亚历山大：他所取得的胜利，都应归因于腓力建立的军队和他训练出的将领们；被亚历山大杀死的帕尔梅尼奥和费罗塔斯所建立的功业也并不比他少，甚至还要更多；而他克雷塔斯自己也曾在格拉尼卡斯会战中救过亚历山大一命。与亚历山大相比，克雷塔斯无疑要醉得更加厉害一些。据说亚历山大面对这些挑衅，在很长一段时间内都保持着耐心和自制力，甚至还转头对一位邻座的希腊人说："你们希腊人不觉得自己在马其顿人中间就好像是生活在野兽中的人神么？"克雷塔斯的言语和行为即使对于普通人而言也要算是最恶劣的侮辱，更何况他现在面对之人是一位国王！亚历山大对他的容忍，完美诠释了"伙伴"（Hetairoi）[①]一词的含义。从未有过哪位现代君王能够容忍如此出言不逊之人。即使整个人类历史

[①] 直译为"国王的伙伴"，指兵种时为伙伴骑兵之意。

第三十六章 克雷塔斯（公元前329年至公元前328年冬）

上，敢如此妄言者也无一不被以忤逆之罪处死。最后亚历山大终于被无休止的嘲讽所激怒站起身来，克雷塔斯则赶紧被朋友们拉到了门外，情况似乎就要以此和平收场。可就在此时，克雷塔斯却又回到了大厅里继续口出狂言，亚历山大也愤怒至极，摆脱了同伴的拉扯，从卫兵手里夺过一支长矛刺死了克雷塔斯。紧接着，亚历山大便清醒过来，意识到自己犯下了致命的大错，并为此伤心欲绝。亚历山大的忏悔虽然并非虚情假意，也绝不能被当作为他开罪的合理借口。

另外，我们在这里也有必要对亚历山大是出于虚荣才想要让臣子像对待波斯先王一样对他行跪拜礼的说法做一说明。虽然这种礼节是自东方宫廷继承到了亚历山大身上，而且对东方人而言也要算是正统礼节，但希腊人和马其顿人对此却十分厌恶，认为这违背了国王与臣民之间的"伙伴"关系。无论亚历山大的初衷如何，现在都已经无法找到可使两方协调的政策了。可以确定，亚历山大的马其顿近臣中也有不少人认为应将东方习俗推广到所有民族，但绝大部分马其顿人还是对此极为抵制，只有少数希腊人和马其顿人接受了这种礼制。后来在扎瑞亚斯帕的一次宴会上，亚历山大授意一群著名的希腊哲学家、文学家对自己进行跪拜，试图以"突然袭击"的方法，不顾条件限制，一劳永逸地使所有人都接受东方礼仪。在这次宴会上，哲学家阿纳克萨库斯（Anaxarchus）将亚历山大比作狄俄尼索斯和赫拉克勒斯，其他谄媚之徒也纷纷附和这种吹嘘，并纷纷向亚历山大下跪。大部分马其顿人对演讲内容和这些人的行为都感到作呕，但他们心中记着克雷塔斯的悲剧，没有公开批评。

在亚历山大的宫廷中，有两位哲学家最为杰出。其中卡利斯提尼斯曾告诉亚历山大，决定这位国王身后是非评价的，并非其宙斯之子的名义，而是他自己的所作所为。另一位哲学家，阿布德拉（Abdera）的阿纳克萨库斯则完全与卡利斯提尼斯相反。此人对亚历山大百般奉承，就连亚历山大自己都感到他的奉承实在过分。误杀克雷塔斯之后，此人劝解亚历山大说，宙斯之子绝不会犯错。卡利斯提尼斯敢于反对跪拜礼，此人是亚里士多德的学生和外甥，也正是在亚里士多德的要求之下，卡利斯提尼斯才伴随在亚历山大身旁，以亲眼见证他的所作所为，将来撰写史籍。亚历山大的宫廷中总有大批艺术家、史学家、哲学家甚至于演员和其他学者，亚历山大本人也非常乐于看到这些人记录自己的言行，而且也发自内心地赏识这些人的才华。在扎瑞亚斯帕的宴会上，赫菲斯提翁邀请卡利斯提尼斯一起加入对亚历山大的膜拜，却遭到拒绝，卡利斯提尼斯甚至还公开指明自己为何拒绝。亚历山大当时并没有对此作任何表示，卡利斯提尼斯也因这次欠妥却勇敢的发言而成为军中的名人。

大约与此同时，一些侍卫试图谋杀亚历山大。阴谋主使者索波里斯之子希摩劳斯曾因行为不端而被国王处罚，此人头脑中满是极端的马其顿思想。希摩劳斯与阿明塔斯之子索斯特拉托斯（Sostratos）商定，待到他们值更为亚历山大站岗时，就刺死这位国王。此外还有另外四人也加入了这起阴谋之中。但在他们计划行事的当天，亚历山大却在一位随军女祭司的建议下直到深夜才吃晚饭，导致阴谋落空。而在下一次机会到来之前，希摩劳斯的阴谋就败露了。有罪的卫兵都被抓了起来，卡利斯提尼斯也受到牵连。军事法庭按照惯例，处死了那些卫兵，卡利斯提尼斯由于并非马其顿人，只是收押入监。但按照阿里斯托布拉斯的记载，卡利斯提尼斯死在了监狱里，托勒密则说他被吊死了。据说亚历山大曾将自己和卡利斯提尼斯之间的矛盾写信告知亚里士多德，后者对此也感到五味杂陈。在希腊式的言论自由之下，亚历山大愈发焦躁，他在和平时期对自己朋友的危险程度，几乎已经不亚于战时他给敌人带来的威胁了。

本书绝没有成为一部亚历山大传记或当时世界历史的打算，而只是为描述战争艺术的发展而对亚历山大作为士兵的行为加以叙述评论。不过，我们也很难略过如此重要的个人事件。因为此事证明即使是一位取得了如此丰功伟绩的将领，作为一个人类而言也一定是有缺点的。

第三十七章
罗克珊娜（公元前328年至公元前327年冬）

冬季即将来临时，寇纳斯和克拉特鲁斯指挥下的各支队在那乌塔卡与亚历山大重新会合准备过冬，帕提亚总督福拉塔弗尼斯和阿里亚总督斯塔萨诺也来到了此处。亚历山大做出了一系列总督任免的决定，福拉塔弗尼斯取代因玩忽职守被捕的奥托弗拉达提斯成为马底亚和塔普里亚总督，斯塔萨诺被任命为德兰吉亚纳总督，阿特罗帕提斯取代欧克索达提斯成为米底总督，斯塔米尼斯（Stamenes）也接替了过世的马扎亚斯担任巴比伦总督。索波里斯、米尼达斯以及埃波希拉斯（Epocillus）则被派回马其顿征召新兵。

巴克特里亚的叛乱已经归于沉寂，索格迪亚纳也已经被彻底压平。尚未平定的只剩下聊聊几个叛军残部聚集的要塞，但他们对整片地区的安定却还是举足轻重。具有一定影响力的巴克特里亚人首领欧克西亚提斯已经带着全家逃到了索格迪亚纳的索格迪亚之岩（Sogdian Rock，亦称阿利马扎斯之岩），这是一座难以接近的山地要塞，守军已经囤积了足以抵抗长期围攻的给养，山顶的冰雪也能作为水源供给。

亚历山大不待冬季结束便早早开始了行动，因此也遭遇了极为猛烈的风暴，行军十分困难。据寇蒂斯说，被冻死者多达1000人。狄奥多拉斯则非常详

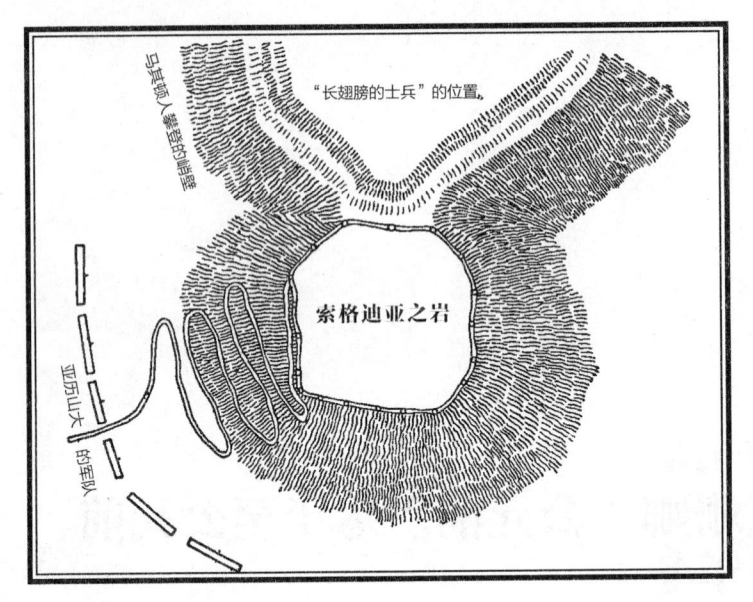

◎ 索格迪亚之岩示意图

细地描写了亚历山大如何精力充沛地鼓励手下努力渡过难关。史料中所记载的恶劣天气，与今日旅行家们对高加索地区的描述别无二致。

亚历山大抵达索格迪亚之岩时冰雪尚未融化。这座山峰高度极大，其四周的岩壁接近垂直，任何直接攻击都会注定失败。如何才能围攻这样一座要塞成了无解的问题。要塞周围几乎没有道路可以上山，唯一能登上山峰的道路只需数十人即可扼守。若马其顿人想要尝试攀山而上，冰雪也会带来更大的阻碍。可如此困难的情况却使亚历山大决心更盛，阿里安说原因在于"野蛮人傲慢无礼的挑衅使国王变得好胜而顽固"——亚历山大本想以允许安全出城为条件招降守军，却遭到守军嘲笑，说除非他能找到"长着翅膀的士兵"，否则他们便不害怕任何敌人，这立刻便激起了亚历山大的好胜心。

由于要塞背后还有一道更高的岩壁，因此这座要塞可能是建立在从山脊侧面向外突出的一块岩石上。由于要塞下方也都是垂直的，只有占据其背后的岩壁，才能压制住索格迪亚之岩。亚历山大让一位传令官在营地中寻找敢于尝试攀岩的士兵，许诺给予他们重赏——第一个登上岩壁的人将得到12台仑黄金

第三十七章　罗克珊娜（公元前328年至公元前327年冬）

（14500美元），第二位能得到9台仑（11000美元），很多士兵受此激励纷纷报名。在这些人中，亚历山大挑选出300名志愿者，他们都是曾在围攻和山地作战中学会攀登城墙、悬崖的专家。这些人带着绳索、铁制的帐篷钉，在午夜之中，选择对方不会设防的最危险道路，借助打入岩石裂缝、冰块或者冻土中的铁钉向上攀登。这次行动可以说是危险至极，有大约30名士兵在攀爬过程中跌落殒命，而他们的尸体甚至也无法被收回掩埋，这足以证明这座山峰是何等难以攀登。不过到了第二天黎明，绝大部分士兵们已经登上了山顶，开始在那里大肆炫耀，并挥舞象征成功的白色围巾。

亚历山大立刻派了一位传令官去告诉守军，他已经找到了"长着翅膀的士兵"，并且再一次要求欧克西亚提斯投降。事实上，这一小队人马占领岩壁本身的军事价值根本不足以迫使对方投降，但其给守军带来的震惊却使他们认为登上岩壁的人远比事实更多，而且也已经全副武装。这些添油加醋的想象，再加上亚历山大的威名在当时也总是与超自然力量互相联系着，最终使欧克西亚提斯接受了投降条件。

欧克西亚提斯的女儿罗克珊娜（Roxana）也在大量俘虏中间，据马其顿人说，她也是自大流士之妻斯塔蒂拉死后他们所见过的最高贵美丽的女性。罗克珊娜沦为亚历山大的俘虏后，国王本人却为她的魅力所俘获。他就如同先前对待斯塔蒂拉那样，尽可能体面地接待这位公主，不久后又和她结婚。这样一来，欧克西亚提斯不仅得到了原谅，而且还获得了最高的荣誉。亚历山大在愿意原谅他人这一方面，是绝对令人钦佩的。①

索格迪亚之岩投降后，亚历山大将矛头转向了位于奥克苏斯河上游帕瑞塔塞尼亚（Pareitacae）境内的科瑞尼斯之岩（Rock of Chorienes）。科瑞尼斯本人和不少叛乱首领都在这里避难。关于科瑞尼斯之岩所在位置争议极大，尽管古代史学家们对其地形记载十分详细，却从未指明其所在位置。事实上，地

---

① 亚历山大之所以迎娶罗克珊娜，绝不可能仅仅是因为为她的美色所倾倒。到此时为止，他已经在波斯东疆花费了三年时间，并付出了将索格迪亚纳化为赤地的代价才基本压平了叛乱。迎娶一位当地望族之女，与当地民族以及原先的敌人通婚，以保持他们的忠诚对他来说要算是当务之急。因为他此时对于迟迟无法入侵印度肯定已经急不可耐了。

理学家至今都并不了解那块地区。切斯尼上校（Colonel Chesney）认为这块也被称为"欧克西亚提斯之岩"的要塞应位于里海东南海岸附近，德洛伊森则认为该地应位于奥克苏斯河上游，即切斯尼所说的位置以东700英里处。本书无意为这些争议做一判断，也绝不会去论证科瑞尼斯之岩到底位于何方。但依据亚历山大的行动过程来看，这座要塞应该是位于索格迪亚纳—巴克特里亚地区的东侧，而并非西侧。

不过无论是上述哪种情况，前往科瑞尼斯之岩的行军都必须跨过一座最艰险的雪山。士兵们在行军中饱受暴风雪和食物缺乏的折磨，不少人都被冻僵甚至冻死。与往常一样，国王本人也与士兵同甘共苦，但这并不能减轻士兵们本身所受的痛苦。由于此时已经是早春时节，若亚历山大是向海拔较低的西方行军，士兵们未必会承受如此艰苦的条件，因此这也从侧面证明科瑞尼斯之岩应位于索格迪亚纳东部的观点。

亚历山大所进行的山地行军总是有着最高水准。他有着似乎能跨过艰难险阻的能力，但可惜我们对这些行军的细节知之甚少。当重要的细节没能被记录下来时，反而只有轶事流传了下来。据说在这次行军中，一天晚上亚历山大正坐在营火旁取暖，旁人抬来了一位冻僵的马其顿士兵。国王立刻亲自帮他脱掉了铠甲，让出位置来供他取暖。这位士兵恢复意识后，立刻就被自己占了国王的位置吓坏了。亚历山大却安抚道："看啊伙伴，若是在波斯人中间，坐在国王的位子上必定是死路一条，但在马其顿人中间，你却能在这里起死回生。"

据记载，科瑞尼斯之岩山脚周长在7英里（60斯塔德）左右，其与外界仅有一条人造的弯曲狭窄险路连接，这条路总长超过两英里（20斯塔德），十分容易据守。即使在无人防守的情况下，想要沿着这条仅有一人宽的道路上山也绝非易事。其附近仅有一座可供进攻者利用的高地，与科瑞尼斯之岩间相隔一道深邃的峡谷，峡谷中更是还有一条十分湍急的溪流。若想从此接近城墙，就必须先建造一条堤道。阿里安还说这条峡谷事实上环绕着整个要塞，因此那个高地必定是周围唯一一处高度足够用作进攻起点的地点。即使攻城似乎完全不现实，亚历山大还是决定接受挑战。由于附近有着大量高大的松树，马其顿人便利用松木建造了很多梯子，并借此降入峡谷之中。

进入峡谷之后，亚历山大动员全军兵力开始建造栈桥。在亚历山大亲自

第三十七章　罗克珊娜（公元前328年至公元前327年冬）

监督之下，仅用一个白昼的时间便完成了一半工作。另一半工作也在侍从副官佩狄卡斯、列昂纳托以及拉古斯之子托勒密的敦促下，在当天夜间仅用三班岗时间便告完工。当然，若仅从长度来看，即使花费了如此巨大的努力，马其顿人也仅在白昼间建造了30英尺长的栈桥，夜间建造的长度还要更短。他们在峡谷最窄处打入木桩，间隔以能够满足承重需求为准。在这些木桩之上，又用柳条织成桥面，并将泥土覆盖在上面。起初野蛮人根本瞧不起马其顿人的行动，但很快他们便发现对方不仅工程进展迅速，而且由于有着掩体和顶棚保护，即使自己居高临下也无法伤及马其顿人，而后者却可以凭借攻城武器、弓箭手、投石手向自己发射矢石，而且这些制造更为精良的武器也杀死了大批己方士兵，至此他们终于改弦易辙。科瑞尼斯派出使者向亚历山大提出请求，想要咨询原盟友欧克西亚提斯的意见。亚历山大答应了这一请求，欧克西亚提斯则用自己受到优待的例子劝说科瑞尼斯投降，后者最终完全信任了亚历山大的公正，并相信这位国王有能力完成任何自己想做之事，决定投降。当他来到亚历山大面前时，后者极为热情地迎接他，邀请他进入自己的营帐，并派出使者去要塞受降。第二天，国王在500名持盾兵陪同下视察了科瑞尼斯之岩，要塞中存储的谷物、咸肉、葡萄酒等给养数量之巨，即使科瑞尼斯在此后两个月中都担负着供养亚历山大全军的重任，也只消耗了存粮的1/10而已。由于军队极为缺乏补给，围攻过程中又天降大雪，使行动难度骤增，因此这些补给对亚历山大而言无异于及时雨一般。科瑞尼斯不仅获得了国王的友谊，而且也得以继续在其帐下作为总督统领原有土地。

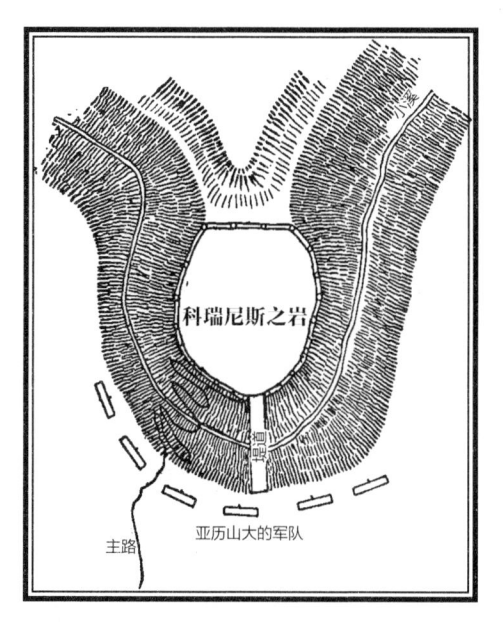

◎ 科瑞尼斯之岩示意图

在此之后，亚历山大重新回到巴克特里亚。他派出克拉特鲁斯率领600名伙伴骑兵以及4个步兵旅（分别为波利伯孔、阿塔拉斯、阿西拉斯以及克拉特鲁斯自己的一旅）去征讨帕瑞塔塞尼亚山区的两位残余叛乱分子——卡塔尼斯、奥斯塔尼斯。已经逐渐成为亚历山大帐下最优秀将领的克拉特鲁斯成功完成了任务。在一场血腥的会战中，克拉特鲁斯杀死了1600名叛军士兵，卡塔尼斯死在会战之中，奥斯塔尼斯也被俘虏。在此之后，帕瑞塔塞尼亚山区即被征服，克拉特鲁斯返回了扎瑞亚斯帕。春季也在大约此时来临。

亚历山大花费了两年时间，才终于使高加索地区接近于完全臣服。他发现这片地区的民风与平原居民的完全不同，而他在波斯帝国东疆所遭遇的抵抗也最为激烈。亚历山大不得不将这片富饶土地化为必须花费数年时间精心经营才能恢复生机的焦土，才终于将其征服。另外他也发现要想控制住这片土地，所要采用的手段也与别处完全不同。亚历山大似乎想让一位独立的国王去统治奥克苏斯河流域，但史料中却并没有记载他到底采用了何种手段，又或是任命何人统治该地。现已遍布着新建希腊城市的索格迪亚纳成为帝国抵御西徐亚游牧民族入侵的桥头堡，而巴克特里亚和马尔吉亚纳正是索格迪亚纳的后备力量。亚历山大从巴克特里亚和索格迪亚纳征召了不少于30000名青壮年，既作为士兵配合马其顿人作战，同时也是人质确保两地安定。与罗克珊娜的婚姻，可能也不只是亚历山大一见钟情，其中还带有政治动因。由于罗克珊娜的父亲在当地颇具影响力，这一次通婚可能要比军事镇压所能起到的作用更大。另外，通过与罗克珊娜结合，亚历山大也亲自履行了自己所推广的东西方民族融合概念。也正是因为这种概念，他才采用了东方服饰、礼仪，并声称自己是神祇后裔。可话虽如此，虽然他为了亲善东方臣民而采取了诸多政策，但据很多人说，他还是会在最要好的朋友中间嘲笑东方习俗。

在历经了六年的漫长征途之后，马其顿士兵自然也不可能一成不变。这些牧民出身、性格淳朴、纪律优良的士兵，现在已经成为东方无尽荣华富贵的所有者。正因为如此，士兵们的心中也滋生出了一种过分的自尊心，每个人都认为自己在军中举足轻重。若是在其他统帅的军队中，这种情况足以造成巨大危险。但在这些情绪之下，马其顿士兵却还有另一种更为强烈的情感，即对神祇般年轻国王的热爱。因为国王本人总是身先士卒，面对各种危险勇往直前，

第三十七章　　罗克珊娜（公元前328年至公元前327年冬）

同时也是所有战士中最勇敢的一位。另外他对疲劳、饥饿、干渴总是有着超人般的耐力。亚历山大不仅是普通士兵的伙伴，同时也是指挥官们的头领。无论是英俊的外表还是过人的智慧，抑或是英勇气概和军事天才，都使他不仅成了士兵的领袖，更成了一位人杰。虽然马其顿士兵们也会批评亚历山大，对他心生怨恨甚至逼宫，但亚历山大整个在位期间，全军上下都绝无一人不愿为他献出生命。在这位杰出统帅的光芒之下，亚历山大的副将们也显得不那么耀眼。"高贵的克拉特鲁斯、文雅的赫菲斯提翁、可靠能干的拉古斯之子托勒密、安分诚实的寇纳斯、精明的利西马科斯"、马其顿的重步兵、艺术家、诗人、哲学家、波斯贵族，所有这些人在亚历山大死后都在历史上留下了自己的名望，而在他活着时却只能是"亚历山大手下最优秀的人才之一"。这一点对于所有伟大统帅而言也都是如此。

第三十八章
进军科芬河
（公元前327年5月至冬季）

　　春季已经过了大半，亚历山大终于得以为远征印度进行实质性准备工作了。在他之前，只有酒神狄俄尼索斯和大力神赫拉克勒斯曾经到过那里。对西方人而言，印度总好像是仙境一般。但由于被其西北方巨大的山脉所阻挡，在亚历山大的时代还很少有西方人能抵达这片梵天之地，它的财富和辉煌只有从商人们带来的歌谣中才能听到。印度此时可能正值繁荣时代，这些说法足以激起亚历山大的贪心和好奇心——既然已经离印度如此之近，那他便一定要踏上那片圣地。由于好运以及天生的敏锐，亚历山大已经从掩护着印度平原不受波斯侵略的山脉中找到了最佳道路，也就是科芬河谷。科芬河本身沿着一条狭窄陡峭的河谷从中亚炎热高地流入富饶的印度平原。按照斯特拉堡的说法，事实上正是亚历山大本人发现了印度——但考虑到当时地理科学的欠缺，这个说法并不正确。在科芬河谷出口，五河之地也是印度内陆的绝佳屏障。亚历山大知道，在五河之地以远还有着恒河这条印度圣河的源头。毫无疑问，恒河是他关于印度听说得最多的知识。另外，他认为自己可以很轻易地进抵恒河，而这条河将带着他走到大洋，也就是世界尽头。

　　早年，雅利安人正是沿着科芬河谷，从他们起源的高原地带进入印度。

・亚历山大战史

其中一部分人远达恒河流域，另一部分人则留在了科芬河谷中。后来当亚述人兴起之后，他们征服了留在高原地带的雅利安人，但"在塞米勒米斯想要架桥渡过印度河时，从西部草原上带来的骆驼在印度大象面前四散奔逃"。在亚述人之后，米底人和波斯人相继远征印度。居鲁士声称犍陀罗（Gandara）已经臣服于自己，大流士也曾派出一位希腊人前往印度河，从那里乘船入海，最终回到了阿拉伯湾。阿贝拉会战时，也曾有少量印度人效力于贝苏斯和巴散提斯帐下。但波斯大王从未染指印度河以远的地区。从五河之地的边境直到海岸以及东方的沙漠，林立着大批独立邦国。它们中既有共和政体，也有王国强权，若想要将它们整合起来，必定面临巨大的政治困难。

在亚历山大抵达波斯帝国疆界之后，他的军事性远征事实上就已经可以宣告结束了。但由于各种原因，再加上他本人永无休止的野心，使他没有停下脚步。古代史料中往往不会提及亚历山大各种行动的缘由，但只要看到事情经过，背后的原因便很容易分析了。当时塔克西拉（Taxila）地区的国王正在与海达斯佩河对岸地区的统治者波鲁斯（Porus）交战，邀请亚历山大为他提供援助。与此同时，自贝苏斯倒台之后，印度河流域的一位王公希西柯塔斯（Sissicottus）便已经加入了亚历山大麾下，从此也一直对他效忠。从这些人身上，亚历山大不仅了解到了大量关于印度的情报，同时在与他们的交往之中，也诞生出了对入侵印度的渴望。

很难确定亚历山大此时的兵力数字。普鲁塔克说他在沿印度河顺流而下作战时拥有13.5万人。尽管亚历山大一路损失了不少人员，但来自马其顿的新兵（可能是原先便有兵役义务的阶级逐渐被投入到现役之中）、希腊、色雷斯、阿吉里亚的佣兵以及其他兵员逐渐到达，援兵总数已经达到了15万人，使亚历山大得以将跨过赫勒斯滂海峡时的35000人扩充超过两倍。除此以外，从东方征召的大量士兵也充斥在骑兵和方阵中间。原先驻扎在后方省区的大量守军也逐渐被征调到前线，新兵则用来填补驻防军缺额。这样一来，六年中因会战、恶劣天气、劳苦行军造成的巨大损失便可以得到弥补。不过我们也要再对亚历山大被迫在各地留下的大量驻军做一说明。仅仅巴克特里亚一省，亚历山大就留下了10000名步兵和3500名骑兵。不过他也会逐渐用从当地尚武部落征召的新兵来代替原有驻军。腓尼基人、塞浦路斯人、埃及人也都为亚历山大贡

第三十八章　进军科芬河（公元前327年5月至冬季）

献了自己的部队。按照寇蒂斯的说法，到一年之后，亚历山大在印度河作战时兵力为12万人。这支军队拥有大量来自阿拉霍西亚、帕拉帕米苏斯、巴克特里亚、索格迪亚纳、西徐亚以及达安的士兵，而且他们对自己的征服者也可能都十分忠心。通常而言，如此复杂的部队将非常难以控制，但在亚历山大手下却并非如此。

这支军队现在已经不再是希腊军队了。其中仅拥有少量作为核心的马其顿老兵，其余士兵都是用马其顿方式编组训练，并接受了马其顿式严格纪律的东方士兵。亚历山大能把这么多不同的元素组合起来，并在此后利用它接连赢得会战。他极为相信自己的能力以及手下的异族士兵，而他们也为他赢得了对抗波鲁斯的激烈会战。这都证明了亚历山大具有极强的组织能力，而他对自己的这份能力也极具信心。当然，亚历山大事实上也从未对自己解决任何问题的能力产生过怀疑。如果说亚历山大过于自负，那他也具有足以与这种自负相当的、足以超越任何他人的能力和品德。

在阿明塔斯手下驻守巴克特里亚的部队，在现有情况下足以确保高加索以北的野蛮部落保持臣服。春季即将结束时，亚历山大带领着大约10万人启程前往扎瑞亚斯帕。此时道路情况与两年前亚历山大从这里艰难翻过山脉时相比已经大为改善，而且也已经囤积了大量给养。经过十天的行军之后（其道路可能是较短的贵霜关口），亚历山大抵达了高加索的亚历山大城，但他却发现此地管理情况很差，立刻撤换掉了当地官员。驻防军指挥官内罗克西纳斯（Neiloxinus）、总督普罗克塞斯（Proexes）均被免职。国王在这里留下了一些伤残马其顿士兵作为殖民者，并将一些当地部落也迁到城内。同时他又任命泰里亚佩斯（Tyriaspes）担任帕拉帕米苏斯地区总督，尼卡诺尔担任亚历山大城军事长官。在此之后，亚历山大前往尼西亚，并在那里向雅典娜献祭，祈祷即将开始的新战役能够顺利。之后亚历山大便沿着科芬河，穿过帕拉帕米苏斯平原东疆的岩地关口向印度河前进。

由于科芬河（今喀布尔河）南岸有着苏费德山脉（Sufeid-Kuh），形成了一条250英里长的谷地，最终在达卡（Dhaka）和白沙瓦（Peshawar）之间收拢成一条40英里的隘路。科芬河北岸则有着一片由卡菲里斯坦（Kafiristan）延伸出来的扇形山地。从高加索山脉和喜马拉雅山脉西部延伸而来的寇斯佩斯河、奥斯普拉河（Euaspla）、古拉亚斯河（Guraeus）以及无数支流都在这里交汇。科芬河所经之处实为一条巨大却边界明确的峡谷，其两侧均有着无尽的巨大山地。

亚历山大在行动之前，派出传令官前往科芬河流域的印度部落，要求他们向自己交送人质以作为臣服的表示。被寇蒂斯称作奥费斯（Omphis）[1]的塔克西拉国王和一批当地王公在战象伴随下，以贵族仪仗来到马其顿营帐中，听凭亚历山大差遣，同时还带来了罕见的珍贵礼物作为臣服象征。亚历山大告诉这些王公，他计划利用夏季和秋季时间征服自己现在所在位置和印度河之间的土地。之后他就要在印度河岸过冬，待第二年再渡河去惩罚那些新盟友的敌人。但到了后来的实际行动中，亚历山大不得不将冬季花费在科芬河沿岸的山地战役中，这证明他并没有认清自己所面临的挑战有多么庞大。

在尼西亚，亚历山大将全军分成了两个纵队。他命令赫菲斯提翁和佩狄卡斯沿科芬河南岸行军，沿通往印度河的直接道路，穿过犍陀罗向朴塞劳提斯（Peucelaotis）前进。这一纵队包括格尔吉阿斯、"白人"克雷塔斯、梅利埃格的三个步兵旅、半数的伙伴骑兵以及所有希腊雇佣骑兵。亚历山大命令他们征服沿岸城镇，到达印度河之后便要为架桥做好准备。塔克西拉国王和其余一些诸侯将担任他们的向导。除这支侧卫部队以外，亚历山大自己将带领主力沿科芬河北岸行军，计划征服山地关口中所有的要塞，同时也向印度河方向前进。与南岸纵队相比，亚历山大所要通过的地区布满了好战部落。将全军分为两个纵队可以避免南北两岸的部落互相支援，而如果任意一个纵队遭遇大败，也可以向另一个纵队撤退。

赫菲斯提翁和佩狄卡斯在行动过程中，因为遭遇了朴塞劳提斯国王阿斯提斯（Astes）的所谓"叛乱"而发生了延误。这位国王撤退到了自己的设防城市之中，马其顿人不得不花费了一个月时间来进行围攻才将其占领，并在战斗中杀死了阿斯提斯。从阿斯提斯处叛逃而来的桑伽亚乌斯（Sangaeus）被留在当地担任总督。不过除此以外，赫菲斯提翁和佩狄卡斯便再没有遭遇任何较

---

[1] 阿里安将此人称为塔克西勒斯，本书后文也以阿里安的说法为准。

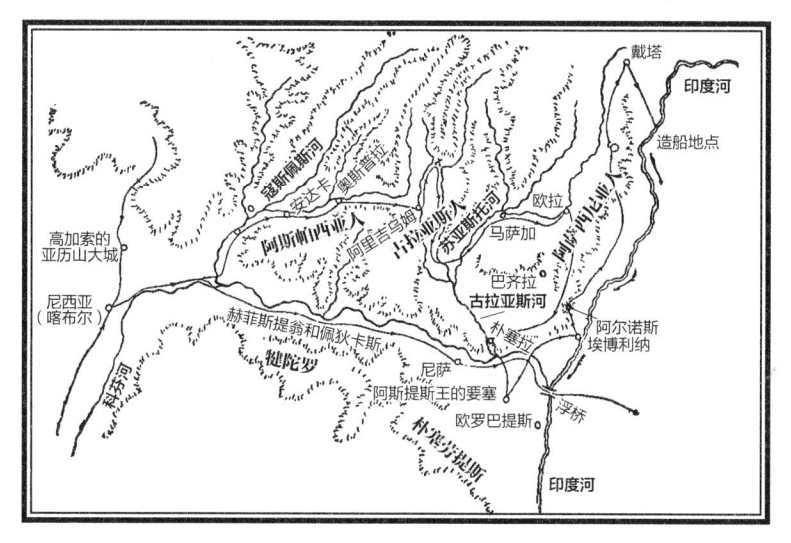

第三十八章　进军科芬河（公元前 327 年 5 月至冬季）

◎ 科芬河谷战役示意图

大的困难。由于当地居民并不好战，他们很快便平定了整块土地，进抵印度河。由于此时亚历山大还在北岸山地中作战，他们便开始收集给养和架桥资材，为与国王会合做好准备。为守住这片土地，他们还在阿斯提斯和欧罗巴提斯（Orobatis）的要塞中留下了驻防军。

与此同时，国王率领着主力部队从河对岸向北进入了远比南岸更难走的山地。为确保能够永久控制住科芬河谷，他必须征服那些居住在山地中的部落。他这一路纵队拥有持盾兵、另一半伙伴骑兵、除随南岸纵队行动那部分以外的所有方阵步兵、近卫步兵、弓箭手、阿吉里亚部队以及枪骑兵。亚历山大首先进入了阿斯帕西亚人（Aspasian）的领地，之后又征服了古拉亚斯人和阿萨西尼亚人（Assacenian）。寇斯佩斯河（可能就是今天的卡马河）发源自高加索冰山，流经一条海拔高过两岸所有山地、几乎无法接近的峡谷。亚历山大在这条河岸听说临近野蛮人大多都已经逃到了河谷上游的城市中，其中最大的一座距离亚历山大尚有数日路程。阿斯帕西亚人是一群牧羊人，拥有大批羊群。由于在寇斯佩斯河谷上游还有一条山路可以通向奥克苏斯河源头，阿斯帕西亚人与索格迪亚纳人的交往也十分频繁。作为控制阿斯帕西亚的关键，亚历

391

山大必须占领那座首府城市。

急于尽快解决这一问题的亚历山大跨过了寇斯佩斯河，并率领着一支由骑兵及800名骑上战马的步兵一起组成的前卫，向那些要塞前进。虽然寇蒂斯在史料中给出的时序可能有失准确，但他明确指出亚历山大曾在这场战役中使用了浮桥来渡河："由于有太多的河要跨越，所以现在他们就把船只拆开成几部分，用辎重车装载着，到需要使用时就重新组装起来"。另外一些史学家认为亚历山大直到跨过印度河之后才使用了这种办法。无论何者为真，这种办法都要算是在此时首次出现。亚历山大抵达第一座不知名的城镇时，野蛮人在城下列成战线与他对战。亚历山大不等主力到达，立刻便马不停蹄地发动进攻，很快便将他们击溃，赶回了城门中。亚历山大本人在战斗中被一支箭射穿了胸甲，射入肩膀，托勒密和列昂纳托也在战斗中受伤。国王受伤阻止了当天任何进一步的行动，军队在对进攻最有利的地点宿营过夜。

从亚历山大的伤势中，我们能看到野蛮人到底能给马其顿人造成多大伤害。毫无疑问，亚历山大本人的盔甲制造得要更为精良，保护效果要比普通马其顿人更好。通常而言，亚历山大总是能够很快从伤病中恢复，而他百折不挠的意志和优秀的体格也使他不愿卧床太久。对于普通马其顿士兵而言情况也是一样，虽然伤患很多，却很少有人愿意离开岗位，即使只是让他们在短时间内担负一些轻活或者休息也不愿意。

亚历山大现在所面对的这座城镇拥有双层城墙，防御也十分坚强。可话虽如此，第二天早上，马其顿全军都到达了城下，并开始攻城。野蛮人抵挡不住这一攻势，立刻放弃了外层城墙。他们虽然在内层城墙进行了更坚决的抵抗，但也仅坚守了不过几个小时的时间，到对方架起攻城梯后即被攻破了。与往常一样，马其顿人重装部队更好的武器和盔甲使野蛮人毫无胜机。另外，由于有着最好的纪律，马其顿人相对也更不容易受伤。城内的野蛮人明智地在城镇陷落之前便从后门逃进了山区。但即使如此，他们也没能躲开敌军追击，很多人都被杀死了。士兵们为了给受伤的亚历山大复仇，将整座城镇夷为平地。在此之后，亚历山大便开始向名为安达卡（Andaca）的下一座城镇开进，当地居民被邻近部落的命运所吓倒，选择有条件投降。

亚历山大看到，只要能够在各条山谷入口处掌握合适的要塞，他就能够

第三十八章 进军科芬河（公元前327年5月至冬季）

控制住这些谷地，而只要封锁了这些谷地，谷地内的居民迟早都会向他投降。为此他派出克拉特鲁斯带领着足够的重步兵去继续攻打其余小城并在其中留下驻军。完成这一方面的任务之后，克拉特鲁斯再从距离科芬河较近的一条山口进入古拉亚斯河谷与亚历山大会合。

经过两天的行军之后，亚历山大抵达了奥斯普拉河上一个同样名为奥斯普拉的城市，阿斯帕西亚人的首领就居住在该城之中。听说亚历山大逼近之后，阿斯帕西亚人自己放火烧毁了城市，在他们的国王和卫兵带领下充满恐惧地逃入高地之中。亚历山大紧追在后，杀死了大量逃亡者。在快速的追击中，托勒密认出在大量卫兵簇拥下的对方国王。由于土地崎岖，托勒密不得不下马作战，带领着少数持盾兵赶上了阿斯帕西亚国王，与他进行白刃作战。这位印度王公用投枪刺穿了托勒密的胸甲，但并没有伤及托勒密本人。后者则用长矛刺穿了阿斯帕西亚王的两条大腿，给他造成了致命伤，余下的印度人作鸟兽散。但当托勒密开始剥下阿斯帕西亚王的盔甲作为战利品时，原先那些卫兵又因为抛下国王感到羞耻，反身与托勒密交战。亚历山大已经占领了原先野蛮人占据的山头，现在便赶来解救自己的近卫军。在死去的阿斯帕西亚王身边，托勒密和亚历山大陷入了与敌军的肉搏战中，就好像是荷马时代的英雄一样。当然，优势仍然在亚历山大和托勒密一方。他们击败了野蛮人，敌方急忙撤退。这种记载似乎并不具有什么战术意义，但它却证明当时战争中，个人性的决斗仍能发挥作用，同时也彰显出亚历山大既是领袖又是士兵的特点。但令人遗憾的是，托勒密在回忆录中也并没有告诉我们更多关于亚历山大如何推进这次战役的信息。亚历山大所率领的是一支10万人的大军，而托勒密却将他们描述得好像只有一个旅在行动一样。亚历山大在这次战役中成就惊人，但我们所能做的却只是理清其足迹而已。

从此处出发，亚历山大跨过山口抵达阿里吉乌姆（Arigaeum），并发现那里已经被烧成了废墟。已经将安达卡地区控制妥当的克拉特鲁斯也从南面到来，与亚历山大会合，而后者随即便命令他来处理阿里吉乌姆方面的事务。由于这里非常适合作为定居地点，克拉特鲁斯受命重建该城，加强其防卫，让一些无法作战的马其顿士兵作为殖民者定居，并把一些友善的当地人迁入城中。阿里吉乌姆和安达卡控制着寇斯佩斯河、古拉亚斯河以及众多小河、溪流的源头,只要亚历山大能控制住这两座城市,便能控制住临近高地的所有关口,使自己和索格迪亚纳之间不再留存任何危险因素。但像这样一个效果彻底的工作,所需要的时间也同样很长。

一些居住在阿里吉乌姆以北的部落,与从城市附近逃亡的人口在山区中会合在了一起,并对克拉特鲁斯所建的新城带来了威胁。亚历山大感到自己必须保证阿里吉乌姆的驻军在未来不受敌军进攻,因此率军向他们前进。行军途中,位于全军前方负责征发给养、侦察敌情的托勒密汇报说,一支数量非常庞大的蛮族敌军就在附近山腰上驻扎,从营火中可见其数量要远比亚历山大的更多。似乎周围所有的野蛮人都已经聚集在了一起,而他们的士气也并没有受到城镇失陷影响。亚历山大留下一部分军队在山脚下宿营,自己率领着他认为足够数量的部队上山进攻野蛮人。

到达野蛮人附近之后,他又将军队分成了三个部分:托勒密率领三分之一的持盾兵、腓力和费罗塔斯的步兵旅、两个中队的马弓手、阿吉里亚人和半数骑兵;列昂纳托负责指挥他自己的旅以及阿塔拉斯和巴拉克鲁斯的旅;亚历山大本人则带领方阵和伙伴骑兵行动。完成部署之后,亚历山大自己率领部队向对方阵线中看起来最为坚实的部分前进,吸引对方对自己发动进攻。托勒密和列昂纳托则受命沿着隐蔽路线前进,准备伏击野蛮人的两翼。看到马其顿人正面只有少数人马之后,由于并没有发现亚历山大派出的侧翼支队,野蛮人自认为很容易击败这支小部队,因此从要塞中走出,来到了开阔地。但他们也从未见识过马其顿人的纪律。当野蛮人以松散的队形冲到马其顿人面前时,反而因为前进过快而冲撞在方阵的萨里沙长矛上损失惨重。

托勒密和列昂纳托抓住机会发动了侧翼攻击。托勒密面对着的地形较为崎岖,而且遭到了激烈抵抗。野蛮人已经预先看到了他的进攻,进行了超乎寻常的勇敢抵抗。这些当地人由于生活在印度河附近,因此阿里安说他们也属于印度人。他们勇敢而活跃,抵抗十分坚强。但最终托勒密凭借着纵队进攻登上了高地。列昂纳托方面则轻而易举便获得了成功。由于受到了两翼的夹击,野蛮人迅速终止了正面的攻势,秩序大乱,纷纷抛下武器,向马其顿人投降或被俘的印度人总计多达40000人。虽然托勒密所记载的这一数字明显有着夸大成分,但值得注意的是,当地人口也确实相当稠密。另外,他们饲养的畜牛(据

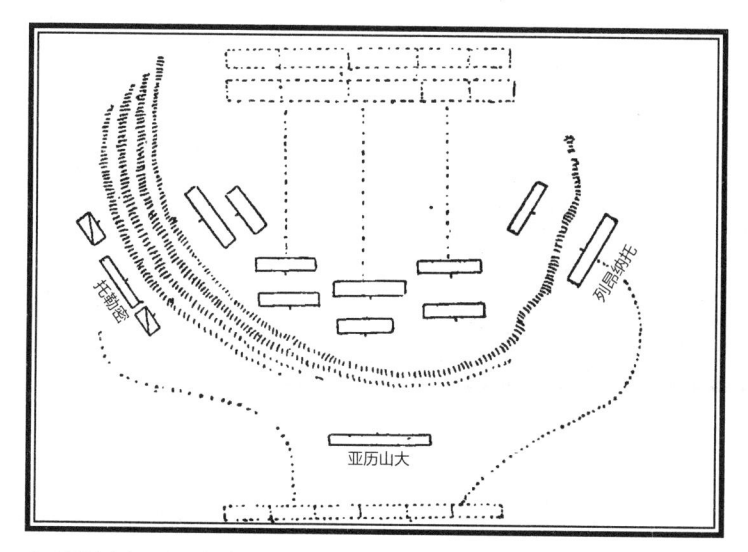

◎ 阿里吉乌姆之战示意图

说多达23万头）也被全部收缴。由于这些牛在体型、力量、活动能力以及成长速度方面都十分优秀，亚历山大还从中选出了最好的品种，送回马其顿改良品种。这种畜牛至今仍被饲养在希腊的部分地区。

克拉特鲁斯此时也已经将阿里吉乌姆方面的工作处理完毕，带领着手下的士兵、攻城武器来到这里与亚历山大会合。之后亚历山大开始沿古拉亚斯河向下游前进，准备进入阿萨西尼亚人毗邻苏亚斯托河（Suastos）的领地，据说那里已经集中了20000名骑兵、30000名步兵和30头大象。亚历山大带领前卫快速疾进，克拉特鲁斯则负责掩护补给纵列和攻城武器在后方缓慢跟随。

从高加索的亚历山大城到印度河，马其顿士兵们已经在这条漫长而又艰险的山路上战斗了很长时间。士兵们经受了体力透支、道路艰难等各种考验，而且也经常缺乏给养。如今军队终于进入了一片富饶的平原，士兵们对这种变化一定感到十分欣慰。亚历山大的行军路线位于古拉亚斯河西岸，野蛮人曾希望利用湍急的河水和陡峭的河岸阻挡住敌军，从对岸向亚历山大发射矢石干扰马其顿人的行动。但当他们看到马其顿人的坚强正面之后，便撤退到了各自的城市中，转而选择防守家乡，而不愿在野战中冒险一战。

395

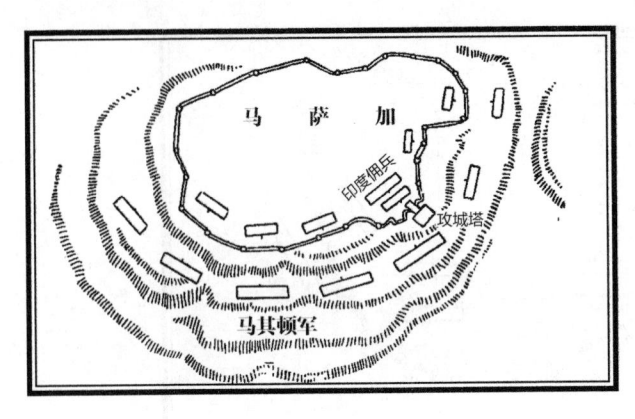

◎ 围攻马萨加示意图

非常奇怪的是，很多野蛮人或是半文明部落都犯下了与马其顿人进行正规围攻战或正规会战的错误，却没有展开游击作战。如果真的采用游击战策略，他们绝非不可能在自己的土地上与马其顿精兵抗衡。而在正规围攻战或者会战中，虽然他们也同样英勇，但文明军队更好的武器、纪律和战术却使他们屡战屡败。

亚历山大抵达阿萨西尼亚人最大的城市马萨加（Massaga）时，发现那里的野蛮人已经雇用了7000名印度佣兵。在这些佣兵的精良素质鼓舞之下，印度人在亚历山大到达后正想要宿营过夜时对他发动了一次突袭，成功将马其顿人从城下赶到了开阔地中。亚历山大佯装受挫，撤退到了大约1公里外的一座高地上。敌军在后追击。但当野蛮人接近到弓箭射程以内之后，亚历山大发出信号，命令马其顿人转身向马萨加人和印度人进攻。后者因为感到即将获胜，行列已经松散。马其顿轻步兵在一排弓箭齐射之后，迅速向左右分散开来，亮出了重步兵令人恐惧的正面，再加上他们的呐喊声，野蛮人在极度惊恐之下丧失了秩序。在亚历山大亲自领导之下，方阵以跑步速度发动冲锋，很快便与对方短兵相接。野蛮人被杀死了大约200人，幸存者则逃向城市。亚历山大立刻开始追击，希望能借此机会攻占马萨加。但他最终却发现这并不可行。马萨加城墙上守备森严，亚历山大也在为次日攻城进行侦察时被弓箭射中小腿。他亲手将羽箭拔出来，命人牵来自己的战马，不顾仍在流血的伤口继续工作。不过随着失血越来越多，亚历山大不得不停下脚步。他在马上大笑着说："人们都叫

第三十八章　进军科芬河（公元前327年5月至冬季）

我宙斯之子，但我却要遭受凡人的痛楚。从我身体中流出来的一样是血，而不是琼浆！"

伤势虽然暂时阻止了亚历山大的行动，但到第二天，从不为伤病所扰的亚历山大便架起了攻城器械，很快便将一段城墙打破。可即使如此，印度人的勇敢和坚定还是使马其顿人拼尽全力也没能在当天攻入城内。在最短时间之内，马其顿人建造起了一座攻城塔和一座土丘——按照寇蒂斯的说法，建立土丘仅用了9天时间。二者建成之后第二天，亚历山大就开始向前推进攻城塔。从它上面，攻城武器、弓箭手、投石手射出大量矢石，将守军驱离城墙。可即使如此，马其顿人也还是无法从缺口处攻入城内。亚历山大可以算是在此遭遇了科芬河谷范围内最坚强的部队。亚历山大并没有因这次挫败而气馁，反而被激起了斗志。他将当天整夜时间都花费在准备进攻上。第二天上午，他已经在攻城塔上安装了一座可以搭靠到城墙上的吊桥，并挑选了一部分持盾兵，让他们以与攻击泰尔时相同的方法，从吊桥上发起攻击，将守军赶出城墙缺口。

准备完成之后，吊桥即被放下，持盾兵也一如既往地英勇进攻，心中充满着百战百胜的信心。但在夜间仓促建造起来的吊桥却不堪重负，在大量人员压迫下垮塌，不少马其顿士兵跌落到了城外的壕沟中。看到自己已经占据优势之后，野蛮人不仅向下方那些不幸受伤的士兵发射出大量石块、木梁、火盆以及各种箭矢，而且还在一声军号之下，从侧门发动了反击，造成那些马其顿士兵大量伤亡。亚历山大被迫下令撤退，而且若不是阿西塔斯的步兵旅英勇地从壕沟中救出一部分伤兵，伤亡数字还要进一步扩大。有些部队因为在进攻时位置比较靠前，没有听到撤退号声而被孤立，亚历山大不得不让其他部队再次前进将他们接回来，而在此过程中，他也同样遭遇了不少困难。

接下来的一天，马其顿又用另一座吊桥继续攻城，但印度人却能以最高的勇气进行抵抗，使亚历山大没有取得任何进展。在此之前，从未有什么部队能够与马其顿人旗鼓相当，但眼下的马萨加城却是他们始终无法攻克的。不幸的是，印度佣兵头领却被巨弩一箭射死了，这些佣兵中早已有大量人员阵亡，而几乎所有人都已经受伤。失去领导之后，这些勇敢的士兵派出一位使者去找亚历山大，后者表示，如果印度佣兵们愿意为自己效力并将马萨加国王的家属交出来作为人质，他就接受他们的投降。印度佣兵同意了这一要求，出城在一座邻近的高地上宿营。据说，由于印度佣兵们不愿意与亚历山大一起渡过印度河与同胞作战，拒绝履行诺言，并试图在夜间撤退。此事真假与否难以分辨。无论他们是否真的是要撤退，亚历山大还是包围了他们所在的高地，阻止了他们的行动，之后又因为一些所谓的"原因"，导致马其顿士兵失去控制，将印度佣兵们屠杀殆尽。

在印度佣兵出城之后，亚历山大很快便利用突袭攻克了马萨加，守军全部遭到屠杀，就好像双方从没有过谈判一样。如果这些全是事实，那这便要算是一个无可辩驳的恶行。[1]也许有些人会说亚历山大必须要给临近的部落杀鸡儆猴，以免他们雇佣更多的印度佣兵，但这却并不能文过饰非。在这次围攻中，亚历山大手下有25名士兵阵亡，伤者的数目则远比通常更大。

在此之后，亚历山大派遣阿塔拉斯、阿西塔斯以及骑兵指挥官德米特里厄斯共同率领一支部队前往欧拉（Ora），在他亲自率军抵达之前先将该城封锁起来。另外，亚历山大还派遣寇纳斯率领另一支部队前往巴齐拉（Bazira，可能是现代的巴焦尔），希望能够借马萨加的厄运来说服当地人投降，不过他并没能得偿所愿。巴齐拉位于一座陡峭的高地上，防御能力较强。两个支队都没能取得成功的消息传回了亚历山大那里，后者随即认清自己必须亲自出马。最初他打算先解决巴齐拉方面的战事，但由于阿西塔斯在击退欧拉人的突围行动时略显艰难，亚历山大转而决定先向欧拉前进。与此同时，他还命令寇纳斯先在巴齐拉城下建立一个设防阵地，以便在未来对该城进行围攻时使用，切断其补给来源，并在阵地中留下足够兵力将敌军控制在城内。由于西北方向的克什米尔国王阿比萨瑞斯（Abisares）已经向欧拉派出了大批援军，寇纳斯本人必须赶回欧拉与亚历山大会合。

寇纳斯完成了亚历山大的所有要求，但当巴齐拉人看到他率领大部分军队离去之后，便认为自己已经掌握了主动权，并从城市里走出来，在开阔地上对新建阵地上的守军发动了进攻。不过在这场激烈的会战中，他们完全不是马

---

[1] 这里可能是道奇的误解。亚历山大的谈判只是与印度佣兵议和而已，无论其屠杀印度佣兵的行为是否有充足理由，其屠杀马萨加守军的行为都应该是不受议和条件约束的。

其顿人的对手，多达500人被杀。这次失败之后，巴齐拉人别无选择，被彻底困在了城内。另一方面，欧拉对于亚历山大而言不过是小菜一碟，他仅凭第一次进攻便将其攻克，甚至还俘获了一些大象。巴齐拉人在听到这一消息的当天晚上便从城市中撤退到了阿尔诺斯之岩（Rock of Aornus）。所有尚未投降的野蛮人也都抛弃了城市，前往阿尔诺斯之岩避难。

此时赫菲斯提翁和佩狄卡斯已经完全征服了科芬河南岸地区，沿路所有的山地部落也都已经被平定，他们留在阿斯提斯和欧罗巴提斯的驻防军也足以抵御叛乱。与亚历山大在北岸的工作相比，他们只花费了很少时间便完成了任务。亚历山大面对着连绵不断的雪山，也成功征服了寇柝佩斯、古拉亚斯以及苏亚斯托等河谷以及所有居住在此的部落，将野蛮人全部赶入山区。另外他还封锁了所有山口要道，占领了安达卡和阿里吉乌姆的山谷，并在控制着阿萨西尼亚人领地的马萨加、欧拉、巴齐拉等地设防。不久之后，亚历山大又占领了控制着印度河西岸的朴塞拉（Peucela）。印度河以西的全部土地，都已经完全处在马其顿人的控制之下。亚历山大现在也已经牢牢掌握住了通向印度的大门。但在所有这些土地当中，却还剩下一座要塞尚未被征服，马其顿人将其称作阿尔诺斯——"比飞翔之鸟更高的地方"。

第三十九章
阿尔诺斯之岩（公元前326年深冬）

　　异常高大的阿尔诺斯之岩是野蛮人在扎瑞亚斯帕和印度河之间的最后一座要塞。在神话中，这座要塞甚至曾抵挡住了大力神赫拉克勒斯。它控制着科芬河、印度河以及苏亚斯托河之间的所有土地。阿尔诺斯之岩俯视着大片土地，它越是易守难攻，亚历山大便越有必要将它攻克，其陷落不仅能沉重打击野蛮人的士气，对于保障自己后方安全也同样必要。只要这座要塞仍握在敌军手中，便会对亚历山大的交通线造成威胁。因此，如果想要渡过印度河，亚历山大就必须先占领这座要塞，事实上他也要比所有前人都更加重视交通线的安危。以上是从军事角度对这一问题的考量。而从另一个同样重要的角度来看，如果亚历山大能够攻克这座赫拉克勒斯都不曾征服的要塞，他就可以让自己的东方臣子更加确信自己出自神祇血脉。不过必须注意的是，虽然这种想法对亚历山大而言是最重要的行动驱动力之一，却始终是服从于军事需要和常识的。这一不容置疑的事实，足以使那些对亚历山大妄加批评之人哑口无言。

　　按照阿波特少校（Major Abbot）的说法，虽然阿尔诺斯之岩的具体位置无法确定，但应该位于印度河岸附近，距离科芬河60英里。作为野蛮人在整个山地的最后一处要塞，阿里安说阿尔诺斯之岩在底部的周长大约有23英里，其顶峰据说超过四周平原5000英尺以上。这种地理条件使阿尔诺斯之岩远比直

• 亚历山大战史

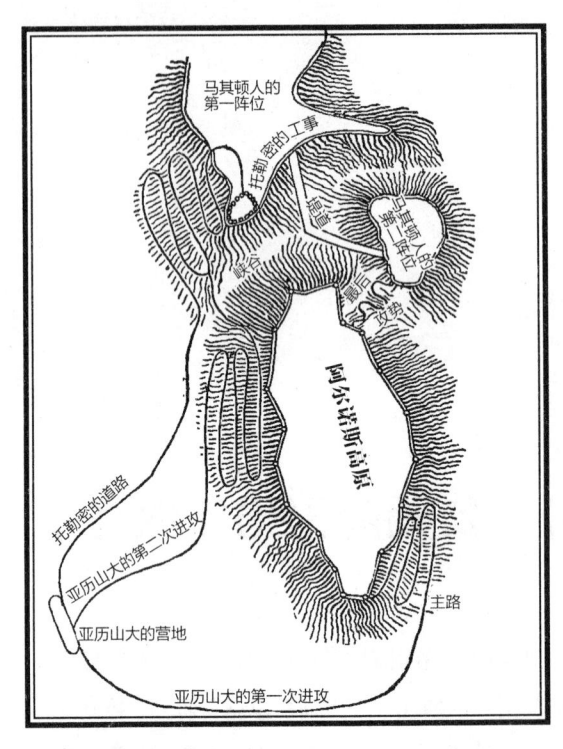

◎ 阿尔诺斯之岩示意图

布罗陀（Gibraltar）要塞更加易守难攻，后者仅有6英里周长，高度也仅有1400英尺。按照坎宁安将军（General Cunningham）的说法，阿尔诺斯之岩就是拉尼加特之岩（Rock of Ranigat），高度为1200英尺，底部周长5英里。虽然其具体位置可能并不重要，却十分有趣。仅有一条人造的道路可以登上阿尔诺斯，从最下端开始计算，这条道路长达1.5英里，十分艰险难行。其山顶的平整地带拥有一座水量充沛的喷泉，不愁缺乏水源。同时也有大量木材，耕地面积也足以供养1000人。如果按照阿里安"可供一千人耕种"的说法，可供养的人数还要更多。而我们似乎也找不到理由来质疑这一描述的准确性。任何一支大军，都可以整年坚守该地。眼下这些野蛮人也感到自己完全能够抵挡住马其顿人。

亚历山大知道自己无法避免对这座要塞进行围攻。他已经接连将欧拉、马萨加和巴齐拉改建成了马其顿要塞，确保当地臣服。赫菲斯提翁、佩狄卡斯对控制着印度河附近地区的欧罗巴提斯也采取了同样的手段。这些要塞对于确保军队安全来讲也是必要的。伙伴骑兵尼卡诺尔贝被任命为印度河以西地区的总督。攻克朴塞拉之后，亚历山大留下腓力指挥那里的驻防军，自己则继续向科芬河前进。另外在一些与自己交好的王公（其中最为显赫者为科法尤斯和阿萨盖特）帮助下，他还占领了一些较小的城镇。之后亚历山大又向阿尔诺斯之

第三十九章　阿尔诺斯之岩（公元前326年深冬）

岩附近的埃博利纳（Embolina）前进。他在这里留下克拉特鲁斯来建立一座前进基地，并收集补给来支持自己即将开始的长期围攻工作。这一措施在后来也被证明极为必要。在此之后，亚历山大便率领着弓箭手、阿吉里亚人、方阵步兵中装备最轻但也最精锐的寇纳斯旅以及200名伙伴骑兵、100名马弓手前进到了阿尔诺斯之岩脚下，并在那里宿营。第二天，亚历山大亲自对地形进行了侦察，并将营地转移到了距离要塞更近的地点。

一些当地人无疑听说了亚历山大对主动投降者的优待，投奔到了他的帐下。亚历山大肯定从他们那里询问到了一些地形情报，并许诺给他们大笔赏金。这些人也愿意带领他前往山上一处可以对要塞发动攻击的地点。最终亚历山大挑选了一位老牧羊人和他的两个儿子，让他们作为向导，成功赏金高达80台仑。拉古斯之子托勒密受命率领部分阿吉里亚部队和其他轻步兵以及一部分精选的持盾兵，在向导带领下前去占领那个地点，并向亚历山大发出完成任务的信号。艰难通过一条狭窄、漫长而且危险的小道之后，托勒密在没有被野蛮人发现的情况下成功抵达了预定地点。架起栅栏、挖好壕沟之后，他们点燃了烽火，示意行动已经成功。

第二天黎明，国王本人便率领着士兵从主路发动了进攻，并希望托勒密能从其新占领的阵地上对其进行支援。不过阿尔诺斯人对主路的防守十分周密，亚历山大根本无法取得任何进展，托勒密虽然也在敌军背后吸引了注意力，但进攻并不勇敢。在发现仅凭少数部队便能阻挡住亚历山大之后，野蛮人便转过来与托勒密展开激战，将他逐退到了自己的阵地之中。经过极为艰苦的战斗，托勒密守住了阵地，敌军也因为阿吉里亚人和弓箭手的猛烈火力损失惨重，在黄昏时选择撤退。当天夜间，亚历山大派遣了一位熟悉地形的当地变节者去给托勒密送信，告知后者，自己会在第二天从一个距离他更近的位置上发动攻击，到时候托勒密不应只是坚守阵地，而应该在野蛮人集中起来抵挡主力进攻时，下山从背后攻击他们。这样一来，亚历山大就有机会将两支部队重新集合起来，因为先前行动已经证明这次的分兵并不明智。与索格迪亚之岩那些"长着翅膀的士兵"不同，托勒密并没有造成对方投降。另外，亚历山大还希望野蛮人能在此过程中暴露出薄弱之处，供托勒密进行奇袭。

亚历山大从破晓时分开始上山，为进攻做好准备。野蛮人很快就发现了

403

・亚历山大战史

他的行动，并趁着马其顿士兵一个接一个沿陡峭小路登山时对他们进行骚扰。野蛮人或是用标枪和弓箭进行射击，或是从山上推下巨石，同时还在不断用各种办法辱骂、羞辱对方。但凭借着坚持不懈的激烈进攻和优良的盔甲保护，最终还是马其顿人占据了上风。此时托勒密也打击在了对自己放松警惕的野蛮人的侧翼和背后，不久之后便与亚历山大会师。看到野蛮人开始溃逃之后，亚历山大认为自己有机会尾随这些逃兵攻入要塞以内，但他的行动速度却并不足够达成目标。野蛮人及时关闭了城门，城下的地形也因为过于狭窄无法供亚历山大进行攻城。

亚历山大现在已经到达了托勒密修建的工事附近。这里的地势要比要塞更低一些，而且与要塞之间也有一条陡峭的峡谷相隔。亚历山大在当天便进行了尝试，命令士兵从峡谷攀岩攻城，但很快他就认识到这一方式根本不可能取得成功。

亚历山大决定给予近卫军们表现自己的机会。30名志愿者相应号召，在其中两人——克拉斯（Charus）和亚历山大[①]带领下，由阿吉里亚人和弓箭手支援着，试图开辟出通向要塞的道路。国王的近臣最初成功劝阻了亚历山大，让他不要跟随这些人一起行动。但还不等那30名近卫军走出四分之一的距离，这位国王不愿让他人夺占所有荣誉，不耐烦地转向侍卫们，邀请他们跟随自己从阵地中冲出，追随在那30人背后。野蛮人对此也早有准备，不断将巨石滚向进攻者，后者也有很多人因此丧命。卫兵们仍然坚持前进，他们一个接一个地攀上山峰，却又在那里接连被弓箭射杀。国王和侍卫们却因为距离过远，无法为他们提供任何支援。最终进攻遭到了失败，而之后另一次相似的攻势也遭遇了同样命运。

在研究了自己所面对的问题之后，亚历山大决定建造一条堤道横跨峡谷，以便将攻城武器推进到足以攻击城墙的位置上。随着一声令下，马其顿全军都投入了工作。按照命令，每位士兵都要在当天收集100根木桩，所幸当地木材十分充足。堤道四周的围栏采用了较小的木材建造，中间则用石块、泥

———
① 并非亚历山大大帝。

第三十九章　阿尔诺斯之岩（公元前326年深冬）

土、木桩以及任何可用的材料填充。由于峡谷在马其顿人一面并不像在敌人一面那样陡峭，因此在第一天，马其顿人就将堤道向前修建了多达300步之远。印度人最初群集在城墙上，在弓箭射程之外嘲笑马其顿人。但当他们看到工程进展之快，又感到十分震惊，认为有必要隔着峡谷用弓箭火力阻挠马其顿人施工。可到了此时，对方攻城武器、弓箭手和投石手发射出的火力已经完全可以将印度人压制住了。

如前所述，马其顿人只会随军携带着巨弩和抛石机的关键部件。只要是在木材充足的地方，马其顿人就可以在数小时之内把木梁建造出来。这一次在阿尔诺斯的行动证明亚历山大手中还拥有一些山地炮兵，其核心部件可由人力背负，携带到驮兽无法企及的地点。另外，阿尔诺斯围攻战也证明这些攻城武器对古代城防的有效性，并不亚于今日炮兵对敌军工事所能发挥的效力。而亚历山大用它们掩护渡河，也充分展示了它们的通用性。

亚历山大在三天时间里，将堤道推进了相当可观的距离。国王本人一如既往地活跃在工程各处，指导、鼓励、敦促士兵们，而他本人也投入到了工作之中，所付出的努力也比任何人都要更多。到第四天，一小队马其顿士兵从堤道上越过了峡谷，前进到一块高度与要塞齐平的高地，将守军从那里驱离。按照部分史学家的记载，此处的战斗十分激烈，亚历山大不得不亲自率领近卫部队前来，才攻占了高地。战斗结束之后，亚历山大将堤道的进一步建造指向了这座高地。因为此处的高度可供发扬火力，他便认定此处将是胜负关键。在连续不断的努力之下，马其顿人终于在工程开始后第六天将堤道延伸到了这座高地。

先前就已经惊讶不已的印度人，看到马其顿人的勇敢和能力在亚历山大从不曾减退的巨大精力和指挥能力指导下足以跨越一切自然障碍之后，变得茫然无措。他们派出使者，向亚历山大提出有条件投降。虽然后者并不相信他们诚心归顺，但还是同意了他们的条件。不久之后亚历山大便发现野蛮人根本不想投降，他们只不过是在拖延时间，以使自己能够分散成小队逃到平原地带或逃回各自的城市之中。亚历山大决定将计就计。他故意装作对此没有警觉，任由野蛮人在夜间撤退。紧接着，他便率领着700名最优秀的近卫军和持盾兵穿过峡谷。亚历山大本人一马当先，从一个已被敌军抛弃的地点登上要塞。士兵们或互相扶持拉拽,或利用绳索木棍,很快便登上城墙,正在收拾金银细软准备逃跑的野蛮人对此一无所知。马其顿人登上了要塞中一片地势较高的地方之后,按照亚历山大发出的信号,对刚刚开始逃亡的野蛮人发动进攻,杀死了大量人员,一部分野蛮人在恐慌之中从各处摔下了悬崖。虽然还是有大批野蛮人从阿尔诺斯逃到了山区,但他们却已经被彻底击溃了。亚历山大终于占领了传说连赫拉克勒斯都无法征服的阿尔诺斯天险。在阿尔诺斯之岩海拔最高处举行献祭仪式之后,亚历山大加固了要塞工事,留下一支马其顿部队驻守此处。忠实而又能干的希西柯塔斯被任命为当地总督。

在此之后,亚历山大听到北方已经聚集起了大批野蛮人,便立刻转过头来进向阿萨西尼亚人土地上的设防城镇戴塔(Dyrta)。此处现已聚集了20000名士兵和15头大象,其首领为在马萨加阵亡的那位王公的兄弟。戴塔位于山川中的一个凹陷地带,十分难以接近。那位印度首领希望利用这种地形来抵御亚历山大,一旦后者撤退,他就要夺回当地控制权,之后再攻击亚历山大后方,建立自己的功业。

亚历山大没有耽搁片刻,但当他走过漫长艰险的道路来到戴塔城下时,却发现那里的野蛮人已经因阿尔诺斯失陷而震惊不已,在迷信般的恐慌中逃之夭夭了。亚历山大只好派出两位持盾兵指挥官——尼阿卡斯和安提约古斯,前者带领着阿吉里亚部队和轻步兵,后者带着三个步兵旅,去侦察整个地区,尤其要注意大象的踪迹。此前野蛮人已经将所有大象都赶走了,无论是出于好奇还是想要测试这种巨兽的作战价值,亚历山大都非常想俘获几只过来。印度人已经将大象送到了印度河附近一个他们自认为不会被发现的牧场。通过几位当地俘虏,亚历山大找到了这些大象的踪迹。野蛮人的军队则已经跨过了印度河,进入了一片无路可循的荒野,以求得到克什米尔国王阿比萨瑞斯保护。可在此过程中,一部分下级酋长们刺杀了他们的领袖,并将头颅献给了亚历山大。野蛮人军队因此溃散,亚历山大也认为自己没有必要追击他们进入没有道路的灌木林中,决定沿印度河向下游前进。亚历山大只缴获了两头大象,而且它们还在追击中摔下悬崖,只好处死掉了。

从这里,亚历山大若是想前往印度河,就必须穿过一片荒野,因此他也早已提前派出了部分军队去开辟道路。抵达印度河之后,亚历山大发现当地有

第三十九章　阿尔诺斯之岩（公元前326年深冬）

大量可供造船使用的木材，他也因此在当地停留了一段时间，建造了不少船只。由于马其顿军中有不少造船专家，这一工作完成得很快。船只完工之后，在本地船工帮助下，亚历山大顺流而下，与长期以来一直在为架桥做准备的赫菲斯提翁和佩狄卡斯会合。在最后一段路程中（今日的阿托克附近），由于地处科芬河和印度河交汇处，水流过于湍急危险，亚历山大可能不得不放弃船只，上岸沿陆路行军。

在率军渡过印度河之前，亚历山大首先来到了据称由狄俄尼索斯建城、覆盖了大量常青藤的尼萨（Nysa）。看到当地有着良好的管理且对自己也十分友善之后，他保留了当地原有政府，并在米洛斯山（Mount Meros）上向诸神献祭，举办盛宴。之后他才开始沿印度河向下游前进。此时赫菲斯提翁和佩狄卡斯已经用船只建好了一座浮桥，而亚历山大则让士兵们休息了至少三天时间。刚刚经历了最艰苦的冬季战役之后，绝大部分士兵们都已经筋疲力尽。不仅士兵们需要休养，部队也必须进行重组。

亚历山大从扎瑞亚斯帕启程时曾希望在冬季到来之前完成科芬河流域的战役，以便设立冬营休整部队。但由于长期耽搁，在他能够实际进入该地区之前，冬季就已经到来。而他又是如此急于跨过印度河，以至于整个冬天都在进行作战，并没有将战役推迟到来年。

如我们所知，塔克西拉国王塔克西勒斯（Taxiles）早已在寻求亚历山大保护，而且也曾经为赫菲斯提翁和佩狄卡斯的纵队担任向导，指引他们抵达印度河。这位国王现在来到了亚历山大的营帐之中，献上了200台仑白银、3000头畜牛、10000头羊和30头战象。另外，他还给亚历山大带来了700名印度骑兵作为支援，并许诺在未来亚历山大帮助自己与河对岸的国王波鲁斯作战时，将繁荣美丽的塔克西拉都城献出。该城是印度河与海达斯佩河之间最大的城市，其遗迹至今仍覆盖了6平方英里的面积。

一直以来，亚历山大都将印度河作为自己征服和冒险的边界。作为希腊统帅，他声称自己有权征服大流士王国，因为这只是对波斯人入侵希腊的报复。不过事到如今，由于与塔克西勒斯建立了同盟关系，他又得到了跨过印度河疆界进入印度未知土地冒险的借口。亚历山大的渡河地点可能位于今日阿托克附近，接近科芬河口。根据狄奥多拉斯的记载，马其顿人用大批船只架起了浮桥。凭借这座桥梁、赫菲斯提翁和佩狄卡斯或是收集或是建造的大小船只以及亚历山大从上游带来的一些船只，再加上河对岸也是一片盟友的土地，亚历山大在渡过印度河时没有遭遇任何困难。国王本人和随从乘着两条三十桨船，以正式的仪仗渡河。除按照惯例进行大量献祭以外，全军渡河完成后还用运动会和盛宴庆祝自己正式进入印度。虽然不少史学家都曾在著作中对当时的盛况有所着墨，但作为一本战争艺术的发展史，本书并不会对此加以详述。

渡河之后，一支拥有20000名士兵和15头大象的当地军队加入到亚历山大麾下。这支部队先前曾谋杀了自己的国王阿费里塞斯（Aphrices）。塔克西拉人以极为奢华的仪仗迎接亚历山大，周边的友好部落也派遣使者们来到此处觐见这位征服者。在他们之中，包括在当地很有权势的多克萨里斯（Doxaris）以及克什米尔王阿比萨瑞斯所派来的使团。后者由阿比萨瑞斯的兄弟带领，他坚决否认克什米尔曾为阿萨西尼亚人提供援助。作为亚历山大已经养成的一种习惯，在逗留于此处的时间里，他举办了一系列马其顿式的庆典活动，但同时又没有因此破坏手下多民族部队的纪律和组织。亚历山大在此留下了一支驻防军（大部分都是无法战斗的伤残人员），马卡塔斯之子腓力被任命为名义上的总督，负责军政事务，但实际上民事权力仍由塔克西勒斯掌握。之后亚历山大便开始向海达斯佩河一线前进。根据情报，河对岸地区的国王波鲁斯正驻守着海达斯佩河。

毫无疑问，塔克西勒斯之所以如此情愿地将自己置于亚历山大麾下，多半是因为自己正在与波鲁斯交战，而后者的王国实力又太强，自己无法单独应对。波鲁斯是当地最能干的领袖人物，他的王国也极为富庶，据称其国内拥有多达100座大型城市，克什米尔也是他的盟友。当此之时，波鲁斯不仅在与塔克西勒斯以及喜马拉雅各部落交战，与五河之地的所谓"无主之民"也同样存在冲突。

为了在海达斯佩河上架桥，亚历山大让寇纳斯返回印度河，将那些架桥用的船只运输过来。寇纳斯将普通船只拆解成两半、将三十桨船拆解成三半，用辎重车装载着运到了亚历山大那里。这可能是历史上第一次将浮桥拆解开来，运到别处重新组装的记录。如前文所述，也有一部分学者认为此事应发生在科芬河战役期间。之后亚历山大便率领着军队向海达斯佩河前进。

第三十九章　　阿尔诺斯之岩（公元前326年深冬）

此前，亚历山大从塔克西拉派出了一位使者克里欧卡瑞斯（Cleochares）前去命令波鲁斯向自己臣服。对这种蛮横的态度，波鲁斯回复说自己的王国只属于自己，他不会向任何人效忠。他还说自己将会带着全部军队前往自己王国的疆界海达斯佩河，将亚历山大阻止在国门之外。亚历山大随即开始向波鲁斯所在方向前进。除自己的部队以外，他还带上了5000名印度辅助部队，但战象都被留在了塔克西拉，因为马其顿人的马匹并不熟悉这些巨兽，战术也无法与战象配合行动。

第四十章
对敌波鲁斯（公元前326年3月至5月）

雨季恰好在此时到来。今天海达斯佩河地区的雨季是在7月份开始，除非古代的史学家们在时间记录上出现了错误，否则就说明2000年前的雨季要比现代更早到来。暴雨、飓风频繁侵袭当地，士兵们也饱受恶劣气候之苦。由于道路经常为暴涨的溪流阻断，到处都是深厚的泥潭，行军变得十分艰难而缓慢。当军队穿过塔克西拉南部疆界，接近海达斯佩河时，必须要穿过一块斯皮塔克斯（Spirakes）统辖的狭窄关口。此人是波鲁斯的盟友，而且二者也具有血缘关系。斯皮塔克斯派兵据守关口，占领了其两侧的高地，试图长时间拖延敌军前进。不过亚历山大却亲自率领着骑兵，凭借一次高超的机动奇袭了敌军，将斯皮塔克斯赶入隘路中的一条死路，导致后者不得不拼尽全力并在付出了巨大损失后，才得以夺路逃走，前往波鲁斯那里寻求保护。在此两天之后，马其顿人抵达海达斯佩河，并在河岸上宿营。

海达斯佩河在夏季无法涉渡，只有在干燥冬季山脉的冰雪都已冻结时，才会出现可供涉渡的地点。由于倾盆大雨，海达斯佩河的宽度此时已经达到了1.5英里。在这条大河对岸，波鲁斯装备精良的军队也在营地前排成了战斗序列，300头战象[①]排列在全军前方，随时准备阻击亚历山大渡河。按照狄奥多

[①] 这一数字应来自阿里安的著作。

拉斯的说法,波鲁斯手中拥有超过50000名步兵、3000名骑兵、100辆战车和30头大象;寇蒂斯则说他拥有30000名步兵、300辆战车和85头大象。印度士兵身材高大、健壮而又敏捷。步兵装备着一柄双手剑和一张5英尺的长弓,使用的箭矢有3英尺长,其盾牌则是由生皮制成。骑兵拥有两支标枪、一块盾牌,应该还会有一柄短剑。与其他东方将领一样,波鲁斯在会战中将战象作为最主要的决定性力量,其次是战车,在军中拥有骆驼骑兵时,其地位仅次于前二者,最后则是骑兵。以上这些兵种也组成了全军最主要的战斗力。尽管科芬河流域的印度佣兵曾给亚历山大造成他在巴比伦以东地区遭遇的最大麻烦,但波鲁斯的步兵却并没有在后来会战时发挥什么作用。不过这主要是得益于亚历山大的战术使他们完全无从施展。

◎ 战象

此前波鲁斯已经派出一批经验丰富的军官,带领着强大支队去驻守河流上所有渡口,并在海达斯佩河与他自己的营地之间建立了一条哨戒线。由于波鲁斯拥有战车、战象以及数量庞大且纪律严明的军队,亚历山大不敢在对方面前强行渡河,只能通过机动来争取安全渡河的机会。自阿贝拉会战之后,这也是他所面对过的最精锐部队。而他所面对的战争形势,也从山地小战重新变回了在平原上与对方进行激烈会战。印度佣兵在马萨加所表现出的战斗素养,令亚历山大对印度士兵的素质刮目相看,并因此认为波鲁斯也绝非等闲之辈。亚历山大被迫运用了诡计才成功渡河。对我们而言幸运的是,亚历山大这一次所施展出的高超行动,对于如何在敌军面前渡河这一问题,要算是为世人上了最有价值的一课。

此时已经进入了5月份,由于喜马拉雅山脉的冰雪融化以及频繁降雨,河岸遍布沙地的海达斯佩河河水湍急而又浑浊。再加上波鲁斯的精心设防,既是天险又有人力堵截的海达斯佩河不仅成为亚历山大前所未见的最大障碍,也同样是两位国王能力决斗的舞台。亚历山大首先采取措施,试图诱使波鲁斯认为自己不会在河水退潮前渡河。为达成这一目的,马其顿人首先蹂躏了波鲁斯盟友斯皮塔克斯的土地,又在海达斯佩河西岸的营地中收集了大量谷物,并且为

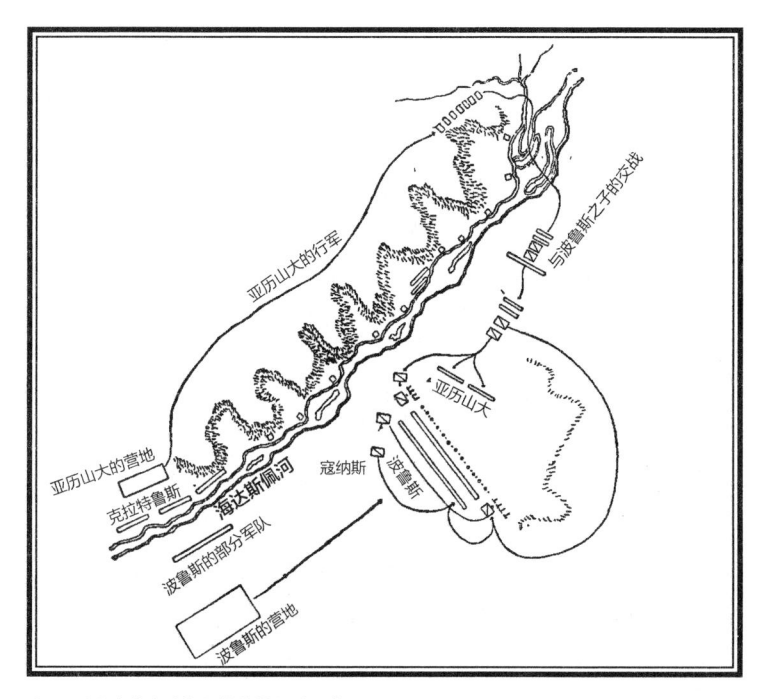

第四十章　对敌波鲁斯（公元前326年3月至5月）

◎ 亚历山大攻击波鲁斯的总体行动示意图

士兵也建造了舒适的营房。所有这些行动都是在波鲁斯眼皮底下进行的。与此同时，由于波鲁斯在河岸保持着积极活动，以免自己遭到奇袭，亚历山大便准备以己方的积极佯动来消耗对方精力，不仅要使波鲁斯的士兵筋疲力尽，同时也要使他搞不清自己的目的何在。亚历山大用少量士兵编成了大量支队，在河岸与营地之间来回反复运动，并开始在河岸上准备舟筏、浮囊，收集木桩、木板。另外，他还把寇纳斯带来的船只重新组装起来，让它们在海达斯佩河里来回航行，吸引对方注意力。一部分小队士兵也被派到了河流中间的小岛上，与印度巡逻队进行散兵战斗。在亚历山大不断进行的佯动中，很大一部分都是在夜间进行的，而且还会特意发出巨大噪声。亚历山大还让方阵步兵穿戴整齐，在营火照耀下排成行列，又经常在营地中吹响进军号。另外一部分士兵们或是牵着战马来回疾行，发出此起彼伏的声响，或是在船只上进进出出，就好像即将渡河一样。虽然只有一小部分马其顿部队参与了行动，但由于这些人始终不

413

断地行动，整个佯动显得十分逼真。为对抗这些所谓的"渡河行动"，波鲁斯将战象带到了河岸上敌军发出最大噪声的地点，士兵们也彻夜全副武装地站立在他认为亚历山大可能尝试的渡河地点上。

一段时间之后，由于为应付可能的强渡行动，波鲁斯不断来回调动部队，导致士兵们疲乏不堪，而他本人也开始放松警惕，不愿再将部队暴露于恶劣的天气之下。亚历山大凭借小股部队造成的骚动，便足以使波鲁斯全军都排成战斗序列，这就导致他的士兵要比亚历山大更容易耗尽精力。显然，波鲁斯最终认定亚历山大一定会等到水位降低之后才会真正渡河，先前那些反复的行动，正是因为亚历山大屡屡接近河岸却不敢横渡所导致。无疑波鲁斯也听信了亚历山大有意散播的谣言。可事实上，亚历山大的部队却在休养生息，随时准备不顾恶劣的天气和水文情况，偷渡海达斯佩河。

亚历山大早已认清，面对着敌军营地渡河是有多么不明智。如果对方将战象带到河岸，他手下的马匹便会因不敢面对战象而无法过河。马其顿战马并不熟悉这些巨兽的体型和气味，而且对它们发出的声音也十分惧怕。亚历山大担心，如果马匹看到了对岸的大象，渡河时便不会安立于木筏上，最终导致渡河失败。事实上就连步兵们对战象的存在也并不适应。另外，亚历山大也已经确认，克什米尔王阿比萨瑞斯对自己并不忠诚，已经在准备派出全军支援波鲁斯。这就使亚历山大必须在两军会合之前完成渡河，而这又不能通过强渡，而必须采用偷渡的方式。

亚历山大的营地位于海达斯佩河西岸数英里距离上，地形崎岖，地势较高，波鲁斯所占据的东岸则是一片宽阔、富饶的平原。这就使亚历山大获得了能够用地形掩盖部队行动的优势，而同时他对波鲁斯的行动却可以一目了然。

当亚历山大看到波鲁斯已经为自己的行动所迷惑，不再将部队推进到河岸，而只是在数个最可能的渡口设防来对抗佯装的渡河行动时，他便开始为真正的渡河行动进行准备，同时其佯动也始终维持着原有频率。亚历山大选定的渡河地点位于其营地上游17英里处，此处由于河道弯曲以及支流交汇而形成了一块岬角。岬角上树木茂密，足以隐藏一支大军，岬角本身也被其前方一座遍布密林的无人岛所遮蔽。亚历山大在河岸上设立了一条哨戒线，沿最短路线将此处与营地连接起来。由于二者之间距离很近，无论是用信号还

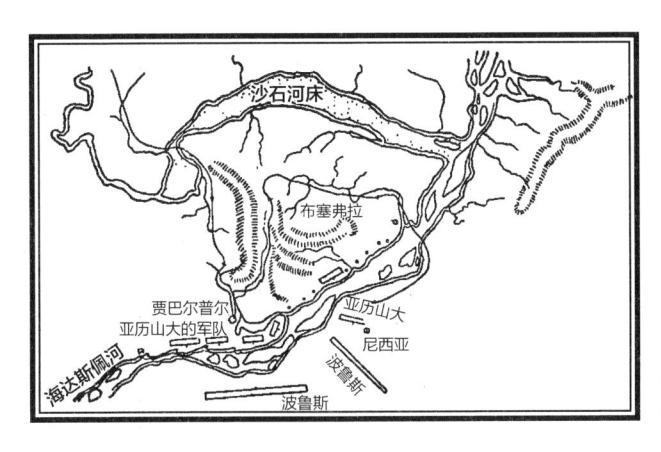

第四十章 对敌波鲁斯（公元前326年3月至5月）

◎ 坎宁安将军绘制的海达斯佩河地形示意图

是用传令兵都可以迅速传递命令。更重要的是，这条哨戒线还可以用营火、噪音以及小规模行动来进行佯动，骚扰那些已经不认为亚历山大将要渡河的敌军。在很长一段时间内，每到夜晚，马其顿士兵便在军营和岬角之间大张旗鼓地向对方显示存在，各哨所之间也点起大量营火，就好像有大批部队都驻扎在军营与岬角之间一样。

由于报告称阿比萨瑞斯已经在三天路程之内，亚历山大尽可能加紧完成了所有秘密准备工作。在波鲁斯正面那片旱季渡口，亚历山大公开地进行强渡准备，克拉特鲁斯负责指挥营地中的军队，他奉到命令，除非波鲁斯被击败或是率领主力（尤其是战象）向上游离去，否则他就不能渡河。无论任何情况下，克拉特鲁斯都不应与对方的战象交锋，只有当这些巨兽离开之后，他才能尝试渡河。亚历山大为克拉特鲁斯留下的部队包括后者自己的骑兵、部分阿拉霍西亚和帕拉帕米苏斯骑兵、阿西塔斯和波利伯孔的步兵旅以及5000名印度士兵。阿塔拉斯穿上了一套与亚历山大相似的盔甲，假扮成亚历山大扰乱敌军的判断。

在主营地与岬角之间的另外一个旱季渡口上，亚历山大也部署了梅利埃格、阿塔拉斯、格尔吉阿斯的三个步兵旅，并由希腊佣兵为他们提供支援。亚历山大命令这些部队在他自己与波鲁斯展开会战之后以纵队相继渡河。亚历山大本人率领着伙伴骑兵中的近卫骑兵、赫菲斯提翁、佩狄卡斯、德米特里厄斯的骑兵团以及巴克特里亚、索格迪亚纳、西徐亚骑兵、达安马弓手、持盾兵、"白人"克雷塔斯和寇纳斯的方阵步兵旅、弓箭手、阿吉里亚部队,沿一条远离河岸的道路,在对方视线之外前往预定渡口。幸运的是,行军过程中也没有激起扬尘暴露行踪。[①]亚历山大应该是沿着两条名为康达努拉(Kandar-Nullah)和卡什(Kasi)的小溪(现已干涸消失)前进。马其顿人此前就已经在渡口处准备好了用来填充浮囊的干草,现在即快速将皮囊缝合。虽然此处自然条件尚且不如营地附近的渡口,但亚历山大却握有奇袭的优势。

当夜天气十分狂暴,伴随西南季风而来的雷雨淹没了准备工作所发出的噪音,森林和崎岖的地形也掩盖了马其顿人的营火。包括三十桨船在内,大部分船只都被拆分开来运到了此处,重新组装之后又被藏进了树林里。木梁、木板也已经被精心准备妥当。只待一声令下,渡河行动就可以开始。天将放亮时,暴雨开始减弱,亚历山大也抵达了那座波鲁斯哨兵视野之外的小岛。直到马其顿人开始从小岛上渡河之后,印度哨兵才发现了对方的行动,匆忙赶去警告波鲁斯。马其顿步兵们乘船渡河,亚历山大本人在佩狄卡斯、利西马科斯以及塞琉古伴随下乘坐着一条三十桨船。另外按照阿里安记载:"骑兵凭借着浮囊过了河"。这句话可能有两个意思,其一是骑兵攀着浮囊,与马匹分开游过河流;另一种可能则是人和马一起乘着浮囊支撑的木筏过河。考虑到海达斯佩河的湍急和宽度,马匹很难自行游到对岸,上岸之后立刻投入作战则更是无从谈起。

敌军哨兵确定亚历山大这一次是要真正渡河而非佯动之后,立刻以最快速度将消息送给了波鲁斯。马其顿方面,骑兵首先上岸,并在亚历山大和其随从军官带领下以纵队前进。两到三个方阵步兵旅被留在西岸,监视着从克什米尔通向海达斯佩河的道路。原先在巴克特里亚、索格迪亚纳作战时经常出现的费罗塔斯旅、巴拉克鲁斯旅、腓力旅并没有出现在接下来的海达斯佩河会战中,可能被留下来监视克里米亚的就是这三个旅。

可是不久之后,亚历山大就发现由于对地形不熟,他登上的土地并非海

[①] 这是由于印度湿度较大以及降雨导致土地相对泥泞,不会扬尘,而且当天也在下雨。

416

第四十章　对敌波鲁斯（公元前326年3月至5月）

达斯佩河东岸，而是另一个位于河中央的大无人岛。在通常情况下，这个大岛与河岸是连接在一起的，可以供军队直接通过，但现在高涨的河水却将它与河岸分离开来。这是一个非常严峻的困境。虽然亚历山大已经没有时间将船只调集过来，但还是必将部队立刻送到对岸，否则敌军就有机会调来一支大军甚至战象来阻碍渡河，先前争取到的优势也有可能完全丧失。所幸，在拖延了一段时间之后，马其顿人还是找到了最适合涉渡的地点，士兵们也在齐胸深的水中安全渡河。

骑兵从河水中走出来之后，亚历山大立刻率领近卫骑兵以及其余部队中素质最好的一部分骑兵组成了右翼战线，马弓手被推进到前方担任前卫，塞琉古率领下的近卫持盾兵也被部署在其余步兵前方，近卫军后方则是其余持盾兵。方阵两侧则部署有弓箭手、阿吉里亚轻步兵以及标枪兵。

亚历山大命令自己带到东岸的6000名重步兵以标准队形在后方缓步跟随，他本人率领着5000名骑兵作为主力向波鲁斯推进，陶伦（Tauron）受命率领弓箭手在后紧随（渡河的轻步兵人数可能在3000至4000），尽可能伴随骑兵行动。亚历山大坚信，如果波鲁斯将全军都带到此处来进攻他，自己即使无法击败对方骑兵，也能够抵挡住其攻势，直到重步兵抵达。如果波鲁斯撤退，他又可以带着骑兵追击，干扰对方撤退。因此他不顾手中部队人数稀少可能遭遇失败的危险，以袭步直向印度营地方向前进。

一直在监视着克拉特鲁斯佯动的波鲁斯，最初还认为侦察兵报告中那支正在渡河的军队来自于盟友阿比萨瑞斯，但很快他便认清了事实。不过由于他能够看到克拉特鲁斯手下仍有大量马其顿人，以及梅利埃格等人的部队仍位于对岸，他应该能够认清亚历山大所带到这一岸的，不过是马其顿军队的一部分而已。波鲁斯无疑应该亲率大部分军队前去将亚历山大切断，留下战象和部分步兵掩护正面渡口。可波鲁斯却似乎是想要在阿比萨瑞斯到达之前避免决战，最终只派出了一支小规模部队去抵挡亚历山大的前进，不过他可能也大幅低估了亚历山大的部队规模，或是仅将其视作一次侦察行动——因为他认为亚历山大仍然还留在海达斯佩河对岸。

亚历山大登岸不久之后，波鲁斯的儿子便率领着2000名骑兵和120辆战车出现了，其父命令他带着这些部队阻止马其顿人前进。亚历山大很快便与他遭遇。最初马其顿国王误认为波鲁斯已经率领全军赶来，此时自己所面对者正是敌军前卫。为此，他向前推进自己的马弓手与印度人进行散兵战斗，同时他又向后方部队下令加速前进，重骑兵则留在原地等待援兵到来。不过在经过侦察发现对方只是一支小型部队之后，亚历山大立刻一马当先地率领着伙伴骑兵向对方正面发动冲锋，同时轻骑兵则在对方两侧作散兵战斗。与其说这是一场会战，倒不如说是一场战斗。马其顿骑兵"一个中队接一个中队"地对敌军进行冲锋——这也是阿里安惯常的表述方式，其意义早已在前文讨论过了。

亚历山大的冲锋立刻便冲破了对方阵线。在短兵相接的战斗中，波鲁斯的儿子与400名印度人一同被杀。由于印度人的战车重量过大，每辆车都要搭载6名士兵作战，又被耕地深厚的泥潭所累，全部都被马其顿人缴获。幸存者也逃之夭夭，马其顿人则紧追不舍。波鲁斯很快便获悉了亚历山大的出现，而且也认清马其顿人已经瞒过自己，渡过了他本应守住或至少在敌军渡河时给其造成巨大伤亡的海达斯佩河。现在他已经无法再坚守渡口，而只能在平原上与对方决战了。

波鲁斯在惊讶之余变得不知所措。亚历山大的欺敌行动完全取得了成功。波鲁斯能看到克拉特鲁斯手下人数不少的部队正在准备渡河，但他又知道亚历山大本人远比当面的敌人更加危险，而他却不知道哪一方面才是马其顿主力部队。不过，他非常清楚自己仅派遣了2000人去对付亚历山大是一个严重错误，并最终决定凭借数量优势来加以弥补，在敌军能够获得河对岸的援兵之前将其压垮。为此，他在留下了少量战象和相应部队驻守营地之后，便率领全军直接向亚历山大所在方向进发了。

第四十一章
海达斯佩河会战（公元前326年5月）

波鲁斯率领着所有的4000余名骑兵、300辆战车、200头战象（每头战象都背负着武装精良的士兵）以及大约30000名步兵。当他抵达一片河岸低地后方适于战象、战车和骑兵行动的坚实地面时，便不再前进，开始排布他的战线。

波鲁斯在排布阵型时表现出了相当的战术能力。他将战象以100英尺间隔排列在大约4英里长的第一线，掩护着整个步兵战线。波鲁斯希望凭借这些巨兽来吓阻亚历山大的骑兵，使他们无法发挥效力。如果马其顿步兵试图从战象的间隔中前进，象夫也可以驾驭战象向左右两侧旋转过来，踩踏马其顿步兵。印度步兵被分为150人的连队部署在第二线，位于战象背后，每个连负责支援一头战象，随时准备填充进战象之间的空隙，在马其顿步兵接近时对其发动进攻。在战象两侧，波鲁斯也部署了一些小型的步兵纵队加以掩护。印度骑兵则分为两部分，战线两端各部署2000名，战车也以150辆为一组被分成两组部署在骑兵前方。这种印度式的阵型事实上在东方并不罕见。印度战车由四匹马拉着，其上拥有两名身着铁甲的马夫、两名重甲车兵以及两名使用印度长弓的弓箭手。印度步兵也使用同样的长弓，羽箭达到3英尺长。不过由于印度人射箭时要把弓箭下端倚靠在地面上，导致发射速度并不快。

亚历山大接近波鲁斯排布战阵的地点之后，发现自己必须停止骑兵的前进,坚守到步兵抵达。此时他的处境极为危险,如果波鲁斯立刻向前推进,那么手中只有骑兵的亚历山大就可能会被击败。所幸波鲁斯并没有主动进攻,而方阵步兵也以很快的速度赶到了。亚历山大利用检阅部队的机会给士兵们一丝喘息之机,同时他还会时不时地向前推进几个骑兵中队,骚扰对方战线,并对其进行侦察,其前进范围以不至引发敌军进攻为限。亚历山大对波鲁斯能够在紧迫条件下合理部署部队的能力极为欣赏。波鲁斯将战象作为决定性力量,因为他深知马其顿骑兵无法与之抗衡,而这些骑兵也正是亚历山大所主要倚重的。对后者而言,战象也确实是一个他完全不曾了解的巨大问题。至于战车,亚历山大却并不怎么害怕,他早已在阿贝拉会战中遭遇过战车冲锋。

先前率领骑兵前进时,亚历山大一直将右翼倚靠在河岸边缘,但他也绝不愿意失去与左翼诸位副将的接触,而且他也清楚自己的战术必须与波鲁斯针锋相对。他在骑兵方面要比波鲁斯更为强大,但步兵却远比对方更少。由于自己的骑兵绝不可能与战象抗衡,他无法从正面发动进攻,因为骑手们既不能强迫又不能哄骗战马去冲向战象。另外,如果双方以平行序列交战,自己的骑兵也无法抵挡印度的战车冲锋。但波鲁斯却明显要采取守势,这就使亚历山大获得了选择在何时、何地发动进攻的自由。而且与机动灵活的马其顿部队相比,敌军多少有些笨重、机动不便,这也是亚历山大手中最重要的优势。

迅速理清整个情况之后,亚历山大决定在印度人的左翼做决定性攻击,以求在对方进行机动或调整阵型前获得优势。他完全清楚,自己的军队能够以比对方快得多的速度行动,同时他也十分自信自己能够比敌方将领反应更加迅速。确定计划之后,亚历山大派遣寇纳斯带领着手下的近卫骑兵以及德米特里厄斯的骑兵,在崎岖山岭的掩蔽之下绕道前进,奉命在波鲁斯调动右翼骑兵支援左翼时攻击他的右翼,可能的话还要从后方攻击敌军步兵。亚历山大本人则率领着大部分骑兵,在步兵的远距支援下,以斜形运动向波鲁斯左翼的2000名骑兵和战车(后者的作战价值非常不可靠)前进。亚历山大之所以选择亲自率领右翼,部分是因为他之前一直都在沿着河岸前进,保护部队侧翼,同时也因为他一向习惯于率领右翼。亚历山大的行动诱使波鲁斯认为他只是在为步兵腾

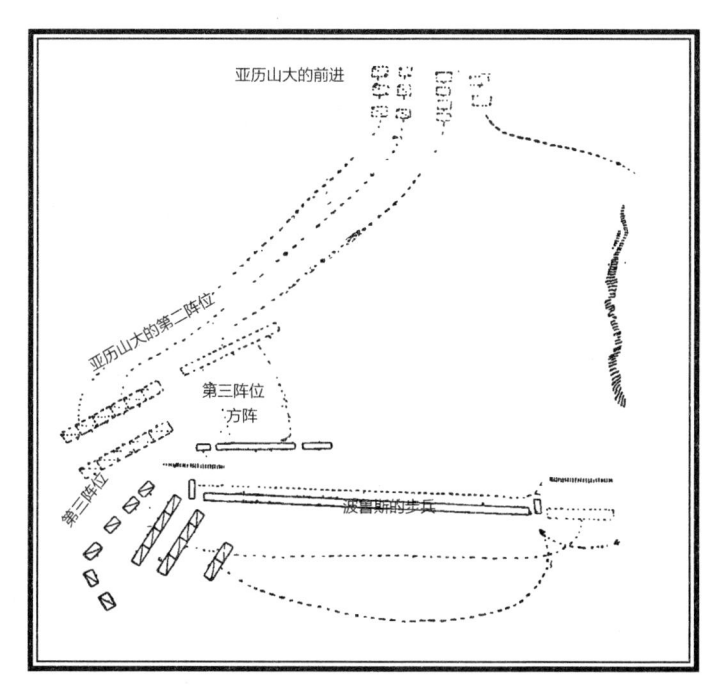

第四十一章 海达斯佩河会战（公元前326年5月）

◎ 海达斯佩河会战示意图

出正面以进行正面进攻，这也正是波鲁斯所希望的。①

波鲁斯的注意力完全被亚历山大所吸引，并没有察觉寇纳斯的侧翼行动。正如马其顿国王所料，波鲁斯将右翼的骑兵调到了左翼来对抗亚历山大的攻势。

马其顿步兵方面，塞琉古率领着近卫步兵和持盾兵位于步兵右翼，安提贞尼斯指挥方阵步兵位于中央，陶伦则指挥着左翼的轻步兵。所有步兵都接到命令，以合适的距离跟随亚历山大向敌军前进，但在敌军左翼因骑兵攻击发生

---

① 在海达斯佩河会战中，亚历山大选择以自己右翼作为斜形序列打击方向，也因为敌军左翼依靠着河岸，是无法迂回的。他必须将敌军注意力集中在这一侧之后，寇纳斯才能够迂回对方右翼进行打击。

421

混乱之前不得与敌军交战。亚历山大认为，骑兵冲锋带来的混乱将使对方的战象和战车无从施展，其后步兵便可以进行一次决定性进攻击溃敌军。另外，亚历山大可能也将方阵排成了疏开队形，以便覆盖更宽的正面，而且也更适于抵挡战象。

由于波鲁斯占据着数量优势，更长的战线也超出了马其顿人两翼，波鲁斯本应立刻向前推进战象进行攻击。在步兵的支援下，这些战象部队的组织很像今天的炮兵连[①]。如果波鲁斯果真如此行动，亚历山大就没有足够时间进行调整，战象的前进也足以使马其顿骑兵无法发挥效力。之后如果再能以战车进行一次冲锋，向内旋转过来攻击方阵两翼，亚历山大便可能遭遇决定性失败。波鲁斯的骑兵虽然已经有一部分因其子的失利而被击溃，但也足以遂行追击行动。可波鲁斯却停留在原地，坐等亚历山大展开进攻，而后者对主动进攻所能获得的优势要比任何人都更为明了。波鲁斯的消极防御态度对亚历山大而言不仅是一种幸运，同时也要算是拯救了他的命运。

由于亚历山大决定以几乎全部兵力攻击对方左翼，使马其顿军队再一次形成了斜形序列，而这一次毫无疑问是亚历山大故意为之的。

向右前方推进的过程中，亚历山大首先派出达安马弓手，在弓箭射程上从正面与对方接战，而他本人则首先向右做一旋转，将手下骑兵组成纵队，跟随在达安人背后。紧接着他又带着赫菲斯提翁和佩狄卡斯的重骑兵进攻对方侧翼，可能在对方尚未及调转正面时便已经打击在了敌军身上。印度骑兵指挥官们似乎并没有认清马其顿人的行动目的，因为这些骑兵的前进已经超出了步兵支援范围。亚历山大自然也不希望敌军理解自己的行动意义。寇纳斯此时已经完成了对印度右翼的迂回，在对方骑兵缺席的情况下，他聪明地打击在印度步兵的右翼和背后，给对方带来了巨大混乱，使他们无法再发挥任何作用。对波鲁斯而言，这要算是一个巨大打击，导致其整个右翼在会战中都不曾发挥任何作用。完成这一工作之后，寇纳斯又凭借着敏锐的战术眼光，从印度军战线的

[①] 事实上更像是在步兵伴随下的坦克。只不过在道奇的年代，坦克还没有被发明出来，因此他也不可能举出这种例子。

第四十一章　海达斯佩河会战（公元前326年5月）

后方绕过，前去支援正在与印军左翼战斗的骑兵主力。①

为同时应付亚历山大和寇纳斯，印度骑兵不得不组成双重正面，绝大部分兵力仍面对着亚历山大。不过就在印度人调整阵型以应付两线作战的过程中，亚历山大发动了一次最猛烈的冲锋。印度人立刻即被逐退，向战象撤退。按照阿里安的形容，他们"就像是退向友军城墙寻求保护一样"。一部分战象转向左翼对马其顿骑兵发动冲锋，以支援印度骑兵。与预想相同，亚历山大的战马根本不敢接近大象。不过这样一来，这些战象也将自己暴露在了敌人面前。业已开始前进的马其顿步兵不久后便打击在战象侧翼。步兵们坚定地推进，杀伤了不少象夫。这些巨兽失去控制之后，便漫无目的地来回乱撞，敌友不分。不过仍有一部分战象向右转回正面，并由象夫催动着前进，试图踩踏面前的方阵步兵。所幸马其顿步兵们的疏开序列使士兵们能够轻易躲避战象，并在刺伤巨兽后将其逐退。

由于战象的行动吸引了马其顿人的注意力，印度骑兵得以重新集结起来，再次向马其顿骑兵发动进攻。但他们还是被亚历山大手中更加强大且纪律更好的骑兵反冲锋所击败，被驱赶到了战象脚下，使印度阵线中的混乱加倍严重。至于印度军左翼的150辆战车在会战中有何表现，史料中并没有记载。可能混杂在一起的战象、骑兵、步兵使他们根本无法进行任何冲锋，而战车在战场上最需要的便是空间。也可能是亚历山大在右翼所进行的冲锋已经冲散了这些战车。无论如何，这些战车在会战中根本没有发挥任何作用。而史料中之所

---

① 在这里，有必要解释下寇纳斯为何不继续对波鲁斯的步兵发动进攻，反而"绕远"去攻击对方左翼的骑兵。首先，骑兵的一切意义便在于运动和攻击。寇纳斯在击溃波鲁斯的右翼之后，绝不能停在原地，否则这些缺乏步兵支援的骑兵就会变得十分脆弱，即使只被少数敌军攻击，亦可能发生崩溃。而此时虽然寇纳斯已经击溃了敌军右翼，但自己与亚历山大之间却仍被对方左翼所阻挡着。若波鲁斯带着一部分步兵、战车或者战象前来攻击，他仅靠骑兵是绝不可能守住位置的。第二，由于单纯的骑兵无法和队列、纪律都比较齐整的步兵进行对抗，再加上战象的威胁，在利用奇袭击败波鲁斯的右翼之后，如果寇纳斯想要继续进攻波鲁斯左翼的步兵，那么他就必须等到方阵先与对方接触、钉死对方的正面之后才能行动。而由于亚历山大采取的斜形序列，方阵此时距离敌军仍然较远，寇纳斯既没有权力也没有办法催促他们加快速度，而且他一定也知道亚历山大已经给方阵下达了缓步前进的命令。这样一来，所能攻击的便只有业已与马其顿右翼骑兵交战的印度左翼骑兵。而且对这个方向发动进攻，也更方便重新与主力建立联系。

以不曾提及他们，也可能是因为他们曾在亚历山大进攻之前变换了部署位置。

到了此时，亚历山大的骑兵也已经因为反复发动进攻，再加上战象造成的恐慌而失去了秩序，这使他无法再进行有系统的冲锋。不过当寇纳斯终于得以与他会合到一起之后，二者相加，仅在重量上便完全压倒了敌军，更不用说在素质方面的优势。亚历山大虽然面对着超乎寻常的激烈抵抗，但还是不断对印度士兵和战象发动进攻。已经完全失控的战象冲向方阵，造成了相当大的混乱和损失。不过方阵步兵们也表现出了令人敬佩的作战素质，即使屡屡被冲散，却总是能在号声命令下集结起来，最终将战象击退。巨兽疯狂地从印度阵线上踩踏而过，向后逃跑，给友军造成的伤亡远比给敌军造成的更多。

此时战场上的局势已经白热化。亚历山大和寇纳斯不断从侧翼和背后压迫着波鲁斯的右翼，尽管马其顿人已经精疲力竭，却始终坚持战斗，而且他们的反复冲锋也逐渐展现出决定性效力。无论遭受何种打击，只要能够暂时脱离战斗，马其顿骑兵的纪律都使他们可以在被击退后重新集结起来。战象一次又一次被催动着向方阵冲锋，却每次都在被刺伤后掉头逃跑，给印度人造成巨大伤亡。陶伦手下的轻步兵在对抗战象时最具优势。马其顿步兵拥有充足的运动空间，可以在战象进抵时向后撤退或放宽行列使它们通过，之后再重新将战线填补完整或是前进与对方进行白刃战。与此相对，数量庞大的印度步兵们却已经拥挤在了一起，一旦战象被方阵击退，就只能听凭野兽践踏。最终，那些不愿继续在双方火力之间挣扎的大象，就好像"随着涨潮离去的船只"一样，直挺着鼻子，惊恐地号叫着退出了战场——它们已经彻底失控了。

亚历山大看到胜利已经是自己的囊中之物。他将方阵撤到后方，但仍保持着他们的接敌状态。其本人则继续率领着骑兵对印度步兵阵线的侧翼进行冲锋，很快便将他们挤压成了一团动弹不得的乌合之众，毫无重整阵线的机会。波鲁斯虽然英勇过人，也始终拼尽全力想要挽回败局，但他头脑中从没有任何大战术观念，也不曾进行过任何平行序列以外的会战。即使他知道该如何调动右翼，也还是会因亚历山大对其左翼的猛烈冲击而无暇顾及。为进行最后一搏，这位印度国王集中了40头尚未受伤的战象，将它们组成一个纵队向着即将取胜的马其顿人冲锋，他本人亲自骑着一头巨大的战象领导进攻。亚历山大用弓箭手、标枪手来对抗这次冲锋，让他们在纵队四周不断进行散兵战斗，要么

第四十一章　　海达斯佩河会战（公元前326年5月）

杀伤象夫，要么便从背后切断战象的跟腱，挫败了波鲁斯的反击。

到了此时，亚历山大终于下令方阵组成密集队形，将盾牌互相连接在一起，长矛向前伸出，呐喊着向印度阵线前进，而骑兵则迂回到敌军背后，从另一个方向对他们展开冲锋。整个印度军队现在已经动弹不得，互相挤在一起。士兵们之所以还能聚在一起，而没有溃散，仅仅是因为对上级习惯性地服从，只有一些零散的士兵从亚历山大各骑兵中队的空隙之间或是向右翼方向逃走。

会战总共进行了8个小时之久，亚历山大凭借着清晰明了的战术以及对骑兵的高超运用赢得了胜利。可能再没有旁人能像亚历山大这样如此精明、持久、有效地运用骑兵了，而他本人作为一名骑将的卓越素质也要超过他的其余一切能力。让寇纳斯迂回敌军右翼和后方这一计划十分大胆，而且在执行上也极为出色。从不曾有过哪位骑兵将领，能够在战场上保持如此勇敢、敏锐的头脑，将某一兵种发挥到如此极致。在这场海达斯佩河会战中，亚历山大所做的一切部署都十分出色。他在后方营地中留下了大量优秀的兵力，完全可以在自己遭受失利的情况下掩护撤退。梅利埃格、阿塔拉斯、格尔吉阿斯的三个旅虽然渡河较为迟缓，却也仍是一支可观的预备力量。最后，他对自己以及寇纳斯能够在平原上面对波鲁斯时发挥何种效力，也有着明智的预期，并最终赢得了世界上最伟大的胜利之一。也许我们可以说亚历山大仅带领14000人渡河去面对将近3倍于己的敌军是有勇无谋，而这也毫无疑问正是会战之所以持续如此之久、伤亡也如此惨重的原因。①但愿意承担风险始终都是亚历山大天性的一部分，而他所取得的成功也总能证明其冒险行动绝非无谋。

克拉特鲁斯已经在面对着敌军留守部队的情况下成功渡河，梅利埃格、阿塔拉斯、格尔吉阿斯等其余部队也来到了战场。这些生力军不仅确保了会战的胜利，而且还接替亚历山大的疲乏将士对波鲁斯进行追击。阿里安记载说波鲁斯在会战中损失了20000名步兵和3000名骑兵，狄奥多拉斯则说有12000人被杀，另有9000人被俘。他们的战车在战场上非但没有发挥作用，反而成了累

---

① 之所以仅带领如此少的兵力渡河，无疑是受到了时间和隐蔽需求的限制。若调动太多军队，不仅渡河时间要大为延长，工具也可能不够用，而且被对方洞察到计划的可能性也将大幅提升。

赘，最终也全部都被摧毁。之所以如此，也可能是因为土地过于泥泞导致战车无法进行冲锋。波鲁斯的两个儿子、斯皮塔克斯以及几乎所有显贵都在战斗中阵亡，所有的战象也都被杀死或者被俘。马其顿人一方有230名骑兵和700名步兵阵亡，阵亡率超过了6.5%，也是同等规模会战中的最高纪录。这一数据足以打消所有质疑亚历山大总能轻松获胜的说法。同时如此之高的阵亡比也证明亚历山大早已做好了不成功便成仁的准备。如果按照常见的阵亡/受伤比例来计算，马其顿全军伤亡总数在全军人数中占到了73%之多，几乎令人难以置信。伤患的数量是如此之多，可以引用寇蒂斯对另一次战斗的评价来描述："将士们回到营地中时，几乎没有一人不曾受伤"。

波鲁斯本人也成了俘虏，他在整场会战中的英勇表现令亚历山大颇为欣赏。这位印度国王高高地乘着一头巨象，以无比的勇气率领士兵作战。会战失败后，尽管已经受伤（寇蒂斯说他总共受了9处伤），波鲁斯还是不愿投降，尝试逃离马其顿人的追击。亚历山大亲自骑着布塞弗勒斯紧跟在后，而这匹高贵的老战马也因为过度劳累倒在了追击途中。按照通常的说法，布塞弗勒斯去世时已经活了30年。根据传说，亚历山大上马时，布塞弗勒斯每次都会主动跪在地上。而事实上这一习惯在当时并不罕见，由于没有马镫，骑兵又装备着沉重的铠甲和武器，上马时自然愿意让战马跪在地上。现在处在濒死之时的布塞弗勒斯，也并没有等到自己跌倒时把亚历山大摔下马背，而是停下了脚步，柔和地屈下膝盖让亚历山大下马，之后才翻倒过去一命呜呼。据说在没有上鞍时，只有亚历山大本人和他的马夫可以驾驭布塞弗勒斯。而一旦缰绳和马肚带都被系好，布塞弗勒斯便只许亚历山大一人骑乘，即使连马夫也无法驾驭他了。

以下引述阿里安的记载：

"波鲁斯在会战中表现出色。他不但是一位统帅，而且也是一名勇猛的战士。当他看到自己的骑兵和战象遭到屠杀，有些大象倒下，有些则由于无人驾驭而到处狂奔，犹如丧家之犬，而且他的步兵也已经大部分牺牲时，他并没有效法大流士大王，在士卒面前率先逃命。与之正相反，只要哪怕还有一部分部队仍在坚守阵地继续战斗，他本人也就坚持继续英勇战斗。直到他的右肩负伤之后——这也是他身上唯一一处没有重甲覆盖保护的地方——他才把战象转过头去撤退。亚历山大看见他在战斗中表现得极其高贵而英勇，就不忍杀他，想保留他的性命。于是他首先派遣塔克西勒斯去追上波鲁斯。塔克西勒斯骑马来到波鲁斯投枪的投掷范围以外，要求对方把大象停下，告诉他再怎么逃跑也没有用，要他听听亚历山大的口信。波鲁斯回过头来，看到宿敌塔克西勒斯，拨转象头朝他冲来，想用投枪射死对方。若非塔克西勒斯及时躲开，波鲁斯可能已经真的将他杀死了。而尽管波鲁斯态度如此，亚历山大仍然不生他的气，反而不断派人去找他。最后，亚历山大派出了一位波鲁斯的老友迈罗斯（Meroes）。波鲁斯看到迈罗斯，当时他正渴得难受，终于让大象停住脚步，从上面下来，喝完水，恢复精神之后，让迈罗斯带他去见亚历山大。

"亚历山大知道波鲁斯即将到来时，就带着几名伙伴骑兵来到阵线前方迎接他。亚历山大把马勒住，欣赏着波鲁斯魁梧的身材和英俊的仪表。另外，亚历山大也惊讶于对方并没有降伏的表示，而只是像一位勇士前来面见另一位勇士，刚刚英勇保卫了自己王国的国王来会见另一位国王一样。后来还是亚历山大首先开口，询问波鲁斯想要得到何种对待，后者答道，'亚历山大，你就照一个国王应有的风度来接待我好了！'亚历山大对这一回答颇为满意，又说，'波鲁斯，就我自己的立场来说，你理应得到这种待遇。但就你本人而言，你所希望的条件又是什么？'但波鲁斯却说他所要求的一切都已经完全包括在内。亚历山大对这种说法更是感到愉快，于是不仅让他继续统治自己的原有人民，还把另一片土地也交给他统领，其面积远比波鲁斯本国土地要大得多。就这样，亚历山大的确是按照国王的风度对待这位勇士，从那之后，他也发现波鲁斯在各方面都十分忠诚。"

第四十二章
五河之地（公元前326年5月至7月）

亚历山大在海达斯佩河最重要的两个渡口处分别建立了一座城市。其中尼卡亚（Nicaea）距离会战地点不远，以纪念那场会战。另外一座城市则建立在上游10英里处的大路上，位置接近于他渡过海达斯佩河的地点。为纪念自己勇敢忠诚的战马，这座城市被命名为布塞弗拉（Bucephala）。

阿里安记载道："布塞弗勒斯终其一生都在为亚历山大分担劳累和危险。除亚历山大以外，谁也不能骑它，因为它从来都不肯让别人骑。布塞弗勒斯体格雄伟、性格刚烈。它身上烙有一个牛头印的标记，其名字也正是由此而来。不过也有人说，是因为它通体黝黑，只有头上长了一块像牛头的白斑，才被称作布塞弗勒斯。有一次布塞弗勒斯曾在乌克西亚被人拐走，亚历山大就发出公告，说如果当地人不把那匹马交出来，他就要把所有人都赶尽杀绝。这个公告发出之后，立刻就有人把布塞弗勒斯送回来了。透过这个事件，亚历山大对布塞弗勒斯的感情可想而知，而他在当地土人中的威望也不难看出。不过，我在这里称颂布塞弗勒斯，也只是为了从一个侧面去描述亚历山大而已。"所有将战马这种高贵生物当作朋友的人，对这种感情也都能感同身受。

亚历山大对印度人软硬兼施的政策十分令人钦佩。他已经在与波斯疆土接壤的那部分印度土地上，建立了明确但并不直接的控制权。亚历山大对印

·亚历山大战史

度已经有了足够的了解，知道自己不可能征服所有印度人，而他也并不准备这样做。现在他已经征服了赫勒斯滂海峡和印度河之间所有的土地，并梦想着将它们融合成一个巨大的希腊—波斯帝国。可对于印度而言，情况却并不一样。亚历山大在印度只希望建立一些仆从国，并与印度王公们建立盟友关系。他并不打算征服所有人民，而只想要控制他们的统治者，这也是非常合理有效的政策。

早前波鲁斯曾希望控制印度河与海达斯佩河之间所有的土地，在几近功成之时，引发了塔克西拉国王的担忧，害怕其打破权力平衡，最终导致二者成了敌人。亚历山大并不希望将印度完全交给任何一位单独的王公去统领。对他而言，至少要将五河之地的权力分配给两名以上的王公才能确保平衡。正因为如此，亚历山大明智地将这些土地平均地分给了波鲁斯和塔克西勒斯，使他们能够互相制衡。他将一些小公国分别并入二者的领土，并让他们满足于既得利益。通过这种方法，亚历山大也牢牢握住了印度的控制权。

在此期间，在阿尔诺斯之岩担任印度河西岸地区总督的希西柯塔斯向亚历山大报告说，后方的阿萨西尼亚人发生了叛乱，杀死了当地督统，各部落联起手来试图驱逐征服者。这一叛乱可能是受到了克什米尔王阿比萨瑞斯的煽动。如果我们还记得，此人始终扮演着两面三刀的角色，曾在派出使臣向亚历山大表示臣服的同时派兵支援波鲁斯，现在波鲁斯成为亚历山大的附庸之后，又想要再次表示臣服了。可无论如何，这次叛乱还是在亚历山大的交通线上撕开了裂口，必须予以镇压。为此，亚历山大命令印度总督腓力与帕拉帕米苏斯总督泰里亚佩斯会合起来前去镇压，同时也命令其余后方总督为他们提供支援。这些措施迅速便压平了原本可能带来麻烦的隐患。

亚历山大在海达斯佩河附近停留了长达一个月时间，举行献祭仪式和运动会来纪念胜利，埋葬阵亡勇士。在那之后，他命令克拉特鲁斯去建造并加强前述两座城市，自己则率领一半的伙伴骑兵、一部分精选的方阵步兵、马步弓手以及阿吉里亚人前往东北方向，去对付波鲁斯领地以远、高加索山脚下的格劳西亚人（Glaucian），波鲁斯和塔克西勒斯也都伴随在他左右。由于征服了这片土地即可打开通往克什米尔的道路，这一行动对阿比萨瑞斯造成了直接威胁，后者也因此而愈发急于求和，派遣另一个使团带来40头大象作为礼物。由

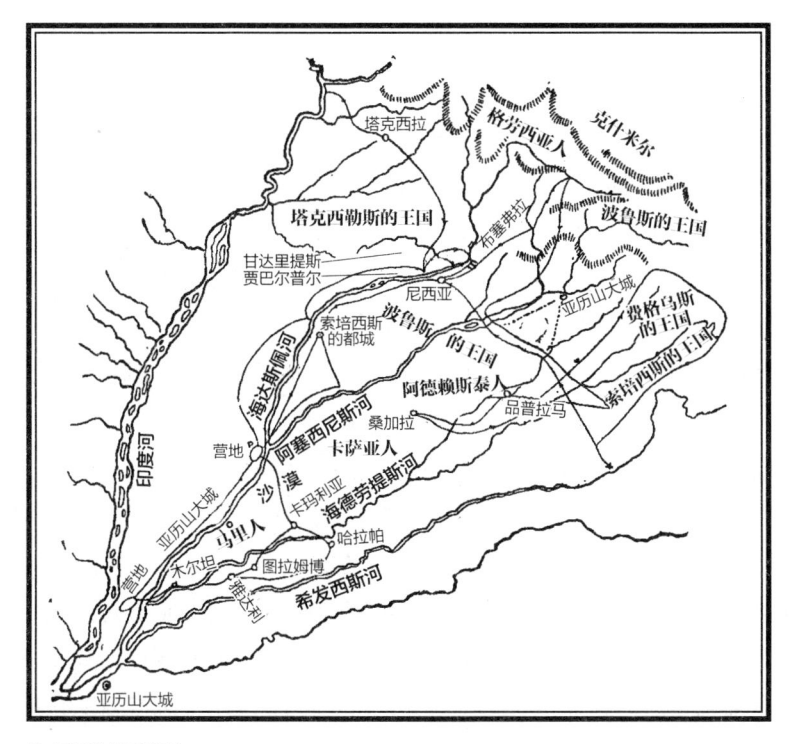

◎ 五河之地示意图

于面临着太多的工作，亚历山大也愿意不计前嫌。格劳西亚人的所有城镇、村庄都被占领，其中至少有37座城镇的人口都达到了5000人以上，一部分人口还超过了万人，这也说明了当地的繁华。由于先前他已经将一大片土地分给了塔克西勒斯，格劳西亚也就被划给了波鲁斯。

这次战役将亚历山大带到了一片山区。他发现这里拥有大量适合造船的木材，就砍伐了大批树木，将其顺流而下送给克拉特鲁斯，作为计划中建造舰队所需的资材。按照计划，在征服印度之后，他将乘船沿印度河顺流入海返回巴比伦。不少邻近民族的使臣也都到这里觐见亚历山大，他们之前曾因波鲁斯遭到击败而震惊，现在同样又因波鲁斯能够被亚历山大置于如此高位而惊讶。先前由帕提亚、赫卡尼亚总督福拉塔弗尼斯统领的色雷斯骑兵也在这里与亚历山大会合。他认为自己手中不能没有足够的本土骑兵，否则东方骑兵就会占据主导地位。

在此之后，亚历山大开始朝南进向阿塞西尼斯河（Acesines）。这是一条流速极快的山地河流，宽度也超过了两英里。亚历山大选择在河面最宽阔的地段进行渡河，因为此处的水流比其他地段要稍微柔和一些。阿塞西尼斯河的河床遍布石块，河水不仅流速很快，还形成了一系列漩涡。马其顿士兵中，使用浮囊渡河的人尚且轻松，但那些乘舟船、木筏渡河的人却没有那么幸运了。很多船筏都因撞上岩石而损毁，大量人员也因此丧命。

渡河后，亚历山大让波鲁斯返回自己的土地，征召最善战的部队和所有战象来与自己会合。之后他又命令克拉特鲁斯带领手下的那部分方阵步兵（具体数量并未提及）留在阿塞西尼斯河南岸，等待那些被亚历山大派去征发给养的部队归来，并作为一个桥头堡驻守在马其顿人的作战线上。

按照斯特拉堡的说法，山脉脚下还有一个部落的国王名字也叫波鲁斯。他是那位海达斯佩国王的表亲，因曾在困境中抛弃那位同名亲戚而被马其顿人戏称为"懦夫波鲁斯"。此人原打算向亚历山大投降，以迎奉的手段来消除其叔父对这位征服者的影响力。可是当他发现那位年长的波鲁斯仍然受到亚历山大尊敬时，他又转而选择进行抵抗，撤退到了自己领地的远端。亚历山大亲自率领轻装部队进行追击，并依照合适的间隔，在前进路线上留下哨所，以便在克拉特鲁斯和寇纳斯追随自己前进时或征发给养或为他们提供掩护。可当他追至海德劳提斯河（Hydraotis）之后，却发现如果继续追击下去，路途还将十分遥远乏味，因此他就让赫菲斯提翁带着手下的骑兵团以及德米特里厄斯的骑兵团、半数的弓箭手以及两个方阵步兵旅去征服这位"懦夫波鲁斯"位于海达斯佩河以及海德劳斯河之间被称为甘达里堤斯（Gandaritis）的土地。另外，赫菲斯提翁还接到命令，要他征服当地所有印度部落，并在阿塞西尼斯河主渡口南岸建立一座城市。征服工作完成后，赫菲斯提翁就将这片土地交给了老波鲁斯去管辖。

与此同时，亚历山大本人则跨过了海德劳提斯河，其渡河过程要比在阿塞西尼斯河容易许多。河对岸是所谓"自由印度人"的土地，其中一个部落名为卡萨亚人（Cathaean）。有意思的是，在印度这片被专制君主统治的大陆上，自从史前时代即存在着一系列小型的共和国，或是如他们所自称的"无主

第四十二章　　五河之地（公元前326年5月至7月）

之民"。四周的王公们始终瞧不起这些自由民，无疑也曾尝试去征服他们。这些自由印度人最大的城市和首府桑加拉（Sangala，即现代的拉合尔）的城墙十分坚固，附近的盟友也已经在亚历山大前进道路上进行过阻截。这些自由部落十分善战，从未被任何人征服过。波鲁斯也告诉亚历山大说他曾不止一次想要征服他们，但这些人在会战中总是极为坚韧，使他屡次空手而归。这些人似乎具有一些真正的共和精神。所有这些报告，都激发了亚历山大想要征服他们的雄心。

亚历山大回过头向这些部落前进。在重新渡过海德劳提斯河之前两天，亚历山大途经阿德赖斯泰人（Adraistean）的城市品普拉马（Pimprama）时接受了当地人的投降。渡河之后又经过三天，亚历山大进抵桑加拉城下，发现野蛮人已经在城市前方的高地上排布好了战斗序列，而且他们还用辎重车在周围组成了三道防线。这座高地控制着周围整个地区，似乎有两面呈断崖地形，只有正面可以通行。桑加拉城本身也位于一座从平原急剧突出的高地上，其后方拥有一片广阔但水深的湿地保护。

亚历山大立刻认清了自己所面临的问题是何等艰巨，那些关于这些自由印度人如何好战的传闻也所言不虚。不过同时他也清楚地知道，如果想要让这些野蛮人在被击败后彻底敬服于自己，他就不能有丝毫犹豫，必须立刻发动进攻。为此他立刻派出马弓手作为散兵来掩护后续部队的前进，使自己能够在不受桑加拉人干扰的情况下，从容地排布作战序列。像以往一样，亚历山大将骑兵和弓箭手部署在两翼，将方阵列在全军中央。亚历山大亲自率领的近卫骑兵和原属于克雷塔斯的伙伴骑兵中队位于最右翼，持盾兵和阿吉里亚部队位于他们左侧，接下来就是方阵以及佩狄卡斯位于左翼的骑兵部队。后卫部队抵达之后，骑兵分别加入左右两翼，步兵则与中央的方阵混编在了一起。

由于印度军左翼的车仗相对不那么紧密，在防线中似乎是较弱的部分，因此亚历山大首先将右翼骑兵向前推进去攻击那里，希望凭借一次迅猛的冲锋击溃敌军，或至少逼迫敌军从车城背后走出来，在开阔地与自己交战。不过很快他就发现，骑兵根本不适合用来对抗车城，而且对方也极为明智，绝不从自己的临时阵地中走出一步。他们深知车城的价值所在，以杰出的技巧从车上或车辆之间向对方投掷武器，在马其顿人之间造成了不小损失。最终在这些印度

433

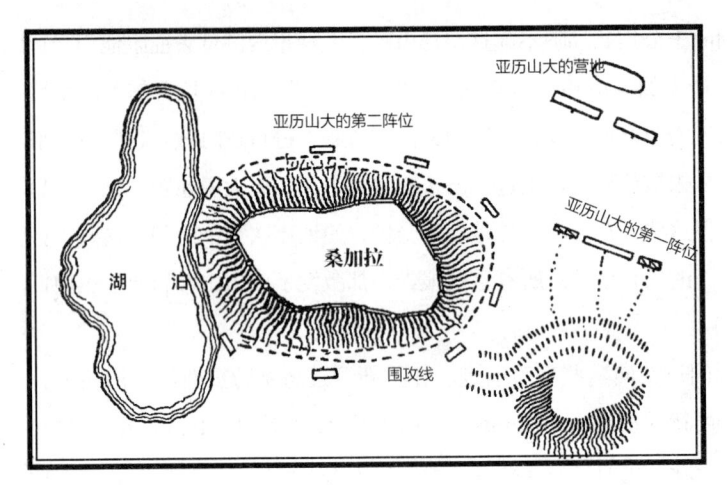

◎ 进攻桑加拉示意图

人的坚强抵抗之下，亚历山大不得不召回骑兵和轻步兵，亲自下马率领方阵在令人恐惧的呐喊声伴随下，英勇地对车城进行冲锋，很快便攻克了第一道车墙。但由于第一道车墙和第二道车墙之间的空间有限，根本不适于萨里沙长矛施展威力，而更适合于短剑或投枪。印度人凭借着庞大的数量优势和两道车墙掩护，精准地向马其顿人发射矢石和标枪，不止一次击退了这些方阵步兵。桑加拉人以最高的勇气和坚韧，凭借着此前每战必胜的信心防御着车城，没有显出一丝动摇痕迹。相对于在开阔地上进行会战，这种战斗也并不适于方阵步兵。亚历山大从未像现在这样接近失败。在经过漫长而血腥的搏斗之后，野蛮人终于被逐出了第二道车墙。而且在绝望之下，印度人丧失了击败敌军的信心，没有在第三道车墙上做任何抵抗便撤回了城市，紧闭城门。

桑加拉城墙范围之大，导致亚历山大根本无法完全包围该城。由于他认为印度人会趁着夜幕逃跑，便在他无法封锁的方向上设置了骑兵岗哨。事实证明亚历山大的判断是正确的，印度人刚一出城便遭到始终保持警惕的马其顿骑哨攻击，前排人员几乎全被杀死，余下的人则放弃尝试逃回城内。现在亚历山大不得不对桑加拉进行围攻，他用较少的士兵从三面封锁住城市。而在距离其营地最远的湿地湖泊一面，只部署有少量精心挑选的骑兵。亚历山大还准备建造攻城塔和其他攻城武器，压制并摧毁城墙。但他从叛逃者那里听说，桑加拉

第四十二章　　五河之地（公元前326年5月至7月）

人将在第二天夜间从没有封锁的湖泊方向再次尝试逃亡，由于湖水很浅，他们完全可以直接涉渡。为应对敌方突围，亚历山大让拉古斯之子托勒密率领三个持盾兵团、阿吉里亚部队以及一个团的弓箭手部署到那个方向上，告诉他如果印度人真的尝试突围，就要不计代价阻挡住敌人，并向自己发出告警。另外，他又命令其余部队当夜不得卸甲，随时保持戒备，必须在一声令下之后立刻赶到指定地点。

正如亚历山大所预期的，印度人在夜间再次尝试突围。托勒密已经把很多之前野蛮人用来当作工事的辎重车连接在湖水中，组成了一道封锁线。当天夜间，托勒密手中的士兵封锁了所有从桑加拉通向外界的道路，为预防封锁线被拆毁，他还用泥土在湖中堆起了一道土垒。天将放亮的第三班岗时分，印度人开始出城，随即便被托勒密截住，亚历山大在听到警报之后也带领着其余部队赶到此处。印度人为车墙和障碍物所阻，很快就被赶回城内，并在背后留下了5000具尸体。

不久后波鲁斯带领着5000名印度士兵和一些战象来到了此处，掩体、攻城塔、攻城锤等设施也已经建造完毕，正逐渐向厚重、坚实的城墙推进。马其顿人已经在城市周围挖掘了两道壕沟，而且也开始在一些地方尝试用地道破坏城墙。一切情况都在向胜利的方向发展。但亚历山大本人却因为这次围攻而变得不耐烦起来，最终决定再次尝试强攻城市。马其顿士兵们为进攻进行了精心准备，配发了大量攻城梯，他们在印度人戒备最为松懈时开始攻城，很快便取得了全面胜利，攻克了桑加拉。在亚历山大的命令下，士兵们杀死了所有手持武器的居民。被杀人数达到了17000人之多，另有70000人和3000辆车乘被俘。这一数字十分值得怀疑，因为桑加拉城的遗址看上去根本无法容纳如此之多的居民。当然，也有可能大部分人平时都是生活在城外的。马其顿一方有120人阵亡、1200人受伤，侍从副官利西马科斯也在伤者之中。桑加拉城被夷为平地，土地则交由波鲁斯管辖，驻防军也都是其手下的印度部队。

作为亚历山大的书记官，欧迈尼斯虽然是全军最能干的军官之一，却因身为希腊人而受到马其顿军官嫉妒，导致无法升迁到他完全胜任的显赫岗位上，而他的名字在亚历山大整个远征过程中也很少被提及。不过这一次，亚历山大派遣他率领300名近卫骑兵，去告知两座曾支援桑加拉对抗亚历山大的邻

435

近城市，如果他们愿意投降，仍然可以得到优待。可是当欧迈尼斯抵达之后，却发现两座城市都已经遭到废弃，原有的部落居民也已经逃之夭夭。桑加拉人遭到屠杀的消息使两地军民不愿相信欧迈尼斯是怀抱和平意愿而来，这些人也十分害怕马其顿士兵，因此并不愿意重回家园。亚历山大转而决定率军对其进行追击，但由于他们已经走了太远的距离，最终不得不放弃行动。留在城市内的老弱病残遭到马其顿士兵屠杀，死者人数在500人左右。这种恶劣的行为超出了战争需要，不过在当时却是每日习以为常之事。当地的管理权被交给了波鲁斯。与桑加拉的悲剧命运截然不同，一些主动投降的自由印度人受到了亚历山大的优待。

从自由印度人的土地启程，马其顿军队又开始向索培西斯王（King Sopeithes）位于意貌山（Imaus）以远的土地前进，一路进抵希发西斯河源头以及其周围费格乌斯王（King Phegeus）的领地。所到之处，马其顿军队均受到了热烈欢迎，当地人也向他们献上了厚重的礼物。与那些"无主之民"的不合，无疑也是他们欢迎亚历山大的原因之一。

从意貌山下山之后，亚历山大降入了一片合适的渡口，准备从那里渡过希发西斯河，征服对岸的部落。似乎到了此时，只要面前还有可以征服的土地、城市或者部落，就一定会激起亚历山大的征服欲望。据说希发西斯河对岸的土地十分肥沃，当地居住的人民也相当优秀。他们身材高大，作战英勇，就连战象也要比印度其他地区的更大、更可怕。统治这些人的则是一些开明贵族。亚历山大希望能够亲眼见到这个民族，并将他们并入自己的统治之下。从科芬河谷起，他已经行军如此之远，却还是没能找到海洋、沙漠或是大型山脉来作为帝国疆界的自然屏障，因此亚历山大心中始终都在担心帝国受到周边未征服民族的威胁。此外，他也仍然希望自己能够进抵恒河，并从那里进入印度洋。亚历山大本人从来不知疲倦，野心也从不满足。但在他之下，马其顿士兵们的士气早已开始衰落了。

第四十三章
折返（公元前326年7月至10月）

在东征过程中，亚历山大始终都在与马其顿士兵们的嫉妒心理斗争。每当亚历山大宣布一项对亚洲人有利的政策，他的同胞便会因嫉妒而感到不满。亚历山大曾赏赐给不止一次为大军提供过给养的塔克西勒斯1000台仑黄金，梅利埃格对此却说："难道我们要大老远跑到印度，才能找到一位值得给予如此厚重礼物的人？"为安抚本土士兵，亚历山大压抑了自己的脾气，甚至开始有些忽视这些情况。他自己也曾说过："让他们抱怨好了，只要听话就是。"——事实上他们也确实始终奉行着亚历山大的所有命令。到此时为止，副将们时刻都好像在亚历山大眼皮底下一样恪尽职守。相比之下，恺撒和拿破仑的副将们却做不到这一点。只有亚历山大手下的总督，而不是将军们，曾给他制造过麻烦。无论亚历山大发布何种命令，将军们总是能够履行职责。在他手下，马其顿军队不是以高速行进，就是要跨过最艰难的山地、河流或是沙漠，经历最为艰苦的自然环境，但将军们却总是能够按时完成任务。可能从未有哪位统帅，能够拥有如此顺从的下属。可无论如何，马其顿官兵们仍然保留着自己的自由权利，而且经常借此大发牢骚。

过去数月时间里，由于亚历山大对疆土愈发贪婪，士兵们的不满也变得超乎寻常。过往诸如费罗塔斯、卫兵、卡利斯提尼斯等人的阴谋都是因此而起，如今这种不满本身也膨胀到了一个危险境地。在所有的隐患中，抗命、兵变、谋反都不如士兵们借着与生俱来的权利拒绝继续前进更加可怕，这对亚历山大的威胁更大。虽然没有任何证据显示普通马其顿士兵拥有今天共和国志愿兵那样的公民权利，但很明显，马其顿和希腊盟军士兵领袖们的意见对自己将被带向何方有着举足轻重的影响力。无论具体内容是什么，士兵们终于要开始使用这些权利了。

对继续进军的这种抵触情绪早已蔓延到了全军上下，即使与亚历山大最亲近的至交也不例外，而这些意见也已经在数次会议上与亚历山大公开讨论过。按照不成文的法律，可以说马其顿军队就是以指挥官为核心的公民大会，士兵们也对决策有着一定影响力。早在此前，亚历山大便曾反复与这种情绪争斗。现在官兵们终于开始下定决心，至少要在某个可见的未来，能够返回家乡，享受辛苦得来的财富，而不要继续在看不见终点的冒险中面对更大危险。军队中更是有流言称，印度王公赞德拉米斯（Xandrames）已经在恒河的源头集中了20万名步兵、20000名骑兵、2000辆战车、300头战象，准备阻挡马其顿人。毫无疑问，这些消息都是过分夸大了的，但对士兵们造成的影响却是决定性的。官兵们多次与亚历山大商谈，向他表达自己的担忧。一些比较温和的士兵告诉亚历山大，自己不愿意再前进太远了，激进分子们则直截了当地宣布绝不会迈过希发西斯河一步。通常而言，士兵们最大的缺点便是惰性，亚历山大深知这一点，因此也总是让他们不断工作来克服惰性。可现在情况却截然不同了。

士兵们的不满爆发之后，亚历山大立刻便认清了局势。他很清楚自己的权威和人类耐力一样，都绝非无穷无尽。他知道，马其顿士兵们之所以至今都能够忠实追随自己，并不只是因为忠诚、勇敢、好战、仰慕他的军事成就或是他分享给他们的大量财富，同样也因为士兵们始终都爱戴着，而不只是忠实于自己。不过与此同时，亚历山大也很清楚士兵们手中握有的权利足以左右其决定，绝不能如儿戏般对待。最重要的是，他已经认清，人类的耐力、忍耐总是有极限的，而他的士兵们已然达到了极限。

在危险情绪失控之前，亚历山大像平常一样将指挥官们召集起来举行会

第四十三章　折返（公元前 326 年 7 月至 10 月）

议，向他们解释军队所处的地位。他告诉军官们，恒河的源头已经离他们已经不远，只要能够进抵恒河，他便能够用大洋作为征服的疆界。若不如此，任何不够可靠的疆界都必将招致叛乱或外敌入侵。他希望唤起军官们爱国的热情，对荣誉的热爱，并说是他们，而不是他自己，才是这片广大土地和财富的拥有者。不过他又说自己愿意倾听大家的意见："就好像我想要劝你们继续前进一样，你们也可以向我说明想要回国的理由。"下属们虽然爱戴亚历山大，却也同样惧怕他，而且之前也有不止一人因为仗义执言而丧命。因此在犹豫片刻之后，寇纳斯才站起身来，代表其他人诉说他们认为对亚历山大和军队都要更有利的看法。

按照寇纳斯的话来说，从希腊启程一路行军至此的马其顿老兵，现在大多都已不在军中了。这些人不是因为疾病或者受伤不治身亡，就是被留在了亚洲各地的驻防军中，而这也并不一定是他们情愿的。军中那些少数老兵自然很想要返回家乡，回到父母、妻子和孩子身边，享受自己用勇敢和艰辛所换来的果实。寇纳斯向亚历山大建议说，如果他想要征服更远的地区，就应该先返回后方，整顿自己庞大的疆域，等到时机成熟时再率领一支更加年轻的军队重新出发远征。"国王啊，在成功之中保持自制，才是最高尚的品德。因为有您领导我们这样一支军队，敌人是不足为惧的，但众神却总是阴晴不定，任何人都应该谨慎对待。"因为寇纳斯的发言代表了军官们的看法，因此也得到了众人的喝彩。按照寇蒂斯的说法，其他一些军官也表达了相同的看法。

史学家们通常认为上述这些说辞，就是亚历山大从希发西斯河返程的全部理由。但从斯特拉堡和狄奥多拉斯的记载中，我们却能找到更深一层的原因，即军队已经因印度多雨的气候，在身体、精神以及士气等方面完全筋疲力尽了。狄奥多拉斯曾引用克里塔库斯（Clitarchus）的记载——后者的著作虽然常常失实，但对细节的描述却十分可信——"军中马其顿士兵已经所剩无几，几乎完全消失，战马也因漫长行军而只能跟跄前行。士兵的武器在无数战斗中破损磨钝，全军中已经找不到任何希腊服饰了，士兵们只能将从野蛮人和印度人那里抢来的零碎布块拼凑起来，当作这些世界征服者的遮体之物。整整 70 天时间里，倾盆大雨夹杂在风暴和雷电之中，从天际如注而下。"

任何人只要曾经历过在暴雨中作战的情况，都能对马其顿士兵们的绝望之情感同身受，理解他们为何不愿继续前进，因为即使是抗命的后果，也已经比不上环境的艰险（1864年弗吉尼亚的惨烈战役之后，美国士兵也曾出现同样的低落士气）。与此相对，亚历山大并没有像后来在俄庇斯那样，处罚抗命的马其顿士兵，强迫他们服从命令，而是做出了让步。因为他不仅清楚地知道士兵们享有的权利，同样也了解他们对自己的忠诚和爱戴，以及他们可怜的境况。官兵们这一次抗命不遵的行为，是有着充足理由的。

可无论如何，亚历山大都为寇纳斯代表军队所说的话语感到不安。第二天，他再次召集会议，宣布要让那些想要回家的士兵退伍，他则继续带着忠实于自己的士兵前进，好让那些退伍士兵去对家里人说他们把国王抛在了敌军包围之下。可是马其顿士兵们却也认清了自己的力量，虽然为这些话语感到难过，却没有动摇决心。亚历山大只好从众人面前退入自己的营帐，在那里停留了三天之久，克制着自己的愤怒，并认为自己能够再一次利用这种手段改变士兵们的心意。最终亚历山大不得不承认，事态已经超出了他的控制，自己只能顺应民意。牺牲也显示出继续前进的不祥之兆，不利于继续前进。当然也有可能是祭司受亚历山大指使才说出这些话语，使国王能够找回一些面子，说是众神，而不是人类迫使他放弃前进的。此时他已经看到，军队不愿再追随自己，他本人也只好率军返乡。亚历山大向全军宣布这一决定时，士兵们欣喜若狂，大声呐喊着支持他。士兵们围绕在亚历山大的营帐四周，祈求众神保佑自己的国王——"因为除这些士兵们自己以外，从未有任何人能让亚历山大屈服"。

根据寇蒂斯和狄奥多拉斯的记载，亚历山大曾试图说服军队继续远征。为此他放纵士兵们去抢劫友邻国王费格乌斯的领地，与此同时，亚历山大又给随军的大批军人妻子赠送了大批礼物，其价值相当于一个月的军饷。当士兵们满载着赃物回到军营中时，亚历山大没有与军官们召开会议，而是直接当众劝说士兵们继续沿着他已经开辟出的道路前进。不过以上记载很可能并非事实，阿里安的记载要更为可信，因为后者参考的资料也要远为可靠。

事实上，亚历山大此时也必须踏上返程之路了。由于他距离位于泰尔的

第四十三章　折返（公元前326年7月至10月）

作战基地已经远达9000英里,[①]士兵们已经濒临崩溃,而且在他长期征战期间,很多后方总督的忠诚也已经发生了动摇。后来当他回到帝国中心地带之后,便发现自己必须对诸多总督加以惩罚,而其精心建立起来的帝国体系也已经因缺乏统一治理而摇摇欲坠。假如亚历山大真的率军进抵恒河,即使他尚能返程,帝国也将早已不复存在。若考虑到他想要进抵恒河就必须穿越一片巨大的沙漠,亚历山大也根本不可能带着已经发生了动摇的军队抵达恒河,就连他自己那无穷的精力,可能也无法挨过这样一场战役。更重要的是,由于亚历山大在五河之地采用了与先前完全不同的方式来组建政府,很可能他征服恒河的计划原本便是心血来潮。

亚历山大在印度留下了四位独立的王公——波鲁斯、塔克西勒斯、索培西斯以及费格乌斯。其中前二者手中掌握的土地十分广大,后二者则是制衡他们的平衡力量。若以疆界而论,印度河西岸的高加索山脉要远比印度任何地区都更加合适。亚历山大在五河之地所采取的政治策略,目的可能与他利用巴克特里亚和索格迪亚纳来阻挡查可萨提河以远的西徐亚部落相同。可能他只是想带领一小部分精锐部队去对恒河地区进行突袭,但他是否早已下定决心返程,而留下这些盟友去镇守印度河这条帝国东疆却无从得知。不过,马其顿士兵的抗议本身已经足以使亚历山大放弃一贯的执念,不再试图进入印度腹地。

此时正值8月末。[②]为纪念英雄停住征服脚步的地点,纪念国王和军队的功业,并向一直庇佑着自己的诸神献祭,马其顿人在当地建造了十二座祭坛,其形式与大型攻城塔相似,但要更为宽阔。同时他们也举办了盛大的祭祀、宴会和运动会。在此之后,亚历山大将这片土地也交给了波鲁斯,自己则率军跨过海德劳提斯河,向阿塞西尼斯河退去,赫菲斯提翁奉命在那里建造的城市也已经完工了。一如既往,亚历山大让一些印度人自愿在此定居,并留下了不再适宜作战的希腊佣兵,同时给他们也留下了充足的资财。毫无疑问,亚历山大

---

① 这一点似乎应该算是一个错误。从泰尔出发之后,亚历山大在巴比伦、苏萨、波斯波利斯、巴克特里亚等地都已经建立了新的作战基地。

② 从这个时间上来看,我们也不难想象,在印度次大陆的热带气候中,时间又正值盛夏,来自爱琴海温和气候地区的马其顿士兵为何不愿继续前进。

也给这座新城里的居民大量金钱来作为搬迁的补偿金。

此时大雨已经休止，土地也开始变得干燥，农田将原先被洪水淹没的土地染成了绿色。士兵们不仅因即将返回家乡而兴奋不已，也同样为当地的富饶景象感到欣慰。

阿比萨瑞斯的兄弟也在此时觐见了亚历山大。他带来了大批礼物和30头大象，并向国王辩解阿比萨瑞斯为何没有亲自前来。亚历山大接受了这些借口，并任命阿比萨瑞斯继续担任其原有国土的总督。[1]现在他已经没有时间再去用远征惩罚阿比萨瑞斯了，而且塔克西勒斯和波鲁斯也足以将其压制住。附近地区的王公阿萨西斯（Arsaces）也同样向亚历山大有条件投降，后者则将这片土地划给了阿比萨瑞斯治理，另外他也为二者如何向他进贡做了周密安排。

之后亚历山大回到了海达斯佩河，由于布塞弗拉和尼卡亚的城墙因没能挡住流速极快的河水而倒塌，他在那里也花费了一些时日来修复这些损伤，并将城墙建筑得更加坚固可靠。哈帕拉斯从希腊带来的6000名骑兵、30000名步兵援兵也在此处与他会合，同时他还带来了25000套甲胄和大批药品，而后者正是士兵们所急需的。如果亚历山大能够早些得到这批援兵和药品，他可能已经成功劝说全军渡过希发西斯河了。

尽管史学家们声称亚历山大因不可避免的撤退决定而极为失望，但他还是立刻便开始巩固征服果实，并为此投入了不亚于征服印度全境的精力。他决心依照最初的计划，沿印度河顺流而下，征服下游的居民，并最终沿海岸线驶往巴比伦。此前他听说印度河沿岸一些以马里人（Mallian）和欧克西德拉卡人（Oxydracian）为首的部落已经做好准备抵抗马其顿军队。如果亚历山大不能从自己所占据的源头地带，一路占领直到入海口的印度河全境，他便无法永久性地占领这条大河。另外，如同以往，在这些土地上建造城市，传播希腊文化也在亚历山大的计划中占据着一席之地。

---

[1] 事实上亚历山大与阿比萨瑞斯之间无论是臣属关系还是这项总督任命，都完全是有名无实，而亚历山大对此也肯定是心知肚明，因此对阿比萨瑞斯的权力既未作任何更改，也没有向其领地派遣马其顿驻军。

第四十三章 折返（公元前326年7月至10月）

最后亚历山大决定沿海达斯佩河顺流而下进入印度河，之后即沿着印度河一路驶向出海口。为此他下令建造大量船只，其中包括大批三十桨船，即使较小的船只也拥有一排半划桨。其中一些没有甲板的平底船用来运载马匹，其余船只则用来装载士兵、炮兵以及辎重。军队中大量的腓尼基人、塞浦路斯人、卡里亚人以及埃及人则充当了造船工人和船员的角色。

无论手中的情报是何等不可靠，亚历山大也还是能从中认清一些真相并不断前进，这都说明他具有过人的精力和胆识。可是当他看到印度河中的鳄鱼以及阿塞西尼斯河两岸盛开的莲花，却错误地认为自己已经发现了尼罗河的源头，因为这些生物此前只在尼罗河出现过。亚历山大麾下大批有识之士，也不曾有人指出他的错误。直到发现波斯湾、南阿拉伯半岛以及红海等地的存在之后，他才认清了这一错误。

希罗多德告诉我们，早在公元前7世纪，尼考斯（Nechaus）就曾率领舰队从红海出发，用三年时间环绕利比亚航行一周。另外在公元前512年，叙斯塔斯佩斯之子大流士也曾让卡里亚希腊人西拉克斯（Scylax）带领自己的船只，从印度河出海向西航行到了红海。不过所有这些记载都非常模糊，亚历山大可能也没有认清其意义所在。

在此期间，寇纳斯也过世了，亚历山大依照环境允许的最盛大仪仗将其厚葬。部分史学家声称亚历山大始终记恨寇纳斯在希发西斯河为士兵仗义执言，迫使他放弃进一步远征。这种说法与亚历山大的性格并不相符。这位国王虽然易怒，却从不记仇。而且寇纳斯作为指挥官也在整个远征过程中表现出色，更在海达斯佩河会战中起到了举足轻重的作用，亚历山大绝不会忘记他的这些功劳。

作为离开五河之地前的最后一项工作，亚历山大让波鲁斯做了海达斯佩河以东所有被征服土地的国王，据称包括七个国家，超过2000座城市。同样，塔克西勒斯也得到了自己土地的宗主权。另外，他还定下了索培西斯、费格乌斯、阿比萨瑞斯等小独立王公与两位大王的关系，而且对进贡数额也都做了规定。

在此之后亚历山大便将手中的船只集中了起来，总计有大约80艘三十桨船、200艘运马船以及700艘其余各种新旧船只。如果按照阿里安引用托勒密的记载，船只数量总数将近2000艘。在所有这些船只中，只有33条较大的战舰，而亚历山大也就将这些战舰当作荣誉位置，交给了33位最优秀的手下，在此之中有27位马其顿人，包括7位侍从武官、年近80的朴塞斯塔斯、方阵指挥官克拉特鲁斯、阿塔拉斯、持盾兵指挥官尼阿卡斯、平民身份的拉俄墨冬以及后来率舰队环航阿拉伯海的安德罗斯提尼（Androsthenes），其余还有一些并不太著名的人物。在希腊人中，则包括书记长欧迈尼斯以及国王近臣米迪厄斯（Medius）；外乡人中，波斯的巴高斯（Bagoas）和塞浦路斯国王的两个儿子也被授予这一荣誉。安排妥当之后，亚历山大亲自率领持盾兵、阿吉里亚人以及近卫骑兵等大约8000人在盛大仪式伴随下登船。随营者和辎重则占据了绝大部分小型船只。

　　舰队在11月初起航。克拉特鲁斯率领着部分骑兵、步兵，在印度河西岸沿陆路掩护舰队，赫菲斯提翁则率领着一支包括200头战象在内的部队掩护东岸。这两支部队都以轻装进发，规模也与现代野战军相似，在40000人到50000人之间。亚历山大亲率的舰队能够随时登岸支援两岸任何一支部队，而且也可以方便二者渡河。克拉特鲁斯和赫菲斯提翁奉命向索培西斯（此人并非亚历山大麾下那位同盟盟友）位于下游三天路程处的都城快速前进，巴克特里亚与印度河之间地区的总督脾力受命作为后卫跟随在两支陆军背后。尼萨人提供的骑兵则在获得优厚封赏后被送回家乡。舰队总司令由尼阿卡斯担任，亚历山大本人的御舰则由欧奈西克瑞塔斯（Onesicritus）负责驾驶。阿里安对舰队的行动有着十分生动的描述：

　　"当一切准备就绪后，部队在黎明时开始上船。亚历山大按照惯例举行献祭，并按照祭司的建议也祭了海达斯佩河。他上船时，还用金杯向河里洒了祭酒，祈求海达斯佩河和阿塞西尼斯河保佑。因为他听说阿塞西尼斯河是海达斯佩河最大的支流，而且两条河的交汇处距此不远。另外，他也祈求印度河保佑自己，因为阿塞西尼斯河和海达斯佩河最终都会汇入印度河。然后他又向先祖赫拉克勒斯、阿蒙神以及他经常祭祀的那些神祭酒。最后，亚历山大才下令号兵吹号起航。各部队听到号声后即开始按顺序起航。辎重船、运马船和各种战船之间必须保持的距离，事先都已作了明确规定，以免秩序混乱，互相碰撞。即使是那些航速最快的船也不许擅自离队。这么庞大的一支舰队，在同一瞬间一起开始划桨，水手头领们高喊着起桨落桨的号子，成千上万的划桨一同

第四十三章　　折返（公元前326年7月至10月）

拨动水面，划桨手也哼着小调。这个大合奏听起来实在不同寻常。河岸常常会高过船体，从而使这乐曲仿佛从巨大的喇叭中发出，在两岸之间不断回荡，听起来更加响亮。河流两侧不时有幽谷出现，舰队经过时，山鸣谷应，声音愈发饱满高亢。运马船上的那些马匹，从离河很远的地方便能看清。在印度，人们从来没有见过船上装马这种事（印度部落回忆不起狄俄尼索斯远征印度时是否也是坐船来的），他们现在看到船上的马匹，感到十分惊奇。因此，在舰队出发时来看热闹的人成群结队地跟着舰队沿河走了很远的路。早已归顺亚历山大的那些人，听到划桨手的喧闹和划桨击水的声音，也都跑到河边跟着走，还唱着他们自己的民歌。印度人确实是最喜欢音乐的民族。自从狄俄尼索斯的时代以来，那些曾跟他一起狂欢过的人民也都十分热爱舞蹈。"

　　登船三天之后，亚历山大抵达了与赫菲斯提翁和克拉特鲁斯会合的地点，并在那里等待了三天时间，以便腓力能够赶上来。寇蒂斯说亚历山大此时总共拥有12万部队，普鲁塔克则说他拥有12名万步兵和15000名骑兵。这也是自阿贝拉会战之后，首次有史料提及亚历山大的部队数目。另外，史料中也提及了一部分旅级部队的指挥官姓名，其中包括寇纳斯、波利伯孔、阿西塔斯、阿塔拉斯、格尔吉阿斯、克雷塔斯、巴拉克鲁斯、腓力、培松以及安提贞尼斯。与亚历山大会合后，为确保阿塞西尼斯河西岸的安全，腓力跨过了阿塞西尼斯河，并开始沿河向下游前进。赫菲斯提翁和克拉特鲁斯也收到了新的命令，让他们向内陆继续深入，并在沿海达斯佩河南下时，沿途攻打或招降当地部落。"他本人仍旧乘船沿海达斯佩河顺流而下。这条河因渐趋下游，宽度从未小于20斯塔德。舰队遇到适宜的地点就靠岸停泊。一路接待了两岸许多主动归降的印度部落。另外还有一些在抵抗之后，也选择了投降。"（引述自阿里安的记载）

第四十四章
马里人的战役（公元前326年11月至公元前325年2月）

  亚历山大获悉，印度部落中人数最多也最好战的马里人和欧克西德拉卡人已经将家属和财宝转移到了他们最坚固的城市之中，并且也在进行大量准备来阻挡亚历山大从自己的土地上经过。寇蒂斯认为他们两个部落相加，总计拥有90000名步兵、10000名骑兵和900辆战车。亚历山大急于在对方完成准备工作之前便发动进攻，因此在第二次起航之后仅仅五天，他便抵达了海达斯佩河与阿塞西尼斯河的交汇处。这两条大河的河水涌入一条高耸峡谷之中，流速变得很快。很多船只因为水流中的漩涡和暗流受到损伤，高速的水流和恶劣的河床几乎使整个舰队毁于一旦。被称为圆船的运输船，虽然结构上显得难以操纵，却能相对轻松地通过这片流域。而长船，也就是战舰，却因下层划桨经常被河床绊住而叫苦不迭，甚至还损失了不少人员。就连亚历山大自己的座舰都险些被河水吞没，他甚至都已经脱掉了披风和上衣，随时准备跳水逃生。由于大量船只受损，亚历山大也不得不暂停航行数日以维修损伤。在这块危险流域的下方，也刚好因河流向西转弯而形成了一片岬角可供亚历山大下锚，他也在此处收容了大量船只残骸和士兵尸体。

  亚历山大已经抵达了马里人领地的边界上，这片土地本身则位于阿塞西尼斯河与海德劳提斯河交汇处以北。由于这里完全是一片沙漠，没有水源，因此马里人认为亚历山大将会继续顺流而下，抵达两条河流交汇处之后再转向朝着北方前进来攻击自己。不过亚历山大却决心出敌不意，横跨沙漠发动进攻。

维修舰队期间，亚历山大听说距离西岸30英里处一个名为希拜（Sibae）的部落准备渡河赶去支援马里人。他们虽然人数多达4万，却很轻易地即被亚历山大亲自率兵击败，首府被摧毁，土地也被化为焦土以儆效尤。在此之后，亚历山大重新与舰队和副将们会合。克拉特鲁斯已经率军进驻了亚历山大的营地，赫菲斯提翁和腓力也已经抵达了两河交汇处的三角地带。

为了让马里人无路可逃，亚历山大将全军分成了数支部队。腓力部队、波利伯孔的方阵步兵旅以及从舰队中被调到阿塞西尼斯河（海达斯佩河与阿塞西尼斯河交汇后即被统一称为阿塞西尼斯河）西岸的马弓手和战象都被分派给了克拉特鲁斯。尼阿卡斯率领舰队首先顺河流而下，克拉特鲁斯在三天之后也开始前进。这支水陆联合部队将在西岸为日后的行动打下一片作战基地。按照计划，尼阿卡斯应在临近海德劳提斯河与阿塞西尼斯河交汇处的下游地区登陆西岸，阻截附近部落从沙漠以南为马里人提供支援的可能，同时也负责阻挡马里人从这条道路逃亡。其余部队则被分成三个部分。亚历山大亲率一部穿越沙漠对马里人发动直接攻击。这支部队包括持盾兵、弓箭手、阿吉里亚部队、培松的方阵步兵旅以及一些马弓手和半数的伙伴骑兵。他希望能够借此奇袭马里人，并切断他们与卡萨亚人的联系，将他们赶向海德劳提斯河河口的马其顿阵地。赫菲斯提翁受命沿阿塞西尼斯河东岸向南前进，其出发时间比亚历山大要早五天。这样一来，如果马里人在受到亚历山大进攻时想要沿着河道逃跑，赫菲斯提翁就可以在敌军抵达克拉特鲁斯、尼阿卡斯的阵地之前便对他们进行截击。托勒密则要比亚历山大晚出发三天，其行动路线与亚历山大相同，任务则是要预防马里人沿河向上游逃跑。以上所有这些部队，最终都将在海德劳提斯河与阿塞西尼斯河交汇处会合。

这样一来，数支部队便可以联手对付马里人：尼阿卡斯与克拉特鲁斯负责镇压阿塞西尼斯河西岸，并监视任何野蛮人的敌对行动；亚历山大负责对马里人发动正面进攻；赫菲斯提翁和托勒密分别在合适的距离上从两翼对亚历山大加以支援。必须注意的是，今日阿塞西尼斯河（奇纳布河）与海德劳

第四十四章　　马里人的战役（公元前 326 年 11 月至公元前 325 年 2 月）

提斯河（拉维河）的交汇处位于木尔坦（Multan）上游 30 英里处，但在亚历山大的时代，其位置是在木尔坦下游不远处，而且还有一条支流环绕着城镇和卫城。自那时以来，这些河流的河道便不断向西偏移，即使印度河本身也发生了大幅变化。

据记载，马里人和欧克西德拉卡人在面对敌人压倒性力量时放下了彼此的争端，同意联手抵抗入侵威胁。他们动员了 60000 名步兵、10000 名骑兵和 700 辆战车，双方还互相交换了人质。由于马里人的领地是敌军主要目标，欧克西德拉卡人被迫离开家园前往马里人的土地。按照原定计划，两方的联合部队将凭借沙漠掩护与亚历山大周旋。可是由于双方无法在指挥官问题上达成一致，导致同盟破裂，在联合抗战的计划破裂之后，两个部落的野蛮人就已经分

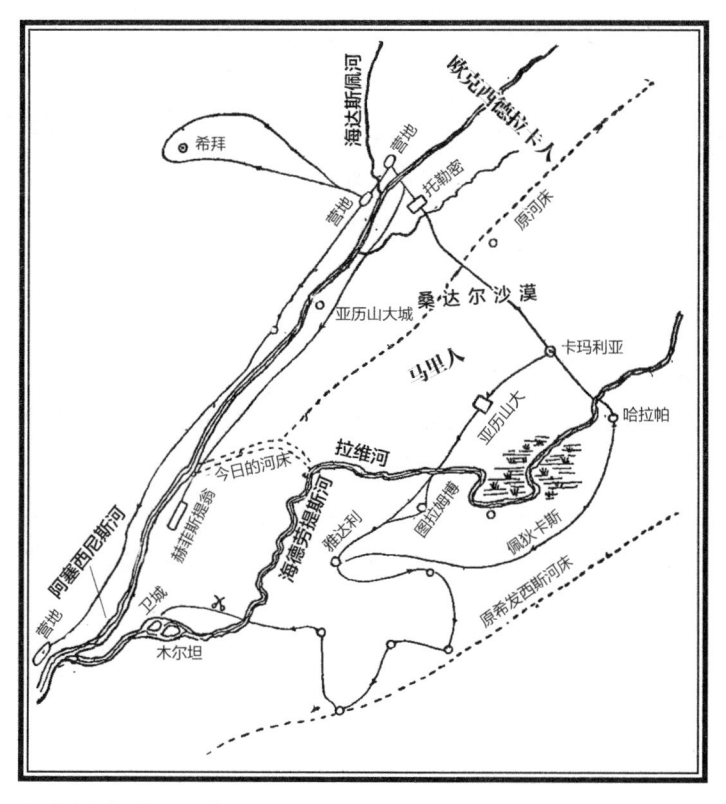

◎ 进攻马里人的战役示意图

别撤进了各自的要塞（按照阿里安的说法，自由印度人互相之间极为嫉妒）。尽管这种说法的来源并不明确，但与后面发生的事件却能够互相吻合。

启程的第一天，亚历山大花费半天时间前进到了距离阿塞西尼斯河12英里（100斯塔德）的一条小溪，可能是距离今日奇纳布河11英里的阿叶克河。获悉这条小溪将是他们跨过沙漠、抵达马里人城市之前最后一处水源，亚历山大就让士兵们在此稍事休息，并命令他们将所有能找到的容器都装满水，以便做好穿越沙漠的准备。从这条小河出发之后，亚历山大在当天和当晚接下来的时间里没有停顿，连续行军了45英里（400斯塔德）。对于24小时的行军来说，这一距离要算是非常可观了。为奇袭印度人，亚历山大对于道路计算得非常谨慎，敌人根本没有想到他会从这一方向前来。即将到达目的地时，亚历山大带领骑兵赶到方阵前方，很快抵达了桑达尔沙漠（Desert of Sandar）边缘的马里城市阿伽拉萨（Agallassa，即今日的卡玛利亚城）。

历来总是有大量学者试图判明亚历山大每次行军的目的地。其中一些地点很容易判明，但另一些地点又总是会与不同史学家的记载存在冲突。英国皇家工兵将军亚历山大·坎宁安（Alexander Cunningham）在《古代印度地理》一书中所做的分析，似乎要算是最为可靠的。他对亚历山大行军路线的考证始于科芬河源头，终于印度河三角洲，十分辛苦而富有智慧。[①]可即使是他也不得不承认，自己在考证中遭遇了太多困难。可话虽如此，他所考证的道路还是要比任何人都更精确。公元7世纪中国僧侣玄奘在游记中曾记载了亚历山大所建城市在当时的状况，这也使坎宁安受益匪浅，对其考证大有裨益。

野蛮人对亚历山大的行动是如此缺乏准备，再加上城市本身无法容纳所有人口，当亚历山大到达时，大部分人都还手无寸铁地留在城外。他们根本没有做好抵抗的准备，只能任凭马其顿人宰割，因此被大批大批地砍倒，幸存者也被赶入城内。亚历山大立刻用骑兵在城外组成一条封锁线，等待步兵到达后再行攻城。

步兵到达后，亚历山大派遣佩狄卡斯带着他自己和克雷塔斯的骑兵中队

[①] 这位坎宁安将军曾亲自前往印度考察，因此他的考证和分析也确实是最具说服力的。

第四十四章　马里人的战役（公元前326年11月至公元前325年2月）

以及阿吉里亚士兵去封锁附近另一座马里城市，等候亚历山大亲自前去进攻。按照坎宁安的说法，这座城市即是卡玛利亚城东南16英里处的哈拉帕。亚历山大严禁佩狄卡斯攻城，以免其陷落使整个地区的野蛮人都变得警觉起来。一切安排妥当之后，亚历山大便开始进攻阿伽拉萨的城墙。敌军根本没有做任何抵抗的尝试，在被矢石杀伤大量人员之后，部分野蛮人撤退到了卫城中，大部分人则逃到了树林里。由于卫城建造在一座十分难以攀登的高地上，马其顿人虽然反复发动小规模进攻，但还是能被马里人英勇击退。不过在亚历山大下令进行总攻并身先士卒领导进攻、在各处鼓励士兵之后，士兵们也在其影响下英勇奋战，将卫城攻克，2000名守军也被全数杀死。

佩狄卡斯抵达了另一座城市，却发现那里刚刚被居民遗弃。他立刻进行追击，杀死了大量逃亡者，不过大部分野蛮人还是逃到了海德劳提斯河河岸的沼泽地中。

亚历山大让士兵休整片刻，随后便带着骑兵赶去追击从阿伽拉萨和另外那座城市中出逃的马里人。他凭借快速的夜间行军，当夜便抵达了海德劳提斯河。在那里，他找到了一些逃亡者，将他们全部杀死。之后亚历山大又从当地渡河，击溃了马里人的后卫，斩杀、俘虏了大量敌军。幸存者则全部逃入了附近一座设防城镇（今图拉姆博），那里无论是自然条件还是工事都非常坚固。等到步兵抵达，亚历山大就命令培松带领方阵步兵旅和两个中队骑兵去攻击这座城镇。培松攻陷城镇之后，将所有性命尚存的敌人都卖作奴隶。

对史学家而言，他们很自然会对这种灭绝性战争的必要性产生怀疑。而即使从我们军人的角度来看，也不得不承认它们确实有失文明。但我们必须记得，亚历山大生活的时代并不像如今这样重视人命。即使是希腊人牺牲也不会获得太多重视，更何况野蛮人的性命。可能亚历山大在当时从没有在残酷或人道问题上受到过指责，因为当时根本不存在人道法则可言。而且，当我们考虑到，在基督教已经传播了14个世纪之后的现代国家的所作所为，就很难再像普通人那样说亚历山大天性残酷、嗜血或酗酒了，反而会认清他只是在循着清晰明了的军事政策行动而已。或许亚历山大根本没有权利去征服他国，可无论这种说法是如何有道理，亚历山大一旦踏上征程，就必须在军事方面表现出足够的明智。

在培松进攻那座城镇的同时，亚历山大亲自率军对一座婆罗门人（Brahmin）的城市（可能是今日的雅达利，位于图拉姆博西南20英里处、木尔坦东北30英里处）进行远征，因为一些马里人逃到了那里。抵达当地之后，亚历山大立刻将方阵推进到城下去挖掘地道破坏城墙。印度人认为城墙无法长久抵挡马其顿人攻击，守军也无法抵挡轻步兵的矢石攻击，很快便撤进卫城，试图在那里重新集结抵抗。马其顿人紧追在后，甚至有一部分人跟着野蛮人冲进了卫城。虽然他们没能在卫城内获得立足点，但坑道工很快便投入工作，摧毁了附近的一座箭塔。亚历山大随即下令发动进攻。但当马其顿人前进到缺口时，却遭到了对方激烈抵抗。为催促前进，亚历山大又如同以往一样冲到了最前线，一马当先登上城墙，立刻便率军攻克了卫城。英勇的敌军将家园放火烧毁，站在屋顶上向马其顿人发射矢石、投掷火把，直到大火将自己烧死为止。全城有5000人死亡。就好像基督教一样，希腊文明的人道理论也总是靠鲜血才能够传播出去，这无疑是既奇怪又令人悲伤的。可诚如伏尔泰（Voltaire）所言："即使如此，亚历山大建立的城市，都还要比其余征服者摧毁的更多。"

尽管士兵们已经经历了连续五日的行军战斗，亚历山大却还是一连一天休整时间都不给他们，立刻便抖擞精神去进攻其他马里部落，因为他深知如今的劳苦能够换来日后的安宁。不过他也发现，野蛮人已经从几座城市中逃进了沙漠。亚历山大摧毁了所有这些城市，让士兵们休整了一天。由于海德劳提斯河岸的树林、沼泽中仍有大量逃亡者，他之后又派遣培松的方阵旅和德米特里厄斯的骑兵以及部分轻步兵，回到那里沿着上下游去俘虏他们。这一工作完成得十分彻底，所有不愿投降的人都被俘虏或者杀死。

在分兵肃清后方敌军的同时，亚历山大本人又率领其余部队前去进攻据称是马里人最大的城市（可能就是木尔坦），很多其他城镇的居民此时也已经逃到了那里。这座城市原本位于赫菲斯提翁的行动路线上，但后者要么是没有收到命令，要么就是兵力不足以将其攻克。鉴于马其顿人的恐怖名声，当地居民已经放弃了城市。但似乎这些人中最勇敢的一部分并不认为自己会战败。他们渡过海德劳提斯河溯游而上，来到西岸一个最有利的渡口。他们占据着较高一侧的河岸，试图在那里阻止亚历山大渡河，保住至少一部分领土和自己的都城。

获悉对方的意图之后，亚历山大凭着一如既往的大胆，仅领导着几个骑

第四十四章　马里人的战役（公元前326年11月至公元前325年2月）

兵中队便冲进河水之中，渡过去进攻敌人，准备与对方展开白刃战。印度人看到对方仅凭如此少量的人马便能如此勇敢地行动，惊讶不已，不等位于最前方的亚历山大踏上河岸，便放弃了自己的阵地逃向内陆，而亚历山大也就在他们背后紧追不舍。直到后退了一段距离之后，对方才终于认清追击者人数之少（大约只有400到500名马其顿骑兵，而印度人却多达5万），转过头来以密集队形组成一个非常勇敢的正面，开始攻击敌军。此时情况危急，但亚历山大对此也习以为常。马其顿人的优势在于队形紧凑、行动迅速，而他们所在的平原地带也有大量机动空间。亚历山大没有以横队与印度人对敌，而是迅速将部队改换成纵队，环绕对方行动，只要敌军露出破绽便从侧翼或后方攻击他们。每次冲锋之后，马其顿骑兵都能以良好的秩序后退整理队形，之后再重新发动冲锋。与之相比，印度人则显得行动迟缓。此时马其顿人的轻步兵也已经抵达战场，正快速渡河的方阵也在不久之后显露出了自己的先头部队。印度人失去了勇气，在被追击者杀伤了大量人员之后撤回到了城镇的卫城中。亚历山大始终紧追在后，在抵达城镇之后，就在卫城下与对方交战。依照行动速度，首先是骑兵与对方战斗，之后步兵也加入进来。在此之后，由于步兵已经因艰苦行军而精疲力竭，骑兵不仅行军同样艰苦，更与对方进行了激烈战斗，亚历山大给了部队4个小时的休整时间。

　　第二天一早，亚历山大将部队组成两个突击纵队，他自己亲率其中一个纵队，佩狄卡斯负责指挥另外一个。印度人对城墙的防御并不稳固，全部撤进了卫城之中。这座卫城本身十分坚固，周长在1英里左右，拥有数座箭塔，海德劳提斯河自卫城旁流过。整座城镇的周长据说在5英里左右，从中央被海德劳提斯河的支流一分为二。史料中并未提及卫城是否被河水环绕。我们对于整个战役的地理环境，都将以坎宁安的考证作为依据。亚历山大迅即打破了一个城门进入外城，但佩狄卡斯由于缺乏攻城梯，无法跟上国王的速度。进抵卫城之后，马其顿人立刻开始挖掘地道破坏城墙，攻城梯也被送到了此处。亚历山大一如既往地缺乏耐心，当他看到工程进度不及他的希望之后，立刻抓起最先被送来的两架攻城梯之一，将它搭靠在城墙上，举着盾牌阻挡矢石，第一个登上城墙。紧跟在他后面的则是朴塞斯塔斯和列昂纳托，前者负责在战斗时为亚历山大背负从特洛伊雅典娜神庙带来的防盾，后者则是亚历山大的侍从副官之

• 亚历山大战史

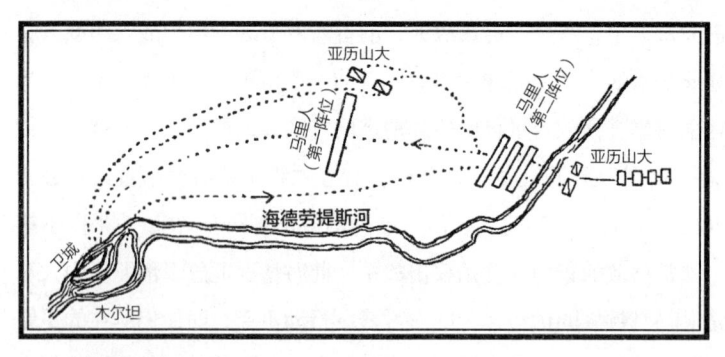

◎ 对马里都城的进攻示意图

一，因勇敢而领取双倍军饷的阿布里亚斯（Abreas）则从另一架攻城梯登上城墙。除此两架以外的攻城梯则行动缓慢。野蛮人因亚历山大的英勇节节后退，亚历山大爬上城墙，亲自杀出一片立足点。所有这些事都发生在转瞬之间。由于担心亚历山大的安危，持盾兵拥挤着登上两架攻城梯，最终压垮了它们。亚历山大被孤立在了城墙上，身边只有朴塞斯塔斯、列昂纳托和阿布里亚斯。但亚历山大仍然十分坚定英勇，所有接近他的敌军士兵无一不倒在其剑下。野蛮人从盔甲和头盔的白翎上认出了亚历山大，向他发射出大量矢石，想要将他置于死地。城下的马其顿士兵们恳求亚历山大跳下城墙，他们也准备好用手接住国王。不过这位阿喀琉斯的后人没有后退一步，一边高喊着让所有爱戴自己的士兵们跟随自己，一边带着三位同伴跳到了城墙里面，背靠着城墙防御自己。在很短的时间里，亚历山大便杀死了大批印度人，甚至还杀死了敢于与自己决斗的印度首领。不过在此过程中，阿布里亚斯因头部中箭阵亡，亚历山大也在同时被一箭射穿了胸甲，射伤了肺部。可即使如此，直到他因失血过多而力竭为止，还是能英勇地战斗，就好像是一头受伤的狮子一样。他身边的士兵也同样英勇，朴塞斯塔斯用圣盾掩护着国王，列昂纳托则手持短剑砍杀每一位近前的士兵，两人也都身负重伤。在任何人看来，这三人都是大限已至。

马其顿士兵此时也终于架起了新的攻城梯，一部分人攀爬梯子，一些人互相抬举着，另外一些人则把钉子打入城墙的泥土或砖块之间登上城墙，陆续跳进城内，围绕在已经了无生气的亚历山大身旁。其余士兵们则从城门攻入城

第四十四章　马里人的战役（公元前326年11月至公元前325年2月）

内，赶来救援。他们虽然人数不多，却勇不可当。印度人根本抵挡不住这些因国王受伤而怒吼着冲上前来的敌人，对这些人而言，他们爱戴的国王无异于人神。印度人被从亚历山大身旁驱离，国王也被抬回到营帐之中。马其顿人认为国王必将重伤不治，不分男女老幼，将城内所有居民屠杀殆尽。

事实上，虽然亚历山大确实身负重伤，但凭借着过人的体格，再加上科斯岛的克里托德摩斯（Critodemus）精心医治，亚历山大终于康复，全军也因此欢腾不已。在国王性命堪忧期间，全军上下弥漫着对局势的绝望情绪。因为亚历山大始终是全军的核心、动力源泉以及掌舵者。如果没有这位国王，他们又该如何是好？他们又如何才能回到家乡？全军每一位士兵都感到，除国王以外再无一人能够领导他们，不论前进还是后退。

按照阿里安的说法，在上游海达斯佩河与阿塞西尼斯河交汇处的马其顿营地中，也就是亚历山大这次战役的出发地点，士兵们在好几天时间里都认为亚历山大真的已经殒命，只不过是军官们隐瞒事实不告诉他们。坏事传千里，下游的营地也听到了流言。士兵心中的这种恐惧很可能导致纪律崩溃。关于这一点，我还要继续引用阿里安的记载：

"亚历山大听到这些情况之后，为避免部队发生骚乱，当他感觉好一些，能够走动时，就叫人把他抬到海德劳提斯河岸，然后乘船顺流而下，到达位于海德劳提斯河和阿塞西尼斯河交汇处的营地，此时赫菲斯提翁指挥着营地里的陆军，尼阿卡斯指挥着舰队。国王乘坐的舟船驶近营地时，他马上就叫人把船尾的篷布掀开，好让人都能看见他。但是，士兵们甚至到了此时还不相信，交头接耳说运来的必定是亚历山大的尸体。直到最后小船靠了岸，亚历山大向人群挥手时，他们才爆发出一阵呼喊。有的高举双手感谢苍天，有的把手伸向亚历山大。这意外的欢欣使许多人情不自禁地流下眼泪。人们把他抬下船时，近卫军给他抬来一副担架，但他不要，叫他们把牵过马来。他骑到马背上，让大家都能看见他之后，全军掌声雷动，经久不息。河岸和附近的山谷都回响共鸣，震天动地。亚历山大到达他的营帐旁边时，从马上下来，好让士兵看到自己能够走路。于是大家从四面八方向他跑来，有的摸他的手，有的摸他的膝盖，有的摸他的衣服，有的在附近注视着他，为他说句祝福的话之后就走开了。还有些人把当时正在印度土地上盛开的鲜花摘来撒到他身上。"

不得不说，我们很难确认关于木尔坦是否就是"马里人城市"，也就是亚历山大受伤之处。马其顿本营位于河流交汇口，距离木尔坦下游不过12英里，而士兵们却明显无法确定亚历山大是像传言一样已经身死，还是仅仅受了重伤。从阿里安的描述中，我们也能感到"马里人城市"似乎应位于上游更远处。更重要的是，赫菲斯提翁此时就在营地之中，与尼阿卡斯共同指挥大营。赫菲斯提翁从上游营地沿河流西岸向下游前进的进军路线一度与木尔坦非常接近，可他既没有占领所谓"马里人城市"，也没有对它发动进攻，甚至没有将它封锁起来或是与亚历山大合兵一处，他甚至不曾去看望国王的伤情。所有这些实事，都显示"马里人城市"似乎应位于上游更远处。但坎宁安将军曾亲身前往当地，而且详细对比了各方记载，若没有与他相当的知识，我们也很难得到更可靠的结论。

这一事件过后，军官们集体向亚历山大进言，试图说服他不要在未来战斗中还像以往那样鲁莽，以免再次出现这种波及性命的危险。克拉特鲁斯代表军官们向他建议，即使将领们确实无人能够在体力、武艺和英勇方面与他相比，以后也应将这种冒险留给他们去做。亚历山大听从了他们的建议，但按照阿里安的说法，私下里却对此感到不满："因为他在战斗中总是急不可耐，而且也总是想要得到更多荣誉，这都导致他缺乏使自己远离危险的自制力。"

此时一位年老的玻俄提亚人看到亚历山大流露出不平的样子，于是走到亚历山大身边，引用一部现已失传的埃斯库罗斯（Aeschylus）悲剧对他说道："亚历山大啊，伟业源于艰辛！"这句话立刻得到亚历山大的赞赏，他重赏了这位玻俄提亚人，让他成为自己的至交。

马里人派遣使节来到海德劳提斯河与阿塞西尼斯河交汇处的营地中，他们已经在过去的战役中受尽了恐怖灾难，现在来到此处表示臣服。尽管他们手中大部分土地仍未被亚历山大征服，但他们已对保持独立感到绝望。欧克西德拉卡人也同样绝望，尽管他们被称为最勇敢的印度人，但也同样派遣使节表示归顺。亚历山大向对方提出，要1000名最高贵的欧克西德拉卡人作为人质，在军队中为自己服役直到战争结束。作为回应，欧克西德拉卡人向亚历山大献上了500辆战车，每辆战车可以装载两名战士。这些勇敢但也有趣的民族宣称自己从狄俄尼索斯离去之后便一直保持着自由，而如今自称神祇后裔的亚历山大

第四十四章　　马里人的战役（公元前326年11月至公元前325年2月）

确实也做到了如神祇一般的功业，因此他们才向他臣服，并献上这些礼物。①

亚历山大随即任命腓力作为欧克西德拉卡人和幸存马里人的总督，其管辖范围以波鲁斯和塔克西勒斯的领地边界为限。依据亚历山大的命令，马其顿人已经建造了大量船只，扎西瑞亚人（Xathrian）也为他提供了一些船只。他将1700名伙伴骑兵、10000名步兵、弓箭手和阿吉里亚人装载上船，在阿塞西尼斯河口，也就是五河之地的河流全部汇入印度河的地点等待佩狄卡斯率领其余部队到来。后者沿陆路前来，一路接受了大量部落的归降，只有阿巴斯塔尼亚人（Abastanian）是依靠武力征服的。

包括欧塞迪亚人（Ossadian）在内，其余一些民族也向他表示臣服，而亚历山大也就在这里建造了另一座亚历山大城，并开始建造一座船坞。在亚历山大看来，印度河与其他大河的交汇处似乎很可能成为一个繁华的市场，这座城市也成了腓力权限的最远范围。亚历山大为腓力留下了所有的色雷斯部队，以及他认为足以保证领土安全并促进当地希腊化的其他部队。罗克珊娜的父亲欧克西亚提斯也来到了此处，亚历山大任命他取代行事残暴不公的泰里亚佩斯担任帕拉帕米苏斯地区总督。

---

① 按照阿里安的原文，欧克西德拉卡人除献上战车以外，还按照要求带来了1000名人质，但后来亚历山大只留下了战车，将人质全数送还了。

第四十五章
格德罗西亚沙漠（公元前325年2月至公元前324年2月）

  克拉特鲁斯此时已经从阿塞西尼斯河流域前进到了印度河东岸，马其顿全军也都会合到了一起。由于印度河东岸没有任何山脉，行军要更为容易，而且当地还有更多部落尚待征服。亚历山大进入的省份在今日被称为信德省（Sindh），该省临近印度河的地区拥有一些农田。国王率军沿印度河向下游进入了索格迪亚人（Sogdian，又称索德迪亚人）[①]的土地，其都城（即今日的法西尔浦）也被他改建成了一座亚历山大城。另外亚历山大还在那里建造了一些作坊和一座船坞，对舰队中的船只进行了必要的修理。从此处开始，印度河的河水、沿岸居民以及土地的特征都与先前有所不同。西岸的山脉距离河流越来越远，只在一些地方留有平缓的山丘，印度河本身也分散成几条河道，其两岸遍布着富饶的低地。时至今日，该地区的情况仍与当时相似，人口稠密，物产丰富。改变最大的还要算是印度河的河道，它在这里向西转向流入印度洋。当时的印度河流经之处，今日被称为纳拉（Nara）。

---

① 索格迪亚人并非亚历山大曾经花费大量时间镇压的索格迪亚纳人。

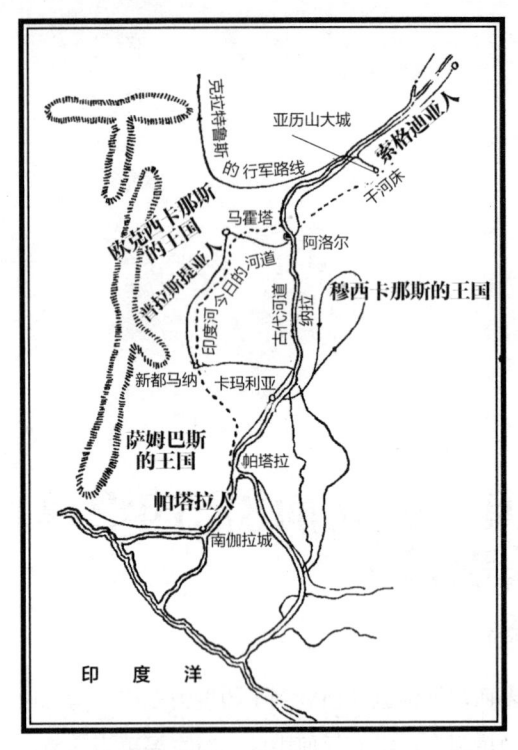

◎ 印度河下游战役示意图

除原有辖区以外，亚历山大又将从阿塞西尼斯河与印度河交汇处直到印度洋海岸的所有土地都交给了正随军行动的欧克西亚提斯管理。培松负责率领10000名士兵镇守该地。克拉特鲁斯则开始进行返程准备，以便率领残弱老兵以及沉重的行李纵列沿阿拉霍西亚、德兰吉亚纳两省返回波西斯。不过克拉特鲁斯的准备工作似乎曾发生延误，其原因可能是穆西卡那斯王（King Musicanus）有发动叛乱的危险。很明显，克拉特鲁斯在行程中出现了延误，不过无论如何，马其顿人也要算是从这里踏上了回乡之路。

从索格迪亚人的土地开始，下游并没有任何部落主动归顺。亚历山大因此感到自己仍有大量工作需要完成。他继续向下游行军，进入了穆西卡那斯的王国。此人据说是印度最富庶地区的国王（若从当地今日的情况来看，此话所言不虚），并不打算投降。对任何一位向往自由的人，都会对亚历山大认为所有王公皆会主动投降这种想法感到难以理解。可事实上，这种想法却在大部分地区都得到了实现。亚历山大的行动是如此之快，以至于穆西卡那斯得知对方已经从马里人的土地上出发之前，亚历山大就抵达了他的边境。到了此时，受到奇袭的穆西卡那斯终于决定接受不可避免的结果，亲自携带礼物面见马其顿国王，向后者道歉。一向愿意接受对方臣服以及奉承的亚历山大原谅

第四十五章　格德罗西亚沙漠（公元前325年2月至公元前324年2月）

了穆西卡那斯，在其都城（今阿洛尔）修建了一座要塞，并派驻了马其顿守军，穆西卡那斯则被任命为原有领地的总督，辖区远至今日的布腊马纳巴德（Brahmanabad）。

从这里出发，亚历山大带领着船运至此的1700名骑兵、弓箭手以及阿吉里亚部队向西深入内陆，针对普拉斯提亚人（Praestian）和不愿投降的欧克西卡那斯王（King Oxycanus，亦被称为波提卡那斯）进行了一场战役。其作战地区远至西部群山脚下，南北跨度有100英里之广。亚历山大最初遭遇的一座城市在第一次攻击之下便被攻克，战利品都被分给了士兵。第二座城市则是敌人的都城马霍塔（Mahorta，距离现代拉克哈纳10英里，距离阿洛尔40英里），该城控制着从印度河流域穿过犍陀罗、博兰（Bolan）通往伊朗高原的大路。亚历山大被迫对该城进行了三天围攻，才通过突击的方式攻陷其卫城，野蛮人的国王也在战斗中被杀。该城中原本保有一些战象，现在即被亚历山大俘获，编入其已经十分庞大的象群之中。另外一座居民最多、规模最大、最为富有的印度城市，则因亚历山大超人般的成功主动归顺了。由于这些城市早已化为废墟，它们的具体位置已经很难辨别了，而且也很少有人会去调查那些已被泥土掩盖的遗迹。在叙述该地区的作战时，我们依然遵从了坎宁安将军的考证，因为其作品相对来讲仍要算是最为可靠的。

在此之后，亚历山大被迫加紧步伐，去对付一位名为萨姆巴斯（Sambus）的国王。此人先前已经归顺亚历山大，并被后者任命为所有印度山民的总督，深得亚历山大信任。萨姆巴斯此前曾长期与穆西卡那斯交战，因此才臣服于亚历山大，并希望得到穆西卡那斯控制的上游地区。可是当穆西卡那斯获得了亚历山大的原谅和信任之后，萨姆巴斯自己反而受到了宿敌排挤，并因此决定反叛新主人的统治。可是当亚历山大率军前来后，萨姆巴斯却跨过印度河逃跑了，都城新都马纳（Sindomana，即今日的塞危）的居民开门迎降。这座城市在当时距离印度河有60英里之远，现在却因印度河改道而成为一座河滨城市。新都马纳建立在一座高地之上，周边地区十分富足，其本身的地位也十分重要。在此之后，亚历山大回到了阿洛尔下游，与舰队重新会合。

亚历山大接下来的目标是印度河附近的婆罗门城市哈马特里亚（Harmatelia，即布腊马纳巴德）。马其顿士兵挖掘了一条地道，将士兵送进

461

城内攻克了该城，一部分市民因煽动叛乱而被处以极刑。在此期间，亚历山大收到了穆西卡那斯也同样发动叛乱的惊人消息，当地马其顿驻军也已经被全数处死。自亚历山大从自己的土地上离开之后，这位印度王公便认定他再也不会回来了。另外，婆罗门人还唤起了当地人的宗教狂热。阿里安将婆罗门人称为印度的哲学家，看来也并非没有道理。他们对新统治者非常抵制，因此极力进行抵抗活动。亚历山大因这位曾受自己信任的蛮族王公的背叛行动而暴跳如雷，反向行军占领了其南部领地的很多城市，并将其中一部分化为焦土，人民被卖为奴隶，幸存的城市中也被安排了马其顿驻军。同时，培松也被派往阿洛尔以远地区去追击逃到了印度河对岸的穆西卡那斯。在将他抓获之后，培松带着犯人回到了哈马特里亚。亚历山大下令将穆西卡那斯与一批婆罗门中主要的叛乱分子一起钉死在十字架上，并将十字架竖在了公路上示众。

不过与此同时，印度河三角洲顶端帕塔里奥斯（Pataliaus）地区的国王摩埃里斯（Moeris）主动向亚历山大臣服，表示愿意听凭差遣。这立刻使印度河流域的所有抵抗行动都画上了句号。到此时为止，亚历山大终于可以宣布，这条伟大的印度河及其宽阔的支流都已经成为自己囊中之物。很难说如果亚历山大能够活下来亲自整合自己的征服成果，这些附庸国王能否与亚历山大同心同德。而在亚历山大突然去世之后，他们就立刻分崩离析了。

无论亚历山大用来制订其庞大计划所用的信息是何等有限和不可靠，他头脑中对如何完成计划都有着清晰的概念。亚历山大总是将目光放得很远，并且能正确估计这些行动的成果，在谨慎的安排之后，他又能够随机应变处理细节问题。亚历山大下一步准备前往印度河三角洲，之后再从那里启程穿过格德罗西亚沙漠返回帝国中心。从未有任何军队能够穿越这片沙漠，据说仅有塞米勒米斯曾进行过尝试，而其全军也都被沙漠所埋葬了。

为避免在穿越沙漠时出现供给不足的情况，再加上未来的作战行动规模有限，亚历山大不再需要一支大军。在亚历山大于印度河西岸作战时负责指挥大部分军队的克拉特鲁斯此时也受命启程，率领大部分部队和战象沿陆路返程。如前所述，其道路穿过阿拉霍西亚和德兰吉亚纳。在这支部队中包含有大量马其顿伤残士兵和将要返回希腊本土的希腊骑兵，同时还包括阿塔拉斯、安提贞尼斯、梅利埃格等三个方阵步兵旅以及部分弓箭手。该纵队将沿着一条今

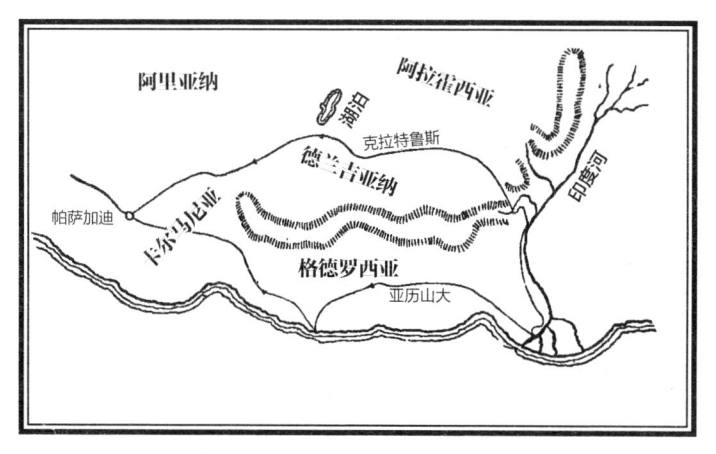

第四十五章　格德罗西亚沙漠（公元前325年2月至公元前324年2月）

◎ 克拉特鲁斯和亚历山大的返程路线示意图

日被称为博兰的道路，跨过从科芬河一直延伸到印度河西岸、将印度热带植被地带与波斯荒芜平原分隔开的山脉，返回帝国中心地带。

另外，亚历山大让克拉特鲁斯与自己分开行动还有另一重意义。由于雅利安高原上的各位总督之间麻烦、纷争不断，必须有一支军队出现才能在当地重建秩序。在从印度河向下游进军的所有部队中，归克拉特鲁斯指挥者至少有三分之一，而他也被亚历山大赋予了从阿拉霍西亚、德兰吉亚纳通过时，调和纷争，惩处失职者的权力。另外，亚历山大还特别指示他去命令临近格德罗西亚沙漠的各位总督去准备给养，在国王穿越沙漠时送去供养这支部队。

在克拉特鲁斯启程的一段时间内，亚历山大仍在乘船沿印度河向下游航行，赫菲斯提翁则率领着大部分部队沿陆路伴随其前进。与此同时，培松率领着马弓手和阿吉里亚部队肃清了东岸所有山地隘路中的敌对部落，保护全军侧翼。三支军队以帕塔拉（Patala）作为会合点，各自都确保了所过之地的安定。由于过去2000年中印度河三角洲地区河道变化太大，现在我们已经无法确定帕塔拉的具体位置，只能估计为今日的海得拉巴（Haiderabad）。

在抵达帕塔拉之前，亚历山大便听说当地居民已经逃离，原因在于他们所听到的都是他的一些恐怖行径。到亚历山大于仲夏时节抵达那里之后，就派人去追赶他们，把抓获到的一些人当作信使，让他们去劝说同胞重回家园。当

463

帕塔拉人真的返回来之后，亚历山大又以最宽大慷慨的态度来对待他们。他将这座城市改建成了一座新的亚历山大城，分派赫菲斯提翁去增强城市的防卫，并在那里建造船坞。另外他还派人前往沙漠地区中花费数日时间教导当地居民如何打井补充其有限的水源。这些小队人马虽然与游牧部落发生了一些摩擦，但都能在完成任务后安全返回。

亚历山大现在决心探索印度河三角洲地区。他敢于凭借手中那些全靠划桨推进的小型船只顺流直下驶向那里，说明他真是具有极大的勇气和探索精神。要知道，这些船只稍有不慎就会被印度河冲进大海随波逐流，而船员们却从未见过东地中海以外的海洋，也从未尝试过去探索未知地区的未知海域。关于亚历山大从印度河的哪条支流进入三角洲地区历来有所争议，阿里安说舰队是沿着西侧的支流航行，但若从亚历山大后来所采取的行动来看，却应该是东侧的那条。列昂纳托则受命率领8000名步兵和1000名骑兵去探索三角洲两条支流之间的帕塔拉岛。

亚历山大本人率领着三十桨船以及一层半划桨船起航。在经过一段危险的航程之后（此处的印度河宽达25英里，水流量非常巨大），亚历山大抵达了印度河入海口。到了此时，这些船只大多已经损坏，而他在过去很长一段时间中也无法招募到本地人来驾驶船只。惊讶于潮水的汹涌之势，亚历山大在驶入大海一段距离以确认自己确实进入了大洋之后，便掉头返回了帕塔拉，此时他在那里修建的亚历山大城也已经接近完工了。在此之后，他又沿着西侧的支流航行，并在一个河流放宽成湖泊的地方暂停脚步，在这里建立了南伽拉城（Minnagara）和一座船坞。此后他再次驶入大海，而令他感到满意的是，西侧支流也要更适合舰队航行。与尼阿卡斯后来的航海历程一样，亚历山大这一次的航行细节也十分有趣，但它们与亚历山大的战史无关，我们也不必加以详述。在此之后，亚历山大带领着一些骑兵沿海岸向西走了三天，一边探索当地情况，一边在海岸附近打出水井，以供计划中从此处经过的舰队取用淡水。在即将返回帕塔拉时，他还派出了一个支队继续向西前进进行同样的工作。看到帕塔拉的一切工作井然有序，亚历山大重新回到了上游的南伽拉城，在那里花费了一段时间以便收集足够供养部队达四个月的食物。此时已至夏末时节，亚历山大在这一年的大部分时间里都在沿印度河向下游前进。

第四十五章　　格德罗西亚沙漠（公元前325年2月至公元前324年2月）

古代学者的史料中有着足够证据证明亚历山大绝非仅仅是一位伟大的军人，同时他还是一位目光宽广的政治家，完全认清了贸易和艺术给自己带来的裨益。依照这些情况，亚历山大一定非常熟悉泰尔历史、克特西亚斯那本并不可靠但仍极富建设性的《波斯史》、西拉克斯从印度河口驶到红海的历史，以及有关于犹太人、阿拉伯人和那个时代其余一些模糊不清的信息。[1]甚至早在整个远征行动开始之前，亚历山大就曾梦想能够通过自己的征服行动，在地中海与东方之间开辟一条比伊朗高原更安全的道路，从而将那些极具价值的贸易集中起来。他之所以一度希望征服整个印度，除对征服土地的贪婪以外，有利可图的贸易也是一个潜在动机。他对印度河、波斯湾航道特性的探索，后来试图派遣舰队环绕阿拉伯半岛进入红海的计划，以及在埃及建造的亚历山大城，都说明亚历山大在军事成功背后酝酿着宏伟的政治和贸易计划。可现代的学者们却总是倾向于把亚历山大在军事以外取得的成就解释为运气所致，否定他除去战士以外的一切天才。即使是他的军事成功，也经常被解释为依靠赌博，而非才华得来的。而那些与他生活在同一时代的伟人，却无一人否定亚历山大头脑中确实具有在当时要算是规模最为庞大的宏伟计划。所有能够接触到可靠资料来源的史官，也没有一位不承认亚历山大在经济意识和治道方略方面有着不亚于领兵作战的能力。亚历山大本人的所作所为，要远比任何认为其成功只是出于偶然的假设都更有说服力。就好像我们不能用现代知识来衡量亚历山大所掌握的科学一样，我们也绝不能用自己有限的成就去揣度亚历山大的无边功业。

由于有着过人的勇气和航海技巧，而且素来与亚历山大交好，尼阿卡斯被任命为舰队司令。在从印度河出海之后，舰队将沿着海岸向西行驶，陆军则在海岸上伴随其前进。亚历山大此前一直在等待10月份的合适季风，而现在这一时间已经近在眼前了。作为少年时代的好友，以及亚历山大遭父亲放逐期间一直伴随在其左右的亲信之一，尼阿卡斯主动请命肩负起这一危险的任务。现代人可能很难理解这次远航所需要的勇气和智慧，毕竟这已经是22

---

[1] 道奇在此处的说法与他在第18章中认为亚历山大从未读过克特西亚斯《波斯史》的说法相悖，可能是道奇在写作这本战史的过程中看法有所变化，却并没有对前文进行更改。

个世纪之前[2]的事情了。尽管亚历山大曾一度认为阿塞西尼斯河就是尼罗河的源头，但到了现在，他肯定也已经认清，从印度河口出发所能抵达之处将是波斯湾。这次航海正是为了证明这一看法，进而打通印度、波斯以及西方的贸易，将印度河与幼发拉底河联通起来。

不过，整个远航都好像是盲人摸象一般。由于陆军本身也要穿越一片沙漠，它是否能为舰队提供帮助也很成问题，而那些英勇的海员们本身也可能在深入未知大洋之后便再无音讯。无论舰队还是陆军，能够安然完成计划的希望都很渺茫。我们很难说，是尼阿卡斯所要行驶的那条只有渔民居住的海岸线，还是从未有军队能够通过的格德罗西亚沙漠更为艰险。尼阿卡斯在这次远航中表现出了过人的勇敢。相对于其航程之远，他手中的船只就显得实在太小了。除太阳和繁星以外，没有任何东西可以用来当作航向的参考。每天夜间所能供他登陆的海岸，也可能因恶劣的自然条件和居民的敌意而危险重重。尼阿卡斯手中那些船只仅能携带少量给养，而一旦进入大洋或某个陌生海湾，舰队就可能迷失方向，当地的海岸可能也无法为他们提供食物和淡水。亚历山大之所以命令尼阿卡斯冒如此大的风险远渡重洋，似乎并非出于征服欲望，而是出自心中真正的探索精神。

亚历山大率领陆军在夏末首先启程。他从帕塔拉启程，首先前往设在南伽拉城的补给站，之后又花费九天时间来到了距离印度河大约100英里的阿拉比乌斯（Arabius）。亚历山大将手下部队分成三个纵队，分别由列昂纳托、托勒密以及他本人指挥。其中包括半数的标枪手和弓箭手、克拉特鲁斯以外的全部方阵步兵、近卫伙伴骑兵，另外亚历山大还从两个伙伴骑兵团以及马弓手部队中分别抽出一个中队，加强到了将要穿越沙漠的部队中。这三支纵队沿着海岸附近行军，在每一个舰队可能停泊的湾岸上都打好水井，以便他们使用。赫菲斯提翁率领主力部队沿着一条更接近内陆的道路跟在三个纵队后方。通过这样的分兵行动，马其顿人就可以尽可能拉大行军的范围，以尽可能覆盖那些可能逃向沙漠地带的野蛮人。阿拉比乌斯河（Arabius，今普拉里河）两岸分

---

① 此处指代的是与成书时间，即19世纪末、20世纪初的时间间隔。

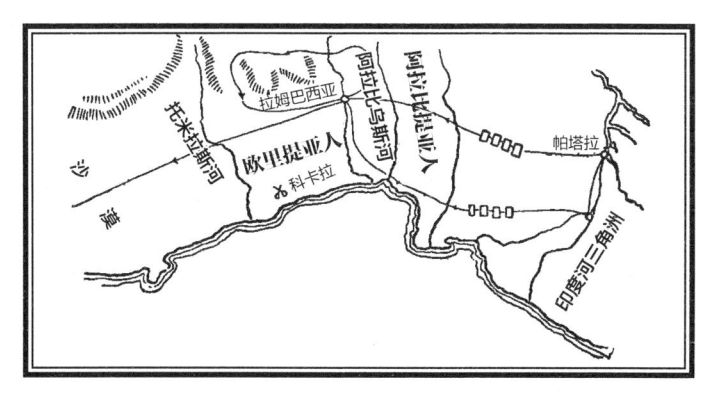

第四十五章　格德罗西亚沙漠（公元前325年2月至公元前324年2月）

◎ 消灭欧里提亚人示意图

别居住着阿拉比提亚人（Arabitian）以及欧里提亚人（Oritian），前者位于靠近马其顿军的这一侧河岸上，后者则位于对岸。这两个部落都没有向亚历山大派遣使者表示友好，这立刻就使这位马其顿国王将他们划入了敌人的行列。阿拉比提亚人在听说马其顿人接近之后便如后者所料逃向了沙漠。紧接着，亚历山大又用夜晚时间穿过阿拉比乌斯河对岸的沙漠，进抵欧里提亚人的领地。按照命令，马其顿骑兵以中队为单位依照指定间隔分散开来，组成了一条巨大的散兵线，以覆盖平原的广大地区，而他们后方的步兵则以密集队形为其提供支援。借此方式，亚历山大迅速扫荡了欧里提亚人的全部土地。这是一种非常少见的战术，但对于此时情况而言却要算是再合适不过了。如果在今天对抗文明民族时使用这种战术，那么这些部队就会面临极大风险。但在当时，用这种战术去对付野蛮部落却不会出现多少困难。因为哪怕只是一小队装备精良、纪律严明的马其顿部队，也足以对抗大批游牧民族。

亚历山大所过之地，只要居民进行抵抗，即会被卖为奴隶，土地也被化为废墟。在找到欧里提亚人的都城拉姆巴西亚（Rhambasia）之后，亚历山大命令赫菲斯提翁将这座位于富饶绿洲中的城市改建成了印度最后一座亚历山大城。之后他便亲自带着持盾兵、阿吉里亚部队、近卫骑兵和马弓手去征讨一部分欧里提亚部落以及集中在领地边界上的格德罗西亚人。后者虽然计划要阻挡亚历山大前进，但还不等马其顿人接近便大多逃之夭夭了，余下没有逃跑的人也都选择了投降。阿波罗法尼斯（Apollophanes）被任命为当地总督，亚历山大也特别命令他为军队运送给养，以帮助自己完成未来的危险旅程。由于时间相对充足，列昂纳托指挥阿吉里亚人、部分弓箭手以及希腊佣兵暂时留在欧拉[①]等待尼阿卡斯抵达，除为后者提供支援以外，这些兵力还要保护当地行政机构的重组工作。等到这一切都安排妥当，赫菲斯提翁也重新与自己会合之后，他便启程穿越格德罗西亚沙漠。亚历山大离去后不久，欧里提亚人便发动叛乱，据称还杀死了阿波罗法尼斯[②]。不过列昂纳托的部队很快就平息了叛乱。他在阿拉比乌斯河与托米拉斯河（Tomerus）之间进行了一场会战，击败叛军并杀死了他们的头领，压平了这一新征服的省份。

在亚历山大指挥下穿越沙漠的军队数量并不太多。他在从印度河启程返程时拥有12万人马，假定一路留下的驻防军为30000人左右，而尼阿卡斯手中的舰队规模为100条船左右，平均每条船150人，舰队人数即为15000人。再减去克拉特鲁斯手中大约40000人的兵力，亚历山大手中的人数即为35000人左右。

假如卡尔马尼亚总督西比尔提亚斯（Sibyrtius）和格德罗西亚总督阿波罗法尼斯能够按照命令及时提供补给（其中后者专门受命沿路准备肉牛和谷物），亚历山大原本可以避免很多后来路途中的艰险和损失。被他寄予厚望的补给纵列最终连一支都不曾出现。在没有确保供给妥当的情况下便踏上这样一条危险之路，无疑是亚历山大所犯的一个错误。此时他已经彻底沉浸于无论自己下达何种命令，部下都能按时完成的习惯之中，甚至在下令之后即将这些工作视作已经完成。在亚历山大的所有战役中，就只有这一次出现了忽视供给的情况。卡尔马尼亚总督似乎不曾因此而受到亚历山大的责备，其原因可能在于他不是行动拖沓，而是因为收到命令太晚才未能履行命令。

按照传说，塞米勒米斯在征服印度之后曾试图穿越这片沙漠。在其多达数十万人的军队中，仅有20人回到了巴比伦。关于居鲁士也有同样的记载，尽

[①] 该城并非科芬河谷中的那座同名城市。
[②] 此处应为误记，阿波罗法尼斯后来还被亚历山大专门下令为自己提供补给。实际被杀者可能是腓力。

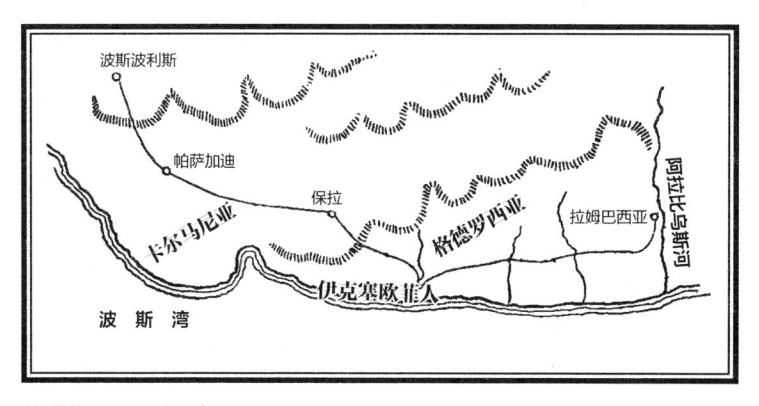

第四十五章　格德罗西亚沙漠（公元前325年2月至公元前324年2月）

◎ 格德罗西亚沙漠示意图

管这一记载绝非史实，但据称这位波斯开国者也曾试图穿越这片沙漠，也落得个同样的下场。即使是后来的伊斯兰人，也认为格德罗西亚沙漠是真主为自己划定的边界，不敢越雷池一步。无论如何，格德罗西亚确实是一片荒芜恶劣的土地。在这里，只有海岸地带生活着伊克塞欧菲人（Ichthyophagi）[1]，这些人用鲸鱼的骨头、贝壳、海藻建造房屋，而且也仅以鱼肉作为食物。从海岸线至内陆的山地为止，则是一片大约20英里宽的沙地，其上除豺狼、昆虫以外便不生一物，山脉以远地区的格德罗西亚沙漠甚至还要更为荒凉。有人说亚历山大之所以选择这条道路，完全是因为他希望能够超越塞米勒米斯和居鲁士。这种看法是很片面的。更合理的解释无疑是亚历山大愿意自己承担风险，去寻找、开辟一条连接印度省区和波斯地区的最佳商路。如果他不亲自走上这条道路，又如何才能确定从印度河到大海再到幼发拉底河的道路是否能在印度和波斯之间建立商路？而在尼阿卡斯为此冒险犯难之时，他又怎能将这位朋友弃之不顾？若不如此，他又怎能知道这条海岸线的边界和资源情况？事实上，如果他不如此，波斯和印度之间就会留下大量强盗部落，使他的边境不得安宁。而且他也必须选择一条能够在适宜位置上为舰队挖掘水井、准备食物的道路，才能

---

[1] 直译即为"食鱼者"。

使尼阿卡斯不至孤立无援。古代舰队仅能在天气较好的白昼航行，一旦遭遇风暴或夜幕降临，船只就必须上岸去寻找水源和给养。由于必须搭载大量划桨手，而划桨本身又占据了大量空间，导致船上只能搭载极为有限的补给。只要亚历山大希望尼阿卡斯能够取得成功，他就不能让后者在没有任何支援的情况下沿着一条未知海岸线航行。也许他确实可以分派一位副将去担负穿越沙漠的任务，但亚历山大绝不会迎难而退。他总是亲自担负最困难的任务，用自己的眼睛去亲历必须见证之物。

倘若想要尼阿卡斯从印度河口沿海路驶抵幼发拉底河口，就必须有一支陆军为舰队去探索海岸，打井取水，并沿路建立驿站，以便保持道路畅通，供今后的旅人和商队使用。如果亚历山大不亲自穿过格德罗西亚，那他又如何才能对这些工作进行指导？又如何确定当地情况？也许人们可以指责他在缺乏合适给养的情况下便进行了这种冒险，而这也确实是他的一个大错。但事实上这只能算是疏忽，而且他带领着进入沙漠的，也只有军中最强壮、最精锐的人员，其余人员还是会跟着克拉特鲁斯去走那条安全的道路。在过去几年间，他曾经轻松克服了对他人而言危险重重的困难，现在他自然也会低估格德罗西亚沙漠的危险性。

20年后，塞琉古一世对印度进行的远征，似乎也能证明亚历山大的远见卓识。由于亚历山大已经开辟好了道路，塞琉古进抵恒河，与那里的印度王公们签订了延续多年的条约，使叙利亚与印度之间的繁荣贸易持续了两个世纪之久。亚历山大的整个计划明显应是长期酝酿并考虑良久之后的结果，而绝不仅仅是冒险之举或游侠骑士刻意寻找困难加以征服的浪漫远征。

格德罗西亚盛产没药和其他各种香料，但除此以外就只有痛苦和死亡了。当军队进入这片地区并不断前进之后，沙土就变得越来越多，越来越细，土地也愈发贫瘠，就连小溪也会干涸。烈日变得让人无法忍受，整个沙漠寸草不生。在这片沙海之中，根本不存在任何意义上的道路，而且也只有夜间才能行军。士兵们找不到任何给养，最终都变得精疲力竭。不仅如此，就连他们手中仅有的给养，也还要带到海岸去分给舰队一部分，而且本已十分疲乏的部队还要为舰队打井，设立信号牌以便在尼阿卡斯经过时告知后者井水所在地。在向海岸运送食物时，曾经发生过士兵们因饥饿而违抗命令，不顾死亡惩罚，在

第四十五章　格德罗西亚沙漠（公元前325年2月至公元前324年2月）

亚历山大眼皮底下打破容器抢夺食物的情况。即使在这种极度困难的情况下，每当找到新的给养，亚历山大都还要小心省下一部分，交给最信任的人员留在海岸边。在经过几天的行军之后，军队离开了沿海地带向内陆前进。在这里，水源之间几乎都要相隔60到80英里。沙漠就好像大海一般，根本无迹可寻。军队纪律崩溃了，士兵们吃掉了被用作驮兽的牛、驴甚至战马，并假称它们是因脱水和酷热而死。即使那些用来拖曳搭载伤病人员车驾的牲畜，也都被杀死分食，伤员却被扔下等死。亚历山大只好无视掉所有这些情况。比饥渴更可怕的是，当士兵们找到水源之后，一部分人因饮水过量而死，这又使其他士兵感到十分惊恐。

在从欧拉启程60天之后，马其顿军队终于抵达了格德罗西亚都城保拉（Paura）。所有的记载都显示出，士兵们在沙漠中经受的苦难要远远高出之前的所有战役。具体的损失数字不得而知，但一定非常巨大。据说在从欧拉启程的士兵中，只有四分之一能够坚持到保拉，而即使这些人也已经丢盔弃甲。驮兽几乎都已经死光了，其中绝大部分都是因为脱水而死，另外还有一部分因极度虚弱而倒卧下来，最终被沙土活埋而死。军队的行军道路必须沿着水源前进，按照斯特拉堡的说法，这些水源相距远达200、400甚至600斯塔德（22、44、66英里），而军队每天行军距离不超过12英里。如果士兵们能够在一夜之间进抵下一处水源，就能维持相对不错的状态。但如果他们必须在白天行军，条件又会变得苦不堪言。辎重车很快便四分五裂，行李也大多都被丢弃。病弱者遭到遗弃，掉队者几乎无一人能重新找到大队人马。另外，当他们在小溪岸边宿营时，还不止一次遭遇因远方山区暴雨导致溪流暴涨（这在当地十分常见）而淹死士兵、冲走行李驮兽的情况。到了后来，亚历山大总会把营地扎在距离水源几英里的地方以避免这一问题，同时也可以防止士兵过量饮水。

正是在这次行军中，当有一次军队面临极度缺水的情况时，士兵们费尽周折收集了少量饮水，用头盔盛给亚历山大。但后者并没有喝掉这些水，而是将水撒在了地上，说自己绝不会在士兵们口渴不已时喝下这些水解自己的渴。有些学者说这次事情（也可能是另一次极为相似的事情）应发生在追击大流士期间。另外，据说还有一次在军队迷路，就连向导也不知道该如何前进时，亚历山大只带着五名伙伴骑兵向他确信的大海所在方向前进，最终在大海附近成

471

功找到了水源。在将军队带到此处之后的一周时间里，亚历山大只得沿着海岸前进，直到向导们找回道路才重新向内陆进发。

到达保拉之后，亚历山大让幸存士兵们休息了一段时间。在这座城市中，他发现有些总督在听到军队即将穿越沙漠的消息后，自行收集了一些给养，想要供给亚历山大，只不过这些物资到达的时间太迟，没能派上任何用场。那些没有按照命令提供给养的总督则受到了惩罚。在此之后，亚历山大又率军前往卡尔马尼亚，沿高地道路轻松行军的克拉特鲁斯在那里与他会合，冬季也在此时降临。

在这里，亚历山大整肃了自他离开波斯波利斯之后所发生的一系列滥用职权问题。他撤换了一些官员，惩罚了那些腐败、残忍的官吏。之后他又举办了盛宴和运动会来庆祝在印度取得的胜利以及穿越沙漠的壮举，同时朴塞斯塔斯也被任命为侍从副官之一，之后又被任命为波西斯总督。对与亚历山大同行的那些士兵而言，他们在三个月前从印度河出发时还是一支对自己感到极为自豪的军队，但在穿越沙漠时却已经失去了一切自尊和纪律的精神。如今补给品的到来以及与老战友重新相会，对他们而言极为必要。一路上所遭受的可怕困难，也让亚历山大感到勇敢忠实的尼阿卡斯很可能已经在远航危难中葬身大海。但不久之后就有喜讯传来，说这位英勇的舰队司令已经抵达了阿纳米斯河（Anamis）附近的萨尔玛斯（Salmus）海岸。一段时间之后，尼阿卡斯果然来到了军营中，向国王汇报了远航的历程。而他也因此赢得了国王的赏识和喜爱。之后亚历山大又派他继续航行，直到底格里斯河口的苏西亚纳（Susiana）为止。赫菲斯提翁也接到命令，带领着军队大部以及战象和行李纵列，在冬季里沿着南方较暖和的道路前往波西斯，亚历山大本人则带领着轻步兵、部分弓箭手以及伙伴骑兵沿山路经由帕萨加迪返回苏萨。

在波西斯境内，亚历山大同样对一些官员滥用职权等恶行进行了惩处。在原波西斯总督福拉索提斯死后，接替他的欧克西尼斯（Orxines）四处抢劫，残暴成性。亚历山大处死了此人，由朴塞斯塔斯取而代之。米底总督阿特罗帕提斯也抓来了想要自立为王的巴雅克塞斯（Baryaxes），此人及其支持者全部遭到处死。阿里亚、扎兰吉亚总督斯塔萨诺和帕提亚、赫卡尼亚总督福拉塔弗尼斯则送来了亚历山大急需的驮兽和骆驼。亚历山大按照需要将这些牲畜

第四十五章　格德罗西亚沙漠（公元前325年2月至公元前324年2月）

分给了各部队，斯塔萨诺则回到了阿里亚继续担任总督。

另外亚历山大还发现，居鲁士位于帕萨加迪的陵寝遭到了破坏，其中的财宝被洗劫一空，就连这位波斯大王的尸体都遭到了伤害。可是，即使对守卫进行了拷打，亚历山大也还是追查不到是谁犯下了这种罪行。只好将居鲁士的遗体移到了一个排场更大的陵寝之中，并加强了保护措施。

亚历山大确实有必要返回帝国中心。此时后方诸事已经显出了他去世后那样四分五裂的征兆。对于亚历山大离世后帝国将要发生的事情而言，无疑是不祥的预兆。到了此时，帝国已经因为总督们的贪婪、野心、残暴即将四分五裂。不过后来当百姓们听说亚历山大无论对谁都能一视同仁之后，便急忙寻找任何一个能引起国王注意的机会，向他控诉官员们的恶劣行径。亚历山大也从未忽视过任何一条诉状。

由于渎职，五年前归顺亚历山大并因此保住了官位的卡尔马尼亚总督阿斯帕斯提斯不仅被剥夺了权力，还被直接处死，由特勒波勒摩斯（Tlepolemus）接替其职务。克拉特鲁斯抓获了策划在家乡造反的阿拉霍西亚贵族欧达尼斯（Ordanes），此人也被处死，阿拉霍西亚本身和欧拉、格德罗西亚一起被交给西比提乌斯（Sibyrtius）管理，前总督阿波罗法尼斯因忽视国王让他在格德罗西亚为军队提供给养的命令而被撤职。雇佣骑兵指挥官赫拉孔（Heracon）、老佣兵指挥官克林德以及曾在帕尔梅尼奥指挥下驻守米底的色雷斯步兵指挥官西塔西斯此时全部带领着各自部队来与亚历山大会合。他们也受到了米底人的指控。其中克林德和西塔西斯被证实侵吞公款、抢劫民财、统治残暴，二者与600名同样有罪的士兵一起被处决。赫拉孔虽然在当时被无罪释放，但后来还是因再次洗劫民财而被处决。另外，米底人巴雅克塞斯和帕瑞塔塞尼亚人欧克西亚特瑞斯（Oxyathres）也遭受了同样命运。印度河上游地区的总督腓力先前在一次叛乱中丧命，叛乱被迅速镇压了，其省份则被分给塔克西拉国王和欧德摩斯（Eudemus）。在亚历山大公正态度的鼓舞之下，人民越来越自由地说出自己的困境委屈，这些人也无一不感到自己得到了最公正的对待。亚历山大的公平做法，尤其是对马其顿旧将恶行的惩处，使波斯人感到他已经成为自己的保护者，而不只是国王，同时这对于各省总督而言也是严厉的教训。后来就连财务大臣哈帕拉斯也被发现侵吞国库，不过这位内贼非常聪

・亚历山大战史

明地逃脱了国王的愤怒。如果按照狄奥多拉斯的说法，他逃亡时还带走了1500台仑黄金。

一些人认为亚历山大总会在证据不足或者告状者伪造证据的情况下做出判决。虽然他在判决公平性方面确实可能存在大量错误，但他惩处玩忽职守者的初衷无疑是出于对子民利益的考量。这一点也能通过他在位期间始终重视人民权利体现出来。无论他出于何种目的征服各个民族，他都对总督如何对待人民做了严格限制。

在此之后，亚历山大便穿过波斯门向帝国中心地带前进。离开苏萨五年后的2月份，亚历山大回到了这里，发现这里也有大量需要整顿的事务。阿布里提斯和他的儿子欧克塞斯里斯因鱼肉百姓而被首先处死。赫菲斯提翁不久后即带着重装部队和沉重的行李纵列来到苏萨。尼阿卡斯在完成远航后也前来此处进行汇报。亚历山大因这位舰队司令的成功而兴高采烈，开始计划一次不仅要环绕阿拉伯半岛，还要环绕整个利比亚（当时非洲大陆均被称为利比亚）[1]，远至赫拉克勒斯之柱[2]的远航。另外他还准备在黑海、西徐亚以及亚速海（Sea of Azov）进行另一次远航。不过所有这些计划，最终都被一次兵变打断了。

---

[1] 直到后来罗马在迦太基原址上建立行省时，包括今突尼斯、利比亚的那块土地才被称为阿非利加，后来即逐渐演化为整块大陆的称呼。

[2] 即直布罗陀。

第四十六章
兵变（公元前324年）

在经历了多年的艰难征程之后，马其顿士兵终于看到了所有这些历险般战役结束的曙光。即使国王本人，也认为到了该对忠实士兵们论功行赏的时候了。在消除民族隔阂这一方面，亚历山大要比所有人都更接近一位梦想家。自从征服埃及以来，他便开始酝酿着将巨大帝国融合起来，实现民族平等的计划。但他用来实现这一计划的方法却并不现实，例如让东方民族将他们并不熟悉、也并不适应当地气候的马其顿服饰融合进东方服饰。而且他还寄希望于更不现实的民族大通婚。亚历山大不顾阻挠，要将这一计划推向更广阔的范围，同时给顺从者的赏金也成比例增加。他自己与大流士长女、门托耳遗孀斯塔蒂拉以及薛西斯三世末女帕里塞迪斯（Parysatis）的结合不仅使自己成为波斯两代王族的后人，也使他成为民族大融合计划的一分子。赫菲斯提翁与大流士的另一位女儿德莉比娣丝（Drypetis）成亲，克拉特鲁斯则娶了大流士的一个侄女。除这三人以外，他手下还有80名最显赫的将领与波斯女子结婚。大约10000名与亚洲女子通婚的马其顿士兵都被登记在册，并接受了亚历山大的慷慨馈赠。集体婚礼以波斯习俗举办，帝国（在当时可以算是全世界）各省区的显贵全都来参加了庆典。作为给战士的礼物，亚历山大还决定替所有欠债士兵清偿债务。据阿里安和贾斯汀记载，他总计为此花费了20000台仑，相当于今日的2500万美元。即使按照普鲁塔克、狄奥多拉斯以及寇蒂斯的记载，花费的金额也高达10000台仑。那些战功卓著的士兵还得到了额外奖赏，亚历山大从中选出最英勇出众之人，为他们戴上金冠。其中包括了侍从副官以及所有国王最得力的副官和将领。与马里人作战时拯救了自己性命的朴塞斯塔斯位列首位，在托米拉斯河上击败欧里提亚人的列昂纳托位居次席。此外还有一跃成为世界最著名海军将领的尼阿卡斯、国王的挚友赫菲斯提翁以及利西马科斯、阿里斯托纳斯、佩狄卡斯、托勒密、培松。负责驾驶亚历山大座舰的欧奈西克瑞塔斯也同样获此殊荣。可即使亚历山大有着如此的慷慨之举，也并非所有人都能够心满意足。

　　从追击大流士时期以来，亚历山大便开始在军队中编入了大量亚洲士兵。而且这些士兵可能也接受了马其顿式的训练。一些学者非常怀疑这一点，但若不是如此，便无法解释亚历山大在之后五年的战役中所取得的一系列过人成就。也只有这种假设，才能满足全军战术的一致性。毫无疑问，各个不同民族的士兵们都保留有自己的民族特点，而且亚洲士兵和马其顿士兵之间也肯定仍存在明显差异，但我们在史料中却找不到任何对独立东方部队的特殊记载。被史料记载了详细行动的只有方阵、轻步兵、伙伴骑兵和其他一些骑兵，仅有达安马弓手是一支被反复提及的特殊部队。似乎亚洲士兵被分散开来，填充到了各方阵步兵旅或者轻步兵、轻骑兵之中。另外，若按照史料记载，轻装部队在全军中的比例也并没有增加太多。无论亚洲士兵此前在军队中居于什么样的地位，现在亚历山大都计划彻底消除他们与马其顿士兵的区别，而他也早已铺平了实现这一目标的道路。很久之前，亚历山大便从帝国各地精挑细选了30000名刚刚成人的波斯青年。在五年时间里，这些士兵接受了马其顿式的操练。他们被称为"继业者"（Epigoni），由塞琉古指挥，其编制、操典和装备完全采用了马其顿风格。当马其顿士兵拒绝跨过希发西斯河之后，亚历山大便决定将这一做法发扬光大，并下令征召更多波斯青年，至于具体数量则无从考证。在先前那30000名波斯士兵中，已经有一部分加入了军队之中。亚历山大希望能够得到一支对自己更加俯首帖耳的生力军。在像他这样一位优秀的组织者手中，这支部队将变得极为强大。而东方人天生的盲从习惯也会为他们赢得这位国王的欢心，进而使他们自己感到骄傲自豪。可能直到返回苏萨，与这

第四十六章　兵变（公元前324年）

支新军面对面接触之后，马其顿士兵们才认清波斯部队对于帝国的前途而言有着举足轻重的地位。很不幸的是，波斯新军的出现加剧了一部分马其顿老兵的猜忌和愤怒。这些人早已因亚历山大采用米底服饰、礼节，以及为东方人加官晋爵等行动感到不满。

此时在亚历山大手下的20万野战军中，马其顿人可能已经只有不到25000人。其中有一半士兵，自公元前334年以来便一直在军中服役了长达十年之久，而这些人中的绝大部分都已经极为厌战了。更重要的是，这些老兵自恃战斗力出众，愈发桀骜不驯。亚历山大绝不希望再发生希发西斯河那种抗命事件。自从那次事件之后，亚历山大和他的马其顿老兵之间可能就已经出现了隔阂，而在那之前，二者是绝对互相信任的。亚历山大希望通过慷慨的奖赏、盛宴和赠送给士兵妻子的贵重嫁妆来平息这些恶感，但这些手段并没有取得成功。不仅如此，当亚历山大一心想要为士兵们谋求福利，光明正大地提出要替他们清偿债务时，士兵们反而认为国王是要想办法调查他们谁的生活太过奢侈，以便加以惩罚。随着亚历山大自身发生的变化，士兵们对国王的信任也在减弱。所幸这一次的怀疑并没有造成恶果，国王很快就说服士兵们自己绝无任何恶意。在公开设置的钱桌上，士兵们无须登记姓名，只要说出自己的欠债金额，就能得到相应的金钱。亚历山大为此支付的资金总额之巨，足以证明他的真诚。

但另外一些事情又使情况变得复杂起来。在伙伴骑兵中组建亚洲中队（这其实是维持这支精锐部队人数足额的最简单办法）、民族大融合计划的开始以及在近卫步兵中编入亚洲士兵的做法，都给老兵们的不满火上浇油。巴克特里亚、索格迪亚纳、阿拉霍西亚、扎兰吉亚、阿里亚、帕提亚分别都有一个中队被编入了伙伴骑兵，另有一支精锐波斯近卫骑兵中队也加入其中。除此以外，亚历山大还在伙伴骑兵中设置了一支多民族混编部队。即使这些新来者拥有出色的作战素质，也并不能使马其顿人的反对偃旗息鼓。马扎亚斯的两个儿子阿提博勒斯（Artiboles）、海达尔尼斯（Hydarnes），阿塔巴赞之子科芬，福拉塔弗尼斯之子希西尼斯（Sisines）、福拉斯达米尼斯（Phrasdamenes），罗克珊娜的兄弟希斯塔尼斯（Histanes）、奥托巴瑞斯（Autobares）、米特罗巴斯（Mithrobaeus）等东方显贵获准进入近卫步兵。同时，就连近卫步兵的指挥权都被交给了巴克特里亚人希斯塔斯普（Hystaspes）。更使士兵们不满的是，朴塞斯塔斯作为波西斯总督，全盘接受了所有东方华丽仪仗，却还是能得到亚历山大一如既往的恩宠。即使国王所提拔的亚洲人全都是一些能力出众、品德高尚，甚至也已经久经考验的高贵人物，也无法使士兵的不满有丝毫减弱。在马其顿老兵们看来，亚历山大已经失去了自己的民族性，并且愈发轻视帮助他征服了世界的本族士兵们。除上述这些不满以外，马其顿人长久以来一直认为自己受到了不公正待遇，亚历山大的任何作为都可能成为他们不满的理由。

春季到来后，亚历山大让赫菲斯提翁带领军队，沿底格里斯河溯游而上前往俄庇斯，他本人则与持盾兵、禁卫军以及少量伙伴骑兵一起，乘着受命来到苏萨的舰队，沿帕西底格里斯河或尤拉尤斯河（Eulaeus）前往海岸。在建立了一座新的亚历山大城之后，舰队也循着底格里斯河来到俄庇斯。他非常期望能够让新臣子们亲近自己。原先波斯人为了阻挡敌军舰队入侵，在底格里斯河里设置了大量水坝和障碍物。由于这种威胁的消失，亚历山大拆除了这些障碍，以便打通直到俄庇斯的航道。这也是他宏大计划的一部分。

同年7月，正是在俄庇斯，马其顿士兵的不满终于酿成了兵变。在那之前，亚历山大刚刚宣布要重新率军回到米底。[①]另外为满足老兵们的愿望，他还将他们召集起来，宣布允许那些因年龄或伤残等原因无法担负进一步军事行动的老兵们退役返回家园。与亚历山大期待的热情回应不同，这一公告反而又被老兵们看作是国王抛弃同胞、视自己为亚洲人而非马其顿人的证明。

亚历山大以马其顿式的传统，在城外的一座军营中宣布了这项决定。他将士兵们召集起来，自己站在一个高台上，让大家都能看到自己。亚历山大知道士兵们对此早已有所不满，但他还是希望能用这种办法打消这种情绪。可他的讲话非但没有赢得士兵们的欢欣，反而引来马其顿士兵头目们的低声抱怨，而这很快又演变成了士兵们的大声反对。他们的不满终于爆发，这些士兵们一

[①] 如本书前半部分所提及的，腓力曾经常让马其顿士兵进行拉练，以维持军队在和平时代的机警和战斗力，亚历山大这一命令可能也是出于同样的目的。

第四十六章 兵变（公元前324年）

旦开口，便喋喋不休地倾泻自己压抑已久的愤怒，头目们激烈地批评亚历山大，让他赶紧把马其顿人全都赶出军队，自己去打仗好了。这些煽动性的批评声淹没了亚历山大的声音，眼看就要引发一场兵变。亚历山大为这种未曾料到的激烈反对声所震惊，自己也无法按捺住急躁的脾气，在手无寸铁的情况下跳到人群中，带领着身边少数几位伙伴骑兵，亲自逮捕了一些兵头，紧接着又下令逮捕所有被他指认出来的头目，这些人可能亚历山大都是知道具体姓名的。在他的命令之下，头目中有13人被立刻带走处决。亚历山大重新回到高台上，面对着已经被刚才国王的恐怖愤怒所吓倒的士兵们，大声怒喝："你们所有人都可以回家了，我不在乎，我也永远都不会再是你们中的一员！不过在你们走之前，最好还是听听我对你们有什么看法吧。在我的父亲腓力找到你们之前，你们出身如何？不过是一群无名无姓的流浪之人，在边境外野蛮人的威胁下养活那寥寥几只牧羊糊口。现在你们又是什么人？世界的主人！是谁给了你们长袍去换掉身上披着的兽皮？腓力！是谁教会你们使用武器，让邻人害怕你们？腓力！是谁给了你们法律和优秀习俗，使国家变得富强，开掘金矿，让你们从奴隶成为公民？腓力！是谁让你们成了色萨利和弗西斯的主人？是谁让雅典和底比斯屈服在你们脚下，带你们战胜伯罗奔尼撒人？腓力！是谁让你们成了希腊人中最高贵的民族？腓力！而腓力的所作所为与亚历山大相比，不过是腐草之荧光。你们在出发时一贫如洗，我只好举债800台仑来给你们提供吃穿武器，亚历山大如今又已经给了你们多少？亚洲、印度、爱奥尼亚、吕底亚、巴比伦、苏萨的土地、财富，就连西徐亚人和印度人的疆界都已经是你们的囊中之物。又是谁让你们成了总督、将军、司令？亚历山大！是谁在夜晚守卫土地，努力工作，使你们在征服的土地上能够安睡？亚历山大！而除了不值一提的紫色长袍和无用的冠冕以外，亚历山大又得到了什么？难道亚历山大所分得的财产，要比你们大部分人都多？你们中又有谁比亚历山大更不辞辛劳？又有谁比他受过更多的战伤？让你们中最勇敢的人站出来，袒露胸膛，一个一个地清点伤疤，看谁能够比国王更多？！没有一种敌人的武器不曾在亚历山大身上留下痕迹。长枪、刀剑、弓箭、标枪、石块、巨弩，都曾刺穿过亚历山大的身体。我用自己的婚礼来庆祝你们结婚，我清偿了你们的债务，为你们中最勇敢的人戴上金冠。我为勇敢阵亡的战士举办华丽葬礼，他们不朽的铜像也已经被供奉在家乡诸神的庙宇之中。他们的父母得到了无上荣誉，免除了税款。而我现在又想让你们带着丰厚的财富返回家园，成为家乡父老的骄傲。忘恩负义之徒！我将不再是你们中的一员。回家去吧！告诉你们的邻居，自己抛弃了国王，那位征服了整块大陆，使你们权倾天下，让你们名利双收的亚历山大。告诉你们的邻居，你们将无人能敌的亚历山大抛弃给了被征服的异乡人。这就是你们将要得到的荣耀和对诸神的奉献！我剥夺你们的士兵资格！走开吧！"

说完这番话后，亚历山大转身离去，回到了城市的宫殿之中，不许任何人跟着自己，闭门不出达三天之久。在这段时间里，他只把命令下达给亚洲士兵、自己的伙伴以及卫兵，完全无视了马其顿士兵。这样一来，马其顿老兵们便陷入了极度恐慌之中，六神无主。尽管他们的一些抱怨并非毫无道理，但他们还是被国王的盛怒压倒，承认自己已经犯下大错。

事实上，如果马其顿士兵们不愿任由国王处置，此时的局势对于亚历山大而言也十分危险。只要这些英雄般的老兵们能够推举出一位领袖，谁又能保证他们不会做出过激举动？而在没有领袖领导的情况下，他们甚至可能会造成更大混乱。这些士兵仍然拥有自己的武器，数量也多达20000人。不过亚历山大还是一如既往地决定将计划坚持到底。他已经做好了用东方士兵去对抗马其顿人的准备。到第三天，亚历山大又一次召见了手下的波斯人和其他亚洲军官，向他们下达命令，进行了一些人事任命，以便建立一支按照马其顿操典组建的全新军队，既有方阵步兵旅，也有骑兵团，甚至还有近卫步兵、宫廷卫队等，完全没有提及马其顿人。据说他还曾派人给马其顿士兵们传信，让他们离开军营，如果愿意的话，就让他们直接来与自己作战好了。他要让他们看到，自己即使没有他们也同样可以任行无阻，而如果马其顿士兵没有了亚历山大却将变得一无是处。到马其顿士兵们确定亚历山大已经下达了一切命令组建一支由米底人和波斯人构成的军队，而他们自己已被完全忽略，就好像并不存在一样之后，他们彻底崩溃了。老兵们聚在一起跑到宫殿，在大门外抛弃武器，恳请国王原谅自己，如果无法赢回国王的宠爱，他们就要不眠不休地日夜站在宫外。

亚历山大此时的怒气已经平息了。他走出宫门接见自己的老兵，原谅了他们并承认他们过去所有的荣誉。直到此时，才有一位名叫卡里尼斯

(Kallines)的"伙伴骑兵团长"[1]站出来,代表所有人对亚历山大说:"国王啊,我们非常悲伤,因为你让米底人和波斯人作了自己的亲属,我们中却没有任何一个人得到这种荣誉。"亚历山大则回答说:"你们所有人都是我的亲人!"接着,按照亚历山大已经采纳的波斯习俗,他给予这些老兵们作为亲族的特权,可以用亲吻的方式向他表达敬意。在此之后,马其顿士兵们便欢呼雀跃着返回了军营。与老兵们和解之后,亚历山大也举办了献祭仪式和宴会,马其顿人围坐在他的身边,波斯人则被置于马其顿人外围,据说参加这次宴会的人多达9000人。对亚历山大而言,他这一次对军队取得的胜利,也补偿了他对马其顿士兵拒绝跨过希发西斯河的遗憾。他借此征服了马其顿人的顽固精神,终于使东方人和马其顿人在军队中获得了平等地位,多年以来的兵变阴影也终于被一扫而空。而自此以后,无论他给予波斯人何等荣誉,他也总是让马其顿老兵们居于最受宠爱的地位上。

在此之后,大约10000名不适合继续服役的老兵被挑选出来返回了马其顿。所有这些士兵都收到了以抵达家乡时间为止的军饷,此外还得到了1台仑黄金。我们很难考证1台仑黄金在当时的价值,但这笔钱肯定足够一位老兵为自己置办田地,终生衣食无忧甚至可以过上略显奢华的生活了。为保证士兵在国内的家庭和睦,马其顿士兵们与亚洲女子生育的孩子都被留在了亚洲,由国王出资按照马其顿人养大,准备在未来成为帝国的士兵。如果这些孩子中有人夭折,其父也将得到原先为他准备的抚养费。亚历山大指派手下最受信赖的克拉特鲁斯带领老兵们回国,并负责掌管马其顿、色雷斯和色萨利。这位老将此时年事已高,又因多年来的艰苦作战而身体虚弱。波利伯孔被任命为克拉特鲁斯的副帅,伴随他们一起回国的还有"白人"克雷塔斯、格尔吉阿斯、波利达玛斯(Polydamas)以及阿玛达斯(Amadas)。

据狄奥多拉斯的说法,克拉特鲁斯出发时携带着一份手书命令,要求腓尼基人和临近地区的人民建造一支舰队,以便未来亚历山大进攻腓尼基和地中

---

[1] 此处之所以加引号,是因为无法确定此人的伙伴骑兵团长称呼从何而来,因为此时随着伙伴骑兵规模的扩大,已经无法考证每一个团的团长姓名了。

海其余国家时使用。另外，他还接到命令，要做好从欧洲向亚洲进行移民的准备，以便实现亚历山大的民族融合计划。不过所有这些计划都过于庞大了，除亚历山大以外便再无一人能够将其付诸实施，他的继承者们也无人敢于尝试这些计划。

安提帕特也收到了命令，要他将数量与退伍老兵相等的适龄年轻人送到亚洲以替换那些老兵。与此同时，亚历山大还让安提帕特本人也要随军前往亚洲。因为他的母后奥林匹亚斯与安提帕特始终存在隔阂，亚历山大担心二者的不和可能会生出祸患。尽管他早就知道自己的母亲目光短浅，却始终对她保持着深刻的敬爱之情。有一次，安提帕特在信中抱怨奥林匹亚斯插手政务时，亚历山大却说道："安提帕特不明白，母亲的一滴眼泪，足以抵消一千封这样的信件。"

第四十七章
殒命巴比伦(公元前324年8月至公元前323年7月)

亚历山大计划巡视帝国的每个省份。8月底,他从俄庇斯启程,沿着米底大路前往埃克巴塔纳。毫无疑问,亚历山大在这座国库所在的城市中有很多事务需要处理,尤其是在财务大臣哈帕拉斯逃亡之后。在埃克巴塔纳,赫菲斯提翁因病逝世。由于这是他最要好的朋友,就好像普特洛克勒斯之于阿喀琉斯一样,亚历山大悲痛欲绝。为悼念这位挚友,他在巴比伦花费了10000台仑(1200万美元)为赫菲斯提翁举办了葬礼,而在那之后举办的运动会和音乐竞赛规模空前,这又花掉了2000台仑。据说亚历山大还把赫菲斯提翁的医师格劳卡斯(Glaucus)钉死在了十字架上,因为他曾纵容生病期间的赫菲斯提翁吃下一只烧鸡并饮用了一大杯新鲜葡萄酒。

赫菲斯提翁与王室书记官欧迈尼斯之间一直都存在矛盾,但亚历山大还是让二人成功和解了。欧迈尼斯曾经在7年时间里担任腓力的书记官,之后又为亚历山大效力14年。由于史料中所记载者都是围绕在亚历山大身边的武将副官,因此像欧迈尼斯这种行政人员就很少提及了。而事实上,如果想要让庞大如亚历山大这样的一支军队运转起来,就必须要有大量行政人员。科尔奈利乌斯·奈波斯(Cornelius Nepos)在史料中记载欧迈尼斯同样有着非常杰出的能

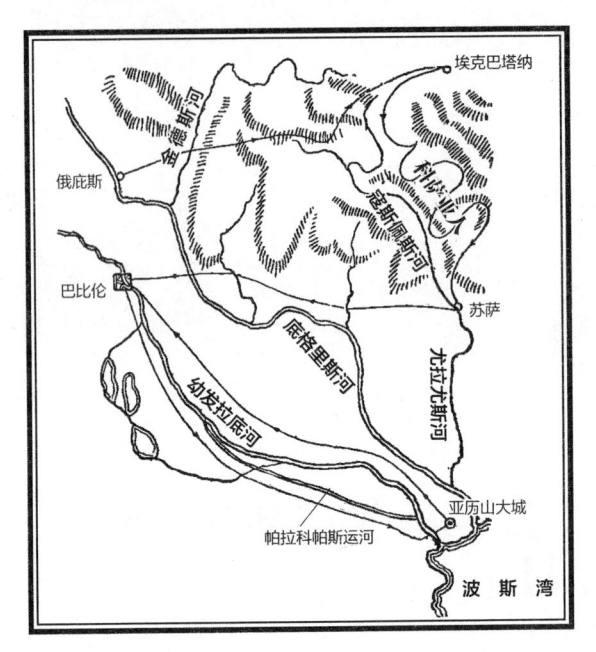

◎ 亚历山大的最后一次行军示意图

力,这一点在亚历山大死后也表现得淋漓尽致。

在为赫菲斯提翁吊唁很长一段时间之后,在接近年底时,亚历山大又针对科萨亚人(Cossaean)进行了一次远征。很多学者声称这次行动不过是亚历山大因赫菲斯提翁去世悲痛欲绝,率军杀人取乐。但事实上,对于确保苏萨与埃克巴塔纳之间的交通线而言,这次战役是非常有必要的。科萨亚人地处苏萨东北方向,抢劫成性,与乌克西亚人一样从未向波斯臣服,一直只是在贡金作用下才安守本分。科萨亚人从来不与敌军进行正面会战,而是会分散成小股部队,在遭到攻击时躲进要塞或是藏在某处,对方退去后再重新走出来继续做他们的抢劫营生。为对付这些科萨亚人,亚历山大和拉古斯之子托勒密兵分两路,在隆冬时节发动进攻。因为在严寒气候中,对方无法逃到高原上去避难,只能留在谷地之中。亚历山大和托勒密不顾崎岖的地形和积雪阻碍,派出小股部队对每一条山谷进行扫荡。在为期40天的战役中,他们完全征服了这些野蛮人,摧毁了他们的要塞,将他们彻底击溃。关于这场战役的细节,已经完全不可考了。

第四十七章 殒命巴伦（公元前324年8月至公元前323年7月）

征服科萨亚人之后，亚历山大开始向巴比伦返程。由于此处位于印度、埃及以及地中海中间，亚历山大也就选定这里作为帝国的未来首都。返程途中，亚历山大接见了来自吕底亚、迦太基以及意大利的布鲁提亚（Bruttia）、卢卡尼亚（Lucania）、第勒尼亚（Tyrrhenia，即伊特鲁里亚）等地的使者，他们都恭贺亚历山大成为亚洲之王。埃塞俄比亚人（Ethiopian）、欧洲西徐亚人、高卢人、伊比利亚人（Iberian）等一些马其顿士兵连名字都未曾听说过的民族，也向这位伟大的征服者进贡，甚至寻求他的智慧来平息争端。阿里斯图斯（Aristus）和阿斯克里皮亚底斯（Asclepiades）都记载罗马也派出了使者去朝拜亚历山大，但其他史学家都不曾提及此事，而热爱自由的罗马人也不太可能会赞同这样一位专制君主。李维认为罗马人此时可能根本不知道亚历山大的存在，因为他们的世界还仍然局限于意大利半岛。事实上，罗马人要直到两代人之后，才征服了整个意大利。

亚历山大一直非常急于考察里海地形，现在便派出了赫拉克利德斯带领大量造船工匠前往赫卡尼亚，在里海建造船只，准备在他做好远征准备时使用。

跨过底格里斯河之后，亚历山大受到了一些占星术士的迎接，但后者却劝他不要进入巴比伦，因为他们已经预见到，一旦亚历山大进入那座城市，就会遭遇不测。如果他非要进城不可，也千万不要走西门。亚历山大认为这些占星术士别有用心，才会说出这种不祥之语。此时他正准备重建别卢斯神庙，而这部分资金现在却是被占星术士们所掌控的。虽然亚历山大无法猜透对方的直接动机，但他还是认为这些预言者只是不愿意损失掉这笔钱财，才不愿让自己进城。亚历山大原本打算听从他们的建议从东门入城，却发现那里的浅滩和沼泽地使他无法通过，只得从西门进城。除去这个事件以外，史料中还提及了各种各样关于亚历山大即将殒命的预兆，我们在此不多着墨。

在巴比伦，亚历山大发现尼阿卡斯的舰队已经溯幼发拉底河来到了此处。另一支从腓尼基起航，包括2艘五列战舰、3艘四列战舰、12艘三列战舰、30艘三十桨船的舰队，也已经被拆散开来，用辎重车运到了塔普萨卡斯，之后又从那里经水路送到了幼发拉底河下游。巴比伦周边的柏树都被砍倒，用来建造更多战舰，同时这座帝国首都也已经开挖出了一块足以容纳1000艘战舰的港口，其附近便是一座船坞。亚历山大还从腓尼基和叙利亚招募水手充实舰队。

他计划在波斯湾沿岸建立殖民地,并对阿拉伯半岛发动远征。之所以要进攻那里,不仅是因为阿拉伯人没有派使者朝贺自己,而且他对那里的土地和香料也一直垂涎欲滴。另外,亚历山大还策划了另外三次远征,希望能够用舰队环绕阿拉伯半岛航行一周,这在当时要算是闻所未闻之事。不过,这三次远征最终都没有成行。

在巴比伦停留期间,亚历山大并没有遭遇任何不幸,不久后他又沿着幼发拉底河向下游进发,远征帕拉科帕斯运河(Pallacopas)。这条运河通向大海,其河道穿过一片沼泽地,两岸的低地也使它每年都会造成洪水。亚历山大在帕拉科帕斯运河河岸建造了一座城市,并将部分不适于服役的希腊佣兵安置在其中。之后他便返回了巴比伦。

朴塞斯塔斯带领着20000名由波斯人、科萨亚人、塔普里亚人中最勇敢者组成的增援部队来到巴比伦。菲洛塞奴从卡里亚带来了一支军队,米南德从吕底亚也带来一支军队,米尼达斯则带来了一些骑兵。这些外族士兵被依照行列编组起来,每一列都由一位马其顿行长指挥,第二位是一位马其顿双饷士兵,第三位也是马其顿士兵。在这三人背后是12名外族士兵,最后一排还是马其顿人。这样一来,即组成了一个16人的纵队。其中4名马其顿士兵仍保持着方阵步兵的惯常装备,外族士兵们则使用弓箭或者标枪,从前排士兵头顶上向敌军发射火力。亚历山大没能活到这种马其顿人和亚洲人混合编制的方阵投入实用。初看上去,这种部队似乎会非常缺乏凝聚力。在这些工作以外,亚历山大还多次检阅部队,与舰队一起进行演习,以对士兵和战舰未来将采用的战术进行演练。

亚历山大还从阿蒙神庙那里得到了有利的神谕,告诉他赫菲斯提翁可以被当作英雄供人膜拜。而这种膜拜很快即被一丝不苟地推行开来,亚历山大甚至原谅了克里昂米尼在埃及的残暴和贪婪行为,原因则只是此人对于赫菲斯提翁这位"新晋英雄"的膜拜十分诚恳。

在监督船只、港口和船坞建造的过程中,亚历山大很不走运地出现了低烧情况。不过鉴于自己一直以来的强健体魄,他对此并没有在意,一如既往地出席各种宴会。在狂欢之下,亚历山大的病情开始变得严重起来,但他却还是继续欢宴了一天一夜。最后他终于虚弱到无法离开米迪厄斯的宅院,也就是他

第四十七章　殒命巴比伦（公元前324年8月至公元前323年7月）

享用最后一顿晚餐的地方。即使如此，每天早上亚历山大还会坚持向神祇献祭，之后便整日卧床不起。他仍然在为环绕阿拉伯进入红海这一在当时规模极大、充满危险的远征计划发布各种命令，而且坚持要参与到所有事务之中。尽管发烧的温度每日都在增加，但亚历山大却还是坚持工作，最终使病症演化成了对这位国王的致命一击。在他于公元前323年6月去世之前，大部分老兵来到他的床边，鱼贯而过向他做最后道别。亚历山大虽然已经不能说话，但看到这些自己熟识的士兵之后，还是勉强举起手来向每一个人致意。据说，亚历山大最后曾说要将帝国传给"最强的人"，而按照寇蒂斯的说法则是"最配得上的人"。他的最后一个动作，是将刻有印玺的戒指交给了佩狄卡斯。那些有关亚历山大是被他人下药毒死的传言，大多缺乏实际依据，并不可信。

亚历山大的遗体被施以防腐处理，由托勒密运到了埃及，安置在了孟菲斯，几年之后又被移到了亚历山大城。

第四十八章
其人其战

亚历山大相貌出众。普鲁塔克说利西波斯（Lysippus）所作雕像是最接近其原貌的——"亚历山大那略向左肩倾斜的头部、他那灼人的双目，都被这位艺术家表现得淋漓尽致。"阿佩利斯所做的画像则显得比较黑暗。据说他的肤色红润，浑身散发体香。他的身材并不算太高，但还是要高于当时的平均身高。其气度十分威严，极具王者之风。亚历山大非常勤恳好学，拜读过大量史料、诗歌和普通文学作品。他最喜欢的著作是《伊利亚德》。在他的枕头下面，总是会塞着一本亚里士多德的注解本，以及一把匕首。少年时代，亚历山大曾经接受过音乐方面的教育，而且在这方面也表现出了才华，只不过他后来的惊人成就完全掩盖了这一点。他非常喜欢军乐，但并不喜欢情歌或者情感戏剧。亚历山大还曾花费时间学习了不少医药知识，即使以医生的标准来看，也绝不缺乏能力。自始至终，其身边都围绕着大批聪慧名人，他也非常乐于参与、聆听他们对学识的讨论。可以说，亚历山大能够理解当时所有的科学知识，而且对这些科学也都能略有研究。作为一位戏剧爱好者，他认为喜剧会让人们道德败坏。最后，亚历山大对于诸神的献祭，总是一丝不苟。

虽然当时并没有什么道德准则可言，但普鲁塔克还是说亚历山大要比普通人更加淳厚。他性情平衡，尊重他人权利，在对待女性时从不被自私的欲望所扰,甚至还有一种禁欲倾向。对于一位充满激情的年轻人而言,这一点要算是他最高贵的德行了。除饮酒以外,他几乎拒绝了一切享乐。按照阿里斯托布拉斯的说法,亚历山大饮用的酒量并不太大,只享受微醉的快活。与总是酩酊大醉的马其顿人不同,他更愿意拿着酒杯坐在桌旁,与伙伴们长篇大论。他很少会在意自己的膳食,但招待客人时却很愿意破费。卡里亚女王艾达曾一度每天都用精美的盘子给他准备食物,而且还想要送给他一批技艺娴熟的厨师和司膳总管。亚历山大却回答说他的导师列奥尼达斯已经给他准备了最好的食物——用夜间行军(或在清晨散步)来做好早餐的准备;用清淡少量的早餐来做好晚餐的准备。他手下的将领或者朋友随时都可以到他的餐桌上和他一起吃饭,而事实上这也正是他所愿意看到的。据说在亚洲时,亚历山大每天的伙食费高达10000德拉克马(2000美元)。不过这对于世界之王来说也并不能算太多,就连不少手下军官都要比他更加奢华铺张。毫无疑问,亚历山大无论是在餐桌上还是别的什么时候,都非常喜欢别人拍自己的马屁。甚至可以说,他在饭桌上所享用的正是别人的恭维,而不是任何食物。

亚历山大精力充沛,比任何人都更能忍耐酷热、严寒、饥饿、干渴和疲劳的试炼。他在体力和勇气方面都要高人一等。寇蒂斯说他曾在特里巴利人发生兵变时勇敢地救了父亲一命,而当时他不过是一位少年而已——"对那些让他人感到恐惧之事,他就好像是无敌之躯一般……他的勇敢不仅远在其他国王之上,甚至也超过了那些仅以武勇安身立命之人。"面对伤病,亚历山大从无惧色。当马里人一箭射穿了他的胸膛之后,他毫不犹豫地折断了箭杆。

亚历山大脚程极快,但他年轻时却不愿意参加奥林匹克运动会,因为"没有其他王子参加比赛"。虽然他本人即是一位出色的运动员,却并不喜欢那些职业运动员,因为他认为那些人应该把这份力量拿来为国效力。亚历山大乐于在狩猎时遭遇困难和危险,据说他还在巴克特里亚单独杀死过一只狮子。①他总是会不断地锻炼自己。在行军时,他会从马上或者战车上练习射箭,或者在全速急驰过程中突然从坐骑上跳下来再跳上去。另外,亚历山大还经常和

---

① 也有说法认为是亚历山大和克拉特鲁斯一起猎杀了这只狮子。

卫兵们投球取乐。行军时也更愿意和士兵一起徒步行动，而很少骑马或者乘坐战车。亚历山大睡眠时间很短，而且即使睡着，也仍然保持着很高的警觉性。在他那钢铁一般的躯体里，既包含着清晰过人的智慧，又有澎湃的激情。他总是野心勃勃，并为此不停工作。他不止想要征服整个世界，而且也希望将希腊文明传播开来。无论是从行动还是思想来说，亚历山大都有着过人的勇气。他享受会战中那令人目眩的气氛，情况越是激烈，他的思维便越是积极敏捷。他直觉敏锐，洞察力惊人，而且有着从不出错的判断力。作为军队的组织者，他的组织能力无人可及。作为统帅，他又能够鼓起士兵们的雄心和勇气，用自己的无畏打消他们的恐惧。波里比阿斯说道："所有人都承认，这位国王是有着超人般的灵魂。"

亚历山大总是信守承诺，同时在施恩于人时又极为慷慨。他有着惊人的识人之明，在演讲时，他能够让听众对自己亦步亦趋，让他们也能像英雄一样勇敢行动。在钱财方面，亚历山大在朋友身上所花的资金，远比花在自己身上的更多。

赫菲斯提翁是亚历山大最要好的朋友，亚历山大对他的友谊始终不渝。他向赫菲斯提翁吐露了心中所有的秘密，而他对自己母亲的感情也从未减退。只有赫菲斯提翁知道奥林匹亚斯给亚历山大写信的内容。有一次，当亚历山大与赫菲斯提翁一同阅读母亲的来信之后，亚历山大将刻有印玺的戒指摘下来，印在赫菲斯提翁的嘴唇上。[2]除赫菲斯提翁以外，与亚历山大关系最近者为克拉特鲁斯。在这两位朋友中，前者要算是亚历山大自己的私人朋友，而后者则可以说是马其顿国王的忠实伙伴。对赫菲斯提翁，亚历山大更多的是友爱，对克拉特鲁斯则更多的是敬重。后来赫菲斯提翁也像亚历山大一样改穿了波斯服饰，因此也经常负责东方人的事务。克拉特鲁斯始终保持着希腊服饰，因此成了国王在马其顿人之间的代言人。

尽管亚历山大无论从哪个角度而言，都具有王者的威严，他却还是能友善待人，与他们一同分担劳苦和危险，从不让旁人去做他自己做不到的事情，

---

[2] 意思是要让赫菲斯提翁守口如瓶，不能把信件内容告知他人。

面对困难也一定会身先士卒。他对于挑战困难的渴望，使他不愿在旁人英勇作战时袖手旁观。在分配任务时，他总是将最困难的任务留给自己，从无例外。毫无疑问，他自信在面对困难时能比他人做得更好，也更有耐力。在对大流士展开的前无古人的追击中，他在11天内行军400英里，最终只有60人能够与亚历山大一同走到终点。在此过程中，亚历山大忍受着酷热、干渴、劳累和最多的危险，始终一马当先，激励士卒坚持到底。追及波斯人之后，他又率领手中那些精疲力竭的士兵对数千名波斯人展开攻击。所有这些行为，都使士兵们对他产生了难以言喻的崇拜之情。

不过，亚历山大天生的急躁脾气，后来也变得愈发难以控制。他天性容易冲动，再加上有一些迷信，使他终于被自己那眼花缭乱的功业和超越人类极限的成功所迷惑。虽然我们应指责他杀死克雷塔斯，处死费罗塔斯和帕尔梅尼奥，以及对贝苏斯、巴提斯的残酷行径。但如果仅以统帅的身份考量亚历山大，那么我们便不应对此太过重视。亚历山大身上有着很多人性的缺点，有些是从父母那里继承来的，有些则是因年轻和太过显赫的成就而造成的。不过，他总是能对自己的恶行真诚悔过。如果我们把这些也加起来看待，整个世界历史上便再难找到谁能够比亚历山大的恶行更少，谁又能够比他的善行更多。直到生命最后几年之前，亚历山大始终保持着淳朴的生活习惯。他天性不愿过分在意衣着，并曾说过："一位王公应该在德行的高尚，而不是衣着的华丽上超过子民。"不过与汉尼拔相同，他也非常喜爱精良的甲胄、锋利的武器以及精壮的良马。亚历山大后来之所以采用了波斯服饰，绝大部分是出于政治需要，而非个人的愿望，即使考虑到他总是过分的自负也还是如此。他公开宣称自己出身神祇后裔的行为也绝非不正常，因为早在马其顿还是一个小国时，奥林匹克大会就已经承认他们是赫拉克勒斯后人了。

通过研究那些与亚历山大生活年代较为接近的史书，而非现代评论家的批评，我们便能对亚历山大的性格得出更精确的结论。从古至今，总是有很多人愿意去贬损亚历山大。马其顿王室原本在希腊就有着无数敌人，亚历山大本人的敌人还要更多，他们或是公开批判，或是在背后说他坏话。无论是再小的事情，只要能够用来诋毁亚历山大，都会有人满怀恶意地将它记录下来，也会有大批人相信这些夸大其词的说法，就好像是他的崇拜者总是会过分抬高他一样。阿里安所做的记载，大体上是引用了拉古斯之子托勒密的记录，而这要算是对亚历山大所作所为最好的见证人。阿里安还参考了阿里斯托布拉斯的记载，此人也是亚历山大手下的一位军官。另外，诸如尼阿卡斯的航海报告、书记官欧迈尼斯的日记、亚历山大本人的亲笔信件以及其他一些曾参与远征行动之人的文献，也都曾为阿里安所参考使用。从某种角度而言，阿里安参考的资料大部分都来自于称赞亚历山大的人，但阿里安的著作，也是唯一一部从军事角度而言，能够清晰记载这位伟大统帅到底如何行动的史书，其中那些可能的夸大其词从来都不是书中的重点。也许为了彰显马其顿士兵的英勇，伤亡数字曾被缩小，敌军被杀的数字则被大幅夸张。但所有人都应一致同意，阿里安的著作是对亚历山大所作所为最合理的解说，仅仅是关于这些方面的记叙，便足以证明亚历山大具有过人的智慧、意志、美德和体能，足以位列人类顶点。

　　腓力一生事业的成就已然极其伟大，但亚历山大的成就却真是前无古人。作为军队统帅，其能力根本无法用言语形容，就连为他著书立传的史官们也无法理解其完美的军事能力。我们很有兴趣，要将他的功业与其他统帅做一番比较。当亚历山大从马其顿出发时，手中仅有少量的士兵，在四年的战斗中，他接连取得伟大胜利，从未遭遇败绩，最终使波斯大王屈服在自己脚下。从离开家乡时的负债累累，仅仅在50个月的时间里，他便获得了全世界所有的财富。在那之后，凭借着惊人的勇气、耐力、智慧和技巧，亚历山大征服了整个已知世界，在11年的战争中行军22000英里。以上所有这些成就，都是在他32岁之前完成的。在世界历史上，从未再出现过仅凭弹丸之地便能征服整个世界，并在所过之地都打下了世代不灭烙印的例子。波斯曾经征服世界，威胁希腊，在爱琴海的岛屿和所有沿海希腊城市中都树立了自己的权威。可即使是如此强大的帝国，最终还是倒在了亚历山大的剑下。另外，亚历山大还有着旁人难以企及的健康体魄，而他对于征服更多土地的渴望，也不亚于他征服他人的能力。

　　一个很有趣的问题是，如果亚历山大没有英年早逝，罗马的历史是否会被改写。罗马有着不输亚历山大的步兵，却没有能够匹敌马其顿的骑兵，每年选举产生的执政官也绝非亚历山大的对手。虽然亚历山大在整个征服过程中也从未遭遇过像罗马共和国这样的国度，他的方阵也从未与罗马军团这样的精锐部队对敌,而这二者都要等到汉尼拔去挑战。不过从总体上来讲,如果亚历山大真的活到其西征计划付诸实施之时,当时的罗马毫无疑问将会倒在其铁蹄之下,世界历史也将因此而被改写。因为亚历山大是一位战争艺术的大师,罗马人对此却一无所知。直到汉尼拔屡次大败罗马人之后,他们才终于明白,单纯的凶猛进攻绝无可能战胜得当战术下的凶猛进攻。

从某些角度来讲,希腊文明的拓展追随在亚历山大的脚步之后,不过这并非他一人的功劳。印度有一个赤身的部落曾经说:"亚历山大,你不过是一个与我们一样的人类而已,只不过你抛弃了家乡,成了一个好管闲事的毁灭者,侵略了最广大的疆土,不仅自己忍受着艰苦行动,还要让他人也一样困苦。"亚历山大绝不可能单靠通婚和移民的方式达成民族融合,并建立一个永久性的帝国。他头脑中的希腊化波斯帝国不过只是梦想而已。亚历山大从来都不是希腊人,他只是将希腊式的天才和智慧融合到了马其顿人的粗犷天性之中。随着征服的脚步,他自己又变得愈发亚洲化。按照亚历山大自己的看法,其一生努力,就是为了征服亚洲并将其希腊化。他确实完成了前一个目标,却无法完成后一计划,甚至也从没能在任何一个亚洲国家中树立真正的永久性希腊化文明。不过即使如此,在他和他的继业者的努力下,整个波斯都受到了希腊文化影响。亚历山大所建立的城市也少有几座能够存世,因为它们不过是设防据点,而无法自食其力。作为一个头脑聪慧、有着远见卓识的政治家,亚历山大却始终奉行着不可能实现的理论,导致他所有的直接功绩都在他死后不到一代人的时间里便消失殆尽。至于如果他没有英年早逝又能达成何种结果,也只能留给后人去猜测揣度了。

亚历山大给战争艺术带来了什么贡献?有人曾问德摩斯梯尼,演讲最重要的三个要素是什么,他答道:"积极!积极!再积极!"对于统帅而言也同样如此。如果没有异于常人的积极头脑和体格,任何人都无法成为一名伟大统帅。而一旦这种超越常人的积极发生动摇,统帅的功业也就达到了极限。有人曾将天才解释为超乎常人的努力,但事实上,努力工作本身便不过是常人应有的品格之一。天才所指代者,应是常人所不具备的灵感。使人成为伟大统帅的原因,正是他自己的品格。对于那些无法理解的人而言,战争准则不过是一些毫无意义的天书。只有对那些能够将其付诸实践的人而言,它们才能有所裨益。想要成为一位伟大统帅，首先必须使自己成为一位伟大的人类，即使如此，也殊少有为人能够掌握这种能力，抑或是得到成为伟大统帅的机遇，更很少有人能在战争中取得耀眼成就。

在心灵和头脑方面，所有伟大统帅都要算是互为表亲。从未有人，也不可能有人在灵魂缺乏慷慨美德，头脑没有过人智慧的情况下成为伟大的战士。作为伟大的战士，他必须独立、自主、有节制，不仅要能够无所畏惧，甚至还要达到根本无须刻意鼓起"勇气"的程度。他们的意志必须足够坚定，才能手握成千上万人的性命和一个伟大国家的命运。他必须耐心、聪慧、毫不犹豫，对于困难情况的耐力也应该没有极限。他不仅要能够统领士兵，还要让士兵爱戴、敬仰自己，从而将他们的力量发挥到极致。而这又包含了很多种不同的能力，不仅要求统帅能够照料士兵，而且即使在极端条件或突发情况下，也能保持敏锐洞察力。无论在混乱纷扰的战场上，还是在安静宜人的厅堂中，他都必须保持思维的敏捷和精准，预见到所有战略、战术行动所能带来的最终结果，或是估量士兵、部队的能力。一位伟大统帅，还必须能在战场上应付各种突发事件的同时绝不失去对目标的冷静认识，也不能因数个小时或数日的辛劳便意志动摇。事实上，在整个世界上，没有任何一类人，会像将军们那样被要求必须在最短时间内集中最大智慧去应对一些情况。会战的胜负、军队的安危都取决于他的一念之差，这就要求他必须在混乱的战场上，给出最毫不含糊的指示。只有头脑和心灵中拥有了这些能力，再加上天赐的良机，一个人才能成为伟大统帅。

在所有流传至今的史料中，亚历山大是第一位能够高度掌握这些品格的人，而他所得到的机会，也放大了这种能力。在所有人中，亚历山大第一次建立了能与今日相提并论的战争体系。看看亚历山大仅凭手中那些资源所取得的巨大成就吧！他一生百战百胜，从未遭遇败绩。这并不是因为对手能力孱弱——尽管波斯人总是想要依靠数量取胜，但泰尔人、高加索部落和印度人还是曾经英勇抵抗，进行了出色的战斗。

亚历山大的行动总是建立在计算妥当、长期酝酿的计划之上。而且在这些行动中，他总能够自始至终地贯彻主要目标，而将一些细节考量放在一旁。他的智慧完全能够应付自己面对的巨大问题。他将已知的全部海岸当作征服全

・亚历山大战史

部已知世界的基地。亚历山大不像拿破仑那样,有着对行动地区和当地情况的充分情报。他必须边走边学。但就是在这种情况下,即便他行军速度总是很快,也从没有在确保侧翼和后方安全或是在作为基地的地区留下驻防兵力之前便继续前进。准备妥当之后,亚历山大就会采取最直接的行动向他的目标前进(其目标通常是对方军队)。他曾使用过各种各样的诡计或者谋略;他总是保持军队的集中,即使必须分兵行动,也一定会事先确定情况允许,之后很快又会重新集结。亚历山大在行动迅猛方面无人能及,也正是因为如此,他才在面对一切敌人时都能占据上风。无论是冬季的严寒还是夏季的酷热,又或是高山峻岭、荒芜的沙漠、宽阔的河流,甚至是最精心建造的防线,都不能阻挡其前进,与此同时他又总是能给予部队充分的给养。亚历山大是一位出色的后勤学家,他与拿破仑一样依靠作战的地区来供养部队,同时又在最方便的地点小心保存备用给养。在利用家乡援军或从当地征兵补充缺额方面,亚历山大也有着杰出的能力,总是能将新兵训练成出色的士兵。在出发时,他手中仅有35000人,在进行印度战役时军队人数却已经增加到了至少135000人,这一点便足以证明他在征召、训练部队方面的能力。

确实,我们无法像教科书中的战例那样,追究亚历山大战争的每一个细枝末节。但从历史的记载之中,我们却还是能从中找到一些更深层次的细节。毫无疑问,亚历山大在小规模行动上的技巧也不亚于在大规模行动方面的能力,至少其战果足以证明这一点。不过,优秀统帅并不取决于这些细枝末节,也很少有多少人能够胜任军队中的所有阶级。细节的作用举足轻重,任何大型作战想要成功,就必须在细节方面进行一丝不苟的准备。但与此同时,使那些伟大统帅从将军行列中脱颖而出的却并不只是如此。而是取决于如何解决面前问题的宏大观念,和将其付诸行动时的智慧和果断。在这一方面,亚历山大的行动方式与拿破仑完全不同,可以说拿破仑与亚历山大并不相仿。

人们倾向于认为战争艺术是在不断进步的,但这一点却有必要加以怀疑。在过去一代人的时间里,人类在使用毁灭性武器使战争变得愈发恐怖这一方面进展显著。但仅仅是战争机器的进步,就能理解为战争艺术原则也在以同样速度发展么?由于先进武器带来的巨大不确定性,即使最聪明的士兵也无法确定下一场战争将如何进行。而如果战争艺术确实在进步,那么它便应该变得

第四十八章　其人其战

更加积极，更加确定才是。如今，我们却对于哪怕最小的一些问题，也感到举棋不定。我们不知道对步兵而言，到底是密集队形还是疏散队形更好，或者今后是否又会出现一种新的火药导致步兵采取其他阵型；我们也不知道骑兵是会被精确武器所击败，还是在未来战争中依然像过去那样有效；我们不知道未来是否会出现比现有火药威力更大的爆炸物；不知道铁锹①所扮演的作用，是会减少还是会增加。除此以外，还有大量诸如此类的问题，因为各种发明而随之出现，并令将军们感到无所适从。而在海军方面，这种疑惑还要更为强烈。昂贵的铁甲舰适航性很差，无法远航；重型舰炮只要几次试射就会损坏；鱼雷也从未经过战争检验。下一次海战又会如何发展？②在亚历山大的时代，对于武器的使用要比今天确定得多。有必要说明的是，亚历山大的战术和拿破仑的战术同样完美，只是不适合今日的战争而已。我们甚至可以说，今天的战争艺术反而还不如先前那样准确或令人满意。甚至就连一些拿破仑教给我们的最明了的战略原则，都因现代科技和现代军队的规模而不再适用。

亚历山大的会战，在计划和执行两方面都是出色的战术范例。阿贝拉会战中的楔形攻击，要比麦克唐纳在瓦格拉姆会战中的纵队攻击更加出色。这便是天才的闪光之处。在渡河作战方面，更是没有任何例子能够比海达斯佩河会战更加卓越。尽管亚历山大已经是一位智慧出众之人，他的执行力却还要比计划能力更胜一筹。亚历山大在开战伊始便迅速占据先机的能力，可能比作战计划对胜利的贡献更大。无论这些计划是何等出色，一旦发动起来，亚历山大都能用执行力让它们更上一层楼。有时他的意志会压过他的智慧，但他却又总是能够因此而获胜。正是凭着这种积极，他才能征服手下少数人马很难击败的对手。

在骑兵的使用方面，亚历山大是首屈一指的。从未曾有人能像他一样，

---

① 代表防御工事。
② 道奇所说的这些问题，在第一次世界大战期间要算是集中爆发了出来。在那场大战之中，将领们头脑中还回忆着拿破仑时代的思想，根本不知道如何运用手中的军队和工具，在不断的尝试中付出了无数生命的代价。而所有这些问题，直到第二次世界大战才算是得到了解决，使战争艺术的发展走出了死胡同，进入了下一个时代。

如此精确、迅猛、有效地运用骑兵。他进行的骑兵冲锋时机总是恰到好处，因此百战不殆。从未有人能像他一样，用神祇般的勇敢领导骑兵进攻，坚决战斗到底。

亚历山大总是能够看穿对方的实力和弱点所在，并从中获得优势。他能够完全发挥胜利所带来的果实，并用他人从未曾企及的勇猛进行追击。亚历山大在围攻战中的能力，也和会战中一样出色。他唯一不曾面对的情况，便是挽救败局。[①]亚历山大拥有军人所能拥有的全部美德。拿破仑曾经不无夸张地形容亚历山大的灵魂在远征启程时像特洛伊勇士一样纯洁，远征结束时却变得像尼禄一样暴虐，而且染上了埃拉加巴卢斯（Heliogabalus）一样的淫靡习性。事实上，拿破仑的这一评价不只是对亚历山大性格的歪曲，甚至可以说是驴唇不对马嘴。不过对亚历山大的军事能力，这位伟大的科西嘉人却能公正地评价说："与成吉思汗或者帖木儿不同，这位腓力之子所进行的战役总是建立在深思熟虑的考量之上的。而他又能以过人的勇气加以执行，并以惊人的睿智进行指导。"

作为统帅，亚历山大所完成的功业要远比任何人都更伟大。在他之前，从未有同样伟大之人能够作为他的榜样。他不仅是第一个教导人类如何合理进行战争的将军，而且也是这些人中最出色的。他规划了战争艺术最早的准则，并为汉尼拔、恺撒、古斯塔夫·阿道夫斯、杜伦尼、欧根亲王、马尔伯勒、腓特烈和拿破仑等人所效法改进。可以确定，汉尼拔正是从这位伟大的马其顿人那里学到了他的战争艺术，而如果我们剥夺了拿破仑关于亚历山大、汉尼拔和恺撒的知识，他也将不再是拿破仑了。亚历山大当时所处的情况，并不要求他像现代战争那样精密周全。但他对战争艺术的掌握，可能从不曾有人企及，因为拿破仑就曾说："猜测敌军意图、揣度他对你的看法、隐藏自己的意图和目标、用佯动迷惑对方、用诡计欺骗对方、详细制订计划、在最有利的条件下与敌军作战，无论过去、现在还是未来，都始终是战争艺术的核心。"

---

① 因为亚历山大从来没有输掉过任何一次会战。

第四十九章
继业者战争、欧迈尼斯、安提柯、菲洛皮门

亚历山大的部将以拥戴其后裔的名义分割了帝国。在野心和嫉妒的驱使下，庞大的帝国四分五裂。马其顿、埃及和叙利亚是其中最重要的三个王国，东方一些残存的希腊化地区，也还在继续证实着亚历山大的宏大计划。军队的纪律很快便出现下滑，佣兵变得越来越多，抛石机、巨弩、战车、战象都出现在野战序列之中，使军队变得越来越亚洲化。可尽管如此，亚历山大的直接继业者们却很明显地继承了这位国王的高超战术，甚至在某些细节方面还有所进步。但到了伊普苏斯会战①之后，战争艺术也开始衰落了。只有少数杰出战例，如第三次曼丁尼亚会战（The Third Battle of Mantinaea）以及安提柯和欧迈尼斯在继业者战争中的机动，仍在向世人昭示着战争艺术曾达到何种高度。希腊和马其顿不再是曾经的辉煌国度，他们的人民也已经失去了爱国荣誉。

亚历山大在亚洲所进行的战役，也腐化了腓力建立起来的马其顿军队那令人敬佩的纪律信条。在与富有、奢华以及缺乏道德准则的东方人接触之后，

---

① 公元前301年。

其原有的道德观念便从根本上受到了腐化。只有在亚历山大本人的强大影响力之下，这支军队才没有因腐化而崩溃或分裂。也正是他的能力，才让这支军队立下了不朽功业。从德兰吉亚纳和巴克特里亚发生的几次阴谋、拒绝跨过希发西斯河以及俄庇斯的兵变等事件中，都可以看出马其顿士兵已经不再是原先那些淳朴的战士了。亚历山大死后，再也无人有能力阻止这种毁灭性腐化的快速蔓延。他的部将，也就是所谓"继业者"（Diadochi）——佩狄卡斯、安提帕特、克拉特鲁斯、托勒密、安提柯、欧迈尼斯、卡桑德、列昂纳托、利西马科斯、塞琉古瓜分了帝国，声称自己是亚历山大同父异母的弟弟腓力和罗克珊娜为亚历山大生下的遗腹子亚历山大四世的摄政和副将，此二人也被都被军队选为国王。出于征服整个帝国的野心以及继业者之间的互相嫉妒，很快便引发了长期的血腥战争，亚历山大的全部家眷也都在此过程中遭到谋杀。直到公元前301年的伊普苏斯会战之后，这些长期的战争才告结束。

从这些混乱之中，也诞生了几个稳定的王国，其中部分东方国家的希腊化程度印证了亚历山大功业的影响力。这些王国包括拉古斯之子托勒密及其后人所控制的埃及、塞琉古及其后人的叙利亚、阿塔里达（Attalidae）的帕伽玛（Pergamon）、安提柯之子德米特里厄斯的马其顿、卑斯尼亚（Bithynia）、本都、加拉西亚（Gallacia）、巴克特里亚、罗德岛以及大大小小的希腊殖民地。在这些国家里，希腊语仍然是上流社会和公务人员所说的语言。纪念碑的题词、史料都由希腊语书写，钱币上仍然铸有希腊的传奇人物，接受过教育的阶级都以说希腊语、行希腊礼节为荣。在其中一些国家中，希腊式的艺术和文学也都有着相当高度的发展。只不过，在种种辉煌之中，却也夹杂着希腊人道德的腐化，自从这些王国建立之日起，便已经显示出一种不切实际、无法长久留存的迹象。

亚历山大的继业者们之间很快便爆发了大规模战争。这种战争需要巨大的人力，从而使继业者们不择手段地征召部队。他们像泼洒清水一样，花费大笔金钱建立军队，而且重新又开始使用贿赂的手段，引诱对方士兵投效自己。作为结果，士兵们开始发觉自己所具有的金钱价值，逐步成为佣兵。纪律逐渐成了过去式，部队的精神中充满了那些使组织松弛的卑劣品格。正是这种纪律的丧失，最终导致希腊和马其顿成了罗马军团的猎物。

第四十九章　继业者战争、欧迈尼斯、安提柯、菲洛皮门

作为亚历山大军队中的主力部队，伙伴骑兵和一些由全国最优秀士兵组成的精锐部队，逐渐成了国家安全的威胁，而非保障。这些部队就好像是罗马禁卫军的原型一样，无论是谁，只要能够用金钱买得他们的支持，就能控制整个政府。战争对大量士兵的需求使职业士兵成了唯一值得终身追求的职业，而整个希腊也随之变成了一个巨大的征兵营。黄金不仅可以买到任意规模的军队，也能将对方的部队引诱过来成为己方盟友。将军们很少关注军队的组建方式，这也使各国军队变得鱼龙混杂，各种民族的士兵都占有一席之地。面对这些缺乏纪律的士兵，抛石机、战车、战象终于得以找到用武之地。要知道，亚历山大是十分蔑视这些武器而从不在会战中使用它们的。

本书前文中已经对希腊城邦的佣兵系统进行过描述。现在这些继业者王国，正是将这种系统扩大开来，最终导致了其必然后果。原先因爱国精神而诞生的无畏力量，终于从希腊人身上彻底消失了，整个希腊世界无论是在军事还是政治能力上都变得十分脆弱。在亚历山大死后的百年之间，仅有伊庇鲁斯国王皮洛士、亚该亚联盟、埃托利亚联盟以及克莱奥梅尼领导下的斯巴达曾经例外地建立起强大军队，但他们也仅能短暂缓解希腊世界已经糟糕透顶的情况而已。

亚历山大关于东方的宏伟计划业已触礁，仅有一些希腊化国家仍坚持着这位国王的政策。而不久之后，当地原有的习俗便开始打破外来的文化，在幼发拉底河以东的所有国家中，二者的冲突都浮出了水面。在亚历山大部将的后人中，除少数例外，所有人都愧对先祖，他们最终也沦落到与东方暴君相同的水准。在人口水平没有发生变化的情况下，军队的战斗力追随着君主的能力逐步下滑，对外国佣兵的依赖使步兵不再勇敢自信。普通士兵退化成了欺软怕硬之辈。在和平时，他们是市井恶霸，在战争中却不过是一群懦夫。

由于面积太过广大，在不到三代人的时间里，亚历山大的伟大帝国便缩小到了仅有原先一小部分的程度。帕提亚人在阿萨奇德（Arsacidae）率领下征服了幼发拉底河至印度河之间的全部疆域，成为希腊文明进一步渗入东方的屏障。而在印度和帝国南部省份，王公和总督们在亚历山大死后不久便抛弃了对帝国的效忠。最终在所有希腊化王国中，只有紧邻地中海的一部分仍被控制在马其顿人手中。

可尽管军队正在逐步失去其内在力量源泉，亚历山大所留下的战争艺术

本身却并没有立刻消失，而一直幸存到了他所有的直系继业者殒命之后。亚历山大的这些部将在国王手下经受了太多实战考验，没有忘记作战的技巧。在公元前4世纪结束或这些继业者死亡之前，我们能清晰地看到，这些人仍在严格遵循着伟大故主遗留的战争原则。方阵规模愈发庞大，由8000名重步兵组成的双倍方阵和16000名重步兵组成的四倍方阵（再加上骑兵和轻步兵，总人数分别为15000人和30000人）变得十分常见。战列的指挥、行军、战术阵型以及其余一些方面仍与亚历山大时代保持着相同的基调，而亚历山大十分乐于使用的斜形序列（海达斯佩河会战是其最佳代表）也并不罕见。将军们知道如何让方阵适应各种地形，从而根据当地条件施展方阵的威力，掩护其弱点。直到伊普苏斯会战之时，在各方进行的大小会战中，从不缺少有能力的将领。设立岗哨、进行侦察，以及对轻骑兵和轻步兵的使用方面，甚至可以说还出现了进步。在当时，军队衰落的最显著表现即是对远程抛射武器的倚重。在亚历山大手中，这些武器只会在渡河或攻击隘路时才投入使用，这也是它们正确的使用方法。而在继业者们手中，这些在野战中作用不大的武器却和战象、战车一起被投入到了会战之中。

在战略机动层面上，这些将军们也奉行着他们所学到的原则。他们会对自己的侧翼和背后加以保护，他们会直接向自己的目标开进，而且也会将会战视作一场战役的终点。直到伊普苏斯会战，只要能在让自己有信心的将领手下效力，希腊人和马其顿人通常都能英勇战斗。不过，这些士兵在行军时却会给所到之地带来一片废墟，这原先只是东方军队才有的习惯。总体而言，亚历山大的部将和继业者们都能算得上是这位伟大统帅的得意门生，只不过他们对亚历山大创造的伟大帝国及其后人没有任何忠诚之心。

在战争艺术的所有门类里，建设工事和围攻是发展最大的。因为从技术上来讲，建造攻城武器和造船的技术都获得了显著进步。在希腊工程师埃皮马科斯的帮助下，号称"围攻者"的德米特里厄斯对罗德岛进行了那个时代最负盛名的围攻战。这次围攻中所出现的巨大工事和工程机械在尺寸上要远比先前任何时代都更为庞大。在此之中，以埃皮马科斯为德米特里厄斯建造的、名为"破城者"（Helepolis）的巨大攻城塔最为著名。这座巨塔宽50腕尺（75英尺）、高达100腕尺（150英尺），面向敌军的三面均敷有铁片作为保护。整个

第四十九章　继业者战争、欧迈尼斯、安提柯、菲洛皮门

攻城塔分为九层，互相之间由梯子连接，下部则安装有巨大的轮子。这座攻城塔的观察窗上设有可拆卸遮盖物，其内部的攻城武器随时可以射击。另外，其顶部专门设有供弓箭手和抛石机进行射击的平台。想要移动这座巨大的攻城塔，总计需要3400人[①]从侧面和后面推动攻城塔。守城一方所表现出来的技巧，也毫不亚于德米特里厄斯的攻城能力。由于层出不穷的防御战术，以及英勇能干的不懈抵抗，德米特里厄斯最终选择与对方议和。

从公元前301年的伊普苏斯会战之后，会战战术开始变得愈发亚洲化，亚历山大的经验也逐渐为人遗忘。从此时起，除少数例外以外，战争艺术在希腊世界开始迅速且不可逆转地衰败了。直到接受过希腊式教育的汉尼拔通过研究亚历山大的战史，凭借着自己的聪明才智将这些战争艺术为己所用，才使战争艺术免于为世人彻底遗忘，并教会了罗马人如何进行战争。而汉尼拔所运用的这些战略和战术，与亚历山大所用者并无太多不同。从公元前4世纪末开始，战争艺术从希腊的领土上逐渐消失，又在那位伟大的迦太基统帅手中重新出现在意大利。

安提柯和欧迈尼斯在亚洲进行的一系列机动，可以算是继业者战争中战争艺术水准的一个例证。公元前318年末，当时两方都因天气原因必须寻找合适的冬营地点，而二者的营地相距也并不远，中间仅有一条山地河流和一些小溪间隔。其具体位置则已经不可考了。由于整个地区都已经被踩躏一空，双方都饱受食物、饲料缺乏之苦。通过手下那些始终保持活跃的间谍，欧迈尼斯确认安提柯将在夜间拔营前往苏萨和埃克巴塔纳之间的坎巴塞尼斯（Cambasene，亦称柯比亚尼）。不仅那里尚未被战争摧毁一切资源，而且那片富庶土地的水道、山脊和隘路都使得当地十分容易据守，士兵们也可以在那里分散开来过冬。欧迈尼斯自己也打算前往坎巴塞尼斯过冬，为抢在安提柯之前，他使用了下述策略。

他让一部分士兵伪装成逃兵，投奔安提柯的营地告知对方，欧迈尼斯已经做好准备在他拔营时对他发动攻击。与此同时，欧迈尼斯则在夜幕掩护之

[①] 可能包含了换班的人员，或是总计曾有3400人曾担负过这一任务。

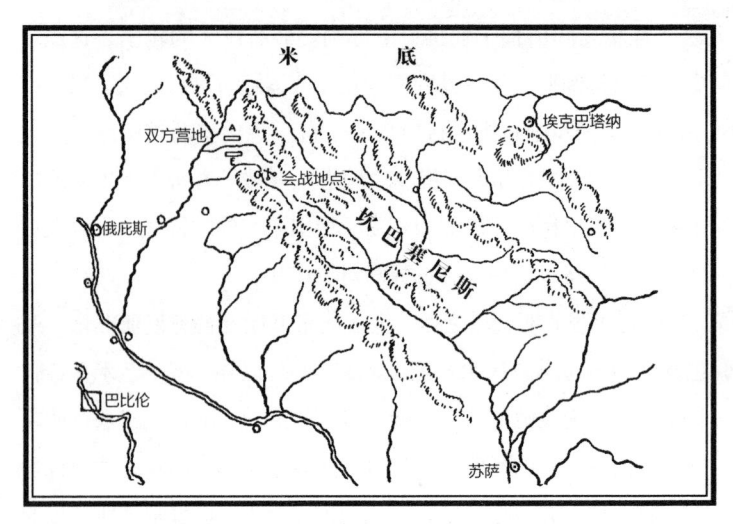

◎ 坎巴塞尼斯示意图

下，绕道一条隐蔽的道路，将行李纵列派往坎巴塞尼斯。不久之后，在让士兵做好长途行军的粮秣准备之后，他自己也率军跟随在后。为迷惑安提柯，欧迈尼斯在敌军对面设置了一条哨戒线。安提柯完全受到了欺骗，直到轻装部队向他报告对方已经拔营为止，他一直在营地附近以战斗序列等待对方进攻。

欧迈尼斯赢得了6个小时的行军时间。安提柯率领着全部骑兵迅速进行追击，在清晨时追上了正在从隘路中走出的欧迈尼斯后卫部队。安提柯虽然无法单凭骑兵发动正式攻击，但还是将他们沿着山脚部署，通过非常有效的行动使欧迈尼斯相信对方全军都已经抵达，被迫停下脚步组成战斗序列。安提柯成功掩盖住了自己的弱势，为步兵到来争取了时间。这样一来，双方便又以全部力量对敌，互相都希望能用一场会战来赢得通往坎巴塞尼斯的道路。在持续一整天的会战中，双方不分胜负，各自的左翼都被击败，而右翼也都取得了胜利。直到夜幕降临，会战才告结束。安提柯虽然控制住了战场，但损失要比欧迈尼斯更大。惨重的损失动摇了安提柯，使他不敢再与对方争夺前往坎巴塞尼斯的道路，只好撤退到米底过冬。欧迈尼斯占据了坎巴塞尼斯，终于得以在那里宿营。

欧迈尼斯命令部队不要分散得太远，但士兵们却对命令不加在意，分散

第四十九章　继业者战争、欧迈尼斯、安提柯、菲洛皮门

到了很远的村落之中，将领也无法对他们进行有效控制，导致军队失去了在遭到进攻时迅速集中的能力。安提柯从间谍耳中听到了这一情况，决定出敌不意，将敌军各个击破。从他的宿营地，有两条路可以前往坎巴塞尼斯。一条道路较远，但当地人口众多，资源足以供养军队行军。另一条道路路程较近，但途经的山岭地带人口稀少，水源贫乏，很难供养军队。安提柯选择了后者，因为相比行军的困难，他更不想被敌军发现，而且这条山路的出口也正好指向欧迈尼斯宿营地中央。他给士兵们分发了十天的口粮，为马匹也准备了相应的饲料，并用兽皮携带饮水。与此同时，安提柯还散布谣言，说自己即将前往亚美尼亚。事实上，由于安提柯的军队已经受到了削弱，同时而欧迈尼斯的军队实力却在增长，因此前者确实很有理由避开敌军，而亚美尼亚则正是一个征召新兵的好去处。

为进一步增强谣言的可信度，安提柯出发时首先沿通往亚美尼亚的道路前进，但很快便转过头来，穿过山路前往欧迈尼斯的冬营。此时天气寒冷，安提柯只在夜间行军，而且也只允许在白昼时点燃营火。可是由于天气十分严酷，士兵们不顾命令，开始在冬季长夜中引火取暖。欧迈尼斯并没有粗心大意，始终保持着警惕。由于意识到手下部队过于分散所带来的危险，欧迈尼斯派出了大量巡逻队和间谍。正是这些侦察兵报告说在北方山区中看到了大量营火，使他对于安提柯的到来有了充足预警。

欧迈尼斯的副将们都建议他迅速撤退到坎巴塞尼斯其他地区。但欧迈尼斯却向他们保证，他完全能够阻挡安提柯足够的时间（三至四天），让部队可以集中起来。他迅速将距离最近的部队集中起来，沿着安提柯所走的那条山路部署妥当。同时他又命令其余部队，当他们从各个方向到来之后，便依照一定间隔占据两侧山脚的突出部。所有这些部队都收到命令，点起了大量营火，就好像是有大量部队集结在营地中一样。另外，欧迈尼斯还专门让士兵们把第一班岗（夜间6时至9时）的营火烧得最旺，因为士兵们通常都会在这个时候用油脂涂抹身体，烹煮晚饭，另外，他还要求第二班岗的营火要黯淡一些，到午夜后则将营火熄灭。通过这种方式，欧迈尼斯佯装出了一支大军已经集结起来的假象。

安提柯收到了很多关于这些营火的报告，认定欧迈尼斯已经完成了集中。除非能够奇袭对方，否则安提柯并不愿意面对欧迈尼斯更加强大的军队，

505

·亚历山大战史

因此他放弃了计划，开始朝能够让手下军队休养生息并拥有足够掩蔽所和食物的地方前进，准备过后再寻机与敌军作战。欧迈尼斯借此赢得了充足时间进行集中，并在一块适宜防守的地点建立了设防营地。连续两次，他都能够凭借着狡猾的策略骗过安提柯，为自己赢得优势。

公元前206年，菲洛皮门（Philopoemen）在第三次曼丁尼亚会战中所获得的胜利，不仅是希腊战争舞台的最后谢幕，也同样是它历史上最杰出的胜利之一。身为亚该亚联盟的将领，菲洛皮门被称为"最后的希腊人"。他是一位聪明而且勤奋的军人。李维曾评价他说："在指导行军、选择阵地等方面，菲洛皮门拥有令人敬仰的能力和经验。他不仅会在战时考察各地地形，在和平时代也同样如此。无论何时，无论他要前往何处，只要在旅程中途经一条险要的隘路，他就会对那里进行仔细的考察。在独自旅行时，他会自己苦思冥想。若有他人同行，他则会向旅伴发问说，'若果敌人在这里出现，他会选择如何行动？如果他从正面进攻，如果他从侧面进攻，如果他从背后进攻，我们该如何对敌？如果遭遇敌军时，敌人已经组成战列，我们该如何行动？如果敌军仍以只适合行军的疏散队形出现，我们又该如何行动？'在那之后，无论是自己思考，还是询问他人，菲洛皮门又会进一步检讨，'自己该选择何种地形？派出多少士兵或什么兵种？将行李辎重安排在何处？将给养安置在哪里？没有武装的随营人员又该部署在哪里？要为这些物资人员配属多少保护部队？到底应继续前进，还是沿原路撤退？可以在哪里建立营地？自己的战线可以覆盖多大宽度？从哪里可以获得水源？从哪里可以获得足够的草料和木材？第二天拔营启程时，最安全的道路又在哪里？部队又该以何种序列行军？'自从年轻时代起，菲洛皮门便经常进行这种研究探讨，不断地锻炼自己的思维，使自己在任何情况下都能从容应对。"

菲洛皮门花费了七年时间来改善军队的状况，使其纪律素养远高于当时普通希腊军队的低落水平。当斯巴达的暴君马卡尼达斯（Machanidas）向亚该亚同盟宣战时，菲洛皮门便率军前往曼丁尼亚占据了阵地。马卡尼达斯则将军队集中在了曼丁尼亚以南的忒革亚。公元前362年，伊巴密浓达正是从这里出发，打赢了著名的第二次曼丁尼亚会战。

准备完毕之后，马卡尼达斯便将军队分为三个纵队，其手下还拥有大量

第四十九章　继业者战争、欧迈尼斯、安提柯、菲洛皮门·

远程抛射武器。菲洛皮门率军出城，准备在一块早已仔细侦察过的土地上迎战。曼丁尼亚以南的平原左右两侧都有山峦包围。菲洛皮门在一条横跨整个山谷的小溪背后排成了战斗序列，这条小溪只在冬季拥有水流，夏季则是干涸的，而且其地势相对平缓，从远处无法发现。菲洛皮门计划将这条小溪当作野战工事使用，很像是南北战争中美国人对横跨马萨诸塞州铁路的使用。他将轻步兵布置在左翼，倚靠在山丘之上，骑兵、骑马轻盾兵、同盟部队以及佣兵都被部署在他们前方。方阵一如既往位于战线中央，但菲洛皮门独创性地以团为单位，将方阵分为两排列成棋盘格阵型。[①]重骑兵被安排在全军右翼，菲洛皮门计划将他们当作预备队使用。一切部署妥当之后，菲洛皮门又对士兵们进行了慷慨的训话说："今天的战斗将决定你们会继续自由下去，还是沦为奴隶！"

不久之后，马卡尼达斯的三个纵队便出现了，其中中央纵队以倾斜的方向指向菲洛皮门的右翼。这就使后者相信马卡尼达斯将要采取加强左翼的斜形序列发动进攻。菲洛皮门仔细观察着对方的行动，但并没有改变阵型。有趣的是，马卡尼达斯又将纵队向右转过来，排成了平行序列。菲洛皮门随即转而认为斯巴达人将会利用方阵从正面发动进攻。可斯巴达人并没有这样做，反而让方阵让开空间，将抛石机和巨弩推进到了方阵前方。接下来发生的事即为当时战争艺术发展方向的一个例证——抛射武器的射击成为会战序幕。为应对敌军的远程火力，菲洛皮门用轻骑兵和轻步兵在方阵前方组成了一条散兵线，以便用弓箭和投石手的火力来杀伤操作抛射武器的敌军人员。在这些轻装部队的积极努力下，斯巴达人的抛射武器很快便哑火了。

马卡尼达斯看到菲洛皮门将轻步兵完全部署在了左翼，而将重步兵留在右翼当作预备队，便命令己方右翼骑兵背后的轻步兵从方阵后方转移到左翼来支持这一侧的骑兵。菲洛皮门看到对方的右翼兵力减弱之后，命令骑马轻盾兵在同盟军和佣兵支援下，从一处早已准备好的斜坡处跨过小溪去攻击对面马卡尼达斯的雇佣骑兵。双方其余部队都保持不动。菲洛皮门的这些骑兵被对方较

---

① 这一点很可能是菲洛皮门研究了罗马军团的三线棋盘格阵型之后借鉴而来的。

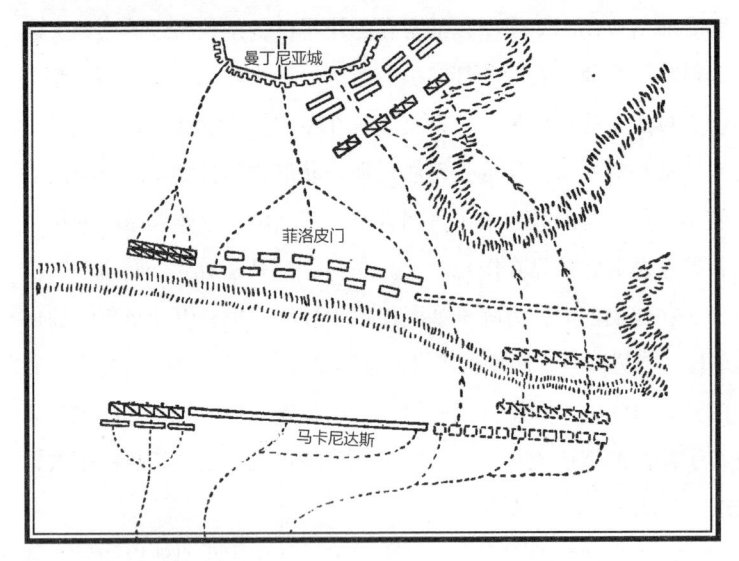

◎ 第三次曼丁尼亚会战示意图

为重型的骑兵击败，失去秩序向后撤退，同盟军也在混乱中跟着后退。马卡尼达斯亲自率领着这一翼的骑兵凶猛追击，菲洛皮门的左翼部队一直后退到了曼丁尼亚城下，马卡尼达斯也紧随在后。

菲洛皮门的部队最初因左翼失败而发生了动摇，但当他发现马卡尼达斯犯下了重大错误——身为指挥官却离开了主要战场时，他本人的信心重新感染了部队。菲洛皮门命令第一线的方阵步兵向左翼移动，占据原先属于骑马轻盾兵、同盟军和佣兵的阵地，之后他又将第二线的方阵步兵推进到原先第一线的位置上。在所有这些调整全都精确完成之后，菲洛皮门便切断了马卡尼达斯的退路，同时还将战线延伸出去，超过了斯巴达人的右翼。那些尚未被彻底击溃的骑马轻盾兵、同盟军以及佣兵也被菲洛皮门集合起来部署在左翼后方的山坡上。

在斯巴达方阵开始前进越过小溪时，菲洛皮门便准备向敌军展开攻击。他决心等待对方首先前进。等到对方进抵小溪河床底部，开始攀登自己一侧的崎岖河岸时，菲洛皮门对他们发动了反冲锋，将他们逐退，并凭借居高临下的攻击击溃了对方。

在那之后，菲洛皮门带领着一部分人马跨过小溪进行追击，留下大部分部队做好准备，等待马卡尼达斯掉头回转时进行迎击。后者此时正希望重新与步兵会合，他惊讶于自己的成功没能起到太多作用，因此将骑兵集中成了一个密集纵队，希望能够在对方战线上冲破一个缺口。可就在关键时刻，发觉自己已经被孤立的雇佣骑兵抛弃了马卡尼达斯，四散而逃谋求自保。只剩下单人独骑的马卡尼达斯试图从小溪逃跑，却被菲洛皮门杀死。后者通过冷静的战术头脑，在会战最激烈的时刻调整战术，从而赢得了一场全胜。

这场会战不仅可以看作那个时代会战战术的代表，而且也足以证明一位能干的将领完全能够利用因地形造成的意外情况为自己带来优势，同时清晰冷静的战术和指挥官本人的意志也足以在最初的失利后保证军队不会溃败。

可是，尽管希腊仍有少量能干的将领，军队却早已不复当年之勇了。希腊现在已经不再是希波战争时的那个伟大国度，引领希腊走向光辉的爱国精神已经消失殆尽，对公共利益的追寻以及淳朴的美德也一去不复返。伟大的爱国精神，现在只有到台伯河（Tiber）上的那座城市①中才能找到，它的军团也注定将会像亚历山大的方阵一样，踏遍世界每一寸土地。

与希腊一同衰落的还有马其顿。在腓力二世率领着40000人的军队被奉为希腊统帅140年后，另一位腓力②在西诺塞法拉会战（Battle of Cynocephalae）中遭受失败，被迫向敌军缴纳了1000台仑贡金，军队规模也被限制为陆军5000人、海军5条战舰，并被禁止在王国原有疆界以外发动战争。曾几何时，由腓力二世训练出来，并由亚历山大带领着进行一系列了空前绝后战役、将疆土扩张到希腊人眼中世界尽头以外的马其顿士兵们就此消失，马其顿作为一个曾经高傲的国度也彻底衰败。一代人之后，马其顿彻底被罗马人肢解了。

---

① 即罗马。
② 腓力五世。

附录一 部分古典时代行军记录

军队	地点	年代	兵种	全程	花费时间	平均每日行程	备注
斯巴达人	斯巴达至马拉松	公元前490年	步兵	150英里	3天	50英里	
希腊佣兵	迈利昂得鲁斯至塔普沙卡斯	公元前401年	步兵	230英里	12天	19英里	
希腊佣兵	回程	公元前400年	步兵	4000英里	215天	18.3英里	
马其顿人	行军训练	公元前350年	步兵			30英里	
马其顿人	佩利乌姆至底比斯	公元前335年	全兵种	300英里	14天	21.5英里	山路
马其顿人	佩拉至塞斯托斯	公元前334年	全兵种	350英里	20天	17.5英里	
马其顿人	腓尼基至塔普沙卡斯	公元前331年	全兵种	200英里以上	11天	19英里以上	
马其顿人	阿贝拉追击战	公元前331年	骑兵	70英里	1昼夜	70英里	
马其顿人	乌克西亚至波斯门	公元前331年	全兵种	113英里	5天	22.5英里	破碎山路
马其顿人	波斯门至阿拉克塞斯河	公元前331年	骑兵	40英里	1夜	40英里	
马其顿人	埃克巴塔纳至拉吉	公元前330年	全兵种	220英里以上	11天	20英里以上	
马其顿人	追击大流士	公元前330年	骑兵	400英里	11天	36.5英里	炎热沙地、部分地区为沙漠
马其顿人	追击大流士	公元前330年	骑兵	175英里	4天	44英里	炎热沙地、部分地区为沙漠
马其顿人	追击大流士	公元前330年	骑兵	47英里	1夜	47英里	炎热沙地、部分地区为沙漠
马其顿人	赫卡东比鲁至阿里亚	公元前330年	全兵种	500英里以上	20天	25公里以上	
马其顿人	前往阿塔柯亚纳	公元前330年	全兵种	75英里	2天	37.5英里	
马其顿人	抓获贝苏斯	公元前329年	全兵种	150英里	4天	37.5英里	托勒密的部队
马其顿人	查可萨提河至马拉堪达	公元前329年	全兵种	170英里	3天半	48.5公里	
马其顿人	穿越桑达尔沙漠	公元前325年	全兵种	57英里	1天	57英里	沙漠

附录二 部分古典时代会战伤亡记录

本附录列出了所有著名会战的人员损失数字。其中受伤者数字大多以古典时代惯用的十倍于阵亡者的比例估算而来,但实际上这一比例相对较低,十二倍于阵亡者似乎更加合理。

会战	年代	参战人数	国家	阵亡数	阵亡比(约数)	南北战争阵亡比[①]	伤亡数	伤亡比(约数)	南北战争伤亡比[①]
马拉松会战	公元前490年	11000人	希腊	192人	1.75%	5%	2100人	19.25%	13%
普拉蒂亚会战	公元前479年	110000人	希腊	1360人	1.25%	4%	15000人	13.5%	13%
喀罗尼亚会战	公元前338年	50000人	希腊	2000人	4%	4%	18000人	36%	13%
攻克底比斯	公元前335年	33000人	马其顿	500人	1.75%	4%	5500人	17%	13%
格拉尼卡斯会战	公元前334年	3000人	马其顿(骑兵)	85人	3%	2%	935人	31%	16%
伊苏斯会战	公元前333年	30000人	马其顿	450人	1.5%	4.5%	5000人	16.5%	13%
阿贝拉会战	公元前331年	47000人	马其顿	500人	1%	4%	5500人	12%	13%
查可萨提河之战	公元前329年	6000人	马其顿	160人	2.75%	7%	1160人	19.2%	20%
海达斯佩河会战	公元前326年	14000人	马其顿	930人	6.75%	5%	10200人	73%	13%

① 作者在这里以南北战争的伤亡数字来对比,显示古代战争中的伤亡比例并不比近代小太多,证明古代史料中的伤亡数字并非不可信。

附录三 亚历山大的行军记录

以下部分行军距离数字取自切斯尼上校著作，部分取自海因里希·基佩特（Heinrich Kiepert）所绘制的地图。由于很多古代道路和地名的位置并不明确，本附录并不苛求绝对准确。

希腊
佩拉至科林斯	240英里
科林斯至佩拉	240英里
佩拉至多瑙河	350英里
普斯至佩利乌姆	300英里
佩利乌姆至底比斯	300英里
底比斯至佩拉	180英里
佩拉至赫勒斯滂海峡	300英里
小计	**1910英里**

小亚细亚
赫勒斯滂海峡至格拉尼卡斯河	50英里
格拉尼卡斯河至萨迪斯	180英里
萨迪斯往返士麦那	100英里
萨迪斯至以弗所	50英里
以弗所至米利都	60英里
米利都至哈利卡纳苏斯	60英里
哈利卡纳苏斯至特尔梅苏斯	160英里
特尔梅苏斯至法瑟里斯	160英里
法瑟里斯至锡德	85英里
锡德至特尔梅苏斯	85英里
特尔梅苏斯至萨迦拉苏斯	70英里
萨迦拉苏斯至切兰纳	60英里
切兰纳至戈尔迪乌姆	170英里
戈尔迪乌姆至安卡拉	80英里
安卡拉至塔尔苏斯	320英里
塔尔苏斯往返西里西亚碎地	160英里
塔尔苏斯至迈利昂得鲁斯	100英里
迈利昂得鲁斯至伊苏斯	25英里
小计	**1955英里**

腓尼基
伊苏斯至泰尔	300英里
西顿及黎巴嫩山战役	100英里
泰尔至耶路撒冷	120英里
耶路撒冷至加沙	60英里
加沙至佩卢西乌姆	140英里
小计	**720英里**

附录三　亚历山大的行军记录

埃及
佩卢西乌姆至孟菲斯	120英里
孟菲斯至亚历山大城	150英里
马雷奥蒂斯湖周边	120英里
亚历山大城至帕拉托尼乌姆	140英里
帕拉托尼乌姆至阿蒙神庙	170英里
阿蒙神庙至孟菲斯	340英里
小计	**1040英里**

从埃及到波斯波利斯
孟菲斯至加沙	260英里
加沙至泰尔	135英里
泰尔至塔普沙卡斯	380英里
塔普沙卡斯至贝扎布德	290英里
贝扎布德至阿贝拉	125英里
阿贝拉至俄庇斯	180英里
俄庇斯至巴比伦	90英里
巴比伦至苏萨	230英里
苏萨至乌克西亚城	130英里
乌克西亚城至凯·埃·色菲	190英里
凯·埃·色菲至波斯波利斯	85英里
小计	**2095英里**

米底和里海沿岸
波斯波利斯至埃克巴塔纳	480英里
埃克巴塔纳至里海门	285英里
里海门至赫卡东比鲁	215英里
赫卡东比鲁至扎德拉卡塔	115英里
马底亚战役	600英里
小计	**1695英里**

从里海到高加索
扎德拉卡塔至苏西亚	550英里
苏西亚至阿塔柯亚纳	130英里
阿塔柯亚纳至普洛法西亚	200英里
普洛法西亚至阿拉霍西亚的亚历山大城	450英里
阿拉霍西亚的亚历山大城至尼西亚	200英里
尼西亚至高加索亚历山大城	35英里
小计	**1565英里**

巴克特里亚和索格迪亚纳
高加索的亚历山大城至德拉普萨卡	110英里
德拉普萨卡至扎瑞亚斯帕	220英里
扎瑞亚斯帕至那乌塔卡	205英里
那乌塔卡至马拉堪达	120英里
马拉堪达至查可萨提河	170英里
西徐亚及七城战役	100英里

· 亚历山大战史

查可萨提河至马拉堪达	170英里
波利提米图斯河战役	150英里
马拉堪达至扎瑞亚斯帕	325英里
五支纵队战役	450英里
索格迪亚纳的最后战役	200英里
克塞尼帕战役	150英里
往返希米特里斯之岩	250英里
至索格迪亚之岩和科瑞尼斯之岩	700英里
至扎瑞亚斯帕	200英里
至高加索的亚历山大城	330英里
小计	**3900英里**

科芬河谷

高加索的亚历山大城至尼西亚	35英里
尼西亚至欧拉	400英里
欧拉至阿斯提斯的要塞	100英里
阿斯提斯的要塞至阿尔诺斯	75英里
阿尔诺斯至戴塔	180英里
戴塔至印度河	40英里
印度河至架桥渡河点	175英里
小计	**1005英里**

五河之地

印度河至塔克西拉	50英里
塔克西拉至海达斯佩河	100英里
海达斯佩河会战	30英里
海达斯佩河至格劳西亚	170英里
格劳西亚至阿塞西尼斯河渡口	70英里
阿塞西尼斯河至海德劳提斯河以远地区	60英里
至品普拉马和桑加拉	100英里
至索培西斯王及费格乌斯王的领土	250英里
至希发西斯河	60英里
至尼西亚	180英里
小计	**1070英里**

沿印度河的行动

尼西亚至印度河及阿塞西尼斯河交汇处	250英里
马里战役	210英里
印度河下游的战役和探索	800英里
小计	**1260英里**

返回苏萨

印度河至阿拉比乌斯	85英里
阿拉比乌斯至保拉	450英里
保拉至帕萨加迪	400英里
帕萨加迪至苏萨	420英里
小计	**1355英里**

附录三　亚历山大的行军记录·

最后几次行军
苏萨至海岸　　　　　　　　　　　　　　　　220英里
海岸至俄庇斯　　　　　　　　　　　　　　　450英里
俄庇斯至埃克巴塔纳　　　　　　　　　　　　330英里
科萨亚战役（四十天后返回苏萨）　　　　　　400英里
苏萨至巴比伦　　　　　　　　　　　　　　　230英里
巴比伦至海岸　　　　　　　　　　　　　　　350英里
返回巴比伦　　　　　　　　　　　　　　　　350英里
小计　　　　　　　　　　　　　　　　**2330英里**

总计　　　　　　　　　　　　　　　**21900英里**

515

附录四　亚历山大家族系谱

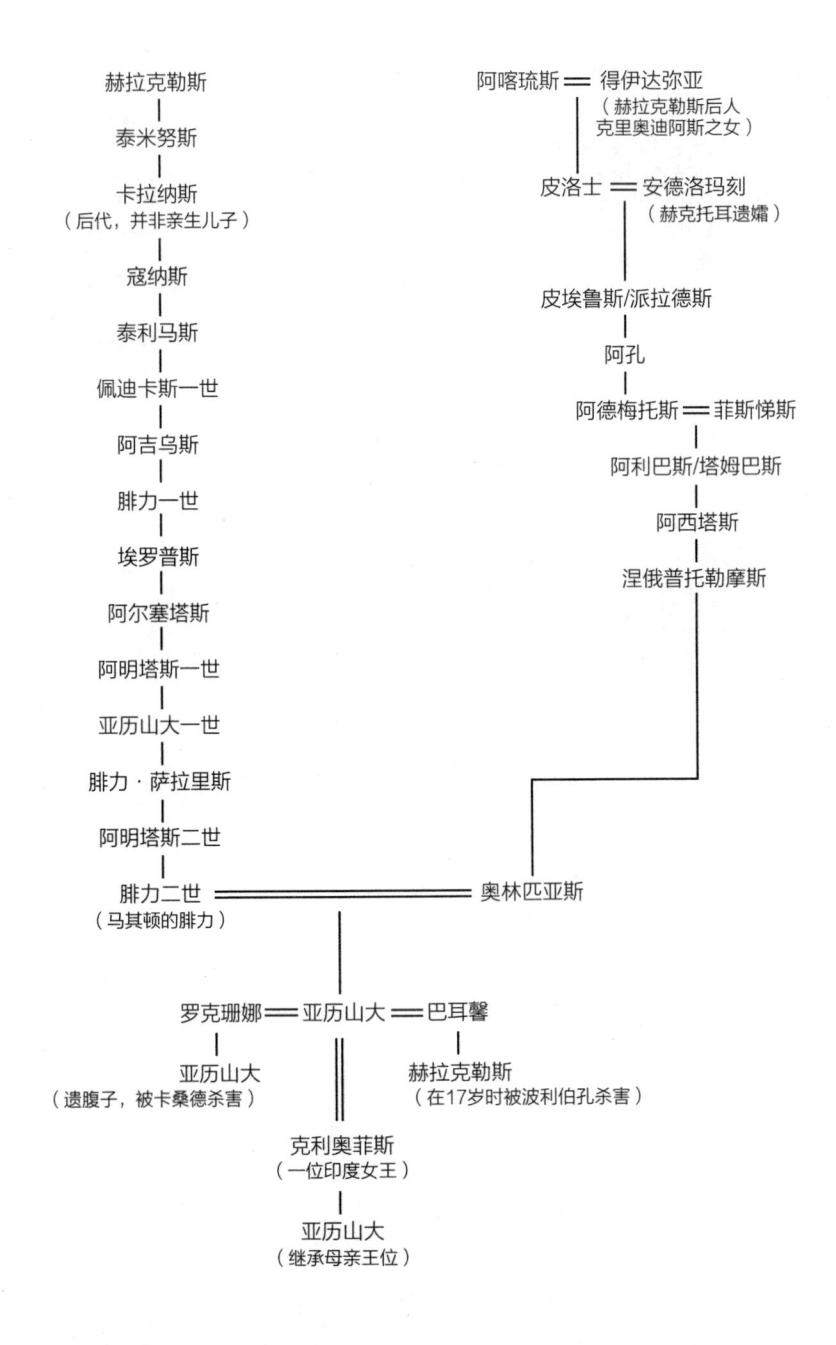

```
赫拉克勒斯                          阿喀琉斯 ═══ 得伊达弥亚
    │                                          （赫拉克勒斯后人
泰米努斯                                         克里奥迪阿斯之女）
    │
卡拉纳斯                             皮洛士 ═══ 安德洛玛刻
（后代，并非亲生儿子）                            （赫克托耳遗孀）
    │
寇纳斯                                   │
    │                               皮埃鲁斯/派拉德斯
泰利马斯                                  │
    │                                   阿孔
佩迪卡斯一世                               │
    │                             阿德梅托斯 ═══ 菲斯悌斯
阿吉乌斯                                   │
    │                              阿利巴斯/塔姆巴斯
腓力一世                                   │
    │                                  阿西塔斯
埃罗普斯                                   │
    │                                涅俄普托勒摩斯
阿尔塞塔斯                                 │
    │                                      │
阿明塔斯一世                                 │
    │                                      │
亚历山大一世                                 │
    │                                      │
腓力·萨拉里斯                                │
    │                                      │
阿明塔斯二世                                 │
    │                                      │
腓力二世 ═══════════════════════════════ 奥林匹亚斯
（马其顿的腓力）                              │
                    │
    罗克珊娜 ═══ 亚历山大 ═══ 巴耳馨
        │              ║         │
     亚历山大           ║      赫拉克勒斯
（遗腹子，被卡桑德杀害）    ║   （在17岁时被波利伯孔杀害）
                   克利奥菲斯
                   （一位印度女王）
                        │
                     亚历山大
                   （继承母亲王位）
```

516

大事年表

公元前558年至公元前529年	居鲁士建立波斯帝国
公元前554年	姆伯拉会战
公元前521年至公元前485年	大流士一世时代
公元前490年	马拉松会战，米太亚德时代
公元前429年至公元前427年	普拉蒂亚围攻战
公元前425年	奥尔匹会战
公元前424年至公元前422年	布拉西达斯时代
公元前422年	安菲波利斯会战
公元前401年	库那克萨会战
公元前401年至公元前400年	万人大撤退，色诺芬时代
公元前399年至公元前394年	斯巴达—波斯战争，阿格西劳斯时代
公元前371年	留克特拉会战，伊巴密浓达时代
公元前362年	曼丁尼亚会战
公元前359年至公元前336年	腓力二世时代
公元前356年7月	亚历山大出生
公元前338年8月	喀罗尼亚会战
公元前336年	亚历山大继位
公元前336年	第一次希腊战役
公元前335年4月至8月	多瑙河及佩利乌姆战役
公元前335年9月	底比斯战役
公元前335年10月	返回佩拉
公元前334年春季	出征亚洲
公元前334年5月	格拉尼卡斯会战
公元前334年5月至11月	萨迪斯、以弗所、米利都、哈利卡纳苏斯
公元前334年至公元前333年冬季	皮西迪亚战役
至公元前333年3月	戈尔迪乌姆休整
公元前333年夏季	前往西里西亚门
公元前333年夏末	塔尔苏斯
公元前333年秋季	前往阿马努斯山
公元前333年11月	伊苏斯会战
公元前333年至公元前332年隆冬	泰尔围攻战开始
公元前332年春季	黎巴嫩山战役
公元前332年8月	攻克泰尔

・亚历山大战史

公元前332年10月	攻克加沙
公元前332年至公元前331年冬季	埃及战役
公元前331年春季	返回泰尔
公元前331年初夏	前往幼发拉底河
公元前331年夏季	尼塞弗尼乌姆建城
公元前331年9月中旬	跨越底格里斯河
公元前331年10月1日	阿贝拉会战
公元前331年10月	占领巴比伦
公元前331年11月	占领苏萨
公元前331年12月上旬	乌克西亚战役
公元前331年12月	攻克波斯门
公元前331年12月	占领波斯波利斯
公元前330年1月至2月	马底亚战役
公元前330年3月	离开波斯波利斯
公元前330年4月	帕莱塔萨战役
公元前330年5月	占领埃克巴塔纳
公元前330年6月	追击大流士
公元前330年7月1日	大流士之死
公元前330年8月	塔普里亚战役
公元前330年9月	里海战役
公元前330年10月	穿越阿里亚
公元前330年10月	返回阿塔柯亚纳
公元前330年10月至12月	穿越德兰吉亚纳和阿拉霍西亚
公元前329年1月至3月	高加索的亚历山大城建城
公元前329年4月	跨越帕拉帕米苏斯山
公元前329年5月	渡过奥克苏斯河
公元前329年夏季	西徐亚战役
公元前329年秋季	返回马拉堪达
公元前329年秋季	为报复斯皮塔米尼斯屠杀马其顿士兵进行的破坏行动
公元前329年至公元前328年冬季	扎瑞亚斯帕休整
公元前328年春季至夏季	五支纵队战役
公元前328年秋季	索格迪亚纳战役终局
公元前328年秋季	克塞尼帕和希米特里斯战役
公元前328年至公元前327年冬季	那乌塔卡休整
公元前327年初	索格迪亚之岩和科瑞尼斯之岩
公元前327年春季	返回扎瑞亚斯帕

公元前327年5月	前往高加索的亚历山大城
至公元前327年7月	在亚历山大城和尼西亚休整
公元前327年7月至冬季	科芬河谷战役
至公元前326年深冬	攻克阿尔诺斯和戴塔
公元前326年初春	跨越印度河
公元前326年4月	进入塔克西拉
公元前326年5月	跨越海达斯佩河、海达斯佩河会战
公元前326年6月至7月	五河战役
公元前326年7月底	进抵希发西斯河
公元前326年8月	返回海达斯佩河
公元前326年10月	向下游前进
公元前326年11月至12月	马里战役
公元前325年1月至6月	印度河下游战役
公元前325年7月	帕塔拉
公元前325年8月	探索印度河三角洲
公元前325年9月	欧里提亚战役
公元前325年10月至11月	穿越格德罗西亚沙漠
公元前325年12月初	进入保拉
公元前324年1月	至波斯波利斯
公元前324年春季	至苏萨
公元前324年7月	俄庇斯兵变
公元前324年秋季	至埃克巴塔纳
公元前324年12月至公元前323年1月	科萨亚战役
公元前323年春季	返回巴比伦
公元前323年5月	赫费斯提翁的葬礼
公元前323年6月	亚历山大去世
公元前307年	曼丁尼亚会战
公元前301年	伊普苏斯会战

指文® 战争艺术

诞生于少数伟大统帅头脑中的战争艺术

会战战术、战争战略、战争国策……
它们既是科学，又是技艺。
谁掌握了战争艺术，谁就掌握了胜利！

反复阅读亚历山大、汉尼拔、恺撒、古斯塔夫、杜伦尼、欧根亲王和腓特烈这些著名统帅的战史，并效法他们，这是成为伟大统帅和寻求兵法奥秘的唯一途径。

——拿破仑

指文图书官方网站 http://www.zven.cn